Humboldt, Wilhelm von

Über die Kawi-Sprache auf der Insel Java

2. Band

Humboldt, Wilhelm von

Über die Kawi-Sprache auf der Insel Java

2. Band

Inktank publishing, 2018

www.inktank-publishing.com

ISBN/EAN: 9783747767429

Über

die Kawi-Sprache auf der Insel Java,

nebst

einer Einleitung

über

die Verschiedenheit des menschlichen Sprachbaues

und ihren Einfluſs auf die geistige Entwickelung des Menschengeschlechts.

Von

WILHELM von HUMBOLDT.

Zweiter Band.

(Fortsetzung der Kawi-Sprache; Malayischer Sprachstamm im Allgemeinen und dessen westlicher Zweig.)

Berlin.

Gedruckt in der Druckerei der Königlichen Akademie der Wissenschaften.

1838.

In Commission bei F. Dümmler.

Vorwort.

Es war ein ernster Augenblick für mich, als ein frühes Schicksal den Schöpfer dieses Werks unter grofsen Plänen für dasselbe abrief. Der Entschlufs, die Kawi-Sprache zum Gegenstande einer wissenschaftlichen Prüfung zu machen, war eine späte Frucht der Theilnahme, welche Wilhelm von Humboldt im Vorkampfe dem das Alterthum, wie das jüngstgeborne Jahrhundert plötzlich mit neuem Lichte durchstrahlenden Sanskrit gewidmet hatte; dieser Entschlufs ging unmittelbar aus seiner durch frühere Studien belebten Kenntnifs der vorzüglichsten Idiome jenes oceanischen Sprachverbandes hervor, dessen Schofse sie entsprofs. Er reifte bei ihm in einer Zeit, wo ausgezeichnete Forschungen über das Pali den Glauben rege gemacht hatten, dafs die alte Dichtersprache von Java in ähnlichen Beziehungen zu der Sprache Indiens stehe, als das heilige Idiom der südlichen Buddhistischen Reiche.

Wilhelm von Humboldt fühlte den Beruf, durch eine genaue Darlegung des grammatischen Systems jenes dem Sanskritischen ganz fremden und dem gelehrten Europa wenig bekannten Sprach-

1*

stammes den Beweis gegen diese Annahme zu führen. Es war ihm eigenthümlich, eine einzelne Mundart aus den weiteren und engeren Kreisen ihrer Verwandtschaft immer auf ihrem heimischen Boden zu entwickeln; selbst wo sie als ein irrender Fremdling erschien, gewann er durch eine unendliche Schonung und Unpartheilichkeit des Verfahrens ihr das Vaterland. Dies ist es, was seiner Sprachforschung ganz eigentlich ein Recht gab, sich ordnend und gebietend über den gesammten Erdkreis zu verbreiten. Er wollte auf solchem Wege ein neues Beispiel davon liefern, wie der ergreifende Andrang geistiger Übermacht die festen Wurzeln nicht zu erschüttern im Stande ist, welche eine angeborne Sprache in die Nationalität geschlagen hat. Er wollte den tiefen Sinn des Wortes Sprachstamm enthüllen, jene Gewalt, welche Völkermassen trennt und der Ergründung des Ursprungs des Menschengeschlechts ein Ehrfurcht erheischendes Gesetz auferlegt. Dieses war, und ich wage hinzuzusetzen noch mehr in meiner Auffassung, der Zweck seiner Schrift über das Kawi. Die Darstellung des grofsen Malayischen Sprachstammes, innerhalb dessen diese Sprache liegt, in seinen allgemeinen Umrissen und in der Besonderheit seiner einzelnen Idiome, welche ich in diesem Werke zugleich dem gelehrten Publikum überliefre, steht mit seiner Aufgabe in dem Verhältnisse eines Mittels, bildet aber nach ihrer Ausdehnung in Wahrheit eine zweite, selbstständige Tendenz desselben. Beide Theile hinterliefs der Verfasser in einer Reihe vorläufiger Ausarbeitungen, deren keine so für den Druck, sondern welche alle von ihm einer gänzlichen Umformung bestimmt waren. Die glückliche Fügung meines Lebens, welche mich den linguistischen Arbeiten des grofsen Staatsmannes nahe gestellt, hatte mich diese seine letzten Studien nur oberflächlich zu gelegentlicher Hülfsleistung berühren lassen; mir war die Bestimmung geworden, die Erforschung Amerikanischer Sprachen, an welcher Theil zu nehmen ich in einer späteren Periode durch die Gunst des Verewigten berufen wurde, einstweilen fortzusetzen. In einem dunklen Vorgefühl, wie ich jetzt sagen kann, begann ich erst wenige Monate vor seinem Hinscheiden, als noch nichts die Nähe desselben ahnden liefs, unter seinem Beifalle, das genaue Studium der Malayischen und Javanischen Sprache. Ich hatte den Muth, mitten unter der Betrübnifs, und mit Unternehmungen beschäftigt, deren nahe Beendigung für meinen Eintritt in die gelehrte Welt wichtig war, die Möglichkeit der Herausgabe des Werkes auszusprechen. Die leichte Hoffnung täuschte mich über den Umfang der übernommenen Verpflichtung; auch war ich nicht so kühn, an das Eingehn in andere Theile dieses Werks, als den engen Kreis der Sprachen Java's und Malacca's, zu denken. Mit jedem Fortschreiten auf der neuen Laufbahn erweiterten sich aber meine Pläne; und ich kann nicht dankbar genug für das Vertrauen, und die Geduld und Nachsicht sein, mit welcher, bei der alle meine eignen

Berechnungen immer mehr hinter sich zurücklassenden Zeitausdehnung, die Königl. Akademie der Wissenschaften, die dem Werke eine Stelle in ihren Abhandlungen angewiesen, und die Familie des Verewigten mich in ihnen unterstützt haben.

Die einzelnen Schriften Wilh. von Humboldt's, wie man sie in diesen beiden letzten Bänden aneinandergereiht findet, sind beinahe in umgekehrter Zeitfolge unabhängig unter sich entstanden. Allein schon ihre Durchsicht und grammaticalische Prüfung hat mich genöthigt, die in ihnen dargestellten Sprachen selbst kennen zu lernen. Ich habe dies Ziel am besten auf dem Wege zu erreichen gehofft, dafs ich mir, allerdings mit grofsem Zeitaufwande, aber doch stets in der Eile, zu welcher die Nothwendigkeit baldiger Bekanntmachung des Werkes mich trieb, selbstständig eine Reihe von lexicalischen und grammatischen Hülfsmitteln schuf, die mir für immer eine sichre Grundlage zu geben im Stande wären. Dies hatte freilich den Nachtheil, dafs am Ende derselben kaum die Zeit übrig war, sie im Fluge zu dem Hauptzwecke zu benutzen. Ich bin bei der Besorgung der Herausgabe des vorliegenden Werks von der Ansicht ausgegangen, die mich auch bei späteren Unternehmungen leiten wird, dafs den Schöpfungen Wilh. von Humboldt's, so ängstlich er durch immer neue Umgestaltungen bemüht war ihnen eine höhere Vollkommenheit zu geben, schon in ihrem ersten Entwurfe eine Vollendung innewohnt, die sie für die Öffentlichkeit tüchtig macht, und dafs die Andeutung dieser Umstände, wie sie eine Pflicht gegen den Verstorbnen ist, genüge, um die Mit- und Nachwelt damit zu beschenken. Denn dieses nie befriedigte Streben nach innerer und äufserer Form hat ihn vorzüglich abgehalten, die Ergebnisse der Studien mitzutheilen, in welchen er unter den mächtigen Anforderungen seines politischen Lebens und einer tiefbewegten Zeit sich ganze Gebiete menschlichen Wissens erobernd unterwarf. Jene Meinung liefs es mir nicht als nöthig erscheinen und mein Verhältnifs zu der gegenwärtigen Publication brachte es nicht mit sich, dafs ich das Wenige, was ich der Gunst der Umstände, auf dem von ihm Erreichten fortbauen zu können, verdanke, unmittelbar mit dem Seinigen vereinigte; ich habe vielmehr getreu an dem Grundsatze festgehalten, dafs das unter seinem Namen Bekanntgemachte, unwesentliche Abweichungen abgerechnet, wirklich und so von ihm herrühre, und meine Zusätze in Anmerkungen (*) oder gröfseren Einschiebungen als solche bezeichnet würden. Für dasjenige, was er selbst nach späteren Daten würde verworfen haben oder was einer ganz veränderten Darstellung bedurft hätte, habe ich mich der einfachen Weglassung als Auskunftsmittels bedienen zu müssen geglaubt. Ich würde aber meinen Beruf verkannt haben, wenn ich dieses Verfahren auf Gegenstände ausgedehnt hätte, über die es verschiedene Ansichten geben kann.

(*) Diese sind durch eckige Klammern und ein B. am Schlusse erkennbar.

2*

Es läſst sich kaum schildern, auf wie mühsamem Wege Wilh. von Humboldt zu den Resultaten gelangte, welche er uns in seinem zweiten Buche über die Kawi-Sprache vorgelegt hat, und von wie geringen Mitteln der Anfang dieser Forschungen ausging. Diesen Abschnitt empfing ich in einer vollendeten Redaction. Sie gründete sich aber auf den Text des Gedichtes Brata Yuddha, wie er in Raffles Geschichte von Java mit Lateinischen Lettern abgedruckt ist, welcher, bei allem Verdienste der Mittheilung, nimmermehr die sichre Basis einer so scharfen grammatischen Analyse bilden konnte. Der Verfasser hatte daher diesen Abschnitt von dem Augenblicke an, wo die Güte des Herrn John Crawfurd ihn mit einer Originalhandschrift des ganzen Gedichts belieh, ausdrücklich zur Überarbeitung bestimmt; sie würde nach dem Abschlusse seiner Betrachtungen über den menschlichen Sprachbau der nächste Gegenstand seiner nie ruhenden Thätigkeit gewesen sein. Diese Lage der Kawi-Schrift hat mich zu den umfänglichsten Vorarbeiten aufgefordert; ich fühlte zu sehr, daſs es mehr zugänglicher Hülfsmittel und einer energischen Anstrengung bedurfte, um der überaus schwierigen Aufgabe der Entschleierung einer in ihrer eignen Heimath beinahe unbekannten oder mit Fabeln umhüllten Sprache nur einigermaſsen zu genügen. In solcher Weise vorbereitet, haben aber meine Dienstleistungen bei der Revision des zweiten Buches sich auf eine allgemeine Prüfung der grammatischen Punkte, auf ihre theilweise Ergänzung in Anmerkungen, und auf die Substitution des ächten Textes und berichtigten Sinnes der angeführten Stellen beschränken können. Denn so seltsam die Rafflesschen Wortgestalten bisweilen erscheinen, in so bewundernswürdiger Ausdehnung hatte der Verewigte, vermöge der unübertrefflichen Sorgfalt und Behutsamkeit seiner Arbeitsweise und jener durch das tiefste Studium des classischen Alterthums ausgebildeten und an Meisterwerken bewährten Feinheit der Kritik, seine Beobachtungen zu sichern gewufst. Ich habe mit innigem Danke der mir erwiesenen Güte und ausgezeichneten Liberalität des oben genannten Englischen Gelehrten zu erwähnen, dessen wichtige Unternehmungen und nur theilweise dem Publikum in werthvollen Schriften bekannt gewordene wissenschaftliche Thätigkeit eine Hauptstütze für das vorliegende Werk geworden sind. Herr John Crawfurd hat mir nicht nur zur Fortbenutzung seiner Handschrift des Brata Yuddha, ohne welche die Arbeit über die Kawi-Sprache kaum hätte erscheinen können, und seiner drei Javanischen und Kawi-Wörterbücher die unumschränkteste Erlaubnifs ertheilt, sondern sich auch bereit erklärt, fernere Bestrebungen für die Sprachen des Indischen Archipelagus durch andre in seinen Händen befindliche Schätze zu befördern. Jene von mir so geschaffnen und durch eignes Textstudium vermehrten Hülfsmittel versahen mich für die Idiome von Java und Malacca mit einem Stoffe, welchem allerdings das, besonders nach den eingetretnen Weglassungen, in der herauszugebenden Arbeit Dargebotene an Reichhaltigkeit nachstehn mufste. Ich habe die Lage dieser Publication genugsam auseinandergesetzt, um hoffen zu können, dafs die mit den Sprache von Java vertrauten Gelehrten an dasjenige, was sowohl in diesem zweiten Buche, als in sprachlichen Stellen des ersten über beide Dialekte der Insel von dem Verfasser geliefert ist, in Beziehung auf die, von ihm nicht einmal bezweckte, grammatische Ausführlichkeit den richtigen Maafsstab anlegen und die Zusätze erwarten werden, welche eine weniger geschickte Hand demselben schuldig ist. Es war anfänglich meine Absicht, diese Zusätze, in der Gestalt einer vergleichenden Grammatik der westlichen Malayischen Sprachen (*), der ich die Rafflesschen Stellen des Brata Yuddha nach Hrn. Crawfurd's Handschrift mit Übersetzung, Erklärung und einem etymologisch geordneten Wortverzeichnisse vorausschicken werde (**), in das gegenwärtige Werk Wilhelm von Humboldt's aufzunehmen; nachdem aber sein Umfang durch den Polynesischen Sprachzweig so bedeutend gewachsen und es mir geglückt war, es über das ganze Weltmeer auszudeh-

(*) Für diese Arbeit spare ich auch die Erläuterung der dem 2. Bande angehängten, von mir nach eigner Entzifferung gesammelten Tafeln des Javanischen Schriftsystems auf. Die, wegen der Ökonomie der beiden letzten Bände dem zweiten Bande beigefügten Abhandlungen Wilh. von Humboldt's über die Schrift der Völker dürften dem Leser als eine passende Zugabe zu den philosophischen Untersuchungen über den menschlichen Sprachbau willkommen sein.

(**) Eine ähnliche, nur kürzere Arbeit wollte der Verfasser seiner Schrift als Anhang beigeben, und unter diesem letzteren Namen ist sie häufig von ihm citirt.

nen, habe ich mich zu einer eignen Schrift über den Malayischen Sprachstamm entschlossen, die das Humboldtsche Werk in allen seinen so sehr vermehrten Tendenzen zu vervollständigen bestimmt ist. Ich werde dieselbe mit den eben genannten Abschnitten eröffnen und in ihr zugleich auf diejenigen Sprachen dieses mit zahllosen Inseln besäeten Meeres eingehn, von denen wir nur beschränkte Wortsammlungen besitzen; daselbst gedenke ich auch ein Urtheil über das Verhältniſs abzugeben, in welchem die Sprachen der Australneger und der sogenannten Haraforen zu den Malayischen stehen. Die Verwirklichung dieses Unternehmens muſs ich aber von dem Beifalle und der Unterstützung des ersten gelehrten Instituts des Königreichs abhängig machen.

In dem ausschlieſslich der Kawi-Sprache gewidmeten Theile des Werks, von dem ich zuletzt sprach, wird der Leser schon wahrnehmen, welchen gewichtigen Stoff der Verfasser bloſs als Hülfsmittel seinem Gegenstande unterordnet; die Verarbeitung dieses der bisherigen Wissenschaft noch gröſstentheils fernliegenden Materials, welchem keine Erscheinung fremd bleiben darf, die der Ocean mit seinen Sprachmassen darbietet, konnte nicht anders als eine zweite Richtung seines Werkes sein. Er hatte derselben das dritte Buch bestimmt. Ich lege in diesem, so wenig auch den verschiednen Bestandtheilen, aus denen ich es habe zusammensetzen müssen, solche unmittelbare Vereinigung zugedacht war, hier dem gelehrten Publikum, nach mühsamer eigner Arbeit, eine mit allen Tendenzen neuester Wissenschaft ausgestattete Betrachtung eines die unendlichen Räume des gröfsten der beiden Oceane durchlaufenden Sprachstammes vor; ich verwirkliche damit den eignen Plan des Verfassers, welchen er in der letzten Zeit hegte (*), an dessen Ausführung er aber nicht mehr gehen konnte. Es war mein alleiniger Entschlufs und mein höchstes Interesse an diesem Werke; ich konnte mich nicht darüber täuschen, dafs nie die hier gebotnen günstigen Umstände wiederkehren würden.

Die genaue Erforschung der Südsee-Sprachen, welcher sich Wilhelm von Humboldt in einer sehr frühen Arbeit unterzogen hatte, war ein zu wichtiger Gegenstand, dafs ich ihn von diesem Werke hätte ausschliefsen können; er dehnte den Schauplatz desselben um das Doppelte aus und stellte das gröfste aller in ihm enthaltenen Resultate, die allgemeine Verwandtschaft dieser Völkerwelt, in Aussicht. Es gesellten sich dazu specielle, von mir nur theilweise angedeutete Umstände, welche die Aufnahme und Vollendung dieser Schrift unmittelbar zur Pflicht machten. Das Werk hat dadurch unvorhergesehen einen Umfang gewonnen, dafs eine Trennung des jetzt Erscheinenden in zwei Bände nöthig geworden ist. Ich habe diese vergleichende Grammatik in dem

(*) Man findet ihn sehr klar ausgesprochen auf S. XIV. und XVI. der Einleitung des ersten Bandes.

von mir herrührenden Theile auf die Sprachen der Westhälfte des Grofsen Oceans ausgedehnt. Ich wiederhole nicht, was ich in einleitenden Worten vor den einzelnen Abschnitten meiner Arbeit entwickelt habe (*). Am Ende dieser Untersuchungen stehend, war es mir vergönnt, die in dem Werke behandelten Sprachen inniger zu verknüpfen; es kam mir darauf an, zu zeigen, dafs die ideale Sprachforschung, aus der dasselbe hervorgegangen, der Wirklichkeit nicht abhold ist, sondern dafs diese Richtung sie ebensowohl zu einer praktischen Kenntnifs, so materiell man den Ausdruck auch immer nehmen wolle, führen und dazu Hülfsmittel erzeugen könne. Wie gering das Bedürfnifs des Details bei Idiomen so entlegener Meere sein mag, so glaube ich die Umständlichkeit meiner Arbeit, die sich übrigens ganz an den von ihrem Urheber gewählten Maafsstab hält, durch eine Tendenz gerechtfertigt, welche sie ganz durchdringt. Die Stammverwandtschaft der Sprachen der Südsee mit denen des grofsen Indischen Meeres fand sich von Wilhelm von Humboldt mehrmals im Allgemeinen, jedoch immer noch behutsam ausgesprochen, und von ihm insofern begründet, als er mit Ausführlichkeit die Methode, aber lautlich nur eine Anzahl von Ausdrücken, kaum grammatische Wörter zur Vergleichung gebracht hatte. Mir blieb das Ziel zu verfolgen, diese Übereinstimmung beider Sprachzweige sowohl an den den Begriffen die-

(*) s. besonders S. 695-709.

3

nenden Wörtern, als an den grammatischen Lautganzen und Lauttheilen speciell zu beweisen. Man wird einzelnen Combinationen das Mühsame ansehn, manche von dem Lichte der Analogie noch unerreichte Punkte bieten dem Scharfsinne und der Sprachkunde künftiger Zeiten ein freies Feld dar, aber das Meiste muſs einfach überzeugend wirken; und jenes für die Geschichte des Erdballs und des Menschengeschlechts so wichtige Ergebniſs ist, man verzeihe mir die Zuversicht, nunmehr gesichert. Es ist die Verbreitung des Malayischen Sprachstammes über beinahe zwei Drittheile des Umfangs der Erde. Ungeheure Meeresstrecken beherrschend, berührt er in seinen Endpunkten, Madagascar und der Osterinsel; zwei groſse Continente, und schlieſst in seine nördliche Gränzlinie auch Formosa ein. Ich habe zugleich durch diese Arbeit eine Probe von der Art liefern wollen, wie ich einmal, wenn die Gunst der Zeiten es mir möglich machte, die Sprachen Amerika's, gestützt auf die groſsartigen Forschungen Wilhelm von Humboldt's, welche ich binnen Jahresfrist zur Öffentlichkeit bringen werde, massenweise darstellen und das Problem ihrer Verwandtschaft zu lösen versuchen würde. Das Verhältniſs des Polynesischen Sprachzweiges gegen den westlichen, die bewiesene Einheit beider, welche vor dieser Unternehmung sehr zweifelhaft erschien, wird diejenigen ermuthigen, welche den, durch ausgezeichnete Untersuchungen aufgeklärten Sanskritischen Sprachstamm weiter auszubreiten sich bestreben. Ich wünsche lebhaft, daſs das vorliegende ganze Werk dazu beitragen möge, den richtigen Weg der Darthuung von Sprachaffinitäten zu bezeichnen, das erforderliche Maafs derselben zu lehren, und ganz vorzüglich, indem es diesem grofsen Sprachgeschlechte und dem schon früher bekannten Semitischen ein gleich grofses und auch achtungswerthes entgegensetzt, von dem Wahne zurückführe, in der Ausdehnung eines Sprachstammes keine Gränzen anzuerkennen und eine, nur durch gänzlichen Mifsbrauch der Mittel mögliche, Vereinigung zwischen den verschiedenartigsten Idiomen der Welt zu Stande bringen zu wollen.

Verhältnisse, welche meiner weiteren Ausbildung förderlich waren und die ich in jeder Beziehung glückliche nennen mufs, führten es mit sich, dafs ich von ausgedehnten Studien kurz vor ihrer Bekanntmachung reihenweise zu neuen habe übergehn müssen. Indem die hinterbliebne Familie im Vereine mit der Königl. Akademie der Wissenschaften dem zu früh Entschlafnen dieses Monument errichtet, wage ich es daher, an die schwachen eignen Versuche, welche ein Verhängnifs mir unter dem Schutze eines Namens zu veröffentlichen erlaubt, den schon lange die Bewundrung der Zeitgenossen feiert, einen bescheidnen Wunsch zu knüpfen. Es ist der, dafs es diesen Versuchen gelingen möge, mir in der gelehrten Welt, von welcher ich nach dem eben bezeichneten eigenthümlichen Gange meiner Schicksale bisher wenig Ermuthigendes erfahren konnte, einiges Wohlwollen zu erwerben.

3*

So allein würde es mir möglich werden, ferner Studien obzuliegen, die in einem kleinen Maafsstabe doch nur eine Fortsetzung jener sein können, welchen der des irdischen Daseins überhobene Genius einen grofsen Theil seines den höchsten Interessen der Menschheit und des Staats geweihten Lebens ruhmvoll geopfert hat.

Berlin, im December 1839.

J. C. Eduard Buschmann.

Erklärung
der im zweiten und dritten Buche gebrauchten Abkürzungen.

---

a. — anders, andere.

ä. — ähnliches, ähnliche.

Acc., Accus. — Accusativ.

act., Act. — activ, Activum.

Adj. — Adjectivum.

Adv. — Adverbium.

Anh. — Anhang (s. hierüber S. X. Anm.** des Vorworts vor dem 2. Bande).

ausschl. — ausschliefsend (von der 1. Person Dualis und Plur. der persönlichen Pronomina).

B. — Beispiel.

B. Y. — (s. am Schlusse dieses Buchstabens.)

Bat. (in den Tafeln der Jav. Schriftzüge vorkommend) — bezeichnet den Druck von Batavia, wie er in Gericke's Jav. Lehrbuche (*eerste Gronden der Javaansche Taal.* Batavia 1831. 4°.) erscheint.

Bed. — Bedeutung.

bes. — besonders.

Bisay. — Bisayisch (eine Sprache der Philippinischen Inseln).

Br. — *Proeve eener Javaansche Spraakkunst door* Gottlob Bruckner. Serampore 1830. 8°.

Bug. — Bugis, Bugisch (eine Sprache von Celebes).

B. Y. — das Kawi-Gedicht Brata Yuddha (d. h. der Kampf der Nachkommen des Bharata).

Card. — Cardinalia.

Cas. obl. — Casus obliquus.

caus. — causale, causalia.

C. e. — s. Cr.

Cham. — Über die Hawaiische Sprache. Von Adelbert v. Chamisso. In den Abhandlungen der Königl. Akad. der Wiss. zu Berlin aus dem J. 1837, und besonders erschienen Leipz. 1837. 4°.

C. j., C. j. j. — s. Cr.

Cl. — Classe.

Co. — *Javaansche Spraakkunst, door wijlen* A. D. Cornets de Groot; *uitgegeven in naam en op verzoek van het Bataviasche Genootschap van Kunsten en Wetenschappen, door* J. F. C. Gericke. Batavia 1833. 8° (den 15. Theil der *Verhandelingen van het Bataviaasch Genootschap* bildend).

Compar. — Comparativ.

Conj. — Conjunctiv.

Cr. — John Crawfurd's drei handschriftliche Javanische und Kawi-Wörterbücher gemeinschaftlich; mit C. e. bezeichne ich das Englisch-Javanische, mit C. j. das Javanisch-Englische und mit C. j. j. das ganz Javanische Wörterbuch, in welchem ein Javanisches oder Kawi-Wort durch ein gleichbedeutendes oder durch eine Umschreibung erklärt wird. Die Ziffer 1 bei dem letzten geht auf die schwarz, die Ziffer 2 auf die roth geschriebene (erklärende) Columne; bei dem Engl. Jav. Wörterbuche beziehn sich diese beiden Ziffern auf zwei darin unterscheidbare Hände.

dass. — dasselbe.

Dat. — Dativ.

dem., demonstr. — demonstrativum.

Du. — Dual.

E. — Die Englischen Quellen für die Sprache von Madagascar (s. S. 798. Anm. 2.).

eig. — eigentlich.

einschl. — einschliefsend (von der 1. Person Dualis und Plur. der persönlichen Pronomina).

Engl. — Englisch.

Fut. — Futurum.

Gen. — Genitiv.

Ger. — J. F. C. Gericke, *eerste Gronden der Javaansche Taal, benevens Javaansch Leer- en Leesboek met eene Woordenlijst ten gebruike bij hetzelve.* Batavia 1831. 4°.

gleichbed. — gleichbedeutend.

Gr., Gramm. — Grammatik.

Haw. — Hawaiisch (Sprache der Sandwich-Inseln).

Holl. — Holländisch.

ib. — *ibidem.*

id. — *idem.*

Imper. — Imperativ.

Imperf. — Imperfectum.

Ind. — Indicativ.

Inf. — Infinitiv.

int., interr. — interrogativum.

intrans. — intransitiv.

it. — *item.*

Jav. — Javanisch.

Jeffr. — Handschriftliches Madecassisches Wortverzeichnifs und Grammatik des Missionars Jeffreys (s. S. 324. und 325.).

K., Kaw. — Kawi, Kawisch.

Kr. — Krama, Basa Krama, die vornehme Sprechweise des Javanischen, von dem Geringeren gegen den Höheren gebraucht.

Mad. — Madecassisch (Sprache von Madagascar).

Mal. — Malayisch (Sprache der Halbinsel Malacca).

Mar. — *An account of the natives of the Tonga Islands. With an original grammar and vocabulary of their language. Compiled and arranged from the extensive communications of Mr.* William Mariner. *By* John Martin. 2^d *ed. Vol.* 1. 2. Lond. 1818. 8°. — Meine Anführungen beziehn sich fast immer auf die Grammatik, die ihr nachfolgenden Sprachtexte und das Wörterbuch, welche den 2. Band beschliefsen. (Vgl. noch S. 576. Anm. 1.)

Mdh., Mdhy. — Madhya, die mittlere, zwischen dem Ngoko und Krama stehende Sprechweise des Javanischen, welche sich durch einige eigenthümliche Ausdrücke von beiden unterscheidet.

Ng. — Ngoko, die gewöhnliche Sprechweise des Javanischen, von dem Höheren gegen den Geringeren gebraucht.

Nom. — Nominativ.

Nr., nr. — Nummer (die in den Tafeln S. 241-256. und in den Theilen S. 335-424. und S. 527-1028. des Werks angewandten, in dem letzten den Rand einnehmenden Nummern).

N. Seel. — Neu-Seeländisch.

Ord. — Ordinalia.

Partic. — Participium.

pass., Pass. — passiv, Passivum.

Perf. — Perfectum.

pers. — personale; Dat. pers. — Dativus personae.

Plqperf. — Plusquamperfectum.

Plur. — Plural.

Plusqpf. — Plusquamperfectum.

Polynes. — Polynesisch.

poss., Poss. — possessivum, possessiva, Possessivum.

Präpos. — Präposition.

Prät. — Präteritum.

Pron. — Pronomen.

R. — Raffles Javanisches und Kawi-Wortverzeichnifs in seiner *History of Java, Vol.* II. *Appendix.* p. LXXII-CLXXIV.

Rarot., Rarotong. — Rarotongisch (Sprache von Rarotonga oder der Hervey-Inseln, westlich von Tahiti).

rel. — relativum.

Ro. — *Algemeen Nederduitsch en Javaansch Woordenboek, door* P. P. Roorda van Eijsinga. Kampen 1834. 8°. — *ej. Algemeen Javaansch en Nederduitsch Woordenboek ib.* 1835. 8°.

Sanskr. — Sanskrit, Sanskritisch.

Ser. (in den Tafeln der Javanischen Schriftzüge vorkommend) — bezeichnet den Druck von Serampore, wie er in Gottlob Bruckner's *Proeve eener Javaansche Spraakkunst* (Seramp. 1830. 8°.) und in seiner Javanischen Übersetzung des Neuen Testaments (Seramp. 1829. 8°.) erscheint.

Sing. — Singular.

subst., Subst. — substantivisch, Substantivum.

Superl. — Superlativ.

Tag. — Tagalisch (eine Sprache der Philippinischen Inseln).

Tah. — Tahitisch (Sprache von Tahiti [Otaheite], d. h. der Gesellschafts- oder Societäts-Inseln).

Term. — Terminus.

Tong. — Tongisch (Sprache der Tonga- oder Freundschafts-Inseln).

trans. — transitiv.

Ü. — die (neuere) in Crawfurd's Handschrift des Brata Yuddha hinter jedem Verse stehende Javanische Übersetzung des Kawi-Textes.

v. — Vers.

v. a. — Verbum activum.

vergl. Worttaf. — die vergleichende Worttafel im 2. Bande S. 241-256.

viell. — vielleicht.

v. n. — Verbum neutrum.

wahrsch. — wahrscheinlich.

Inhaltsverzeichnifs.

(Des zweiten Bandes.)

Zweites Buch.
Über die Kawi-Sprache.

4*

Drittes Buch.

Über den Malayischen Sprachstamm.

Erster Abschnitt.

Stammverwandtschaft der Malayischen Sprachen.

Zweiter Abschnitt.

Betrachtung der einzelnen Sprachen des Stammes, besonders der im engeren Sinne Malayisch genannten oder des westlichen Zweiges.

Von dem grammatischen Bau der Malayischen Sprachen.

1. Capitel.

2. Capitel.

(Beilage zur Einleitung des ersten Bandes:)

(Beilage zum zweiten Buche:)

(Inhalt des dritten Bandes.)

Dritter Abschnitt.
Über die Sprachen der Südsee-Inseln.

Vierter Abschnitt.
Vergleichende Grammatik der Südsee-Sprachen.
Arbeit von Wilh. v. Humboldt:

Lautsystem.

Vorbereitende Entwicklung zu den Redetheilen.

Vergleichende Grammatik der Südsee-Sprachen und beiläufig des Malayischen Sprachstammes überhaupt, von Buschmann.

5

5*

Zweites Buch.

Über die Kawi-Sprache.

§. 1.

Die Kawi-Sprache ist das Eigenthum der, schon durch ihre Lage eng verbundenen Inseln Java, Madura und Bali. Ganz der Vergangenheit angehörend, bewahrt sie die Schätze einer untergegangenen, von Indischem Geiste durchdrungenen Litteratur. Die Beantwortung der Frage, ob sie zu irgend einer Zeit die Sprache dieser Inseln war, oder ob sie, als lebende Sprache einer anderen Gegend des Malayischen Völkerkreises, nach Java verpflanzt wurde? kann, so weit sie überhaupt möglich ist, nur das Endresultat der hier anzustellenden Untersuchungen sein. Auf Bali sind die Brahmanen fast allein im Besitze derselben, das Kawi ist dort ausschliefslich heilige Sprache; Indische Bildung ist nie auf dies Eiland übergegangen. Auf Java ist es gerade umgekehrt. Daher geht noch heute das Streben der Mode dahin, einige Kenntnifs des Kawi aufzufassen, obgleich wir gleich sehen werden, wie gering dieselbe in der That ist. Nach der gänzlichen Erlöschung des Indischen Cultus ist aber das Kawi blofs die Sprache der Sagen, der Dichtung, und im heutigen Zustande nur die des Theaters, wenn es Stoffe der frühesten Vorzeit behandelt, geblieben (1).

Es führt also hier seinen Namen mit der That. Denn bekanntlich bezeichnet *kawi*, von der Wurzel *ku*, tönen, Sanskritisch einen Dichter, und in abgeleiteter Bedeutung einen weisen, unterrichteten Mann. Wann sie diesen Namen erhalten, wird nicht gesagt; ich finde sogar bei Raffles nur Einen Originalausdruck, in dem er ihr unbezweifelt beigelegt wird. Es ist dies der Name, unter dem die Kawi-Sylbenmafse allgemein zusammengefafst werden, *sekar kawi*, die Kawi-Blumen (*flowers of the language*). Denn *sekar*, Blume, ist der gewöhnliche Ausdruck für Poesie (2). In demselben Sinne scheint *kawi* im Titel einiger Schriften, wie

---

(1) Raffles. I. 367. 372.

(2) Raffles. I. 398. Das Wort ist das Sanskr. शेखर, *śêkhara*, Blumenkranz. Eines der zwölf alten Kawi-Sylbenmafse führt den, auch seinem Suffix nach Sanskritischen Namen *sekarini*, Menge von Blumenkränzen.

A

Rama kawi, Niti Sastra kawi, genommen zu sein, obgleich es hier auch Gedicht heifsen könnte. Die von Raffles zu Rathe gezognen Eingebornen scheinen das Wort *kawi*, wo es an zwei Stellen vorkommt, nicht in seiner ursprünglichen Bedeutung erkannt zu haben. An einer Stelle des Brata Yuddha bedeutet das ganz Sanskritische *kawindhra* offenbar den ersten der Sänger, oder allgemein einen vortrefflichen Sänger, in der Übersetzung erscheint aber hiervon nichts. Es ist nicht unmerkwürdig, dafs auch die Tagalische Sprache den Dichter mit einem Sanskritworte bezeichnet, *ma-kathà*, von *kathā*, Erzählung, und dem Tag. Praefix *ma.* Das heutige Malayische borgt seinen Ausdruck vom Arabischen.

Auch ein Berg Kawi kommt südlich unter dem Berge Arjuna auf der nach der alten Heldensage angefertigten Karte der Insel vor, und sogar bis jetzt haben sich, wie aus Raffles Karte des heutigen Java hervorgeht, die Namen dieser beiden Berge erhalten (¹).

Die theils noch im Grundtext, theils in Javanischen Übersetzungen vorhandenen Kawi-Werke macht Raffles namhaft (²). Von vielen führt er nur die Titel an, von einigen aber giebt er sehr ausführliche Auszüge. Einige dieser Werke sind noch zur Arabischen Zeit, wo das Reich von Majapahit schon zu sinken begann, in Kawi verfafst worden. Die historisch-poetischen bilden eine chronologische Reihefolge. An der Spitze stehen die ganz mythologischen Werke Kanda, auch *pepakem* genannt (³), und der Manek Maya (⁴). Die andren älteren bei Raffles genannten mythisch erzählenden

---

(¹) Raffles. I. 412. und am Ende des Theils.

(²) Raffles. I. 373-392. II. *App. p.* CCVI-CCXX.

(³) Vom Sanskrit. काण्ड, *kâṇḍa*, Capitel, Abschnitt, oder खण्ड, *khaṇḍa*, Bruchstück, Theil, auch Capitel, Abschnitt. *Pakem* ist Jav. Buch, Schrift (Raffles. II. *App. p.* CXXIII. Crawf. *Voc.*); Crawf. ganz Jav. Wörterbuch erklärt es durch *sejarah* (Geschichte, Chronik), das Arabische شَجَرَةٌ, *shajaratun*, Baum, Stammbaum, genealogische Geschichte. Hiervon ist *pepakem*, nach Crawf. Engl. Jav. Wörterb. Buch [nach Cornets Jahrbuch, Chronik. B.], durch Verdopplung der ersten Sylbe gebildet. Nach Raffles (I. 393.) geben die Javanen allen Schriften höherer Art (*literary compositions of the higher cast*) den Namen *pepakam.* Man beliebe nach der eben gegebenen Ableitung meine Anm. 1. auf S. 205. des ersten Buches abzuändern.

(⁴) Über das letztere Werk s. 1. Buch. S. 46, 70, 200-205.

[Es sei mir erlaubt, zu der im 1. Buche S. 200. Anm. 3. versuchten Ableitung des Wortes eine Vermuthung nachzutragen. Sollte es nicht ganz einfach ein Sanskrit. Adjectivum

Kawi-Gedichte sind folgende: Wiwaha kawi, Vermählungs-Gedicht, wo ein Rasaksa (Râkshasa) eine Widadari (Apsaras) zur Ehe verlangt; Rama kawi, der Javanische Râmâyaṇa; Anraka sura (1), nach Raffles: der tapfre Sohn der Sonne, in der Javanischen Übersetzung nach dem Hauptheiden Buma Kalantaka genannt; Brata Yudha, von dem gleich ausführlicher gehandelt werden wird; Parikesit, von einem Enkel Arjuna's (2) so benannt, dessen ruhige und wohlthätige Regierung hauptsächlich darin geschildert wird. Durch diese Folge mythischer Gedichte wird die Javanische Sage bis auf den oben erwähnten Aji Jaya Baya, also bis zum Anfange des Verkehrs zwischen Indien und Java, geführt. Zu dieser Reihe gehört noch ein ganz kurzes Gedicht, Surya Ketu (3), und ein in grofsem Ansehn stehendes, Mintaraga (4), welches Arjuna's Büfsung auf dem Berg Indra beschreibt. Von den beiden grofsen ethischen Kawi-Gedichten gehört der

---

मणिमय, *maṇimaya*, aus Edelsteinen gebildet, mit Edelsteinen besetzt, sein? In der letzteren Bed. kommt das Wort (das bei Wilson nicht steht) im B. Y. 105, *b.* vor, wo der Text richtig *mani*, die Erklärung *manik* hat. B.]

(1) Das Sanskritische शूर, *śûra*, Held. *Anraka* bleibt mir dunkel, obgleich das Sanskr. *arka*, das Madecassische *anrou*, Tag, und wenn man an Versetzungen denkt, das allgemeine Wort aller Südsee-Inseln für Sonne, *ra*, verbunden mit *anak*, Kind (*anraka* für *anakra*), Stoff zu Ableitungen an die Hand geben. (*Tahitian Gramm. p.* 4.)

(2) परीक्षित्, Parikshit (Wilson. Lex.). Die oben von mir gewählte Schreibung des Namens, welche ich auch überall in Crawfurd's Wörterbüchern beobachtet finde, ist hiernach die richtige. Raffles schreibt in einer Stelle (I. 338.) ebenso, in zwei anderen aber (I. 389. II. 67.) Parakisit.

(3) Raffles übersetzt diesen Titel: *the lofty Sun*, und nimmt also das Sanskr. केतु, *kêtu*, in seiner astronomischen Bedeutung in Beziehung auf den Sonnenstand. Dies entspricht vermuthlich dem Inhalt des Gedichts. Sonst lassen sich die Worte auch Sonnen-Fahne übersetzen.

(4) Raffles. I. 338. *Mintaraga* ist nach Raffles. II. *App. p.* CLXXIII. ein Kawi-Wort für Bufse, Bufsübung (*penance*). Es besteht aus *minta* (Mal. und Jav.), fordern, bitten, und dem Sanskr. राग, *râga*, heftige Begierde, eine richtige Schilderung der Brahmanischen Büfsungen, durch welche man vermittelst beharrlichen Verlangens eine Forderung bei den Göttern durchzusetzen suchte. Ich gestehe aber, dafs mir die Verknüpfung der beiden Wörter nicht ganz deutlich ist. Crawf. *Voc.* erklärt das Wort nur durch: Name einer Höle, wo Arjuna Büfsungen that, Crawf. ganz Jav. Wörterbuch erklärt es einmal durch die Schrift, ein anderes Mal durch das mir unbekannte Wort *mendita*, welches wohl nicht von *pandita* abgeleitet sein könnte. Übrigens kann man *minta* (von *pinta* abgeleitet) adjectivisch nehmen: bittend.

A 2

Niti Sastra kawi, in welchem das Kawi das reinste jetzt vorhandene sein soll, in die Zeit des Brata Yuddha; das andere, Sruti, ist bedeutend jünger, und enthält schon Anspielungen auf den Islam. Die bekannten, in diesen Titeln vorkommenden Sanskritwörter zeigen die nahe Verbindung, in welcher auch diese Werke mit der Indischen Litteratur stehen.

Ob es eigentliche Übersetzungen von Sanskritwerken in Kawi gegeben hat, läſst sich aus den vorhandenen Materialien nicht genau beurtheilen. Die bei Raffles angeführten Kawi-Werke, welche Sanskritischen entsprechen, scheinen freie und mehr oder weniger eigenthümliche Behandlungen gleicher Gegenstände. Vom Brata Yuddha im Vergleich mit dem Mahâbhârata ist dies offenbar. Bei dem Javanischen Râmâyana scheint es der gleiche Fall zu sein, doch läſst sich aus dem wenigen von Raffles darüber Beigebrachten kein vollständiges Urtheil fällen. Von dem aus Bali erhaltenen Gesetzbuch Sastra Menawa sagt Raffles ausdrücklich, daſs es sich auf die besondren Volks- und Landessitten bezieht (Raffles. I. 392.). Es ist also keine Übersetzung der Indischen Gesetze des Manu. Diese Behandlung der Werke des Indischen Festlandes entspricht genau dem im Vorigen allgemein über die Verbindung Indiens mit Java Gesagten. Man studirte sie nicht, wie man eine fremde Litteratur kennen zu lernen strebt, man wollte sie zu sich herüber verpflanzen, sie soviel, als möglich, auf Java einheimisch machen.

Das Javanische Theater ist zwar in der Regel nur ein Puppenspiel, besitzt aber durch seine zur stätigen Sitte gewordene Anordnung ein so groſses nationales Interesse, daſs es dadurch eine ganz andre und höhere Bedeutung gewinnt, als solche Volksbelustigungen in andren Ländern zu haben pflegen. Diese mit einem Worte des Malayischen Sprachstamms *wayang*, Schatten (¹), benannten Puppenspiele umfassen nämlich die ganze Javanische

(¹) Ich halte nämlich das Mal. *wāyang*, welches nur noch die besondere Bedeutung von Schauspiel (Marsden. Lex.) hat, für ursprünglich identisch mit *bāyang*, welches die von einem Körper geworfene Schattengestalt, also Schatten, dem Körper entgegengesetzt, bedeutet. Daſs *wayang* in dieser Bedeutung ein Wort im heutigen Javanischen ist, geht aus einer Stelle eines Liedes bei Raffles (I. 407.) hervor, wo dies Wort da steht, wo gesagt wird, daſs zwei Brüder sich gleich sehen, *as a substance and its shadow*. So nimmt es auch Raffles beim Puppenspiel (I. 336.), indem er *scenic shadows* übersetzt, wenn dies auch gleich, wie man aus der obigen Schilderung sieht, genau nur auf die beiden älteren Wayangs paſst. Auf dieselbe Ableitung ist auch Hr. Jacquet (*Nouv. Journ. Asiat.* IX. 255. *nt.* 1.) gekommen. [In Brückner's Jav. Übersetzung des Neuen Testaments und in Roorda's Wörterbuche habe

Geschichte von der frühesten fabelhaften Zeit an bis zur Zerstörung von Majapahit. Sie sind, nach den verschiedenen Geschichtsperioden, die sie behandeln, dreifacher Gattung. Jede dieser Gattungen hat ihre eigenthümlichen Sylbenmaſse und Instrumentalbegleitung. Die erste dieser Gattungen umfaſst die gleiche Periode, als die oben angeführten ältesten Gedichte bis auf Parikesit hinunter. Die Gegenstände der Schauspiele werden aber gewöhnlich nur aus dem Rama kawi, Mintaraga und Brata Yuddha entnommen. Rama und Arjuna sind die Haupthelden. In der zweiten Gattung spielt Panji, der ächt Javanische Volksheld, die vorzüglichste Rolle; die zu dieser Gattung gehörenden Schauspiele führen aber die Javanische Geschichte bis zu seinem Nachfolger Lalean und der Gründung des Reiches von Pajajaran (um 1000 oder 1200 der Aera) (1) fort. Die dritte Gattung behandelt aus der Periode von dá bis 1400 der Aera entlehnte Episoden. Hier sind die Figuren aus Holz und puppenartig, und treten frei ohne vorgespanntes Tuch auf. In den beiden ersteren Gattungen sind sie aus Leder ausgeschnitten, flach, schattenartig, und erscheinen hinter einer durch eine dahinter gehängte Lampe erleuchteten durchsichtigen weiſsen Gardine. Der Unternehmer (*dalang*) bewegt die Figuren, redet für sie, und verrichtet alles allein; kenntlich werden die Figuren durch die ihnen conventionell beigelegten, aber streng der Überlieferung nach beibehaltenen, immer, aber vor-

---

ich für Schatten *hayang-hayangngan* gefunden; auch *bayang* giebt Roorda im Holländisch-Jav. Theile dafür an; es fällt aber auf, daſs die übrigen Wörterbücher nichts davon sagen, sondern das Wort nur in Crawf. *Voc.*, in der Bed. *the act of lifting by a number of hands*, vorkommt. B.] Ich kann daher Marsden (Lex. 352.) nicht beipflichten, der das Wort, obgleich mit hinzugefügtem Fragezeichen, für ein Chinesisches hält. Er ging, indem er nicht an *bāyang* dachte, vermuthlich auf die Puppenbude, da *wāyang kōrong* Mal. die Kajüte am Hintertheil der Boote ist. Es bedeutet aber nicht sowohl die Kajüte selbst, als die Bretter, Rippen, aus welchen sie gezimmert ist; und dies hängt mit einer andren Bedeutung von *wayang* zusammen, in welcher das Wort (Raffles. II. *App. p.* CLXV. *col. b.*) einen Gränzbaum bedeutet. Diese aus dem Kawi, d. h. hier nur dem Alt-Javanischen, entnommene Bedeutung mag mit der des Schattens zusammenhangen, weil ein solcher Baum, auch verdorrt, zum Schatten geworden, immer Gränzbaum bleibt. Daſs man *wayang wong*, auf Menschen-Schauspieler angewendet, sagt, kann eine Widerlegung meiner Ableitung scheinen. Ich glaube aber vielmehr, daſs man nur auf Menschen, die ja auch in der Regel nur stumm gesticuliren, den generischen Namen *wayang*, in dem die Begriffe von Schatten, Puppen- und Schauspiel zusammenflieſsen, übergetragen hat.

(1) Raffles. II. 80-82.

züglich in der ersten Gattung, fratzenhaft verdrehten Gesichtszüge und Gestalten. Die Dramen selbst, wenn man sie so nennen darf, bestehen immer aus der Hersagung der bezüglichen Stellen der Gedichte, aus welchen die Stoffe entnommen sind, und aus dem vom Dalang herrührenden, theils eingelernten, theils improvisirten Dialog. Die Kawi-Sprache geht nur die erstere Gattung an. Denn in dieser werden die Stellen der Gedichte allemal nach dem Urtext in Kawi hergesagt, der Dalang läfst aber eine Javanische Übersetzung nachfolgen. Die beiden ersten Perioden werden bisweilen auch durch Menschen vorgestellt, und so unterscheidet man Leder- und Menschen-Wayang (*wayang kulit* und *wayang wong* (¹)). In der Geschichte des Panji tragen diese Schauspieler Masken, und dann heifst die Vorstellung danach *topěng* (²). Bei sehr feierlichen Gelegenheiten, wie z. B. vor dem Fürsten, reden sie selbst; sonst spricht der Dalang, und sie machen nur die Geberden (³).

Das Interesse, welches die Javanen an diesen Schauspielen nehmen, ist nicht zu beschreiben; ganze Nächte hören sie mit Entzücken und gespannter Aufmerksamkeit zu. Mit denen der älteren Gattung verbinden sich auch abergläubische Meinungen. So darf der Brata Yuddha nie in Einem Abend ganz gegeben werden, weil man sonst das Ausbrechen eines grofsen Krieges für unausbleiblich hält (⁴).

Obgleich aber das Kawi sich auf diese Weise im Javanischen Puppenspiele in lebendigem Gebrauch erhalten hat, so ist die eigentliche Kenntnifs desselben doch auf der Insel als erloschen anzusehen. Was bei den Puppenspielen hergesagt wird, ist durch alte Überlieferung auswendig gelernt, und ebenso die hinzugefügte Javanische Übersetzung, so dafs der hersagende Dalang kaum etwas selbst davon zu verstehen braucht. Dies mufs man we-

---

(¹) *Kulit*, Haut (Raffles. II. *App. p.* LXXIX.), ein ächt Malayisches Wort, im Mal. ebenso, auf Madagascar *houlitse*, *houditse*, *oditz*, das aber doch mit der Sanskrit. Wurzel कुल्, *kŭl*, bedecken, einschliefsen, verwandt sein könnte. *Wong*, Mensch (Raffles. II. *App. p.* LXXVI.), Jav.

(²) Jav. *topěng* (Crawf.), Mal. *tŭping*, Maske.

(³) Raffles. *Memoir*. 165. 166.

(⁴) Raffles. I. 336-340. 412.

nigstens daraus schliefsen, dafs Raffles versichert, dafs zu seiner Zeit nur ein einziges Individuum als der Sprache wirklich kundig angesehen werden konnte. Dies war Nata-Kasuma, der Fürst (*Panambahan* (¹)) von Sumenap auf der Insel Madura, ein Mann, der, nach Raffles Versicherung, unter den gebildetsten Nationen wegen seiner Einsicht und Talente würde geschätzt worden sein (²). Allein auch dieser besafs doch nur eine sehr mangelhafte Kenntnifs des Kawi, und mufste sich, indem er für Raffles den Brata Yuddha übersetzte, sehr oft damit helfen, den Sinn nach dem Zusammenhange zu rathen. Auch merkt man diese seine Ungewifsheit, wenn man den Text mit seiner Übersetzung vergleicht. Dies trifft vorzüglich diejenigen Stellen, wo die Übersetzung ungleich viel weitläuftiger, als der Kawi-Ausdruck, ist. Diese geringe Kenntnifs des Kawi unter den heutigen Javanen ist sehr begreiflich, da sich die des Sanskrits gänzlich verloren zu haben scheint. Auch Nata-Kasuma scheint das Indische gar nicht gekannt zu haben. Hätte Raffles einen gründlich unterrichteten Indischen Pandit bei sich gehabt, so dafs er den Javanischen Fürsten nur hätte zur Erklärung des einheimischen Theiles des Kawi brauchen dürfen, so würde es ihnen leicht geworden sein, eine vollkommen genügende Übersetzung zu liefern. Denn nur die Mangelhaftigkeit der Hülfsmittel zur Kenntnifs des Javanischen macht uns das Verstehen der Bruchstücke des Brata Yuddha schwierig (³). Hätte Raffles diese Zusammensetzung des Kawi aus Sanskrit und Javanischem gehörig eingesehen, so würde er eine richtigere Methode angewendet und nicht gesagt haben (⁴), dafs vom Kawi sich nur die Bedeutung einiger Wörter erhalten habe, da der ganze Sanskritvorrath offen daliegt, und dafs die Grammatik (*the idiom and grammatical construction*) längst verloren gegangen sei, da sie noch im Javanischen fortlebt. Sehr gute Dienste hätten

---

(¹) Nach Raffles Javanischem Wörterbuch heifst dies Wort Fürst, Regent (II. *App. p.* CXVIII.). Unter den Mahomedanischen Regierungen wurde es nur dem Nächsten im Range nach dem Fürsten gegeben (I. 313.), und dieser selbst hiefs *Susuhunan* oder Sultan. Über die Ableitung von *panambahan*, *panembahan* s. unt. §. 14.

(²) Raffles. II. *p.* 73.

(³) Raffles. I. *p.* 370. II. *p.* 73.

(⁴) *Memoir. p.* 161.

auch die Handschriften leisten müssen, die, nach Raffles Versicherung, eine Erklärung jedes Worts und eine Paraphrase des ganzen Sinns im Javanischen enthalten (1).

§. 2.

Ich gehe jetzt zu diesem Gedichte über. Da es die einzige Quelle der Kenntnifs des Kawi für uns ist, so halte ich es für nothwendig, einige Notizen über das Werk selbst vorauszuschicken.

Höchst befremdend ist die Deutung, welche Raffles dem Titel giebt. Er übersetzt ihn: der heilige Krieg oder vielmehr der Krieg des Unglücks (*holy war, or rather the war of woe*). Wie aber dieser Sinn aus den beiden Worten *brata yudha* (nach seiner Schreibung) herauszubringen ist, darauf läfst er sich nicht ein. In dem Gedichte selbst kommt *yudha* gar nicht, *brata* nur in zwei Namen vor. Über *yudha* kann man nicht zweifelhaft sein; es ist das bekannte Sanskritwort für Kampf und Krieg, युद्धं, *yuddham* (2). *Brata* wird, als gleichbedeutend mit *yoga*, durch Büfsung (*penance*) erklärt (3). Wie diese Bedeutung aber aus dem Sanskrit, aus dem doch das Wort ohne Zweifel stammt, herzuleiten sei, errathe ich nicht. In den Namen *Déwa-brata* und *Sura-brata* hat man es wohl für Bruder zu nehmen, Bruder der Götter (ein Beiname des Rishi Bhishma) (4), Bruder der Helden. Hiernach könnte man die Überschrift Bruderkrieg

(1) *Memoir. p.* 164.

(2) In dem Kawi-Wörterbuch (Raffles. II. *App. p.* CLXX. *col. a.*) wird *yodha* durch Aufruhr, Menschenmasse erklärt. Im Gedicht findet sich *yodha* für Krieger, Kämpfer (das Sanskr. योध, *yôdha*), jedoch auch in einem weiteren Sinne, als Begleiter, zum Gefolge Gehörender, genommen; das Wörterbuch übersetzt es geradezu durch Diener (*l. c.*).

(3) Raffles. II. *App. p.* CLXXIII. *col. a.*

[Crawf. in seinem Jav. Engl. Wörterbuche übersetzt das Wort auch durch *penance*, ferner durch *trouble*, *affliction*, *bitter*, *army*, in seinem ganz Jav. Wörterb. erklärt er es durch *karep* (Wunsch). Roorda giebt es als ein Kawi-Wort in der Bed. Büfsung, Büfsung thun, ein Einsiedlerleben führen. Ich kann nicht umhin, alle diese Bedeutungen, ebenso wie die von *yodha* als Aufruhr, Menschenmasse, für fehlerhafte Überlieferungen zu halten, und bin überzeugt, dafs sowohl *brata*, als *yodha*, in Texten in keiner anderen Bedeutung werden gefunden werden, als den aus dem Sanskrit herfliefsenden. Man vergleiche den ebenso merkwürdigen Fall von *bretya* im Anhange st. 111, *a.* und 591, *c.* B.]

(4) Raffles. I. *p.* 414. 415. B. Y. 135, *d.* 136, *b.*

übersetzen. Aber der Verwandtschaftsname müſste dann in viel weiterer Bedeutung genommen werden. In einer Note zu Crawfurd's Abhandlung über die Hindu-Religion auf der Insel Bali wird *brata* für eine Abkürzung von *Bhârata* erklärt, und der Titel Krieg des Geschlechtes des Bharata übersetzt, da Kuru und Pâṇḍu von diesem abstammten ([1]), und in seinem Wörterbuche führt Crawfurd *Brata* in der Bed. *name of the ancestor of the Pandus* auf. Der im Mahâbhârata besungene Krieg wird nun allerdings nie in Indischen Schriftstellern der Krieg der Bharatiden genannt; aber es kann doch kaum zweifelhaft bleiben, daſs dies der alleinige Sinn des Namens des Gedichtes ist.

Das Originalgedicht hat 719 vierzeilige Stanzen. Von diesen aber giebt Raffles nur 135, zu welchen Crawfurd in seiner vorerwähnten Abhandlung 19 hinzufügt ([2]). Die ausgelassenen Stellen liefert Raffles in kurzen Auszügen. Sowohl aber in diesen, als im Texte selbst, übergeht er alle Stellen, welche das Zartgefühl des Lesers durch schlüpfrige Bilder beleidigen könnten. Dieselbe schonende Rücksicht beobachtet er bei allen Berichten von Javanischen Sagen; und da, seiner Versicherung nach, solche Schilderungen ungemein häufig darin vorkommen, so verliert man dadurch allerdings viel in der Übersicht des Zusammenhanges der einheimischen Mythen. Die sich auf Zeugung beziehenden Vorstellungen müssen nothwendig in der uralten Fabelwelt eine groſse Rolle spielen; und es giebt eine ernste Art, dieselben zu behandeln, welche alle Schlüpfrigkeit der Phantasie entfernt, und wogegen die bloſse Auslassung nicht zu billigen ist.

Die Zeit, in welcher das Gedicht verfaſst ist, wird zwar ganz genau angegeben; die Angaben weichen aber sehr weit von einander ab. Die Volksmeinung setzt nämlich das Gedicht in das Jahr 706 der Aera. Eine in der Einleitung zu dem Gedicht selbst vorkommende Angabe wird vom Jahre 1079 erklärt. Ob aber auch nicht diese noch zu früh sein dürfte, steht sehr dahin. Auch mag es leicht mehrere auf einander folgende Umbildungen desselben gegeben haben, und der uns vorliegende Text zu den späteren unter diesen gehören. Crawfurd behauptet geradezu, und empfing diese Meinung doch wohl von den Eingebornen, daſs die Sprache im Brata Yuddha

([1]) *Asiat. res.* XIII. 145. Crawf. *Archip.* II. *p.* 19.

([2]) *Asiat. res.* XIII. 162-170.

B

sehr viel neuer ist, als das Kawi einiger anderer Werke (¹). Ich war schon, ehe ich dies las, auf dieselbe Vermuthung gekommen, da der Antheil von Sanskritwörtern, wenn man auch annimmt, dafs man vielleicht noch eine gewisse Anzahl derselben nicht herauserkennt, doch nicht so grofs ist, als man sich denselben im ältesten Kawi vorzustellen geneigt ist. Die Angabe des Jahres 706 scheint darauf zu beruhen, dafs der König, unter dessen Regierung, der Einleitung nach, das Gedicht gedichtet wurde, Aji Jaya Baya, um das Jahr 700 gelebt haben soll (²). Auf keine Weise wird dieser Fürst für denselben gehalten, mit welchem, nach dem oben Erzählten, die Javanische Geschichte beginnt. Sein wahrer Name ist vielmehr unbekannt, und der von Jaya Baya wurde ihm nur als ein Ehrentitel beigelegt. Das Gedicht endet damit, dafs, nach Besiegung der Kurawas, Dharmawangsa (धर्मवंश), wie Yudhishṭira gewöhnlich darin genannt wird, die Regierung von Astina übernimmt, und dafs ihm der Titel Bathara Jaya Baya beigelegt wird. Hierin liegt offenbar wieder eine schmeichlerische Anspielung auf den in der Einleitung genannten Fürsten. Das Glück der Regierungen beider wird auch auf ganz ähnliche Weise geschildert. Zugleich schliefst sich der Brata Yuddha an den im Vorigen als das letzte der mythischen Gedichte genannten Parikesit an; denn dieser König ist der am Ende des Krieges noch ungeborene Sohn Arjuna's und Uttarî's, und Dharmawanśa verwaltete nur eigentlich die Regierung für ihn. Es soll aber auch an der Stelle, wo das Gedicht selbst die Zeit bestimmt, Verschiedenheiten der Handschriften geben, welche eine verschiedene Entzifferung zulassen (³). Denn da die Angabe nicht in Zahlwörtern, sondern in solchen geschieht, welche mystisch auf Zahlen bezogen werden, so ist die Ungewifsheit natürlich. Nach der ausführlichen Untersuchung, welche ich dieser Bezeichnungsart im ersten Buche dieser Schrift (⁴) gewidmet habe, wird man nicht erwarten, dafs ich die Ungewifsheit der Epoche, in welche das Gedicht Brata Yuddha zu setzen ist, nach der in Worten darin angegebenen Jahrzahl zu beweisen versuchen

(¹) *Asiat. res.* XIII. 146.

(²) Raffles. II. *p.* 81.

(³) Raffles. I. *p.* 411. 418.

(⁴) 1. Cap. §. 3. *Chandhra Sangkala.* S. 19-42.

sollte ([1]). Die Erwähnung einer auf diese Weise in umgekehrter Richtung geschriebenen Jahrzahl kann wohl den Verdacht erregen, daſs die Einleitung zu dem Gedichte erst seit der Einführung des Islams in Java geschrieben worden sei, man müſste denn bloſs eine spätere Interpolation dieser einzelnen Stelle annehmen, wozu aber kein Grund vorhanden ist.

Als Verfasser des Gedichts wird ein Pandit Namens Pusedah in der Einleitung selbst angegeben.

Der Schauplatz der Handlung wird, wie schon im Vorigen bemerkt worden ist, in den östlichen Theil von Java, in die Nähe der Insel Madura versetzt; und man kann darüber die kleine von Raffles gegebene Karte nachsehen ([2]). Aus dem Mahâbhârata bekannte Ortsnamen finden sich hier mit kleinen Lautveränderungen wieder. Die Stadt Astina ist die Residenz der Pandawas, Hastinâpura.

Die Zeit, welche die Handlung durchläuft, ist ungefähr die eines Monats, und zwar, nach Raffles Angabe, des fünften im Jahre.

Ich habe schon im Vorigen von der Einleitung des Gedichtes gesprochen ([3]). Nachdem erzählt ist, daſs der Allmächtige dem Könige Jaya Baya den Sieg verliehen habe, und nach einer kurzen Schilderung seiner glücklichen Regierung, wird gesagt, daſs der Gott Siwa den Dichter Pusedah aufgemuntert habe, den Krieg zwischen den Abkömmlingen Pâṇḍu's und Kuru's zu besingen. Diese Erzählung, so habe der Gott gesprochen,

---

([1]) Die Jahreszahl lautet (6, *a.*) *risanga kudha sudha chandhrama.*
9 7 0 1

Raffles scheint keine ihm genügende Erklärung davon erhalten zu haben, da er keine Übersetzung dieser Worte mittheilt. Das erste besteht aus der Präposition *ri* und dem Zahlworte für 9; das zweite heiſst Pferd, und kann Beziehung auf den Krieg haben; die beiden letzten sind die Sanskritischen शुद्ध चन्द्रमाः, *śuddha chandramâḥ*, reiner Mond. Sie können die Zeit der Handlung des Gedichtes anzeigen. *Kudha* hält Marsden, wie wir weiter unten sehen werden, mit Recht für das Sanskritische घोट, *ghôṭa*. Das Wort ist auch in das heutige Malayische übergegangen. Auf Java gehört es nur dem Basa krama, nicht der Volkssprache an. Raffles. II. *App. p.* LXXXVIII. In keiner anderen Malayischen Sprache finde ich einen Ausdruck für Pferd angeführt.

([2]) I. 411. 412.

([3]) [Ich darf nicht unterlassen, zu erinnern, daſs der hier gegebene Auszug allein nach Raffles und seiner Auffassung des Gedichtes ausgearbeitet ist, und an einigen Stellen von den Berichtigungen getroffen werden wird, welche ein zuverlässiger Text und vollständigere grammatische und lexicalische Hülfsmittel an die Hand geben. B.]

beabsichtige nicht Belehrung über die Verwaltung des Landes und das Betragen der Menschen, aber sie gewähre innerliche Genugthuung und Vergnügen. Das Gedicht umfafst nun in ununterbrochener Folge den ganzen Krieg. Kṛishṇa giebt den Pandawas den Rath, von den Nachkommen Kuru's die Hälfte des Landes zu fordern, und im Verweigerungsfall den Krieg anzukündigen. Kṛishṇa übernimmt selbst die Sendung zu dem Haupte der Kurawas; der Krieg wird beschlossen, geführt, und endigt sich mit dem Tode Suyudhana's (Duryôdhaṇa's) und dem völligen Siege der Pandawas. Ihr Haupt Dharmawaṇśa (Yudhishṭhira) wird König von Astina, bis Arjuna's noch ungeborner Enkel von seinem Sohn Abimanyu (Abhimanyu) die Regierung übernehmen kann. Kṛishṇa's erstes Erscheinen in Astina, seine Zusammenkunft mit den Kurawas, die Zurüstungen zum Kriege und die Schilderung des Zuges der fünf Söhne Pâṇḍu's und ihres Heeres nehmen einen grofsen Raum ein. Hier, auf dem Schlachtfelde von Kurukshêtra, weigert sich Arjuna, den Kampf gegen seine Verwandten und geistlichen Führer zu beginnen, giebt aber den Gegenvorstellungen Kṛishṇa's nach. Es ist dies also die nämliche Situation, als die, mit welcher die Bhagavad-Gîtâ anhebt. Sie wird aber nur in sechs Stanzen geschildert, und man darf hier nur sehr wenig von der Schönheit und Erhabenheit des Indischen Gedichtes suchen. Von der philosophischen Ausführung ist durchaus keine Rede. Eine schwache Andeutung, dafs Leben und Tod nur in gewisser Umänderung ein und dasselbe Dasein sind, liegt in dem halben Verse, in welchem gesagt wird, dafs die Feinde der Pandawas schon eigentlich des Lebens beraubt sind. Der Krieg theilt sich in sieben grofse Schlachten, zwischen welchen auf allerlei Weise benutzte Ruhepunkte eintreten. Gleich in der zweiten fällt Bisma (Bhîshma), der schon betagte Rishi und der Anführer der Kurawas. Es ist zu bedauern, dafs Raffles gerade diese vielversprechende Episode nur in einem ganz kurzen Auszuge mittheilt. Bhîshma erklärt nämlich seine Bereitwilligkeit, von Kṛishṇa's Wurfscheibe (*chakram*) zu sterben, und dadurch den Eintritt in den Himmel zu erlangen. Der immer milde Arjuna räth ab, ihn zu tödten. Es kommt aber doch zum Gefecht; Bhîshma sinkt, ist aber noch nicht verschieden. Sein Blut steigt zu den oberen Räumen empor, und kehrt als ein Blumenregen zur Erde zurück. Die feindlichen Helden kommen, dem Verwundeten ihre Ehrfurcht zu bezeigen; nur der starrsinnige Bima (Bhîma) bleibt zurück, und sein furchtbarer Anblick schreckt die Kurawas ab, ihrem Anführer zu nahen. Bhishma will nur von Arjuna zu trinken annehmen, der ihm Wasser in seinem Köcher darreicht. Seinen Tod verschiebt Bhishma bis zu der sieben Monate später erfolgenden gröfsten Abweichung der Sonne, worin eine ältere astronomische Sage verborgen liegen mag. In der vierten Schlacht fällt Arjuna's Sohn Abhimanyu, nachdem sein Vater und Bhima mit List auf eine entfernte Stelle des Schlachtfeldes gelockt worden sind. In der auf diese Schlacht folgenden Zwischenruhe tritt ein Gespräch zwischen den beiden Gemalinnen Abhimanyu's über die Verschiedenheit ihrer Lage und die daraus hervorgehenden Gefühle ein. Denn die eine, Sundhari, besteigt den Scheiterhaufen, die andere, Utari (Uttarî), erhält ihr Leben, um das ihres noch ungeborenen Sohnes zu retten. Auch dieses Gesprächs gedenkt Raffles blofs, ohne auch nur den kürzesten Auszug daraus zu geben. Die fünfte Schlacht, die längste und furchtbarste, währt mehrere Tage, und theilt sich eigentlich in mehrere. Arjuna sucht den Tod seines Sohnes an Jaya Drata zu rächen. Er hat gelobt, ihn vor dem Untergange der Sonne zu tödten. Die Gewalt der Feinde macht es ihm lange unmöglich. Da wirft Kṛishṇa seine Wurfscheibe gegen die Sonne, und verdunkelt ihre Strahlen. Die Kurawas glauben die Nacht hereingebrochen und den verhängnifsvollen Tag vorübergegangen. In der Finsternifs vollbringt Arjuna sein Vorhaben; die Sonne tritt, da Kṛishṇa seine Scheibe zurückruft, wieder leuchtend hervor, und das Gelübde ist erfüllt. In derselben Schlacht fechten Karna (Karṇa), welchen Pâṇḍu's Gemalin Kuntî als Jungfrau vom Sonnengotte gebar, und Bhîma's Sohn Gathotkacha (Ghaṭôtkacha) im Zweikampf mit einander, und der letztere wird getödtet. In der sechsten Schlacht fällt Karṇa von Arjuna's Hand. Der Sonnengott bezeigt seine Trauer über seinen Tod. Unter Donnerschlägen und Regenschauern schiefsen Strahlenblitze aus dem Gestirne des Tages. Die über den Verlust ihres Führers bestürzten Kurawas fliehen bis zur Stadt zurück, und werden bis dahin von den siegreichen Feinden verfolgt. Karṇa's Stelle nimmt in der siebenten und letzten Schlacht Salya, der Mutterbruder der beiden jüngsten Pandawas, ein. Er sieht sein Schicksal voraus, wünscht auch aus Neigung zu den Pandawas sich dem Kampf zu entziehen. Er hat aber sein Wort einmal gegeben; und da einer seiner Schwestersöhne ihm abzurathen versucht, erklärt er, dafs er nicht zurückgehen könne, aber sein Leben willig den Geschossen Dharmawaṇśa's hingeben wolle. Dies geschieht, da der sanfte und ruhige Dharmawaṇśa von Kṛishṇa in der Schlacht gegen seinen Willen beredet wird, Salya zu tödten. Dieser ist vor dem Kampf in sein Haus zu seiner Gemalin Satyawatî zurückgekehrt, und hat ihr seinen Entschluſs, zu sterben, mitgetheilt. Nach langen, wieder von Raffles übergangenen, Scenen der Liebe und des Schmerzes zwischen beiden stiehlt sich Salya des Nachts von ihrer Seite weg zum Schlachtfelde hin. Wie sie erfährt, daſs ihr Gemal unter Haufen von Erschlagenen liegt, ist sie entschlossen, ihm zu folgen. Sie ordnet ihren Anzug, kämmt ihr Haar, ergreift ihren Dolch, und besteigt ihren Wagen. Sie sucht lange vergebens unter den Todten, und verzweifelt schon, ihn zu finden, als ihr der Allmächtige Stärke zu neuem Suchen verleihet. Sie erblickt endlich Salya's Wagen, ein Blumenregen hat ihn gleichsam unter Blumen begraben; der Himmel trauerte mit Donner und Thränen um den gefallenen Helden. Ehe sie ihm im Tode folgt, trägt sie ihrer alten Wärterin Sugańdhika (Sugandhikâ) auf, ihrem Volke den letzten Abschied zu bringen, und die Dichter zu bitten, die Geschichte ihrer Leiden zu besingen, daſs sie gehört und bekannt werde, fühlende Herzen mit Liebe und Mitleid fülle, und Thränen bei der wehmüthigen Schilderung flieſsen. Aber die treue Alte will sich nicht von ihr trennen. „Wann", sagt sie, „habe ich „Dich je verlassen? in welches Dasein Du gehest, begleite ich Dich. Wen „wolltest Du haben, nach Wasser zu senden? Wer wird meiner edlen Ge„bieterin Füſse waschen, bin ich nicht mit ihr?" Sie endet ihr Leben mit dem Dolch, den sie aus Satyawatî's Brust zieht. Diese schöne und rührende Episode hat Raffles groſsentheils ausführlich im Originaltext gegeben. Duryôdhana hat sich nach der allgemeinen Flucht versteckt, wird aber gefunden, und von Bhîma getödtet und barbarisch behandelt. Wie schon alle Kurawas besiegt sind, überfällt noch Aswatama (Aśwatthâmâ), einer ihrer Anhänger, der Sohn eines Büſsers, die Stadt Astina, und es entspinnt sich in den Gebirgen, in die er sich zurückgezogen, ein Kampf zwischen ihm und Arjuna. Da derselbe die Welt zerstört haben würde, so steigt Nârada vom Himmel herab, und vergleicht die Kämpfenden. Aśwatthâmâ vereinigt sich aber doch nicht mit den Pandawas, sondern begiebt sich in die Einöde.

Ich habe diese gedrängte Übersicht des Inhalts des Gedichts so einzurichten gesucht, daſs sie zugleich einen Begriff von dessen Manier und dem darin herrschenden Tone zu geben im Stande ist. Vorzüglich war es dabei meine Absicht, den Leser zu reizen, selbst nachzulesen, was in Raffles davon mitgetheilt ist. Man müfste ungerecht sein, wenn man dem Gedicht nicht sogar einen recht hohen poetischen Werth einräumen wollte. Es besitzt Stellen erhabener und erschütternder Schilderungen des Schlachtgewimmels, und andere freundlicher und lieblicher Scenen. Besonders sind Naturschilderungen schön und malerisch ausgeführt. Bei Raffles Manier, gerade diejenigen Stellen, die in eine gewisse Breite des Gesprächs oder blofs ruhiger Schilderungen ausgehen, zu unterdrücken, entbehrt man noch überdies, wie ich im Vorigen angedeutet habe, mehrere der interessantesten Episoden. Zu läugnen aber ist es auf der andren Seite nicht, dafs der Eindruck dieses Gedichts auf keine Weise dem der grofsen Indischen Epopöen zu vergleichen ist. Man darf in diesen nur eine Seite lesen, um von einer ganz anderen Empfindung getroffen zu werden, als diese Nachbildung jemals hervorbringen kann. Offenbar liegt dies doch in dem hier fehlenden Gepräge des hohen und ächten Alterthums. Der Gegenstand, die Namen, die Vorstellungsweise und die erzählten Begebenheiten sind dieselben, aber es fehlt doch der Farbe des Ganzen das, wodurch die Seele sich in die entfernteste Vergangenheit, als in die nächste Verwandtschaft mit einem noch reiner ursprünglichen Dasein der Menschheit, versetzt fühlt, wenn auch nur sehr wenige Stellen, und die man leicht übergehen könnte, an offenbar Modernes erinnern. Indefs finden sich auch solche. Am meisten möchte ich zu diesen die Schilderung der ungeduldigen Neugier zählen, mit welcher die Einwohner von Astina herbeieilen, um Kṛishṇa's Ankunft zu sehen. Sie laufen halb angezogen, mit noch zum Theil weifsen und zum Theil geschwärzten Zähnen, den Spiegel in der Hand, aus ihren Häusern, und vollenden ihren Anzug auf dem Wege; anderen entfallen die Kleider im Laufen; Kinder bringen ihre elfenbeinernen Puppen und heben sie in die Höhe, den Gott zu begrüfsen u. s. w. Diese ganze mit Anspielungen auf neuere Sitten angefüllte Erzählung sieht gar sehr einem zur Belustigung des Volks beim Puppenspiel gemachten Zusatz ähnlich.

Ich habe schon im Vorigen erwähnt, dafs die Kawi-Werke, welche gleiche Gegenstände mit Indischen behandeln, nicht Übersetzungen, sondern nähere oder entferntere Nachbildungen scheinen. Auch in der von Crawfurd gegebenen Stelle des Brata Yuddha befindet sich, nach einer genauen vom Herausgeber angestellten Vergleichung mit dem Sanskritischen

Original, nur eine einzige, in wenigen Worten bestehende Anrede, welche wirkliche Gleichförmigkeit beweist. Alles übrige weicht sehr stark ab. Dieser Herausgeber vermuthet daher, daſs das Kawi-Gedicht gar nicht nach dem ursprünglichen Mahâbhârata gemacht sei, sondern vielleicht nach dem Jaimini-Bhârata, oder nach einer der Übertragungen des Sanskritwerkes in eine der neueren Indischen Mundarten (¹). Das Letztere läſst sich aber durchaus nicht annehmen, da das Kawi, wo es nicht Javanisch ist, nur reines Sanskrit enthält. Die Einleitung zu dem Gedichte und der, wie ich oben erwähnt, damit übereinstimmende Schluſs machen es überhaupt aber viel wahrscheinlicher, daſs das Werk wirklich bloſs nach dem ursprünglichen Gedichte auf Java selbst entstanden ist. Die Bestimmung, dasselbe zu theatralischer Vorstellung zu brauchen, war ein hinlänglicher Grund, es mit den gröſsten Abweichungen von dem Original in eine ganz neue Form zu gieſsen.

Da es dem Leser vielleicht angenehm sein dürfte, die Stelle genauer zu vergleichen, in welcher das Gedicht mit dem Anfang der Bhagavad-Gitâ übereinkommt, so habe ich am Ende dieser Schrift diese Stanzen mit der Englischen Übersetzung abdrucken lassen, und, soviel es mir möglich gewesen ist, eine Zergliederung der einzelnen Kawi-Wörter hinzugefügt.

Man wird darin eine merkwürdige Abweichung von dem Sanskrit-Original antreffen. Ich meine hiermit die Stelle, wo Arjuna sich von dem Schlachtfelde wegstiehlt, um den im feindlichen Heere befindlichen Heiligen und Weisen, als seinen geistlichen Lehrern, seine Ehrfurcht zu bezeigen. Auch ihre Antwort ist merkwürdig. Sie wünschen und verkündigen ihm geradezu den Sieg, ihr Herz ist offenbar ihm und seinem Geschlechte zugewandt, sie erkennen die Gerechtigkeit seiner Sache, aber ein unvermeidliches Verhängniſs scheint sie an die Gegenparthei zu knüpfen. Es wird als eine allgemeine Sitte vorgestellt, die Weisen und Heiligen des feindlichen Heeres vor der Schlacht ehrend zu begrüſsen. Ob dies auch in den alten Indischen Heldengedichten vorkommt, weiſs ich nicht. In dem Javanischen sieht man aber auch bei anderen Gelegenheiten, daſs die feindliche Gesinnung und die kriegerische Wildheit sich vor der Ehrfurcht, welche diese höheren Sterblichen einflöſsen, beugt. Ich habe oben erwähnt, wie der

(¹) *Asiat. res.* XIII. 167-170.

sterbende Bhîshma auch von den Pandawas geehrt wird. Als ein anderer der feindlichen Gurus, Dangyang Drona ([1]), getödtet worden ist, gehen Kṛishṇa, Arjuna und sein ältester Bruder auf das Schlachtfeld, um sein getrenntes Haupt mit seinem Körper zusammenzufügen, seinen Überbleibseln die letzte Huldigung zu erzeigen und ihn um Verzeihung der begangenen That zu bitten.

Einer im Brata Yuddha vorkommenden Sitte muſs ich noch gedenken, da es interessant sein würde, ihrem Ursprunge weiter nachzuforschen. Vor dem Anfange der Schilderung der Schlachten wird erzählt, welche Schlachtordnung von den Heerführern gewählt worden sei. Diese Schlachtordnungen führen eigne Namen, bilden irgend eine Gestalt, z. B. die eines Thieres, nach, scheinen aber wenigstens oft auch noch hierin eine mystische Anspielung zu enthalten. Das Letzte ist z. B. der Fall in der *kageng pateh* genannten. Denn obgleich Raffles dies durch königlicher Geier (*royal vulture*) übersetzt, so ist es offenbar das Sanskritische खगपति, *khagapati*, der Herr der Vögel, ein bekannter Beiname des Garuḍa, des mythologischen Vogels, auf welchem Wishṇu einherreitet ([2]). Eine ähnliche Anspielung scheint in der Schlachtordnung *bahui makara* ([3]) zu liegen. Das erste dieser Wörter ist mir zwar unbekannt ([4]). Das letzte aber ist offenbar der Indische Name des Thierkreiszeichens, welches bei uns dem Steinbock entspricht, des zehnten in der Ordnung. Denn Raffles und Crawfurd übersetzen es durch Seekrebs, und gerade als ein solcher ist das Thierkreis-

---

([1]) Da er auch im Gedicht (B. Y. 322-393.) als der Vater von Aśwatthâmâ erscheint, so kann er nur der bekannte Drôṇa sein. *Dang yang*, da die Wörter wohl zu trennen sind, ist Javanischer Zusatz, wie auch *sang yang* (einer, welcher) vor Namen steht.

([2]) B. Y. 146, *d.* So wie Raffles das Wort schreibt, würde es bedeuten: der Vögel (खग, *khaga*) des (*hing*) ersten Ministers (*patih*).

([3]) B. Y. 408. An einer andren Stelle, in welcher er sich aber auf diese bezieht (I. 297.), schreibt Raffles *mangkara*. Die Thierkreiszeichen führen im heutigen Javanischen, wie im Malayischen, Arabische Namen. Die einzige Ausnahme macht der Skorpion, Jav. *kala*, Arab. *akrab*. Allein *kāla* bedeutet Malayisch namentlich den Antares, das Herz des Skorpions, und so ist es wohl das Arabische *kalb*, der Name jenes Sterns. Vgl. Ideler's Sternnamen. S. 179.

([4]) In *chakra bahui* kommt es weiter unten nachgesetzt vor. An बहु oder बाहु, oder gar an भाव dabei zu denken, führt nicht weiter.

C

zeichen, welches bei den Indiern mit Antelopen-Vorderleib wie ein Ungeheuer dargestellt wird (1), auf einem Gemälde abgebildet, das Raffles aus einer alten Handschrift des Tumenggung (2) von Telaga in Cheribon entnommen hat. Sehr merkwürdig und die Anhänglichkeit des Volkes an alte Indische Sitte bestätigend ist es, daſs noch in ganz späten Kriegen des sechzehnten und siebzehnten Jahrhunderts die Javanen sich rühmen diese Stellungen der alten mythischen Kriege angewendet zu haben. Zum Theil aber scheinen sie darin andere Anspielungen zu suchen. So wird die Makara-Stellung unter dem Namen *mangkara boyewa* durch: Krebs, welcher seine Seele verbirgt, übersetzt, weil der Führer des Heeres sich in der Mitte der Stellung befindet (3). In den Alt-Indischen Heldengedichten erinnere ich mich keiner Andeutung dieser Sitte, sie kommt wahrscheinlich erst in den späteren Umbildungen derselben vor. Allein aus Indien stammt sie in Java offenbar. Ein sichtbarer Beweis findet sich davon im Brata Yuddha. Denn eine der Stellungen heiſst *chakra-bahui* (4), und bei Wilson

---

(1) Bohlen. Altes Indien. II. 257.

(2) Raffles. I. 478. Dies Wort ist die Benennung einer hohen Javanischen Staatswürde. *l. c.* 312. Raffles schreibt *tumunggung*; ich ziehe aber Crawfurd's Schreibung vor, indem ich das Wort von *tanggung*, Mal. *tan̄ggong*, tragen, für etwas verantwortlich sein, herleite.

(3) [Ganz ebenso übersetzt und erklärt Roorda den Ausdruck. Soll man *bahui* und *boyĕwa* für dasselbe, nur das eine Mal fehlerhaft geschriebene, Wort halten? Auf der Platte vor I. 297. schreibt Raffles *buhia*. Aus *boyĕwa* die obige Übersetzung herauszubringen, halte ich für ganz unmöglich, nicht aber, daſs es aus den Wörtern *baya*, Krokodil, und *hiwah*, *hĕwah*, Fisch (das letztere Wort habe ich nur in Crawfurd's Wortverzeichnisse in seiner Geschichte des Archipelagus und einmal in der Erklärung der Crawfurdschen Handschrift des B. Y. gefunden, da es sonst *hiwak* lautet), zusammengezogen sein und eine Erklärung von मकर, *makara*, enthalten könnte. Denn Wilson sagt, daſs dieses Seeungeheuer gewöhnlich mit dem Krokodile und Haifische verwechselt werde. Den einzigen Anstoſs gäbe das lange *o* von *boyĕwa*; doch lautet im Mal. das Wort für Krokodil *būāya*. In Beziehung auf *bahui* will ich nur der Vollständigkeit wegen anführen, daſs Crawfurd in seinem eben erwähnten Wortverzeichnisse den Ausdruck für Schwein (Jav. *babi*, Mal. *bābi*) *bahwi* schreibt. Übrigens habe ich den Namen der Schlachtordnung in Crawfurd's Handschrift des B. Y. an der Stelle nicht gefunden. Man sehe jedoch gleich weiter Anm. 4. B.]

(4) [Der Umstand, daſs ich diesen Namen im B. Y. (Crawfurd's Handschr. st. 231, *c.* und

wird als eine der Bedeutungen von *chakra* der Name einer kriegerischen Heeresstellung angegeben. Da *chakra* einen runden Körper (Rad, Scheibe) bedeutet, so ist die Anwendung davon auf eine Heeresstellung sehr natürlich; es lag in diesem Namen wohl auch zugleich eine Anspielung auf das *chakram*, die furchtbare Waffe Wishṇu's (1). Andere Namen von Heeresstellungen, welche diejenigen, die belesener in Indischen Schriften sind, vielleicht auch in diesen aufspüren können, sind: *gajah*, Elephant; *rawan* (2); *wulan tumanggal* (3), Neumond oder das erste Vier-

---

232, *a.*) wirklich aufgefunden habe, führt auf einmal zu einer glücklichen Lösung des ganzen Räthsels mit *bahui*, *boyḗwa* und *buhia*. Ich finde es nämlich beide Male *byuha* geschrieben. Dies Wort, welches ich in keinem Wörterbuche angetroffen habe, kann hier nichts anderes, als Schlachtordnung, Schlachtreihe, heißen, auch wird es in der zweiten Stelle durch das gleichbedeutende *glar* erklärt. Ebenso erscheint es 109, *c.* (s. Anh.), wo es durch dasselbe Wort wiedergegeben wird. In der ersten Stelle übergeht es die Erklärung, wie die Übersetzung. 231, *c.* lautet die Stelle *chakrabyuha harani glar*, kreisförmige Schlachtordnung (ist) der Name der Heeresstellung; 232, *a.* steht im Texte *patmabyuha*, Lotus-Schlachtordnung (von पद्म, *padma*), aber die Übersetzung giebt, indem sie *patma* sehr falsch deutet, *glar chakrabyuha*. Aus der substantivischen Bed. von *byuha* muſs man augenblicklich folgern, daſs man hier Sanskritische Zusammensetzungen vor sich hat, daſs es also ein Sanskritwort sein muſs. Es ist daher व्यूह, *wyûha*, Schlachtordnung (von der Wurzel ऊह्, *ûh*, mit der Präp. वि, *wi*). In diesem Artikel giebt nun auch Wilson beispielsweise sieben Schlachtordnungen an, unter denen sich auch die Makara-Stellung befindet. In einem besonderen Artikel führt er auch das Compositum चक्रव्यूह, *chakrawyûha*, kreisförmige Schlachtordnung, auf. Wer könnte nun wohl noch zweifeln, daſs *bahui* und *boyḗwa* regellose Verdrehungen des Indischen Wortes sind? Die in Anm. 3. von mir versuchte Übersetzung der letzteren Form durch Krokodil (und) Fisch verliert nun allerdings allen Schein von Wahrheit; doch wäre es möglich, daſs die Javanen in früherer Zeit diesen Sinn hineingelegt und sie darum so gestaltet hätten, wenn sie auch jetzt einen ganz anderen, gleich fabelhaften, wie oben bemerkt ist, damit verbinden. B.]

(1) Guigniaut. *Religions de l'Antiquité. T.* 1. *P.* 1. *p.* 194.

(2) [B. Y. 116, *b.* Raffles nimmt das Wort für eine Art Schlachtordnung; ob dies richtig ist, will ich im Anh. zu untersuchen mich bemühn. Ich finde das Wort nur bei Roorda, als ein Kawi-Wort für Wolke, und im B. Y. 14, *a.* s. Anh. B.]

(3) *Wulan* ist Javanisch der Mond. *Tanggal*, wovon *tumanggal* durch Einschiebung von *um* abgeleitet ist, heiſst ursprünglich Gewinn, Vortheil, gewinnen, und daher Mondtag (Tag des Alters des Mondes, z. B. *tanggal sapisan*, Neumond, *t. ping nem blas*, der sechzehnte Tag des Mondes).

C 2

tel des Mondes (¹); *bajra tiksna lungit*, scharfgespitzte Waffe (²) von Raffles übersetzt, aber eigentlich: der Donnerkeil, वज्र, *wajra*, auch *bajra* (103, *d.*), welchem die beiden Adjectiva *tiksna* (तीक्ष्ण, *tikshṇa*, brennend, scharf) und *lungit*, scharf, zugespitzt, beigegeben sind; *dhiradha mata*, wüthender Elephant (³).

Als Quelle der Kawi-Sprache und Material zu ihrer Beurtheilung hat man nun auf dem Continent von Europa nichts andres, als die Stellen, welche Raffles aus dem Brata Yuddha im Original mitgetheilt hat (⁴), eine von ihm gleichfalls gegebene Stanze des Niti Sastra kawi ungerechnet (⁵). Die Handschrift, aus welcher Raffles den Text des Gedichtes entnommen hat, befindet sich jetzt in der kostbaren Sammlung von Handschriften, welche seine Wittwe der Asiatischen Gesellschaft in London schenkte. Sie ist in heutiger Javanischer Schrift, da das eigentliche Kawi-Alphabet wohl nur auf Inschriften gefunden wird. Raffles hat die Javanische Schrift, wie er nicht anders konnte, in Lateinische Lettern umgesetzt. Er entschuldigt sich selbst darüber, daſs dies vielleicht nicht überall mit Genauigkeit und Consequenz geschehen sei (⁶). Zu beklagen ist es, daſs er auch seine Grundsätze der Buchstabenübertragung nicht genauer angegeben hat. Er sagt nur im Allgemeinen, daſs er der, von der Asiatischen Gesellschaft in Calcutta angenommenen Orthographie von William Jones folge, nach welcher die Vocale so ausgesprochen werden, wie wir es beim Lesen des Lateinischen zu thun pflegen. Er bleibt sich aber auch hierin nicht gleich, indem er z. B. wunderbarer Weise in der Übersetzung des Brata Yuddha immer Kresna, im Texte dagegen Krisna schreibt. Unter diesen Umstän-

---

(¹) B. Y. 116. 174. 414. Raffles. I. 297.
[In keiner dieser drei Stanzen des B. Y. finde ich die Schlachtordnung genannt; sie findet sich nur in Raffles Auszuge. B.]

(²) B. Y. 121, *a*.

(³) *Dhiradha*, Elephant, ein Kawi-Wort (Raffles. I. *App. p.* CLXIX. *col. a.*), das Sanskritische द्विरद, *dwirada*, wie *dhipangga* aus द्विप, *dwipa*. *Mata*, eigentlich *matta* (मत्त), bei Crawf. auch *metta*, wüthend.

(⁴) Raffles. I. 416-447. 452. 453. 455-463.

(⁵) *l. c.* 399.

(⁶) *l. c.* 410. 411.

den kam es mir vorzüglich darauf an, zu erforschen, wie weit Raffles Genauigkeit oder Ungenauigkeit hierin gehe; und obgleich es mir nicht geglückt ist, hierin ganz auf's Reine zu kommen, so ist es mir doch bis auf eine zu meinem gegenwärtigen Zweck hinreichende Weise gelungen. Crawfurd nämlich hat, wie schon oben erwähnt worden ist, ein Stück desselben Gedichtes nach einer andren Handschrift gegeben, welche ihm von Nata Nagara (1), einem Fürsten in Sumenap auf Madura, mitgetheilt worden zu sein scheint. Glücklicher Weise finden sich nun fünf Stanzen derselben Stelle auch bei Raffles, und ich habe dieser Schrift diese zwanzig Verse nach beiden Ausgaben beigefügt. Man wird bei der Vergleichung finden, dafs die Unterschiede zum Theil sehr bedeutend sind. Einige sind offenbar verschiedene Lesarten der Handschriften selbst, andere hingegen erkennt man selbst mit geringer Übung in solchen Dingen als die Folgen verschiedenen Verfahrens bei der Übertragung in unser Alphabet. Da mir nun daran lag, beurtheilen zu können, welche von beiden Übertragungen, und in welchen Stücken, die genauere sei, so habe ich mir ein Facsimile einer Seite der Originalhandschrift von der Asiatischen Gesellschaft aus London verschafft, und nun die Javanische Schrift mit der Übertragung verglichen, was mit Hülfe des von Raffles und Crawfurd gegebenen Alphabetes (2) mit keiner Schwierigkeit verbunden war. Leider habe ich zwar nicht dieselbe Stelle bekommen können, welche Crawfurd giebt. Diese aus der Mitte der Handschrift hervorzufinden, würde niemandem möglich gewesen sein, der sich nicht schon viel mit diesen Sprachen beschäftigt hätte. Da aber in der Art der Übertragung bei jedem der beiden Englischen Schriftsteller doch sicher eine gewisse Gleichförmigkeit herrscht, so konnte auch eine jede andere Stelle zu meinem Zwecke ausreichen; und ich habe mich in der That überzeugt, dafs in mehreren der Verschiedenheiten zwischen den beiden Übertragungen die von Raffles weniger mit dem Original übereinstimmt, was indefs, wenn man einmal davon unterrichtet ist, dem von ihm gegebenen Texte

(1) Dieser scheint verschieden von dem oben genannten Nata Kasuma. *Nata*, das bekannte Sanskritwort, bedeutet hier Fürst, Herrscher, *nagara* ist Stadt, Land, also: Fürst des Landes.

(2) Raffles. I. 362. Crawf. *Archip.* II. 71. Beide müssen in einigen Punkten durch einander berichtigt werden; nur das erstere giebt eine vollständige Anweisung zum Lesen, das letztere fügt aber einige Zeichen hinzu, die dem ersteren fehlen.

nichts an seiner Brauchbarkeit raubt. Damit der Leser auch dies genau beurtheilen könne, gebe ich das Facsimile lithographirt, mit einer genauen Zergliederung der einzelnen Buchstaben, und lasse darauf die Stelle nach Raffles folgen. Man wird hieraus sehen, dafs Raffles die *h* sowohl im Anfang und in der Mitte der Wörter, als am Ende ([1]), oft ausläfst, und ebenso das *w*. Durch die letztere Auslassung wird z. B. das in der Javanischen Handschrift ganz richtige Sanskritische *bhuwana* bei Raffles in *buana* verwandelt. Ferner setzt Raffles sehr häufig *o*, wo in der Handschrift sehr deutlich *u* (der im Javanischen Alphabet *suku* genannte Vocal) steht. An anderen Stellen setzt Raffles ein *e* zwischen zwei Consonanten, wo die Handschrift dieselben unmittelbar auf einander folgen läfst. Hierüber läfst sich aus ihm nichts weiter entnehmen. Es wäre aber wichtig, zu wissen, ob die Handschrift vielleicht schon nach Arabischer Weise Vocale, wo kein Irrthum zu befürchten ist, ausläfst, oder ob diese Schreibung ein drittes, noch kürzeres *e* neben den zwei bezeichneten andeutet. Dafs die Aussprache in diesen Fällen die beiden Consonanten durch irgend einen Vocallaut trennt, dafs man also *sekar* und nicht, wie die Handschrift angiebt, *skar*, Blume, sagt, ist wohl schon darum nicht zu bezweifeln, weil sonst das, von Raffles sehr sorgfältig bezeichnete Sylbenmaafs nicht herauskommen könnte. Wo Raffles *oa* setzt, ist es mir immer sehr zweifelhaft gewesen, was er damit andeuten will. In der Sylbe *yoa* hat die Handschrift *hyu*. In allen diesen Punkten stimmt Crawfurd mit der in der Handschrift gebrauchten Schreibung überein.

Eine andere Schwierigkeit liegt darin, dafs Raffles die von ihm gebrauchten Zeichen nicht erklärt. So weifs ich noch nicht genau, was er in jeder Stelle mit dem Apostrophe meint. Die Vergleichung der Handschrift hat mich nun zwar gelehrt, dafs, wo er *ng* (welches man als einen einfachen Nasenconsonanten aussprechen mufs) setzt, es derjenige Nasenlaut ist, auf welchen am Ende eines Wortes oder einer Sylbe kein Vocal folgt, wie in

---

([1]) Dies End-*h* kommt in dem ersten Verse der ersten Stanze des Facsimile's offenbar vor, da in den Worten *mrih hayahnya* das erste *h* nur ein End-*h* sein kann. Das Zeichen ist das in Raffles Alphabet *signian* genannte *h*, dessen man sich da bedient, wo in der Sylbe kein Vocal folgt. Raffles *signian* sieht zwar mit seinem Köpfchen nach der rechten Seite hin, in Crawfurd's Alphabet und der Handschrift aber ist das Köpfchen nach der linken gekehrt.

sang. Dahingegen wo der Nasenlaut mit einem nachfolgenden Vocal ausgesprochen wird (der Vocal möge nun unmittelbar folgen, wie in *nga*, oder ein zweiter Consonant dazwischen stehen, wie in *ngla*) und wo er also die Sylbe beginnt, schreibt er *ng'*. Das Jav. Alphabet hat für diesen letzten Fall ein eigenes Consonantenzeichen. Den ersteren deutet es durch ein Sanskrit. Anuswara an, und ebenso macht es Crawfurd, nur dafs er wunderbarer Weise diesem Anuswara noch ein eigenes *n* zum Träger giebt (*saṅ*). Wenn aber Raffles *mr'i*, mit einem Apostroph, schreibt, wo die Handschrift ganz einfach *mrih* hat, und ebenso nach *t*, *k*, *j*, ja vor *a*, so begreift man gar nicht, warum er dies Zeichen gebraucht. Soll es hier Elision anzeigen, so hätte er es nicht zur Unterscheidung des doppelten *ng* brauchen müssen.

§. 3.

Um vollkommen zu übersehen, auf welche Verschiedenheiten der Schreibung bei der Beurtheilung der Kawi-Wörter Rücksicht genommen werden mufs, ist es auch nothwendig, in das Kawi- und Javanische Alphabet selbst genauer einzugehn. Die Kunst zu schreiben ist, aller Wahrscheinlichkeit nach, erst aus Indien nach Java gekommen; ob es aber überhaupt gar kein Vor-Indisches Malayisches Alphabet gegeben haben möge, darüber möchte ich nicht aburtheilen. Vorzüglich verdienten die Schriftzeichen der Sprachen der Philippinen genauere Untersuchung, obgleich in einigen Buchstaben der zwei mir davon vorliegenden Alphabete die Ähnlichkeit mit dem Dewanagari unverkennbar ist (1). Wenn indefs auch die Zeichen in allen einheimischen Alphabeten des Inselmeeres blofs Sanskritisch wären, und man niemals dort andere gekannt hätte, so mufs man doch den Inbegriff der Töne, gleichsam das Innere des Alphabets, von der äufseren Gestalt unterscheiden; und von dieser Seite betrachtet, ist das Malayische Alphabet, unter welchem ich allgemein das dem ganzen Sprachstamm gemeinschaftliche verstehe, von dem Indischen Alphabete unabhängig, und unterscheidet sich von demselben in mehreren Stücken. Eine grofse Anzahl verschiedener Nasentöne hat es mit dem Sanskrit gemein. Wenn aber diese

---

(1) Ein Tagalisches Alphabet giebt Crawfurd (*Archip.* II. 71.), ein Bisayisches findet sich in Ezguerra's *arte de la lengua Bisaya. fol.* 1. Beide sind wohl dasselbe Alphabet, und die, zum Theil grofsen Abweichungen scheinen von den Herausgebern herzurühren.

aus dem Sanskrit entsprungen wären, so erschiene es wunderbar, dafs das Malayische, und namentlich das Javanische, nicht auch die übrigen Consonantenverschiedenheiten, namentlich die der aspirirten und der Zischlaute, angenommen hat. Diese Eigenthümlichkeit mag also eher einem Hange zu diesen Tönen in den Völkern dieses Stammes zuzuschreiben sein.

Das Kawi-Alphabet ist kein anderes, als das heutige Javanische, die Verschiedenheit der Zeichen abgerechnet. Es ist bei weitem nicht so vollständig, als das Sanskrit-Alphabet. Denn es fehlen ihm von jeder Consonantenreihe die beiden aspirirten, ferner, wenn man den blofs mit einem Punkte über dem Vocal bezeichneten abrechnet, ein Nasenlaut und zwei Zischlaute (श, ष). Es hat also nur zwanzig Consonanten, statt der dreiunddreifsig des Sanskritischen. Welcher Unterschied zwischen der Aussprache des zwiefachen *t* und des zwiefachen *d* sein, oder gewesen sein mag? wage ich nicht zu entscheiden. Raffles und Crawfurd geben zwar das in der Ordnung des Javanischen Alphabetes zuerst vorkommende *t* und *d* für cerebrale, die beiden zuletzt vorkommenden für dentale Laute. Vielleicht ist auch ursprünglich dies ihr Unterschied gewesen. Jetzt aber scheint die richtige Unterscheidung dieser Buchstaben verloren gegangen zu sein. Denn ich finde in den wenigen Versen, welche ich von der Javanischen Handschrift besitze, in den beiden Wörtern *tri* und *batara*, welche nach dem Sanskrit beide das dentale *t* haben sollten, beide Javanische *t* gebraucht, und zwar das cerebrale in *tri*, das dentale in *batara*. Auch beide Arten des *d* finden sich in diesen Versen, aber gerade das cerebrale ist in dem Worte *śabda*, Wort, wo also der ursprüngliche Sanskritlaut dental ist, gebraucht. Im eigentlich Malayischen finden sich diese Laute gleichfalls, scheinen sich aber schon mehr verloren zu haben. In diesem Alphabet sind die der Reihe nach zuerst vorkommenden *d* und *t* die dentalen; sie werden durch das Arabische *dal* und *te* bezeichnet. Zum cerebralen *t* dient das Arabische *ttah*. Das entsprechende cerebrale *d* wird jetzt zwar noch immer in den Lesebüchern aufgeführt, Marsden hat es aber, nach dem Beispiele seiner Holländischen Vorgänger, aus seinem Wörterbuche gänzlich weggelassen, da es sich, seiner Versicherung nach, in Malayischen Schriften höchst selten, wenn nur überhaupt irgend, findet (1). Er führt nicht einmal ein einziges Beispiel davon

(1) *Gramm. p.* 8. 9.

an. Merkwürdig ist es, daſs dies *d* einer von den Buchstaben ist, welche die Malayen dem Arabischen Alphabete hinzufügen muſsten, weil sie dessen Laut im Arabischen nicht fanden. Dies beweist, daſs dieses Malayische *d*, und nicht das *dal*, das cerebrale, oder wenigstens ein von dem gewöhnlichen abweichendes ist. Ob sie übrigens noch zur Zeit der Einführung der Arabischen Schrift diesen Laut ihrer Sprache so unentbehrlich fanden, daſs sie ein eigenes Zeichen dafür feststellten, oder ob dies nur Folge einer ängstlich genauen Darstellung des ursprünglichen einheimischen Alphabetes war, läſst sich jetzt nicht mehr entscheiden. Daſs im Malayischen alle Rücksicht auf den Unterschied cerebraler und dentaler Laute untergegangen ist, beweist das Wort *danda*, Strafe, in welchem die beiden Gattungen des Sanskrit-*d* mit dem gewöhnlichen *dal* geschrieben werden. Nicht anders geht es dem *te*. Es deutet in *tatkāla*, Zeit, ein dentales, in *kōta* (कुट, *kuṭa*), Festung, ein cerebrales *t* an. Marsden erwähnt auch dieses Unterschiedes gar nicht. Nach ihm ist das selten vorkommende, durch das Arabische *ttah* bezeichnete *t* bloſs in Nicht-Malayischen, aber nicht ausschlieſslich in Arabischen Wörtern, üblich. Im Tagalischen und Madecassischen finde ich keines zwiefachen Lautes dieser Buchstaben erwähnt, und kann dies bei der ersteren dieser Sprachen nicht der Ungenauigkeit der Hülfsmittel zuschreiben. Von dem Sunda-Dialekt auf Java führt Crawfurd ausdrücklich an, daſs ihm die beiden cerebralen Laute fehlen und er nur 18 Consonanten besitze (¹).

Von Vocalen hat das Javanische Alphabet, auſser den drei kurzen und den beiden langen *e* und *o*, noch ein kurzes *ĕ*. Dagegen fehlen ihm die Diphthongen *ai* und *au*, welches in der Erkennung der Sanskritwörter bisweilen Schwierigkeit erregen kann.

Schon aus dem früher Gesagten wird man ersehen haben, daſs die von Raffles gewählte Schreibung, besonders wenn man noch dabei die darin begangenen einzelnen Fehler in Betracht zieht, das Verständniſs sehr erschwert. Einige in der Javanischen Schrift deutlich unterschiedene Laute, wie die oben erwähnten *d* und *t*, den Nasenlaut *nya* und die Sylbe *nya*, endlich die beiden Gattungen des *e* unterscheidet er gar nicht, *o* und *u* nicht gehörig. Es mag zwar sein, daſs, so wie im Tagalischen, auch im Javani-

(¹) *Archip.* II. 67.

D

schen beide Vocale in der Aussprache nicht deutlich geschieden werden. Wo aber, wie im Kawi, auch Sanskritwörter vorkommen, da wäre die Unterscheidung unumgänglich nothwendig gewesen; und das Javanische Alphabet besitzt für den *o*-Diphthong zwei Zeichen, welche, nach Art früherer Dewanagari-Alphabete und einiger neuer Indischer, den Consonanten in ihre Mitte nehmen. Dies *o* hätte Raffles mit *o*, das andere Zeichen (*suku*) regelmäſsig mit *u* bezeichnen sollen.

Ein anderer wichtiger Umstand bei der Entzifferung des Kawi-Textes ist die Art der Abtheilung der Wörter. Die Javanische Handschrift hat natürlich gar keine, sondern bezeichnet bloſs das Ende jedes Verses. Indeſs enthält das Javanische Alphabet selbst ein Hülfsmittel, in einigen Fällen wenigstens das Ende der Sylben erkennen zu können, da *h*, *ng* und *r* eigne Zeichen besitzen, wenn sie die Sylbe beschlieſsen. Raffles hat, meiner Ansicht nach, sehr richtig gefühlt, daſs, um dem Leser die logisch grammatische Übersicht zu erleichtern, er die Wörter abgetheilt liefern müſste. Sein Text scheint aber hierin gerade von Fehlern zu wimmeln. Ganz leicht erkennbar ist dies bei einigen Sanskritwörtern, wie wenn er *sahap sari* für *sahapsari*, mit Apsarasen [1], schreibt. Doch auch in Javanischen Wörtern ist mir Ähnliches aufgestoſsen. Diese Schwierigkeit nun lieſse sich zwar durch gehörige Sprachkenntniſs leicht lösen; man muſs aber bei der Entzifferung des Kawi-Textes die Wortabtheilung, wie sie dasteht, immer mit Miſstrauen behandeln, und kommt aus vielen Stellen erst heraus, wenn man den ganzen Vers wieder zusammenstellt.

§. 4.

Unter diesen Umständen dürfte, wenn es auf eine wörtliche Übersetzung und Zergliederung des ganzen Gedichtes ankäme, auch derjenige, welcher eine vollständige Kenntniſs des Sanskrits und Javanischen besäſse, doch bei vielen Stellen in Verlegenheit gerathen, wenn er bloſs Raffles Text ohne die Urschrift vor sich hätte. Indeſs ist es wirklich zu bewundern, wie viel dennoch Raffles und seine Gehülfen, bei ihnen gänzlich mangelnder Kenntniſs des Sanskrits, geleistet haben; und nie kann es dankbar genug erkannt werden, daſs ein Mann, dessen Thätigkeit politische Verhältnisse und

(1) B. Y. 618. *d*.

wichtige Verwaltungsgegenstände an sich rissen, und der, wie man offenbar sieht, sich nie gerade mit Sprachstudien beschäftigte, den Eifer besessen hat, die Trümmer einer ganz verloren gegangenen Sprache zu retten, und dies mit einem Fleifse und einer Gewissenhaftigkeit durchzuführen, dafs seine Arbeit zur Grundlage ganz in die feinsten Einzelheiten gehender grammatischer Forschungen dienen kann. Denn zu dem Zwecke, welchen ich mir hier vorsetze, reicht Raffles Text, auch ohne die Urschrift, vollkommen hin, da sich darin für jeden irgend wichtigen Punkt eine zum Beweise genügende Anzahl von Stellen auffinden läfst, die von den Schwierigkeiten und Unrichtigkeiten, von welchen ich oben sprach, frei sind. Es kommt hier durchaus nicht auf eine vollständige Zergliederung des ganzen Gedichts, oder selbst nur weitläuftiger Stellen desselben an, zu welcher die wenigen Hülfsmittel, die man zur Kenntnifs des Javanischen besitzt, durchaus nicht zureichend sind. Es kommt nicht einmal darauf an, eine Kawi-Grammatik vollständig aufzustellen, obgleich ich allerdings in die hauptsächlichsten dahin einschlagenden Punkte eingehen werde. Meine eigentliche Absicht ist nur, die Natur der Kawi-Sprache genau zu bestimmen, und zu zeigen und mit Beweisen zu belegen, wie sie in dem Umfange der Sprachen, zu welchen sie zu rechnen ist, classificirt werden mufs. Nur soviel es hierzu nöthig ist, mufs ich in den Wortvorrath und die Grammatik derselben eingehen.

Ehe ich dies aber zu thun anfange, mufs ich mich über einen Umstand erklären, in welchem eine Hauptschwierigkeit, ja, wie ich offenherzig gestehe, noch eine gewisse Blöfse meiner Arbeit liegt.

Wenn man alles aus dem Sanskrit Abstammende von dem Kawi sondert, so bleibt ein Theil, und zwar, der Masse und der grammatischen Form nach, gerade der hauptsächlichste, übrig, den ich Javanisch nenne. Diesen nun sich verständlich zu machen, giebt es nur höchst dürftige Hülfsmittel. Käme es blofs darauf an, die Bedeutung der Wörter dieses Theiles zu kennen, so leistet hierin die Vergleichung der verschiedenen Stellen, in welchen dasselbe Wort in den Kawi-Texten erscheint, sehr viel. Zu meinem Zweck aber ist dies nicht hinlänglich, da es mir natürlich vorzüglich darauf ankommt, zu erfahren, welcher Sprache ein solches Wort angehört, und einen materiellen Beweis zu erhalten, dafs dasselbe wirklich Javanisch ist. Unter allen bedeutenden Malayischen Sprachen ist die Javanische noch am wenigsten bearbeitet. Es scheint unglaublich, ist doch aber eine reine Thatsache, daſs es von dieser Sprache, obgleich sie im Alterthum eine der gelehrten war, ob man gleich Denkmäler und Handschriften von ihr besitzt, und obgleich eine Europäische gelehrte Gesellschaft auf der Insel selbst Jahre hindurch bestand, doch durchaus keine, noch so unvollständige oder unförmliche Grammatik giebt, selbst nur einige, noch immer sehr mangelhafte, vergleichende Wortverzeichnisse, mit welchen, wenn es auf das innere Wesen der Sprachen ankommt, immer sehr wenig anzufangen ist ([1]). Die einzigen wirklich brauchbaren Hülfsmittel sind indeſs doch noch diese Wortverzeichnisse bei Raffles ([2]) und Crawfurd ([3]), vorzüglich das des Ersteren. Allein der Unbequemlichkeit nicht zu gedenken, daſs dies Verzeichniſs nicht alphabetisch, sondern nach Classen von Begriffen, und darin zum Theil so sonderbar geordnet ist, daſs z. B. die Farben unter der Überschrift von dem menschlichen Körper und seinen Theilen vorkommen, so enthält dies Verzeichniſs eine Menge von wissenschaftlichen, technischen und conventionellen Wörtern, bei weitem aber nicht genug von denen, welche leichter in den inneren Zusammenhang der Sprache führen. Vorzüglich unzulänglich ist es in den so wichtigen Classen der Pronominen und Partikeln. Ein Englischer Geistlicher Trout soll sich, während Raffles Aufenthalt auf der Insel, sehr glücklich auf das Javanische gelegt haben; man bereitete damals auch Javanische Typen vor ([4]). Von dem Erfolge dieser Bemühungen aber erfährt man nichts. Hiernach scheint es daher, daſs der Erforschung der Kawi-Sprache ein unübersteigliches Hinderniſs für jetzt im Wege liegt; und wirklich würde dies der Fall sein, wenn nicht ein anderes, obgleich indirectes Hülfsmittel hinzukäme, welches glücklicher Weise hinreicht, die Bahn brechen und sogar ziemlich weit verfolgen zu können, nämlich die Kenntniſs anderer, vollständiger bearbeiteter Malayischer Sprachen. Dies

([1]) Raffles. I. 356. 364. *Begin ende voortgangh van de vereenighde Nederlantsche Oost-Indische Compagnie.* 1646. Th. 1. *fol.* 43-56. Wenn Raffles und nach ihm Leyden dies kaum noch irgend brauchbare Wortverzeichniſs *a short comparative view of the Javan and Malayan languages* nennen, so muſs man sich durch diesen viel versprechenden Ausdruck nicht irre leiten lassen.

([2]) II. *App. p.* LXXI - CLXI.

([3]) *Archip.* II. 125-191.

([4]) Raffles. *Mem.* 164. *nt.*

Mittel hat mir hauptsächlich dienen müssen, theils in den Wörtern durch Marsden's vortreffliches Wörterbuch des Malayischen, theils in der Grammatik.

Hier aber entsteht doch noch immer der Zweifel, ob das auf diesem Wege Erkannte, wenn es auch unbezweifelt dem Malayischen Sprachstamm angehört, auch wirklich im engsten Verstande Javanisch, und ob es das heutige Javanische oder eine frühere Form dieser Sprache ist? Da Sprachuntersuchungen in der That nur dann Werth haben, wenn sie den höchsten, unter den jedesmaligen Umständen erreichbaren Grad der Genauigkeit besitzen, so führe ich dies ausdrücklich an, und schliefse keine der Möglichkeiten aus, welche es als irrig erweisen könnten, dafs der nicht Sanskritische Theil des Kawi Javanisch sei. Die Malayischen Sprachen haben zum Theil eine solche Ähnlichkeit in ihren Ausdrücken, dafs ein Javanisches Wort sich sehr gut auch auf einer näheren oder ferneren Insel finden könnte. Es wäre daher immer möglich, dafs das Kawi sich in einer anderen Gegend gebildet hätte, und nach Java übergebracht worden wäre, nur müfste freilich der Ursprung desselben immer in einem Malayisch redenden Volke liegen.

Was zu diesen Zweifeln einigermafsen führen könnte, ist die wesentliche Verschiedenheit des nicht Sanskritischen Theils des Kawi in seinem grammatischen Baue von dem der eigentlichen Malayischen Sprache auf Malacca. Jener nicht Sanskritische Theil kommt darin weit mehr, und auf eine wirklich wunderbare Weise, mit dem Tagalischen auf den Philippinen überein. Es betrifft dies auch nicht allgemeine grammatische Verhältnisse, noch einzelne solche Sylben, sondern tief in den Sprachsinn der Nationen eingehende Bildungsmethoden.

Dieser Theil der Kawi-Sprache infigirt nämlich in einigen Fällen Sylben, durch welche das Wort alsdann eine ganz andere Gestalt erhält, und gleichsam zerrissen wird, was die Tagalische Sprache gerade in denselben Fällen und mit denselben Sylben thut, was hingegen der heutigen Malayischen ganz fremd ist.

Dennoch bin ich weit entfernt, die Kawi-Sprache von den Philippinen herzuleiten. Ich hege vielmehr die Überzeugung, dafs sie auf Java selbst entstanden ist, nur lassen mir einige Punkte der Grammatik den Verdacht, dafs dies Javanisch der Kawi-Sprache doch nicht das wahre heutige, sondern ein veralteter Dialekt sein möchte. Dies schliefse ich besonders aus dem Pronomen und seinem Gebrauch. Ich schliefse sogar aus den Vergleichungen einiger Texte, dafs jene Formen noch im heutigen Javanischen fortleben. Die Sprachen der Philippinischen Inseln sind unläugbar Malayisch. Die Sprachen dieses Stammes haben sich aber, ebenso wie die anderer Stämme, von einem kunstvollen Bau in einen kunstloseren aufgelöst. Der kunstvollere erhält sich auf den Philippinen, und, wenn meine Nachforschungen richtig sind, auf Java. Eine der oben erwähnten Formen zeigt sich noch deutlich, obgleich in einer sehr kleinen Anzahl von Wörtern, auf Madagascar; selbst im eigentlichen Malayischen, das sich fast von aller Grammatik losgemacht hat, scheint es mir Spuren dieser Formen, obgleich nur äufserst wenige und unsichere, zu geben. Auf der anderen Seite spricht die vollkommene Übereinstimmung einer bedeutenden Anzahl von Wörtern des Kawi-Gedichtes mit dem Wortverzeichnifs bei Raffles wieder dafür, dafs der nicht Sanskritische Theil des Kawi wirklich heutiges Javanisch ist. Immer aber fehlt mir ein eigentliches Zeugnifs darüber. Die Übereinstimmung der Wörter liefert keinen vollständigen Beweis; und was ich so eben von dem grammatischen Baue sagte, und gleich noch sagen werde, das habe ich nirgends auch nur von fern angedeutet gefunden, sondern blofs durch eigne Zergliederung der Wörter herausgebracht. Erst seit wenigen Wochen ist es mir gelungen, durch die Vermittelung des ehemaligen Gouverneurs von Java, Freiherrn van der Capellen, mit einem jungen Holländischen Gelehrten, Herrn Roorda van Eysinga, welcher denselben nach Java begleitet und sich viel mit dem Javanischen beschäftigt hat, in Briefwechsel zu treten. Auf diesem Wege werde ich wenigstens zur Gewifsheit, ob der dem Kawi zum Grunde liegende Malayische Dialekt das heutige Javanische ist? vielleicht aber auch, wenn Hr. Roorda seine Forschungen sollte weiter ausgedehnt haben, noch zu wichtigeren Aufschlüssen gelangen.

Nach dem hier ausführlich Gesagten mufs man es nun verstehen, wenn ich den Malayischen Theil des Kawi geradezu Javanisch nenne. Ich glaubte nicht blofs dem Leser diese Erklärung schuldig zu sein, sondern hielt es auch für gut, einige der leitenden Ideen über das Kawi hier allgemein hinzustellen. Es wird mir nun im Folgenden sie einzeln auszuführen und zu beweisen obliegen.

Man hat bisher, wenn man vom Kawi sprach, und die Natur desselben bestimmen wollte, einzig auf das Verhältnifs der Sanskritwörter in demselben zu den übrigen gesehen. Ich verweile jetzt nicht dabei, dafs dieser Maafsstab, wenn er allein, ohne Zergliederung der Wörter und ohne Beachtung des grammatischen Baues angewendet wird, immer nur einseitige Behauptungen begründen kann, sondern halte mich nur an dasjenige, was dies Verfahren besonders auf das Kawi unanwendbar macht. Man hat von $\frac{8}{10}$ Sanskritwörter im Kawi gesprochen (1). Diese übertriebene Behauptung rührt aber vermuthlich nur daher, dafs man die Zahl der in den sogenannten Kawi-Wörterbüchern aufgeführten Ausdrücke verglichen hat. Es ist aber natürlich, dafs die Verfasser dieser Wörterbücher vorzugsweise diejenigen Wörter aufzeichneten, die nicht mehr heut zu Tage zur Volkssprache gehören. Sie sind nur als Glossare anzusehen, deren Zweck es ist, das unverständlich Gewordene zu erklären. Dahin gehörte nun der gröfste Theil der Sanskritwörter. Schon A. W. von Schlegel bemerkt sehr richtig den Unterschied zwischen den Glossaren und den Gedichten, und nimmt, nach ungefährer Ansicht des Brata Yuddha, die Hälfte der Wörter als Sanskritisch an (2). Auch dies halte ich für zu viel, insofern man nämlich auf dies Gedicht sieht. Denn wohl gewifs scheint es, dafs verschiedene Schriften, nach den Zeiten und Gegenständen, auch einen verschiedenen Antheil von Sanskritwörtern enthielten. Jede Berechnung dieser Art würde aber voraussetzen, dafs es eine geschlossene Anzahl von Sanskritwörtern gegeben habe, welche nur in das Kawi hätten übergehen dürfen. Nun giebt es allerdings, meiner Meinung nach, wie ich weiter unten auseinandersetzen werde, ein Princip der Ausschliefsung gewisser Classen von Sanskritwörtern. Allein jene Behauptung läfst sich durch nichts begründen. Vielmehr läfst sich aus der ganzen Einrichtung des Kawi schliefsen, dafs es dem Dichter überlassen blieb, mehr oder weniger Sanskritwörter einzumischen. Höchstens mag sich durch die Gewohnheit ein Kreis derselben gebildet haben, an den man sich zu halten pflegte; dieser aber ist jetzt nicht mehr bestimmbar.

Auf diese Weise läfst sich überhaupt ein Kawi-Wörterbuch nicht eigentlich denken; es wäre von selbst in einem Javanischen und Sanskritischen enthalten. Nur jetzt, wo die Sprache längst todt ist, liefse sich ein

---

(1) Raffles. I. 367.

(2) *Introduction à l'Atlas ethnographique du globe par* Adrien Balbi. *p.* 126. Indische Bibl. Bd. I. S. 407.

solches Wörterbuch aus den vorhandenen Handschriften zusammenstellen, wäre aber in der That eine überflüssige Arbeit. Wer gehörig Sanskrit und Javanisch weifs, ist auch im Besitze des Kawi, man mag auf die Wörter oder die Grammatik sehen. Das Einzige, was alsdann zu thun übrig bleibt, ist die Beobachtung, wo und wie die Wörter und Formen beider Sprachen angewendet werden, und welche Veränderungen und Zusätze die Sanskritwörter in ihren Lauten erfahren. Wenn es eine Javanische Grammatik gäbe, so würde ich mich auch hierauf allein beschränken. Da dies aber nicht der Fall ist, so werde ich auch in die Grammatik des Javanischen Theils der Sprache sorgfältiger eingehen.

Die Wortverzeichnisse, welche sich, nach dem jetzigen Zustande der Hülfsmittel für das Kawi, zu Rathe ziehen lassen, sind zwei von Raffles mitgetheilte, und eins bei Crawfurd. Das eine (1) bei Raffles rührt von eben dem einheimischen Fürsten in Sumenap her, welchem Raffles die Übersetzung des Brata Yuddha verdankte. Es enthält in vierzehn eng gedruckten Columnen eine bedeutende Anzahl Englischer Wörter mit den entsprechenden Kawi-Ausdrücken, von denen es für einen Begriff oft eine grofse Anzahl giebt. Auch hier ist die alphabetische Anordnung verabsäumt, und die Wörter folgen nur in sehr losem Zusammenhange auf einander. Das andere Wortverzeichnifs (2) ist eine Zusammenstellung von etwa 40 Sanskrit-, Pali- und Kawi-Wörtern. Es kann höchstens dazu dienen, die Übereinstimmung der Form dieser letzten mit dem Sanskrit und die Abweichung vom Pali zu zeigen. Crawfurd giebt 266 Englische Wörter in mehreren Malayischen Dialekten, und hat für das Javanische auch gewöhnlich die Kawi-Ausdrücke, welche er durch ein *a* (*ancient*) als die der alten Sprache bezeichnet. Dafs dieser Ausdruck nicht wahrhaft auf die Eigenthümlichkeit des Kawi pafst, bedarf nach dem Vorigen keiner Bemerkung. Aufserdem finden sich Kawi-Wörter in dem Stücke, welches Raffles uns aus den in Java üblichen Schulvocabularien mittheilt. Um den Kindern eine Menge von Ausdrücken in der gewöhnlichen, der vornehmen (*Basa krama*) und der alten Dichtersprache beizubringen, fertigt man in Java Wörterbücher nach einer eigenen Einrichtung an, welche auf die Erleichterung des Gedächt-

(1) II. *App. p.* CLXVIII - CLXXIV.

(2) *l. c. p.* CLXVII.

nisses berechnet ist. Das Vocabularium ist nämlich in Abschnitte getheilt, und jeder Abschnitt hebt mit einem Worte oder einer Redensart an, welche die Classe von Wörtern anzeigt, die in dem Abschnitt weiter ausgeführt wird. Auf diese erste Redensart (z. B. Schlangen erscheinen, als glitten sie über das Wasser hin) folgen nun gleichbedeutende Ausdrücke, oder verwandte Begriffe (z. B. vier Wörter, welche das Schwimmen auf der Oberfläche des Wassers bedeuten, zwei für das eigentliche Schwimmen, eins für das Schwimmen in aufrechter Stellung und das Treten des Wassers u. s. w.). Diese Vocabularien führen den Namen der 10 Benennungen, *dhasa nama*, wie Raffles sagt, weil ein Wort nicht leicht weniger, als 10 Synonyma, hat, eigentlich aber wohl, weil jeder der angeführten Abschnitte wenig über oder unter 10 Wörter enthält ([1]). Alle diese Verzeichnisse leisten aber bei Lesung eines Kawi-Textes nur äufserst geringe Hülfe, und man bleibt immer dabei hauptsächlich auf die Kenntnifs des Wortvorrathes des Sanskrits und der Malayischen Sprachen verwiesen.

§. 5.

Am wenigsten kommen Sanskritwörter in den Kawi-Pronominen und Partikeln vor. Vom Pronomen finde ich keine einzige Sanskritische Form, doch erfordert dieser Punkt eine sorgfältigere Auseinandersetzung. In jener allgemeinen Behauptung hat mich eine Zeit lang das im Brata Yuddha vorkommende *twan* wankend gemacht, das ich für das Sanskritische *twam* hielt. Ich habe mich aber später überzeugt, dafs beide Wörter nichts mit einander gemein haben ([2]).

Bei der im Brata Yuddha herrschenden concisen und abgebrochenen Constructionsweise werden die Pronomina häufig ausgelassen; sie finden sich also viel seltner, als man vermuthen sollte. Für das selbstständige der 1. Person geben die Kawi-Wörterbücher bei Raffles ([3]) *pinuna*, *kami*,

---

([1]) Raffles. I. 365. II. *App. p.* CLXII - CLXVI.

([2]) Ich betrachte es für das Mal. *tūan*, Herr, welches nach Marsden auch als Pron. der zweiten Person gegen einen Höheren gebraucht wird. Im B. Y. 37, *c.* kommt es auch so in einer Anrede an Duryôdhana vor. Crawf. *Voc.* führt *tuwan*, Herr, auf.

([3]) II. *App. p.* 170. *col. b.*

E

und, von Dienstboten gebraucht, *ulun*, bei Crawfurd [1] *kita*, *kami*. Gericke führt als aus dem Kawi stammend und nur in Gedichten gebräuchlich an *hamba* (das ebenso gebrauchte Mal. *ambā*), *mami* (Crawf. *Voc. mammi*), *ngong* (auch mit dem Vorschlag von *hing*, *hingngong*), *hingwang*, *patik* (vom Niedrigeren gebraucht, eig. Sklave), und *hulun* (das obige *ulun*). *Pinuna* ist mir gänzlich unbekannt. Wenn es ein Ausdruck grofser Erniedrigung gegen Vornehme wäre, so könnte es vielleicht das durch Einschiebung von *in* gebildete passive Participium von *puna*, *punnah*, zermalmen, zerstören [2], sein. *Ulun* wird im Kawi [3] als Diener gebraucht, und seine Anwendung auf das Pronomen entspricht also dem Mal. *sāya*, Sklave, für ich. *Kita* und *kami* heifsen eigentlich wir, sie mögen wohl aber auch im Sing. gebraucht werden. Besondere Plural-Pronomina führen die Kawi-Wörterbücher nicht auf, und auch die Beispiele im Brata Yuddha zeigen, dafs dasselbe Pronomen für beide Numeri gilt. Im Brata Yuddha kommt als selbstständiges Pron. 1. Pers. *hulun* in einer Anrede Satyawati's an ihren Gemal [4], und *haku* vor, das letztere einmal in seiner vollen Form [5], und zweimal abgekürzt, als Possessivum, 125, *c. kit-anak-ku*, o du, mein Kind, zusammengezogen aus *kita anakku*; und ähnlich 4, *c.* Man sieht also, dafs das Kawi hier sich des Javanischen *haku*, und als abgekürzten Suffixums *ku*, mein, unser, bedient. Fernere Beispiele des Possessivums sind *hurip-ku*, unser Leben [6], *bapa-ngku*, unser Vater [7], *yaya-ku*, dasselbe [8], *kakang-ku*, mein älteres

---

(1) *Archip.* II. 186. *col. b.*

(2) Crawf. *Voc.*

(3) Crawf. *Archip.* II. 186. *col. b.*

(4) B. Y. 607, *a.*

(5) *Asiat. res.* XIII. *p.* 165. st. 3. v. 2.

(6) B. Y. 125, *b. hurip.* Jav. Raffles. II. *App. p.* 120.

(7) B. Y. 125, *b. Bapa* (Mal. *bāpa*) und *bapak* ist Vater. Im B. Y. wird es aber, wie das Sanskr. *tâta*, allgemein als freundliche und ehrende Anrede gebraucht (s. auch 34, *a.*). Über das hier und in einigen folgenden Beispielen eingeschobene *ng* werde ich später (§. 22.) reden.

(8) Kawi-Wort (Raffles. II. *App. p.* 171. *col. b.*), B. Y. 607, *d.* von Satyawati an ihren Mann gerichtet. Die Übersetzung übergeht diese Anrede.

Geschwister ([1]), *mas-ku*, meine Theure, eigentlich: mein Gold, 614, *d.*, *anugraha-ku*, meine Gabe, *weka-ng-ku*, mein Sohn ([2]), *pamales-ku*, meine Rache (588, *c.*), *lara-ng-ku*, mein Kummer (612, *b.*), *gati-ng-ku*, mein Wandel, Schicksal (612, *c.*).

Die Pron. 1. Pers. des heutigen Javanischen sind nach Gericke: *haku*, Ng.; *kula*, Kr., nach Crawfurd's handschr. Grammatik: Sklave; *kawula* oder *kahula* ([3]), von gleicher Bed., ein Basa-Krama-Wort; *tak* oder *dhak*, seltnen Gebrauchs; *hingsun* (*hisun*, *sun*, R.), nur vom Monarchen, und *mannira*, nur von hohen Beamten gegen Untergebne gebraucht. Crawfurd's handschr. Gramm. giebt, aufser den hier und oben genannten, noch *riki* und *mara*. Dies letzte Wort, das ursprünglich sich nähern, herankommen heifst und vielleicht dasselbe mit dem Mal. *mari*, komm hierher, ist, giebt einen neuen Beweis der Anwendung von Ortsbeziehungen auf die persönlichen Pronomina. Blofs gewissen Districten eigen sind *hinnyong*, *menna* und *rěyang*. In Hrn. Roorda's Briefen finde ich noch *hamba* (das Mal. *amba*) und *patik*.

Als Pronomina der 2. Person, wieder ohne Unterscheidung des Sing. und Plur., geben die Kawi-Wörterbücher bei Raffles *rakrian* (*rakrȳan*), *kita*, *ta*, bei Crawfurd *jangandhika* ([4]). Nach Gericke sind *hanta*, *padhuka* ([5]) und *pukulun* (beide eig. Herr, Crawf. *Voc.*) noch andere Kawi- oder poetische Formen. Als solche des heutigen Javanischen führt er an *kowě* Ng., *dhika*, *handhika* ([6]), *jengngandhika*, *sampěyan* Kr., *sira*, nur vom Monarchen, *pakennira*, nur von hohen Beamten ge-

---

([1]) *Kāka* (Mal.), *kakang* (Jav.), älterer Bruder oder Schwester. Es gilt von dem Worte dasselbe, als von *bapa*. B. Y. 611, *c.* redet Satyawati ihre alte Dienerin so an. Raffles. II. *App. p.* 77.

([2]) *Tanggap tosn-anugraha-ku, ri weka-ng-ku* (B. Y. 4, *a.*), empfange freudig meine Gabe, mein Sohn. *Wekka*, Abkömmling, Kind (Crawf. *Voc.*). Über *anugraha* s. Anh.

([3]) *Kahoelo* in Chamberlayne's Vaterunser (Mithridates. I. 594.) ist nur Holländische Orthographie.

([4]) Raffles. II. *App. p.* 171. *col. a.* Crawf. *Archip.* II. 157. *col. a.*

([5]) Im B. Y. 2, *c.* steht *padhuka* als Titel des Königs Jaya Baya.

([6]) Diese Form ist auch auf Madura üblich. Raffles. II. *App. p.* 149. Auch findet sie sich in dem aus Chamberlayne genommenen Vaterunser im Mithridates (I. 594.).

braucht (Mal. *pakanīra*, doch nur in einigen Districten ([1])). In Crawfurd's Gramm. werden noch angeführt: *riha* und *kamu*, dessen letzte Sylbe *mu* als Suffix zum Possessivum dient. Gericke scheint nur das letztere zu kennen. In *kami*, ich, und *kamu*, du, ist die Gleichheit des Consonanten, *m*, ebenso merkwürdig, als die Verschiedenheit des Endvocals. Durch die Vergleichung des Jav. Dem. Pron. wird man darauf hingeführt, den Vocalunterschied wirklich in Absicht auf die Person bedeutsam zu finden. Die Jav. Sprache besitzt nämlich drei Demonstrativa, deren jedes eine auf ganz gleiche Weise durch den Endvocal unterschiedene Form hat:

Ng. *hiki, hika, hiku,*
Mdy. *niki, nika, niku,*
Kr. *punniki, punnika, punniku.*

Nach Crawfurd's Gramm. zeigen nun die Endvocale den Grad der Entfernung, *i* den kleinsten, *u* den gröſsten, *a* einen dazwischen liegenden mittleren an, und dieser aus ihrer Natur selbst hergenommene Gebrauch der Vocale scheint auch auf die Personen, das Ich, als das immer Nahe, und das Du, als das gewiſs davon Geschiedene, also Entfernte, übertragen. Der mittlere Grad bleibt dann für den dritten Gegenstand, der nah und fern sein kann. Wahrscheinlich aber muſs Crawfurd's Erklärung dahin berichtigt werden, daſs die drei Formen die Standpunkte der Redenden bezeichnen, die in *a* also dem Lat. *iste* gleichkommt. Dann ist es, wie im Tag., wo die Consonanten der Dem. Pron. zwar nicht ganz gleich, aber doch zu wenig verschieden sind, um die Bedeutsamkeit, die dagegen sichtbar in den Endvocalen liegt, in ihnen zu suchen. Von diesen zeigt auch *i* die Nähe, den Ort des Redenden, *o* aber den des Angeredeten, *an* und *on* die Örter des dem Angeredeten näher und des beiden gleich nahe stehenden Dritten an. Man muſs sich hierbei erinnern, daſs die Tagalische Aussprache *o* und *u* verwechselt, und daſs das *a* der Jav. Form kein reines, sondern ein breites, undeutliches *a* ist. Daher ist das Tag. *ito* und *iyan* nicht so verschieden vom Jav. *hiku* und *hika*. Um nun zu *kami* und *kamu* zurückzukehren, so bleibt in ihnen die Gleichheit des *m*-Lauts schwer zu erklären. Doch auch die Griechen haben, neben den *m*-Formen der ersten Person, *min* für die dritte,

([1]) Marsden. *Gramm. p.* 48.

und das *m* könnte daher wohl Ausdruck für die Person, den Gegenstand überhaupt sein. Die Formen des Sing. dienen auch im heutigen Jav. zugleich durch alle Personen hindurch für den Pluralis, man kann ihnen aber, um die Mehrheit zu bezeichnen, *sedhaya* Kr., *sekabêh* Ng., viele, alle, hinzufügen (Raffles). *Rakryan* wird der Dienerin Satyawati's gegen ihre Herrin in den Mund gelegt (1), und mufs also ein ehrender Ausdruck sein. Er ist mir sonst nicht vorgekommen, so wie auch nichts, was ihn erläutern könnte. *Jangandhika, jengngandhika* ist deutlich aus einem Subst. *jeng* oder *jengngan* und dem, possessiv gebrauchten Pron. *dhika* oder *handhika* zusammengesetzt. *Jeng* ist ein Kawi-Wort für Fufs, und ferner finde ich es in Crawfurd's Wörterbüchern und bei Gericke mit dem Artikel *kang* vor sich in der Bed. das Hohe, Hoheit (auch als Titel) (2). Ob es in diesem Gebrauche dasselbe Wort (Füfse) oder ein ganz anderes, dessen eigentliche Bed. hoch oder grofs ist, sei, mufs dahin gestellt bleiben. Hätte es wirklich diese letztere adjectivische Bed., so erklärte sich *jengngan* leicht als ein davon abgeleitetes abstractes Substantivum. *Dhika* entspricht dem Mal. *dīkau*. Dies, *dāku* (1. Pers.) und *dīya* (3. Pers.) werden zwar, und jetzt nicht ganz mit Unrecht, nur für euphonische Umänderungen der einfachen Formen *aku, kau* und *iya* gehalten. Ich werde aber in meiner Schrift über den Malayischen Sprachstamm zeigen, dafs sie Überbleibsel einer Declination der Pronomina, und Casus obliqui jener einfachen Formen sind. Es geht dies aus der Vergleichung des Tagalischen hervor. Nach Marsden's eignem Geständnifs (3) wird *dīkau* nie als Nominativ gebraucht. Da sich aber das bestimmte Gefühl der Bedeutung des Vorschlags verloren hat, so ist es mit *dīya* schon anders. Der Vorschlag von *han* in *han-dhika* ist derselbe mit dem im Mal. *an̄g-kau*, du; und da auch *di* Vorschlag ist, so bleibt der ächt Malayische Pronominallaut blofs

(1) B. Y. 614, *b*.

(2) [Cornets führt als Titel des Königs der Niederlande an: *kang jeng raja kang mahahageng.* Ein anderes Beispiel seines Gebrauchs findet sich bei Roorda *v. hormat*: *hinggih kawula sampun ngormatti kang jeng raja, hingkang saweg rawuh badê punika*, ich habe dem durchlauchtigsten Fürsten, welcher so eben gekommen ist, gehuldigt. B.]

(3) *Gramm. p.* 46. 48.

ka oder *ko*. Im B. Y. finde ich für du *sira* (¹), an einer Stelle *rakryan*, und gewöhnlich *kita* und *ta*.

Dennoch ist *kita* unläugbar in einigen Malayischen Sprachen eine Form des den Angeredeten mit einschliefsenden Plur. der 1. Pers., wir. Im Mal. steht dem einschliefsenden *kīta* das ausschliefsende *kāmī* gegenüber. Im Tag. heifsen die beiden Formen zwar *tàyo* und *cami*; aber *quità* und *catà* sind dialektische Nebenformen der ersteren, und kürzen sich gleichfalls in *ta* ab. Im Bisayischen ist *quità* die einzige Form des einschliefsenden Plurals. Nach Crawfurd sind *kita* und *kami* im Kawi auch Pronomina für ich. Herr Roorda sagt nicht nur dasselbe von *kita*, sondern setzt ausdrücklich hinzu, dafs er niemals entdeckt habe, dafs *kita* du bedeuten könnte (²). Mit wirklichen Stellen wüfste ich diese Behauptungen nirgends zu belegen; *kami* kommt im B. Y. nicht vor, und in *kita* erkenne ich immer nur du. Doch ist in der Tongischen Sprache *gita* wirklich ich (³), also in einer Malayischen oder wenigstens den Malayischen sehr nahe verwandten. Man hat hier die Erscheinung, dafs der den Angeredeten einschliefsende Plural auch für den Singularis gebraucht wird, ich und du für ich, oder für du allein. Forscht man der Natur und dem Gebrauch dieser Formen in diesen und anderen Sprachen nach, so findet man den Gang, auf welchem der Sprachsinn der Nation zu dieser Vertauschung der Begriffe gekommen ist. Wenn in der ersten Person des Plurals, wir, der Zustand, wo das du aus- oder eingeschlossen ist, unterschieden wird, so neigt sich der Ausdruck von selbst dazu hin, das du oder das ich allein darin mehr herauszuheben, und so erklärt sich schon von selbst der Gebrauch des Plurals als eines Singulars. Die Sache ganz allgemein betrachtet, kann nun die Form, welche das ich und du zusammen in sich fafst, zum einzelnen Ausdrucke beider dienen. Indefs ist es doch bei weitem natürlicher, den einschliefsenden Plural vorzugsweise auf das du, den ausschliefsenden auf das ich zurück-

(¹) 3, *d*. Obgleich in der Erklärung des ganzen Verses grofse Schwierigkeiten übrig bleiben, so kann doch *sira* darin keinen andren Sinn haben.

(²) [In seinem Wörterbuche fehlt *kita* ganz, in seiner Gramm., *p*. 24., sagt er aber, dafs *kita* häufig in Gedichten vorkomme und sowohl für die erste, als für die zweite Person gebraucht werde. B.]

(³) Mariner. *Account of the Tonga islands*. II. *Grammar. Pronouns*. (*p*. 354. *Gita* ist gar kein Ausdruck im Munde vornehmer Personen.)

zurichten. Der Gebrauch der Tongischen Sprache bleibt daher immer abweichend. *Gita* ist aber in ihr auch niemals Pluralform. Der ganze Sprachstamm dieser Inseln folgt in der Unterscheidung des doppelten Plurals einer Ansicht, bei welcher die Unterscheidung der Person, auf welche sich die zwiefache Gattung des wir richtet, minder ins Auge fällt. Denn bei meiner Untersuchung der Sprachen, welche das wir also spalten, entdecke ich ein zwiefaches System in der Art der Bezeichnung. Die einen nehmen dazu bei dem einschliefsenden Plural das Pron. der zweiten, bei dem ausschliefsenden das der ersten Pers. des Sing.; sie setzen daher den Unterschied in das Pronomen. Die andren thun dies nicht, sondern legen ihn in die dem Pron. hinzugefügten Sylben, bisweilen mit deutlicher Sichtbarkeit, dafs die dem einen und dem andren Plural zugetheilten eine engere oder weitere Verbindung andeuten, wie ich an einem andren Ort vom Polynesischen Sprachstamm klar nachweisen werde. Eine Sprache, welche dem ersteren dieser Systeme folgte, aber die Personen verwechselte, dem ausschliefsenden Plural die zweite, dem einschliefsenden die erste Person des Sing. zutheilte, ist mir nicht vorgekommen. Um nun einige Beispiele anzuführen, so bildet die Delawarische Sprache ihren doppelten Plural geradezu aus den beiden ersten Personen des Sing. *K'pendameneen* heifst: wir alle, ihr so gut, als wir, haben gehört; dagegen hat dasselbe Verbum, wenn ihm statt des *k* ein *n* vorgesetzt ist, einen das Hören blofs auf die mit dem Sprechenden verbundenen Personen (unser Stamm, unsre Familie) beschränkenden Sinn (¹).

(¹) *Transactions of the hist. and lit. committee of the American philos. society.* I. 428. 429. Zeisberger. *Grammar of the language of the Delaware Indians. p.* 47. 51. 97. Vergleicht man diese Formen genauer, nämlich:

1. Pers. { *n'pendameneen*, wir allein,
k'pendameneen, wir zusammen,

2. Pers. *K'pendamohhumo*, ihr,

so liegt im Ausgange der beiden ersten der Pronominallaut von ich, der sie beide, als wir, von der zweiten, ihr, unterscheidet. Aber vorn trennen sie sich durch Pronominallaut der 1. und 2. Pers. Das einschliefsende wir stimmt da mit der zweiten überein, und fafst also beide Pronominallaute zusammen. Das ausschliefsende wir enthält den der ersten zweimal, gewifs eine sinnreiche Bezeichnungsmethode. In der Massachusetts-Sprache hat Hr. Du-Ponceau mit dem ihm eigenen Scharfsinn die zwiefache Gattung des Plur. in *neenawun* und *kenawun* entdeckt. *Neen*, ich, bildet den ausschliefsenden, *ken*, du, den einschliefsenden Plural; *awun* ist beiden gemein. (Eliot. *Grammar of the Massachusetts Indian language.* Boston. 1822. *p.* 7. *Notes. p.* XIX.)

Nun aber sind *k* und *n* die eigentlichen Stammlaute der 2. und 1. Pers., im selbstständigen Pron. *ni*, ich, *niluna*, wir (ausschl.); *ki*, du, *kiluna*, wir (einschl.). In der Guaranischen Sprache ist zwar die Ableitung des ausschliefsenden Plurals dunkel, da derselbe gar nicht im Laut mit der 1. und 2. Pers. des Sing. übereinstimmt, in dem einschliefsenden Plural dagegen, *ñandê*, oder auch *yande*, liegt deutlich das Pron. der 2. Pers. des Sing., *nde* (¹). Nicht in das Pronomen, sondern in die Hülfssylben setzen den Unterschied des Plur. die Quichua-, Tamulische, Telingische und andere Sprachen.

Kehren wir nun zu *kita* und *kami* zurück, so glaube ich in dem *mi* des letzteren die erste, in dem *ta* des ersteren die 2. Pers. des Sing. zu erkennen. Wir haben oben eine Form des Pron. 1. Pers. *mami* gesehen, und diese finde ich in *kami*, wir ohne dich, wieder. Es erinnert an das Sanskr. *mê*, *mama*. Eine aus viel älteren Zeiten, als die Übertragung ganz geformter Sanskritwörter in die Malayischen Sprachen, herstammende, tiefliegende Verwandtschaft beider Sprachen findet sich überhaupt, wie ich an einem andren Orte zeigen werde, in dem ganzen Pronomen. Dieser Spur folgend, halte ich das *ta* in *kita* für Eins mit dem Sanskr. *twam* (त्वम्), oder vielmehr mit *tê* (ते), das, nach der Analogie von *mê* (मे), eine verlängerte Form von *ta* ist. Da sich in den Vêdas *twê*, das auf तु, *tu*, führt, und *tê* findet, so läfst sich über die Priorität beider Formen aus dem Sanskrit nicht entscheiden (²). Dafs die Malayischen Sprachen in dieser Stelle gröfstentheils

(¹) *ñandê* finde ich in Ruiz gedruckter und Legal's handschriftlicher, mir durch die ausgezeichnete Güte des Herrn Etatsraths Schlözer aus dem Nachlasse seines Vaters mitgetheilten Grammatik des Süd-Guaranischen Dialekts, *yande* in der des Nord-Guaranischen, der auch Brasilianische und Tapi-Sprache heifst, von Figueira (*Arte da grammatica da lingua do Brasil. p.* 53.). Das einschliefsende wir, *ore*, ist wahrscheinlich, so wie sie mehrere Sprachen besitzen, eine von ich, *xe* (Figueira), *che* (Ruiz), ganz verschiedene Form des wir. Auch *pee*, ihr, weicht auf gleiche Weise von *nde*, du, ab.

(²) *Rig-Vedae specimen ed.* Rosen. *p.* 6. *sl.* 2, *a.* ते, *tê. p.* 26. *nt.* त्वे, *twê.* Jahrbücher für wissenschaftl. Kritik. 1831. S. 377. Bopp hatte, ehe er die Bestätigung durch die Vêden kannte, richtig auf eine Form त्वे, *twê*, geschlossen (Lateinische Gramm. 42. 265.). Er erklärt ते, *tê*, für eine Verstümmelung von त्वे, *twê*, und nimmt nicht, wie bei मे, *mê*, eine Form म, *ma*, so eine त, *ta*, an. Wirklich findet sich auch im Sanskrit von dieser keine Spur. Aber die allgemeine Analogie, das Nebeneinanderbestehen beider Formen in den Vêdas, und das *ta* der Tagalischen und Kawi-Sprache machen mir die oben vorgetragene Meinung wahrscheinlich.

ein *k* haben, läfst sich aus der, diesem Inselmeere eigenthümlichen Verwechslung der beiden Buchstaben erklären. Die erste Sylbe, *ka* und *ki*, ist nur der im Malayischen Sprachstamm auch bei vielen Substantiven übliche, welcher in der Regel ein Zusammenfassen, eine Einheit anzeigt. Auch im Tagalischen ist es durchaus sichtbar, dafs der Pronominallaut von *kita* blofs *ta* ist. Denn im Genitiv wird es nur in *ta* abgekürzt. Der Unterschied von *ka* in *kami* und von *ki* in *kita* deutet auf gar keine Verschiedenheit der Pronominal-Person hin, sondern beweist nur, dafs das *ta* der 2. Pers. auch mit einem Vocalvorschlag *ita* lautete. Dies geht deutlich aus der mit *kita* gleichbedeutenden Tag. Form *kata* hervor; und mit dem Vorschlag *kan* hat *kita* wirklich auch *kanita* zum Genitiv. Eine merkwürdige Bestätigung des Zusammenhanges des einschliefsenden Pluralis und der 2. Person des Singularis findet sich in der Sprache von Madagascar. Wir heifst in derselben, so wie alle Grammatiken es aufführen, *zahaïe*, *zahaye*, *zaïe*, *izahai*, und es ist sichtbar, dafs diese Formen von *zaho*, *izaho*, ich, herstammen; unser ist *hanay*, *anay*. Nur bei Chapelier fand ich für den letzteren Begriff *antsika*, was ich lange nicht begreifen konnte. Durch eine handschriftliche Grammatik des Missionars Jeffreys, die ich vor kurzem erhielt ([1]), lernte ich aber, dafs aufser dem oben angeführten *izahaye* es für wir noch einen zweiten Ausdruck, *isika*, giebt, und dafs jene Form wir im eingeschränkteren Sinne ([2]), diese wir im allgemeineren anzeigt. Von der ersteren ist das Possessiv-Pron. *anay*, von der zweiten *antsika*. Es ist hier also deutlich, dafs auch diese Malayische Sprache einen doppelten Plural der 1. Pers. hat. Sie nimmt ihn aber, wenigstens im jetzigen Gebrauch, nicht so, wie die Malayische Sprache im engeren Verstande und wie andere Sprachen mit ihr den ein- und ausschliefsenden Plural gebrauchen, nämlich blofs in Einschliefsung oder Ausschliefsung der angeredeten Person, sondern bedient sich des einschliefsenden nur da, wo sich das wir ganz allgemein auf alle Menschen, oder doch auf eine unbestimmte Menge bezieht.

([1]) Ich verdanke diese, zwar kurze, und vorzüglich nur in Paradigmen bestehende, aber interessante Grammatik der gütigen Mittheilung seiner hinterlassenen Frau, der Mrs. Metcalfe, welche mir dieselbe mit seltner Liberalität zu jedem Gebrauch überlassen hat. Der immer rege wissenschaftliche Eifer Hrn. Alexander Johnston's hatte mich mit ihr in Verbindung gesetzt.

([2]) *in a restricted sense — in a more general.*

F

Dies sieht man aus den Madecassischen Bibelübersetzungen ([1]). Sowohl für den ausschliefsenden Plural, als für den einschliefsenden, wie bei der Anrede des einen Schächers am Kreuz an den andren, steht die beschränktere Form; in dem allgemeinen Sinne des Wunsches dagegen: Gott sei mit uns! wenden sie den allgemeineren Plural an. Zergliedert man nun *isika*, so besteht es offenbar aus demselben Vorschlag, der in *izaho iz* geschrieben wird, und eigentlich das Pron. demonstr. ist, und aus *ka*, dem Pron. der 2. Pers. des Sing. in den meisten Malayischen Sprachen. Ebenso ist *antsika* offenbar nichts anderes, als das oben angeführte Jav. *handhika* und das Mal. *dīkau*. Es giebt, da es Possessivum ist, einen neuen Beweis dafür ab, dafs *dīkau* selbst keine euphonische Veränderung, sondern ein Casus obliquus von *kau* ist. In der Madecassischen Sprache aber ist die 2. Pers. Sing. nicht *ka*, sondern *hano*, *ano* u. s. w.; die Sylbe *ka* als du hat sich daher in dieser Sprache nur in der Form des einschliefsenden Plurals erhalten; und es ist sehr wunderbar, dafs diese buchstäblich, ohne alle Andeutung des Begriffes von wir, nur du heifst. Man sieht hier, wie die Formen, wenn sie in Sprachen desselben Sprachstammes von einer zu der andren übergehen, zwar ihre Bedeutung stark verändern können, allein doch immer wieder einer dunkel gefühlten Analogie folgen. Zum wirklichen Gebrauche von *kita* für die 2. Pers. des Sing. neigt sich schon die Tag. Sprache in gewissen Redensarten hin. Denn wir werden beichten, durch *kita* ausgedrückt, heifst geradezu du sollst mir beichten. Indefs beschränken sich

---

([1]) Beschränkterer Madec. Plur.: im ausschliefsenden Sinne des Mal. *kāmī*. Matth. 2, 2. *fa isahay efa nahita*, wir (die Weisen des Morgenlandes, nicht ihr) haben gesehen (*hita*, sehen, *na* Vergangenheits-Präfix unbestimmt, *efa* ganz und gar vergangen). Im einschliefsenden Sinne des Mal. *kīta*. Luc. 23, 41. *fa isahay mandray ny endreha'ny ny natao nay*, denn wir (ich und du) empfangen den Lohn unsrer (*nay*) Thaten. Allgemeiner Madec. Plur.: Matth. 1, 23. *Andriamanitra amin' tsikia*, Gott mit uns (allen); *amin*, mit; die Präpositionen verbinden sich mit den abgekürzten Fürwörtern; das End-*a* ist die Imperativsylbe *a*, *ha*; *antsika* verliert in der Anfügung sein Präfix, nur das zweite *i* verstehe ich nicht. Es ist sonderbar, dafs die Malayischen Bibelübersetzungen diesen Unterschied von *kāmī* und *kīta* nicht beobachten. Eine in Amsterdam 1692 gedruckte Evangelien-Übersetzung hat an allen hier angeführten Stellen *kīta*, die von der Bibelgesellschaft in London 1821 herausgegebene Übersetzung der ganzen Bibel (die ein wörtlicher Abdruck der Amsterdamer von 1733 ist) an allen *kāmī*. Da aber Marsden (*Gramm.* 45. 46.) den Unterschied bestimmt festsetzt, so ist dies wohl nur der mangelhaften Sprachkenntnifs der Verfertiger dieser Übersetzungen zuzuschreiben.

freilich diese Redensarten auf solche Fälle, wo die Handlung oder das Leiden der angeredeten Person als eine Folge des überwiegenden Willens der Redenden angekündigt wird [1].

In dem Gebrauche im Kawi läfst sich eine solche Einschränkung nicht beweisen, obgleich in einigen Stellen [2] allerdings auch mit dem Begriffe des Du der des wirkenden Ichs unmittelbar verbunden werden kann. Wahrhaft als wir kann ich *kita* in keiner Stelle erkennen. Wo der Begriff durch ein Pron. ausgedrückt ist, geschieht es nur durch das der 1. Pers. des Sing. Es fehlt alle Spur, dafs die Kawi-Sprache einen ein- und ausschliefsenden Plural unterschieden habe; und auch dem heutigen Javanischen ist dieser Unterschied fremd. Das abgekürzte *ta* ist schwerer zu erkennen, da es auch eine gleichlautende Partikel giebt; Ng. *toch*, *yata*, *ja toch* (Ger.), bei Raffles *tah*, im Lampung-Dialekt *ta*, darauf, ferner (*still then*).

Es soll eine Eigenheit der Jav. Sprache sein, kein wahres persönliches Pron. der 3. Pers. zu haben; *dêwê* (bei Raffles [3] *dêwêkkê*) Ng., und *piyambak* Kr., die man bisweilen dafür braucht, heifsen eigentlich selbst. Hr. Roorda ist jedoch anderer Meinung, und führt sie geradezu als Pron. 3. Pers. auf; und wenn Crawfurd, nachdem er dies ganz richtig bemerkt hat [4], dies Pron. dem ganzen Malayischen Sprachstamm absprechen will, und sogar vermuthet, dafs es auch in die Mal. Sprache auf Malacca erst seit der Einführung des fremden Alphabets gekommen sei, so ist diese Behauptung offenbar irrig. Das Mal. *iya* liegt schon im Polynesischen *ia* (Tah. N. Seel. u. Tong.), und das Tag. *siya* ist dasselbe, nur ein wenig anders gestaltete Wort. Auf Lampung ist es, wie auf Malacca, üblich, und auf Madura und Bali lautet es *hia*; *ria* auf Sumenap, wohl Eins mit *reo* auf Madagascar, möchte dasselbe sein. Auch die Jav. Sprache besitzt dasselbe Pron., gebraucht es nur aber nicht als ein selbstständiges. Denn sie hängt den Subst. als Possess. 3. Pers. *hira* an; und da es allgemeine Sitte dieser Sprache ist, die persönlichen Pron. suffigirt als possessiva gelten zu lassen, so erkennt man hieran die wahre Natur dieses *hira*. Der bedeutsame Grund-

(1) Totanes. *Arte de la lengua Tagala. p.* 12. nr. 40.

(2) B. Y. 4, *b*, *c*.

(3) II. *App. p.* 149.

(4) *Asiat. res.* XIII. 144. Crawf. Gramm.

F 2

laut in allen diesen Pron. ist nämlich *i*. Er ist auch der herrschende in allen Tag. (*dini*, *dito*, *diya*, *dion*), Jav. (*hika*, *nika*, *niki* u. s. w., wo der erste, sich immer gleiche Vocal dem Demonstrativum als Pron. 3. Pers. überhaupt, der letzte, dreifach verändert, der Bezeichnung seiner verschiedenen Arten angehört), Mal. (*ītu*, *īni*) und Mad. (*ity*, *iroua*, *izy*) Demonstrativen. Es ist also dies derselbe Pronominallaut, der in der gleichen Person auch durch den Sanskrit. Sprachstamm geht. Neben *hira*, das jedoch nur noch im dichterischen Gebrauch ist (Ger. Gramm.), giebt es im Jav. noch zwei andre Possessiv-Suffixe 3. Pers., nämlich *hipun* Kr. und *hê* Ng. In *hê* ist das *i* im Volksgebrauch in *ê* übergegangen, in *hi-ra* (wo *ra* Zusatz ist) und *hi-pun* hat es sich rein erhalten. Das letzte Suffix ist das Mal. *iya pūn*, obgleich dies nur selbstständig gebraucht wird, und *pūn* ist ein im Mal. auch sonst bei allen Redetheilen oft gebrauchtes Anhängsel ohne bestimmte Bedeutung (Marsden. *Gramm.* 100.). Der Gebrauch dieser drei Suffixa ist ein doppelter, einmal als Besitzpron., *rawuh-hira*, seine, ihre Ankunft, dann als Genitivzeichen der Nomina, *homah-hê tetongga*, das Haus des Bauern. Es bedarf kaum der Bemerkung, dafs auch im letzten Fall diese Suffixa eigentlich Besitzpron. sind: sein Haus der Bauer. Das Anfangs-*h* dieser Wörter verwandelt sich aber, einer allgemeinen, auch in anderen Fällen geltenden Analogie der Sprache gemäfs, nach einem Endvocal des Nomens in *nn*, nach einem Endconsonanten desselben in diesen, alsdann sich verdoppelnden. So lautet z. B. *hira*: *galih-hira*, sein Herz, *karsa-nnira*, wo aber in der Aussprache das erste *n* der zweiten Sylbe angehört, sein Wille, *hê*: *karep-pê*, sein Wunsch. Ein schliefsendes auf *i* folgendes *h* (*wignyan*) wird auch weggelassen, dann aber das *h* des Suff. wegen des *i* in *y* verwandelt. Gericke giebt diese Regel (Gramm. 38.) nur bei dem Suff. der Subst. *han*, doch dort als nothwendig. Allein im Wörterbuch (*v. mulih*) bildet er *samuliyê*, bei seiner Zurückkunft (s. unt. §. 9.).

In den Kawi-Texten nun finden sich *hira* und *nira* als Besitzpron., und beide, so wie auch *hê*, als Gen. Zeichen, allein meistentheils ohne Beobachtung der legitimen Lautveränderungen des heutigen Jav., dann aber *sira*, was einer eignen Erörterung bedarf. Die Vernachlässigung der Lautregeln ist wohl nur Schuld falscher Schreibung; so hat die Handschrift (1, *c*.) ganz richtig *kunda-nnira* für *kunda hira*, dagegen gleich darauf *nagara-ning* (für *nagara hing*), wo man heute *nagara-nning* schreiben würde. Die doppelte oder einfache Schreibung eines Consonanten möchte freilich ziemlich willkührlich sein, da ich in Crawfurd's Wörterbüchern, bei Raffles, und selbst in Marsden's Lexicon darin keine Beständigkeit finde. In Raffles Brata Yuddha habe ich die Verdopplung in dem gegenwärtigen Falle nur höchst selten angetroffen, z. B. *pa-dhulur-rira* (für *hira*) *nararya Pandawa* (12, *a.*). Das Suff. *nya*, das aber nur als Besitzpron., nie als Gen. Zeichen gebraucht wird, ist dem Kawi und Malayischen gemeinschaftlich.

Hira finde ich unbezweifelt als Besitzpron. in einigen Gerundiv-Redensarten, wo ein Verbum, das aber der gramm. Form nach ebensowohl ein Subst. sein kann, mit dem Präf. *sa* steht und *hira* angehängt ist. B. Y. 40, *a. sadatengira*, als er angekommen war, wörtlich: mit seinem Kommen [1]. Gericke giebt unter dem Worte *dateng*, kommen, Ankunft, an, nach, durch, dasselbe Beispiel aus dem heutigen Jav. an, nur mit einem andren der drei Suffixe: *sadatengngipun*, bei seiner Ankunft [2], und von *mulih*, zurückkommen, *samuliyê*, bei seiner Zurückkunft (s. unt. S. 49.). In andren Stellen ist, auch ohne *sa*, die Construction die nämliche [3]. Mit einem Subst. geradezu als sein, ihr (wie *nya*) finde ich es sonst nicht, wohl aber als Gen. Zeichen [4].

Nira findet sich sowohl hinter Consonanten, als Vocalen, und ist Possess. 3. Pers. [5] und Gen. Zeichen [6].

Im Jav. helfen *hipun* und *hira* auch Partikeln bilden; so macht man von *sampun*, bereits, vergangen, *sasampunnipun*, *risampunnira* (Ger.). Solche Verbindungen bietet auch der B. Y. dar, z. B. *risampunira*, darauf, danach, *karananira*, deshalb, *tekapira* und *tekapnira*, deshalb, von (Lat. *a*) [7].

---

(1) Doch unterliegt diese, sonst ganz gewöhnliche Bed. des *sa* in dieser Stelle noch einem Zweifel, indem man vielleicht übersetzen muſs: von (Lat. *de*) seiner Ankunft. s. Anh.

(2) Vgl. auch B. Y. 33, *a.*

(3) 35, *d.* 38, *d.*

(4) 35, *a.* 109, *a.*

(5) B. Y. 2, *a.* 39, *a.* *wêsmanira*, ihr Haus, वेश्मन् (*wêśman*), *wisma*, Crawf. *Voc.* B. Y. 100, *c.*

(6) B. Y. 8, *a.* 32, *c.*

(7) 287, *b.* 21; *b.* 37, *a.* 123, *a.* 119, *a.*

Ich knüpfe hieran gleich *sira*, das im B. Y. offenbar auch Pron. 3. Pers. ist. Im heutigen Jav. giebt es kein so von Nebenbegriffen reines Pron. 3. Pers., und *sira* gilt nur für die zweite. Von diesem Gebrauche des Worts s. ob. S. 35. 38. Das Kawi weicht also hier vom heutigen Jav. ab; doch ist es merkwürdig, dafs sowohl Crawfurd, als Raffles und Gericke, es nur als Pron. 2. Pers. aufführen (1). Die Herleitung des wahren Sinnes blofs aus den Stellen ist in einer die Construction so wenig bezeichnenden und lange nicht genug durchschauten Sprache schwierig, doch halte ich den Begriff, den ich mir von dem Worte gebildet habe, für vollkommen richtig und in den Stellen begründet.

In einigen Versen ist *sira* Haupt (2); diese Bed. hat mit dem Pron. nichts zu schaffen. Das Wort mufs dann wohl *sirah* geschrieben werden.

In andren Stellen wird es Eigennamen vorgesetzt, und scheint eine Art Ehrenbezeichnung. Von andren ähnlichen Vorsätzen der Eigennamen werde ich bei der Behandlung der Malayischen Sprachen überhaupt reden. Da *sang* (s. unt. §. 8.) ebenso gebraucht wird, das nur eine Art Artikel ist, so halte ich *sira* in diesem Gebrauch nur für das persönliche Pron. 3. Pers. (3)

---

(1) [Auch bei Brückner und Cornets de Groot, welche sonst so vollständig in Anführung der Wörter sind, finde ich keine Erwähnung von *sira* als Pron. 3. Pers., so wie auch nicht in Roorda's Gramm.; in seinem Wörterb. fügt er nur sehr kurz die Bed. *zij* bei. Ich bin auf die Vermuthung gekommen, ob es nicht das Sanskrit. शरीरं, *śarîram*, Körper, sein möchte? *Sarira* wird in den Wörterb. sonst nur in dieser substantivischen Bed. aufgeführt, doch führt Ger., welcher es *srira* schreibt, noch *srira-nnira*, Roorda *srina-nnira*, du selbst, an; in der Gramm. bemerkt Ger., und so auch Brückner, dafs es mit Pron. poss. die reflexiven Pronomina bildet. In Crawf. Handschr. des B. Y. 3, *b*. Übers. habe ich *sarira-nnê* sogar für er (ihn) gefunden. Das Merkwürdigste, und was meine Vermuthung, sogar in ihrer weitest möglichen Ausdehnung, geradezu bestätigen könnte, ist, dafs Roorda *sarira* auch in der Bed. du (*gij*) aufführt. Die subst. Natur des *sira* ist auch wirklich die passendste Erklärungsweise des unten vom Verf. erwähnten verschiedentlich eigenthümlichen Gebrauchs dieses Wortes. Wenn man meine Herleitung, wie man wohl thun mufs, auf das Pron. der 2. Pers. ausdehnt, so erklärt sich durch sie auch auf eine ganz einfache Weise, je nachdem man das Pron. poss. der zweiten oder der dritten Person ergänzt (dein Körper, sein Körper), wie dasselbe Wort zugleich für die zweite und dritte Person dienen könne. Ich hoffe, in meiner Erklärung des B. Y. im Anhange noch Gelegenheit zu haben, einige Beweise mehr für meine Aufstellung anzuführen. B.]

(2) B. Y. 76, *a*. *tri sira*, drei Häupter; 113, *b*. Anh. Jav. Kr. *sirah*. Sanskr. शिर, *śira*, und शिरस्, *śiras*.

(3) Beide Wörter finden sich B. Y. 82, *b*. S. ferner 18, *a*. 123, *c*. 124, *a*.

Wo diese beiden Bed. nicht Anwendung finden, da ist *sira* wirklich das selbstständige Pron. der 3. Pers., von welchem *hira*, euphonisch verändert in *nira* u. s. f., das zum Besitzpron. dienende Suffixum ist, wie *ku* von *aku* (1. Pers.), *mu* von *kamu* (2. Pers.). Diese meine aus der Zergliederung der Texte geschöpfte Meinung finde ich auch durch Hrn. Roorda's Briefe bestätigt. Er sagt darin ausdrücklich, nachdem er *sira* als Pron. 2. Pers. aufgeführt hat, dafs es auch er (*il, lui*) bedeuten könne. Das Kawi weicht also hierin vom heutigen Jav. ab, in dem kein selbstständiges Pron. der 3. Pers. mehr vorhanden ist. Auf die gesagte Weise wird *sira* im Masc. und Fem. Sing. und Plur. gebraucht. Bisweilen steht es nicht geradezu und blofs als Stellvertreter des Nomens, sondern wird mit einem gewissen besondren Nachdruck gesetzt, und kann sogar wie das *dêwê* des heutigen Jav. durch selbst übersetzt werden. Denn es steht auch wohl das Nomen selbst als Subject in dem nämlichen Satz. Hieraus wird der Gebrauch bei Eigennamen noch begreiflicher. Sehr oft aber ist ein solcher Nachdruck gar nicht darin bemerklich. *Sira* hat, wie alle Jav. Pronomina, keine Casusveränderung, sondern nur die Verwandlung in das, allemal suffigirte Possessivum, die man allenfalls als einen Genitiv ansehen kann. *Sira* kann daher Nominativ und Subject, allein es kann auch Accusativ und Object, und mit hinzugedachter Präposition, oder ohne solche, jeder Casus obliquus sein. In einigen Stellen kann es gar keinen andren Sinn haben, als er oder sie ([1]), es ist in diesen offenbar Subject und steht im Nominativ; in andren bleibt dies wenigstens das Wahrscheinlichere ([2]). Im heutigen Jav. ist zwar das Subject immer unmittelbar mit dem Verbum verbunden, und geht demselben voraus; dies kann aber hier nicht entscheiden, da es im B. Y. offenbar nicht immer der Fall ist. In einer andren Anzahl Stellen aber ist *sira* deutlich ein Casus obliquus, oder wird wenigstens natürlicher als ein solcher angesehen ([3]).

Wenn man die kleine Lautveränderung von *y* in *r* annimmt, so kommen *sira* und sein Affixum mit dem Bisayischen Pron. 3. Pers. überein. Denn dieses lautet selbstständig und als Subject im Nom. *siya*, als affigirtes

---

([1]) 107, *b.* 107, *d.* 9, *a.* 84, *c.*

([2]) 107, *c.* 21, *a.* 91, *b.* 288, *c.* 116, *d.*

([3]) 124, *b.* 7, *a.* 10, *a.* 74, *b.* 103, *a.* 591, *c.*

Poss. *iya* und *niya*. Die Tag. Sprache setzt noch *kan* vor *iya*. Nur brauchen diese Sprachen nie *siya*, sondern immer mit gewissen vorgesetzten Sylben *iya* und *kaniya* als Cas. obliq., so dafs sich die Construction deutlicher in ihnen darlegt. Der Bis. Dialekt hat auch im Plur. neben *sila* noch *sira*, und dies wird vor Eigennamen so gebraucht, dafs es die genannte Person mit ihrer Familie anzeigt, wie bei Homer οἱ ἀμφὶ und im Sanskrit als Endung आदय:, *âdaya*. Dies läfst sich aber durchaus nicht auf alle Stellen, wo *sira* im Kawi steht, anwenden; 124, *a*. wird es von Arjuna da gebraucht, wo er ausdrücklich ohne alles Gefolge (*tan tumut*) geht.

Blofs als Possessiv-Suffixum kommt das aus dem Mal. bekannte, im Jav. nach Gericke nur in der Dichtersprache gebräuchliche *nya* sehr häufig vor. Es ist wohl eine Zusammenziehung des Tag. *niya*. Beispiele aus dem B. Y. sind *ratu-nya*, sein Fürst (1); *susu-nya*, ihre Brüste (2). Es dient auch, wie *nira*, Partikeln zu bilden: *hêtu-nya*, seine Ursach, weil (3).

Hê ist, da Raffles das lange *e* (*taling*) nicht immer zum Unterschiede vom kurzen (*pepet*) accentuirt, nicht immer leicht zu erkennen, kommt aber in mehreren Stellen deutlich vor (4). In einigen dieser Fälle, wie *suku-nê*, ist, bis auf die vernachlässigte Verdoppelung des *n*, die heutige euphonische Regel befolgt; in andren aber ist eine wirkliche Zusammenziehung vorgegangen: *nrepê Hastina*, den König von Astina (115, *b*.). Auch erscheint das Pron. mit einem festen *n*, welches nach *ng* in *dateng-nê satrunira*, die Ankunft seiner Feinde (eig. ihre Ankunft seine Feinde), besonders auffallend ist. Diese Abweichungen von den Jav. Lautgesetzen sind wohl nur dem Kawi eigen.

§. 6.

Von selbstständigen Sanskrit-Partikeln sind mir nur folgende bis jetzt im Kawi vorgekommen:

---

(1) 99, *b*.

(2) 24, *a*.

(3) Raffles. II. *App. p.* 170. *col. b. because.* हेतु, *hêtu*, Ursach.

(4) *Tusthanê manah*, Freude der Seele, 29, *a*. und 109, *a*.; *sukunê sang pejah*, die Füfse des Todten, 605, *a*.

यदि, *yadi*, wenn. Das Jav., im B. Y. auch gebrauchte Wort ist *yan*, *tf*, Crawf. *Voc.*, und *yên* (1), die ich im Mal., Tag. und Mad. nicht finde. यदि, *yadi*, zeigt sich im Kawi als *yadhi* (2), *yadhin* oder *yadhẹn* (3), *yadhyan* (4).

परम्पर, *parampara*, einander (wenn man dies hierher rechnen will), im Kawi (Raffles. II. *App. p.* 173. *col. b.*) *parampara*, aber in der Bed. so viele, so viel als (*as many, as much as*), die Verdopplung des Wortes *para*, alle.

सह, *saha*, mit (Raffles. II. *App. p.* 172. *col. b.*), ist bald als untrennbar, bald als selbstständig anzusehen. Es ist auch im Basa-Krama (Ger.). In diesem und dem Ng. zugleich gilt in derselben Bed. *sarta* (Ger.), das Mal. *serta*. Dies ist das Sanskr. सार्थ, *sârtha*, nur nicht in den bestimmten Bedeutungen dieses Worts, sondern in der allgemeinen, seiner Abstammung aus स, *sa*, und अर्थ, *artha*, angemeſsnen, mit Dingen. Es hat vermuthlich eine Präpos. सार्थम्, *sârtham*, mit, ganz ähnlich gebildet als सार्द्धम्, *sârddham*, gegeben.

Aus der Bed. mit entsteht ein doppelter grammatischer Gebrauch des untrennbaren *sa*:

a. zur Bildung von Adverbien aus Subst. (Ger. Gramm. S. 68.)

b. zur Bildung gerundiver Constructionen (s. oben S. 45.), die als ganze, durch *sa* in adverbialische Form gebrachte Redensarten anzusehen sind: bei seinem Sehen, als er sah, *eo vidente*. Denn auch die Construction der absolut gestellten Participia verwandelt ganze Sätze in Adverbia, wo nur Zeit, Ort, Ursach u. s. f. durch Begebenheiten, Umstände, materielle Verkettungen u. s. f. angegeben sind.

Im Mal. heiſst die untrennbare Partikel, wo sie nicht eins, *sa*, ist, oder nicht noch ganz sichtbar die Bed. von mit an sich trägt, *se* (5), hat aber denselben Gebrauch (Marsden. *Gramm.* 90. Vgl. auch *p.* 35.).

---

(1) Raffles. II. *App. p.* 153. *tf.* Crawf. *Voc.*

(2) B. Y. 8, *d.*

(3) B. Y. 127, *d.*

(4) B. Y. 80, *a.* 125, *d.*

(5) Marsden scheidet (*Gramm.* 93.) die untrennbare Präp. *sa*, die er als eine Abkürzung von *sāma*, mit, zusammen, oder von *sātu*, eins, ansieht, von der adverbialen Partikel *se.*

G

Samantara (s. Anh. 17, *b.*) ist aus Sanskr. Partikeln zusammengesetzt, aber nicht selbst im Sanskrit üblich. Crawf. *Voc.* führt es in der Bed. sogleich, bald darauf (*forthwith, shortly*) an. *Semantāra* im Mal. bedeutet: unterdessen (Adv.), während (Präpos. und Conjunction). Im B. Y. finde ich es 17, *b.* 22, *b.* 115, *a.* 119, *c.*; in zweien dieser Stellen ist mir die Bed. noch nicht sicher, in den zwei andren scheint es aber darauf zu heifsen.

Wenn man diese, enger mit der grammatischen Sprachform verbundenen Wortclassen ausnimmt, so habe ich keine Regel in der Aufnahme Sanskritischer Wörter bemerken können; sie kommen für alle Arten von Gegenständen und Begriffen vor.

Ihr Laut ist rein erhalten, indefs allerdings nicht ohne Ausnahme. Einige in die Volkssprache übergegangene Wörter haben Veränderungen erfahren, auch ist die Bedeutung nicht immer ganz dieselbe, und endlich liegt ein Grund kleiner Entstellungen in einigen Sanskritischen, im Javanischen ungewöhnlichen Lauten. Sehr viel mufs man aber hiervon auf die durchaus incorrecte Übertragung der Javanischen Buchstaben in Lateinische bei Raffles schieben, wo sehr oft z. B. *e* für *a* und *i*, *o* für *u* steht. Dagegen sieht man aber doch an mehreren Wörtern, dafs das alte Gedicht den Indischen Laut reiner erhalten hat, als die heutige Sprache. So ist जगत्, *jagat*, Welt, im B. Y. 4, *c. jagat*, bei Ger. aber *jagadh*. Diese hier aufgezählten Fälle abgerechnet, läfst sich ein Sanskritwort immer in Laut und Bedeutung rein aus den es oft vorn und hinten begleitenden, und selbst in sein Inneres eindringenden Javanischen grammatischen Sylben ausscheiden.

Beispiele wesentlicher Veränderungen, die zum Theil nur haben durch häufigen Volksgebrauch entstehen können, sind folgende: *bathara* (s. 1. Buch. S. 236.), Mal. *batāra*, Tag. noch mehr abweichend *bathala*, अवतार, *awatâra*; *bra*, *brah*, Gold, अभ्र, *abhra* (s. zu 84, *c.*); *datulaya*, Pallast (Raffles und Crawf.), vom Jav. *ratu*, Fürst, und आलय, *âlaya*; *nugraha*, Gabe, Segen, अनुग्रह, *anugraha* (s. zu 4, *a.*); *yuta*, eine Mil-

Ich halte beide für dasselbe Wort. Wo das Bewufstsein des Ursprungs sich erhalten hatte, ist der Vocal unverändert geblieben, wo dies Bewufstsein sich verlor und Häufigkeit des Gebrauchs hinzukam, hat er sich zu *e* abgestumpft. Marsden selbst gesteht, dafs in einigen Fällen beide Vorschläge schwer zu unterscheiden sind. Über den Zusammenhang aller Bedeutungen von *sa* s. unt. §. 9.

lion (Raffles. I. 414. II. *App. p.* 172. *col. a.*), im heutigen Jav. *sa-yuta*, wo das *sa* eins heifst (Ger. Gramm. 30. 31.), अयुत, *ayuta*, oder नियुत, *niyuta* (B. Y. 114, *c. yuta*, wo aber der Anfangsvocal wegen des unmittelbar vorhergehenden *a* elidirt sein kann); *Pandutmaja*, von पाण्डु, *Pâṇḍu*, und आत्मज, *âtmaja*, Sohn des Pâṇḍu (34, *d.*); *gama* (es giebt aber auch *hagama*), Glaube, Religion (Ger.), आगम, *âgama*; *kudha*, Pferd, घोट, *ghôṭa* (6, *a.*); *byakta*, sichtbar, offenbar, व्यक्त, *wyakta* (s. zu 7, *a.*); *banchana*, Betrug, वञ्चन, *wañchana* (s. zu 588, *b.*); *panah* (137, *c.* Mal. *pānah*, Tag. *pana*), Pfeil, बाण, *wâṇa*; *rasaksa*, Dämon (Raffles), राक्षस, *râkshasa*; *jeng*, Fufs (32, *c.*), जङ्घ, *janggha*; *kethi*, 100,000 (Raffles. I. 414. Crawf. Ger. Gramm.), कोटि, *kôṭi*. *Marwata* (120, *d.* 590, *a.*) neben *parwata* (99, *b.*), Berg, führe ich hier nicht an, da auch im Sanskrit die Wurzel, von der पर्वत, *parwata*, abgeleitet wird, sowohl मर्व्, *marw*, als पर्व्, *parw*, heifst, mithin auch das abgeleitete Subst. leicht schon in Indien zwei Formen haben konnte. Einige Wörter finde ich im B. Y. rein, und in späteren Quellen verändert; so ist Weib im B. Y. (41, *d.*) richtig *stri*, स्त्री, *strî*, in Raffles Kawi-Wörtern (II. *App. p.* 167.) *istri*, im heutigen Basa-Krama, namentlich zur Bezeichnung des Weiblichen bei Thieren, *hêstri* (Raffles). Ebenso ist Landesherrscher im B. Y. *bupati* (17, *d.*), भूपति, *bhûpati*, aber als Titel des Jav. Adels, aus dem die District-aufseher genommen werden, in Crawf. *Voc. bopati.* Dagegen kann *haji*, König, Fürst, nicht leicht etwas andres, als eine verderbte Aussprache von आदि, *âdi* (der Erste), sein; und viele Eigennamen und der beständige Gebrauch im B. Y. (24, *d.* 25, *d.* 26, *b.*) beweisen, dafs diese Entstellung des Wortes schon alt ist. Gleichwohl ist nach Ger. auch *hadhi*, der erste, vornehmste, ein Kawi-Wort. Die so eben von *haji* gegebene Herleitung bestätigt sich durch das Mal. *ūjan*, *hūjan*, Regen, von उद, *uda*, Wasser, Jav. Ng. *hudhan.* Die unter den obigen Wörtern im heutigen Javanischen schon veralteten zeigen durch ihre Form, dafs ehemals viele Kawi-Ausdrücke wirklich im Munde des Volks waren, und sich so von ihrem ursprünglichen Laute entfernten.

Veränderte Bedeutung findet sich in mehreren der über 1000 aufsteigenden Zahlen: *laksa*, 10,000 (Raffles. I. 414.), लक्षा, *lakshâ*, 100,000; *kethi*, 100,000 (*ib.*), कोटि, *kôṭi*, 10 Millionen; auch *yuta*, Million (s. ob.), scheint eher अयुत, *ayuta*, 10,000, als नियुत, *niyuta*, Million, zu sein.

G 2

Feinere Nüancen der Begriffe kommen natürlich oft in mannigfaltiger Verschiedenheit vor.

Im heutigen Jav. ist der Unterschied bisweilen so grofs, dafs man auf den ersten Anblick über die Ableitung irre wird. So ist *kerta*, Kr. und Ng., bei Ger. Ruhe, Friede; dennoch ist das Wort nichts, als das Sanskr. कृत, *kṛita*, gemacht, wie man deutlicher aus *karta*, bei Crawf. *Voc.*, gute Ordnung in einer blühenden Regierung, Polizei, sieht. Es kommen auch Wörter vor, die zwar gleichbedeutend mit Sanskritischen sind, aber diese Grundbedeutung auf Begriffe weiter übertragen, in welchen wir das Sanskritwort nicht kennen; so heifst *manik*, von मणि, *maṇi*, zwar ein kostbarer Stein (nach Raffles. II. *App. p.* 162. *col. b.* eine Art harten schwarzen Steines), aber auch: die Regenbogenhaut des Auges (*iris*) (¹) und die Mitte, der Mittelpunkt (Crawf. *Voc.*). Im B. Y. finde ich diese letzte (287, *b.*) und die erste Bed. (99, *a. manik sarwawarna*, Edelsteine von allen Farben.)

Am häufigsten sind die kleinen aus ungewohnter Aussprache entspringenden Lautveränderungen, auf deren manche aber auch Raffles Schreibung Einflufs hat.

Auslassung eines *y*. *Wagra* (135, *b.* Raffles. II. *App. p.* 169. *col. a.* Crawf. *Voc.*), Tiger, व्याघ्र, *wyághra*.

Aussprache und Schreibung des Indischen Vocal-*r*. नृप, *nṛipa*, नृपति, *nṛipati*, *nerepa* (92, *b.*), *narepa* (84, *a.*), *naropa* (115, *b.*), *nerpa* (84, *a.* 92, *b.* Raffles. II. *App. p.* 170. *col. a.*), *narpo* (Crawf. *Archip.* II. 174. *col. a.*), *nerpati* (27, *b.*), *nerepati* (88, *d.*) (²); हृदय, *hṛidaya*, Herz, *redhaya* (287, *b.*), *wardhaya* (Crawf. *Voc.*); मृदङ्ग, *mṛidangga*, eine Art Trommel, *merdhangga* (104, *d.*); कृति, *kṛiti*, कृत, *kṛita*, von कृ, *kṛi*, machen, *kerti* (Raffles. II. *App. p.* 173. *col. a.* Crawf. *Voc.*), *kerta* (s. oben); दृष्टि, *dṛishṭi*, Auge, Gesicht, *drasti*, weit geöffnetes Auge (Raffles. II. *App. p.* 169. *col. a.*); भृत्य, *bhṛitya*, Diener, Söldner, *bretya* (s. zu 111, *a.* 591, *c.*), in Crawf. *Voc.* durch Heer übersetzt.

Der Doppelconsonant *dw*, द्व, wird durch einen Vocal getrennt, oder

(¹) [Nach Roorda: Augapfel. B.]

(²) [Dies sind nur Schreibungen in Lateinischen Buchstaben bei Raffles und Crawfurd; die Jav. Schrift hat dafür Ein bestimmtes Zeichen, nach welchem man *nerpa*, *nrepa* oder *nerepa* aussprechen mufs. B.]

durch Weglassung von *d* oder *w* zum einfachen gemacht. Dies letztere geschieht auch im Sanskr. Stamm in δίς und *bis*. ***Duwara***, Thür (Raffles. II. *App. p.* 173. *col. a.*), द्वार, ***dwara***; ebenso ist ***swêta***, weiſs (104, *a.*), ***sêtta*** (Crawf. *Voc.*), श्वेत, ***śwêta***; ***dipangga***, ***dirada*** (Raffles. II. *App. p.* 169. *col. a.*), ***dhiradha*** (Crawf. *Voc.*), Elephant, द्विप, ***dwipa***, द्विरद, ***dwirada***; ***wija***, Priester (Crawf. *Voc.*), द्विज, ***dwija***; ***waja***, Zahn (Crawf. *Voc.*), von द्वाज, ***dwâja***, für द्विज, ***dwija***, wie in द्वादशन्, ***dwâdaśan***, zwölf, und द्वापर, ***dwâpara***, Zweifel, und wie im Kawi selbst ***duaja*** für Vogel (Raffles. II. *App. p.* 170. *col. a.*) in ***bara-duaja***, *wild birds or wild fowl, birds of the forest* ([1]).

Von ***ksh***, क्ष्, wird das ***k*** abgeworfen. क्षत्रिय, ***kshatriya***, Crawf. *Voc.* ***satriya***, *princes of the blood, a soldier, a man of the military class*, und bei Raffles (II. *App. p.* 175.) *a nobleman*, (*ib. p.* 169. *col. a.*) *a young unmarried man, bachelor*.

Das **Wisarga** wird nicht beachtet, weder im Nomin. der mit Vocalen endenden Wörter, noch in der Mitte. ***Dhuka***, Schmerz, Trauer (34, *a.*), दुःख, ***duḥkha***, wie ***suka***, Freude, Vergnügen (Raffles. Crawf. Ger.), सुख, ***sukha***. ***Nir***, verlieren (Ger.), *lost, to lose* (Crawf. *Voc.*), und ***dur***, schlecht (***dhur***, *bad*, Crawf. *Voc.*), werden, wie es scheint, in ihren Endbuchstaben als unveränderlich angesehen, und erscheinen nun meistentheils zwar nach Sanskritischen Regeln richtig, wie in ***nirmala***, rein, fleckenlos (3, *b.*), ***dhurga***, schwer zugänglich (107, *b.*), aber auch bisweilen falsch, wie in ***dhursila*** (schlecht, boshaft, Ger.; *a thief, a rogue*, Crawf. *Voc.*), von दुस्, ***dus***, schlecht, und शील, ***śîla***, Charakter ([2]). Wenn man aber

---

([1]) Die natürlichste Ableitung dieses Worts ist die von भर, ***bhara***, viel, und द्वाज, ***dwâja***, Vogel, also die Benennung von der Menge hergenommen. ***Bara*** ist ein Jav. Wort für 10 **Millionen**, also eine bestimmte Menge für eine unbestimmte, von भर, ***bhara***. Dies Wort bedeutet auch ein bestimmtes Maaſs, und भार, ***bhâra***, ein Gewicht; dem Mal. ***bhāra*** giebt Marsden einen Arabischen Ursprung. Das Sanskr. भरद्वाज, ***bharadwâja***, heiſst **Feldlerche** (*skylark*), und wird nach Wilson von भरत्, ***bharat***, *upholding*, und वाज, ***wâja***, Flügel, abgeleitet. Vielleicht aber ist die obige Ableitung einfacher, und nur, wie so häufig, eine allgemeine Benennung auf ein einzelnes Thier fixirt worden. Dafür spricht auch der Name des Muni **Bhâradwâja**, ein Zwiegeborner von dem Goldgewicht ***bhâra***. Ob nicht auch वाज, ***wâja***, ein Muni, abgeleitet von वज्, ***waj***, gehen, bloſs eine Lautveränderung von द्विज, ***dwija***, sein sollte?

([2]) [Raffles schreibt in seinem B. Y. (37, *a.* 38, *d.* 138, *d.*) immer richtig ***Dusasana***

dhurta, lasterhaft (*tyrannical, vitious*, Crawf. *Voc.*), ebenso erklären wollte, so müfste man auf दुष्ट, *dushṭa* (*improbus*), fallen und ein gänzliches Verkennen dieses Worts annehmen. Man könnte zwar *dhurta* auch von धुर्, *dhur*, धूर्, *dhûr* (tödten, beschädigen), ableiten, von dieser Wurzel lautet aber das Part. praet. pass. धूर्ण, *dhûrṇa*. दुष्ट, *dushṭa*, ist im B. Y. (37, *b.*) richtig *dustha*, und so bei Raffles übersetzt (II. *App. p.* 173. *col. b.*) durch Dieb, und (*ib. p.* 167.) durch schlecht, Crawf. *Voc. wile, stratagem,* 2) stehlen.

Das Anuswâra wird in Raffles, wie der letzte Buchstabe des Jav. Alphabets, durch den Nasenlaut *ng*, der als ein einfacher zu betrachten ist, wiedergegeben, und steht gewöhnlich ganz richtig so angezeigt, wie in *singha*, Löwe (77, *a.*), सिंह, *singha*, *sangsaya*, Zweifel, Furcht (3, *c.*), संशय, *sanśaya*. Ebenso geschieht es mit den Nasalen der beiden ersten Sanskr. Consonanten-Classen: *sangka*, Muschel als Blaseinstrument (113, *d.*), शङ्ख, *śangkha*, *sangga* (s. 1. Buch. S. 274.).

Das Guna ist in zusammengesetzten Sanskr. Wörtern oft beibehalten; *narêndhra* (25, *b.*), *kagêndhra* (104, *c.*), *surêndhra* (96, *d.*), *Korawêswara* (7, *b.*), *singottama* (131, *d.*), aus सिंह, *singha*, Löwe, und उत्तम, *uttama*, der vorzüglichste; da sich aber auch häufige Vernachlässigungen des zusammengezogenen Lauts finden, wie *narîndra* (98, *b.*), *nariswara* (Raffles. II. *App. p.* 170. *col. a.*), und *ê* und *i*, *o* und *u* beständig verwechselt werden, so läfst sich nicht mit Sicherheit auf ein eigentliches Gefühl des Guna beim Gebrauche desselben schliefsen. Wo ich aber ein Wort mit Guna Jav. geschrieben finde, hat es bei der Zusammenziehung von *a* und *i* ein langes *e*.

Das Wriddhi-*a* läfst sich in der Jav. Schrift nicht unterscheiden, und die Diphthongen *ai*, ऐ, und *au*, औ, lassen sich in ihr gar nicht ausdrücken, da sie dieselben nicht besitzt, und zwei auf einander folgende Vocale nicht bezeichnen kann. Wo daher zwei Vocale in zusammengesetzten Wörtern zusammenstofsen, wird ein *h* oder *w* dazwischengesetzt; so (100, *c.*) *ma-wudhan*, von उद, *uda*, Wasser (*hudhan*, Regen, Ger.). Man findet zwar bei Raffles (603, *b.*) *sumaiwaka*; wenn aber dies, mir bis jetzt nicht klare

---

(दुःशासन, *Duhśâsana*), aber Crawfurd's Handschrift in allen diesen Stellen *Dhursasana*. B.]

Wort ([1]) sonst richtig geschrieben ist, so heifst es in Jav. Schrift gewifs *sumahiwaka*. Nun wird zwar auf dem Titelblatt der Übersetzung des Neuen Testaments von Brückner ἡ καινὴ διαθήκη Jav. *ê kahinê dihathêkê*, und also der Diphthong *ai* durch *ahi* geschrieben. Es fragt sich aber sehr, ob dies in alten Handschriften geschah, und ob also jenes Wort ein wriddhirtes *i* enthalten kann? *Au* findet sich blofs mit *u* geschrieben in dem Namen द्रौपदी, *Draupadî* (B. Y. 80, *c*. und Crawf. *Voc. Dhrupadhi*); hier ist also das Wriddhi des Patronymicums ganz übergangen. *Somya* (32, *d*.) halte ich für सौम्य, *saumya*, mild, gefällig, schön; *sumya* bei Crawf. *Voc*. (zahm) halte ich für dasselbe Wort.

Die in die Kawi-Sprache aufgenommenen Sanskritwörter werden nun mit den Javanischen grammatischen Sylben umkleidet, und erhalten dadurch eine bisweilen bis zur Unkenntlichkeit veränderte Gestalt. Dies wird bei der Entwicklung der einzelnen Theile der Kawi-Grammatik deutlicher hervorgehen; hier, wo es nur darauf ankommt, zu zeigen, wie die Sanskritwörter im Kawi erscheinen, begnüge ich mich, die Veränderungen einiger beispielsweise, für jetzt ohne weitere Erklärung, aufzuzählen.

भुक्ति, *bhukti* (Handlung des Essens), *b-in-ukti*, *ma-mukti*.

द्विज, *dwija* (Vogel, Zahn, Brahmane), *dhwija*, *dhwijangga*.

घुष्, *ghush* (tönen), घुषित, *ghushita*, *gosthi*, *g-in-usitan*.

मानुष, *mânusha* (Mensch), *manusa*, *ka-manus-an*.

कार्य, *kârya* (That), *karya*, *k-in-arya*, *ma-karya*.

स्तु, *stu* (loben), स्तव, *stawa*, स्तुति, *stuti* (Lob), *ka-stawa*, *nga-stawa*, *ng-um-a-stawa*, *ma-stwa-ken*, *hin-a-stawa-ken*, *nga-stuti*, *manga-stuti*, *na-stuti*.

अर्णव, *arṇawa* (Meer), *mang-arnawa*.

शब्द, *śabda* (Schall), *sabdha*, *ma-sabdha*, *pa-sabdha*, *s-in-abdha*.

वचन, *wachana* (Rede), *ma-wachana*.

अभिवाद, *abhiwâda* (Begrüfsung), *hin-abiwadha*.

उपकार, *upakâra* (Hülfe, Gegendienst), *pang-upakara*.

रण, *raṇa* (Schlacht), *rana*, *ranangga*, *ranangganа*.

शेखर, *śêkhara* (Blumenkranz, der auf dem Scheitel getragen wird), *sekar*, *s-in-ekar*.

([1]) S. unt. §. 14.

Das bei der Zergliederung der Kawi-Sprache zuerst Nothwendige ist, zu bestimmen, in welchem grammatischen Zustande die Sanskritwörter in sie aufgenommen werden. Hier zeigt sich nun, daſs auf der *einen* Seite zwar die Sanskritwörter ihrer ihnen beiwohnenden Flexion beraubt, aber auf der anderen Seite doch aus der wirklichen Rede, aus dem Leben für das Leben entnommen werden. Es geht also keine Wurzel und keine Grundform über; es wird aber vom flectirten Zustande der Nominativ des Sing. der Nomina (Subst., Adj., Participia) erhalten, und dadurch der in dem eben angegebenen allgemeinen Verfahren liegende Widerspruch ausgeglichen. Der so übertragene Nominativus dient dann im Kawi zur Grundform, und durch und an ihm wird auch das Verbum gebildet. Indeclinabilia gehen natürlich unverändert über.

Diese allgemein vorausgeschickten Grundsätze werde ich nun einzeln durchgehen und mit den nöthigen Beweisen belegen.

1. Übergang flectirter Formen. Die 3. Pers. sing. praes. und imper. von अस्, *as*, sein, bilden im Sanskrit Indeclinabilia, अस्ति, *asti*, und अस्तु, *astu*, und beide sind in das Kawi übergegangen: *asti*, *it is*, *it was* (Raffles. II. *App. p.* 170. *col. a.*) ([1]); अस्तु, *astu*, findet sich in *satyastu* (4, *b.*) und *yadhyastun* (608, *c.* — das *n* ist Jav. Wohllautszusatz), das letzte aus यदि, *yadi* (wenn), wenn — es sei! also obgleich, das vorletzte aus सत्य, *satya*, wahr, wahr sei es! also sicherlich, oder von सति, *sati*, Gabe, also gewährt sei! Das eine und andre paſst zur angeführten Stelle ([2]). Für den negativen Begriff von *asti*, es ist nicht, hat Raffles (*l. c.*) *aspi*, was ich durchaus nicht zu erklären weiſs ([3]). In Raffles Kawi-Wörterbuch (II. *App.*

([1]) [Auch Roorda führt es auf, aber nicht Crawf. In Texten ist es mir noch nicht vorgekommen. B.]

([2]) [4, *b.* hat Crawf. Handschr. *swastastu*; es läſst sich nicht läugnen, daſs *astu* als Imper. in beiden Stellen, vorzüglich aber in der Verbindung mit *yadhi*, Schwierigkeit macht. Ich will daher die Sache im Anhange noch einmal aufnehmen. Übrigens findet sich weder das einfache *astu*, noch die obigen Zusammensetzungen, in irgend einem Wörterbuche. B.]

([3]) [Roorda führt ebenfalls im Kawi *haspi*, nicht existiren, ist nicht, auf, ferner im Ng. und Kr. das Adj. *ngaspi*, einsam, todtenstill, düster (*somber*), und in derselben Bed. *hangngaspi* in dem Beispiel *manjing guwa hangngaspi*, in eine einsame Grotte gehn. Im B. Y. 40, *c.* giebt die Erklärung *tis-tis* durch *haseppi*; ich hielt dies sogleich für die genauere Form des obigen *aspi*, und wurde dadurch auf die wahre Ableitung des

p. 171. *col. b.*) kommt *lunati*, *to cut, chop*, vor, was genau die 3. Pers. sing. praes. von लू, *lû*, ist; und die Bildung des Worts als Nomen läfst sich nicht erklären, da es kein hier passendes Sanskr. Suff. *ti* giebt, das an *lûna*, das Part. praet. pass. der Wurzel, getreten sein kann. Das Wort aber als eine Sanskr. Verbalform im Kawi anzusehen, widerspricht der gesammten Sprachanalogie; und wenn das Wort, das ich sonst nicht finde, richtig ist, mufs es auf irgend eine Weise aus *lû* zum Nomen gebildet sein (1). Einige Wörter im B. Y., *kundani*, *nimitani*, *sabdhani*, *warnani*, könnte man, ihrer Endung nach, für geschlechtslose Sanskr. Plural-Nominative ansehen. Dies ist aber nur scheinbar; das *ni* ist das, nach Vocalen sich so verwandelnde *hi*, welches theils eine Endung transitiver Verba, theils, wie im Jav. (S. 44.) *hê*, das Pron. poss. der 3. Pers. ist, das auch den Genitiv andeutet und Partikeln bildet, so *nimitani*, deshalb (B. Y. 20, *c.* 115, *d.*). Da *śabda* ein Sanskr. Masculinum ist, so sieht man schon bei diesem Worte, dafs an jene Flexion nicht zu denken ist. So kommt B. Y. 99, *c. sabdha-ni mêga*, der Schall der Wolke, vor. Ich ziehe auch *saksat*, साचात्, *sâkshât*, hierher, da es für eine Ablativform gehalten wird (2). Es ist im Sanskrit indeclinabel, und dient als Präp., vor, im Angesicht, als Adv., deutlich, offenbar, und als Conjunction, *as, like*. In dieser letzten Bed. finde ich es im B. Y. 10, *d.*; s. aufserdem noch 6, *b*. Zu den flectirten Wörtern gehört im Sanskrit auch der Infinitivus; und ich erinnere mich nicht, die ihm eigenthümliche Endung *tum* an Sanskr. Wörtern im Jav. oder Kawi gefunden zu haben (3).

Wortes geführt, nämlich von *sepi*, leer, einsam, öde, ruhig (Crawf., Raffles, Roorda, der es als Kawi-Wort angiebt, Mal. *sepî*, sanft, z. B. vom Winde), mit vorgesetztem *ha*. Es ist also ein Wort des Mal. Stammes. Die Sprache gab auch keine Möglichkeit an die Hand, in *pi* eine Verneinung zu finden. Ich zweifle nun auch etwas an der genauen Richtigkeit der Bed. nicht sein. S. noch Anh. 40, *c.* B.]

(1) [Ich finde das Wort auch nur noch bei Roorda, welcher überhaupt in solchen Fällen mit Raffles übereinzustimmen pflegt, auch als Kawi-Wort, und mit derselben Bed. B.]

(2) Bopp. Deutsche Gramm. r. 675. Anm. **) Ich gestehe aber, dafs mir diese Abl. nicht recht einleuchtet. Sie dürfte schwerlich eine Analogie für sich haben; der, eher eine Entfernung bezeichnende Ablativ pafst nicht zu सं, *sam*, und die Ableitung der Indischen Grammatiker von अत्, *at*, beständig mit dem Auge gehen, ist dagegen sehr natürlich.

(3) Marsden fügt dem Mal. Worte *hantam*, schlagen, niederschmettern, हन्तुम्, *hantum*,

H

2. Übergang Sanskritischer Wurzeln. Ich untersuche hier wieder die einzelnen Fälle, welche Ausnahmen von der oben angegebenen Regel zu bilden scheinen. ***Hangkas hangkas*** findet sich in Crawf. *Voc.* in der Bed. *being in prospect, prospective, presumptive*; im B. Y. 609, *d.* ist mir seine Bed. noch ungewifs; es könnte nun allerdings von काश्, ***kâś***, scheinen, abgeleitet sein. Im Mal. ist ***an̄gkas*** Äther, der obere Luftraum, आकाश, ***âkâśa***, im Kawi ***hakasa*** (¹). ***Ngol*** oder ***hangol*** im B. Y. 33, *d.*, einschliefsen, umarmen, kann von कूल्, ***kûl***, *to cover, to hide, to screen, to enclose* (Wilson), kommen. Wilkins hat mehr die abgeleitete Bed. des Vertheidigens, aus der sich aber nicht so, wie aus der ursprünglichen des Aufnehmens, Einschliefsens, alle Derivata herleiten lassen; ich erinnere hier an कूलं, ***kûlam***, Teich, Pfuhl, und das Jav. ***kulah***, Wassergefäfs. Bei ***lut***, ***lot***, Pass. ***l-in-ut*** (vgl. besonders 589, *b.*), so wie dem Mal. ***lut*** (*to enter, penetrate, pierce*, Marsd. ***lot***, *to retreat, fall back*, Crawf. *Voc.*), könnte man an die Sanskrit. Wurzeln लुट्, लुठ्, ***luṭ***, ***luṭh***, denken, welche heftige Bewegung, Wälzen, Schlagen, Zerreifsen, Zerstören andeuten. Wenn das Zusammentreffen dieser Wörter nicht zufällig ist, so sind sie doch noch nicht beweisend, da, wie das Beispiel des Mal. ***an̄gkas*** zeigt, man sie auf Sanskrit. Substantiva auf *a* zurückführen könnte. Die Einwendung, dafs es von diesen Wurzeln nicht gerade hierher passende derivirte Nomina in dem uns bekannten Sanskrit giebt, dürfte bei dem, gewifs bei weitem nicht ganz auf uns gekommenen Reichthum der Sprache wohl hier nicht gemacht werden können. Entscheidender, ob ein Kawi-Wort unmittelbar eine Sanskritwurzel oder ein derivirtes Nomen ist? würden Fälle mit Wurzeln in *i*, *u* und Vocal-*r* sein, weil bei diesen sich durch die Verwandlung in ein Nomen der ganze Laut des Wortes ändert. ***Rêh***, das im B. Y. öfter vorkommt (s. Anh. zu 5, *a.* 109, *c.* 604, *d.*) und in Raffles Kawi-Wörterbuch (II. *App. p.* 170. *col. b.* 173. *col. a.*) *conduct, proceeding, manner, action*, und durch Crawf. (*Voc.*) *commands, orders, cause, because* übersetzt wird, ist, wenn man es aus dem Sanskrit ableiten darf, nicht die Wurzel ऋ, ***ṛi***, sondern रीः, ***rî***, der Nominativ (*going, moving*, Wilson) der Nominal-Grundform र, ***ra***; Crawf.

---

als Etymologie hinzu. Er hat dabei aber wohl auch nicht die Endung, sondern nur die Grundsylbe vor Augen gehabt.

(¹) [Auch ***hangkasa*** nach Roorda, der es nur unrichtig ***ngangkasa*** schreibt. B.]

(*Voc.*) giebt auch in denselben von Raffles aufgeführten Bedeutungen *rt, conduct, character, behaviour.* In *ka-srep-an*, das durch Liebe (Raffles. II. *App. p.*173. *col. a.*) und Fieber (*l. c. p.*86. Jav. bei Crawf. *Voc. ka-sreppen, ague, cold fit, oold*) übersetzt wird, für dessen ursprüngliche Bed. ich aber jede heftige und plötzliche Bewegung im Körper oder Gemüth halte (Crawf. ganz Jav. Wörterbuch giebt es durch *kammiwelassan*, Mitleid, Erbarmen, wieder), glaube ich die Wurzel सृप्, *sṛip* (gehn), unverändert zu erkennen. Da sie aber auch ebenso in abgeleiteten Sanskrit. Subst. erscheint, so liefs sich dieselbe ohne künstliche Zerlegung aus der lebendigen Sprache selbst schöpfen (B. Y. 122, *a.*). Das einfache Wort, *srep, serep*, bedeutet untergehn (von der Sonne) (¹), *hasrep, hasrap* (mit vorgesetztem *ha*): kalt, Kälte, geschmacklos, fade; das Mal. *sarap* bedeutet wohlfeil (*reasonable, moderate, cheap*).

Auf diese Weise kenne ich keinen Fall, welcher auch nur ausnahmsweise anzunehmen nöthigte, dafs Wurzeln, als solche, in die Kawi-Sprache übergegangen wären, eine Thatsache, deren Feststellung mir für die Beurtheilung der Natur der Wurzeln selbst wichtig geschienen hat (²).

3. Übergang Sanskritischer Nomina (Subst., Adj. und Partic.). Da das End-*s* (Wisarga) und End-*m* (Anuswâra) des Sanskrit. Nominative

---

(¹) [Ein nicht zu übergehender Umstand in der Untersuchung ist der, dafs die Formen *srep, serep, hasrep* und *kasreppan* der höheren Sprache angehören, und das Ngoko-Wort für das Untergehen der Sonne *surup* ist, da man hiernach *serep* für abgeleitet von letzterem, durch absichtliche Änderung der Vocale, halten müfste, und die Ableitung aus dem Sanskrit ganz wegfallen würde. Der Einwurf, dafs *serep* wegen seiner Bedeutung (untergehn) von *hasrep* und *kasreppan* ganz zu trennen sei, wird durch Roorda's Wörterbuch entkräftet, der *serep* auch die Bed. kalt und *kasreppan* auch die von Kälte giebt. Nun fällt es allerdings auf, dafs *surup* in keiner anderen Bed., als der vom Sonnenuntergange, aufgeführt wird, und bliebe es möglich, dafs der Begriff der Gemüthsbewegung, wenn auch nicht der von kalt, geschmacklos, mit jenem in keinem Zusammenhange stände und rein aus dem Sanskrit herzuleiten wäre. Das Mal. *sarap*, wenn es dasselbe Wort, als das Jav. *serep*, ist, würde sogar zu der Annahme zwingen, dafs *surup* eine künstliche Bildung aus *serep* wäre, obgleich mir keine Beispiele absichtlicher Veränderung der Wörter der gewöhnlichen Sprache aus höheren vorgekommen sind. B.]

(²) [Sollte auch eines der oben angeführten Wörter mit der Sanskritwurzel identisch sein, so läge es näher, den Grund in einer ursprünglichen theilweisen Übereinstimmung des Mal. und Sanskrit-Sprachstammes, für welche der Verf. sich an anderen Stellen dieser Schrift erklärt hat, zu suchen, als die Aufnahme einer Wurzel in die Zeit des allgemeinen Indischen Einflusses zu versetzen. B.]

im Kawi weggelassen werden, so gleichen die vocalisch auslautenden Sanskrit-Nomina im Kawi vollkommen ihren Grundwörtern; dafs aber nicht die Grundlaute gemeint sind, beweisen die Fälle, wo der Nomin. im Sanskrit den Endconsonanten des Grundworts abwirft oder verändert, wie नामन्, *náman*, Grundwort, नाम, *náma*, Nom., *nama*, Kawi; und ebenso दिश्, *diś*, दिक्, *dik*, Kawi *dhik*; हस्तिन्, *hastin*, हस्ती, *hastí*, Kawi *hasti*. Die in स्, *s*, ausgehenden Sanskritwörter verlieren im Kawi dieses ihr primitives, ihnen im Sanskrit auch im Nomin. bleibendes *s*, weil dasselbe, wenn der Nomin. in seinem Laut nicht durch ein folgendes Wort afficirt wird, sich in Wisarga verwandelt: तेजस्, *téjas*, Grundform und Nomin., तेजः, *téjaḥ*, vor einer Pause, *téja*, Kawi. Dafs man Wisarga und Anuswára nicht bezeichnete, mochte daran liegen, dafs dieser Hauch- und Nasenlaut sich vielleicht weder durch das Jav. End-*h*, noch durch das *ng* des Jav. Alphabets, noch durch *s* und *m* genau wiedergeben liefsen. मनः, *manaḥ*, wird zwar auch im Kawi *manah* geschrieben, aber es läfst sich daraus nichts schliefsen, da dieser Endlaut in den bei weitem meisten anderen Fällen fehlt. Im heutigen Jav. hängt bei den ein *a* enthaltenden Wörtern die Hinzufügung des End-*h* wohl hauptsächlich davon ab, ob jenes *a* ein reines, oder ein zwischen *a* und *o* schwebendes ist; denn mit dem End-*h* lautet das Wort *manah*, ohne dasselbe *mano*.

Die aufgenommenen Nomina sind theils durch Kṛidanta-, theils durch Taddhita-Suffixa gebildete. Doch kommen solche vor, welche in unsren Wörterbüchern, wenn auch die Wurzeln vorhanden sind, fehlen, auch einige, deren Bildung gegen die grammatischen Regeln anstöfst, wie *boja*, Speise, Nahrung, von भुज्, *bhuj* (essen).

Ich werde jetzt an einer Reihe von Beispielen zeigen, wie die übergegangenen Sanskritwörter nach ihren verschiedenen Nominativ-Formen im Kawi lauten.

1. Declination.

Masc. *harsa*, हर्षः (*harshaḥ*); *atmaja*, आत्मजः (*átmajaḥ*); *atyanta*, अत्यन्तः (*atyantaḥ*); *baswara*, भास्वरः (*bháswaraḥ*); *buja*, भुजः (*bhujaḥ*); *chandhra*, चन्द्रः (*chandraḥ*); *dharma*, धर्मः (*dharmaḥ*); *dhésa*; देशः (*déśaḥ*); *dhina*, दिनः (*dinaḥ*); *gajah*, गजः (*gajaḥ*); *gandha*, गन्धः (*gandhaḥ*); *jaladha*, जलदः (*jaladaḥ*); *jaya*, जयः (*jayaḥ*); *kama*, कामः (*kámaḥ*); *késa*, केशः (*kéśaḥ*); *krodha*,

क्रोधः (*krôdhaḥ*); *loka*, लोकः (*lôkaḥ*); *manusya*, मनुष्यः (*manushyaḥ*); *matangga*, मतङ्गः (*matanggaḥ*); *manimaya*, मणिमयः (*maṇimayaḥ*); *mêga*, मेघः (*mêghaḥ*); *nadha*, नदः (*nadaḥ*); *nara*, नरः (*naraḥ*); *nata*, नाथः (*nâthaḥ*); *pandita*, पण्डितः (*paṇḍitaḥ*); *partiwa*, पार्थिवः (*pârthiwaḥ*); *pisacha*, पिशाचः (*piśâchaḥ*); *rata*, रथः (*rathaḥ*); *sagara*, सागरः (*sâgaraḥ*); *sama*, समः (*samaḥ*); *sambrama*, सम्भ्रमः (*sambhramaḥ*); *tanaya*, तनयः (*tanayaḥ*); *turangga*, तुरङ्गः (*turanggaḥ*); *wanara*, वानरः (*wânaraḥ*); *warsa*, वर्षः (*warshaḥ*); *wibrama*, विभ्रमः (*wibhramaḥ*); *yaksa*, यक्षः (*yakshaḥ*); *yodha*, योधः (*yôdhaḥ*); *yogya*, योग्यः (*yôgyaḥ*).

Fem. *basa*, भाषा (*bhâshâ*); *dhayita*, दयिता (*dayitâ*); *gadha*, गदा (*gadâ*); *praja*, प्रजा (*prajâ*); *saba*, सभा (*sabhâ*).

Neutr. *bala*, बलं (*balam*); *busana*, भूषणं (*bhûshaṇam*); *chakra*, चक्रं (*chakram*); *griya*, गृहं (*griham*); *karana*, कारणं (*kâraṇam*); *nagara*, नगरं (*nagaram*); *nêtra*, नेत्रं (*nêtram*); *pangkaja*, पङ्कजं (*pangkajam*); *puspa*, पुष्पं (*pushpam*); *rana*, रणं (*raṇam*); *rudhira*, रुधिरं (*rudhiram*); *rupa*, रूपं (*rûpam*); *suka*, सुखं (*sukham*); *wachana*, वचनं (*wachanam*); *wahana*, वहनं (*wahanam*); *wisa*, विषं (*wisham*).

2. Declination.

Wörter mit End-इ (*i*). *b-in-ukti*, भुक्तिः (*bhuktiḥ*); *budhi*, बुद्धिः (*buddhiḥ*); *chudamani*, चूडामणिः (*chûḍâmaṇiḥ*); *gati*, गतिः (*gatiḥ*); *giri*, गिरिः (*giriḥ*); *hari*, हरिः (*hariḥ*); *jaladhi*, जलधिः (*jaladhiḥ*); *jalanidhi*, जलनिधिः (*jalanidhiḥ*); *mani*, मणिः (*maṇiḥ*); *m-in-usthi*, मुष्टिः (*mushṭiḥ*); *murti*, मूर्तिः (*mûrtiḥ*); *narapati*, नरपतिः (*narapatiḥ*); *paramarsi*, परमर्षिः (*paramarshiḥ*); *rawi*, रविः (*rawiḥ*); *resi*, ऋषिः (*rishiḥ*); *sakti*, शक्तिः (*śaktiḥ*); *sarati*, सारथिः (*sârathiḥ*); *wanadhri*, वनाद्रिः (*wanâdhriḥ*).

Wörter mit End-उ (*u*). *guru*, गुरुः (*guruḥ*); *madhu*, मधुः (*madhuḥ*); *prabu*, प्रभुः (*prabhuḥ*); *ripu*, रिपुः (*ripuḥ*); *sadhu*, साधुः (*sâdhuḥ*); *satru*, शत्रुः (*śatruḥ*); *wibuh*, विभुः (*wibhuḥ*).

3. Declination.

Wörter mit End-ई (*î*). *dani*, धानी (*dhânî*); *dhêwi*, देवी (*dêwî*); *kasturi*, कस्तूरी (*kastûrî*); *mahisi*, महिषी (*mahishî*); *patni*, पत्नी (*patnî*); *puri*, पुरी (*purî*); *putri*, पुत्री (*putrî*); *rêh*, री (*rî*); *stri*, स्त्री (*strî*).

Mit End-ऊ (*û*). *wadhu*, वधूः (*wadhûḥ*).

4. Declination.

mata, माता (*mâtâ*); *pita*, पिता, (*pitâ*).

6. Declination.

Wörter mit End-त् (*t*). *jagat*, जगत् (*jagat*).

mit End-न् (*n*). *dhasa*, दश (*daśa*), und so alle in न्, *n*, endigende Cardinalzahlen; *janma*, जन्म (*janma*); *nama*, नाम (*nâma*); *warma*, वर्म (*warma*); *wêsma*, वेश्म (*wêśma*).

mit End-श् (*ś*). *dhik*, दिक् (*dik*); *widhik*, विदिक् (*widik*).

mit End-स् (*s*). Masc. *chandhrama*, चन्द्रमाः (*chandramâḥ*). Neutr. *manah*, मनः (*manaḥ*); *têja*, तेजः (*têjaḥ*).

mit End-इन् (*in*). *hasti*, हस्ती (*hastî*); *chakrawarti*, चक्रवर्ती (*chakrawartî*).

Man sieht aus diesem Verzeichnifs, dafs, einige Partikeln ausgenommen, hauptsächlich Substantiva, jedoch auch Adjectiva und Participia, eigentlich aber gar keine Verba in die Kawi-Sprache aufgenommen sind. Zu Verben bildet sie die Sanskritwörter erst, indem sie die Nomina geradezu und unverändert als Verba gebraucht, oder indem sie ihnen Javanische Affixa beigiebt.

Ich habe im Vorigen alles beigebracht, was die Behandlung der Sanskritwörter bei ihrer Aufnahme in das Kawi betrifft, gezeigt, welche Gattung von Wörtern ganz ausgeschlossen wird, welche Lautveränderungen die aufgenommenen erfahren, und in welchen Flexionsverhältnissen, der Sanskrit-Grammatik nach, sie aufgenommen werden. Der Leser kennt also nun das Sanskritische Material in der gemischten Dichtersprache.

§. 7.

Die nicht Sanskritischen Wörter sind, wie sich aus zahlreichen Anführungen beweisen liefse, in der Regel noch heute in der Jav. Volkssprache oder im Basa Krama übliche Wörter. Doch habe ich selbst schon Beispiele gefunden, in welchen mich der Briefwechsel mit Hrn. Roorda überzeugt hat, dafs auch er zu anderen Malayischen Dialekten seine Zuflucht nehmen mufste. Auch ist es an sich natürlich und kann wohl nicht bezweifelt werden, dafs eine gewisse Anzahl von Kawi-Wörtern im heutigen Jav. veraltet sind. Hierin aber tiefer einzugehen, würde nur mit einem ganz vollständigen

Jav. Wörterbuche, wie Hr. Roorda ein solches herauszugeben denkt, möglich sein. Die jetzigen Hülfsmittel sind dazu durchaus unzulänglich.

Ich wende mich daher gegenwärtig sogleich zur Grammatik der Kawi-Sprache. In dieser ist es nun nicht, wie z. B. im Telingischen, wo die in die Sprache aufgenommenen Sanskritwörter in mehreren Stücken grammatisch anders, als die einheimischen, behandelt werden. In der Kawi-Grammatik verschwindet jeder Unterschied, der von dem Ursprung des Wortes herrühren könnte; wie ein fremdes in der Rede erscheint, wird es den Regeln der einheimischen Sprache unterworfen.

Die Kawi-Grammatik ist keine andere, als die Javanische selbst; es ist aber hier wieder gerade derselbe Fall, den wir so eben bei den Wörtern gefunden haben, und der sich hier vollständiger nachweisen läſst. Auch von den grammatischen Formen des Kawi sind mehrere veraltet, und erschweren dem Javanen, welcher nur seinen häuslichen Dialekt kennt, das Verständniſs. Mir haben hier die anderen Malayischen Sprachen, namentlich die Tagalische, bedeutende Hülfe geleistet. Denn ich muſs hier bemerken, daſs es auch nicht den kleinsten und unbedeutendsten Abriſs einer Kawi-Grammatik giebt, und daſs ich mich nur habe der eigenen Zergliederung des Textes des Brata Yuddha überlassen können. Auf diese Weise habe ich ausgemittelt, was von den grammatischen Formen des heutigen Javanischen im Kawi vorhanden ist, und ebenso habe ich, wie das oben über die Pronomina Vorgetragene beweist, auch einige veraltete aufgefunden. In Java besitzt man, wie ich schon oben bemerkt habe, als Hülfsmittel zur Kenntniſs der Kawi-Sprache, einzig mehr oder weniger vollständige Verzeichnisse von Kawi-Wörtern, welche Javanisch erklärt sind. Diese Verzeichnisse enthalten durchaus nichts Grammatisches, sogar nichts Etymologisches, und wenn ich nach dem in Raffles Werke urtheilen soll, so geben sie die Sanskritwörter oft in minder reiner Gestalt, als das Kawi-Gedicht. Könnte ich eine genauere Kenntniſs der Javanischen Grammatik voraussetzen, so dürfte ich nur kurz andeuten, was ich davon im Kawi angetroffen habe oder nicht. Da jedoch dies nicht der Fall ist, so werde ich zugleich auf die Javanische Grammatik, so wie auf die des Malayischen Sprachstammes überhaupt, eingehen müssen, werde mich jedoch hierbei nur auf das schlechterdings Nothwendige beschränken.

Ich werde zunächst vom Nomen, und dann vom Verbum reden, endlich aber Einiges über die Syntaxis hinzufügen. Vom Pronomen habe ich bereits oben gehandelt (S. 33-48.).

§. 8.

Nomen.

Artikel.

Die meisten Malayischen Sprachen, namentlich die Tag. und Mad., aber auch die Tah., N. Seel., Tong., besitzen einen Artikel, und einige unterscheiden sogar den bestimmten vom unbestimmten. Sie haben aber auch die Eigenthümlichkeit, den gewöhnlichen nur vor Appellativen, und einen andren vor Eigennamen zu gebrauchen. Der letztere gilt dann für einen auszeichnenden Ausdruck, und wird in dieser Art auch andren, doch immer nur Personen oder Lebendiges andeutenden Wörtern vorgesetzt, so im Bis. (1) dem Pron. bei Fragen und Antworten: wer kam? Ich, hier nicht blofs *ako* (das Pron.), sondern *si* (Art.) *ako*. Insbesondere gilt dieser Artikel als Ehrfurchts- und Liebesbezeigung. So geht derselbe Verwandtschafts- und Herrschafts-Namen voran, jedoch nur im Munde des Niedrigeren, wenn er vom Höheren spricht, nicht umgekehrt, es müfste denn in besonderer Zärtlichkeit geschehen. Der Sohn und der Diener sagen Tag. *si ama* (Vater), *si pan̆ginóon* (Herr), dagegen der Vater *ang* (Art. der Appell.) *aquing* (mein) *andk* (Sohn), doch wieder aus besondrer Liebe zum jüngsten Sohn: *si bongso* (2).

Die Jav., so wie die Mal. Sprache bedient sich zwar keines Artikels, dagegen findet sich auch in ihr die Sitte, Ehrfurcht und Liebe durch ein vorgesetztes Wort anzudeuten und ebenso Eigennamen herauszuheben. *Sang* wird den Benennungen von Würden, welche Männer bekleiden, vorgesetzt, dagegen den Namen geringer Personen das auf den Philippinen ehrende *si* (Ger.). Doch wird Tag. auch dies im üblen Sinne gebraucht; man sieht aber nicht deutlich, ob es nicht blofs ironisch geschieht.

Das hierher gehörende Kawi-Wort ist *sang*, nach Hrn. Roorda in der Schriftsprache der Artikel und bisweilen ein Relativ-Pron. Nach genauer Untersuchung aller Stellen finde ich es aber niemals im B. Y. als blo-

(1) Ezguerra. nr. 3.

(2) Totanes. nr. 13. 21. 24.

ßen Artikel gebraucht. Die Stellen, wo es Rel. Pron. ist, bei Seite gelassen, begleitet es männliche und weibliche Eigennamen, die in dem Gedichte, seinem Inhalte nach, immer nur mit Achtung ausgesprochen sind, und von Appellativen nur Verwandtschaftsnamen und Benennungen von Würden, Titel, aber von Personen beiderlei Geschlechts.

Sang Kresna (32, *b.*), *sang Dhropadhi* (102, *a.*).

Verwandtschaftsnamen. *Sang yayah* (131, *c.*), Vater, aber auch von der Mutter gebraucht, und außerdem gleich als, gleichend, ähnlich bedeutend (Crawf. *Voc.*); *sang paman* (287, *c.*), jüngerer Vatersbruder (Ger.), *sang priya* (603, *b.*), Gemal, *sang kakung* (604, *c.*), dass. Ebenso steht *sang*, wo eine Person durch ihre Verwandtschaft bezeichnet ist: *sang Pandupatni* (109, *a.*), die Gemalin des Pâṇḍu, *sang Arkasuta* (289, *c.*), der Sohn (सुत, *suta*) des Sonnengotts.

Würden, Titel und Ehrenbenennungen, welchen ich *sang* vorgesetzt finde, sind folgende: *sang dhêwi* (39, *c.*), die Fürstin (देवी, *dêwî*, Göttin, als Titel), *natadhêwi* (108, *b.*), die Herrscher (नाथ, *nâtha*) - Gemalin, *nata* (38, *c.*), *nrepa* (116, *c.* s. ob. S. 52.), *naranata* (89, *a.*), der Herrscher, *bupati* (17, *d.*), der Herr des Landes (भू, *bhû*, Land, पति, *pati*, Herrscher), *sumantri* (32, *b.*), die trefflichen Rathgeber, Minister, *resi* (32, *a.*), Rishis, *dhwija* (124, *b.*), Priester, *sura* (1, *a.*), *prawira* (118, *b.*), die Helden, Krieger (शूर, *śûra*, प्रवीर, *prawîra*), *kawêndhra* (s. zu 612, *a.*), die trefflichsten Sänger; endlich die zu Titeln werdenden ehrenden Beiwörter: *prawarya* (80, *b.*), der Vortreffliche (वर्य, *warya*, mit vorgesetztem प्र, *pra*) (1), *prabu* (124, *c.*), die Hervorstehenden, *Warabisma* (137, *a.*), der treffliche Bhîshma (mit वर, *wara*, zusammengesetzt), *nararya* (85, *c.*), der Ehrwürdige unter den Menschen. Wo den Namen oder Titeln *watek* vorgesetzt ist, geht demselben meistentheils *sang* voran (81, *b.*).

Indem nun *sang* auf die hier entwickelte Weise etwas Bestimmtes anzeigt, daher nicht geradezu von dem, auch unbestimmt (im Tag. ausdrücklich im Gegensatz mit *sang*, *sangtaon*, ein ganzes Jahr (2)) gebrauchten Zahlwort eins (Mal. *sā*, Tag. *isa*), so innig es auch wieder mit demselben zusammenhängt, abgeleitet werden darf, kann es bequem zum Relativum ge-

(1) [Crawf. Handschr. liest *prawararya.* B.]

(2) Totanes. nr. 359.

I

braucht werden. Es vertritt nämlich alsdann selbstständig die Person, von der etwas auszusagen ist. Im Jav. vermischt sich aber der Begriff des Relat. sehr oft mit dem des bestimmten Artikels, theils überhaupt, da das Verbum sein so oft ausgelassen wird und das Nomen undeclinirbar ist, so daſs die Ausdrücke: welche gut sind und die Guten grammatisch zusammenfallen, theils aber auch besonders durch die in der Syntaxis näher auszuführende Gewohnheit der Sprache, das Relat. mit ausgelassenem ist einem Nomen vorauszuschicken. So kann das Relat. *kang* oft geradezu als bestimmter Artikel übersetzt werden, und so gilt das mehr artikelartige *sang* für ein Relat. Pron. Beispiele dieses Gebrauchs sind folgende: 30, *d. sang*, welche, *tuhu*, gerecht, wahrhaft (Crawf. *Voc.*), *sadhu*, gut (साधु, *sâdhu*), *ring*, in, *raț*, der Welt (Raffles. II. *App. p.* 168. *col. a.*); 97, *a. sang*, welcher, *inuchap*, genannt (wurde) (Pass. von *huchap*, nennen. Raffles), *angaran* (1), mit Namen, *Bima*, Bhîma. 105, *a.* 125, *a.* 285, *c.* (s. Anh.); 480, *a. sang mat-ing rana*, welcher gestorben in der Schlacht; 605, *a. sukunê* (*suku*, Fuſs. Ger. mit dem Pron. *hê* als Gen. Zeichen), die Füſse des, *sang*, welcher, *pejah*, todt (s. zu 1, *b.*), nämlich war.

Sang bleibt übrigens, von welchem Genus, Numerus und Casus das damit verbundene Wort sein möge, immer unverändert.

§. 9.

Bildung des Substantivums.

Wie in den meisten Sprachen, so ist im Javanischen und im Kawi ein Theil der Nomina primitiv, und ein andrer abgeleitet: *mata*, Auge, *rana*, Schlacht, *ka-dato-n*, Pallast, von *ratu*, Fürst, *pa-sabdha*, Rede, von *ma-sabdha*, sprechen.

Die primitiven Nomina tragen kein Kennzeichen an sich, welches sie von andren Redetheilen unterscheidet; und was die Sanskritischen hiervon in das Kawi mit hinübernehmen, hat in diesem nicht die nämliche Geltung, da wir sehen werden, daſs man diese Nomina auch ganz unverändert zugleich als Verba gebraucht.

---

(1) Von *haran*, Name, durch das Präfixum *han* abgeleitet. In adjectivischer Bed. steht es mit dem Präf. *man* 106, *a. mangaran Panchawala*, mit Namen P.

Einige Sanskritwörter erscheinen, neben ihrer im Sanskrit üblichen einfachen Gestalt, in einigen Stellen des B. Y. in ungewöhnlicher Verlängerung; so *sura*, शूर (*śûra*), *surangga*, *rana*, रण (*raṇa*), *ranangga*, *ranangqana*. Auch diese Formen sind vermuthlich dichterische, wie man sich denn in Kawi-Gedichten, des Sylbenmafses wegen, sowohl viele Verkürzungen, als Hinzufügung ganz bedeutungsloser Sylben, erlauben soll. Sie lassen sich aber wohl auch grammatisch erklären; und ich habe in der Einleitung zu dieser Schrift (p. ccccxvi - ccccxxi.) es zu thun versucht.

Abgeleitete Nomina entstehen, nach Ger. Jav. Gramm., durch Veränderung des Anfangsbuchstaben und durch Affixa. Von den ersteren, und von denjenigen der letzteren, deren Affixa bestimmten Verbal-Affixen gegenüberstehen, werde ich, da diese beiden Classen die Kenntnifs des Verbums voraussetzen, bei diesem reden. Es bleiben also hier nur diejenigen übrig, deren Affixa keinen Verbal-Affixen entsprechen.

Von diesen führt Gericke das Suff. *han* und das Präf. *ka*, gleichzeitig verbunden mit dem Suff., an.

Suff. *han*. *paprangngan* (126, *a*.), Kampf, Schlacht, von *prang*, Krieg, Kampf, aber auch als Verbum, kriegen, kämpfen, mit Verdopplung der ersten Sylbe.

Die Ansetzung des *han* ist im Jav. von Buchstabenveränderungen begleitet; so erleiden zusammenstofsende Vocale eine Zusammenziehung, und im Kawi habe ich, im Gegensatze gegen diese Zusammenziehung, die Verwandlung eines End-*u* in den Halbvocal *w* gefunden (s. unten *kadatwan*).

Die Wörter mit vorgesetztem *ka* drücken in der Regel einen Zustand aus, und haben insofern eine passive Bedeutung. Wir werden beim Verbum (unt. §. 13.) sehen, dafs *ka* als Präf. Passiva bildet.

ka Präf. mit *han* Suff. *ka-manus-an*, Mitleid, von *manusa* (620, *c*.), Mensch, मानुष, *mânusha*, eig. der Zustand, wo man Menschlichkeit fühlt; *ka-datw-an*, Pallast, von *ratu*, König (s. zu 107, *d*.); *ka-srep-an*, heftige Gemüthsbewegung (122, *a*. s. ob. S. 59.).

Diese Wörter sieht auch Ger. (Gramm. S. 49.) mehr für Subst., als für Passivformen, an, und sie sind offenbar blofs Subst. Wenn aber das Suff. fehlt, nähern sie sich mehr dem Passivum, und müssen, wenn ihr Primitivum als Verbum gebraucht wird, wirklich als Passiva gelten; so *katon*,

I 2

gesehen werden (113, *b.*), gesehen. Ähnlich ist *kaparchaya*, glaubhaft, worauf vertraut werden kann (s. zu 591, *c.*).

ka Präf. und *han* suffigirt bilden Subst. des Orts: *hem*, versammelt (92, *b.*), welches an das Persische ?, *hem*, erinnert, *pahemman*, Audienzhalle (Crawf. *Voc.* B. Y. 75, *a.* Raffles schreibt weniger richtig *pahman*).

Geschlecht des Substantivums.

Die Sprachen des Malayischen Stammes unterscheiden dasselbe nicht anders, als durch den Zusatz Mann oder Weib; und auch das Kawi trägt die weibliche Sanskritendung ई, *î*, nur in der Befolgung der allgemeinen Regel, den Sanskrit-Nominativ aufzunehmen, in sich über. Es behandelt diese Feminina nicht als Flexionen der Masc., sondern als eigne und unabhängige Wörter. Beispiele habe ich oben (S. 61.) bei den Wörtern der 3. Declination gegeben; und wenn einige solcher im B. Y. vorkommender Formen sich auch nicht in den uns bekannten Sanskritschriften finden sollten, so sind sie so regelmäfsig geformt, dafs sie sehr füglich im Gebrauch gewesen sein können. Dahin rechne ich *bathari* (33, *a.* अवतारी, *awatârî*), *naranati* (83, *a.*) ([1]), *Uttari* (s. ob. S. 13.), und selbst *Apsari* (618, *d.*), für अप्सरा, *Apsarâ*. Die weibliche Endung in आ, *â*, läfst sich im Jav. Alphabet nicht unterscheiden, kommt aber auch im B. Y. vor: *dhayêta* (91, *a.*), von Pâṇḍu's Gemalin gebraucht, दयिता, *dayitâ*. Dafs nicht auch diese in *î* geformt ist, beweist das oben ausgesprochene Princip dieser Übertragungen und spricht für die Indische Abstammung von *Apsari*.

Numerus des Substantivums.

Die Malayischen Sprachen bezeichnen ihn nur, wo es der Deutlichkeit wegen nothwendig scheint, dann aber in der Regel durch eigne hinzugefügte Wörter, und ebensowohl den Singularis, als den Pluralis.

Den Sing. deutet das heutige Jav. durch die Präfigirung von *sa* an, welches Ger. (Gramm. 43.) eine Verkürzung von *satunggil* Kr. und *siji* Ng. nennt, obgleich diese im Jav. Zählen für eins üblich gewordenen Wörter richtiger Zusammensetzungen mit jenem *sa* (Tag. *isa*) heifsen müssen. In

---

([1]) [Crawf. Handschr. hat aber die Lesart *naranata dhêwi*, wahrscheinlich ein Compositum, wie ob. S. 65. *natadhêwi*. B.]

satunggil ist dies von selbst deutlich; *tunggil* übersetzt Crawf. *Voc.* durch *together, along with, united.* Das Wort ist also ohne Zweifel das Mal. *tuñggal*, nur, allein, einzeln, denn man sagt nach Ger. auch *satunggal.* Auch führt *tunggal* in Crawf. *Voc.* die obige Bed. von *tunggil*, und außerdem die von *same*, bei Raffles sammeln ([1]). *Siji* heifst auch *sawiji* (Ger.), und ist also eine Zusammenziehung von *sa wiji*, ein Samenkorn (*wiji, seed*, Crawf. *Voc. zaad*, Ger. Mal. *bīja*, वीज, *wīja*; über die Ableitung s. näher §. 14.). Viele Völker lieben, den abstracten Begriff der Zahl an ein concretes Subst. zu heften ([2]). Von diesem Präfix finde ich im B. Y. blofs bei Zahlen, und da gerade wie im heutigen Jav., Gebrauch gemacht: *sapuluh* (127, *b.*), Ng. (Ger.) zehn, eig. ein Zehn, *sagulma* (128, *b.*), nach Raffles 10,000 Billionen, nach Ger. 1000 Millionen, nach Crawf. Gramm. ([3]) 100,000 Mill., von dem, im Sanskrit auch auf eine Heeresabtheilung angewandten गुल्म, *gulma*, jede dieser Zahlen als Einheit genommen. Die Einheit auszudrücken, bedient sich das Kawi auch des eben erwähnten *tunggal* und des Sanskr. *êka*, beide dem Subst. nachgestellt; *gaja tunggal* (127, *b.*), Ein Elephant, *rat-êka* (*l. c.*), Ein Wagen, *kuḋh-êka* (127, *c.*), Ein Pferd.

Der Pluralis wird im Jav. bisweilen durch Wiederholung des Worts ausgedrückt, und dies durch Zusammenziehung in Ein Wort, durch Veränderung des Anfangsbuchstaben des zum zweitenmal gebrauchten Worts, wenn der Fall dazu eintritt, und bisweilen durch Hinzufügung der Endung *han* zu einer wirklichen grammatischen Form ausgebildet: *jurang-jurang*, Thäler, *hanggon-nanggon*, Kleider, *holah-holah-han*, Speisen. Bisweilen wird auf gleiche Weise, aber nur mit Wiederholung der Anfangssylbe, verfahren: *pa-parêntah-han*, Befehle. Die Wiederholung des Worts findet sich, jedoch noch durch ein hinzugefügtes eignes Wort verstärkt,

---

([1]) [Cornets übersetzt *tunggal* durch einzig (*eenig*), Einheit, Roorda ebenso, und außerdem vermischen. Nach ihm gehören beide Wörter der höheren Sprache an. Man sieht leicht, dafs *tunggal* die ursprüngliche Form, und *tunggil* durch absichtliche Vocalveränderung daraus gebildet ist. B.]

([2]) S. ob. Einleitung *p.* CCCCXXIX.

([3]) [und Brückner; ich bemerke, dafs Ger. die Zahlwörter *perti*, 1000 Mill., und *pertama*, 10,000 Mill., nach Crawf. Gramm. und Brückner, überspringt, und daher die letzten Zahlwörter um zwei Ordnungen zu gering angiebt. B.]

B. Y. 110, *b. sang*, die, *watek*, verschiedenartigen (s. S. 71.), *wira wira*, Krieger (वीर, *wîra*).

Sa heifst nicht blofs ein, sondern auch zusammen, und man kann den ersten dieser Begriffe aus dem letzteren, oder, was ich für richtiger halte, umgekehrt ableiten. Der Urbegriff ist der des Seins. Dies beweist das Sanskr. सत्, *sat*, ursprünglich das Seiende, Part. von अस्, *as*, in dem selbst das *a* nur Vorschlag, oder vielmehr ein hinzukommendes Element scheint. Im Tag. ist *sa* auf das beständige, feste Sein (*estar de asiento*, Totanes. nr. 77. 78.) an einem Ort beschränkt. In diesen Bedeutungen wird das Wort im Sanskrit zum Pronominalstamm. Davon leite ich den Begriff der Einheit ab: सकृत्, *sakṛit*, einmal, *sa* mit mehreren Verlängerungen, aber auch allein, eins, Mal., *isa* Tag., u. s. f. Da, was verbunden, zusammen ist, Einheit bildet, wird es Ausdruck der Verbindung. Hieraus entspringt ein dreifacher Gebrauch: *a.* (s. ob. S. 49.) als untrennbare Präposition mit, selbstständig nur mit Verlängerungen und Zusammensetzungen, *saha*, सह (*saha*), *sarta* (über seine Ableitung s. ob. S. 49.), nicht als Verkürzung dieser anzusehen; häufig im Sanskrit, im Kawi *s-astra* (B. Y. 74, *c.*), mit Waffen, *Sa-korawa* (B. Y. 112, *b.*), mit den Kurawas, im heutigen Jav. *sa-garwa sampêyan*, mit deiner Frau (Ger. Gramm. 68. *garwa*, Kr. Ehefrau, wahrscheinlich Sanskr. Ursprungs, vielleicht von गर्भ, *garbha*, Mutterleib, doch, da es die rechtmäfsige Ehefrau ist, eher von गर्व, *garwa*, Stolz). *b.* als das Ganze der Sache anzeigend, deren Benennung es präfigirt wird, im Tag., aber auch im Kawi, häufig im B. Y., *sa-buwana* (4, *b.*), *sa-rat* (2, *c.*), die ganze Welt (*rat, world, a particular country*. Crawf. *Voc.*), *sa-nagara* (592, *a.*), die ganze Stadt, das ganze Land. *c.* vor Benennungen von individuellen Dingen, um anzuzeigen, dafs alle der Gattung, die ganze Gattung, ein collectives Ganzes, gemeint sind. In dieser Bed. wird das Präfix zum Pluralzeichen, und deswegen erwähne ich es hier. Die Herleitung war nothwendig, um zu zeigen, wie es zugleich Zeichen der Einheit und Mehrheit sein kann. Hier kann nun der Begriff der Allheit streng, oder nur als Mehrheit genommen werden. Beisp. *Sa-pandu-putra* (93, *a.*), alle Söhne Pâṇḍu's, *sa-musuh* (5, *b.*), alle Feinde, das ganze Verfeindete.

Von den Allheit, Mehrheit oder Zusammensein ausdrückenden eignen Wörtern, die man im Jav. zur Andeutung des Plurals gebraucht, finde ich im Kawi nur *kabêh*, alle (121, *d.*), und *pada* (113, *d.*). Das letztere findet sich sowohl vor dem Subst., als nach ihm (114, *b.* 592, *a.*).

Da keines der hier angeführten, noch der im Jav. dafür üblichen Wörter wahres Pluralzeichen ist, indem keines den Gegensatz der Einzelheit ohne Nebenbegriff ausdrückt, sie vielmehr alle blofs durch einen materiellen Begriff, der sich nicht mit dem der Einzelheit verträgt, den grammatischen Zweck erreichen, so rechne ich auch *watek* hierher. Es kommt häufig im B. Y. vor, und steht, mit Ausnahme Einer Stelle (115, *b.*), wo es einen Singularis, *nrepê Hastina*, den Herrscher von Hastina, begleitet, immer vor Subst. im Plural, und wird alsdann regelmäfsig bei Raffles durch alle übersetzt. Diesen Begriff allein kann aber das Wort nicht ausdrücken; denn 121, *d.* steht *watek ratu kabêh*, wo dies letzte Wort offenbar (Ger. *v. kabêh*) alle heifst, mithin das erste noch etwas andres ausdrücken mufs. Auch steht *kabêh*, wie nach grammatischer Regel alle Adjectiva, nach dem Subst. [1] Das beständige Vorangehen des Wortes deutet ein das folgende Subst. in den Gen. stellendes Subst. an. In Crawf. *Voc.* ist *watak heart, disposition, character, watek custom, way, manner, disposition, character, customs, manners,* bei Ger. Gewohnheit, Art [2]. *Watek Pandawa* könnte also wörtlich heifsen: die Charaktere oder die verschiedenen Charaktere der P. So bildet das Wort wohl zunächst, ähnlich dem Homerischen ἱερὸν μένος Ἀλκινόοιο, einen die Person mit mehr Würde umgebenden dichterischen Zusatz, so dafs es auch dem Sing. zur Seite stehen kann. Dabei mag aber auf die Verschiedenartigkeit der Charaktere gesehen, und darum der Ausdruck mehr mit Pluralen üblich sein. Das so häufig ihm vorangehende *sang* macht diese ganze Annahme noch wahrscheinlicher.

---

(1) [Es sei mir erlaubt, zu bemerken, dafs allerdings aus dem Gebrauche eines anderen Pluralwortes und aus seiner Stellung gegen dasselbe noch nicht hervorgeht, dafs *watek* kein solches sein könne. Ich werde in meinem grammatischen Anhange Beispiele von dem Gebrauche zweier solcher Wörter, wo bald beide dem Subst. folgen, bald eines ihm vorangeht und das andere ihm folgt, anführen. Dagegen ist das beständige Voranstellen des *watek* der Umstand, auf welchen der Verf. mit Recht Gewicht legt. B.]

(2) [Roorda *watak*, *waṭek*, Gewohnheit, Art, Gebrauch. Es ist höchst auffallend, dafs die Bed. alle, welche, wie man sie auch abzuleiten habe, das Wort ganz bestimmt im B. Y. führt, von keinem Wörterbuche angegeben wird. Das Tag. *uatac* heifst getrennt (von Personen). B.]

Eine Methode, Mehrzahl, Menge anzudeuten, ist im Sanskrit die Anheftung von आदि, *âdi* (der erste), die, indem sie aussagt, daſs die genannte Person die erste ist, zugleich dadurch anzeigt, daſs andere mit ihr sind. Eine solche Form könnte *Naradhadhi* (79, *a.*) sein, obgleich ich, ohne weitere Beispiele, über die Stelle noch nicht abzusprechen wage.

Declination des Substantivums.

Die Casus werden im Kawi, wie in den übrigen Mal. Sprachen, niemals an den in sie gestellten Wörtern bezeichnet. Sie bleiben oft ganz unangedeutet; wo sie aber kennbar gemacht werden, geschieht es durch die Stellung oder durch Präpositionen. Die Präp. *hing* wird im Jav. sehr gewöhnlich als Genitivzeichen gebraucht, sie wird, vielleicht weil dieser Casus am frühesten und bestimmtesten den Flexionssinn der Nationen weckt, mit dem regierenden Nominativ, den dem regierten Genitiv vorausgehn zu lassen die Weise der Sprache ist, durch die oben (S. 44.) erwähnten Veränderungen zu Einem Worte verbunden, und so erscheint sie gewissermaſsen als eine den nachfolgenden Genitiv ankündigende Flexion des Nominativs; *parêntah-hing*, der Befehl des, *karsa-nning*, der Wille des, *serrat-ting*, der Brief des, *ratu*, Fürsten. Wo *hing* nicht Genitivzeichen, sondern Präp. ist, da bleibt auch sein *h*, ohne Rücksicht auf den vorhergehenden Consonanten, unverändert. Dies geht aus vielen Stellen von Ger. Lesebuch (S. 40. Z. 5. 7. S. 64. Z. 7.) hervor. Besonders erwähnt er nichts davon; die Sache ist aber wichtig, da die Lautveränderung deutlich das Bestreben bezeichnet, der angehefteten Präp. durch Verschmelzung mit dem Grundwort ihre selbstständige Bedeutung zu nehmen, und sie dadurch zur wahren Flexion zu machen. Im B. Y. 107, *d.* findet sich die wirkliche und deutliche Präp. dennoch in ihrem Anfangs-*h* dem vorhergehenden Worte assimilirt: *sira huwus manjing-nging jro kadatwan* (s. Anh.), sie gingen hinein in das Innere des Pallastes. Ich lasse es dahin gestellt sein, ob dadurch die im Vorigen gemachte Bemerkung entkräftet wird. Vielleicht entstand aber auch der Unterschied erst aus der sorgfältigeren Schreibung neuerer Zeit. Die Präp. zeigt ein Sein, oder eine Bewegung nach einem Orte an, heiſst in, an, zu, nach. Ihr Gebrauch beim Gen. erklärt sich, wenn man sie sich als Beziehungszeichen denkt: dieser bestimmte Befehl ist ein solcher, weil ihn der Fürst giebt, d. h. er ist es im Fürsten, oder in Beziehung zu ihm. Eine andre Art der Casusbezeichnung, die aber nur beim Gen. möglich ist, liegt, wie wir oben (S. 44.) gesehen haben, im Besitzpron., das man dem regierenden Nominativ anheftet, und das alsdann auch gleichsam zur Genitiv-Flexion an ihm wird. Man vernimmt am Pronomen, dafs etwas Besitz eines andren ist, und begreift die Beziehung, indem nun dies andre unmittelbar genannt wird; so entsteht aus: sein Pallast der König der Begriff der Pallast des Königs. Ich gehe nun hiernach die einzelnen Casus durch.

Den Nominativ deutet da, wo nicht dichterische Versetzungen eintreten, seine Stellung an; er geht dem Verbum voraus. B. Y. 32, *b*.

Der Genitiv hat noch zwei andere Bezeichnungsweisen:

a. die Stellung und Zusammenfügung in Ein Wort mit dem Nominativ. Die Jav. Construction ist in diesen Fällen der Sanskritischen geradezu entgegengesetzt: in dieser, im Tatpurusha, steht der Genitiv zuerst, im Jav. umgekehrt. Das Kawi vereinigt beide Stellungen in sich. *Pandudhayita*, des Pâṇḍu Gemalin (91, *a*.). *Musuh*, die Feinde, *sang nata*, des Herrschers (38, *c*.).

b. die Anfügung von *hing* an den Nominativ. Ich habe oben gezeigt, wie dieselbe einer Flexion des Nomin. gleicht. Sie wird dies in der Jav. Dichtersprache, wo *hing* nach einem Vocal oft sein *h* wegwirft, und eine Zusammenziehung beider Vocale eintritt. Doch ist dies eigentlich nur die Weise der Präp., da das Genitiv-Verhältnifs sonst nach Wörtern, die auf einen Vocal enden, durch Verwandlung des *h* in *nn* angedeutet wird: *kang murb-êng jagadh*, der Schöpfer der Welt, von *kang murba*, eig. einer Participialform, welcher schafft. Hier ist der Endvocal mit *i* zu *ê* zusammengezogen. In der Schreibung bei Raffles läfst sich, ohne Ansicht der Handschrift, über die Weglassung des *h*, und selbst über das so oft mit *i* verwechselte und seiner Quantität nach nicht unterschiedene *e* nicht genau urtheilen. Wie aber schon bei *hira* bemerkt worden, so sind auch bei *hing* die Regeln der Buchstabenverwandlung selten beobachtet. Wirklich Genitivzeichen scheint *hing* 287, *b*. *manik-ing redhaya*, der Mittelpunkt (s. ob. S. 52.) des Herzens.

Sehr häufig steht *hing* bei wirklichen Gen. in der Lautveränderung von *ning*: *rah-ning musuh*, das Blut der Feinde (102, *d*.), *pejah-ning musuh*, der Tod des Feindes (138, *c*.).

Euphonisch merkwürdig ist die Verwandlung von *hing* in *wing* nach

K

Wörtern in *u*: *guru-w-ing sanagara*, die Gurus des ganzen Landes (592, *a.*); dann mit Zusammenziehung durch Weglassung des *u*: von *munggu* 108, *a. mungg-w-êng swawisma*, gelangen zu seiner Wohnung. Der Endvocal des Worts zieht in diesen Fällen den ihm verwandten Halbvocal, End-*i*, aber auch End-*ê*, den Halbvocal *y*, End-*u* den Halbvocal *w*, herbei, um ihn zum Anlaut eines mit schwacher Aspiration beginnenden Suffixes an der Stelle dieser Aspiration zu machen. Dasselbe geschieht auch bei andren grammatischen Suffigirungen (s. ob. S. 44., unt. §. 22.) [1], und im Sanskrit, häufig mit *y*, seltner, allein doch auch, z. B. in ऊवे, *ûwê*, mit *w*.

Beispiel der Vocalveränderung von *hing* in *êng*: *pradhês-êng Kuru*, das Land des Kuru (112, *c.*), von प्रदेश, *pradêśa*.

Auf ganz gleiche Weise, als *hing*, wird im B. Y. sehr häufig *ring* gebraucht; in den Wörterbüchern finde ich es nur bei Raffles (II. *App. p.* 150.) als ein Wort der Insel Bali, *to*, zu, und in Crawf. Engl. Jav. Wörterb. in der Bed. nach (*after*). Am häufigsten ist es im B. Y. Präposition: *ring samara*, im Gefecht (1, *a.*, von समर, *samara*), *ring jro*, im Innern, *puri*, des Pallasts (22, *a.* s. zu 107, *d.* und 10, *d.*), *ring sayaka*, mit Pfeilen (134, *a.*, von सायक, *sâyaka*; als eine Art Pfeil hat auch Crawf. das Wort). Genitivzeichen ist *ring* 21, *d. sapaksa ring Pandawa*, ein Anhänger (सपक्ष, *sapaksha*) der P., 133, *d. hudhan ring langit*, der Regen des Himmels (s. zu 4, *d.*).

Einen eignen Genitiv des Pron. rel. *kang* glaube ich in *nikang* zu entdecken, obgleich meine Hülfsmittel gänzlich darüber schweigen. Wir haben oben (S. 66.) gesehen, wie dies Pron. sich im Jav. mit dem bestimmten Artikel vermischt. In diesem Gebrauch finde ich nun *nikang* in offenbaren Genitivstellungen, und muſs es um so mehr für ein Zeichen derselben halten, als auch im Tag. und Mad. das *n* beim Gen. gebraucht wird. Doch wird dadurch der Gebrauch des Rel. allerdings noch sonderbarer. Denn das Dach welches Hauses wird ohne allen sich auf das Rel. beziehenden

[1] Gericke läſst, indem er (Gramm. S. 38.) offenbar diese Regel giebt, das Wesentlichste, die Gegenwart eines *i*, aus, führt aber nur Beispiele mit *i* an. Der Endhauch, den nach ihm das Wort hinter *i* in diesen Fällen haben muſs, und der dann verloren geht, ist zu schwach, um der Kraft des *i* zu widerstehen. S. 54. giebt Ger. die Regel vollständiger.

Nachsatz gesagt für das Dach desjenigen, welches ein Haus ist. Beisp. *dhêsa nikang Gajahwayapura*, die Gegend welcher (d. h. der) G. Stadt (9, *c.*); *pang nikang bujagapuspa*, die Zweige welcher (d. h. der) Schlangenblume (10, *c.* s. Anh.); *sabdha nikang walik-tadahasi*, die Laute welcher (d. h. der) W. (Name eines Vogels) (11, *d.*); *pang nikang tahen*, die Zweige welcher (d. h. der) Bäume (*wood*, Raffles. II. *App. p.* 170. *col. a.*) (*ib.*). Übrigens halte ich es für wahrscheinlich, dafs *ni* das Pron. poss. *hi* ist, dessen *h* nach Vocalen sich in *nn* verwandelt, welches aber auch selbstständig die Form *ni* hat, wie im B. Y. 132, *a.* 590, *c.* 617, *a.*

Der Accusativ wird im B. Y., wenn er rein, ohne Zwischenbegriff, vom Verbum regiert ist, demselben blofs nachgestellt. Beisp. 4, *a.* 32, *c.*

Der Dativus und die Fälle, wo das Nomen sich durch irgend einen Zwischenbegriff auf das Verbum bezieht, werden, wenn sie angedeutet sind, durch Präpositionen bezeichnet, stehen aber oft ganz ohne Bezeichnung, dann jedoch in der Regel hinter dem Verbum. Beisp. *Dhusthadhyumna lawan Dhrupadha* (101, *b.*), D. mit (*ka-lawan, lawan*, mit, auch, und. Ger. Raffles.) D. Ohne Präp. 74, *a. Satyaki majari sang Kresna*, S. spricht (zu) K. oder erzählt dem K.

Nach Gericke's Gramm. wird, um eine Bewegung nach einem Orte auszudrücken, der erste Buchstabe des denselben bezeichnenden Subst. in *ng* verwandelt: *ngadaton*, nach dem Pallast, von *kadaton*; *ngidhul*, nach Süden, von *kidhul*; *ngêtan*, nach Osten, von *wêtan*. Im Kawi-Gedicht habe ich kein Beispiel hiervon gefunden, ich wüfste auch diese grammatische Bildung aus keiner anderen Malayischen Sprache zu erklären. Das Auffallende daran ist, dafs jeder Anfangsbuchstabe sich immer in *ng* verändern soll, da bei den übrigen euphonischen Veränderungen der Sprache jeder Consonant nur immer in einen seiner Classe übergeht. Zu bedauern ist es, dafs Ger. nicht mehr Beispiele angeführt hat. Die Veränderung des *k* in *ng* ist der allgemeinen Regel gemäfs. Bei der von *w* in *ng* läfst sich nicht dasselbe behaupten, doch läfst sie sich noch einigermafsen begreifen, da *w* als ein leichter, fast vocalartiger Hauch dem *h* gleichkommt, und aus *h* regelmäfsig *ng* wird. In der That scheint *w*, wo ein euphonischer Grund dazu vorhanden ist, überhaupt in *ng* übergehen zu können, denn im B. Y. steht nach einem *ng*, welches das vorhergehende Wort schliefst, *ngukir* für *wukir*, Hügel. *W* und *h* werden in diesen Fällen als nicht vorhanden an-

K 2

gesehen, und vor den Vocal wird alsdann, wenn ein Grund zur Assimilirung der Laute vorhanden ist, *ng* gestellt. Auch im Tag. gilt, jedoch nur bei wirklich vocalisch anfangenden Wörtern, dieselbe Regel (¹).

(¹) [Indem ich keineswegs in Abrede stellen will, dafs bei fortwährender Aufmerksamkeit auf den hier in Rede stehenden Punkt sich noch einige Beispiele mehr, als ich bisher beobachtet habe, finden werden, so ist es doch sicher, dafs Hr. Gericke seine Regel, welche aufserdem noch grammatisch etwas anders gestellt werden mufs, zu allgemein ausgedrückt hat. Es sind nämlich, nach meinen bisherigen Erfahrungen, unter derselben nur das Wort *kadaton* und die Weltgegenden begriffen, zufällig alles Wörter, welche *ng* zum abgeleiteten Anfangsconsonanten annehmen. Bei *lor*, *lèr* (Norden) geschieht dies nur in Folge des Umstandes, dafs die Ableitung von dem Präfix *ha* ausgeht, bei *wètan* in Folge einer wirklichen Ausnahme; denn ich habe kein anderes Wort gefunden, in welchem ein wirklich ursprüngliches Anfangs-*w* in *ng* übergeht. Doch nimmt auch dieses Wort in der Form *hangawètan* noch das Präfix *ha* zu sich. So hatte Hr. Ger. aufserdem nur mit *k* anfangende Wörter (*kulon*, *kilèn*, West) vor sich. Was nun die Bed. dieser Bildung anbelangt, so kann man nur uneigentlich sagen, dafs durch die abgeleitete Consonantenreihe (denn in diese allgemeine Kategorie gehört diese Formation; fänden sich Beispiele von mit *t*, *s* anfangenden Wörtern, so würden wir die Buchstaben *n*, *ny* eintreten sehen) am Subst. eine Präp. angedeutet werde. Es entsteht vielmehr durch diese Bildung hier, wie immer, ein Verbum, welches auch Participium und Adverbium sein kann; und die Sache wird noch klarer dadurch, dafs auch die volle Verbalform, mit dem Präf. *hang* und *mang*, vorkommt. Ich stelle hier alle in den Wörterbüchern und Texten mir vorgekommenen Formen dieser Wörter her, aus welchen meine Behauptung sich zur Genüge rechtfertigen wird. *Lor* Ng., *lèr* Kr. (Norden): *mangngalor* Ng. (Crawf. *Voc.* Cornets. Roorda), *mangngalèr* Kr. (Roorda), sich in nördlicher Richtung bewegen, nordwärts gehn. *Wètan* (Osten): *mangngètan*, sich in östlicher Richtung bewegen (Crawf. *Voc.* Cornets), *kèsah m.*, ostwärts gehn (Crawf. ganz Jav. Wörterb.). *Kidhul* (Süden): *mangngidhul*, sich in südlicher Richtung bewegen, südwärts gehn (Crawf. *Voc.* Cornets. Roorda), südwärts (Roorda, mit dem Beispiele: *majeng m.*, *zuidwaarts oprukken*); *ngidhul*, südwärts, südwärts gehn (Roorda), *kèsah ng.*, südwärts gehn (Crawf. ganz Jav. Wörterb.). *Kulon* Ng., *kilèn* Kr. (Westen): *hangngulon* Ng. (Crawf. *Voc.*), *hangngilèn* Kr. (Roorda), in westlicher Richtung gehn, westwärts gehn, *lumaku hangngulon*, westwärts gehn (Crawf. Handschr. des B. Y. 115, *b.* Übers.); *mangngulon* (Crawf. ganz Jav. Wörterb. Cornets. Roorda), *mangulwan* (B. Y. 115, *b.*), westwärts gehn; *ngilèn* Kr., westwärts, westwärts gehn (Roorda), *kèsah ng.*, westwärts gehn (Crawf. ganz Jav. Wörterb.). *Ngadaton*, *ngedaton* führt Roorda in seinem Wörterb. nur als Verbum an: in den Pallast gehn, den Pallast beziehen, einen Pallast haben, Hof halten, und zwei Beispiele bei ihm bestätigen diese rein verbale Bedeutung. Cornets bemerkt in seiner Gramm., dafs das Präfix *man* das Verbum und Adverbium zugleich anzeigen kann, nur sind seine Beispiele (*mangngalor*, *mangngidhul*, beide als Verbum, *manduwur*, aufwärts, *mangngisor*, niederwärts), indem er sie nur als Einen Redetheil übersetzt, keine Belege dafür. Aber an anderen Stellen seiner Gramm. übersetzt

Vor dem Vocativ finde ich bisweilen *ri* (4, *a.*) oder *hê* (30, *b.*) (*hê* Raffles. *hêh* Ger.).

§. 10.

Adjectivum.

Ich finde in meinen grammatischen Hülfsmitteln durchaus nicht, daſs sich das Adj. im Jav. durch eine Bildungssylbe von dem Subst. unterschiede; man erkennt es bloſs an der Bedeutung oder der Stellung, da es in Prosa, ohne Gründe besondren Nachdrucks, seinem Subst. folgt. So auch im B. Y. *manik sarwawarna*, Edelsteine allfarbige (99, *a.*), *ratna pradhipta*, Edelsteine glänzende (रत्न, *ratna*, प्रदीप्त, *pradîpta*) (103, *b.*), *gadha bisana*, Keule schreckliche (गदा, *gadâ*, भीषण, *bhîshaṇa*) (136, *a.*). Diese Stellung des Adj. hinter dem Subst. folgt aus derselben Vorstellungsart mit der des Gen. nach dem Nomin. Denn die Beziehung des Gen. zum Nom. wird sehr natürlich als eine Beschaffenheits-Beziehung gedacht: der Sohn des Fürsten, oder der fürstliche Sohn. Dies fällt am meisten da ins Auge, wo die Materie angegeben wird, aus der eine Sache verfertigt ist: *pajeng mas*, Sonnenschirm von Gold oder goldner (99, *a.*).

Es giebt aber im B. Y. auch eine grammatisch geformte Classe von Adjectiven. Sie werden aus den Grundwörtern durch Vorsetzung von *ma* gebildet (¹). Sie zeigen an, daſs eine Person oder Sache dasjenige hat oder ist, was ihr Grundwort ausdrückt; ihre Bed. ist also immer adjectivisch, nur bald reiner so, bald, nach Art eines Sanskr. Bahuwrihi's, mehr mit dem Begriff des Besitzes verbunden. Beispiele sind *ma-nama* (105, *a.*), benannt, mit Namen; *ma-gadha* (131, *b.*), eine Keule habend (गदा, *gadâ*); *ma-purwa*, im Beginnen (124, *d.* Raffles. II. *App. p.* 170. *col. b. beginning.* पूर्व, *pûrwa*, früher, eher. *purwa*, Beginn, *murwa*, beginnen. Ger.).

Man findet öfter im Jav. *ha* als bloſsen Anlaut, ohne Veränderung der Bed., vorgesetzt, und an die Stelle von *ha* tritt bisweilen *ma*. So lie-

---

er *manduwur* als Verbum: heraufsteigen, nach oben gekehrt sein. Diesem Worte der gewöhnlichen Sprache entspricht das höhere *mengnginggil* (von *hinggil*, dem Mal. *tinggī*, welches, wie *duwur*, die Bed.: Obertheil, hoch, oben, hat), nach oben, herauf (Brückner), heraufgehn (Crawf. *Voc.*). Man sieht hier durch das Präfix Verba und Adverbia der Bewegung oder Richtung aus örtlichen Adverbiis, wie oben Substantivis, gebildet. B.]

(¹) Auch auf den Nassau-Inseln findet sich diese Bildung durch *ma*. *Asiat. res.* VI. 90.

ſsen sich diese Wörter bloſs phonetisch erklären. Die richtige Ansicht ist aber, wie ich mich bemühen werde weiter unten zu zeigen, daſs, wo *ma* und *ha* verwechselt scheinen, das erstere das ursprüngliche ist, welches nur in *ha* sein *m* abgeworfen hat. Dies ist namentlich auf die hier in Rede stehenden Formen anwendbar, die dadurch einen ganz andren Ursprung erhalten. In der Tag. Sprache werden zwar auch die Grundwörter sehr häufig, ohne alle Umänderung, in adjectivischer Bedeutung gebraucht, es entstehen aber auch grammatisch geformte Adjectiva durch die Präfigirung von *ma*, und dies ist ihre regelmäſsige Bildungsweise (Totanes. Gramm. *p.* 20. nr. 67.). Dies *ma* scheint den Begriff des Habens auszudrücken, denn *ma* oder *mey* heiſst haben (*l. c. p.* 23. nr. 80.). In der Mad. Sprache finde ich dieselbe Art von Adj.: *fane*, Wärme, *ma-fanne*, warm. Da dies also eine Bildungsform des Malayischen Sprachstamms ist, und der ursprüngliche Begriff von haben gerade auf jene Kawi-Wörter sehr gut paſst, so muſs man in ihnen dieselbe Form erkennen, die aber im heutigen Jav. nicht durchgebildet zu sein scheint. Doch giebt es auch Javanische mit *ma* gebildete Adjectiva: *ma-larat*, arm, dürftig (Ger.). *Ma* ist auch ein Verbalpräfix, und zwar eigentlich intransitiver Verba. Man sieht, daſs dies wieder mit dem Adjectiv-*ma* zusammenhängt; warm, warm sein, Wärme haben kommen auf Eins hinaus; und in Sprachen, welche, wie dies besonders der Fall der Malayischen ist, den Begriff des Verbums nicht mit grammatischer Schärfe auffassen, müssen hier die Gränzen in einander überflieſsen. In mehreren Amerikanischen Sprachen ist das Verbum sein regelmäſsig im Begriff des Adj. mit eingeschlossen. Die weitere Verfolgung dieses Präfixes führt auf eine merkwürdige Ähnlichkeit des Malayischen mit einem andren Sprachstamme. Auch in der Thai-Sprache werden Adj. durch Vorsetzung von *mi* gebildet, und dies ist nichts andres, als die Verbindung eines Nomens mit dem Verbum sein. Die bestimmte Bedeutung dieses Verbums ist ein Vorhandensein, der Begriff, daſs es von einem Gegenstande etwas giebt, das Französische *il y a*, also vollkommen passend zur Adjectiv-Bed. (1) *Mi* er-

(1) Man sehe hierüber Herrn Burnouf's vortreffliche Anzeige von Low's Thai-Grammatik, welche sehr vieles über die Sprache enthält, was in der Grammatik selbst nicht vorkommt, sondern nur hat mühsam aus den in ihr angeführten Beispielen gezogen werden können. *Nouv. Journ. Asiat.* IV. *p.* 224-226.

innert an das Mad. *misse*, das auch schon von Andren mit den Verbalpräfixen, welche wieder mit dem, auch im Mad. üblichen Adj. Präf. zusammenhangen, in Verbindung gesetzt worden ist (s. unt. §. 11.).

Ein anderer Gebrauch des Präf. *ma* geht von dem Begriff des bei sich Habens, des Begleitens, wodurch das Begleitende gleichsam zu einer Eigenschaft der Sache wird, aus. Man verbindet dasselbe nämlich mit Eigennamen, um dadurch, so wie in andren Fällen durch *sa*, auszudrücken, dafs eine Person die andre begleitet, sich in ihrem Gefolge befindet: *ma-kanwa*, den Kanwa bei sich habend, mit Kanwa (B. Y. 17, *c*.).

Die Steigerung der Adjective wird in den Mal. Sprachen blofs durch Redensarten und Umschreibungen gebildet, und macht keine grammatische Form aus.

§. 11.

Verbum.

Um das Kawi-Verbum von dem rechten Standpunkte aus zu betrachten, mufs man von der Beschaffenheit des Verbums im Malayischen Sprachstamm überhaupt und in der Javanischen Sprache insbesondere ausgehn.

Bezeichnung des Verbums im Allgemeinen.

Die Sprachen des Malayischen Stammes überhaupt.

So wie das Nomen in diesen Sprachen der Declination ermangelt, ebenso fehlt, genau genommen, auch dem Verbum die Conjugation in ihnen. Partikeln und die persönlichen Pronomina deuten die Modi, Tempora und Personen an, bleiben in dieser Andeutung, bis auf äufserst wenige Ausnahmen, unverändert und unabgekürzt, verschmelzen daher nicht mit dem Grundwort, und fehlen endlich sehr häufig ganz. Vorzugsweise tragen das Malayische und Jav. diesen Charakter an sich. Im Tag. macht die Bezeichnung der Tempora durch Buchstabenveränderung und Reduplication hiervon eine Ausnahme. So steht der Ausdruck des Verbalbegriffs sehr oft allein, und in den meisten Fällen wenigstens nackt und abgesondert da.

Wo nun dies der Fall ist, da ist auch die Bezeichnung des Verbums nothwendig unvollkommen. Denn das actuale Sein, welches in der grammatischen Vorstellung das Verbum charakterisirt, läfst sich nicht leicht an sich ausdrücken, sondern verkündigt sich nur dadurch, dafs es ein Sein auf eine bestimmte Weise, in einer bestimmten Zeit und Person ist, und daſs der Ausdruck dieser Beschaffenheiten unzertrennlich in das Grundwort verwebt ist, zum sichren Zeichen, daſs dasselbe nur mit ihnen und gleichsam in sie versetzt gedacht werden soll. Wo daher das Verbum in Sprachen diese ächte grammatische Form besitzt, da läſst sich sein Begriff gar nicht ohne jene Beschaffenheiten anders, als in dem, sich schon dem Substantiv nähernden Infinitiv, auffassen. Seine Natur ist gerade diese Beweglichkeit, liegt in der Unmöglichkeit, anders, als in einen einzelnen Fall, fixirt zu werden.

Es ist eine nothwendige Folge aus dem hier Gesagten, daſs in den Malayischen Sprachen der Ausdruck durch das Verbum sehr oft nur vermittelst der Construction, und bisweilen auch nicht einmal durch diese, von dem Ausdruck durch das Nomen mit ausgelassenem Verbum sein unterschieden werden kann. So künftig sprechen Krishṇa kann ebenso gut so wird künftig Krishṇa's Sprechen sein, als so wird Krishṇa sprechen, heiſsen. Sogar die, dem Modus und Tempus nach, vollkommen und nach Art anderer Sprachen flectirten Formen des Tag. Verbums gelten, je nachdem sie das Pronomen oder der bestimmte Artikel begleitet, als flectirte Verbalformen (*amo, amas* u. d. m.), oder als Participia, oder Adjectiva. Sie selbst sind also gegen den Verbal- und Nominal-Ausdruck gleichgültig, und es kommt dabei bloſs auf die Behandlung derselben in der verbindenden Rede an.

Die geringe Schärfe, mit welcher das Verbum von dieser Seite in den Mal. Sprachen bezeichnet wird, ist vielleicht Ursach, daſs der Ausdruck durch das Nomen, auch bestimmt grammatisch als solches angedeutet, dem Ausdruck durch das Verbum vorgezogen wird. In der That ist in den uns bekannten Mal. Hauptsprachen die directe Construction durch das Activum mit dem im Nominativ stehenden Subject und dem im Accusativ stehenden Object die seltnere, und man findet dieselbe auf mannigfaltige, und uns oft ganz unnatürlich erscheinende Weise in eine Construction durch das Nomen umgestellt, wie wenn im Tag. die einfache Redensart: du gabst mir das Buch, in die sonderbare: dein Gebungsort des Buches war ich, verändert wird. Das Verbum sein bleibt aber in diesen Redensarten immer ausgelassen; und dies ist vermuthlich der Grund, daſs die wahre Natur dieser Formen, oder vielmehr Redensarten, von den Grammatikern verkannt, und dieselben als Passiva behandelt werden. Denn jeder der Mal. Hauptsprachen wird eine Vorliebe für den Gebrauch des Passivums zugeschrieben, was nur insofern wahr ist, als man unter dem Passivum den eben bezeichneten Ausdruck durch eine Nominalform versteht. Denn das wahre Pass. läfst sich in einer Sprache, in welcher das Act. keine reine und ächt grammatische Form hat, gar nicht denken. Es fehlt selbst einigen der Sprachen, in welchen dies der Fall ist, und zeigt dadurch, dafs sein Begriff schwerer zu fassen ist. In der That geschieht beim Pass. da, wo der Begriff rein genommen ist, nichts, als eine Umkehrung der Richtung des Act.; das actuale Sein ist in ihm, wie im Act., enthalten, wird aber durch die Passivform dergestalt umgeändert, dafs der die Wirkung Erfahrende zum Subject wird. Gerade weil dieser Begriff dem Ausdruck, wo man das Sein vom Prädicate (dem Verbalbegriff) trennt und diesen in einer Nominalgestalt allein bringt, so sehr nahe liegt, werden beide in vielen Sprachen verwechselt, und der letztere wird oft vorgezogen, weil er der am leichtesten zu fassende ist. Denn im wahren Passivum mufs die Verbalform mit dem Verbalbegriff ebenso unzertrennlich, wie im Act., verbunden bleiben, worin allerdings eine gröfsere Schwierigkeit liegt. Wie aber sehr oft in Sprachen, auch da, wo sie die ächte Form verfehlen, dennoch ein Streben nach derselben sichtbar ist, so wird auch im Malayischen Sprachstamm dem Ausdruck durch das Nomen mit ausgelassenem Verbum sein bisweilen eine besondere Gestalt gegeben, welche sich wirklich dem Pass. einigermafsen nähert. Vorzüglich ist dies im Jav. der Fall, wo die Passivform wirklich in der Behandlung, wie ich unten (§. 13.) zeigen werde, als ein Pass. angesehen werden kann. In den übrigen Sprachen (1) ist aber auch mehr, als irgend sonst, ein Umstellen des Verbalausdrucks in Nominalausdruck, und wieder ein Streben, von diesem zu jenem zurück überzugehen, vorhanden.

Dasselbe Wort dient in den Malayischen Sprachen, wie es freilich auch in den meisten andren bisweilen geschieht, zum Nomen und zum Verbum, ohne seine Gestalt im geringsten weder durch Flexion, noch durch Affixa zu verändern. Dies ist immer häufiger der Fall, je weniger eine Sprache grammatisch geformt ist. Der Ausdruck für einen Gegenstand wird als Nomen, oder als Verbum, oder als beides gebraucht, je nachdem sich der Gegenstand selbst dem Gedanken am natürlichsten in der einen oder andren

(1) Man vergleiche jedoch unten die Anm. am Ende von §. 19.

dieser Formen, oder in beiden darstellt. In der Tag. Sprache ist dieser Gebrauch der Wörter selten, und das Verbum erscheint gewöhnlich und regelmäfsig in der angenommenen Verbalform, oder mit den dazu bestimmten Affixen. Häufiger findet sich die doppelte Anwendung der Grundwörter in den übrigen Sprachen des Stammes.

Soll nun das Verbum wirklich, als solches, bezeichnet werden, so mufs dem Grundworte etwas hinzugehen; und da dieser das Wort bestimmt in Verbum umwandelnde Zusatz, wie wir oben gesehen haben, nicht die nothwendig mit dem Verbum auszudrückenden Beschaffenheiten der Zeit, Person u. s. w. betrifft, so mufs er, abgerechnet, dafs ihm die Bezeichnung von mancherlei Nebenbegriffen beigegeben wird, nothwendig die eigentliche Natur des Verbums selbst theils an sich, theils in seinen verschiedenen Gattungen, als transitive, intransitive, causale u. s. f., angehen. Insofern ist daher jedes wirkliche und durch die Sprache gestempelte Verbum derivativ. Die Sprache erlaubt aber auch, jedes Wort ohne Ausnahme, selbst Adverbia, Präpositionen u. s. f., durch einen solchen Zusatz in ein Verbum zu verwandeln. Es liegt daher jedem Verbum ein vollkommen ausgebildetes, primitives Wort zum Grunde, welches entweder wirklich ein Nomen von irgend einer Nominal-Kategorie ist, oder die unbestimmte Anwendbarkeit zum Nomen und Verbum in sich trägt, aber nur dann, und auch dann nur materieller Weise, schon ursprünglich ein wahres Verbum heifsen kann, wann sein Begriff ganz und ausschliefslich verbal ist. Es ist daher eine vielleicht zu weit gehende, aber gewifs keine ganz unrichtige Ansicht, im Mal. Sprachstamm das Nomen als die Grundlage des Verbums anzusehen, da jedes Nomen zum Verbum werden kann, und das Grundwort auch des, seinem Begriff nach ursprünglichen Verbums so unbestimmter grammatischer Natur ist.

Die Mittel nun, durch welche ein Wort in den grammatischen Zustand des Verbums übergeht, sind in den verschiedenen Sprachen des Stammes, wie in jeder einzelnen selbst, verschieden, und im Ganzen genommen folgende:

a. Die Einschiebung der Sylbe *um*, also eines nach vorn hin erweiterten Nasenlautes, unmittelbar nach dem Anfangsconsonanten, oder, bei vocalisch anlautenden Wörtern, vor den Anfangsvocal des Wortes. Diese Methode ist dem Tag. und Jav., obgleich auf verschiedene Weise, eigen; im

Mad. scheint sie, als Form, verloren gegangen, ist aber noch an einzelnen Wörtern, z. B. *toumanghe* (Tag. *tangis, tumangis*), weinen, *houman* (Tag. *káin, kumain*), essen, bemerkbar; im Mal. sind auch solche Spuren ungewisser und schwerer aufzufinden (¹).

b. Der Gebrauch von Präfixen und Suffixen, in einigen Fällen verbunden mit, durch das Präf. hervorgebrachter Veränderung des Anfangsconsonanten des Wortes. Diese Methode geht durch alle mir bekannte Sprachen des Stammes, und ist auch den Mundarten der Südsee-Inseln nicht fremd. Den geringsten und für die Bezeichnung des Verbums unwesentlichsten Gebrauch von diesen Präfixen macht das Jav. Die Präfixa fangen, bis auf wenige Ausnahmen, mit *m* an, im Jav., obgleich die Sprache auch Präf. in *m* kennt, häufiger mit *h*, was aber, da das *h* nicht ausgesprochen wird, mehr eine Abwerfung, als eine Umänderung des *m* ist. Hier ist also der Verbalzusatz ein vocalischer. Den häufigsten und mannigfaltigsten Gebrauch von Präfixen macht die Tagalische Sprache, und nach ihr die Madecassische. Klare Verbalsuffixa, namentlich das angehängte *i*, finden sich aber nur im Malayischen und Javanischen.

c. Veränderung der Anfangsconsonanten des Wortes ohne zugleich angewendetes Präfixum. Diese Methode ist die vorherrschende im Jav., findet sich aber, obgleich seltner angewendet, auch im Tag. Im Mad. kenne ich sie nicht, und auch im Mal. erwähnt ihrer die Grammatik nicht, es müſsten sich denn einzelne Beispiele im Wortvorrath auffinden lassen. Wir werden aber weiter unten sehen, daſs im Tag. diese Veränderung keine eigne grammatische Bildungsgattung ist, sondern durch den doppelten Proceſs der Einschiebung von *um*, und nachherigen Abwerfung der Anfangssylbe entsteht. Im Jav. könnte diese Methode einen ähnlichen Ursprung in der Vorsetzung eines mit Buchstabenveränderung verbundenen Präfixes, und nachherigen Abwerfung des Präfixes haben. In diesem Falle wäre sie dieselbe mit der unter *b.* aufgeführten. Die Buchstabenveränderung ist übrigens bei beiden Methoden gleich, und besteht, allgemein ausgedrückt, darin, daſs das Verbum einen Nasenlaut zum Anfangsbuchstaben annimmt, dieser

(¹) [Ich habe mehrere Beispiele dieser Einschiebung in der Mal. Sprache aufgefunden, und werde sie in meinem Anhange vollständig angeben. Übrigens wird der Leser in der Fortsetzung dieser Schrift finden, daſs auch dem Verf. diese Erscheinung nicht entgangen ist. B.]

L 2

Laut aber nach der Beschaffenheit des ursprünglichen Anfangsconsonanten des Wortes verschieden ist. Wo ein Präfix und Buchstabenveränderung zugleich vorhanden sind, da ist auch der Endbuchstabe des Präfixes allemal ein Nasenlaut.

Die hauptsächlichste Methode der Verbalbildung bleibt daher die Anheftung von Präfixen, und man kann dieselbe als die Verbindung des Grundworts mit einem Hülfsverbum ansehen. Dadurch liefe die Verbalbildung im Mal. Sprachstamm wesentlich auf die mögliche Verbindung jedes Wortes der Sprache mit einem Verbum allgemeiner Bedeutung: machen, haben, sein, hinaus. Das Mad. Wort *manghe*, machen (Froberville: *magne, faire, créer, édifier, produire au grand jour, ordonner, construire*), zu dem man wohl auch das Jav. *mangun*, bauen, bewirken (Ger., *to adjust, to put right.* Crawf. *Voc.*), rechnen kann, führt ganz natürlich darauf. Dazu gehören auch das Tag. *mei*, haben, das Mad. *misse*, sein, und das gleichbedeutende *mi* der Thai-Sprache (s. S. 78.). Das Mad. *magne* (¹) leitet Froberville von *maha aigne* oder *maha angan* ab, und führt als gleichbedeutende Lautformen davon *manghe angan, manano, manaho, manghano, manguinou, magnanou, manganou, mangnianou, mouine, manguéhanou* und *manguihounou* auf. Man muſs sich aber wohl erinnern, daſs diese Hülfsverba nicht, nach Art der unsrigen, für sich conjugirt, sondern rein als ein bloſser Vorschlag behandelt werden. Auch führen auf diese ganze Erklärungsweise nur einzelne Andeutungen, und die Sache ist bei weitem nicht so klar und gewiſs, als z. B. die Präfigirung des *er* in der Koptischen Sprache.

Den Verbalpräfixen, welche, nach dem Vorigen, in der Regel mit *m* anfangen, entsprechen mit groſser Genauigkeit im Tag., Mal. und Mad. Präfixa, die ich Nominalpräfixa nennen möchte, und die regelmäſsig mit *p*, auf Madagascar auch mit *f* und *h* anfangen. Dem Jav. sind diese Präf. nicht fremd; da aber die Sprache sich überhaupt seltener der Präf., und noch seltner derer mit *m* bedient, so ist der Gegensatz beider Arten des Vorschlags in demselben kaum zu erkennen. Die Verwandlung der Verbalpräf. in diese Nominalpräf. wird in den Tag. Grammatiken als eine Umstellung

---

(¹) Chapelier redet in einigen handschriftlichen Bemerkungen ausdrücklich von der Verbindung dieses Verbums mit andren Wörtern zur Bildung neuer Verba.

der Activform in eine Passivform behandelt, ist es aber eigentlich nicht. Wenn im Mad. *monengh* wohnen und *fonengh* ein Bewohner heifst, so kann das letztere Wort nicht als Passivum des ersteren gelten, und auch im Tag. mufs, um die Form hervorzubringen, welche einem eigentlichen Passivum näher steht, immer noch etwas anderes hinzukommen. Die Umstellung in die Nominalform aber, die Entfernung des Activ-Verbalbegriffs, mufs vorausgehen. Die Sache ist also nur die, dafs aus dem grammatisch formlosen primitiven Nomen durch Präfigirung ein Verbum, dann aber aus diesem durch Umänderung der Präfigirung wieder ein derivatives Nomen gemacht wird.

Hierbei bleibt jedoch die Tag. Sprache nicht stehn. Sie braucht das Wort, aus welchem durch die Veränderung des Präfixes der Activ-Verbalbegriff entfernt worden ist, wieder, um eine neue Form zu bilden, die sich darin wieder mehr, als Passivum, dem Verbum nähert, dafs das an die Stelle des Activ-Verbums tretende Wort wirklich ein Geschehen oder ein Geschehen sein anzeigt. Doch auch hier ist, genau genommen und der deutlichen Construction nach, nur unter dem Gepräge eines Pass., ein Nominalausdruck mit ausgelassenem Verbum sein in eine Redensart von bestimmtem Typus verflochten. Ich erinnere hierbei an das oben (S. 80.) gegebene Beispiel: dein Gebungsort des Buches war ich. Indefs kann eine solche Redensart im Tag. nicht ohne besondere grammatisch bestimmte Veränderung des Wortes vor sich gehen. Denn zu dem durch veränderte Präfigirung des Activ-Verbalbegriffes entledigten Nominalausdruck mufs, nach ganz bestimmten Regeln, eine neue Präfigirung, Suffigirung, oder Infigirung hinzukommen, bei welcher die Affixa nicht wahre Wörter, sondern in sich bedeutungslose Sylben sind. So ist im obigen Beispiel der Begriff des Ortes durch das Suff. *an* ausgedrückt. Ist die Bezeichnung des Verbums durch die Infigirung von *um* geschehen, so bleibt, um das Wort zum angeblichen Pass. zuzurichten, blofs dies *um* hinweg (vgl. unt. §. 13.).

Wenn wir nun der Kürze wegen diese Bildungsarten Passiva nennen wollen, so giebt es im Mal. Sprachstamm grammatisch geformte Passiva und Umschreibungen des Pass. durch Redensarten eines bestimmten Typus, wie wenn ich sagte: mein Sehen war der Stern, für: ich sah den Stern. Beide Mittel sind sich durch die in denselben gebildeten Redensarten ähnlich, jedoch darin verschieden, dafs das erstere einer besondren grammatischen Zurichtung desjenigen Wortes bedarf, welches, als Nomen, an die Stelle des Verbums tritt.

Die bloſse Umschreibung des Pass. durch Redensarten, welche dem Mad. und Mal. ([1]) eigen ist, kann ich hier ganz übergehen, und der Behandlung der Mal. Sprachen überhaupt vorbehalten, da das Jav. und Kawi sich derselben nicht bedienen. Diese beiden Sprachen besitzen das geformte Passivum, jedoch nur das durch Infigirung der Sylbe *in* gebildete, nicht die beiden andren, noch auſser dieser im Tag. üblichen Arten.

§. 12.

Javanische Sprache.

Im Ganzen sieht man schon aus dem Obigen, wie das Verbum in ihr behandelt wird. Da sie aber die grammatische Grundlage des Kawi ausmacht, so ist es nothwendig, hier noch mehr in das Einzelne einzugehn.

Zuerst stellen sich die Fälle dar, wo dasselbe Wort unverändert zum Nomen und zum Verbum gebraucht wird. Ich führe davon folgende Beispiele an:

hichal, verlieren, Verlust.
charita, erzählen, Erzählung.
karya, machen, Werk.
dhosa, sündigen, Sünde.
dhuga, denken, Gedanke.
turu, schlafen, Schlaf.
teka, kommen, das Kommen.
sarê, schlafen, Schlaf.
wanni, wagen, Tapferkeit.
lenggah, sitzen, Amt, Beruf.
dateng, kommen, das Kommen.
gessang, leben, das Leben.

Wir werden gleich in der Folge sehen, daſs es im Jav. einander entsprechende Anfangsbuchstaben giebt, von welchen immer der eine, z. B. *n*, mehr dem Verbum, der andre, z. B. *t*, mehr dem Nomen angehört. Die obi-

([1]) Man sehe zwar weiter unten die letzte Anm. in §. 19., jedoch ist auch das, was dort Passivconjugation genannt wird, nur eine Umschreibung dieser Form.

gen Wörter aber sind dennoch fast aus allen Buchstaben des Alphabets, und doch nur aus einem kleinen Wortvorrath genommen. Dies wird dadurch möglich, daſs jene Buchstaben, unabhängig von ihrer grammatischen Anwendung, auch primitive Anfangsbuchstaben des Redetheils sein können, welchem die Grammatik sie eigentlich nicht zutheilt. So ist, um bei dem Beispiel der hier gewählten Buchstaben zu bleiben, in dem aus dem Sanskrit genommenen Subst. *nata*, Regent, das *n* primitiv. Es bleibt natürlich, indem das Wort in der Bed. von regieren als Verbum gebraucht wird; allein aus diesem Verbum bildet die Sprache nun nach ihrer gewohnten Weise ein neues Subst., *tata*, Ordnung, Einrichtung.

Die schwächste Veränderung, welche mit einem Worte vorgeht, um es in ein Verbum zu verwandeln, ist die bloſse Verdopplung seiner Anfangssylbe, oder auch die Wiederholung des ganzen Worts. Es kann damit nur eine Verstärkung des Begriffs, oder eine Häufigkeit der Fälle gemeint sein. Dieselbe Verdopplung findet auch, ohne dem Worte Verbalbedeutung zu geben, bisweilen als eine bloſse Verlängerung statt, und die Sprache hat von mehreren Wörtern einfache und verdoppelte Formen, z. B. *dhalan* oder *dhadhalan*, Weg, *lurung* oder *lulurung*, Straſse, *bekel* oder *bebekel*, Oberhaupt eines Dorfs, *nemu* oder *nanemu*, finden. Aber Ger. sagt ausdrücklich, daſs die Verdopplung Substantiva in Verba verwandelt, und in seiner Gramm. und seinem Wörterbuche finden sich mehrere Beispiele, wo das einfache Wort als Subst. und das verdoppelte als Verbum gebraucht wird: *tulung*, Hülfe, *tutulung*, helfen, *buru*, Jagd, *buburu*, jagen, *hundang*, Befehl, *hundang-ngundang*, befehlen, *griya*, Haus, *gagriya*, wohnen. Die Verdopplung wird auch zur Bildung von Verben aus Subst. bisweilen mit Präfixen verbunden: *hapuputra*, zeugen, von *putra*, Sohn, Kind (Matth. 1, 2.).

Ich habe oben schon der Veränderung des Anfangsbuchstaben vieler Jav. Wörter als eines Unterscheidungszeichens der Nominal- und Verbalformen erwähnt; ich habe diese Veränderung sogar als das vorherrschende Mittel der Sprache, Verba zu bilden, angegeben. Diese Ansicht und die ganze Erklärung dieser Lautveränderungen erfordert aber eine ausführlichere Auseinandersetzung, da dieselbe nur aus der Sprache selbst und der Vergleichung mit den verwandten Dialekten geschöpft ist, sich aber nicht auf Zeugnisse derer gründet, welche die Sprache bisher grammatisch behandelt haben. Hr. Roorda sieht diese Veränderungen blofs als euphonische an, und geht in seinen Briefen nicht in die Fälle ein, in welchen sie statt finden müssen. Hr. Gericke thut zwar dies, scheint aber mehr die Ansicht zu haben, dafs durch diese Veränderungen Substantiva aus Verben, als umgekehrt, entspringen. Es wird daher am sichersten sein, hier zuerst dasjenige zum Grunde zu legen, was seine Grammatik über die Sache enthält, da anzunehmen ist, dafs dies den wirklichen Thatbestand der heutigen Sprache am reinsten und einfachsten in sich fafst.

Hr. Gericke spricht von der Buchstabenveränderung in zwei Stellen seiner Gramm., beim Subst. und beim Verbum, §. 21. 32. 33. Die Buchstabenveränderung selbst ist in beiden Fällen dieselbe, und bildet folgende zwei Reihen von Consonanten, welche in der genauen Folge, wie sie hier angegeben sind, in den gleich zu bestimmenden Fällen einer in den andren verwandelt werden.

Erste Reihe: *n, ny, m, ng, ngr, ngl.*

Zweite Reihe: *t, ch* oder *s, w* oder *p, h, r, l.*

Wie Ger. diese Veränderungen schreibt, hätte ich die Reihen eigentlich mit dem dem Consonanten inwohnenden Vocal, *na, nya* u. s. w., aufführen sollen. Die Beispiele zeigen aber, dafs dies unnütz gewesen wäre, da die Veränderung immer nur den Consonanten trifft, den ursprünglichen Vocal aber unverändert läfst.

Beim Subst. sagt nun seine Gramm., dafs die abgeleiteten Substantiva entweder durch Affixa oder durch Buchstabenveränderung entstehen, und dafs die letztere durch Verwandlung der Consonanten der ersten Reihe in die entsprechenden Consonanten der zweiten bewirkt wird. Er sieht also hier das Subst. als abgeleitet, das Verbum als primitiv an. Denn ob er es gleich nicht bestimmt sagt, so zeigen doch seine Beispiele, dafs er nur von der Ableitung der Subst. aus Verben, nicht aus andren Redetheilen, spricht. So entsteht nun nach ihm aus

neda, essen, *teda*, Speise; *nulis*, schreiben, *tulis*, Schrift; *nitik*, beweisen, *titik*, Beweis;

nyatur, erzählen, *chatur*, Erzählung; *nyelak*, sich nähern, *chelak*, Nähe;

nyerrat, schreiben, *serrat*, Schrift; *nyenjata*, schiefsen, *senjata*, Gewehr;

miyos, geboren werden, beginnen, *wiyos*, Geburt, Beginn; *misêsa*, Macht haben, *wisêsa*, Macht;

marêntah, befehlen, *parêntah*, Befehl;

ngaranni, nennen, *haran*, Name; *ngaturri*, antworten, *hatur*, Antwort;

ngrasa, fühlen, *rasa*, Gefühl; *ngratu*, Jemanden als Herrscher anerkennen, *ratu*, Herrscher;

nglilanni, zugestehen, *lila*, Zugestehung, Erlaubniſs; *nglakonni*, gehen machen, *laku*, Gang.

Es werden zwar in dieser Stelle auch noch Veränderungen von *h* in *k*, von *m* in *h* und von *ma* in *pa* angeführt, deren ich aber, da sie zu einer andren Classe von Wörtern gehören, erst weiter unten gedenken kann.

Bei dem Verbum lautet Gericke's Regel folgendergestalt: Die Verba, welche mit einem Consonanten der ersten Reihe beginnen, verändern denselben in den entsprechenden Consonanten der zweiten

a. in den Passivformen;

b. wenn die Partikeln, welche die vergangene und zukünftige Zeit ausdrücken, weggelassen sind;

c. wenn dieselben, gegen die gewöhnliche Regel im Verbum, vor das Pronomen (nicht nach demselben und unmittelbar vor das Verbum) gestellt werden;

d. in der Gattung von Verben, welche ein Handeln Mehrerer unter einander andeuten;

e. im Imperativus, und zwar: wenn derselbe in den Verben der Volkssprache rein gebietend ist; wenn in der höheren Sprache, um einen Befehl auszudrücken, das Pronomen bloſs vor das Verbum gesetzt wird; endlich im Imperativus und in dem, auch imperativ, als Zumuthung, gebrauchten Conjunctiv der Causalverba;

f. in allen aus Verben abgeleiteten Substantiven.

Dieser Regel fügt nun die Gramm. Beispiele jeder einzelnen Buchstabenveränderung hinzu, wo aber nur die Fälle genannt sind, in welchen die Veränderung wirklich statt findet. Ich begnüge mich, von diesen Beispielen nur eins herzusetzen.

ningngalli, Kr. sehen; das Anfangs-*n* wird zu *t*:

M

a. in den Passivformen, *dhipun tingngalli, kätingngallan*, oder *tinningngallan*;

b. bei Auslassung der Tempus-Partikeln, *kula tingngalli*, ich habe gesehen, oder ich werde sehen;

c. bei der Stellung der Tempus-Partikeln vor dem Pronomen, *sampun kula tingngalli*, ich habe gesehen, *badé kula tingngalli*, ich werde sehen;

d. wenn ein Handeln Mehrerer ausgedrückt ist, *tingngal-tinningngallan*, sich unter einander sehen;

e. im Imperat., wenn er gebietend durch Vorsetzung des Pronomens ausgedrückt wird, *sampéyan tingngalli*, siehe du! und im Conjunctiv, *kula tingngallana*, dafs ich sehen möge, endlich im Conjunctiv des Causalverbums, *tingngallenna*, dafs man sehen machen möge;

f. im Subst., *tingngal* oder *tingngallan*, Gesicht.

In allen hier nicht angegebenen Formen der Verbal-Abwandlung bleibt der Anfangsconsonant des Verbums unverändert einer der ersten Reihe, da hier nur die Ausnahmen namhaft gemacht sind.

An diese Theorie der Buchstabenveränderung mufs man gleich anknüpfen, was Ger. über die Präfixa der Verba sagt. Er bringt diese in seiner Gramm. blofs unter dem Titel (§. 27.): verlängerte Form der Verba bei, und legt zum Grunde, dafs beinahe jedes Verbum eine kurze und eine, entweder durch Verdopplung, oder durch Präfigirung verlängerte Form hat, setzt jedoch am Ende des Paragraphen hinzu, dafs, wenn eine solche Verlängerung vor ein Subst. zu stehen komme, dasselbe dadurch in ein Verbum verwandelt werde. So entstehen aus *galih*, Herz, *hanggalih*, beherzigen, und aus *gusti*, Herr, *hanggusti*, Jemanden als Herrn erkennen. Als Präfixa führt er blofs mit *h* beginnende an, nämlich *ha*, *han*, *ham*, *hang*. Man sieht leicht aus der Analogie der Sprache, obgleich Ger. es nicht sagt, dafs die Endbuchstaben dieser Präf. sich nach den Anfangsbuchstaben der Verba richten, für welche sie bestimmt sind. Dies zeigen auch die von Ger. angeführten Beispiele:

ha; *hadhamel* von *dhamel*, arbeiten.
han; *handhadhos* von *dhadhos*, werden, entstehen.
ham; *hambekta* von *bekta*, tragen, *hambégal* von *bégal*, rauben, *hambéngkas* von *béngkas*, abmachen, entscheiden.

hang; *hanggawa* von *gawa*, bringen, *hangganjar* von *ganjar*, belohnen.

Ich hebe aus diesem Auszuge zuerst die Verwandlung der Subst. durch die Präf. in Verba heraus. Sie zeugt deutlich für die oben von mir gegebene Darstellung des Malayischen Verbums. Eine große Menge von Verben sind danach abgeleitete, und die Grundlage derselben sind Nomina, das Mittel der Ableitung aber Präfixa. Dann kommen auch freilich die ganz einfachen und unveränderten Verba, die aber, bei der Gleichgültigkeit, mit welcher das heutige Jav. die Präfixa zu behandeln scheint, auch in jedem Augenblicke dieselben annehmen können, und wenigstens auf keinen Fall nothwendig als ursprünglich präfixlos anzusehen sind, und die Wörter hinzu, wo sich Verbum und Nomen durch veränderten Anfangsbuchstaben unterscheiden; welche jedoch sehr oft gleichfalls mit Präfixen verbunden werden können.

Im Übrigen geht aus dem Auszuge hervor, daſs Gericke

a. die oben angeführten beiden Reihen von Consonanten nicht als Unterschiede des Nomens und Verbums ansieht, sondern die gewöhnlich den Subst. eignen auch der Conjugation beimischt;

b. daſs er, wo der eine beider Redetheile abgeleitet ist, das Verbum für primitiv, das Nomen für abgeleitet hält, wodurch denn auch die erste Consonantenreihe zur primitiven, die zweite zur abgeleiteten wird;

c. daſs, nach ihm, die Verbalpräfixa da, wo schon das einfache Wort als Verbum genommen wird, nur Verlängerungen des Wortes sind, die ebenso gut wegfallen können, und wirklich oft ausgelassen werden;

d. daſs Ger. keinen Zusammenhang irgend einer Art zwischen den Präfixen und der Bildung durch Buchstabenveränderung anzunehmen scheint, sondern auch da, wo ein Wort mit verändertem Anfangsbuchstaben ein Präfix erhält, dies nur als eine gleichgültige Verlängerung des Wortes betrachtet.

Ich wiederhole hier, daſs ich dies eben Vorgetragene als den einfachen und reinen Thatbestand der Sprache in ihrem heutigen Gebrauche ansehe, und keinesweges Hrn. Gericke mit meinen, gleich weiter auszuführenden Behauptungen widersprechend entgegentrete. Es ist ganz etwas anderes, wie er es zur Absicht hatte, die Regeln einer Sprache zum Behuf der Anwendung beim Verstehen und Sprechen derselben darzulegen, und, wie ich es

M 2

hier versuche, der wahren und inneren Bedeutung der grammatischen Formen und ihrem ursprünglichen Zusammenhange, dem Wege ihrer Entstehung, auf welchem sie sich oft wesentlich verändern, nachzuforschen. Man stöfst bei einem solchen Unternehmen oft auf Punkte, wo nur der Vermuthung Raum bleibt, darf es aber darum nicht aufgeben, da man nur auf diese Weise die Analogie der Sprache und ihr Verhältnifs zu den stammverwandten zu erkennen vermag. Die erste und nothwendigste Bedingung zum Gelingen eines solchen Versuches ist aber die genaueste Beachtung des factisch in der Sprache Vorhandenen; und dies kann man nur bei denen finden, welche die Sprache unter den Eingebornen, aus langer Übung und eigenem Gebrauche kennen gelernt haben; ihrem Zeugnifs mufs man sich daher in allem Factischen ohne Widerrede unterwerfen.

Dies vorausgeschickt, sehe ich nun allerdings die Buchstabenveränderung und Präfigirung, von welcher hier die Rede ist, und den Zusammenhang beider anders an, als es in der Gerickeschen Gramm. dargestellt ist. Ich glaube nämlich,

a. dafs von den beiden oft erwähnten Consonantenreihen blofs die erste für wahre Verbalformen, die zweite dagegen theils für wirkliche Substantiva und Adjectiva, theils für solche Formen bestimmt ist, die, streng genommen, auch nur Nominalformen sind, wenn gleich die Sprache einen scheinbar verbalen Gebrauch von ihnen macht;

b. dafs in der Regel, und bis auf sehr wenige Ausnahmen, die erste Consonantenreihe aus der letzten abgeleitet ist;

c. dafs diese ganze Buchstabenveränderung aber im genauesten Zusammenhange mit der Anheftung von Präfixen steht, und aus derselben entsprungen ist, so dafs sie keine besondere Eigenthümlichkeit des Jav. Verbums ausmacht, sondern dafs das Verbum auch in dieser Sprache seine grammatische Form nur durch Affixa empfängt;

d. dafs dies aber jetzt nicht mehr im Bewufstsein des heutigen Volkes liegt, sondern dafs dieses in dem veränderten Anfangsbuchstaben gar keinen Zusammenhang mit irgend einem Präfix ahndet, und die Präfixa wirklich da, wo sie nicht offenbar einem Nomen Verbalbedeutung geben, als gleichgültige, beizubehaltende oder wegzulassende Verlängerungen betrachtet, so wie auch allerdings in einigen Fällen, namentlich da, wo ein Consonant der ersten Reihe wirklich primitiv ist, abgeleitete Substantiva durch Verwandlung in den entsprechenden Consonanten der zweiten Reihe gebildet werden.

Es hat mir erleichternd für das Verständniſs geschienen, meine Ansicht gleich ganz und geradezu auszusprechen; ich füge jetzt, als Beweis, dasjenige hinzu, was mich auf dieselbe geführt hat.

a.

Die Fälle, in welchen in der Conjugation die Consonanten der zweiten Reihe gebraucht werden, sind zwar in andren Sprachen gewöhnlich verbaler Natur, gehören indeſs doch zu denen, die sich leichter mit nominalen Formen verwechseln lassen.

An der Spitze derselben stehn die drei verschiedenen Bildungen des Jav. Passivums. Wir werden aber weiter unten sehen, daſs die eine dieser Bildungen nicht viel mehr, als die Verwandlung des Verbums in ein abgeleitetes Subst. mit leidender Bedeutung, ist, die zweite eine wirkliche Verbindung des Wortes mit dem Verbum s e i n scheint, und daſs die dritte, schon nach ihrer Entstehung aus der gleichen Tag. Form, Redensarten bildet, welche man ursprünglich auch nicht als wahre Verbalausdrücke ansehen kann. Die gröſsere Annäherung des Jav. zum wahren Passivum liegt nicht in der Form, als von welcher hier allein die Rede ist, sondern in der Construction, welche oft in Sprachen die ursprüngliche Bedeutung der Formen in ihrer Anwendung umändert. Überhaupt aber scheint das Pass., seiner Natur nach, die Beschaffenheiten eines Nomens da zu theilen, wo es nicht in der Schärfe seiner wahren Bedeutung aufgefaſst wird, welches gerade, wie wir oben gesehen haben, in den Malayischen Sprachen der Fall ist.

Auffallender scheint es allerdings, daſs auch der Imperativus den Substantiven vorzugsweise eigene Anfangsbuchstaben annimmt. Die hauptsächlichste Art, diesen Modus zu bilden, ist die Hinzufügung der Sylbe *ha*, was nur wegen der verschiedenen Wohllautsveränderungen, welche dies *ha* erfährt, in einigen Fällen weniger sichtbar ist. Gerade auf dieselbe Weise bildet auch der Dialekt auf Madagascar den Imperativus; die Sylbe *ha* kann aber dort mit jedem Worte, zu welchem Redetheile es gehören möge, verbunden werden, und hat dann immer den Sinn, daſs dasjenige, was das Wort ausdrückt, sein oder geschehen müsse.

Wahrscheinlich ist dies *ha* nichts, als ein ermunternder Ausruf, der mit dem Begriff der zu gebietenden Handlung verknüpft wird, was auch durchaus nicht unnatürlich ist; und dieser Begriff kann alsdann ebenso leicht in der Gestalt eines Nomens, als in der eines Verbums, hingestellt werden. Auch in anderen Sprachen pflegt der Imperativ am wenigsten von der wahren Verbalformung an sich zu tragen, enthält nur den Grundlaut des Verbums, oder wird auch wohl durch den Infinitiv, also auch in gewisser Annäherung zum Substantiv, ausgedrückt. Der angebliche Conjunctivus hat so sehr dieselbe Formung mit dem Imperativ, daſs es nicht nothwendig ist, seiner hier besonders zu erwähnen.

Die Auslassung der Tempus-Partikeln in der Conjugation angeführt zu finden, muſs jeden mit andren Sprachen Bekannten befremden. In dem Abschnitt über die Tempora sagt Gericke ausdrücklich, daſs es in der Jav. Conjugation eine unbestimmte Tempusbildung gebe, welche sowohl die vergangene, als die zukünftige Zeit bezeichnen könne, so daſs nur der Zusammenhang der Stelle, wo diese Bildung vorkomme, ergeben müsse, ob damit ein Präteritum oder ein Futurum gemeint sei. Die Andeutung der Zeit ist dem Verbum so eigenthümlich und nothwendig, daſs es ein sehr richtiges Sprachgefühl verräth, das Wort, welchem diese Andeutung fehlt, durch ein sichtbares Zeichen aus der Classe der Verba zu entfernen, und als Nomen darzustellen, oder vielmehr demselben nicht die Attribute zu geben, die es zum Verbum gestalten. Dies scheint mir hier dadurch zu geschehen, daſs man dem Worte seinen Consonanten der zweiten Reihe läſst. Es bleibt nur ein Nomen, kündigt sich als solches an, und wird mit hinzugedachtem war oder wird sein mit dem Subject verbunden; durch die Verwandlung dieses Anfangsbuchstaben in den entsprechenden der ersten Reihe würde es zum Verbum, und führte den bestimmten Begriff des Präsens mit sich. In der Conjugation der eigentlichen Malayischen Sprache auf Malacca führt Marsden auch einen sogenannten Aorist an, welcher mit der Tempusbildung, von der wir hier reden, einige Ähnlichkeit hat. Schon Marsden aber hat bemerkt (*Gramm.* 69.), daſs dieser Aorist dem Verbum eine passive Gestalt giebt, obgleich die Bedeutung activ ist. In der That ist jener Aorist, meiner Überzeugung nach, nichts andres, als eine Redensart, in welcher vermittelst des wirklich ausgedrückten Verbums sein das Grundwort des Verbums als ein wahres Nomen, das aber dort nicht als solches besonders charakterisirt ist, behandelt wird. Hieraus entsteht dann zwar nicht ein ächtes Passivum, allein allerdings ein demselben ähnlicher Ausdruck, welcher, nach unsrer Art, die Sprachen zu behandeln, natürlicher in einen activen umgesetzt wird. Eine ähnliche Bewandtnifs scheint es mit der unbestimmten Jav. Tempusbildung zu haben, nur dafs bei dieser umgekehrt das Nomen durch den veränderten Anfangsbuchstaben charakterisirt ist, das sein dagegen hinzugedacht werden mufs. Auch ist die Form der Redensart im Mal. durch die übrige Construction klarer, wie ich unten näher zeigen werde.

Ein eigner Fall ist es, dafs die Versetzung der Tempus-Partikeln von der Stelle zwischen dem Pronomen und Verbum, welche sie gewöhnlich einnehmen, vor das Pronomen die Verwandlung des Anfangsbuchstaben in einen Consonanten der zweiten Reihe, also, meiner Behauptung nach, die Umstellung des Verbums in ein Nomen, mit sich führt. Durch diese Verrückung wird jedoch die gewohnte Zusammenfügung des Verbums gestört, und mithin schon dadurch der wahre Verbalbegriff mehr bei Seite gestellt. Eine noch gröfsere Veränderung aber entsteht dadurch, dafs das Pronomen nunmehr hinter der Tempus-Partikel zu stehn kommt, was durch die wahre Bedeutung dieser Partikeln noch wichtiger wird. Denn diese Partikeln sind eigne, selbstständige und bedeutsame Wörter, einige, wie *badê*, sollen, wirkliche Verba. Das Pron. nun kann, nach der allgemeinen Constructionsweise, wenn es das Subject des Verbums anzeigt, nur vor dem Verbum stehen. Hinter ein Wort gestellt, wird es zum Besitzpronomen; *kula badê ningngalli* heifst demnach ganz richtig ich soll oder werde sehen, *badê kula tingngalli* dagegen drückt, genau genommen, aus mein Sollen Sehen, wobei natürlich wieder ist hinzugedacht werden mufs. Man sieht daher, dafs die Partikel durch diese Umstellung in genauere Verbindung mit dem Pron. gebracht, dagegen aus der mit dem Verbum losgerissen wird, wodurch dann auch das letztere seinen grammatischen Charakter einbüfst.

Die Verba, welche ein Handeln Mehrerer unter einander anzeigen, werden im Jav. immer als gegenseitige genommen, so dafs die Wirkung des Verbums sowohl hervorgebracht, als gelitten wird. Gericke nennt sie daher geradezu Reciproca, obgleich dieser Begriff ihnen wiederum nicht ganz entspricht. Ihre Bildung ist ihrem Begriff analog; sie haben zum Schlufsgliede allemal die Passivform des Worts. Ihr Anfangsglied ist nach Ger. die Activform desselben, und dies ist nach seiner Art, die Sache darzustellen, vollkommen richtig, da nach ihm der Anfangsbuchstabe des Verbums auch im Activum in einen Consonanten der zweiten Reihe, wie es bei diesen Verben immer der Fall ist, übergehen kann. In Wahrheit aber scheint mir das Anfangsglied dieser Verba nicht das Verbum selbst, sondern das ihm entsprechende Substantivum. Da das Verbum in seiner Passivform auch nur ein Nominalausdruck ist, so sind diese Verba eigentlich bloſs eine Verbindung zweier Subst., von welchen das eine die Bedeutung eines Thuns, das andere die eines Leidens hat. Hierfür spricht auch, daſs, wenn dem Verbum ein Verbalsuffixum anhängt, wie bei *ningngalli,* dies Suffix im Anfangsgliede dieser Verba immer hinwegfällt, so daſs dasselbe alsdann dem Subst., insofern dies nicht eigne Ableitungssylben hat, gänzlich gleich wird. Das angebliche Verbum reciprocum *tingngal-t-inn-ingngallan* heiſst daher wörtlich Sehen (und) Gesehen werden.

Ich glaube durch das Obige wenigstens so viel bewiesen zu haben, daſs die Fälle, in welchen nach Gericke's allgemeiner Regel die Consonanten der zweiten Reihe eintreten, von der Art sind, daſs der wahre Verbalbegriff sich leichter aus ihnen entfernen läſst, als aus den entgegengesetzten; und da nun der wichtige Umstand hinzukommt, daſs die unbezweifelten Nomina, auch wenn man sie als abgeleitet ansehen wollte, da, wo Verbum und Substantiv verschiedene Anfangsbuchstaben haben, die Consonanten der zweiten Reihe an sich tragen, so glaube ich mich auf keine Weise zu irren, indem ich die Consonanten der zweiten Reihe für Bezeichnungen des Nomens, die der ersten aber für dem wahren Verbalbegriff gewidmet halte.

Weil aber das Verbum in diesen Sprachen, und namentlich im Jav., eine so ungemein lockere Gestalt hat, so ist es wirklich schwer, etwas gegen jede Einwendung Gesichertes über diese Fragen zu entscheiden, und Nomen und Verbum in völlig bestimmte Formen zu bannen, da die Sprache selbst wenigstens scheinbare Anomalieen darbietet. Ein sehr befremdender Fall dieser Art ist es, daſs, da das Präsens des Activums, als in der oben angeführten Regel nicht ausgenommen, seinen Verbalconsonanten der ersten Reihe behält (*kula numpak*, ich reite), dennoch in Ger.'s Wörterbuch Fälle vorkommen, wo auch in diesen Stellungen der Consonant der zweiten Reihe eintritt. So führt er von *mundutti,* fordern, bitten, *mannira pundutti*, ich fordere, von *ngaturri*, anbieten, *kula haturri*, ich biete an, von *nyukanni*, geben, *kula suka*, ich gebe, an.

b.

Um über die Frage zu entscheiden, welche der beiden Consonantenreihen die abgeleitete ist, mufs ich zuerst hinzufügen, dafs dem *ng* in der ersten auch noch, aufser *h*, in der zweiten *k* entspricht: *kandang*, Stall, *ngandangngaken*, in einen Stall eintreiben. Prüft man die Consonanten beider Reihen, so zeigt sich, dafs die erste derselben blofs Nasenlaute, also lauter Buchstaben derselben Classe, enthält, dahingegen sich in der zweiten Buchstaben ganz verschiedener Classen befinden. Schon dies scheint mir klar darzuthun, dafs nur die erste die abgeleitete sein kann. Die Übereinkunft der Laute deutet an, dafs sie etwas Gemeinschaftliches an sich tragen, und weist dadurch auf eine gemeinschaftliche Ursach, eine künstliche Bildung hin, indefs die zweite Reihe die Verschiedenheit der Consonanten an sich trägt, welche die Anfangsbuchstaben der Wörter einer Sprache überhaupt haben; in ihr scheint also der natürliche, ursprüngliche Zustand zu liegen.

Zu diesem Beweise gesellt sich ein zweiter darin, dafs eine grofse Anzahl von Wörtern, deren Anfangsbuchstaben der zweiten Reihe angehören, ihrem Begriff und ihrer Herleitung nach, ganz unbezweifelt die ursprünglichen Nomina sind, aus welchen man nur später Verba gebildet hat. Am sichtbarsten ist dies bei fremden in die Sprache aufgenommenen Wörtern: *rasa* (रस, *rasa*, und रास, *râsa*), *suka* (सुख, *sukha*, Vergnügen), *wisêsa*, Macht (विशेष, *wiśêsha*, nur mit sehr veränderter Bedeutung, die aber von dem Begriff des sich von allen andren Unterscheidenden, Hervorstechenden vermittelt ist), sind offenbar die Grundlagen der Verba *ngrasa*, fühlen, denken, *nyukanni*, geben, *misêsa*, Macht haben, und kommen nicht umgekehrt von diesen letzteren her. Ebenso ist auch das einheimische Subst. *ratu*, Herrscher, das Stammwort der Verba *ngratu*, Jemanden als Herrscher anerkennen, und *ngratonni*, als König herrschen.

Ich halte daher die Anfangsconsonanten der zweiten Reihe für die ursprünglichen Laute der Wörter, welche durch eine, sogleich näher zu entwickelnde Ursach in Nasenlaute verwandelt werden, um dadurch grammatisch geformte Verba zu bilden. Ich habe indefs schon oben erinnert, dafs bisweilen allerdings auch durch Verwandlung eines Consonanten der ersten Reihe in den entsprechenden der zweiten wirkliche Verbalsubstantiva abgeleitet werden. Dies findet aber nur da statt, wo das ursprüngliche Nomen

N

mit einem Consonanten der ersten Reihe anhebt, und daher bei der Bildung des Verbums keine neue Änderung des Anfangsbuchstaben eintreten kann. Denn natürlich sind auch die rein Javanischen ursprünglichen Wörter nicht auf jene Anfangsbuchstaben, je nachdem sie einen verbalen oder nominalen Grundbegriff ausdrücken, beschränkt, sondern Nomina dieser Art fangen mit Nasenlauten, und Verba mit anderen Consonanten an. Die Sache ist nur die, daſs die zweite Consonantenreihe, bis auf die genannten Ausnahmen, sich in unverändertem Zustande befindet, die Consonanten der ersten aber allemal eine Veränderung erlitten haben können, und in der groſsen Mehrzahl der Fälle wirklich durch Veränderung entstanden sind. Statt, wie Gericke thut, zu sagen, daſs die Consonanten der ersten Reihe in gewissen Fällen in die der zweiten übergehen, ist es daher richtiger, sich so auszudrücken, daſs in diesen Fällen die Consonanten der zweiten Reihe unverändert bleiben.

c.

Die Verschiedenheit der Consonanten der ersten Reihe richtet sich nach dem Organ, zu welchem die der zweiten gehören; der Zahnlaut *t* verwandelt sich in den Nasenlaut seiner Gattung, *n*, die Lippenlaute *p* und *w* in den Nasenlaut desselben Organs, *m*; *l* und *r* haben keinen eignen Nasenlaut, die Sprache setzt also nur den allgemeinen Nasenlaut ihnen vor, und bildet auf diese Weise *ngl* und *ngr*; *s*, wenn es der Zahnlaut ist, sollte sich auch in *n* verwandeln, wie es im Tagalischen wirklich geschieht, es thut dies auch im Jav. nicht selten, wird aber meist, so wie *ch*, zu *ny*; aus *k* entsteht der allgemeine Nasenlaut *ng*, und eben dies *ng* wird auch bei den mit *h* anfangenden Wörtern gebraucht, oder vielmehr, da man das *h* nicht ausspricht, wie im Tag., den vocalisch anlautenden vorgesetzt. Daſs aber alle diese Laute gerade nasale sind, läſst eine allgemeine Ursach dieser Veränderungen vermuthen, die wohl schwerlich bloſs im Begriff des Verbums zu suchen ist. Indem ich die Analogie der übrigen Malayischen Sprachen zu Hülfe nehme, mich aber zugleich auf directe Beweise im Jav. selbst stütze, finde ich den Grund dieser Verwandlung in Nasenlaute in dem End-*n* des Verbalpräfixes *han* oder *man*, von welchem die beiden ersten Buchstaben, *ha* oder *ma*, in der Aussprache wegfallen. Im Tag., Mad. und eigentlich Mal. geht, wenn das Verbalpräfix *man* vor die Consonanten der zweiten Reihe tritt, jeder von diesen in den entsprechenden Nasenlaut über, oder dieser Nasenlaut entsteht vielmehr aus dem End-*n* des Präfixes, indem der ursprüngliche Consonant hinwegfällt; das End-*n* des Präf. wird also, vor Zahnlauten unverändert, vor anderen Lauten in den ihnen entsprechenden umgewandelt, zum Anfangsbuchstaben des Verbums. Denn in allen den genannten Sprachen gehört, wo diese Veränderung vorgeht, der Endnasenlaut des Präf. zur ersten Sylbe des Wortes, und trennt sich von der des Präfixes. *Tubùs* (Tag.) wird zu *ma-nubus*, loskaufen, *soratse* (Mad.) zu *ma-noratse*, schreiben, *tōlong* (Mal.) zu *me-nōlong*, helfen. Dieses Übergehen des Endbuchstaben des Präf. in den Anfangsbuchstaben des Grundwortes macht das Wegfallen des ersten Buchstaben des letzteren noch begreiflicher. Darüber, dafs in den eben genannten Sprachen die Präfixe immer mit *m*, im Jav. gewöhnlicher mit *h* beginnen, werde ich weiter unten reden. Auf diese Weise sieht man also bei meiner Erklärung die vollkommene Analogie, welche auch in diesem Punkt zwischen dem Jav. und den übrigen Mal. Sprachen herrscht.

Verfolgt man die Sache noch tiefer, so kann man freilich auch auf der andren Seite wohl zu der entgegengesetzten Meinung, und dahin geführt werden, die Buchstabenveränderung als unabhängig von den Präfixen anzusehen. In den hier in Rede stehenden Sprachen entspricht dem verbalen Präfix *man* das nominale *pan*, und die Verwandlung des Anfangsbuchstaben des Worts geht in beiden Fällen auf gleiche Weise vor sich. Der Übergang von den verbalen Formen in die nominalen, und umgekehrt, liegt nicht in dieser Buchstabenveränderung, sondern allein in der Natur des Präfixes. Denn in der Veränderung des Verbalpräfixes *man* in *pan* liegt schon dieselbe Umwandlung; und es ist vielleicht nicht unrichtig, zu behaupten, dafs sich in dem *p* mehr die Ruhe des Nomens, in dem *m* mehr die Beweglichkeit des Verbums ausdrückt. Die Verwechslung der Buchstaben des gleichen Organs, die überhaupt in den Sprachen, und, wie ich bei einer anderen Gelegenheit zeigen werde, in der Verwandtschaft des Malayischen mit dem Sanskritischen Stamme von sehr bedeutendem Einflusse ist, liegt natürlich weit tiefer, als die grammatische Verbindung mit Affixen, und kann weder aus dieser abgeleitet, noch in sich abgeläugnet werden. Ich rede aber hier nur von dem bestimmten, und in diesen Sprachen offenbar grammatischen Übergange der sich entsprechenden Consonanten in einander. Allein auch hier läfst sich allerdings gegen meine Ansicht der Umstand anführen,

N 2

dafs in der Tagalischen Sprache diese Buchstabenveränderung auch in einigen Fällen vorgeht, wo das Präfix kein End-*n* hat, sondern mit einem Vocal schliefst, namentlich nach *hi*, *manhi* und *maki*. Hier kann die Veränderung also keine Wirkung des Nasenlautes im Präfix sein. Wendet man indefs dieselbe Erklärungsart auf die oben genannten Beispiele an, so mufs man entweder annehmen, dafs das End-*n* von *man* vor dem unveränderten Anfangsbuchstaben des Grundwortes weggefallen ist, oder dafs das Präfix ursprünglich in diesen Fällen nicht *man*, sondern *ma* war. Eine solche Behauptung aber widerspräche nicht nur dem Zeugnifs aller derer, welche diese Sprachen bisher bearbeitet haben, sondern sie hat auch den inneren Grund gegen sich, dafs das Präfix *ma* immer intransitive Verba, *man* mit Buchstabenveränderung aber transitive bezeichnet, und zugleich, dafs, wenn die Buchstabenveränderung ursprünglich wäre, dieselbe wohl bei allen Verben statt finden würde, da sie sich im Gegentheil in keiner Malayischen Sprache nur über alle diejenigen erstreckt, bei welchen sie statt finden könnte. In allen bekannten Malayischen Sprachen, die Javanische ausgenommen, findet sich die obige Buchstabenveränderung durchaus nur nach Präfixen, und eine scheinbare Ausnahme von dieser Behauptung wird weiter unten widerlegt werden. Es scheint mir daher immer das Natürlichste, den Grund der Veränderung hier in dem Laut des Präfixes zu suchen; und da findet er sich bei *man* zu offenbar im schliefsenden Nasenlaut, als dafs man nicht ihn mit Gewifsheit darin setzen sollte. Für die Erscheinung der Veränderung nach *hi* und *ki* weifs ich allerdings keine Ursach anzugeben, es lassen sich indefs nicht alle und jede Lautveränderungen in den Sprachen erklären.

Abkürzungen, namentlich durch Wegwerfung anlautender Buchstaben, sind in allen Sprachen, besonders aber im Jav., nicht ungewöhnlich. Ich führe hiervon nur Ein, gerade aber hierher passendes Beispiel an; *hupama*, Ng. Gleichnifs, Ähnlichkeit (उपमा, *upamâ*), bildet mit dem Besitzpron. der 3. Pers. die Redensart zum Beispiel, *hupamannê*, und statt dessen sagt man ebensowohl, mit Wegwerfung der beiden ersten Buchstaben, *pamannê* (Ger.). Ähnliches findet sich wohl fast in allen Sprachen, besonders wenn man die Volksdialekte hinzunimmt; ich darf hier nur an unser eignes runter, rein, statt herunter und herein, erinnern, die im Munde des Volkes ganz gewöhnlich sind.

Einen ganz directen Beweis aber der Abwerfung der Anfangsbuchstaben des Präfixes vor dem veränderten Anlaut des Grundwortes geben die Fälle, wo sich, neben der verstümmelten Form, zugleich die unverstümmelte, noch das ganze Präfix an sich tragende erhalten hat. Sie sind schon in dem kleinen Wortvorrathe, dessen ich mich mit Sicherheit zu grammatischen Bemerkungen bedienen kann, nicht selten, und ich hebe davon hier folgende heraus.

mundutti, fordern, *pundutti*, *hamundutti*;
murih oder *mrih*, streben, unternehmen, *purih* oder *prih*, *hamrih*;
marĕntahhi, befehlen, *parĕntah*, *hamarĕntah*;
muruggi, an sich ziehen, holen, *hamuruggi*;
maringngi, geben, *paring*, *hamaringngi*;
hamĕk, nehmen, *pĕk*; hier finde ich die verstümmelte Form gar nicht;
ngutus, senden, schicken, *hutus*, *hangutus*;
ngĕstokhaken, Gehorsam leisten, *hĕstokken*, Imper., also Nominalform, *hangĕstokhakĕ*;
nganggĕ, kleiden, anziehen, gebrauchen, *hanggĕ*, die Weise, wie etwas geschieht, *hanganggĕ*.

In allen diesen Beispielen enthalten die mit dem Präfix versehenen Formen deutlich die bei den verstümmelten mit veränderten Anfangsbuchstaben weggefallenen Laute. Von einigen Wörtern haben sich zugleich auch Formen mit dem mit *m* beginnenden Präfix erhalten, so daſs diese Wörter den ähnlich gebildeten in den übrigen Mal. Sprachen vollständig gleichkommen:

mamukti, essen (B. Y. 31, *d.*), kommt von *bukti*, essen und Speise (Crawf. *Voc.*) (भुक्ति, *bhukti*), *hamukti*, welches zwar bei Ger. angenehm heiſst, jedoch offenbar dasselbe Wort ist (1); auch hier aber fehlt die verstümmelte Form;
dagegen ist auch diese in *muwus*, sprechen, erzählen, *mamuwus* (B. Y. 288, *a.*);
macha, lesen, dasselbe Wort mit dem Mal. *bācha* (das Sanskr. वचस्, *wachas*, Wort, Rede), welches mit dem Präf. sowohl *membācha*, als *memācha*, bildet, *mamacha*.

(1) [Roorda. Kawi. essen, angenehm. B.]

Eine ganze Gattung hierher gehörender Fälle liegt in der Äufserung des Hrn. Roorda, dafs ein Anfangs-*p* sich häufig in *mem* verwandelt, was nichts andres, als das Präf. *man* oder *men* mit der gewöhnlichen Buchstabenveränderung, ist.

Die mit Consonanten der zweiten Reihe beginnenden Formen in den obigen Beispielen haben häufig gleichfalls verbale Bedeutung. Dies kann nach dem im Allgemeinen über diese Sprachen Gesagten nicht wundern. Die grammatische Kategorie der Grundwörter trägt diese Unbestimmtheit einmal immer an sich, der Unterschied ist nur der, dafs ohne Präfix oder Buchstabenveränderung kein grammatisch geformtes Verbum vorhanden ist.

Allen diesen Beispielen läfst sich freilich die Einwendung entgegensetzen, dafs hier nichts anderes geschehen ist, als dafs man, was im Jav. überaus häufig vorkommt, diesen mit veränderten Buchstaben beginnenden Wörtern die Sylben *ha* oder *ma* präfigirt hat, dafs aber übrigens diese Verba mit veränderlichem Anlaut gar keine verstümmelten, sondern ganz vollständige Formen sind. Diese Möglichkeit läfst sich allerdings nicht wegstreiten; wahrscheinlich aber ist es wenigstens nicht, dafs der Ursprung dieser Formen ein solcher gewesen sei. Die heutige Sprache mag aber zu dieser Ansicht Veranlassung geben; denn wirklich werden in vielen Fällen diesen Verben mit veränderlichen Anfangsbuchstaben Präfixe vorgesetzt, welche die oben gegebene Erklärungsart nicht begünstigen. Eine Hauptgattung dieser Fälle ist die, wo Verba, welche das *t*, *ch* oder *s* des ursprünglichen Grundwortes in *n* und *ny* verwandelt haben, auch mit dem Präf. *han* vorkommen, so dafs das *n* dadurch verdoppelt, nicht rein an die Stelle des ursprünglichen Anfangsconsonanten gesetzt wird. Wenn man z. B. von *nengga*, bewachen, bewahren (*tengga*), *hanengga*, von *nyariyossaken*, erzählen (*chariyos*), *hannyariyossaken*, von *nyupenna* (1), träumen (*supenna*, स्वप्न, *swapna*, Traum), *hannyupenna* findet, so ist allerdings hier nicht das End-*n* des Präf. in den entsprechenden Consonanten übergegangen, sondern dem schon mit verändertem Consonanten beginnenden Worte *han* vorgesetzt. Ich habe aber aus dem schwankenden Gebrauche einfacher oder

(1) Aus diesem Worte scheint das Madecassische *inous*, in welchem der Anfangsvocal nur ein Vorschlag ist, entstanden zu sein.

doppelter Consonanten in meinen Wortverzeichnissen die Überzeugung gewonnen, daſs hier bloſs eine euphonische Verdopplung des *n*, wie im Jav. überhaupt häufig, namentlich (s. ob. S. 44.) bei der Anfügung mit *h* beginnender Sylben an Endvocale, eintritt, vorgegangen ist. Wir werden sogar weiter unten (§. 13.) sehen, daſs die Javanische Rechtschreibung in Absicht der Verdopplung des *n* nicht immer gleichförmig ist. Vielleicht aber hat man auch zwei Bildungen mit einander verwechselt, die nämlich, wo man dem unveränderten Consonanten des Grundwortes ein mit einem diesem Consonanten entsprechenden Endconsonanten versehenes Präfix vorsetzt, und die, wo das Präfix den Anfangsconsonanten des Wortes verändert, wie man z. B. im eigentlichen Mal. zugleich *membācha* und *memācha* hat. Diese beiden Gründe passen auch auf einige andere ähnliche Fälle, die man sonst meiner Behauptung entgegenstellen könnte. So liegt dem Verbum *mangnglong-mangnglong*, ansehen, anstarren, offenbar ein mit *l* anfangendes Wort zum Grunde, in welchem das *l* zu *ngl* geworden ist. Wäre nun diese Bildung allein dem Präfix zuzuschreiben, so sollte dieses nicht auch sein End-*ng* vor dem *ng* des Grundwortes behalten. Derselbe Fall ist mit *pangngangge*, von dem wir oben das ursprüngliche *hangge* gehabt haben, und mit *pangngajeng-hajeng*, Begierde, Wunsch, wo auch das Präfix sein End-*ng* bloſs an das Grundwort abgeben, nicht aber dasselbe zugleich behalten sollte. Immer aber beweisen doch diese Fälle, daſs sich das Bewuſstsein der wahren grammatischen Bildung jener Wörter verloren hat, und daſs der nur durch die Anfügung der Präfixe zum Anfangsbuchstaben gewordene Consonant als wirklich dem Grundwort angehörig behandelt wird. Von diesem Vergessen der wahren Bedeutung und Einwirkung der Präfixe zeugen mehrere Beispiele. So hat man von *neda*, essen (*teda*), *hanneda*, dann aber auch mit doppeltem Präf. *hannaneda*, worin das *h* von *hanneda*, weil man das Wort noch durch ein *ha* verlängern wollte, in *nn* übergegangen, das durch die Verbalform entstandene *n* aber, richtiger, als in *hanneda*, einfach gelassen ist. Hier besteht also von demselben Wort die richtige Form neben der falschen. Als Widerlegungen aber der oben gegebenen Erklärungsart kann ich diese Fälle nicht ansehen, und finde in ihnen keine hinreichende Ursach, von dem Grundsatze abzugehn, daſs in den Malayischen Sprachen die Verbalbildung nur durch Präfixa vor sich geht, und die Buchstabenveränderung bloſs eine Folge der Anfügung dieser ist. Vielmehr bestätigt mich ein anderer, nicht unwichtiger Umstand in dieser Ansicht.

Wir haben schon oben an *hasuka* und *nyukanni* gesehen, dafs es von mehreren Wörtern zugleich Formen mit verändertem Anlaut, und andere mit unverändertem, aber ein Präfix vor sich tragende, giebt. Diese Fälle sind durchaus nicht selten, und ich kann, ohne grofses Nachsuchen, davon noch folgende anführen:

hatengga, *nengga*, *hannengganni*, bewachen;
hakintun, *ngintunnaken*, senden;
hachegah, *nyegah*, sich einer Sache enthalten;
halungguh, *nglungguhhi*, sich niedersetzen, u. s. f.

In allen diesen Verben haben die Wörter mit ursprünglichem, unverändertem Anfangsconsonanten das Präfix *ha*, und nicht *han*, in dem richtigen Gefühle erhalten, dafs ein hinzukommendes End-*n* des Präfixes den Anfangsconsonanten des Wortes verändern müfste.

d.

Indem die Javanische Sprache die Präfixa, ihre wahre Bedeutung verkennend, bald abwirft, bald als blofs euphonische Verlängerungen behandelt, giebt sie dadurch der Veränderung der Anfangsbuchstaben eine ihr ursprünglich nicht zukommende Bedeutsamkeit. Denn die Unterscheidung des verbalen und nominalen Ausdrucks beruht nun auf ihr; und so geschieht es in einigen, obgleich seltenen Fällen, dafs da, wo der ursprüngliche Anfangsconsonant ein Nasenlaut ist, derselbe wieder verwandelt wird, um ein Nomen zu bilden, so dafs dadurch die an sich und in der Regel ursprünglichen Consonanten der zweiten Reihe wirklich zu grammatisch abgeleiteten werden. Ein Beispiel dieser Art haben wir oben (S. 87.) an dem Worte *tata*, herstammend von dem Sanskr. नाथ, *nâtha*, gesehen. Der gleiche Fall findet sich höchst wahrscheinlich bei den Wörtern *mati*, todt, *matênni*, tödten, und *pati*, der Tod, und in passiver Form *kapatên* und *pinnatên*. Denn nach der Analogie aller übrigen Malayischen Sprachen zu schliefsen, ist das *m* in diesem Worte primitiv, und das *p* daraus grammatisch gebildet. Das Wort ist dasselbe mit dem Sanskr. मथ्, *math*, oder beiden Wörtern liegt eine andere, ähnliche Wurzel zum Grunde. Doch ist es merkwürdig, dafs auch im Tagalischen und Madecassischen *mataì* und *pataì*, *mate* und *fate* dieselbe Bildung an sich tragen, so dafs in allen diesen Sprachen eine Verwechslung des primitiven *m* des Grundworts mit dem Anfangsbuchstaben des so anhebenden Präfixes vorgegangen ist.

Eine wichtige Bestätigung für meine hier zur Erklärung der Veränderlichkeit der Anfangsconsonanten beim Nomen und Verbum vorgetragene Theorie findet sich in der Bildung der distributiven Zahlwörter. Nach Gericke's Gramm. (S. 34.) werden diese durch eben die Veränderungen der Anfangsconsonanten der Cardinalzahlen geformt, welche wir oben beim Verbum gesehen haben, und zwar so, dafs die zweite Reihe den Cardinalzahlen, die erste den distributiven zukommt: *siji*, eins, *nyiji*, je eins, oder jedem eins, *tiga*, drei, *niga*, je drei, oder jedem drei, u. s. w. Da nun niemand zweifeln kann, dafs die Cardinalzahlen die ursprünglichen, die vertheilenden die abgeleiteten sind, so liegt hierin der directeste Beweis der Ursprünglichkeit der zweiten Consonantenreihe. Allein auch die Entstehung der Veränderung überhaupt aus einem abgeworfenen Präfix *man* bestätigt sich durch die Vergleichung der Bildung dieser Zahlen im Tag.; denn da werden sie zwar nicht alle und immer, aber einige und in einigen Fällen, ebenso wie die Verba der dritten Tag. Conjugation, durch *man*, verbunden mit Buchstabenveränderung, aus den Cardinalzahlen abgeleitet: *mamolo*, jedem zehn, von *polo*, zehn (Totanes. nr. 398.). Um in diesen Sprachen die Distributiva auszudrücken, verwandelt man nämlich blofs die gewöhnlichen Zahlen in Verba, als wenn man im Deutschen, statt jedem zwei, verzweien sagte, bedient sich aber dann dieses Verbums als eines undeclinirbaren Wortes. Die Jav. und Tag. Sprache wenden dabei jede die ihr eigenthümliche Methode an, aber der Zweck und der Sinn des Verfahrens ist sich in beiden gleich (¹). In einer Stelle des B. Y. 127, *b.*, wo distributive Zahlen vorkommen, ist, um dies im Vorbeigehen zu bemerken, diese Bildung nicht gebraucht. Um zu sagen, wie viel Elephanten in einem Heere auf einen Wagen und wie viel Pferde auf einen Elephanten gehn, sind die Zahlen und Gegenstände blofs neben einander gestellt, jedoch ist in einem Fall dem Substantivum ein Possessivum beigegeben: *rat-êka sapuluh gajanya, gaja tunggal* (²) *aswa dhasa*, Ein Wagen, ein Zehen seine Elephanten, Ein Elephant Pferde

(¹) [Aus Cornets Gramm. ersieht man, dafs im Jav. auch das Präf. *han* (mit der hier in Rede stehenden Buchstabenveränderung) distributive Zahlen bildet. B.]

(²) Über *tunggal* sehe man oben S. 69.

O

zehen. Man sieht zugleich, dafs hier Sanskritische und Jav. Zahlen ohne Unterschied gebraucht sind.

Auf diese Weise glaube ich gezeigt zu haben, wie die Javanische Sprache in dem hauptsächlichsten Theil der Grammatik, in der Bildung des Verbums, zugleich genau die Analogie der übrigen Sprachen ihres Stammes, dabei aber auch eine besondere Eigenthümlichkeit, nämlich die Verkennung der wahren Bedeutsamkeit der Präfixe in einer grofsen Menge von Fällen, bewahrt. Denn durch die ganze Sprache geht diese Verkennung allerdings nicht, da wirkliche und offenbare Nomina doch auch im heutigen Zustande der Sprache durch die Präfixe zu Verben umgebildet werden.

Woher nun diese Eigenthümlichkeit historisch stammen mag, ist schwer zu bestimmen, vorzüglich darum, weil wir, mit Ausschlufs der Sprachen der Südsee-Inseln, nur von vier Malayischen Hauptsprachen grammatische Hülfsmittel besitzen. Wären uns solche von allen Dialekten gegeben, so würden wir höchst wahrscheinlich die Abstufungen zwischen den Erscheinungen, die jetzt schroff einander gegenüber stehen, wahrnehmen, und das allmälige Entstehen der Abweichungen würde sich daraus von selbst erklären. Ich behalte jedoch, was sich hier noch allenfalls historisch beibringen läfst, meiner Schrift über die Malayischen Sprachen überhaupt vor, und fahre hier nur fort, den Zusammenhang der Erscheinungen in der Sprache selbst weiter zu verfolgen.

Das Verkennen der Bedeutsamkeit der Präfixa hängt mit der häufigen Abwerfung derselben, die ich nämlich an dem präfixlosen Gebrauche der Verben mit veränderlichen Anfangsbuchstaben dargethan zu haben glaube, unmittelbar zusammen. Das Ringen der Bedeutsamkeit mit dem Laute ist in allen Sprachen, deren Gang man durch lange Perioden hindurch verfolgen kann, eine gewöhnliche Erscheinung; und ist die Bedeutsamkeit einmal im Verschwinden, so folgt die Umgestaltung der Wörter sehr bald blofs den organischen Gesetzen oder den Volksgewohnheiten des Lautes. Das Abwerfen der Präfixa steht nun in der nächsten Verbindung mit der Verwandlung des Anfangs-*m* derselben in ein Anfangs-*h*. Auch hier stehen die Formen der beiden, vermuthlich successiven Bildungen noch neben einander in der heutigen Sprache (z. B. *hanut* und *manut* von *tut*), nur mit dem merkwürdigen Unterschiede, dafs die mit *m* beginnenden Präfixa viel seltner zu sein scheinen, und dafs als euphonische Verlängerungen der Verba und zur

Bildung neuer Verben aus Substantiven blofs die mit *h* beginnenden gebraucht werden. Diese letzteren sind also allein das jetzige Bildungsmittel der Sprache, und die mit *m* anhebenden scheinen nur einzeln aus einem früheren Zustande in einzelnen Verben im Gebrauche gebliebene Formen. Das Javanische *h* am Anfange der Wörter und Sylben ist, wie wir oben gesehen, ein durchaus stummes, und vielleicht gar nicht zur Aussprache gehörend, sondern blofs in einer früheren Form des Alphabetes gegründet. Verwandlung des *m* in ein solches *h* ist also nur ein Abwerfen des *m*, und alle mit *h* beginnende Präfixa sind eigentlich vocalisch anlautende. Dies Abwerfen des Anfangsconsonanten der Präfixa ging nun wahrscheinlich dem Abwerfen derselben voraus, und macht dieses erklärlicher. Denn wenn die Bedeutsamkeit der Präfixe zu verschwinden anfing, und das Anfangs-*m* derselben nicht mehr geachtet wurde, so folgte der seines Schutzes beraubte Vocal leicht nach, und es blieb nur der Endnasenlaut am Verbum selbst, als dessen Anfangsconsonant, hangen. In allen übrigen Mal. Sprachen stehen den mit *m* anlautenden Verbalpräfixen mit *p*, oder, wie im Mad., mit *f* beginnende, als Nominalpräfixa, gegenüber. Bei den vocalisch anlautenden Javanischen läfst sich nun ein solcher Gegensatz nicht denken, und daher führte die Abwerfung des verbalen *m* zugleich eine Verwirrung der Bildungsmittel des verbalen und nominalen Ausdrucks im Volksbewufstsein mit sich, welcher natürlich wieder auf die Sprache zurückwirkte. Woher die Abwerfung des *m* zuerst entstehen mochte, ist schwerer zu bestimmen. Wenn die Verbalpräfixa wirklich ursprünglich Hülfsverba sind, wo denn ihre primitive und unverstümmelte Form *manghe* sein würde, so zerfällt sehr leicht dieses *manghe* wieder in *anghe* und das Präfix *m*. Wirklich ist im Madecassischen, nach Chapelier, *manghe* aus *misse*, sein, wovon nur das *m* gebraucht wird, und *anghe*, handeln, zusammengesetzt. Auch insofern das Stammwort dieser Präfixa *manao* (Tag.) und *manana* (Mad.) ist, findet sich auch dieses Wort auf Madagascar ohne *m* in dem Begriffe von Habe. Das Wahre hierin scheint immer das zu sein, dafs, womit auch die Analogie anderer Sprachen übereinstimmt, in dem *m* ursprünglich ein Verbalbegriff lag, dafs dieser zuerst zum Gebrauch als Präfix Anlafs gab, dafs aber eben deswegen, weil das selbstständige Wort sich in ein grammatisches verwandelte, das *m* nun nicht immer fest gehalten wurde. Die Abwerfung desselben ist aber leichter zu erklären, wenn auch der Überrest des Präfixes ein

O 2

ehemals selbstständiges Wort war. Vielleicht jedoch ist die Abwerfung des *m* auch bloſse Lautgewohnheit. Hr. Gericke redet in seiner Grammatik gar nicht von mit *m* beginnenden Präfixen, und Hr. Roorda sagt nur ganz kurz, daſs ein Anfangs-*h* sich nicht selten in *m* verwandle. Ich halte es aber, nach der obigen Auseinandersetzung, für ausgemacht, daſs der wirkliche Hergang in der Sprache der hier beschriebene gewesen ist.

In andren Malayischen Sprachen liegt in der Art der Präfixe der Unterschied der transitiven und intransitiven Verba, da die durch keinen Endconsonanten geschlossenen Präfixa *ma*, *mi*, *me* gewöhnlich die letzteren, dagegen *man*, *mag*, *mang* die ersteren zu bezeichnen pflegen. Gericke's Jav. Grammatik erwähnt eines solchen Unterschiedes mit keinem Worte, und aus den Beispielen sieht man deutlich, daſs derselbe wenigstens bei den mit *h* anfangenden Präfixen nicht beobachtet ist. Von den mit *m* beginnenden läſst sich aus der bloſsen Vergleichung der Wörter, da man dazu eines viel gröſseren Vorrathes derselben bedürfte, nicht vollkommen urtheilen. Es hängt auch dies mit der Verkennung der Präfixa, die im Jav. ihre bedeutsame Kraft gröſstentheils verloren haben, zusammen. Wir werden gleich sehen, daſs jener Unterschied, nach Ger.'s Grammatik, andere Kennzeichen an sich trägt.

Es bleibt mir jetzt nur noch übrig, Beispiele der Präfixa anzuführen. Die mit *m* beginnenden habe ich aus Ger.'s Wörterbuche zusammensuchen müssen, dabei aber die gehörige Vorsicht gebraucht, nicht für präfigirt zu halten, was vielleicht dem Grundwort selbst angehört.

ma; *mawrat*, in sich fassen, enthalten, *kawrat*, Inhalt, das Festgesetzte, Bestimmte; *malebet*, hineingehen, *lebettan*, das Hineingebrachte, Eingelieferte.

Diesem *ma* entspricht als Nominalpräfix *pa*; *patiba*, Fall, von *tiba*, fallen; *pagawê*, Beruf, Gewinnung des Lebensunterhalts, *gawê*, machen, arbeiten.

mi; *mituhu*, an Jemand glauben, auf ihn vertrauen, ihm gehorchen, von *tuhu*, recht, wahr (Crawf. *Voc.*).

Statt des Präfixes *ma* wird auch, wenn das Grundwort vocalisch anlautet, ein bloſses *m* gesetzt, welches alsdann an die Stelle des Anfangs-*h* tritt; *menneng*, schweigen, von *henneng*, das Innehalten, Stillschweigen, *miber*, fliegen, von *hiber*, Flug. Eben diese Bildung mit dem bloſsen präfigirten *m* findet sich in der Mad. Sprache; die Tag. (Totanes. nr. 182.) präfigirt vocalisch anlautenden Wörtern und verwandelt ein Anfangs-*h* in *ng*, behandelt also das Anfangs-*h* und Anfangsvocale auf gleiche Weise. Im Javanischen, wo jedes vocalisch anlautende Wort im Schreiben ein *h* vor sich hat, bedient man sich beider Bildungen, der mit *m* und der mit Verwandlung des *h* in *ng*, welche jedoch die häufigste ist. Vermuthlich liegt diesem Verfahren ein verschiedener Grad leiser Aspiration des *h* zum Grunde, die aber vielleicht auch nach Zeiten verschieden war. Einige Wörter haben beide Bildungen zugleich; so ist *hungngel*, Laut, Inhalt, *mungngel*, lauten, in sich enthalten, *ngungngellaken*, laut machen, lesen.

man; dies Präfix liegt, wie ich oben ausgeführt habe, immer da zum Grunde, wo der Anfangsbuchstabe des Verbums verändert wird, wie in *mamacha*, lesen.

Ebenso verhält es sich mit dem entsprechenden nominalen *pan*; *pamujt*, Wunsch, Bitte, Gebet, vom gleichbedeutenden *pujt*. Es findet sich aber auch in Fällen ohne Buchstabenveränderung; *panjenneng*, Regierung, von *jenneng* oder, mit dem Verbalinfix, *jumenneng*, regieren.

mang; das schon oben erwähnte *mangnglong-mangnglong*, ansehen, anstarren.

pang; *panggugat*, Beschuldigung, Anklage, vom gleichbedeutenden *gugat*, und die schon oben dagewesenen *pangngajeng-hajeng* und *pangngangge*.

peng; *pengkul*, Umarmung, Crawf. *Voc.* (vom Sanskr. कुल्, *kûl*, in der Bed. des Einschliefsens, Bedeckens herstammend). Im B. Y. kommt *ngol* (mit regelmäfsiger Buchstabenveränderung), und *mekul* (¹) (33, *d.* 605, *a.*) für umarmen vor. Bei Raffles und Crawf. finde ich das Wort mit einem mir unbekannten zusammengesetzt, *rangkul*, umarmen.

Es finden sich auch mit *h* und mit *m* beginnende Präfixe zugleich vor einigen Verben. So giebt es *miturut* und *hamiturut* von *turut*, folgen, und ebenso *midangnget* und *hamidangnget*, hören.

Die Beispiele der mit *h* beginnenden Präfixa entlehne ich aus Ger.'s Grammatik.

(¹) *mekul sukune sang pejah*, umfafste die Füfse des Todten.

ha; *hadhamel* von *dhamel*, machen, arbeiten.
han; *handhadhos* von *dhadhos*, werden, entstehen.
ham; *hambekta* von *bekta*, tragen.
hang; *hangganjar* von *ganjar*, belohnen.

Aufser der Bildung von Verben durch Präfixa habe ich oben präfixlose durch die Infigirung von *um* und Suffigirung von *hi* erwähnt. Beide werden in Ger.'s Grammatik nur als Mittel angeführt, intransitive Verba durch *hi* zu transitiven, und umgekehrt transitive durch *um* in intransitive (*onzijdige werkwoorden*) zu verwandeln. Ich bleibe zuerst bei *um* stehen. Gericke drückt die Regel für diese Bildung darin etwas anders aus, dafs er sagt, es müsse ein *m* zwischen den ersten und zweiten *haksara* eingeschoben, und dann der Vocal des ersten allemal in *u* verändert werden. Diese Beschreibung des Verfahrens wird dadurch dunkel, dafs man nicht sieht, was aus dem ursprünglichen Vocal der Anfangssylbe des Wortes wird; und diese Zweideutigkeit entsteht aus der in dem Ausdruck *haksara* liegenden. Vermuthlich aber wurde Ger. zu dieser Bezeichnung der Bildung dadurch verleitet, dafs keine Javanische Sylbe im Schreiben mit einem Vocal anfangen kann. Die Tagalischen Grammatiker drücken die Regel, so wie ich gethan habe, aus, und diese ganze präfixlose Bildung erscheint in ihrer Vollständigkeit eigentlich nur in dieser Sprache des Malayischen Stammes. Sie macht in derselben die erste Conjugation bei Totanes aus, und bereitet ihre Wörter zum Passivum blofs durch Abwerfung des *um* zu. Sie kehren dadurch in ihren ursprünglichen natürlichen Zustand zurück; und da diese zum Passivum zubereiteten Formen blofs darin bestehen, dafs das Wort in den Zustand eines Nomens gebracht wird, so rechtfertigt sich schon hierdurch die Ansicht, das Infix *um* als ein Bildungsmittel des Verbums zu betrachten. Für ein Zeichen der intransitiven Verba gilt *um* im Tag. eigentlich nicht, die durch dasselbe gebildete erste Conjugation wird vielmehr zu den transitiven gerechnet. Ezguerra (Gramm. nr. 130.) sagt vom Bisayischen Dialekte ausdrücklich, dafs *um* (auch *om* geschrieben) transitive Verba, ein vorgesetztes *ma* oder *na* (nach Verschiedenheit der Tempora) aber intransitive bildet: *somonog*, etwas verbrennen, *masonog*, sich verbrennen. Dennoch liegt in diesem Punkte, so schneidend auch der Gegensatz auf den ersten Anblick erscheint, keine wesentliche Abweichung des Jav. von diesen Sprachen, am wenigsten vom Tagalischen. Denn wenn man die der ersten Tag. Conjugation zukommenden Bedeutungen genau untersucht, so begreift man, wie das *um* für eine intransitive Partikel gehalten werden konnte, und sieht sogar, daſs die meisten zur ersten Tag. Conjugation gerechneten Verba in der That intransitive sind, wie gehen, laufen, springen u. s. w., die man wohl nur dahin gerechnet hat, weil diese körperlichen Bewegungen dem Volkssinne zu kräftig und gewaltig erschienen, um sie für intransitiv zu halten. Zu derselben Conjugation gehören ferner wahrhaft intransitive Verba, aber innerlicher Handlungen, wie traurig, fröhlich machen u. s. w., oder solcher Handlungen, welche durch ihre Häufigkeit die innere Gewohnheit oder den äuſseren Zustand eines Menschen ausmachen, wie schreiben in dem Sinne, daſs Jemand das Handwerk des Schreibens ausübt. Es war also hinreichender Grund vorhanden, das *um* als intransitiv machend anzusehen, wenn man auch nicht darauf zurückgeht, daſs überhaupt die Ansicht des Transitiven und Intransitiven in den einzelnen Anwendungen oft in den Sprachen schwankend ist. Spürt man dem Symbolischen in den grammatischen Lauten nach, so deutet vielleicht der Nasenlaut, und gerade zwischen das Verbum eingeschoben, etwas Innerliches, Immanentes an. Dieses eingeschobene *um* hat in der Jav. Sprache noch eine eigenthümliche Bedeutung. Es wird nämlich gebraucht, wenn man bei Substantiven die Ähnlichkeit einer Sache mit einer andren bezeichnen will. Nach Gericke's Worten, daſs man den Buchstaben *m* mit dem nachfolgenden Vocal des ersten *haksara* zwischen den ersten und zweiten *haksara* einschiebe, sollte man glauben, daſs die Bildung eine andere, als die eben erwähnte, wäre. Wie man aber aus den Beispielen sieht, ist sie nichts, als die obige Einschiebung von *um*; nur der Umstand, daſs zufällig seine Beispiele in der ersten Sylbe des einfachen Wortes den Vocal *u* haben, hat ihn zu einer ganz verschiedenen Fassung der Regel verleitet. Man lernt jedoch durch diese Beispiele noch einen besonderen Fall kennen. Beginnt nämlich das Wort mit zwei Consonanten, so werden diese durch *um* getrennt, welches zwischen sie tritt. So wird aus *gludug*, der Donner, *gumludug*, gleich dem Donner, aus *kukus*, der Rauch, *kumukus*, gleich Rauch.

Als Beispiel der Bezeichnung des Überganges vom Transitiven zum Intransitiven durch *um* führt Ger.'s Gramm. *gantung*, etwas aufhängen, und *gumantung*, etwas, das hängt, an, und solcher Beispiele lieſsen sich in der Sprache gewiſs mehrere auffinden. Sonst scheint mir die Bedeutung dieser eingeschobenen Sylbe im Jav. dieselbe, als im Tag., zu sein. Wenn man aber Hrn. Gericke's Ansicht so verstände, dafs diese Sylbe gerade immer Verba umbildete, und also von Verbalformen ausginge, so wäre dies durchaus falsch. Sie geht vielmehr umgekehrt ganz eigentlich von Nominalformen aus. Denn es giebt eine Menge von Fällen, wo das einfache Wort ein Subst. ist, und erst durch das eingeschobene *um* zum Verbum wird. So sind

lampah, Reise, Gang, *lumampah*, gehen;
geter, Schrecken, Ekel, *gumeter*, sich erschrecken, beben;
rahos, Meinung, Vorsatz, *rumahos*, fühlen, denken, einsehen, hoffen;
kawula, Unterthan, Knecht, und daher als Pronomen der ersten Person gebraucht, *kumawula*, sich unterwerfen, erniedrigen, u. s. f.

Gegen diese Beispiele läfst sich allerdings die unbestimmt zwischen Verbal- und Nominalgebrauch schwankende Natur der einfachen Javanischen Wörter einwenden. Was aber den sichren und vollen Beweis giebt, ist, dafs bei Wörtern mit veränderlichen Anfangsbuchstaben *um* niemals mit dem Verbalconsonanten der ersten Reihe, sondern immer mit dem Nominalconsonanten der zweiten in Verbindung tritt. Es heftet sich also, gerade wie im Tag., an das ursprüngliche, nicht schon grammatisch zum Verbum gebildete Wort;

sugih, reich, vermögend, *sumugih*, sich reich erzeigen, ausgeben;
tut, folgen, begleiten (Crawf. *Voc.*), *tumut*, dass. (B. Y. 85, *b.* 101, *b.* Raffles.), nicht, wie bei *hanut* der Fall ist, *numut*;
tumurun, herabsteigen, von dem das grammatisch mit verändertem Anfangsbuchstaben gebildete transitive Verbum *nurunni* ist.

Wenn meine Behauptung von der Abwerfung des Präfixes vor der Buchstabenverwandlung richtig ist, so wird diese Bildung sehr begreiflich. Denn wenn die Einschiebung von *um* sich mit dem verwandelten Buchstaben verbände, so träte eine präfixlose und eine mit Präfixen versehene Bildung zusammen, welches durchaus widersinnig wäre. Ich darf daher auch wohl dies als einen neuen Beweis meiner Meinung ansehen.

Das eben angeführte *sumugih* liefse sich vollkommen wie die oben erwähnte zu Vergleichungen dienende Bildung ansehen. Denn in den meisten Fällen würde sich diese letztere durch den Begriff dem Stammworte gleich, von der Natur desselben, wie dasselbe sein, ausdrücken lassen. Der vor das *m* des Infixes im Tag. tretende Vocal ist übrigens nicht immer *u*, sondern kann *i* sein, wenn dies der erste Vocal des Wortes ist. Im Bisayischen Dialekt gilt dieselbe Assimilation auch vom *e* und *o*, wenn sie die Vocale der Anfangssylbe des Wortes sind.

Bisweilen wird die Bedeutung der die Sylbe *um* in sich tragenden Wörter auch als ganz nominal angegeben. So heifst *tunda* doppelt, und *tunda-tumunda* vielfältig. Doch liegt hier wohl nur ein Mangel an richtiger Unterscheidung des Adjectivs vom Verbum zum Grunde. Die Eigenschaft wird mit dem Zustande, sie zu besitzen, verwechselt.

In der Bisayischen Sprache entsteht aus der Bildung der Verba durch *um* eine neue, die, im Gegensatze von jener, welche *conjugacion intercalar* heifst, von den Spanischen Grammatikern *conjugacion concisa* genannt wird (1). Es wird nämlich in dieser, wenn das Wort durch *um* verlängert worden, von dieser Form wieder die erste Sylbe (wenn das *um* bei consonantisch anhebenden Wörtern eingeschoben war, der Anfangsconsonant mit dem *u* des Infixes, wenn das *um* bei vocalisch anhebenden Wörtern vorgesetzt war, blofs das *u* desselben) abgeworfen. So entsteht aus *koha*, nehmen, durch Einschiebung *komoha*, und durch Abwerfung *moha*, und ebenso aus *oli*, zurückkehren, *omoli* (da das *u* des Infixes sich dem Vocal der Anfangssylbe des Wortes assimilirt) und *moli*. Die Tagalischen Grammatiker erwähnen diese Bildungsmethode nicht ausdrücklich. Allein Totanes führt, aufser der präfixlosen Formation durch *um*, noch eine andre, auch zu seiner ersten Conjugation gehörige an, in welcher der Anfangsbuchstabe des Stammworts, *b*, *p*, *k*, *t*, immer in *m* verwandelt wird, und man dies *m* auch vocalisch anhebenden Stammwörtern vorsetzt. So bildet er *mása*, lesen, aus *bása*, *móha*, nehmen, aus *kóha*, *malìs*, weggehen, aus *alìs*. Diese Formation ist nun offenbar keine andere, wie jene Bisayische, und Totanes hat sie nur unrichtig aufgefafst. Dafs hier keine Buchstabenverwandlung vorgegangen, sondern blofs der Consonant der infigirten Sylbe in einer Abwerfung des Wortanfanges stehen geblieben ist, beweist der Umstand, dafs alle diese Wörter, welches ihr Anfangsconsonant sein mag, immer ein *m* annehmen. Wäre hier Buchstabenverwandlung, so würde sich der neu entstehende Anfangsconsonant, wie wir es im Vorigen gesehen haben, nach

(1) Ezguerra. Bis. Gramm. nr. 133.

P

dem Organ des ursprünglichen richten, *t* würde zu *n*, *k* zu *ng*, und nur *b* und *p* zu *m* werden. Man mufs daher diese wirklich präfixlose Bildung sehr genau von der oben erwähnten Formation durch Übergang in Nasenlaute unterscheiden, obgleich in beiden die Wörter neue Anfangsbuchstaben erhalten. In der ersteren folgt Abwerfung auf Einschiebung, in der letzteren auf Vorsetzung und dadurch bewirkte Buchstabenverwandlung. Dafs in den Philippinischen Sprachen diese Verwandlung mit der Tempusbildung zusammenhängt, gehört nicht hierher und ändert nichts in der Sache.

Hr. Gericke und Hr. Roorda erwähnen dieser Bildungsweise im Javanischen nicht. Es ist aber an mehreren Wörtern offenbar, dafs sich auf Java, wie im Bisayischen Dialekte, die Formen durch Einschiebung und durch Abwerfung des ersten Theils des so verlängerten Wortes zugleich erhalten haben. Unwiderlegbare Beispiele sind *humatur* und *matur*, sprechen, antworten, und *humantuk* (B. Y. 35, *d.*) und *mantuk*, zurückkehren, weggehen. Die einfachen Formen dieser Wörter sind *hatur* und *hantuk*. Vom letzteren s. unten §. 14. Das erstere (Ger. *v. ngaturri*) heifst Anerbieten, Antwort. Vermuthlich ist aber der Stamm blofs *tur*, denn *tutur*, der reduplicirte Stamm, ist Erzählung, Unterweisung, Lehre (Ger.), Sprache, Unterredung (Crawf. *Voc.*), also ganz das Mal. *tūtur*. Wenn dies der Fall ist, so ist hier in *hatur* der Vorschlag mit dem Stamm verwachsen, und hat in *humatur* das *um* in sich aufgenommen. Dies sieht man auch aus *katur*, angeboten, was nach Ger. das Passivum von *ngaturri*, anbieten, antworten, ist. Crawfurd (*Voc.*) nennt *tur* eine Abkürzung von *katur*, was durch eine Absonderung des Stammes vom Vorschlag richtiger ausgedrückt wäre ([1]). Andere Beispiele des verstümmelten *um*

([1]) *Tur* heifst auch und, überdies, aufserdem, ferner (*daarenboven*. Ger.). Sonderbar ist es, dafs *chatur*, in welchem man nicht etwa eine Lautverstärkung von *hatur* suchen mufs, da *h* und *ch* im Jav. gar nichts mit einander gemein haben, und *charita* auch sprechen, erzählen heifsen. Wenn man mit diesen Wörtern noch *turut*, folgen, *turun*, herabsteigen, und selbst *tut* und *tutut* (Ger. *v. nututti*), folgen, vergleicht, so wird man auf Betrachtungen über die Verbindung und Verdopplung der einfachen Sprachstämme geleitet, die in das Tiefste der Wortbildung führen, die es aber hier nicht zu verfolgen der Ort ist. Im Begriffe des Aufeinanderfolgens und Sprechens wäre wohl nicht mit Unrecht eine Verwandtschaft zu suchen, da sich im Sprechen Wörter an Wörter reihen. Alle hier genannten Wurzeln können Eins mit तुर्, *tur*, sein, da der Begriff der Schnelligkeit sehr gut zu dem Reden pafst, und die Sanskrit. Wurzel auch in तुर्, *tur*, auf Töne

werden wir weiter unten sehen. Die Mangelhaftigkeit der bis jetzt vorhandenen Wörterbücher ist aber hier ein sehr großes Hindernifs. Denn wenn sich die vollständige und die verstümmelte Form nicht zugleich von demselben Worte auffinden lassen, so giebt es keinen sicheren Beweis für die Entstehung eines solchen Anfangs-*m*. Ich habe weiter oben (S. 108. 109.) gesagt, dafs bei vocalisch anhebenden Wörtern das Anfangs-*m* das gewöhnliche Präfix sein kann. Es fragt sich aber, ob dies richtig ist, oder ob nicht vielmehr ein solches *m* immer aus einer Verstümmlung von *um* herrührt, so dafs es z. B. statt *miber* auch vielleicht *humiber*, fliegen, in der Sprache giebt oder gegeben hat. In solchen Fällen blofs an eine Verwandlung des *h* in *m* zu denken, kann ich nicht für richtig halten. Das *m* ist entweder Anfangsbuchstabe von *ma*, oder Endbuchstabe von *um*. Denn wenn z. B. *miring* (s. §. 14.) blofs für eine Lautveränderung von *hiring* angesehen wird, so bleibt der Zusammenhang dieser beiden Formen mit dem doch auch in der Sprache vorhandenen *humiring* ganz unbeachtet und unerklärt, da sich doch, wenn man die Analogie der verwandten Sprachen hinzunimmt, der regelmäfsige Zusammenhang aller drei Formen ohne Zwang darstellen läfst. Meine Überzeugung aber, dafs die Ansicht von Männern, die eine Sprache zu ihrem ausschliefslichen Studium gemacht haben, immer irgend einen Grund in ihr haben mufs, hat mich zu einer Bemerkung geführt, die für den Geist der Javanischen Sprache wichtig ist. Ich glaube nämlich, dafs jene Ansicht des blofsen Überganges von *h* in *m* in diesen Fällen daraus entstanden ist, und sich dadurch einigermafsen rechtfertigt, dafs die Jav. Sprache sich diese Verstümmlungen wirklich nur da erlaubt, wo das Wort vocalisch anhebt, d. h., nach der heutigen Art zu schreiben, mit *h* anfängt. Ich habe wenigstens bis jetzt kein Beispiel gefunden, wo bei einem consonantisch anfangenden Worte eine durch *um* gebildete vollständige Form eine verstümmelte neben sich hätte, da doch dieser Fall nur den wahren Beweis abgeben könnte, wie wenn z. B. von *dumateng* auch *mateng* gefunden würde. Die Sprache scheint also diese Verstümmlungen nur, im Vergleich

---

angewandt wird. Man könnte zwar auch an das Tag. *toro* denken, da es auch mit Worten bezeichnen, unterrichten, wo sich etwas befindet, bedeutet. Dieses hat aber wenigstens mit dem Sanskr. Worte nichts gemein, da sein ursprünglicher Begriff das Zeigen einer Sache mit dem Finger ist, und in ihm die Richtung auf einen bestimmten Punkt liegt.

mit der Philippinischen, in einer gewissen Beschränkung angenommen zu haben, was vermuthlich aus einem dunklen, aber richtigen etymologischen Gefühl entstanden ist. Denn wenn in jenen Sprachen aus *koha*: *moha*, und aus *tokso*: *mokso* u. s. f. werden kann, so wird die Wiedererkennung der Wörter zu schwierig. Auch erleiden diese Verstümmlung im Tagalischen regelmäfsig nur die zweisylbigen mit *b* und *p* anhebenden Wörter, mit andren Anfangsconsonanten verstattet sie der Gebrauch nur bei wenigen einzelnen. Dagegen fragt es sich, ob nicht auch die eben von mir in Absicht des Javanischen gemachte Bemerkung ihre Ausnahmen, besonders in der Volkssprache, hat? Einen starken Verdacht einer solchen Ausnahme erregt mir *mudun*, Ng. (Raffles) heruntersteigen. Bei der häufigen Verwechslung des *d* und *r* scheint mir dies *murun* zu sein, und alsdann ist es die regelmäfsige Verstümmlung von dem gleichbedeutenden *tumurun*. Hat das Wort wirklich diesen Ursprung, so giebt es einen vollständigen und strengen Beweis der von mir aufgestellten Entstehungsart dieser Formen. Denn durch keine bei Hrn. Gericke und Roorda vorkommende Bildungsart und durch keine sonst in der Sprache zu beweisende Lautveränderung kann *turun* in *murun* übergehen (1).

---

(1) [Indem der Verf. bei der obigen Erörterung die Unvollständigkeit seiner Hülfsmittel erwähnt, wird es, bei der Wichtigkeit der hier behandelten Sache, der Leser mir verzeihen, wenn ich über dieselbe eine eigne Meinung ausspreche. Der Verf. ist geneigt, das im Jav. vor Anfangs-*h* erscheinende *m* (intransitiv verbaler und adjectivischer Bedeutung) für Überbleibsel des infigirten *um* zu halten; und es ist gegen diese Annahme, wenn man bei dem einzelnen Falle dieses Anfangsbuchstaben stehen bleibt, nichts hauptsächliches einzuwenden. Es wird aber dadurch nicht die Entstehung des überall vor consonantisch anhebende Wörter tretenden Präfixes *ma* erklärt: *lebu*, *lumebu* und *malebu*, hineingehn. Dieses *ma* wirft, nach einer allgemeinen Analogie der Sprache, und nach der Meinung der Grammatiker, der ich keinen Anstand nehme beizutreten, vor Anfangs-*h* seinen Vocal ab, und erscheint so in der Gestalt eines blofsen *m*. Da ich keine Möglichkeit sehe, das selbstständige *ma* vor Anfangsconsonanten, wie in dem Beispiel *malebu*, von dem Infix *um* abzuleiten, so glaube ich, dafs man in der Sprache neben dem transitiven Präfix *man* und *han* (mit Consonantenveränderung) ein anderes, intransitiver Beziehung, *ma* und *ha* (ohne Consonantenveränderung), welches ursprünglich, wie jenes, ein selbstständiges Wort gewesen sein mag, annehmen müsse. Übrigens trifft das Infix *um* mit diesem Präfix wohl in den vornehmsten Arten seines Gebrauches zusammen, die Beziehungen des *ma* sind aber mannigfaltiger, und es würden sich Beispiele auffinden lassen, wo die Herleitung des *m* vor mit *h* anfangenden Wörtern von dem Infix *um*, in Rücksicht der Bedeutung, Schwierigkeiten machen möchte. B.]

Von dem Suffix *hi*, zu welchem ich nun bei der Darstellung der Verbalbildung übergehe, muſs ich zuerst bemerken, daſs es die oben (S. 44.) erwähnten Lautveränderungen erleidet, wie man an den Beispielen sehen wird. Da das *h* in der Jav. Aussprache ein vollkommen unaspirirtes ist, so besteht das Suffix eigentlich nur in dem Vocal *i*. Es ist also dasselbe, das sich in der gleichen Bedeutung, als transitive Verba bezeichnend, auch in der eigentlich Malayischen Sprache findet. Die Javanische, welche sich sonst mehr dem künstlichen Formenbau der Philippinischen nähert, trennt sich hier von demselben. Denn diese und die Madecassische bedienen sich des Suffixes *i* nicht in dieser Art, was vielleicht an der in ihnen sehr ausgebildeten Methode der Verbalbezeichnung durch Präfixa liegt. Dennoch halte ich dasselbe der Philippinischen Sprache nicht für fremd; es scheint nur von den Spanischen Grammatikern verkannt, und für etwas anderes gehalten worden zu sein. Ich habe schon oben bemerkt, daſs die Tagalische Sprache selten das bloſse Stammwort, ohne daſs es in die grammatisch gebildeten Conjugationen übergeht, als Verbum brauche, obgleich es bisweilen wirklich geschieht. Indem nun Totanes von diesen, nach der Terminologie jener Grammatiker absoluten Verben spricht, unterscheidet er bei denselben eine besondere Art des Gebrauches für Fälle, wo man etwas recht schnell und kräftig zu thun gebieten will, und erklärt, wie man auf diese Weise auch (Gramm. nr. 130.), aber auf andere Art, als gewöhnlich, Passiva bilden kann. In den Fällen nun, wo das gewöhnliche Passivum *an* zum Suffix haben würde, erhält es hier, statt desselben, *i*. Als Beispiele führt er *bukasi* und *tigasi* an, und übersetzt diese Formen durch öffne, arbeite mit Kraft (*con brio*). Der Sinn ist also hier vollkommen der eines Activums, und das suffigirte *i* wird ganz auf dieselbe Weise, wie im Jav. und Mal., angewendet. Man begreift kaum, wie Totanes da ein Passivum ahnen kann. Es rührt dies aber nur von der unglückseligen Methode her, überall die Ausdrücke unsrer Grammatik anzuwenden. Alle Tagalischen Passivausdrücke sind eigentlich durch ein Nomen mit ausgelassenem Verbum sein geformte Redensarten, oder bloſse Nomina mit passiver Bedeutung. So sind auch die absoluten Verba nicht sowohl Verba, als vielmehr der in völliger grammatischer Unbestimmtheit hingestellte Begriff der Sache oder Handlung. *Bugsai* (Bisayisch. Ezguerra. Gramm. nr. 110.) heiſst Ruder, allein, als absolutes Verbum im Imperativus gebraucht, rudere; *tigas* ist: Kraft, Muth, Anstrengung, *brio*, und bildet, wie wir eben gesehen, mit dem Suffix *i* das absolute Verbum. Vielleicht liegt in diesem *i* ein bloſser Ausdruck der Richtung des Begriffs auf seine, und zwar augenblickliche Vollstreckung. Wir haben oben (S. 36.) gesehen, daſs beim Demonstrativ-Pronomen das *i* die Nähe, das hier, anzeigt, und dies findet auch bei diesem Suffix Anwendung. Denn der Begriff der unmittelbaren Nähe, verbunden mit dem einer Handlung, kann sehr gut zur Andeutung des Imperativs, und dann in weiterer Ausdehnung zu der des transitiven Verbums überhaupt dienen. Die Spanischen Grammatiker kommen hier nur auf den Begriff eines Passivums, weil doch grammatische Formung vorhanden ist, ihre Theorie aber einmal dahin geht, daſs diese im Activum nur durch Präfixa geschieht. Wirklich ist auch dies in der Sprache der so gewöhnliche Fall, daſs der andere nur zur Ausnahme gerechnet werden könnte. Wurde aber einmal dies *i* für das der Passivform gehalten, so war es natürlich, zu behaupten, daſs dasselbe an die Stelle des *an* gesetzt wäre, da dies immer suffigirt, dagegen das *i* der Passivform ohne Ausnahme präfigirt wird. Dieser Unterschied kann indeſs, meiner Überzeugung nach, nicht hindern, das *i* in beiden Fällen für dasselbe zu halten. Vielmehr scheint es mir offenbar, daſs der Begriff des Werkzeuges, den die Passivform mit *i* gewöhnlich an sich trägt, mit dem auf die Bildung eines Imperativs angewendeten der unmittelbaren Nähe zusammenhängt. Im Mal. und Jav. muſste das suffigirte *i* richtiger erkannt werden, weil es die Verba so häufig an sich tragen. Daſs aber bei jenen absoluten auf *i* endenden Verben wirklich an kein Passivum zu denken ist, davon liegt der deutliche Beweis in ihrer Construction. Da die Tagalischen Passiva, genau genommen, nur Nomina sind, so führen sie, so oft die handelnde Person ausgedrückt werden soll, dieselbe im Genitiv bei sich. Eben dies thun auch die absoluten Verba, wenn sie passivisch genommen werden. Man sagt gleichsam im Act. *ayào akò*, ich will nicht, aber als Pass. *ibigmo itò?* von dir gewollt oder dein Wollen ist dies? Nun bemerkt Totanes ausdrücklich, daſs bei dem Gebrauch der absoluten Verba, in welchem sie, statt *an*, *i* annehmen, niemals ein solcher Genitiv der handelnden Person hinzugefügt wird. Dies zeigt deutlich die Verschiedenheit dieser Formen selbst von denen, welche im Tag. für Passiva gelten; es wird in ihnen gerade das aufgehoben, was wirklich allein nur ein wahres Passivum andeutet, die indirecte Stellung der handelnden Person.

Im Jav. findet es sich nun sehr häufig, dafs ein Substantivum, Adjectivum, ja selbst ein Adverbium, durch die Endung *hi* in ein Verbum verwandelt wird, so dafs diese Endung wirklich als ein Mittel, Verba zu bilden, angesehen werden kann.

ratu, König, *ngratonni*, als König herrschen;
jenneng, Name, *jennengngi*, nennen;
mati, todt, *matēnni*, tödten;
langkung, mehr, *nglangkungngi*, übertreffen.

Die wirkliche transitive Bedeutung des Suffixes ist in einigen Fällen vollkommen in die Augen leuchtend:

lenggahhi, setzen, von *lenggah*, sitzen;
numpakki, ein Pferd oder sonst ein Thier reiten (*berijden*. Ger.), von *tumpak*, reiten überhaupt.

Bisweilen aber findet zwischen dem einfachen Verbum und dem suffigirten gar kein Unterschied in der Bedeutung statt.

Das End-*i* geht, wie wir gleich sehen werden, auch in passiven Formen mit über, was insofern ganz natürlich ist, als das vollständige Activum zur Passivform umgebildet wird. Man sieht hieraus, dafs das Suffix sich bei Wörtern mit veränderlichen Anfangsconsonanten auch mit den Formen verbindet, welche die ursprünglichen an sich tragen. Wie im Mal., kann dasselbe Verbum das Suffix *i* und zugleich ein Verbalpräfix haben; so giebt es für bewachen, bewahren: *nengga*, *nengganni*, *hannengganni*; bisweilen aber entstehen aus demselben Nomen Formen mit blofsem Prä- und blofsem Suffix: *griya*, Haus, *hagriya* oder *griyanni*, wohnen, bewohnen, wo vermuthlich die Form mit dem Präfixe die intransitive ist. Ich finde kein Wort, das zugleich *ha* vor und *hi* nach sich trüge. Wenn sich diese Bemerkung bestätigte, und der Übergang des Präfixes *ha* in *han* nicht blofs ein euphonischer ist, so wäre es sehr natürlich, dafs sich das, nach der Analogie anderer Malayischer Sprachen, intransitive *ha* nicht mit dem transitiven *hi* verbinden kann.

§. 13.

Ich habe schon oben (S. 81.), als ich vom Passivum der Mal. Sprachen überhaupt redete, erwähnt, dafs die Javanische Formen besitzt, die am meisten für wirkliche Passiva gelten können. Es liegt dies vorzüglich in der Constructionsweise in der verbundenen Rede. Gericke berührt zwar diesen Punkt in seiner Gramm. gar nicht, ich habe mich aber davon durch mehrere Stellen seines Lesebuchs und der Brücknerschen Übersetzung des Neuen Testaments überzeugt, und werde daher zuerst von der Bildung, dann von der Construction des Jav. Passivums reden.

Die Bildung ist eine dreifache, durch den Vorschlag von *ka*, Kr. und Ng., oder den Vorsatz von *dhipun*, Kr., oder *dhi*, Ng., oder *dhên*, Madhya, oder endlich durch Einschiebung der Sylbe *inn*, Kr und Ng. An die Form mit dem Präfixe *ka* wird, wie Ger. ausdrücklich bemerkt, auch bisweilen noch *han* angefügt, und dasselbe habe ich in einigen Beispielen bei der Form durch Einschiebung gefunden.

Das Präfix *ka* bildet, seiner Natur nach, besonders wenn es mit dem Suffix *han* verbunden wird, abgeleitete Nomina, und Ger. gesteht selbst, dafs die Passivform mit diesem Prä- und Suffix mehr wie ein Subst. zu betrachten sei. Diese Nominalnatur trägt das Passivum mit *ka* auch in anderen Stücken sichtbar an sich. Denn wenn das Verbum das transitive End-*hi* hat, so wirft es dasselbe entweder ab, oder verwandelt es in das Suffix *han*:

ningngalli, sehen, Pass. *katingngal*;
maringngi, geben, Pass. *kaparing*;
ngaturri, anbieten, antworten, Pass. *katur*;
matênni, tödten, Pass. *kapatên*;
machakki, verbieten, Pass. *kapachakkan*.

Wo das Verbum das End-*hi* nicht mit sich führt, bleibt es in seiner Endung unverändert:

nannem, pflanzen, Pass. *katannem*;
nemu, finden, Pass. *katemu*;
wengku, Kreis, Gränze [1] (*omtrek, grens*. Ger.), Pass. *kawengku*.

Beispiele der Anfügung von *han* sind:

seksi (साक्षिन्, *sâkshin*, Zeuge), zeugen, Zeuge sein, Pass. *kaseksên*;
wajib, Pflicht (وَاجِبٌ, *wājibun*, nothwendig), Pass. *kawajibban*;
dawah, befehlen, auftragen, Pass. *kadawahhan*.

---

(1) Crawf. hat (*Voc.*) die vermittelst des Begriffs des Gebiets abgeleiteten Bedeutungen *authority, power, jurisdiction, to govern, to administer*.

Dhipun, dhi, dhên sind in der Bedeutung und Behandlung vollkommen gleich, und nur darin verschieden, daſs das erstere der vornehmeren, das zweite der Volks-, das dritte der mittleren Sprache angehört. Stammhaft ist in diesem Vorsatze (¹) nur *dhi*; *pun* ist ein bloſser, die Bedeutung nicht angehender Anhang. Seine Ableitung habe ich bis jetzt nicht ergründen können, es wird aber in der eigentlich Mal. Sprache (Marsden. *Gramm.* 100.) als eine bloſse Ausfüllungspartikel, oder, wenn man will, als ein Anhang, der sich bei allen Redetheilen finden kann, gebraucht. Auch im Jav. kommt es in mehreren Verbindungen, namentlich, wie wir oben (S. 44.) gesehen haben, beim Besitzpronomen der 3. Pers., vor. Nach Ger.'s Wörterbuch wird es auch sehr gewöhnlich Eigennamen von Männern vorgesetzt. *Dhi* ist, wie sich kaum bezweifeln läſst, das substantive Verbum sein; denn *dhadhi*, das Mal. *jădi*, heiſst werden, und ich werde bei der Behandlung der Malayischen Sprachen überhaupt zeigen, daſs auch das Mal. *de* dieselbe Bedeutung zu haben scheint. Daſs diese angebliche Partikel bisweilen ganz offenbar eine sogenannte passive Bedeutung (eigentlich nur die Bildung eines Ausdrucks mit dem Verbum sein) mit sich führt, hat schon sehr richtig Marsden (*Gramm.* 85.) bemerkt (²). Die drei hier genannten Wörter sind also, wie ich glaube, nur das passive Hülfsverbum sein, werden. Diese Wörter lassen nun das Verbum, wie es ist, und werfen auch nicht die transitive Endung *hi* ab. Obgleich hierin etwas Widersinniges zu liegen scheint, da das Hülfsverbum sich mit einem Nomen verbinden sollte, so muſs man bedenken, daſs in diesen Sprachen die Personen des Verbums selbst wieder als Participia genommen werden können, und also die Erhaltung des transitiven *hi* nur beweist, daſs diese Sprachform mehr im Bezirke des Verbums bleibt, und nicht, wie bei *ka*, in ein Subst. übergeht. Beispiele:

ningngalli, sehen, Pass. *dhipun tingngalli*;
nampênni, empfangen, Pass. *dhipun tampênni*;
numpak, reiten, Pass. *dhipun tumpakki*;

(¹) Ich bediene mich dieses allgemeineren Ausdruckes hier, da nach dem gleich Anzuführenden ich diese Formen nicht, am wenigsten *dhipun* und *dhên*, Präfixe nennen kann.

(²) Eine noch viel gröſsere Bestätigung aber des hier Gesagten wird man weiter unten (§. 19. letzte Anm.) finden.

Q

nututti, verfolgen, Pass. *dhi tutti*;
neda, essen, Pass. *dhipun teda*;
kĕchu, ein Räuber, Pass. *dhipun kĕchu*, beraubt werden;
kon, auftragen, machen lassen, Pass. *dhi kon*.

Die dritte Art der Passivbildung geschieht durch Einschiebung der Sylbe *in* zwischen den ersten Consonanten und den ersten Vocal des Wortes, jedoch so, dafs (wie mich Hr. Roorda belehrt hat) das *n* dieser Sylbe mit dem nachfolgenden Vocal verbunden, und mithin *ki-narya*, gemacht werden, nicht *k-in-arya* abgetheilt wird. Dies folgt auch schon aus der allgemeinen Gewohnheit der Sprache, keine Sylbe mit einem Vocal zu beginnen. Hr. Gericke drückt die Regel, vermuthlich wegen des letzteren Umstandes, anders, und etwas weitläuftiger aus. Nach ihm soll zwischen den ersten und zweiten Consonanten des Worts, wenn der erste vorher *i* zum Vocal erhalten hat, ein *nn* mit dem nachfolgenden ersten Vocal des Wortes eingeschoben werden. Statt des doppelten *n* tritt ein einfaches ein, wenn der erste Vocal des Wortes ein *u* ist. Der wesentliche Unterschied zwischen Hrn. Roorda und Hrn. Gericke besteht hier allein in der Verdopplung des *n*, welches bei Hrn. Roorda immer einfach zu sein scheint. Denn er schreibt nicht blofs, wie auch Hr. Ger. thut, *tinut* von *tut*, sondern auch *ginawa* von *gawa*, wo Hr. Ger. *ginnawa*, gebracht werden, hat. Es läfst sich aus dieser Verschiedenheit wohl so viel schliefsen, dafs die Verdopplung des *n* nicht einen etymologischen, sondern oft, und namentlich hier, nur euphonischen Grund hat, wo denn die Schreibung, wie auch im Sanskrit der Fall ist, nicht immer gleichförmig bleibt.

Auch bei dem Passivum mit *in* erhält sich das transitive End-*hi*; *nampĕnni*, empfangen, Pass. *tinnampĕnni*.

Von *mundutti* wird zwar in Ger.'s Wörterbuch das Pass. *pinundut* angegeben, die Sprache kann aber leicht auch eine solche Activform ohne End-*hi* besitzen.

Mit angehängtem *han* finde ich dies Pass. in *ngĕring*, Schrecken einjagen, *kinnĕringngan*, erschreckt werden, und in *talang*, eine Wasserröhre, *banyu tinnalangngan*, durch eine Röhre geleitetes Wasser.

Übrigens bringt gewöhnlich diese Passivform, aufser der Einschiebung und der Umwandlung des Anfangsconsonanten bei Verben, die ihn verändern, keine Umgestaltung des Activums hervor:

nitah, hervorbringen, schaffen, Pass. *tinnitah*;
nemu, finden, Pass. *tinnemu*;
charita, erzählen (चरितं, *charitam*), Pass. *chinnarita*.

Die Passivform durch Einschiebung des *in* ist dem Jav. mit dem Tagalischen gemeinschaftlich. Der Ursprung scheint aber in dem letzteren zu liegen, weil die Form dort weiter entwickelt und mit zwei anderen, ganz ähnlichen in Verbindung gebracht ist. Da nämlich, wenn man ausdrücken will, dafs etwas von jemand vermittelst eines Werkzeuges und an einem gewissen Orte gemacht wird, der Nachdruck bald auf die gemachte Sache, bald auf einen jener Nebenumstände gelegt werden kann, so verlangt und bildet die Tag. Sprache Redensarten, in welchen jeder dieser Hauptpunkte des Satzes: die Sache, das Werkzeug, oder der Ort, nach dem jedesmaligen Bedürfnifs des Sinnes, im Nominativ an der Spitze des Satzes stehen kann. Mit einem Passivum nach gewöhnlichem Begriff wäre dies nicht zu bewirken. In dem Satz: das Buch werde von dir mit dem Lichte in der Kammer gesucht kann, wenn das Verbum gesucht werden bleiben soll, weder das Licht, noch die Kammer Subject sein. Die Tag. Sprache nimmt nun das schon, der Bedeutung nach, passiv umgestellte Wort, wovon ich oben (S. 65.) gesprochen habe, und fügt ihm, je nachdem blofs das Geschehen sein, oder das Werkzeug, oder der Ort mit Nachdruck angedeutet werden soll, ein anderes Affix bei, so dafs daraus gleichsam drei Nomina, im obigen Beispiel die Suchung, das Suchungswerkzeug und der Suchungsort, entstehen, aus welchen nun, mit ausgelassenem Verbum sein, die drei Redensarten

1. das Buch sei deine Suchung mit dem Lichte in der Kammer,
2. das Licht sei dein Suchungswerkzeug des Buches in der Kammer,
3. die Kammer sei dein Suchungsort des Buches mit dem Lichte,

hervorgehen können.

Dies nennen die Spanischen Grammatiker die drei Tag. Passiva in *in*, *i* und *an*. Die Bedeutungen dieser Formen werden hernach im Gebrauche oft vertauscht und anders gestellt. Ich habe aber den Fall hier nach Totanes (Gramm. nr. 116.) rein und einfach gegeben, blofs um dadurch das Verständnifs des Zusammenhanges und der Verschiedenheit beider Sprachen zu erleichtern.

Die Javanische hat nun von diesen drei Passivformen nur die von *in*, als die natürlichste, einfachste und allgemeinste, aufgenommen. Von anderen Mal. Dialekten ist mir dies nicht bekannt. Unter den Mal. Sprachen, von welchen wir grammatische Hülfsmittel besitzen, hat, außer den Philippischen, nur die Javanische ein wirklich geformtes Passivum. Da aber diese Sprache auf den durch die dreifache Form im Tag. bezweckten Vorzug Verzicht leistet, so kann sie die Construction des Pass. der Natur dieser Verbalart näher bringen, und thut dies in der That. In der Hauptsache befolgt sie die auch beim Tag. Passiv von *in* übliche Stellung, die erste der im obigen Beispiel gegebenen Abänderungen, sie stellt nämlich den leidenden Gegenstand, das wahre Subject des Pass., vor dasselbe, und also der üblichen Constructionsart nach als regierenden Nominativus. Sie nähert sich aber auch noch durch einen andren Umstand dem wahren Verbalausdruck. Die Tagalische fügt der Passivform, wenn die handelnde Person durch ein Pronomen ausgedrückt wird, dasselbe immer im Genitiv, und wo dieser Genitiv zum abgekürzten Suffix wird, in dieser Gestalt an. Man wird also dadurch gezwungen, die Passivform als ein mit dem Suffix des Besitzpronomens verbundenes Subst. anzusehen, nicht von dir gesucht werde, sondern deine Suchung zu übersetzen. Die Jav. Sprache scheint in diesem Fall niemals die bei Substantiven in ihr gewöhnlichen Suffixa zu brauchen, sondern immer das volle selbstständige Pronomen unmittelbar hinter die Passivform zu setzen, oder dasselbe durch eine ausdrückliche Präposition damit zu verbinden. Bei dem unmittelbar auf die Passivform folgenden selbstständigen Pronomen bleibt die Construction zwar zweifelhaft. Denn das so gestellte Pronomen kann auch ein im Genitiv stehendes Besitzpron. sein, man kann aber auch dabei eine wirkliche Präposition als ausgelassen annehmen. Der Mangel der grammatischen Bezeichnung an dem einen Redetheil, dem Pron., macht hier, und häufig in diesen Sprachen, auch die Natur des andren, des Verbums, zweideutig. Auf diese Weise kann man nun die Jav. Passivformen, und die heutigen Bearbeiter der Sprache scheinen dies wirklich zu thun, vollkommen wie die Passiva in andren Sprachen ansehen und gebrauchen: *kula tinningngallan*, ich werde gesehen, *kula sampun* (¹) *tinningngallan*, ich bin gesehen worden; u. s. f. Da indeſs diese Formen sonst

(¹) *sampun* und das in den folgenden Beisp. vorkommende *wus* sind die Partikeln des Präteritums (s. unt. §. 18.). Ich übersetze sie daher nicht besonders.

nichts gerade das Verbum Bezeichnendes an sich tragen, so kann man sie auch als passive Participien betrachten, die noch des ausgelassenen Verbums sein bedürfen, um mit dem Pron. verknüpft zu werden; und nach anderen in dem sonstigen Gebrauch dieser Formen und der Analogie der Sprache liegenden Gründen scheint mir diese Ansicht die richtigere.

Beispiele passiver Redensarten:

hawit kapal kula sampun lami boten dhipun tumpakki, weil Pferd mein lange nicht geritten (Ger. Leseb. S. 6. Z. 5. 6.);

kula wonten hing dusun Chibukan dhipun bĕgal hing titiyang (Plur.) *dhursila* (s. ob. S. 53.), ich bin im Dorfe Ch. beraubt worden von Leuten schlechten Charakters. Hier ist der Gebrauch des Verbums sein (*wonten*) vor *dhipun* sehr auffallend; ich glaube aber, daſs man den Satz so verstehen muſs: ich befand mich im Dorfe Ch. (und) wurde beraubt, oder: mich daselbst befindend, wurde ich beraubt (*l. c.* S. 14. Z. 13. 14.);

hingkang dhipun griyanni siti Pranaragi, welcher behauset (ansässig ist) in P. (*l. c.* S. 20. Z. 10.);

sarta punnapa gadakhannipun Chinten, hingkang pejah wahu, dhipun pariksanni, hingkang wonten wujudhdhipun, und was das Besitzthum des Chinesen (sei), welcher gestorben (war), der vorgemeldete, wurde untersucht, welches war sein Betrag. Das letzte *dhipun* ist nicht die Passivpartikel, sondern das Besitzpron. *hipun*, welches sein Anfangs-*h* wegen des End-*dh* des Wortes, dem es angefügt wird, auch in *dh* verwandelt (*l. c.* S. 22. Z. 4-6.);

tatkala Hĕrodĕs hamirsa, yĕn wus dhi bodonni dhĕning wong sujana, zu der Zeit, als (तत्काल, *tatkâla*) Herodes einsahe, daſs er betrogen durch die Menschen weisen (*wise, clever, able.* Crawf. *Voc.* सुजन, *sujana*) (Matth. 2, 16.);

Yĕsus prapta (प्राप्त, *prâpta*) *sangking* (*from.* Crawf. *Voc.*) *Galilĕya maring Yordhan maring Yohannĕs, harep dhi baptissaken dhĕning Yohannĕs*, Jesus kam aus Galiläa zum Jordan zu Johannes, um Taufe gemacht zu werden (d. h. daſs er getauft würde, aus dem fremden *baptis* und dem Suffix der Causalverben *haken*) durch Johannes (Matth. 3, 13.);

boten kĕnging, mawi-mawi hingkang katannem, (das) nicht kann (bestimmt werden), nach Maafsgabe (dessen), was gepflanzt ist (Ger. Leseb. S. 4. Z. 1. 2.);

wondhènning (1) ***Chinten wahu, kala*** (2) ***sakit, kabekta dateng sami bangsannipun*** (3) ***Chinten***, sofort der Chinese, der vorgemeldete, wenn krank, wird getragen zu seinen Landsleuten, den Chinesischen (*l. c.* S. 20. Z. 11-13.);

sareng pejah, kawangsullaken (4) ***dateng balé pagriyannipun*** (5) ***malih***, als er gestorben war, wurde er zurückgebracht zu seiner Wohnung wiederum (*l. c.* S. 20. vorletzte Z.);

mongka tatkala Yèsus wus kababar (6) ***hing jro*** (7) ***Betlehem***, und als Jesus geboren (war) in Bethlehem (Matth. 2, 1.);

kala Yèsus wus kabaptissaken, als Jesus Taufe gemacht (d. h. getauft) (war) (Matth. 3, 16.);

hiya wus katulis maning, auch schon geschrieben (d. h. es ist geschrieben) wiederum (Matth. 4, 7.);

mongka sira wus kangngrungngu (8), ***yèn wus katutur hing***

---

(1) Zusammengesetzt aus *wonten*, sein, und *dhènning*; man sagt auch *wonten dhènnè*. Es heifst nach Ger. und, ferner (*en, voorts*). *Dhènning* (bei Brückner mit einfachem *n*), das schon oben da war, durch, wegen, weil, scheint auch wieder aus *dhèn*, das als Passivpartikel gebraucht wird, aber wohl ursprünglich, so wie *dhi*, gleichbedeutend mit *dhadhi*, sein, ist, und aus dem Genitivsuffix *hing* zu bestehen, so wie die ganz gleichbedeutende Form *dhènnè* aus *dhèn* und *hè*, dem Pron. 3. Pers. Den Gebrauch dieser Suffixe zur Bildung der Partikeln haben wir schon oben öfter gesehen.

(2) Zeit (काल, *kâla*), wenn, als.

(3) *Sami*, zusammen, Zeichen des Plur. *Bongsa*, dessen *o* wegen des angehefteten Suffixes in *a* übergeht, ist das Sanskr. वंश, *wanśa*, Mal. *bangsa*, bei Ger. Volk, bei Crawf. *Voc. class, race, tribe, nation.*

(4) Causalform von *wangsul*, zurückkehren.

(5) Ger. erklärt (*s. v. balé*) das ganze Wort mit dem Suff. durch *woning*. Ich würde das Suff. hier nur als Possess. der 3. Pers. nehmen. Sonst besteht das Wort aus *balé* (*rustbank* Ger.), Ruheort, Lager, Streu, und *griya*, Haus, verbunden mit *pa*, Wohnplatz, Ort, wo das Haus steht (Ger. *v. griya*).

(6) Von भृ, *bhṛi*, tragen, ernähren, ganz wie die Gothische gleichbedeutende Wurzel, unser gebären und das Lateinische *peperit*.

(7) s. Anh. zu B. Y. 109, *a*.

(8) Die Bibelübersetzung hat, wie oben, *kangngrungngu*, aber bei Ger. und Crawf. *Voc.* ist das Verbum ohne Präf. nur *ngrungu*, hören.

wong kuna, und ihr habt gehört, dafs gesagt worden (ist) von den Leuten vormaligen (Matth. 5, 21.);

tur sira dhi lebokkaken (1) *hing kunjara*, und du werdest hineingehen gemacht ins Gefängnifs (Matth. 5, 25.);

tatkala Yêsus wus hamireng, yên Yokannês kakunjaran, als Jesus gehört hatte, dafs Johannes eingekerkert (worden war) (Matth. 4, 12.);

hingkang kabawah (2) *kawula* (Holl. *het geen onder mij behoort*), welches unterthan ist (unter) mir (Ger. Wörterb. *v. bawah.*). In diesem Beispiele läfst sich das sogenannte Pass. wohl als ein Subst. ansehen, und übersetzen: welches ist meine Dienstbarkeit, das Gebiet, worüber ich zu sagen habe;

hingkang mugi-mugi (3) *pinnanjangngenna* (4) *hing yuswannipun* (5) *sarta ginnanjarra wilujeng hing paparêntahhannipun* (6), *saititiyangngipun* (7) *sedhaya, dhênning*

---

(1) Causalform von *lebu*, hineingehen.

(2) *bawah*, das was unter Einem steht, Dienstbarkeit, Inbegriff des Dienstbaren (*onderhoerigheid.* Ger.), vgl. das Sanskr. भव, *bhawa*, das ebenso von Gesinde, Vieh u. s. w. gebraucht wird.

(3) *mugi* heifst bei Ger. dafs, auf dafs; verdoppelt, wie es hier steht, nennt es Crawf. den Ausdruck eines Wunsches oder Verlangens. Es ist also das Mal. *mûga-mûga*.

(4) Dieses Wort und das folgende *ginnanjarra* sind Conjunctive (s. unt. §. 19.), das erstere vom Causalverbum von *panjang*, lang, *panjangngaken*, verlängern; von der andren Form ist *ganjar*, belohnen, das einfache Wort.

(5) *yuswa*, Alter, Lebenszeit, ist unstreitig आयुस्, *âyus*; nur weifs ich die Endung *wa* nicht zu erklären, da die possessive Bed. des Suff. व, *wa*, nicht hierher pafst.

[Ger. schreibt wirklich *w*, nicht *pingkal*; Crawf. schreibt aber in seinen Wörterbüchern das Wort mit *pingkal*, und hat aufserdem noch die Form *yusa*. Das Mal. *ûsîa*, welches aufser dem Anfangs-*â* des Sanskritwortes sogar auch das *y* abgeworfen hat, zeigt, dafs *yusya* die richtige Aussprache ist, welches auf ein Subst. आयुष्यम्, *âyushyam*, führt; in Wilson's Lex. findet sich nur das Adj. आयुष्य, *âyushya*. B.]

(6) Das einfache Wort ist *parêntah*, Befehl, woven das Verbum *marêntahhi*, befehlen, stammt; aus *parêntah* ist durch Verdopplung der ersten Sylbe und das Suff. *han* ein abstractes Subst. gebildet.

(7) Vom einfachen *tiyang*, welches im Plur. *titiyang*, Menschen, bildet. Das *sa* hat hier die Bed. von mit.

Gusti Allah hing salami-laminnipun (¹), welcher möge verlängert werden in seinem Leben und belohnt werden (durch) Gedeihen in seinem Regiment mit seinen Leuten allen durch den Herrn, Gott, immerdar (Ger. Leseb. S. 26. Z. 11-14.).

In dieser Redensart steht das Subject des Pass., *hingkang*, welcher, ganz richtig als Nominativus voran.

Die Passivformen *pinnanjangngenna* und *ginnanjarra* könnten, ihrer Form nach, wie wir weiter unten sehen werden, wohl auch als Nomina gelten; denn der den angeblichen Conjunctivus bildende Zusatz *ha* (aus welchem im ersteren Wort, weil es ein Causalverbum ist, *ngenna*, im letzteren *ra* wird) enthält an sich nichts wahrhaft Verbales. Allein die Stellung des Subjectes zeigt, dafs die Sprache hier nach dem wahren Pass. hinstrebt. Die Präposition *dhĕnning* pafst vollkommen zum Passivum.

Ich bin absichtlich über das Passivum ausführlich gewesen, weil man daraus, durch die mehreren Sprachen des gleichen Stammes hindurch, sieht, wie der Sprachsinn immer strebt, eine einmal nicht ganz angemessen aufgefafste Form ihrer richtigen Gattung näher zu bringen; denn offenbar ist dies im Jav. der Fall, wenn man es mit den übrigen verwandten Sprachen vergleicht, da es aus dem Tag. die passive Wortformung aufgenommen, sie aber in der Construction richtiger angewendet hat.

Das durch die Einschiebung von *in* gebildete Pass. wird auch oft blofs als passives Participium gebraucht. So geht in Jav. Briefen dem Datum gewöhnlich *sinnerrat*, geschrieben, voraus.

Es sind im Vorhergehenden mehrere Fälle vorgekommen, wo ein Pass. unmittelbar aus einem Subst. gebildet schien. Es bedarf kaum der Bemerkung, dafs alsdann das letztere im verbalen Sinne genommen wird, oder ein wirkliches grammatisch gebildetes Activum dazwischen liegt, wie ich von *kĕchu*, Räuber, bei Ger. das Verbum *ngĕchu*, rauben, finde. Es zeigt sich aber in diesen Fällen doch die Natur des Grundwortes nicht an der

(¹) *hing salami-laminnipun* gehört zusammen und macht gleichsam Ein Adverbium aus, in welchem das wirklich bedeutsame Wort allein *lami*, lang, von der Zeit, Vergangenheit und Zukunft, gebraucht, ist; das *sa* drückt hier einen Inbegriff der Zeit aus, und *hing*, in, und das Pron. *hipun*, das nur euphonisch umgestaltet ist, sind in der Sprache nicht ungewöhnliche Behelfe der Verwandlung des Ausdrucks in ein Adverbium, oder eine Partikel.

Form; und wenn *dhîpun* sein heifst, so könnte *dhîpun kĕchu* ebensowohl Räuber sein, als beraubt werden, bedeuten. Es ergiebt sich hieraus zweierlei, für den Bau der beiden Sprachen nicht Unwichtiges, einmal dafs die Tagalische sehr wohl thut, bei ihren Passivformen das Grundwort allemal an sich oder in seinem Präfix umzugestalten und dadurch seine Natur kenntlich zu machen, und dafs die Javanische ihr *dhîpun* schon dermafsen als eine Passivbezeichnung ansieht, dafs sie auch bei der Unbestimmtheit der grammatischen Natur des Grundwortes keine Zweideutigkeit befürchtet. Ebenso liegt zwischen *kunjara*, Kerker, und *kakunjaran*, eingekerkert werden, der active Begriff der Einkerkerung.

§. 14.

Kawi-Sprache.

Um diese in ihrem wichtigsten grammatischen Theile, dem Verbum, richtig zu erklären, war die lange obige Abschweifung unentbehrlich. Es mufste erst festgestellt werden, wie das Verbum in den Malayischen Sprachen überhaupt, und in der Javanischen insbesondere behandelt wird, um das Verhältnifs des Kawi zum Javanischen beurtheilen zu können, und daraus auf sein Alter und seine Abstammung zu schliefsen. Es wird aber auch nun hinreichend sein, bei jedem im Obigen durchgegangenen Punkte die Beschaffenheit desselben im Kawi kurz anzugeben und mit Beispielen zu belegen. Dennoch bleibt dies der schwierigste und mühsamste Theil der gegenwärtigen Arbeit, da die Entscheidung hier oft auf Feinheiten in der Construction beruht, deren Einsicht ein genaues Verstehen des Kawi-Textes, welches durch die weiter oben angegebenen Gründe so sehr erschwert wird, voraussetzt.

Ich werde die einzelnen Punkte, die ich im Vorigen bei der Bezeichnung des Verbums geprüft habe, wieder durchgehen, mich grofsentheils aber begnügen können, Beispiele dafür aus dem Kawi-Text hinzusetzen, welche auf diese Weise am besten und ungesuchtesten die Art und Gewohnheit der Sprache zeigen werden.

1.

Mangel der Flexion.

Es braucht nicht erst bemerkt zu werden, dafs diese dem Kawi, wie allen Malayischen Sprachen, auch am Verbum abgeht. Die Person und die

R

Zahl, Singularis und Pluralis, bleiben allemal unbezeichnet; und das Kawi hat darin eine gröſsere Dunkelheit, daſs es auch meistentheils den Gebrauch der Pronomina verschmäht. In der Tempusbezeichnung ist ihm zwar, wie wir unten sehen werden, eine Flexion des Präteritums vorzugsweise vor dem Javanischen eigen. Diese fehlt aber häufig, und im Ganzen wird auch das Tempus im Kawi weniger deutlich bestimmt, da die Sprache weder die sehr ausgebildeten Tagalischen Formen, noch den regelmäſsigen Gebrauch der heutigen Javanischen Hülfswörter dafür hat. Man muſs bei diesem Punkte wohl erwägen, daſs man es mit einer Dichtersprache zu thun hat, welche sich den genauen Bestimmungen der gewöhnlichen Rede, bald durch das Metrum gezwungen, bald aber auch absichtlich, entzieht.

2.

Gebrauch desselben Worts als Substantivum und als Verbum.

Beisp. *pejah*, Tod 130, *a*. 138, *c*.; todt 605, *a*., getödtet, gefallen in der Schlacht 83, *d*. 128, *d*.; getödtet werden, fallen 130, *c*. 132, *a*.

Es würde unnütz sein, die Beispiele hier häufen zu wollen; die Sprache bedient sich offenbar mit Willkühr des ungeformten Wortes in Kategorieen, für welche sie auch von ihm abgeleitete grammatisch geschiedene Formen besitzt. Es ist aber sehr häufig auch schwierig, ja man möchte sagen, unmöglich, zu entscheiden, ob ein Wort als Verbum oder als Nomen genommen ist. Wenn dasselbe aller grammatischen Affixa entbehrt, so kann nur die Construction entscheiden, ob das sich auf das zu bestimmende Wort beziehende Nomen regierend im Nominativ oder regiert im Genitiv steht. Fehlen dem Genitiv aber die ihn bestimmt anzeigenden Partikeln, so entscheidet nur die Stellung, nämlich vor oder hinter dem zwischen Verbum und Nomen schwankenden Wort; diese wird aber in der Dichtersprache häufig verrückt. *Wuwus* und *ling* drücken beide den Begriff des Sprechens aus. Geht man aber alle Stellen, in welchen sie gebraucht sind, durch, so fühlt man die Schwierigkeit einer auf sichere Gründe gestützten Bestimmung ihrer grammatischen Kategorie. Wo *wuwus* mit einem angehängten Pron. (34, *b*. 35, *a*.) verbunden ist, kann es natürlich nur das Subst. Wort oder Rede sein. Als Nomen scheint es auch genommen werden zu müssen, wenn der Name des Sprechenden unmittelbar darauf folgt (84, *a*.). *Ling* ist 35, *d*. 37, *c*. 38, *d*. sicher Subst., in den übrigen Stellen (81, *b*.

110, *a.*) bleibt man über seine Natur mehr zweifelhaft. Der Fall ist offenbar der, dafs die Sprache, unbekümmert um die grammatische Kategorie, sich begnügt, den Begriff auszudrücken, und dafs man, um in ihrem Geist zu verfahren, nun auch nicht zu ängstlich danach suchen mufs.

3.

Entstehen des Verbums aus dem Nomen.

Was schon oben (§. 11.) als eine Eigenschaft der Malayischen Sprachen überhaupt bezeichnet worden ist, dafs man das Nomen als die eigentliche Grundlage des Verbums anzusehen hat, findet auf das Kawi noch in weit höherem Grade Anwendung. Es entsteht dies aus der grofsen Zahl der in dasselbe aufgenommenen Sanskritwörter. Ich habe nämlich oben (S. 62.) gezeigt, dafs die Kawi-Sprache gar keine Verba aus dem Sanskrit entlehnt, sondern nur Nomina, und gröfstentheils Substantiva. Aus diesen werden nun aber doch sehr häufig Verba gebildet, die Sanskr. Substantiva selbst aber werden, ohne Rücksicht auf ihre Form und Bedeutung, in der Ursprache ganz unverändert, auch, oder sogar ausschliefslich, als Verba gebraucht. So heifst *sabdha*: sagen, sprechen. Im Kawi-Text kommt es aber in der Regel als Nomen vor. Es versteht sich von selbst, dafs, wenn aus solchen Sanskrit-Substantiven Verba gebildet sind, aus diesen wieder andere Substantiva entstehen können. So findet sich neben *sabdha* auch *pasabdha*. In vieler Rücksicht hält alsdann die Bedeutung des einfachen Wortes mit der des geformten zusammen. Ein beständiger Unterschied aber zwischen beiden liegt darin, dafs das geformte Wort ein ihm entsprechendes Verbum voraussetzt, und nun immer das Nomen dieses Verbums die Handlung desselben bezeichnet, nie selbst als Verbum gebraucht werden kann, und auch in der Regel nicht die Sache bedeutet, wovon das Verbum hergenommen ist, wogegen das einfache Wort die Sache, das Verbum und die Handlung desselben (z. B. Wort, sprechen, das Sprechen; Thräne, weinen, das Geweine) darstellen kann. Neben diesen Substantiven giebt es dann noch das Passivum, wenn es als Participium gebraucht wird, und die zwischen Passivum und Nomen schwankenden Bildungen mit dem Präfix *ka*. Diese beiden drücken immer das durch das Verbum Hervorgebrachte, oder die Handlung auf den, welcher sie erfährt, bezogen aus, da die Nomina mit dem Präfix *pa* dieselbe objectivisch nehmen.

R 2

4.

Verbalformen mit verändertem Anfangsconsonanten.

Ich sondere hier die Fälle, wo noch ein Präfix vorhanden ist, von den präfixlosen Formen ab.

a.

Formen mit Präfixen.

manulung (594, *a.*), helfen, beistehen, und im heutigen Jav. verstümmelt *nulungngi*, beide von *tulung*, Hülfe, Beistand, welches (131, *a.*) in der Passivform *tinulung* vorkommt (Mal. *menōlong* von *tōlong*).

mamukti (31, *d.*) (s. ob. S. 101.).

mamuwus (288, *a.*) (s. ebendas.).

panguchap (31, *a.*), Wort, Rede, von *huchap*, anreden, nennen (Raffles), aber wohl auch reden, sprechen, wie das Mal. *ūchap* zeigt. Es giebt auch die präfixlose Form *nguchap* (Ger. Crawf. *Voc.*). Eine andere Form ist (19, *b.*) *muchap*, mit präfigirtem *ma*, und könnte, nach meiner obigen Auseinandersetzung, eine Verstümmlung aus *humuchap*, mit eingeschobenem *um*, sein.

mamursita (3, *b.*), wie man aus dem Pass. *winursita* (18, *c.*) sieht, vom einfachen *wursita*.

mangiring s. zu Ende dieses §.

pananggap (30, *c.*), die Handlung des Empfangens, von *tanggap* (4, *a.* Crawf. *Voc.*), empfangen.

panambahi (10, *b.*), sich ehrfürchtsvoll verbeugen (1), woher der Titel der Reichsbeamten, welche dem König am nächsten stehen, *panambahan* (Person, vor der man sich ehrerbietig verneigt), von *sembah* (84, *b.*), eine ehrfurchtsvolle Verbeugung (*an obeisance.* Crawf. *Voc.*). Es liegt aber, wie man aus dem Mal. *sambah*, Ehrfurchtsbezeigung, Anbetung, und dem Tag. *simbahan*, Kirche, Ort der Verehrung, sieht, nur dieser Begriff in dem Worte, nicht der des Verbeugens.

paninggal, verlassen (Partic.) (9, *d.*), von *tinggal*.

---

(1) [Ich bemerke, daſs diese Übersetzung von mir herrührt. Es wird dem Leser auffallen, das Präfix *pan* verbal genommen zu sehen; ich habe dies im Kawi beobachtet, und verspare die Beispiele und die Nachweisung dieser Bildung in der Bugis-Sprache für meinen grammatischen Anhang. B.]

mangapuyi, Feuer anmachen, anzünden (37, *b.*), von *apui* (99, *b.*), dem heutigen *hapi*, Feuer. Auch bei Raffles (II. *App. p.* 168. *col. b.*) heifst das Wort im Kawi, wie noch heute auf Madura, *apoi* ([1]). Es geht, so viel ich weifs, durch alle Malayischen Sprachen. *Apui* ist die Tag. Form; sonst wechseln die Laute theils im Endvocal, theils im Consonanten: *āpi, āpī* Mal., *afou, af, affe, afo* Mad., *afi* Tong., *ahi, ai* N. Seel., *ahi* Hawaiisch, endlich *api* auf Bali, bei den Bugis, und auf mehreren Inseln.

manangis (11, *d.*) und *anangis* (587, *d.*), weinen, Thränen vergiefsen, von dem ursprünglichen Subst. *tangis* (s. Anh. 35, *a.*).

pangling (606, *b.*), Sprechen, Rede, von *ling*, Rede, sprechen (s. ob. S. 130.), und *paṅ*, mit Verwandlung des *l* in *ngl*.

pangupakara (31, *c.*), Vergünstigung, Handlung des Gunstbezeigens, von उपकार, *upakâra*, Hülfe, Dienst, den man erweist.

mangabisêka, besprengen, dadurch jemanden zu etwas einweihen (111, *a.*), von अभिषेक, *abhishêka*, Besprengung.

mangarnawa (590, *b.*), einem Meere ähnlich, von अर्णव, *arṇawa*, Meer.

anglugas (603, *b.*), entblöfsen, von *luggas*, nackt, blofs, einfach, ungeschmückt (Crawf. *Voc.*).

hanglayang (9, *b.*), durch die Luft gleiten, fliegen, von dem gleichbedeutenden *layang-layang* (Crawf. *Voc.*), woher das einfache *layang* ein Brief heifst.

mangungsir (108, *c.*), wohin fliehen, und *ngungsir* (39, *a.*); die einfache Form finde ich nicht, wenn man nicht *husir* (Crawf. *Voc.*), Mal. *ūsir*, verfolgen, jagen, dafür halten soll.

mangulŵan (115, *b.*), offenbar dasselbe Wort mit *mangngulon*, sich in der Richtung nach Westen bewegen (Crawf. *Voc.*), von *kulon*, Westen (s. ob. S. 76.).

haminta, bitten (123, *b.*), wovon im Mal. das einfache *pinta* und *minta*

([1]) [In der Erklärung von Crawf. Handschr. des B. Y. 99, *b.* wird das Wort *hapuyya* oder *hapuywa* (mit *pingkal*) geschrieben; dafs dies nicht die rechte Form sein könne, möchte aus dem Schlufs-*a* zu folgern sein. Ich glaube, dafs das Anfangs-*a* des folgenden Wortes (*alari*, vor welchem auch *api* im Texte in *apy* verwandelt ist) die Veranlassung dazu gegeben hat, und dafs die richtige Schreibung, wie schon *mangapuyi* zeigt, *hapuyi* ist; dieses würde vor *a* zu *hapuyy* werden. *Apui* ist Raffles Schreibung. B.]

und im Kawi *pinta* (bitten. Crawf. *Voc.* B. Y. 608, *a.*) vorhanden ist. *Paminta* (612, *a.*), Bitte, Forderung.

hangawêtan (117, *c.*), nach Osten hin, von *wêtan* (Ger. Gramm. 43.).

manulup (126, *c.*), *anulup* (115, *c.*), von *tulup*, bei Crawf. *a blow pipe.* Nach dieser Erklärung wäre das Wort zwar eigentlich ein zum Schmelzen gebrauchtes Blaserohr. Es mufs aber hier von einem musikalischen Instrument gebraucht sein, und in der angeführten Stelle ist das Wort zum Verbum gemacht, ein solches Instrument blasen. Pass. *tinulup* (113, *d.*).

4.

Formen ohne Präfixa.

mijil (95, *b.*), ausgehen, herauskommen, von *wijil*, welches bei Crawf., der beide Wörter ohne Verbindung aufführt, dieselben Bedeutungen, und aufserdem die von: Ursprung, Herkunft, Stammbaum (*source, pedigree*) hat. Das Wort ist vielleicht eins mit *wiji*, Samenkorn, dem Sanskr. वीज, *wîja*, das aber schon tiefer in das Jav. übergegangen, oder beiden Sprachen aus einer dritten zugekommen ist, da es mehrere Verzweigungen und Umänderungen desselben giebt, auch schon die Anwendung von *wiji* auf den Begriff der Einheit (s. ob. S. 69.) ein hohes Alter in der Sprache anzeigt. Im Mal. finde ich blofs *bîji*, Samen; ob aber nicht das Mad. *vihi* und das Tag. *binhi*, Samenkorn, hierher gehören möchten, läfst mich zweifelhaft. Wäre es der Fall, so würde die Präpos. वि, *wi*, vielleicht auch hierher gezogen und die Bedeutung des Zeugens in der Wurzel वी, *wî*, als eine vom Herkommen abgeleitete angesehen werden müssen. Im B. Y. findet sich noch *wijili* (19, *d.*), hervorkommen, und *pawijil* (6, *c.*), Auszug (gegen die Feinde).

marek, sich nähern, vom ursprünglichen *parek* (285, *c.*).

nut, gehorsamen (5, *b.*), wovon auch (36, *b.*) *tut*, und häufig (21, *b.*) dessen Pass. *tinut* vorkommt. Gleich häufig findet sich *tumut* (124, *a.*).

ngungsir s. *mangungsir* (S. 133.).

mapag (285, *a.*) und *mapagi* (288, *d.*), entgegengehen, begegnen, vom gleichbedeutenden *papag* (608, *a.*), beide bei Crawf. *to meet.*

Die Reihe der hier angeführten Beispiele beweist eigentlich nicht mehr, als dafs sich im Kawi, wie im heutigen Jav., eine Anzahl von Verben finden, welche die Veränderung des Anfangsconsonanten mit und ohne Präfix an sich tragen, und daſs von andren nur die eine dieser beiden Formen vorkommt. Es wäre wichtig, zu entscheiden, ob die mit Präfixen versehenen Verba dieser Art sich, wie wohl zu vermuthen ist, im Kawi im Ganzen häufiger zeigen, als im heutigen Javanischen. Dazu müſste man aber ein vollständiges Javanisches Wörterbuch und mehr Kawi-Texte besitzen.

5.

Formen, welche mit *m* beginnende Präfixa haben.

m, wenn das Wort vocalisch anhebt.

mojar, von *hujar*, reden, sprechen, sagen (31, *b.* 79, *c.* Crawf. *Voc.*).
mulat (132, *c.*), sehen (Crawf. *Voc.*), auch *mulati* (287, *d.*), von *hulat*, Gesicht (Crawf. *Voc.*).

ma.

makarya (116, *a.*), *akarya* (112, *c.*), machen, ins Werk richten, von *karya* (31, *d.*), Werk, Geschäft (कार्य, *káryam*).
masabdha (93, *a.*), sprechen, *pasabdha* (83, *c.*), Rede, von *sabdha*, Rede, Wort (2, *b.*), Schall (99, *a.*), Sanskr. शब्द, *śabda*.

Die meisten Beispiele des Präfixes *man* fallen in die Classe der Verba mit verändertem Anfangsconsonanten, da das End-*n* des Präfixes diese Veränderung bewirkt.

6.

Formen, welche mit *h* anfangende Präfixa haben.

hasambat (587, *d.*), von *sambat*, wehklagen (Crawf. *Voc.*).
hatuturri (33, *c.*), von *tutur* (s. S. 114.).
akarya (s. oben).

Auch über die verhältniſsmäſsige Häufigkeit der mit *h* beginnenden Präfixa gegen die mit *m* anhebenden im Kawi und heutigen Jav. wäre es wichtig Nachforschungen anzustellen, wird aber durch die Unvollständigkeit der Wörtersammlungen unmöglich.

7.

Formen, die mit *p* anfangende Präfixa haben.

pasabdha, von *sabdha* (s. oben).

Mehrere Beispiele dieser Präfixa finden sich unter den Fällen mit verändertem Anfangsconsonanten; und da, der Gewohnheit der Sprache nach, jedem Präfix, welches mit *m* anhebt, ein mit *p* beginnendes entsprechen mufs; so schien es die Mühe nicht zu belohnen, eine gröfsere Anzahl hier zusammenzustellen.

8.

Formen mit dem Suffix *hi*.

mujarri (74, *a.*), jemandem etwas sagen, von *hujar*, reden, sprechen (Crawf. *Voc.*), Mal. *ūjar*, wovon eine noch einfachere Form, *jar*, vorkommt (82, *c.* 591, *c.*), auch *jari*, erzählen (92, *c.*).

harepi, wünschen, verlangen (103, *c.*), von *harep*, Wunsch, wünschen.

Eine Anzahl mit diesem Suffix verbundener Verba finden sich unter allen in anderen Beziehungen hier aufgeführten Wörtern. Dagegen dürfte es schwer sein, gerade bei allen die transitive Bedeutung aufzufinden. Es läfst sich nur sagen, dafs das Suffix bestimmt die Verbalform anzeigt.

9.

Formen mit angehängtem *han*.

katrangngan, beschienen (von der Sonne) (106, *d.*), von *terrang*, klar, hell (Raffles. Crawf. Ger.), Mal. *trang*, hell, Licht.

Diesem Beispiele getraue ich mir nicht mehrere andere hinzuzufügen, weil es zu schwierig ist, hier immer zu bestimmen, was Substantiv- und Verbalform ist, welches in der Sprache gewissermafsen auf Eins hinausläuft. Vorzüglich gilt dies von den Formen mit den Präfixen *pa* und *ka*, welche schon eigentlich Nomina sind.

10.

Vollständige Verbalformen mit eingeschobenem *um*.

numungga (126, *b.*), von *hunggah*, hinaufsteigen (Crawf. *Voc.*). Es findet sich auch *nungga* (103, *a.*). Über das *n* werde ich weiter unten sprechen.

tumiba, fallen (135, *d.*), vom gleichbedeutenden *tiba* (138, *a.*).

tumon (138, *b.*), sehen, von *ton* (138, *d.* Crawf. *Voc.*), Anblick, 2) sehen.

gumanti (18, *b.*), in jemandes Stelle sein, von *ganti*, jemandes Stelle einnehmen (Ger. Gramm. 50.).

lumampah (117, *c.*), gehen, vorschreiten (Ger. Crawf. *Voc.*), von *lampah* (87, *d.*), Reise, Gang (Ger.).

chumunduk, begegnen, finden (27, *d*. Crawf. *Voc*. *to meet, to find*), *chunduk* gleichbedeutend.

gumeseng (99, *b*.), verbrennen, von *geseng* (s. Anh. 1, *c*.).

gumeter (119, *d*.), beben, von *geter*. Auch *kumeter* (592, *b*.), von *keter* (Herzklopfen. Crawf. *Voc*.).

lumaku (97, *c*.), gehen, von *laku* (22, *d*.), Gang.

lumayep (480, *b*.), *layep* (619, *c*.).

lumangkah (77, *a*.), schreiten. Bei Crawf. ist das einfache *langkah*: schreiten, mit großen Schritten, die Füße spreizen, über etwas weggehen, *to stride, to step, to pass over.*

lumawan (287, *d*.); das einfache Wort ist *lawan*, gewöhnlich gebraucht als Präposition und Partikel, mit, und, auch, doch auch hauptsächlich und ursprünglich gegen, wider. Denn bei Crawf. (*Voc*.) wird es ausdrücklich Feind, Gegner, Nebenbuhler übersetzt, und Tagalisch ist *laban* widerstehen (Raffles. II. *App. p*. 151.); das Mal. *lāwan* bedeutet: Widerstand leisten, sich widersetzen, wetteifern, Genosse, Gegner, *a match, counter-part*, gegen, gegenüber. Davon ist das obige *lumawan*, angreifen im Kampf, es mit Einem aufnehmen.

lumumpat (98, *c*. 587, *b*. Crawf. *Voc*.), springen, vom gleichbed. *lumpat* (136, *b*. Crawf. *Voc*.).

lumut (19, *d*.), *lut* (133, *d*.) drücken eine Bewegung aus; über die Bedeutung und den möglichen Zusammenhang dieses Wortes mit einer Sanskrit. Wurzel habe ich schon oben S. 58. gesprochen.

ngumastawa (s. Anh. 7, *a*.).

sumatwaka (603, *b*.), ergeben, anhänglich sein. Bei Crawf. ist das einfache *sêwaka*, von सेवक (*sêwaka*, Diener): sich in das Gefolge, den Dienst eines Fürsten begeben. Dasselbe heißt *sêba*. Man kann indeß auch hier an den Gott Siwa (s. B. Y. 7, *a*.) denken. Alsdann ist *saiwaka*: ein Anhänger des Siwa, und, da dies ein sehr schwärmerischer Dienst war, allgemein: ein Mensch, der sich einem Herrn gänzlich dahingiebt, ihm schwärmerisch anhängt (¹).

(¹) [*Sêwaka* ist auch der Name eines Jav. Werkes (Crawf. ganz Jav. Wörterb. Raffles. I. 393.); Roorda giebt den Namen vollständiger an: *layang sêwaka*, Erzählung, ein gewisses Werk, das über Gottesdienst und Gebräuche handelt. *Sêwaka* selbst giebt er als Kawi-Wort für: erzählen, 2) erscheinen (d. h. vor dem Fürsten). Er führt noch im Kawi

S

sumelang (608, *a.*), nach Crawf. *Voc.* und Ger. Zweifel, Verlegenheit, nach Ger. auch: zweifeln, verlegen sein, nach Raffles: ängstlich, zweifelhaft. Das einfache *selang* heifst im Mal.: Zwischenraum, in der Zwischenzeit, *interchanged, intermixed, placed at intervals; variegated, chequered, diversified, mottled*; im Jav. finde ich nur *selang*, borgen (Crawf. *Voc.*) ([1]), und *selang-seling, alternately placed, checkered* (Crawf. *Voc.*).

sumahur, antworten (606, *d.*), vom gleichbed. *sahur* (Mal. *sāhut*).

sumarasa (479, *c.*), vielleicht: sich zu einem See ausdehnen, vom Blute auf dem Schlachtfelde durch den Regen gebraucht. Ich leite es von सरस्, *sarasam*, See, Teich, ab.

tumurun (3, *a.*), herabsteigen, vom gleichbed. *turun*.

tumingal (23, *a.* 105, *d.*), ansehen, betrachten (in der letzteren Stelle als Participium gebraucht), von *tingngal*, Anblick.

tumut, von *tut* (s. ob. S. 134.).

numasah (130, *a.*), er griff an, wohl von *masah*, bei Crawf. *to pierce*, durchbohren, eindringen. *Mase* (s. Anh. 119, *a.*) scheint dasselbe Wort, da die Bedeutungen von angreifen und eindringen verwandt sind.

11.

Verbalformen, in welchen, nach der Einschiebung von *um*, die erste Sylbe des dann entstehenden Wortes wieder abgeworfen ist.

a.

Fälle, wo die vollständige und die verstümmelte Form noch neben einander bestehn.

antuk (594, *a.*), *mantuk* (32, *b.* 82, *b.* 611, *c.*), *umantuk* (35, *d.* 38, *d.*); die Bed. der mit *um* gebildeten Formen dieses Worts ist im Kawi-Text, wie bei Ger., zurückgehen, nach Hause kehren. *Antuk* ist in der eben angeführten Stelle vom Zurückkehren zur Besinnung

---

swaka, vor jemand erscheinen, auf, in Raffles Kawi-Verzeichnifs: vor, in Gegenwart. Es wäre noch möglich, dafs in der obigen Stelle des B. Y. das Wort sich auf das Nachfolgen im Tode bezöge. Crawf. Handschr. hat *sumawaka*. *Sumawak* ist nach Raffles Kawi-Verzeichnifs Erwähnung, nach Roorda (Kawi) melden. Die Ähnlichkeit der Bedeutung dieses Wortes mit dem obigen *séwaka* ist etwas auffallend, und kann einiges Mifstrauen gegen die Wörterbücher erregen. सावक, साविक (*sâwaka, sâwika*), von सु, *su*, bedeutet: erzeugend, geburtshelfend. B.]

([1]) [Roorda: Kluft (*kloof*); zwischen. Dem Mal. *selang* entspricht auch das Jav. *sedeng*. B.]

aus einer Ohnmacht gebraucht. Dagegen ist *hantuk* bei Ger. bekommen, empfangen, bei Crawf. können, fähig sein. Wie verschieden scheinbar diese Bedeutungen sind, sieht man doch leicht den Zusammenhang unter denselben (1).

numulih (91, *a.*), ein Präter., von *mulih* (82, *a.*), zurückkehren. Das Subst. davon ist nach Ger. *hulih* (Rückkehr). In den Bed. empfangen, können, im Stande sein finde ich das Wort bei Crawf. und Raffles *hulih*, *holih* und *holēh* geschrieben (2). Man kann nicht zweifeln, dafs das Stammwort das Tag. und Bis. *oli* und die Mal. Präpos. *ūlih*, durch, von, ist. *Būlih* heifst Mal. können, und *ber-ūlih* erlangen, erwerben, bewirken. Da es im Jav. (Crawf. *Voc.*) auch *pulih* in der verwandten Bed. wiedererlangen, wiederherstellen (*to recover, to restore*) giebt (3), so kann *mulih* aus diesem durch Veränderung des Anfangsconsonanten entstanden sein, ohne eine Verstümmlung von *um* zu sein. Denn bei allen mit Lippenbuchstaben anfangenden Wörtern bleibt die Herleitung aus der Einschiebung von *um*, oder der Veränderung des Anfangsconsonanten, weil beide Methoden auf *m* zusammentreffen, zweifelhaft. *Numulih* aber kann keinen andren, als den oben angegebenen Ursprung haben.

numaring (18, *a.*), eine der vorigen ganz ähnliche Form, von *mara*, vorwärts schreiten (Crawf. *Voc.*), sich nähern. Über das *ing* am Ende werde ich in §. 20. bei Gelegenheit der mit diesem Wort eng zusammenhangenden Präpos. *maring* sprechen. Sollte das einfache Wort gar

(1) [*Hantuk* ist ein Wort der höheren Sprache, aus dem niederen *holēh* künstlich gebildet. Die Wiederkehr derselben Erscheinungen in Bezug auf das Präfixum und Infixum und auf den Wandel der Bedeutung läfst kaum einen Zweifel an der Einheit beider Wortreihen übrig. B.]

(2) [Ich bin so glücklich gewesen, das Wort in der Jav. Sprache auch in der Bed. kommen, herankommen (von der Zeit) anzutreffen: *wus holēh dhina sabat*, als der Sabbath gekommen war (Ev. Marc. 6, 2.). B.]

(3) [So sehr man auch geneigt sein möchte, *pulih* nur für Subst. zu halten, welches durch Crawf. *Voc. pulih getih*, *retaliation* (aber bei Roorda rächen), auch eine Bestätigung erhält, so scheint es doch auch Verbum zu sein. Dies beweist Crawf. Handschr. des B. Y. 82, *a. pulih*, zurückkehren (Raffles hat *mulih*), Roorda *pulih*, Crawf. *Voc. polih*, können, im Stande sein. Ich habe schon oben (S. 132. Anm. 1.) geäufsert, dafs *pan* im Kawi auch Verbalpräfix ist; dasselbe gilt von *pa*. B.]

para sein, wie dies in einer anderen Bed. (*para* und *mara*, theilen) wirklich der Fall ist, so wäre die Form noch merkwürdiger. Vielleicht gehört auch *paring*, *maringngi*, geben ([1]), hierher.

miringngaken (103, *a*.), begleiten; das einfache Wort ist *hiring*, Seite, zur Seite sein oder haben, begleiten, oder begleitet sein (Crawf. *Voc*.), folgen, Mal. *īring*, folgen, begleiten, *to be dependant upon*; *miring* bedeutet im Jav.: *to lean, incline* (Raffles), im Preise fallen, schräg, quer, seitwärts (Crawf. *Voc*.), Abhang (ders. und Ger.), *mīring* im Mal.: *to lean downward or to one side, to incline, decline, to look askance*. Von dem Grundworte *hiring* ist durch Einschiebung von *um* zuerst vollständig *humiring* (Crawf. *Voc*.), dann verstümmelt *miring*, und mit dem Präf. *man* wieder vollständig *mangiring* (105, *a*.) und verstümmelt *ngiring* (Ger.) gebildet. Vgl. d. Anh. zu obigen Versen.

lumiyati (26, *b*. 604, *c*.), ausspähen, entdecken, erblicken (*lumiyat*, *to descry, observe*. Crawf. *Voc*.), vom einfachen *liyat* (s. Anh. 33, *a*.), Mal. *līat*. Von diesem Worte finde ich nun aber bei Crawf. (*Voc*.) auch die verstümmelte Form *miyat*, *to know, to see* ([2]), und kein anderes Wort, das mit einem Lippenbuchstaben anfinge, aus dem das *m* entstanden sein könnte; denn *wiyat* ist blofs das Sanskr. वियत्, *wiyat*, Himmel. In Crawfurd's Wörterbüchern sind Kawi- und heutige Wörter nicht zu unterscheiden. Dieser ganze Wortstamm aber mufs dem heutigen Javanischen fremd sein, da Hr. Roorda die Bed. von *lumiyati* auch nur, wie ich Anfangs, nach dem Mal. fand.

lumumpat (s. S. 137.).

b.

Fälle, wo ich nur die verstümmelte Form kenne.

muchap (s. S. 132.).

Unter den obigen Beispielen ist zwar nur eins, *miyat*, wo die verstümmelte Form von einem consonantisch anhebenden Worte herstammt; ich halte aber das Wort für entscheidend, da sich kein anderer Ursprung des *m* angeben läfst.

([1]) [Roorda auch *maring*, geben, schenken, 2) gehn. B.]

([2]) [Roorda giebt dem Worte die Bed. *afmaken, verwoesten*. B.]

§. 15.

Passivum.

Das durch das Hülfsverbum *dhi, dhên, dhipun* gebildete Passivum (S. 121.) kommt in den von Raffles abgedruckten Stellen des Brata Yuddha nicht vor, obgleich ich allerdings das Verbum sein, werden, *dhadhi*, einigemal, aber in ganz selbstständiger Stellung, darin finde. Ich bemerke bei dieser Gelegenheit zugleich, dafs ich *pun* weder allein, noch in Zusammensetzungen irgendwo im Kawi antreffe.

Über die leichte Verwechslung des mit dem Präfix *ka* zusammengesetzten Passivums habe ich mich schon oben (S. 67.) ausführlich erklärt. Indefs kommen in dem Kawi-Text offenbar im Sinn eines Pass. gebrauchte Zusammensetzungen vor, die auch durch die Construction keinen Zweifel an ihrer Bedeutung zulassen. Ich führe einige davon an.

kapanggih (17, *d.* 28, *a.*), gefunden werden, von *manggih* und der ursprünglichen Form *panggih*, finden, erlangen, begegnen (Ger. Crawf. *Voc.*).

kaparchaya (591, *c.*) s. ob. S. 68. und Anh.

katemu (92, *b.*), gefunden werden, von *temu.* Es ist hier das Passivum für das Activum gebraucht. Der Vers heifst nämlich: *Prapt-êng Wiratha katemu nrepa Pandawa hem*, gekommen nach Wirata, wurden gefunden (von ihm) die Pandawa-Fürsten versammelt. Ebenso 590, *d. dhatan katemu*, er wurde nicht gefunden.

katon (124, *a.*; gesehen werden, Gesicht. Ger.), von *ton.* Es steht gewöhnlich im B. Y., ohne dafs der Sehende genannt wird, allgemein es wurde gesehen, es erschien. Vgl. *tumon.* S. 136.

kawenang (131, *d.*); *wenang* wird in der adject. Bed. fähig, mächtig (Crawf. *Voc.*), aber auch in der verbalen von können (Crawf. Engl. Jav. Wörterb.) aufgeführt; die präfigirte Form führt aber auf die transitive Bed. Kraft üben, überwältigen, also im Pass. überwältigt werden, Kraftübung leiden, was ganz zur angeführten Stelle pafst, wo die Englischen Übersetzer *make them feel his superiority* übersetzen.

Am häufigsten finde ich im Kawi das Pass. durch ein eingeschobenes *in* sowohl bei Sanskrit-, als bei Mal. Wörtern gebildet. Beispiele:

dhinulur (9, *a.*), gefolgt, von *dhulur* (s. Anh.).

binukti (620, *b.*), gegessen werden (doch gestehe ich, dafs die Anwendung des Wortes mir hier dunkel bleibt), von *bukti* (s. S. 101.).

kinon, befehligt, mit Auftrag ausgesandt werden, von *kon* (s. Anh. 21, *a.*).

ginusitan (s. Anh. 21, *a.*).

linut (589, *b.*) steht in der Bed. eines mit einer Keule gestampft werdenden Körpers. Über die Ableitung s. S. 58.

kinarya (125, *a.*), gemacht, von *karya* (s. S. 135.).

sinabdhan (611, *b.*), gesprochen werden, von *sabdha* (s. ebendas.).

minusthi, von *musthi*, zielen, zum Ziel nehmen (Crawf. *Voc.*). Genau in dieser Bed. steht das Wort 137, *d.* An andren Stellen (594, *c.* 610, *a.*) hat es die Bed. des Fassens, Ergreifens eines Dolches. Ich leite es daher von मुष्टि, *mushṭi*, die geschlossene Hand, ab.

pinuja (110, *d.*), gepriesen werden, von *puja* (पूजा, *pûjâ*, Verehrung), das aber im heutigen Jav. (bei Ger. *pují*, bei Crawf. *Voc. puja*) Wunsch, Bitte, Gebet heifst.

winarahi (591, *b.*), benachrichtigt werden, von *warah*, lehren, unterrichten (Crawf. *Voc.*).

pinapag, begegnet werden (134, *a.*), von *papag* (s. S. 134.).

pinrih (131, *a.*), von *mrih*, streben (Ger.).

tinulung, geholfen werden, von *tulung* (s. S. 132.).

tinut (21, *b.*), gehorsamt werden, von *tut* (s. S. 134.).

hinundhang (107, *c.*), gerufen werden, von *hundhang*, rufen (Crawf. *Voc.*). Wir haben also hier ein eigentlich vocalisch anhebendes Wort, welchem das *in* des Pass., wie im Tag., vorgesetzt ist.

In der Construction des Passivums habe ich keine Abweichung von der gewöhnlichen Javanischen gefunden, als dafs dieselbe, wie überhaupt in diesem Gedicht, abgebrochen ist und Versetzungen und Auslassungen häufig erduldet. Doch findet sich auch in ganz natürlicher und vollständiger Folge die Passiv-Construction. So z. B. 134, *a. Kurunata sigra pinapag dhê Bima ring sayaka*, der Herrscher der Kurawas wurde schnell begegnet durch Bhima mit Pfeilen. Als Präp. von dient auch manchmal *tekap*: 131, *a. ngkan pinrih tinulung tekapnira watek yodha hanêng Korawa*, sodann wurde gestrebt, dafs geholfen werde, von den verschiedenen Streitern unter den Kurawas. Ferner 131, *d. kawenang tekapnira sang arya Swêta singottama*, er wurde überwältigt durch den ehrwürdigen S., den besten der Löwen (ein ehrender Beiname im Sanskrit. s. ob. S. 54.). In anderen Fällen fehlt die Erwähnung der handelnden Person, indem sie alsdann von selbst aus dem Zusammenhang klar ist. So 285, *a. sang Guthotkacha kinon mapag Arkasuta*, G. wurde beordert zu begegnen (d. h. anzugreifen) dem Sohn der Sonne. 589, *b. sawanira sang arya Sakuni linut ring gadha*, der Körper des ehrwürdigen S. wurde zerstampft mit der Keule (*sawa*, todter Körper, Gerippe, Crawf. *Voc.* शव, *sawa. nira* Genitivzeichen).

§. 16.

Gattungen der Verba.

Ich habe in dem so eben beendeten Abschnitt alles zusammengestellt, was dazu dienen kann, zu zeigen, nicht nur wie die Sprache das Verbum bildet, sondern auch, welches überhaupt das Verhältniſs des Nominal- und Verbalausdrucks in ihr ist. Bei dieser Gelegenheit ist schon von dem Unterschiede des Activums und Passivums und der transitiven und intransitiven Verba alles Nothwendige beigebracht worden. Es ist also hier nur noch von den Causal- und reciproken Verben zu reden.

Die Tag. Sprache bedient sich zur Bildung der Causalverba eines doppelten Präfixes. Wenn nämlich nur das Hervorbringen einer Sache, das bloſse eigne Bewirken ausgedrückt werden soll, so wird dem Grundworte *maka*, wenn aber in der ächten Bedeutung des wahren Causalverbums die Veranlassung einer Handlung durch einen Andren, so daſs nun zwei handelnde Subjecte eintreten, anzudeuten ist, *mapag* vorgesetzt. Das erste dieser Präfixe hat in der Passiv-, oder richtiger Nominalform *ka*, das letztere *papag*, *pagpa* oder *pa*. Das *ka* zeigt deutlich, wie im Jav. dies Präfix zur Bezeichnung des Pass. geworden ist; im Tag. muſs, der genaueren Form der Sprache nach, immer noch eine der eigentlichen Passivsylben hinzutreten. Ob das oben mehrmals erwähnte Jav. Wort *papag* mit jenem Präfixe zusammenhängt? wage ich nicht zu entscheiden. Es könnte indeſs leicht der Fall sein, da auch im Begriffe des Wortes immer zwei Personen sich zusammengesellen.

In die Madecassische Sprache ist dies Präfix nicht übergegangen, dagegen *maka* nur mit kleinen Lautveränderungen und zur Bildung beider

Gattungen der Causalverba, sowohl in sie, als in die Sprachen der Südsee-Inseln.

Die eigentlich Malayische Sprache bildet die Causalverba durch das Suffix *kàn*, welches aber noch weit häufiger das einfache Transitivum bezeichnet (¹).

Die Javanische Sprache bietet eine ähnliche Erscheinung dar. Sie heftet nämlich in Gestalt eines Suffixes an das Ende des Wortes in der höheren Sprache *haken*, in der des Volkes *hakê*; *dawuhhaken*, auftragen machen, befehlen machen, von *dawuh*, auftragen, befehlen. Wenn das Grundwort sich mit einem Consonanten endigt, so geht das Anfangs-*h* des Suffixes in die Verdopplung des Endconsonanten über; *numbassaken*, kaufen machen, von *numbas*, kaufen. Dies ist der allgemeinen (s. S. 44.) euphonischen Regel von der Anfügung eines *h* gemäfs. Von dieser Regel aber weichen die Causalverba ab, wenn das Grundwort in einen Vocal ausgeht. Man schiebt nämlich alsdann zwischen das Grundwort und das Suffix ein *k* ein, und ein End-*i* oder *u* wird in *ê* oder *o* verwandelt; *mirsa*, sehen, *mirsakhaken*, sehen machen, *dhadhi*, werden, *dhadhêkhakê*, machen, dafs etwas werde, *ngrungngu*, hören, *ngrungngokhakê*, hören machen. Wenn aber die Jav. Sprache in diesem Falle von einigen ihrer Schwestersprachen abweicht, so läfst sich diese Abweichung doch sehr gut mit der sonstigen grammatischen Übereinstimmung aller Malayischen Sprachen vereinigen. Das Suffix *haken* scheint mir nämlich ein eignes Wort zu sein, das vermuthlich nur nach und nach in diesen Fällen mit dem Grundworte zusammengeflossen ist, und dessen Gebrauch an die Stelle des Präfixes *maka* getreten ist.. Dafs sich dieses im Jav. nicht erhielt, ist eine mit der Verkennung der Bedeutsamkeit der Präfixe und ihrer daher entstandenen Vernachlässigung verwandte Erscheinung. So nahe auch *haken* und *maka* dem Tone nach einander liegen, da die Abwerfung des *m* so häufig im Jav. eine scheinbare Verwandlung des *m* in *h* bewirkt, so glaube ich dennoch nicht an die etymologische Gleichheit beider Affixe. *Hakên* ist im heutigen Jav. die durch das Präfix *ha*, oder vielmehr *a*, verlängerte Form des Verbums *kên*

(¹) [Auch die Jav. Endung *haken*, *hakê* hat zum grofsen Theil diese Bed., bei weitem nicht blofs die causale; nur enthält Ger. nichts darüber, der auch in seinem Wörterbuche diese Form immer causal übersetzt. B.]

Kr., oder *kon* Ng.; und da dies Verbum auftragen, lassen, verursachen heifst, so zweifle ich kaum, dafs das Suffix etwas anderes, als dieses Verbum, ist ([1]). Das Verbum hat ein langes *e*, ein *taling*, das Suffix in der vornehmen Sprache ein kurzes *e*, ein *pepet*, aber in der Volkssprache hat sich das lange erhalten; dagegen ist in dieser das in der vornehmen gebliebene End-*n* weggefallen. So spricht selbst in der Verschiedenheit noch eine gewisse Übereinstimmung für die behauptete Identität. Für diesen Bildungsgang dieser Formen möchte ich auch die abweichende euphonische Behandlung derselben anführen. Der allgemeinen Regel zufolge sollte das *h* nach einem Vocal zu *nn* werden. Hier aber scheint das Bewufstsein, dafs das scheinbare Suffix ein selbstständiges Wort ist, diese zu starke Lautverändrung verhindert zu haben, und man hat sich, um die Zusammenkunft der beiden Vocale zu trennen, nur des verstärkten *k*-Lautes bedient. Das oben erwähnte *maka* kommt im B. Y. öfter vor; darüber aber, ob es mit dem Tag. Präfixe zusammenzustellen sei? will ich hier noch keine Behauptung wagen, sondern die Untersuchung im Anhange führen (s. zu 6, *b.* 7, *b.* 37, *b.* 75, *d.* 109, *b.*). Ein eingeschobenes *k* bei *haken* habe ich nicht entdecken können. Das oben erwähnte *dhadhêkhaken* heifst im B. Y. *dhadhyaken* (612, *b.*). Das End-*i* des Grundworts ist also nur wegen des folgenden Vocals in seinen Halbvocal übergegangen. Dies beweist, dafs die Worteinheit hier noch loser ist. Die Verwandlung des *h* in den Endconsonanten des Wortes, der alsdann doppelt erscheint, findet sich in *kinonnaken* (20, *c.*), dem Passivum von *konnaken*, machen, dafs Auftrag gegeben werde, oder: befehlen. Wenn die Sprache einmal ein Affix gestempelt hat, wendet sie es überall an; daher steht bei dem Causalverbum der Begriff machen, verursachen, veranlassen ganz richtig zweimal.

([1]) [*hakên* bedeutet in der höheren Sprache (so wie *hakon* in der niederen) nach Crawf. *Voc.*: befehlen, *to instruct*, nach Roorda: schicken, absenden, befehlen, nach Ger.: lassen, verursachen, nach Raffles: für. Wahrscheinlich dient es auch, unser zu, um zu beim Infinitiv auszudrücken: *radhên patih sigra hanudhing hakên nimballi hing M.*, der Minister schickte sogleich, den M. zu rufen (Brückner. Gramm.). Hierdurch wird seine Einheit mit der Mal. Präp. *akan*, welche auch diese Bed. hat, besonders deutlich. Brückner führt in seiner Gramm. (S. 58.) sogar *haken* (mit kurzem *e*) in der Bed. lassen, befehlen an. Es ist nicht unwichtig, dafs das Suffixum aus der höheren Sprache entnommen, und nicht *hakon* dazu gebraucht ist. Man mufs daraus schliefsen, dafs die Bildung ursprünglich für die höhere Sprache bestimmt war, und erst später in das Ngoko überging. B.]

T

Beispiele mit *haken:*

kinonnaken (s. vorhin).

dhadhyaken (s. vorhin).

henengaken (40, *a.*), schweigen, von *heneng* (606, *a.* bei Ger. *henneng*), der Stillstand, das Stillschweigen, 2) schweigen, aufhören. In dem Causalverbum müfste, der Regel nach, das *ng* verdoppelt sein. In dem zuletzt angeführten Verse ist Raffles falsche Abtheilung folgendergestalt zu verbessern: *tuhan apa* (im heutigen Jav. *hapa*) *nimita-ning henéng*, Herr, welches (ist) die Ursach des Stillschweigens?

dhinukakna (589, *d.*), der Conjunctiv des Pass., zu Wind gemacht, in den Wind zerstreut werden. Ich leite es nämlich von dem Sanskr. धूक, *dhûka*, Luft, Wind, ab. Die Bedeutung pafst alsdann genau in den Zusammenhang der angeführten Stelle, wo ein Held in seiner Wuth die Stücke seines zermalmten Feindes überallherum verstreut.

pinangkwaken (619, *a.*), umarmt werden, folglich das Pass. der Causalform von *pangku*, mit der gewöhnlichen Lautveränderung des *u* in *w*, nach Crawf. auf die Kniee, in den Schoofs nehmen, nach der Art zärtlichen Zusammensitzens, wie es nach Indischer Sitte auf der schönen Titelvignette des Schlegelschen Râmâyaṇa zu sehen ist.

jinampyaken, Pass. eines von *jampi*, Arznei (Crawf. *Voc.*), gebildeten Causalverbums (605, *d.*), mit einem Heilmittel behandelt, bestrichen werden.

Insofern man unter reciproken Verben solche versteht, wo die Handlung vom Subjecte ausgeht und zu demselben zurückkehrt, also eigentliche Verba reflexiva, bilden dieselben keine eigne Form im Javanischen. Man drückt sie, wenn nicht schon die in sich zurückkehrende Bewegung im Worte selbst liegt, durch das doppelt, einmal vor und einmal hinter das Verbum, gesetzte Pronomen aus. Was hier reciprokes Verbum genannt wird, führt allemal zugleich den Begriff einer Mehrheit von handelnden Subjecten, die aber nicht zusammen gegen einen Dritten, sondern gegen einander selbst ihre Thätigkeit richten, mit sich.

Ich habe schon oben (S. 95.) von der hauptsächlichsten Art, diese Verba zu bilden, gesprochen, und füge nur hier hinzu, dafs bisweilen bei der Zusammenfügung des Activums, oder vielmehr der Substantivform, mit dem Passivum beide Glieder der Zusammensetzung das Suff. *han* annehmen; so wird von *mara*, kommen, nahen, *paran-pinnaran*, einander nahen.

Eine andere Art, diesen Begriff auszudrücken, entsteht aus der Wiederholung der ersten Sylbe des Wortes, mit Anfügung dieses *han*; *rarangkullan*, Viele, die sich einander umarmen, wovon das Grundwort *rangkul* ist. Auch diese Form nimmt bei veränderlichen Anfangsconsonanten immer die der zweiten Reihe, nach der obigen Ausführung die ursprünglichen, an; *nukar*, schlagen, *tutukarran*, einander schlagen, handgemein werden. Die Reduplication wird in diesen Formen bisweilen vernachlässigt; *pamit*, Abschied, *pamittan*, von einander Abschied nehmen; dagegen fehlt niemals das angehängte *han*. Man sieht leicht, dafs diese ganze Form eigentlich ein Collectiv-Substantivum ist: ein allgemeines Umarmen, eine gänzliche Schlägerei, ein Abschiednehmen. Die Reduplication ist schon an sich eine Bezeichnung des Plurals, und von *han*, als Suffixum der Substantiva, ist auch oben (S. 67.) gesprochen worden. Ein solches Mehrheits-Substantivum wird nun aber in der Sprache als ein Verbum gebraucht, entweder unverändert, wie das Nomen sehr oft, oder mit ausdrücklich hinzugefügtem Verbalpräfix; so *hararassan*, Rede wechseln, mit einander sprechen.

Endlich finde ich von *rembag*, Vorstellung, Rath, *pirembaggan*, und dasselbe auch mit vorgesetztem *ha*, mit einander Rath pflegen. Die Substantivformung ist hier dieselbe, als in der vorhergehenden Gattung dieser Verba; die Reduplication ist weggeblieben.

Vergleicht man die beiden zuerst genannten Gattungen dieser Verba, so findet man, dafs, auch der äufseren Form nach, in der ersteren ein Gegensatz (Activum und Passivum), in der zweiten durch die Reduplication und das zusammenfassende Suffix eine Mehrheit liegt. Auf den Gebrauch und die Bedeutung im Ganzen hat dies keinen Einflufs, einander schlagen wird nach der ersten Gattung durch *pukul-pinnukul*, und nach der zweiten Gattung durch *tutukarran* angedeutet; die Nüance des Begriffes aber ist unstreitig eine verschiedene.

Im eigentlich Malayischen kann die erste dieser Formen nicht statt finden, da es kein grammatisches Passivum in demselben giebt. Die Sprache deutet aber den Gegensatz, welcher bei ihr nicht im Begriffe liegt, durch den Ton an, indem sie von demselben Worte die präfixlose und die mit Präfix versehene Form dergestalt an einander fügt, dafs die präfixlose vorangeht;

T 2

tōlong-menōlong, einander gegenseitig Hülfe leisten; da beide zusammengestellte Wörter Verba activa sind, so ist das Leiden der Handlung, welches mit dem Thun hier zusammentrifft, gar nicht ausgedrückt.

Im B. Y. habe ich die Zusammenfügung der Activform mit der darauf folgenden passiven bis jetzt nicht entdecken können. Man könnte hiergegen *sinesep-sesep* (589, *c.*) anführen. Allein diese Form ist bloſs das Pass. des zur Verstärkung verdoppelten Verbums, stark gesogen werden. Es ist hier nicht von gegenseitigem Saugen, sondern von dem gewaltigen eines Einzigen, die Rede. Dies ergiebt sich schon daraus, daſs das Passivzeichen im Anfange der Zusammensetzung steht, welche wie ein einfaches Verbum behandelt wird. Bei dem reciproken Verbum wird das Passivum an das Ende gesetzt. Dagegen kommen mehrere Fälle vor, wo ein Wort mit veränderlichem Anfangsconsonanten zweimal so an einander geknüpft ist, daſs beim ersten Gliede der Consonant der ersten Reihe oder das ihn veranlassende Präfix, beim zweiten der ursprüngliche der zweiten Reihe steht. Der Sinn ist alsdann eine Verstärkung des Begriffs der Handlung, oder auch eine Wiederholung derselben; *angunggut-unggut* (134, *b.*). *Ngunggut* ist bei Crawf. stille stehen, und so heiſst die obige Form: er hielt an und hielt an, stockte und stockte, was an der angeführten Stelle von einem ungern vor dem Stärkeren zurückweichenden Krieger gesagt ist. Das ursprüngliche *h* des Wortes ist in *ng* verwandelt. Ebenso sind *angambek-kambek* (77, *b.*), *ngebang-abang* (603, *d.*), deren Bedeutungen aber ich nicht mit Sicherheit bestimmen kann. Es bleibt indeſs ungewiſs, ob in diesen Wörtern wirklich etwas mit der Veränderung des Anfangsconsonanten gemeint ist, oder ob die Bedeutsamkeit bloſs in der Wiederholung liegt. Denn weil der veränderte Consonant hier beim ersten Gliede der Zusammensetzung steht, so kann die Veränderung in dem vorhergehenden Wort ihren Grund haben; und dies ist sogar wahrscheinlich, da ich ein solches Compositum auch ohne alle Veränderung finde; *akuwung-kuwung* (604, *a.*).

§. 17.

Modi der Verba.

Der Indicativus fügt dem Verbum, als Modus, nichts hinzu; und auſser ihm giebt es, der grammatischen Formung nach, nur noch einen Modus, welcher gewöhnlich die Bedeutung des Imperativus hat. Zwar spricht Hrn.

Gericke's Grammatik noch von einem Conjunctivus. Was aber von diesem gesagt wird, läſst sich bloſs auf einen höflichen, mehr zumuthenden, als befehlenden Imperativ zurückführen (¹). Ich glaube jedoch, wie ich gleich näher anführen werde, den Conjunctivus im B. Y. seiner wahren Natur nach, und so, daſs er nicht als Imperativus erklärt werden kann, gefunden zu haben.

Der Imperativus wird durch die Anhängung der Sylbe *ha* bewirkt. Ich habe dieser schon oben (S. 93.) erwähnt. Bloſs euphonische Folge ist es, daſs die consonantisch endenden Verba das *h* der Imperativbezeichnung zur Verdopplung des Endconsonanten umändern; *gańjar*, belohnen, *gańjarra*, belohne du. Ebenfalls euphonische Änderung ist es, wenn aus dem *h* wegen eines vorhergehenden *i* oder *ê* ein *y*, oder wegen eines vorhergehenden *u* ein *w* wird; *hanggaliya*, beherzige, *hawêhya*, gieb, *turuwa*, schlafe. Dagegen bleibt das *h* unverändert, wenn der Endvocal des Verbums ein *a* ist, *gawaha*, bringe, obgleich die allgemeine euphonische Regel hier ein *nn* erwarten lieſse.

Eine andre Art der Imperativbezeichnung, die nicht mit der eben erwähnten euphonischen Regel zusammenzuhangen scheint, wird durch die Anheftung der Sylbe *hana* bewirkt. Hr. Gericke schreibt da, wo er in seiner Grammatik von der Bildung des Imper. spricht, diese Form nur den Verben zu, deren letzter Consonant verdoppelt ist, und wo demselben ein *i* nachfolgt; *matênni*, tödten, *patênnana*, tödte du. Man sieht hier, daſs das *i* verloren geht, wie auch Hr. Ger. ausdrücklich erwähnt.

Bei Causalverben wird die sie bezeichnende Endung *haken* und *hakê* in *henna* verwandelt, von welchem bei consonantisch endenden Verben das *h* in die Verdopplung des Endconsonanten übergeht; *dawuhhenna*, mache daſs befohlen werde, von *dawuhhaken*; *rungngokhenna*, mache hören, *panjangngenna*, verlängere.

Zwischen dem Imperativus und dem angeblichen Conjunctivus sehe ich in Absicht der Bildung durchaus keinen Unterschied. Insofern der Conj. gleichfalls als Imper. gebraucht wird, scheint der Unterschied zwischen ihm und dem wahren Imper. auch nur darin zu bestehen, daſs in der Volks-

(¹) [Die Kürze dieser Gramm. mag die Schuld tragen. Der Conjunctiv fehlt der Jav. Sprache nicht. B.]

sprache diese Formen immer als gebietend, mithin als wahrer Imper. gelten, dafs hingegen die vornehme Sprache ihnen die Bedeutung einer höflichen Zumuthung giebt, und wenn sie sich gebietend ausdrücken will, blofs das Pronomen vor das unveränderte Verbum stellt, welches eine dritte Art, den Imper. zu bilden, abgiebt. Dadurch entsteht alsdann in den Verben der vornehmen Sprache allerdings ein Unterschied zwischen dem Conjunctivus und Imperativus, oder vielmehr zwischen dem zumuthenden und dem gebietenden Imper.; *sampêyan tingngallana*, dafs du sehen mögest, und *sampêyan tingngalli*, siehe du.

Dafs bei veränderlichen Anfangsconsonanten der Imper. immer die ursprünglichen (die der zweiten Reihe) annimmt, ist schon oben (S. 93.) gesagt, und zugleich gezeigt worden, wie der Imper. darin gleichsam wie ein Nomen mit hinzukommendem Verbum s e i n, oder als die blofse Hinstellung des Begriffs ohne grammatische Form, behandelt wird. Nach Crawf. fügt man dem höflichen Imper. der vornehmen Sprache häufig das Wort *mugi* bei, welches zwar d a f s, a u f d a f s heifst, allein eigentlich den Begriff des Mögens, Wünschens, Hoffens hat. Auch wird, nach ihm, dieser höfliche Imper. noch gewöhnlicher im Pass. gebraucht, um die Zumuthung noch weniger geradezu an die Person zu richten.

In dem Kawi-Gedicht habe ich als Imperative nur das unveränderte Verbum und die Bezeichnung durch ein angefügtes *a* gefunden.

Das unveränderte Verbum hat an einigen Stellen gar kein Pronomen bei sich; *tanggap*, empfange (4, *a*.), *warah* (611, *d*.), sage, erzähle. In andren Fällen folgt das Pronomen nach; *mantük ta* (611, *c*.), kehre du zurück; dies *ta* könnte in 611, *d*. auch in dem auf *warah* folgenden *tikang* enthalten sein (1).

Auch mit eingeschobenem *um* finde ich den Imper.; *sumahura* (606, *d*.), antworte, von dem S. 138. dagewesenen *sahur*. Auch kommt er in

(1) [Cornets giebt dem *ta* beim Imper. die Bed. von d o c h, die auch Ger. Wörterb. anführt; Brückner sagt, dafs es, dem Verbum nachgesetzt, g a n z b e s t i m m t, u n f e h l b a r, g e w i f s ausdrücke; ob er dabei den Imper. im Sinne gehabt hat, läfst sich nicht sehen. Im B. Y. kommt das Wort öfter vor, wo an d u nicht zu denken ist; da *ta* aber erweislich auch das Pron. 2. Pers. ist (B. Y. Crawf. *Voc.* Roorda), so entsteht die Frage, ob es vorzuziehen sei, ihm diese Deutung beim Imper. zu geben, so lange nicht das Vorkommen eines anderen Pron. mit ihm dazu nöthigt, sich der Meinung der Grammatiker anzuschliefsen? B.]

der dritten Person vor; *swarga ngola* (83, *d.*), der Himmel umschliefse, empfange, von *ngol*, umarmen, umfassen (s. ob. S. 109.).

Der Vollständigkeit wegen mufs ich schliefslich hier noch eines Gebrauchs und einer Bezeichnung des Imperativus erwähnen, die ich aber auch nicht im Kawi-Gedichte gefunden habe. Es wird nämlich an das Verbum in einem verschiedenen Sinne *ken* oder *hana* geheftet. Nach Hrn. Ger. bedeutet die Endung *hen*, dafs der Imperativ sich nur auf einen einzelnen Gegenstand, die Endung *hana*, dafs er sich auf mehrere Gegenstände bezieht; *wong kahé hundhangngen*, rufe den Mann dort, *wong kahé hundhangǹgana*, rufe die Leute dort. Vermöge dieses Unterschiedes entstehen, so viel ich es mir erklären kann, die verschiedenen Imperativformen, welche Hr. Ger. bei den Paradigmen einiger Verba anführt. So z. B. S. 64. bei dem Verbum *nyekel*, greifen, anpacken (*to catch, to seize.* Crawf. *Voc.*), *chekella, chekellen, chekellana.* Ob die von Hrn. Ger. nur den mit einem Doppelconsonanten und *i* ausgehenden Verben angewiesene Imperativform dieselbe mit der hier angegebenen ist, läfst sich aus seiner Darstellung nicht deutlich ersehen, obgleich es mir sehr wahrscheinlich ist. Nach Crawf. bezieht sich der Unterschied dieser Formen nicht auf die Mehrheit der betroffenen Gegenstände, sondern auf die Mehrheit der Handlungen, so dafs durch *hana* ein Frequentativum im Imper. entsteht; *gitikken*, schlage sie (*them*), *gitikkana*, schlage sie oft.

Von dem Conjunctivus, insofern er nicht statt des Imperativus dient, kann ich nur mit einiger Ungewifsheit sprechen, da ich keine Autorität dafür anzuführen weifs, sondern ihn nur selbst im Kawi-Gedichte gefunden zu haben glaube, mir aber auch dabei nicht alle Zweifel habe lösen können. Es findet sich nämlich im B. Y. häufig, und meistentheils an Verben, ein End-*a* auch in Fällen, wo es weder zum Stamme des Wortes gehören, noch den Imper. andeuten kann. Dies End-*a* nun halte ich in diesen Stellen für das Zeichen eines von dem vorhergehenden Worte regierten Conjunctivus mit ausgelassener, ihn in anderen Sprachen gewöhnlich begleitenden Conjunction. Ich mufs jedoch zuvörderst bemerken, dafs man zuerst von diesen Fällen diejenigen sorgfältig absondern mufs, wo das End-*a* dem Worte, an welchem es sich befindet, nur durch unrichtige Abtheilung beigegeben sein kann. Allein auch so bleiben mehrere solcher Endungen übrig.

Falsche, oder doch durchaus zweifelhafte Abtheilungen sind:

lumompata layu (587, *b.*) für *lumumpat alayu*, er sprang fliehend, oder springend floh er.

tan wenanga sabdha für *tan wenang asabdha* (592, *b.*), sie war unfähig zu reden.

hasambata (587, *d.*), wo das *a* zum folgenden *nangis* gehört. Beide Worte heifsen: er wehklagte (von *sambat* und *tangis*. Crawf. *Voc.*) weinend, oder wehklagend weinte er.

Dagegen halte ich für vollkommen richtig abgetheilt: *kantuna* (23, *b.*) und *tangisa* (479, *d.*), wo, da das Wort den Vers schliefst, aller Zweifel abgeschnitten ist;

tumingala (23, *a.* s. S. 138.);

matya (82, *d.* 116, *d.*), welches ich in beiden Stellen für den Conjunctiv halte, von *mati*, sterben;

tumutta (85, *b.*), folgen, gehorchen, von *tut* (s. S. 134. und 138.).

In die Zergliederung dieser Formen gehe ich jedoch hier nicht weiter ein, da es mir zweckmäfsiger scheint, von der Bedeutung und Construction derselben in der Syntaxis (§. 21.) zu reden.

Der Infinitivus unterscheidet sich in nichts von dem Grundwort des Verbums, hat aber bei Verben mit veränderlichem Anfangsconsonanten immer den wahrhaft verbalen (den der ersten Reihe).

Das Participium, um desselben gleich hier zu erwähnen, entsteht durch eine Vereinigung des Relativpronomens mit dem Verbum in seiner wahren Verbalform; *hingkang* oder *kang bekta*, eigentlich: diejenigen, welche da tragen, die Tragenden. Vermuthlich bleibt aber, besonders in Gedichten, das Relativpronomen oft auch ganz weg, so dafs, wie es im Tag. Participium immer geschieht, das blofse Verbum wie ein Participium genommen wird.

§. 18.

Tempora der Verba.

Die Unterscheidung des Präsens, Präteritums und Futurums scheint ursprünglich in dem grammatischen Baue der Malayischen Sprachen zu liegen, und nur in einigen derselben, wie es der Gang der Sprachen überhaupt mit sich bringt, dem Gebrauche von Hülfswörtern gewichen zu sein. Hiernach theilen sich die Mal. Sprachen in zwei Classen, zu deren erster die Philippinischen, die Mad., und gewissermafsen, indem sie nämlich dazu Sylben gebrauchen, deren Bedeutung sich nur durch Vermuthung errathen läfst, die der Südsee-Inseln, zur letzten aber die eigentlich Malayische und Javanische gehören.

Am regelmäfsigsten ist auch hierin die Tag. Sprache; sie ist die einzige, welche die Sylbenverdopplung zur Tempusandeutung gebraucht. Indem sie mit dieser die Verwandlung des *m* ihrer Präfixa in *n* verbindet, oder nicht verbindet, bezeichnet sie durch blofse Reduplication das Futurum, durch diese und Verwandlung das Präsens, und durch Verwandlung ohne Reduplication das Präteritum. Es erscheint vielleicht sonderbar, dafs die in mehreren andren Sprachen dem Prät. zugetheilte Verdopplung hier gerade dem Präs. und Fut. eigen ist. Die Verdopplung ist aber immer nur eine Verstärkung des Begriffs, und es kommt bei ihrer Bedeutung in den Sprachen auf die Idee an, welche man damit verknüpft. Dies kann ebensowohl die Lebendigkeit der Gegenwart, als die Entfernung, gleichsam die Vervielfältigung, der Zeit sein.

Die übrigen mir bekannten Mal. Sprachen bedienen sich zu dem hier in Rede stehenden Zwecke der Reduplication gar nicht, und beschränken den Gebrauch des *n* auf die vergangene Zeit, so die Mad. (man vergleiche jedoch unt. 3. Buch.), Tongische und Tahitische, die zur Andeutung des Fut. zum Theil andere und eigne Vorsylben haben, welche den Philippinischen Inseln fremd sind.

Der Verwandlung des *m* in *n* liegt höchst wahrscheinlich eine wirkliche Partikel, nämlich *na*, zum Grunde; und auf diese Weise geschieht doch, wenn man in ein noch höheres Alterthum zurückgeht, die Tempusandeutung nur durch den Gebrauch einer Partikel. Diese hat sich hernach in das Verbum selbst verflochten, und ist zuletzt bei Vereinfachung des Baues wieder aus demselben verschwunden, um noch ausdrücklicheren Partikeln und Hülfsausdrücken Platz zu machen. Denn den Südsee-Sprachen, in welchen man den noch alterthümlicheren Bau nicht verkennen kann, ist das *n* als Verwandlung gar nicht eigen, sondern nur die ausdrückliche Partikel *na*.

In dieser scheinen sich zwei Begriffe zu befinden, von welchen bald der eine, bald der andere gebraucht wird. Im Tahitischen nämlich (Gramm. 34.) ist *na* ein Ortsadverbium, und drückt mit seinem stumpferen Vocal den Ort der angeredeten Person, das d o r t, gegen das mit schärferem Vocale versehene *nei*, den Ort des Redenden, das h i e r, aus. Dieser Begriff

U

der verschiednen Entfernung scheint nun auch auf die Zeit übergegangen zu sein, da *nei*, hier, die das Präs. (Gramm. 29. 34.), *na*, dort, die das Prät. andeutende Partikel ist. Zugleich aber wird *na* auch als Aufruf gebraucht (Gramm. 36.) und heifst: siehe hier! Dieser Gebrauch, in welchem das Wort auch verlängert als *naha* erscheint, ist auch, nicht aber der zur Tempusandeutung, der Neuseeländischen Sprache eigen. Vielleicht unterscheidet der Accent, oder vielmehr der besondere mit dem gleichen Vocal verbundene Beilaut beide Wörter. Denn es ist keinem Zweifel unterworfen, dafs in diesen Sprachen nicht in das Alphabet übergegangene Modificationen der Aussprache Unterschiede zwischen Wörtern gründen, welche uns ganz und gar dieselben scheinen. Aus dieser zwiefachen Bedeutung des *na* liefse sich nun der gleichzeitige Gebrauch, welchen die Tag. Sprache davon zum Präs. und Prät. macht, erklären. Denn es ist offenbar, dafs auch im Tag. das Wort die zwiefache Bedeutung der Vergangenheit und der augenblicklichen Gegenwart besitzt. Denn auf der einen Seite bezeichnet es nicht blofs überhaupt die Vergangenheit, sondern drückt, dem blofsen Worte nachgesetzt, die gänzliche Vollendung des durch dasselbe angedeuteten Ereignisses aus; *sirà-na*, es hat sich vollkommen zerstört (Totanes. nr. 99.), von *sira*, in welchem man, wenn man sich an शिरि, *śiri*, Schwert, Mörder, Heuschrecke, शीर, *śîra*, eine Schlangengattung, सीर, *sîra*, Pflug, सीरक, *sîraka*, Skorpion, erinnert, wohl das Sanskr. शृ, *śṛi*, und सृ, *sṛi*, nicht verkennen dürfte. Auf der andren Seite jedoch wird *na* als Zeitbegriff nur von einem vorübergehenden, nicht von einem beständigen Aufenthalte gebraucht; *nadini*, er ist gerade hier (Totanes. nr. 77.). Aber auch im Tag. scheint, wie im Tahitischen, der Gebrauch der Partikel der Verwebung in den Grundlaut vorangegangen zu sein. Denn im Gebirge wird bei den Wörtern, welche durch die Einschiebung von *um* ihr Verbum bilden, das Präs. häufig ohne solche Einschiebung durch Vorsetzung von *na* gemacht; *nasulat*, er schreibt, ist eben im Schreiben (Totanes. nr. 140.). Wenn nach den Spanischen Grammatikern das *na* gleichsam als das Verbum sein im Sinne des Aufenthalts an einem Orte, oder in einer Lage (Spanisch *estar*) gebraucht wird, so ist dieser Gebrauch gerade dasselbe, und *nadini* insofern Eins mit *nasulat*, beides vielleicht blofs der Aufmerksamkeit anregende Aufruf, welcher, wie dies mit jedem Worte der Sprache der Fall sein kann, als Verbum gebraucht wird. Auch im Tahitischen scheint diese Verbindung des Verbal-

und Interjections-Begriffs vorhanden zu sein. Die gedruckte, überhaupt viel zu wenig ausführliche, Grammatik schweigt zwar hierüber, allein in der Übersetzung der Stelle Evang. Joh. 17, 17. *o to parau na te parau mau*, wo unsre Übersetzungen dein Wort ist die Wahrheit haben, vertritt *na* offenbar das Verbum, und man kann es in jenen Worten als die mit dem Verbum sein verbundene Interjection ansehn, wodurch der Ausdruck noch lebendiger wird. Die wörtliche Übersetzung wäre: das dein Wort siehe (ist) das Wort wahr. Da, wo das Verbalpräfix, wie es zwar selten, aber doch bisweilen der Fall ist, nicht mit *m* anfängt, so daſs die Verwandlung nicht möglich ist, wird auch im Tag. die vollständige Partikel vorgesetzt.

Die Kawi-Sprache bleibt nun auch in diesem Theil der Grammatik ihrem allgemeinen Charakter getreu. Sie bedient sich zum Theil zur Tempusandeutung der im heutigen Jav. üblichen Hülfswörter, hat aber auch die Verwandlung des *m* in *n* beibehalten, und zeigt auch in der Partikel *na* eine merkwürdige Analogie mit den Sprachen älteren Baues.

Auch im Kawi muſs man *na*, Zeichen des Prät., von der mit dem Begriff der Vergangenheit nichts gemein habenden Partikel unterscheiden. Diese letztere kommt, wie im Tahitischen, auch verlängert als *nahan* vor. Denn daſs *na* und *nahan* dasselbe sind, beweisen Stellen, wo sie (84, *a.* und 35, *a.*) völlig dieselbe Stellung haben, und wo *na*, weil ihm ein Subst., sichtlich als solches gebraucht, nachfolgt, gar nicht Zeichen des Prät. sein kann. *Nahan* wird, nach Crawf., ohne bestimmt anzugebende Bedeutung, an den Anfang eines Verses oder neuen Satzes gestellt. Wirklich kommt es im B. Y. nicht anders vor; und der Sinn, in welchem es, so wie das einfache *na*, gebraucht wird, scheint durch unser so, also am besten ausgedrückt zu werden, gleichsam einen leichten Übergang von einem Satze zum andren bildend; *nahan wuwus nrepawadhu* (84, *a.*), und *na wuwustra* (35, *a.*), so die Worte der Fürstengemalin, und so ihre Worte, völlig gleich in Stellung und Bedeutung. In einer andren Stelle (91, *a.*) ist *na* als erstes Glied mit *hêtu*, dem Sanskr. हेतु, *hêtu*, Grund, Ursach, im Sinne von deshalb, darum, verbunden, und das nachher folgende Verbum führt als Prät. *n* vor sich: *na hêtu Pandudhayita numulih sasoka*, deshalb kehrte die Pandu-Gemalin betrübt zurück (¹). In den Stellen da-

(¹) [Ich wäre geneigt, *na hêtu* so zu nehmen: dies (war) die Ursach (warum u. s. w.) B.]

gegen, wo *na* sichtbar das Prät. anzeigt, läfst sich nicht mit Bestimmtheit behaupten, dafs das Wort wirklich eine abgesonderte Partikel sei. Es ist sogar viel wahrscheinlicher, dafs das *na* in ihnen nur aus *ma* entstanden ist; *nahem* (111, *b.*), *nahemhem* (37, *a.*), in der letzteren Stelle: sie berathschlagten, von *hem* (s. ob. S. 68.). Es kann auffallen, dafs in diesen Stellen der Anfangsconsonant des Verbums unverändert bleibt. Dies beweist aber nur, dafs die Wörter hier mit dem Präfix *ma*, welches nichts an den Verben verändert, verbunden, und daher hier intransitiv genommen sind.

Da das *n* des Präteritums immer aus einem vorher dagewesenen *m* entstehen mufs, so kommt es im Kawi überall vor, wo auf irgend eine Weise ein *m* Anfangsbuchstabe des Verbums ist oder wird, namentlich bei Verben mit Activpräfixen, welche mit *m* beginnen, bei solchen, welche das Präfix verloren haben, wo dasselbe aber ein durch Verwandlung des ursprünglichen Anfangsconsonanten entstandenes *m* zurückgelassen hat, bei Verben mit eingeschobenem *um*, welche mit *m* anfangen, bei solchen, die einen andren Anfangsconsonanten haben, wo aber, nach Einschiebung des *um*, die erste Sylbe abgeworfen ist, endlich bei solchen mit ursprünglichem und stammhaftem Anfangs-*m*. Auch die Tag. Sprache, in welcher in der Regel *n* als Tempuszeichen nur in der vollständigen Präfixform vorkommt, verändert in *n* dasjenige *m*, welches durch Abwerfung der ersten Sylbe, oder nach Totanes (Gramm. nr. 143.) durch unmittelbare Verwandlung entsteht; *basa*, *masa*, lesen, *nasa* Prät. In nachfolgenden Beispielen finden sich diese verschiedenartigen Fälle;

von *ma*: *nastuti* (18, *c.* s. Anh.);
von *man*: *naminta* (594, *b.*), von *pinta*, bitten, fordern (s. S. 133.);
von Verben mit eingeschobenem *um*:
numungga (126, *b.* s. S. 136.),
numulih (91, *a.* s. S. 139.),
numaring (18, *a.* s. S. 139.),
numasah (s. S. 138. und Anh. zu 119, *a.*);
von einem, wenigstens jetzt im Jav. als stammhaft betrachteten *m* herrührend: *nungga* (103, *a.* s. S. 136.) (¹).

(¹) [Doch findet sich in Crawf. Jav.-Engl. und ganz Jav. Wörterb. *hunggah*, heraufsteigen. — Den oben vom Verf. angeführten Fall von Verben, welche, seiner Ansicht zufolge,

Ich gehe jetzt zu der Tempusbezeichnung durch abgesonderte Partikeln über. Ich habe zwar schon oben angedeutet, daſs auch die zur Buchstabenveränderung gewordene eine solche gewesen ist. Es zeigt sich aber auch hier der merkwürdige Unterschied zwischen Partikeln aus dem frühesten Zustande der Sprache, die nachher in ihr zu Formen werden, und solchen, welche in ihren späteren Perioden entstehen, und mehr Redensarten bleiben. Die ersteren sind tief in die Sprache verwachsen, erhalten sich in ausschlieſslichem Gebrauch, und werden mehreren Sprachen desselben Stammes gemeinschaftlich; so *na*, das *n* des Präteritums, welches sich im Tag., Mad. und Kawi findet. Von den letzteren sind in einer Sprache mehrere im Gebrauch, und auch in verschiedenen Sprachen desselben Stammes giebt es verschiedene. So haben die sonst einander so nahe verwandten Sprachen, die Jav. und eigentlich Mal., jede ihre besonderen das Prät. begleitenden Partikeln, jene *sampun* Kr., *wis*, *wus* Ng., diese *ābis* (¹), *lālu*, *sudah*, *telah*. Im Mad. giebt es, neben der Veränderung des *m* in *n*, auch die Partikel *efa*, *effa*.

Das Präsens wird gewöhnlich von keiner Partikel begleitet, sondern unterscheidet sich vielmehr durch die Abwesenheit einer solchen. Doch drückt *lagi* (bei Ger. gerade jetzt, so eben) nach Crawf., der es durch *still* übersetzt, eine gegenwärtige Handlung aus; *saha wuwus-ira masret dhĕning luh lagi pinegeng* (34, *b*.), zugleich ihre Worte wurden erstickt (*serret*, zurückdrängen, stopfen, hineinzwängen, Crawf. *Voc.*) durch Thränen noch verhaltene (von *pegeng*, den Athem anhalten, allein auch: ein Kind entwöhnen, Crawf. *Voc.* Mal. *pegang*, ergreifen, halten, besitzen, regieren).

Von den Partikeln des Präteritums werden im Kawi *wis*, *wus*, so viel ich sehen kann, einfach nicht angetroffen. Aber das letztere scheint in *huwus* zu liegen. Denn es findet sich bei Ger. *huwis* und *wis*, und derselbe Vorschlag verbindet sich daher auch wahrscheinlich mit dem anderen, nur

---

nach der Einschiebung von *um* die erste Sylbe verloren haben, habe ich hier übergehen müssen, da das von ihm aus Raffles B. Y. aufgestellte Beispiel nach der Crawf. Handschrift unsicher schien. — Die Anführung von *hunggah* auf S. 136. rührt von mir her. B.]

(¹) [*ābis* ist das Jav. *wis*. s. meine Anm. auf der folgenden Seite. B.]

durch den Vocal davon verschiedenen Wörtchen (1). Die Bedeutung sagt in mehreren Stellen genau zu, und in 107, *d.* nimmt auch die Partikel zwischen dem Pronomen und Verbum gerade die Stelle ein, welche ihr im heutigen Jav. angewiesen ist; *sira huwus manjing* (107, *d.* s. Anh.), sie ging hinein. In anderen Stellen gilt das Wort mehr für ein abgesondertes Adverbium, da es (125, *b.*) hinter dem Verbum oder (39, *a.*) gar auch noch hinter dem von ihm regierten Subst. steht; *ngungsir wismanira huwus*, sie hatten sich bereits in ihre Wohnung zurückgezogen. Ich kann jedoch nicht unbemerkt lassen, daſs es auch Stellen giebt (2, *b.* 101, *d.* 610, *b.*), wo das Wort eine andere Bedeutung zu haben scheint, und die mir wenigstens bis jetzt unverständlich geblieben sind. Ich bleibe bloſs bei *sampun* stehen. Über die Stellung dieser Partikel und ihre dadurch entstehende verschiedene Beziehung zum Pronomen und Verbum habe ich schon oben (s. S. 95.) gesprochen. Die Bedeutung derselben geht ganz klar im Jav. aus *sampunni*, endigen, hervor. Daraus entspringt ganz natürlich die von Ger. bei *sampun* angegebene Bed. vergangen, gewesen, bereits; und nur so ist es zu verstehen, nicht aber als wenn es mit dem Verbum sein zusammenhinge, wenn Raffles es durch *it was* übersetzt (*Vol.* II. *App. p.* 138.). Das Wort läſst sich auch im eigentlich Mal. und im Tag. nachweisen. Im ersteren ist *sampei:* ankommen, erreichen, erlangen, sich zutragen, bis, so weit als, sich auf so viel belaufend, hinreichend, Wirkung hervorbringend, und *sampat*: kräftig sein, können, jemanden überholen, nach, nachfolgend (Jav. *sampet*, vollständig. Crawf. *Voc.*). In allen diesen verschiedenen Bedeutungen liegt der gemeinschaftliche Begriff des Erreichens, Einholens, also auch der der Vervollständigung, der Vollendung, und, drückt man die Sache ganz einfach aus, des Zusammengehens, Zusammenkommens. Diese Bed. liegt in dem Tag. *sampon*, gemeinschaftlich, in Verbindung mit jemand, und *sampay*, Wäsche auf eine Leine oder einen Pfahl hängen, also mit demselben verbinden, woher *sampayan* (die bloſse Substantivform des vorigen), ein Ding, woran man etwas aufhängt, Leine, Pfahl u. s. w. (*colgadero*), kommt, welches auch entweder noch im Jav. vorhanden sein oder

(1) [Roorda ist der einzige, welcher *huwus* anführt. Diese Wörter sind nur durch den Vorschlag *ha* vermehrt, dessen *a* wegen des folgenden *w* zu *u* wird (*huwong* und *wong*, *huwit* und *wit*), wodurch die Einerleiheit des Mal. *ābis* und des Jav. *huwis* deutlich wird. B.]

ehemals dazu gehört haben muſs, da bei Raffles *sampat* ein Kawi-Wort für Fahne, Flagge (*Vol. II. App. p. 173. col. a.*) ist (¹). Denn dies ist offenbar das eben angeführte Tag. Wort, und deutet die Verbindung der Fahne mit dem Fahnenstock an. Man kann in diesen Wörtern nicht das Sanskr. सम्, *sam*, zusammen, und eine mit *p* beginnende und gehen bedeutende Wurzel verkennen. सम्पद्, *sampad*, und सम्पत्ति, *sampatti*, Glück, Fortgang, Vollendung, sind, der Bildung und Bedeutung nach, dieselben Wörter. Man kann das in einigen der entsprechenden Malayischen mangelnde End-*d* und *t* hiergegen einwenden. Allein das Sanskr. सम्प, *sampa*, Herunterfallen, Herabsteigen, wird selbst von den Indischen Grammatikern aus पत्, *pat*, mit weggefallenem Endconsonanten, erklärt, wo es vielleicht richtiger wäre, zu sagen, daſs पद्, *pad*, und पत्, *pat*, selbst schon zusammengesetzte Wurzeln sind, und es eine andere, noch einfachere Grundform gegeben haben kann, wie es denn eine solche in पि, *pi*, gehen, sich bewegen, in der That giebt. Zweifelhafter kann es scheinen, ob auch समीप, *samîpa*, welches im B. Y. ganz ebenso (117, *b.*) als ein später in die Sprache aufgenommenes Wort vorkommt, die gleiche Ableitung erlaubt, und das *î* nur euphonisch eingeschoben ist; die Ableitung der Indischen Grammatiker scheint mir wenigstens sehr zweifelhaft.

Als wahres Verbum, mit dem Präfix *ma*, findet sich die Partikel, von der wir hier reden, in *masampuna* (86, *d.*), es ende. Das Adv. *risampunira*, darauf, habe ich schon früher erwähnt.

So, daſs man unverkennbar darin das Zeichen des Prät. anträfe, findet sich *sampun* nur in einer Stelle (74, *c.*). An anderen, wo ihm *mangka*, *mangkana* folgt (5, *a.* 104, *a.* 108, *a.*), scheinen beide Wörter zusammen darauf zu bedeuten; in den übrigen (143, *b.* 603, *b.*) ist es mir noch dunkel. Es scheint daher offenbar, daſs in dem Zustande der Jav. Sprache, in welchen das Kawi verlegt werden muſs, *sampun* erst auf dem Wege war, von einem eigenen Worte zum grammatischen Zeichen zu werden, und daſs seine eigenthümliche Bedeutung noch seine grammatische Geltung überwog. Man sieht übrigens aus dem Obigen, da ich alle Stellen angeführt habe, in welchen *sampun* erscheint, wie wenig häufig sein Gebrauch in dem uns vorliegenden Kawi-Gedicht ist.

(¹) [Kein Wörterbuch enthält dieses Wort sonst, als Roorda's. B.]

Die Partikeln des Futurums im heutigen Javanischen sind *mangkê* Kr., *mengko* Ng., welche das Zukünftige, Bevorstehende, und dadurch auch sollen, *badê* Kr., *bakal* Ng., die geradezu sollen, müssen, und *bajeng* Kr., *harep* Ng., die wollen, begehren bedeuten. Die beiden ersten dieser Wörter scheinen, so viel ich aus den Wörterbüchern schliefsen kann, mit der Partikel, von der ich eben bei *sampun* redete, nichts gemein zu haben. Die Partikel lautet bei Gericke *mengkana, mekana* und *mangkênnê,* in welcher letzteren Form schon ein nach Jav. Methode den Partikeln angeheftetes Pronomen der dritten Person zu liegen scheint. Im B. Y. ist der erste Vocal allemal ein *a*, man findet aber auch in verstümmelter Form *ngka* (2, *c.*). In keiner einzigen Stelle kann aber auf das Wort der Begriff des Zukünftigen, des Sollens bezogen werden. *Badê* und *bakal* kommen im Kawi-Gedichte gar nicht vor. *Harep* findet sich allerdings öfter; allein in keiner dieser Stellen kann man es als Zeichen des Fut. ansehen. Man bleibt darüber sogar nicht einmal zweifelhaft, da deutliche Substantivformen auf das Wort folgen. Ich kann überhaupt ganz und gar kein Unterscheidungszeichen des Fut. im Kawi auffinden. Auch im eigentlich Malayischen ist die Bezeichnung dieses Tempus nach Marsden (*Gramm.* 69.) höchst mangelhaft; im Jav. scheint sie durch bestimmtere Partikeln geregelter, und im Tag., wo die Reduplication und der unveränderte Anfangsbuchstabe der Verbalform sie bilden, im Mad., und selbst in einigen Sprachen der Südsee-Inseln, wo es für das Fut. eigne Vorsylben giebt, ist sie gerade ebenso bestimmt, als die des Präteritums. Der Mangel eines sicheren Kennzeichens im Kawi ist daher auffallend. Vielleicht rührt er daher, dafs das Kawi überhaupt, wie es mir scheint, geringen Gebrauch von der Reduplication macht, und doch seine grammatische Formung den Philippinischen Sprachen, wo gerade die Reduplication das Fut. bezeichnet, am nächsten verwandt ist. In den wenigen Stellen, wo man durchaus im B. Y. ein Fut. ausgedrückt annehmen mufs, ist der Sinn in Form eines Imperativus gegeben. So in den Verheifsungen des Gottes gegen den König im Anfange des Gedichts.

Ich habe schon im Vorigen (S. 94.) von einer unbestimmten Zeit oder vielmehr von einer Art gesprochen, den Verbalbegriff ohne alle Zeitbestimmung hinzustellen. Denn ein Aorist, welcher Vergangenheit und Zukunft in sich begriffe, widerspricht aller Möglichkeit, sich die Tempora des Verbums geordnet zu denken. Ein Beispiel für diesen Sprachgebrauch einzeln aufzufinden, dürfte nicht leicht möglich sein. Es würde voraussetzen, dafs alle übrigen Verba in ihren Zeiten gehörig bezeichnet wären. Da dies aber gar nicht der Fall ist, so läfst sich gewissermafsen sagen, dafs wenigstens zwischen Präsens und Präteritum ihre Unbestimmtheit, bis auf die einzelnen ausdrücklich als Präteritum bezeichneten Fälle, allgemein ist.

Im Jav. hat die Tempuspartikel ihre eigne durch Regeln festgesetzte Stellung gegen das Pronomen und das Verbum (s. S. 95.). Da im Kawi-Gedicht sowohl diese Partikeln, als die ausdrückliche Hinzufügung des Pronomens sehr selten ist, so weifs ich hierüber nichts Bestimmtes anzuführen.

§. 19.

Numerus der Verba.

Es geht schon aus dem beim Pronomen und Nomen Gesagten hervor, dafs die Unterscheidung des Numerus auch im Verbum wegfällt. Indefs hat die Javanische Sprache auf eine Weise, die es mir aber nicht gelungen ist im Kawi wiederzufinden, eine Methode, Mehrheit der handelnden Personen durch die Form des Verbums anzuzeigen, und auch am Imperativus nicht zwar zu bezeichnen, ob der Befehl sich an Einen oder Mehrere richtet, aber doch, ob die Absicht des Befehles selbst Einen oder Mehrere zum Gegenstand hat. Das Erstere geschieht durch die Gattung des Verbums, das Letztere durch das Suffix des Imperativus (s. S. 146. 151.). Im Tag. giebt es auch in den Verbalpräfixen liegende eigne Bezeichnungsarten der Fälle, wo eine Mehrheit der handelnden Personen oder der Handlungen selbst angedeutet werden soll. Im letzteren Fall entstehen Frequentativa. Im ersteren dient gewissermafsen eine Verbalgattung der andren zum Plural, wie z. B. die Wörter mit präfigirtem *mag* denen mit eingeschobenem *um*, wenn, was nicht immer geschieht, die Bedeutung dieselbe ist; *sumúlat*, Einer schreibt, *magsúlat*, Viele schreiben, *umasáva*, der Mann heirathet, nimmt ein Weib, *magasávu*, Mann und Weib heirathen beide. Der Grund liegt eigentlich darin, dafs der Vorschlag *mag* auch bei Substantiven eine collective Bedeutung hinzubringt. Es ist leicht einzusehen, dafs hieraus niemals das hervorkommen kann, was die wahre Andeutung des Numerus beim Verbum in anderen Sprachen ist.

Personen des Verbums.

Die Hinzufügung des Pronomens ist die einzige Art, dieselben anzudeuten. Ich habe aber schon oben erinnert, daſs diese Andeutung in dem Kawi-Gedichte nur selten vorkomme und in den Fällen, wo das handelnde oder leidende Subject nicht genannt sind, sondern durch ein Pronomen anzuzeigen wären, hinzugedacht werden müsse.

Die Stellung der das Verbum regierenden und von demselben regierten Personen ist in den Kawi-Proben, welche wir vor uns haben, durchaus keine feste und regelmäſsige, sondern wird auf dichterische Weise nach den Forderungen des Ausdrucks verändert.

Es ist übrigens merkwürdig, daſs im Tag. das Pron. dem Verbum nachfolgt, da es im Jav. und eigentlich Mal. ihm vorangeht. Marsden bemerkt (*Gramm.* 60.), daſs in dem Tempus unbestimmter Vergangenheit, welches die Partikel *de* bei sich führt, das Pron. nachfolge. Dies Pron. ist nämlich in der dritten Person alsdann immer *nia*, und Marsden giebt mithin hier dieses für eins und dasselbe mit dem selbstständigen, sonst als Subject das Verbum regierenden *diya*. Es sei mir aber erlaubt, in diesem Punkte von der Meinung dieses gelehrten Kenners des Malayischen abzuweichen, und zwar auf eine Weise, die er selbst, jedoch nur schwach und ohne weitere Anwendung, angedeutet hat. Der ganze von ihm aufgestellte Aorist ist gar kein Tempus des Verbums, sondern nur eine der Redensarten, in welchen der Verbalausdruck in einen nominalen umgewandelt wird. Diese Redensarten vertreten im Mal. und Mad. die Stelle des Passivums; das Pron. *nia* ist das Possessivum der 3. Pers., sein, und steht als solches hinter dem Worte, zu welchem es gehört, und das hier ebendadurch aus einem Verbum zum Substantiv, wenigstens zum Infinitiv wird. Das *de* ist nichts andres, als das Verbum sein (Jav. *dhi*), was auch daraus klar ist, daſs (*l. c.* 65.) es gleich hinwegfällt, so wie ein anderes, noch jetzt in der Sprache geltendes Verbum sein hinzutritt; *de surūh-nia* heiſst nicht eigentlich er befahl, sondern es war sein Befehlen; *amba de pūkul, arta amba de rampas-nia* heiſst nicht eigentlich mich schlug er, meine Habe plünderte er, sondern wörtlich: ich war sein Schlagen, meine Habe war sein Plündern. Da diese Redensarten bisweilen ganz natürlich in ihrem mehr passiven Ausdruck die Präposition *ūlih*, durch, von, nach sich führen, so findet, wie ich oben bemerkte, Marsden selbst (*l. c.* 69.) eine Spur von Passivum hierin; *de dangar ūlih raja*, es war ein Hören durch den König, läſst sich allerdings noch weniger activ übersetzen: der König hörte. Es könnte aber gar nicht so stehen, wenn nicht, auch ohne *ūlih*, die Redensart dieselbe Geltung hätte. Ich werde dies in meiner Schrift über die Malayischen Sprachen weiter ausführen (1).

§. 20.

Adverbia.

Hr. Gericke verweist alle, ihrer grammatischen Natur nach, nicht declinirbare Wörter in das Wörterbuch und erwähnt derselben in seiner Grammatik nur hier und da gelegentlich. So führt er (S. 68.) vom Adverbium an, daſs Nomina und Pronomina durch das Präfix *sa* in Adverbia verwandelt werden; *hupami*, Beispiel, *sahupami*, beispielsweise, *hiki*, dieser hier,

(1) Erst nachdem ich dies geschrieben hatte, erhielt ich Hrn. Roorda's Holländisch-Malayisches und sein Malayisch-Holländisches Wörterbuch, beide, das erstere 1824, das letztere 1825, in Batavia gedruckt. In der Einleitung zu dem ersteren befindet sich ein sehr kurzer Abriſs einer Mal. Grammatik, und ich sehe daraus, daſs auch Hr. Roorda das Tempus, von welchem ich hier rede, nicht in seine Conjugation aufnimmt, in welcher, den Imperativus ausgenommen, das persönliche Pron. immer dem Verbum vorausgeht, niemals aber nachfolgt. Es ist jedoch auffallend, welche Verschiedenheit zwischen diesem Abriſs und der Marsdenschen Gramm. in Absicht der Bildung des Passivums herrscht. Nach Marsden kommt eine eigentliche Passivbildung bloſs im Participium vor, und auch nur in diesem erwähnt Marsden des Pass. in den Paradigmen seiner Conjugation (*Gramm. p.* 61-72.). Roorda dagegen bildet eine vollständige Passivconjugation, in welcher immer das Pron. vorausgeht, und dann *di* unmittelbar vor dem Verbum steht (*l. c. p.* XIV.). Daſs dies *di* dasselbe Wort, als das bei Marsden *de* lautende, ist, sieht man aus der Arabischen Schreibung, in welcher beiden د entspricht. Auch sagt Roorda im Malayisch-Holländischen Wörterbuche (*v.* د) ausdrücklich, daſs dies Wort aus dem Activum des Verbums ein Pass. macht. Es entstehen nun aus dieser Verschiedenheit beider Sprachlehren mannigfaltige Abweichungen in den angegebenen Formen, die es jedoch hier nicht aufzuklären der Ort ist. Man vergleiche indeſs über diese ganze Materie noch weiter oben S. 80. 81. 86. 123. Robinson (*Malayan Orthography. p.* XLVI.) bemerkt auch schon gegen Marsden, daſs *de* nicht immer eine vergangene Zeit, sondern oft die gegenwärtige, ja auch den Infinitiv bezeichne, und belegt beides mit Beispielen. In dem letzteren Gebrauch ist meine oben gemachte Behauptung besonders deutlich bestätigt; *maka handak de bawā-nia Sati Dēwī ītu pūlang ka-negrī-nia*, er wünschte Sati Dewi in sein eignes Land zu bringen, wörtlich aber: Wünschen sein (*esse*) sein (*suus*) Bringen zurück u. s. w. Robinson läſst sich jedoch nicht auf eine weitere Erklärung dieser Redensarten ein.

sahiki, jetzt, gegenwärtig (s. S. 49. 70.). In anderen Fällen erhalten die Adverbia zugleich eines der Besitzpronomina als Suffixum, eine Methode, von der ich gleich ausführlicher reden werde.

Aufserdem finde ich weder im Kawi, noch im Jav., ein irgend bestimmtes Kennzeichen des Adverbiums; und es ist nicht zu verwundern, dafs eine Sprache, die überhaupt so wenig grammatisch unterscheidet, Adjectiva und Adverbia in dieselbe Classe wirft.

Präpositionen und Conjunctionen.

Ich habe schon oben (S. 49. 50.) einiger Sanskritischer in das Kawi übergegangenen erwähnt. Eine Aufzählung der sich in dem abgedruckten Theile des Brata Yuddha befindenden Malayischen würde, da sie zu keinem Zwecke vollständig gemacht werden könnte, unnütz sein, und über die von den Präp. regierten Casus läfst sich bei dem Mangel der Bezeichnung derselben gar nichts sagen. Ich werde mich also auf einige allgemeine Bemerkungen über den Ursprung und die Bildung dieser Wörter beschränken.

Man findet wohl in allen Sprachen sichtbare Beweise, dafs die Präpositionen und Conjunctionen grofsentheils von Wörtern selbstständiger Bedeutung herrühren. Im Jav. und auch im Kawi werden häufig Verba der Bewegung dazu gebraucht, die zum Theil sogar ohne allen Unterschied des Lautes bald die Verbalbedeutung, bald die der Präposition haben. So heifst *ḍateng* (Ger.) kommen, Ankunft, zu, an, nach, durch. Im B. Y. finde ich dagegen das Wort nicht als Präposition, wohl aber als Verbum (20, *b.*) und als Participium (33, *a.*); doch mag dies zufällig sein. In anderen Fällen verändert sich der Laut. So kommt *maring* (s. Anh. 124, *b.*) offenbar von *mara*, sich nähern, heranbewegen. Allein sowohl nach den Jav. Wortverzeichnissen, als im B. Y., heifst nur *maring*, *mring* und *marang* zu, nach, durch, und die Verbal- und Substantivbedeutung verbindet sich nur mit dem nicht in einen Nasenlaut endenden Worte; *maring nrepati Hastina* (19, *b.*), zum Fürsten von Astina, *numalya* [1] *maring paprangan* (126, *a.*), kehrte zurück zum Schlachtfelde. Von *teka*, kommen und Ankunft, lautet im heutigen Jav. bei Ger. und Crawf. die Präposition *tekan*, im B. Y. *tekĕng* und *teking*, zu, nach. Bei diesem Worte aber erscheint der Ur-

[1] [Das Anfangs-*n* in diesem Worte ist nicht sicher. B.]

sprung des Gebrauchs von Verben zu Präpositionen noch deutlicher. In dem Begriffe der Bewegung liegt natürlich schon zugleich der ihrer Richtung; und der grammatische Übergang läſst sich nur so denken, daſs Anfangs die Bewegung allein, also gleichsam mit Auslassung der Präposition, aufgefaſst wurde, darauf beide Begriffe neben einander bestanden, endlich aber der der Richtung allein die Oberhand behielt, und ein anderes Verbum der Bewegung, wie im eben angeführten Beispiel, hinzugefügt werden muſste. Bei *teka* fällt dies im B. Y. vorzüglich in die Augen. Es steht mehrere Male mit suffigirtem *ring*, also mit einer andren Präposition, nach, zu, und hat daher bestimmt Verbalbedeutung, so 87, *c.* Auf gleiche Weise steht auch *teka* allein, (604, *c.*) *china tinut narĕswarawadhu teka lumiyati gatra sang kakung*, das Zeichen wurde verfolgt von der Herrscher-Frau, sie kam zu sehen (oder bis sie erblickte) den Leichnam (गात्रं, *gâtram*; *gatra, figure, semblance.* Crawf. *Voc.* Gesicht, *face*, Raffles. II. *App. p.* 169. *col. b.*) des Gemals (bei Crawf. Mann, männlich, *man, male.* Ebenso bei Raffles. II. *App. p.* 169. *col. a.*, bei Ger. Sohn). Auch *tekĕng* und *teking* sind manchmal so gebraucht, daſs man zweifelhaft bleibt, ob man sie geradezu als Verba nehmen, oder, sie für Präpositionen ansehend, das Verbum bei ihnen ergänzen oder im Vorhergehenden suchen soll.

Sedeng (s. Anh. 111, *a.*) wird im eigentlich Malayischen zugleich als Nomen und als Partikel gebraucht. In meinen Javanischen Hülfsmitteln kommt es in Verbal- und Nominalbedeutung, die Mitte halten, sowohl vom Ort, als metaphorisch, Mäſsigung, vor, und auſserdem führt Crawf. *Voc.* von ihm die Bed. Zeit (*time, season*) und während (*while, whilst*) an. Im Kawi-Gedichte dient es als diese Conjunction, und ich werde in der Syntaxis darauf zurückkommen.

Ich möchte *teking, maring* für Verbindungen mit der Präpos. *hing* halten, obgleich die heutigen Jav. Wohllautsregeln den Vocal *ĕ*, statt *i*, fordern. In meinen Hülfsmitteln finde ich nur *maring* und *tekĕng* (letzteres in Crawf. ganz Jav. Wörterb.). Da aber *marang* gerade in derselben Art, wie *maring*, als Präpos. gebraucht wird, so wäre es möglich, daſs *ing* eine selbstständige Endung ist. Die Anwendung von Verben zu Präpositionen verräth, wie es mir scheint, einen feineren Sprachsinn, als die von Substantiven, Rücken, Antlitz u. s. f., zu demselben Zweck. Das Verbum wird seiner Richtung im Raume nach genommen, und Raumbegriffe machen auch, wenn man es tiefer untersucht, den Hauptbestandtheil aller Präpositionen aus. In ganz zu grammatischen Wörtern gewordenen ist dieser Begriff rein und ohne allen materiellen Zusatz ausgedrückt, und diesem Ausdruck kommt die Beimischung einer Handlung, und zwar einer so allgemeinen, als die der Bewegung ist, am nächsten.

Dafs mit Präfixen versehene Verba diese in ihrem Gebrauch als Partikeln beibehielten, ist mir wenigstens nicht vorgekommen. Dagegen wird *dumateng*, mit eingeschobenem *um*, ebensowohl, wie *dateng*, als Präpos. gebraucht (Ger. Gramm. S. 42.), und mithin das Wort auch im Gebrauch als Präpos. durchaus wie ein Verbum gedacht.

Es dienen jedoch auch Nomina, theils unmittelbar und ohne Veränderung, theils in Verbindung mit anderen Wörtern, zu Partikeln. So wird *karana*, Ursach, Grund, auch als deshalb, deswegen gebraucht. Aus *dhalem*, Haus, Pallast, wird, mit vorgesetztem *hing*, innerhalb, *hing dhalem*, und aus *liya* oder *haliya*, ein Anderer, Fremder, mit nachgesetztem *saking*, von, durch, wegen, *haliya saking*, aufser, ausgenommen.

Eine eigne Methode der Jav. Sprache ist es, Partikeln durch die Suffixa des Pronomens der dritten Person zu bilden, wobei zugleich häufig die Präfixa *sa* und *ha* und die Präpos. *ri*, *hing* vorgesetzt werden. Auf ganz gleiche Weise wird *hing* angehängt. Besonders deutlich ist die Entstehung dieser zu Wortbildungen gewordenen Redensarten bei dem angeführten *karana*. Wenn dies allein als Partikel steht, so ist es so viel, als würde, mit ausgelassenem Verbum ist, gesagt: die Ursach ist. Bei der Anhängung des Suffixes *hira* kommt nun der Begriff dessen, wovon es Ursach sein soll, hinzu, und die Worte *ya karananiran pasabdha ri nararya Kresna teher* (123, *a.*) können ebenso gut übersetzt werden: Ursach war des Sprechens zu dem ehrwürdigen Krishna schnell, als: deswegen war das Sprechen u. s. w. Gleich klar erkennt man diese Verwandlung eines Nomens in ein Adverbium oder eine Partikel in dem 129, *c.* (s. S. 168.) vorkommenden *namanira*. Ursprünglich heifst dasselbe blofs: sein Name; mit ausgelassenem war in der Verbindung aber hat es denselben Sinn, als stände: mit Namen. In allen diesen Fällen heftete sich der Begriff der Partikeln nach und nach fester an diese Zusammensetzungen, die Bedeutung der Suffixa blieb nun nicht mehr gegenwärtig; und wahrscheinlich rührte es daher, dafs dieselben auch ohne alle Veränderung der Bedeutung an gewisse Wörter gehängt wurden. Denn dafs dies geschieht, bezeugt Ger. (Gramm. 26.) ausdrücklich, und führt zu Beispielen *gangsal-lipun*, gleichbedeutend mit *gangsal*, fünf, *boten-nipun*, gleichbedeutend mit *boten*, nein, nicht, an. Selbst in der ursprünglichen Bedeutung der hier angeführten Wörter kann ich keinen Grund zu der Anfügung des Suffixes entdecken ([1]). In einigen andren, wo sich auch nicht sagen läfst, dafs gerade Partikeln gebildet sind, sieht man aber, wie das Suffix die Bedeutung des einfachen Wortes verändert. So in *sira-nnira*, selbst, von *sarira* oder *srira*, Körper (Ger.); hier ist, der Allgemeinheit wegen, das Pron. der 3. Pers. gebraucht, und nach einer, auch anderen Sprachen eigenen Metapher sein Körper für selbst genommen. Von *warni*, Art, Sorte, kommt *sawarnnê-nnipun*, von allen Arten, alles. Hier wird der Genitiv gewissermafsen durch den in *sa* liegenden Begriff des Ganzen herbeigeführt. Dieser Bildung ähnlich ist die von *sakathah-hipun* und *sakathah-hê*, alle, von *kathah*, viele, und von *sathithik-kê*, das Geringste, von *thithik*, einige. Mit dem letzteren Worte wird aber auch das Affix *sa*, gleichsam nur den Positivus bildend, ohne Suffix gebraucht, *sathithik*, ein wenig. Beispiele auf diese Weise gebildeter Partikeln sind die nachfolgenden:

sasampun-ning, *sasampun-nipun*, *ri sampun-ning*, *ri sampun-nira*, danach, darauf;

tersanda-nnê, zum Beweise, von *tersonda*, Beweis, dessen Vocal *o* wegen des Zuwachses, welchen das Wort bekommt, zu *a* wird;

sawis-sê, hernach, darauf, von dem oben dagewesenen *wis*;

hing lami-lami, sehr lange vorbei, *hing salamê-nnipun*, so lange als, *hing salami-lami-nnipun*, lange (von der Zeit gebraucht), lange vergangen;

hing sahunni-nnê, dem Inhalte gemäfs, von *hunni*, der Inhalt (Ger. v. *munni*).

Die Mannigfaltigkeit dieser Formen zeigt, dafs auch das Wohlgefallen des Ohres an tönenden Wortverlängerungen Antheil an derselben hat.

([1]) *gangsal* ist ein Krama-Wort, allein als fünf mir in keiner andren Mal. Sprache bekannt. Im Tag. heifst es Ungleichheit, unvollkommen, und wird dann als eine allgemeine Benennung der ungeraden Zahlen gebraucht. Es ist gewifs schon selbst zusammengesetzt, und die Bedeutung der Endung hängt wahrscheinlich mit einem der vielen negativen Begriffe zusammen, welche dem Worte *sala* eigen sind.

Im Kawi finden sich dieselben gleichfalls; und ich erwähne hier zuerst einer, die mit und ohne Suffix darin vorkommt und deren Ursprung nicht so klar zu beweisen ist; ich meine *dhê* und *dhêning*, über die ich schon (S. 121.) Einiges gesagt habe. Dem heutigen Javanischen ist das einfache *dhê* fremd, es kennt nur die Verbindungen desselben mit *hê* und *hing* in *dhênnê* und *dhênning*, dafs, durch, wegen. Es ist jedoch wohl keinem Zweifel ausgesetzt, dafs die Malayische Partikel *de* dieselbe ist; und auch die Identität mit dem Verbum substantivum *dhi* bleibt mir immer sehr wahrscheinlich. *Dhê* wird in unsrem Gedichte in der Bed. von durch, von, wie das Mal. *ûlih*, gebraucht, was sich am deutlichsten da zeigt, wo es auf ein Passivum folgt; *Kurunata sigra pinapag dhê Bima ring sayaka* (134, *a.*), der Kuru-Herrscher sogleich wurde begegnet von Bhima mit Pfeilen; *hinabiwadha dhê sang prabu*, er wurde begrüfst durch die Fürsten (124, *c.*). In gleicher Bedeutung, aber ohne Passivum, steht dies Wort in andren Stellen; *prakasa wara Sangka namanira mati dhê sang dhwija* (129, *c.*), der ruhmvolle (प्रकाश, *prakâśa*), treffliche Sangka sein Name (d. h. mit Namen) starb durch den zwiefach Gebornen; und ebenso 137, *b.* Denselben Sinn findet man verbunden mit *dhêning* 34, *b.* (s. S. 157.) und 605, *d.*

Von *karananiran* habe ich schon S. 166. gesprochen.

risampunira (119, *a.* 126, *a.*) heifst in beiden Stellen, in welchen demselben zugleich noch eine andere Partikel nachfolgt, darauf.

tekapnira (21, *b.*), *tekapira* (11, *a.*), von (Lat. *a*), *tekapira* (287, *b.*), deshalb, *tekaping* (288, *b.*), weil; noch kommen die Formen *tekapning*, *tekapi*, *tekapni* vor.

Die Jav. Präpos. *saking*, von, durch, wegen, möchte ich nicht hierher ziehen, sondern mit dem obigen *maring* zusammenstellen, da wohl eher ein Stammwort *saka*, als das Präf. *sa*, darin liegt. Diese Partikel findet sich 117, *b.* *tlas metu saking dhalam kutha samipa-ning panchaka*, völlig herausgegangen (d. h. nachdem sie herausgegangen waren) (Ger. gleichbedeutend mit *medhal*) aus dem Inneren (¹) der Festung in der Nähe des Schlachtfeldes (पञ्चक, *pañchaka*) u. s. w.

(¹) *Dhalem* ist nach Ger. ein Haus, Pallast, und zugleich ein Beiname des Fürsten; *hing dhalem* heifst innerhalb, und nach Crawf., der das Wort durch Haus und kö-

In keinem meiner Hülfsmittel erwähnt, aber in mehreren Stellen des Gedichtes offenbar die Beziehung des Verbums auf das demselben nachfolgende Nomen ausdrückend, mithin völlig als Präposition gebraucht, finde ich *ri*. Wenn ich mich in diesem Gebrauch nicht irre, so mufs man es für eine von den Partikeln ansehn, welche, ohne an irgend eine materielle Bedeutung zu erinnern, ganz zu grammatischen Wörtern geworden sind. Wenn es, wie ich glaube, Eins mit *hi* ist, so liegt die Kraft des Wortes vielleicht blofs im Vocal, der, indem er auf das örtliche hier hinweist, gleichsam das nachfolgende Wort im Gedanken zu dem vorhergehenden herüberzuziehen sucht.

Von den aus dem Sanskrit aufgenommenen indeclinablen Wörtern habe ich schon oben (S. 49. 50.) gesprochen.

§. 21.

Syntaxis.

Die Entwicklung der syntaktischen Regeln einer Sprache setzt eine viel vollständigere Kenntnifs derselben voraus, als ich mir vom Kawi zu be-

niglichen Besitz (*royal belonging*) erklärt, hat dieselbe Bed. von in, darinnen auch das einfache Wort ohne *hing*. Im Tag. wird nach De los Santos (*v. casa*) an einigen Orten der Vornehmste und der aus dem gröfsten Hause herstammt, *dálam* genannt; an anderen versteht man unter dem Worte die Gesammtheit der Diener und Sclaven eines Mannes. Marsden unterscheidet in seinem Wörterbuch zwei Wörter *dālam*, ein wahrhaft Malayisches, in, tief, Tiefe, und eins Javanischen Ursprungs, der Hof, der königliche Wohnort, höfisch, zum Hofe gehörig. Die Scheidung der beiden Bedeutungen von Tiefe und Hof, Residenz zwischen der Mal. und Jav. Sprache scheint daher nicht gegründet. Ich halte das Wort gar nicht ursprünglich für ein Malayisches, sondern für Sanskritisch. Im Tag. zeigt seine ganz einzeln stehende und ganz mit conventionellen Begriffen zusammenhangende Bedeutung, dafs es nicht einheimisch in der Sprache, sondern mit fremder Herrschersitte hineingekommen ist, vielleicht aus Java selbst, wo sich schon früher Indische Sitte festgesetzt hatte, da der Tagalischen und Javanischen Sprache die Übertragung der Benennung des Fürstenhauses auf den Fürsten oder Vornehmen selbst gemeinschaftlich ist, und ich dies sonst nicht gefunden habe. Dem Madecassischen ist das Wort gar nicht eigen. Ich leite es von दल्, *dal* (dem Deutschen theilen), trennen, durchbohren, schneiden, her, wodurch eine Hölung entsteht. So wie das davon abstammende दल, *dala*, ein Futteral, eine Scheide heifst, kann es auch als Haus gebraucht worden sein. Die Beschränkung auf ein Fürstenhaus, einen Hof darf man vielleicht in nichts anderem, als darin suchen, dafs das Wort ein Sanskritisches, nur von Vornehmen gebraucht war. Der Begriff der Tiefe liegt in dem ursprünglichen Begriff, könnte indefs auch, wie die Bedeutung in, erst aus dem Begriff des Hauses entstanden sein.

Y

sitzen anmaſsen darf. Ich werde mich daher um so mehr nur auf einzelne Bemerkungen beschränken, als Hrn. Gericke's Grammatik diesen Gegenstand nur mit wenigen Worten behandelt.

Die Construction der Kawi-Sprache ist, der Natur derselben gemäſs, die Javanische; da sie aber wesentlich eine Sprache zum Dichten ist, so kommen in ihr alle die Freiheiten und kühneren Wortfügungen vor, welche der Dichtung in allen Sprachen angehören; und schon eine kleine Belesenheit im Brata Yuddha zeigt, daſs die Javanische Dichtersprache in dieser Kühnheit eher andere übertrifft, als hinter ihnen zurückbleibt.

Die Erkenntniſs der Construction beruht natürlich zunächst auf der Unterscheidung der Redetheile und der wirklichen Bezeichnung der grammatischen Verhältnisse. Wir haben aber schon im Vorhergehenden vielfach gesehen, daſs diese Bezeichnung bei weitem zu mangelhaft ist und zu oft gänzlich fehlt, um nicht eine viel festere Stellung der Redetheile gegen einander wünschenswerth zu machen, als die Wortfolge im Kawi verräth. Denn sehr häufig werden die Regeln, welche die prosaische Construction hierin vorschreibt, verletzt, ohne daſs man dafür einen Ersatz an bestimmter Bezeichnung findet. Indeſs ist natürlich die Wortfolge nächst der Bezeichnung das wichtigste Mittel, den Faden der Construction festzuhalten. Die Schwierigkeit hiervon wächst aber durch eine andere Eigenthümlichkeit des Kawi, nämlich durch die häufige und fast beständige Auslassung der Wörter, welche zwar keine neuen Begriffe hinzufügen, aber das Verhältniſs der in dem Satze ausgedrückten in ein klareres Licht stellen; ich meine nämlich vorzüglich die Auslassung der Pronomina und des Verbums *sein*. Die letztere, verbunden mit dem Umstande, daſs die bestimmten Kennzeichen des Nomens und Verbums so oft fehlen und jedes Wort alsdann in beiden Gestalten gebraucht werden kann, macht es in sehr vielen Fällen schwierig, ja oft unmöglich, das Verbum mit Bestimmheit zu erkennen und sich dadurch in den Mittelpunkt des Perioden zu versetzen. Man sieht aus dieser Schilderung, daſs man auch im Jav., wenigstens in dichterischen Werken, darauf verwiesen wird, die Construction nur an dem Sinne herauszubringen. Hierin, in dem Mangel an grammatischer Bezeichnung, in der Schwierigkeit der Ausmittlung des Verbums, und der Auslassung der die Verhältnisse der Begriffe zu einander bezeichnenden Wörter, nähern sich die Javanischen Compositionen, wenigstens die dichterischen, in der That den Chinesischen. Nur mufs man gestehen, dafs die Wortfolge in den letzteren, gerade weil sie sich auf keinerlei grammatische Bezeichnung stützen kann, ungleich fester bestimmt ist, als im Jav., wo man sich doch auch so oft von der Bezeichnung verlassen sieht. Denn sogar die Unterscheidung des Verbums ist im Chinesischen dadurch gesicherter, dafs gewisse Wörter immer nur Verba, andere nur Substantiva sind. In den Malayischen Sprachen hängt der Unterschied an den Affixen, und diese wirft das Jav., sie mehr als euphonische Verlängerungen betrachtend, häufig ab. So viel ich habe aus den, leider zu unvollständigen Wörterbüchern ersehen können, haben nun zwar wohl auch oft die Jav. Wörter die Eigenschaft, unabhängig von allen Affixen, blofs für Verba zu gelten. Namentlich ist dies bei mehreren aus dem Sanskrit entlehnten Substantiven der Fall. Wenn ich mich aber nicht ganz in der Erkennung der Kawi-Construction geirrt habe, so finden sich im B. Y. mehrere solcher Wörter wirklich als Substantiva gebraucht, was sich sehr gut daraus erklären läfst, dafs die Kawi-Sprache dem lebendigen Verkehre mit der Indischen näher stand und daher auch weniger an der Eigenthümlichkeit der aus der letzteren entnommenen Wörter abänderte.

Die Hauptregeln der Wortstellung und der Syntaxis überhaupt habe ich schon oben bei der Betrachtung der einzelnen Redetheile aufgeführt, und kann mich begnügen, nur wieder darauf hinzuweisen. Namentlich ist dies bei der Bezeichnung des Genitivs S. 73., bei der Stellung des das Verbum regierenden und von demselben regierten Nomens und bei der Stellung des Adjectivums gegen das Substantivum (S. 77.) der Fall gewesen.

Die ganz allgemeine Regel, von der nur der dichterische Styl sich bisweilen entfernt, ist, in allen grammatischen Verbindungen das als Subject im Nominativ stehende Wort den von ihm abhangenden vorangehen zu lassen. So steht der Nominativus vor dem Genitivus, das Substantivum vor dem Adjectivum, das Subject des Verbums vor demselben und dem von ihm regierten Nomen. Es geht also eine einzige Regel durch alle gleichartigen Fälle in der Sprache, da im Chinesischen, nach Rémusat's vortrefflicher, ebenso kurzer, als erschöpfender Darstellung, zwei entgegengesetzte Regeln neben einander hinlaufen (Chinesische Grammatik, S. 166.). Denn die eben entwickelte gleichsam directe Stellung findet beim Verbum und den zu demselben gehörenden Nominen statt. Wo dagegen Begriffe einander modificiren, geht das die Modification ausdrückende Wort, der Genitiv, das Adjectivum, das Adverbium, den dadurch modificirt werdenden, dem Nominativus, Substantivum und Verbum, voran. Im Sanskrit kommt es zwar, da alle Redetheile mit vollständiger Flexion versehen sind, auf die Stellung, als Constructionsmittel, nicht an. Was aber die natürliche Richtung der Sprache in diesem Punkte ist, sieht man an den zusammengesetzten Wörtern. Denn diese sind nichts andres, als Methoden, grammatische Fügungen durch Wortbildung zu umgehen, und tragen daher in die letztere die Ideenfolge über, welche sie in der ersteren beobachtet haben würden. Nun sind außer dem *dwandwa* alle übrigen fünf Classen der Sanskritischen Composita verschiedenartige Modificirungen der Begriffe, und in allen steht der modificirende voran, und der modificirte schliefst das Compositum. Das Sanskrit befolgt also hier denselben Weg, als das Chinesische, und steht mit dem Javanischen und eigentlich Malayischen hierin in directem Gegensatz. Bei genauerer Erwägung mufs man dem Chinesischen und Sanskrit hierin den Vorzug einräumen. Die Javanische und Malayische Wortfolge ist zwar unläugbar einfacher und natürlicher. Allein die Methode, die directe Wortfolge des Satzes nach einer anderen Regel zu ordnen, als die Fälle, wo Begriffe einander modificiren, ist dem Zwecke des Periodenbaues und der Erreichung einer wahrhaft gegliederten Construction angemessen. Es wird nämlich nach dieser letzteren Methode aus dem Nominativ und Genitiv, dem Substantiv und Adjectiv ein eigenes Ganzes gebildet, welches nun als Einheit in den Satz eintritt, und es ist durchaus das Wesen der Sprache, die gröfseren Ganzen immer eher aus kleineren, als aus Einheiten, zusammenzusetzen. Die Einschliefsung dieser Redetheile in eine Einheit liegt schon in der Stellung selbst. So wie die Modification früher ausgesprochen wird, als das Modificirte, so werden beide nicht einzeln, sondern das letztere unzertrennlich mit der ersteren zusammengedacht. Geht hingegen das Modificirte voran, so ist nur Verknüpfung vorhanden und diese natürlich lockerer und den Gegenstand weniger scharf hinstellend. Auch der Übergang dieser Methode in wahre Composita spricht für diese Ansicht. Endlich verräth sie sich deutlich durch die dabei gebrauchten Partikeln in der Tagalischen Sprache. Dieser nämlich sind beim Genitiv beide Stellungen, aber auf verschiedene Weise, geläufig. Wenn der Genitiv nachfolgt, wird er an den Nominativ durch die Partikel *nang*, welche dem Jav. *hing* gewissermafsen ähnlich ist, angeknüpft; wenn er dagegen vorausgeht, so führt er den Vorschlag *sa* mit sich, den wir schon, sein Urbegriff mag nun im Sein oder im Ort liegen, als zusammenschliefsend zu einem Ganzen kennen (Totanes. nr. 27.).

In den Malayischen Sprachen läfst sich, wenn ich auch nur die wenigen zu Rathe ziehe, von welchen es grammatische Hülfsmittel giebt, in ihrem jetzigen Zustande keine ganz allgemeine Regel der Wortfolge aufstellen; und dies beweist, dafs hierin die Sprachen desselben Stammes nicht in jeder Zeit übereinstimmen. Es ist dies auch sehr natürlich, da es bei diesem Punkte nicht blofs darauf ankommt, was zuerst oder zuletzt gedacht wird, sondern auch vorzüglich auf die Hülfsmittel, welche die Sprache besitzt, unabhängig von der Stellung, diese Verhältnisse zu bezeichnen.

Dennoch ist die ursprüngliche allgemeine Gewohnheit der Malayischen Sprachen offenbar die oben angegebene Stellung, die Voransetzung des Hauptbegriffes, des handelnden oder leidenden Subjects, des einen Theil in sich begreifenden Ganzen, der mit einer Eigenschaft begabten Substanz, gewesen. Dies beweist die, gewifs sehr alte, Benennung der Sonne. Im Chinesischen und in den Mal. Sprachen hat es ursprünglich nur Ein Wort für Sonne und Tag, als immer zugleich erscheinendes Licht, gegeben. Später hat man die Begriffe durch Zusätze getrennt, im Chinesischen die Sonne des Tages Haupt, den Tag (Pindar's heiteres Sonnenkind) der Sonne Sohn genannt (Rémusat's Gramm. *p.* 111. nr. 293. Anm.), in den meisten Malayischen Sprachen von Madagascar aus bis über Malacca hin die Sonne das Auge des Tages. In keiner Mal. Sprache nun steht in dieser Benennung das Auge nach, und man sieht also hier deutlich den ursprünglichen Typus der Sprache (s. Anh. zum B. Y. 6, *b.*).

Das Javanische und Malayische (Marsden. *Gramm.* 32-37.) stellen, wie schon oben bemerkt worden, in Prosa ohne Ausnahme beim Verbum, Genitiv, Adjectivum den Hauptbegriff, das Subject, voran.

Die Tagalische Sprache läfst das Adjectivum gewöhnlich vorausgehen, thut aber auch das Gegentheil, und besitzt Mittel, die Verbindung desselben mit dem Subst. noch besonders kenntlich zu machen (San Augustin. Gramm. *p.* 4. §. 4.).

Im Madecassischen folgt in der Regel das Adjectivum dem Subst. (Chapelier's Gramm. in den *Annales marit. et colon.* 1827. nr. 2. *p.* 98.), der Genitiv steht in gleicher Behandlung dem Nominativ nach (*l. c.* 99. Ev. Joh. 11, 4. 9. 27.), jedoch findet sich auch, und ohne weitere Bezeichnung, die umgekehrte Stellung (*Annales.* 102.).

Die drei Sprachen der Südsee-Inseln, die Tongische, Tahitische und Neu-Seeländische, weichen darin sowohl von der Wortfolge der oben genannten Malayischen Sprachen, als von der des Chinesischen, ab, dafs sie das Subject des Verbums diesem nachfolgen lassen und es überhaupt ganz an das Ende des Satzes stellen. In Absicht des Genitivs und Adjectivums kommen sie mit dem Jav. überein, indem sie in der Regel beide nachstellen; doch weichen sie auch bisweilen hiervon ab (Mariner. II. 351. 372. Tahitische Gramm. 38. 39. Übers. des Evang. Joh. 11, 4. 9. 27. Lee. 10. 58.).

Von dem Relativpronomen habe ich schon oben (S. 65. 66.) gesprochen. Die Fälle, wo dasselbe auf ein Subst., um es mit einem anderen Begriff zu verknüpfen, folgt, sind im B. Y. höchst selten, wenn sich nur überhaupt ein solcher findet. Der gewöhnliche Gebrauch dieses Pronomens ist der, gleichsam einen kurzen Zwischensatz zu bilden, und alsdann einem Subst. nicht anders, als wie ein Artikel, voranzugehen.

Zu dem S. 124. über die Construction des Passivums Gesagten wüfste ich hier weiter nichts hinzuzufügen.

Dagegen wird es hier der Ort sein, meine S. 151. über den Conjunctivus, welcher sich durch ein suffigirtes *a* (eigentlich *ha*) ankündigt, geäufserte Meinung weiter auszuführen. Wir haben oben S. 127. an einem Beispiel gesehen, dafs das *mugi*, welches einen Wunsch, ein Verlangen ausdrückt, das Verbum in den Conjunctivus versetzt; und Crawfurd bezeugt ausdrücklich, dafs dem höflichen Imperativus dies Wort oft zugesellt zu werden pflegt. Von dieser Constructionsart aus mufs man sich nun auch den Conjunctivus und sein Zusammenfallen in der grammatischen Form mit dem Imperativus erklären. Am beweisendsten nun ist hier eine Stelle des Kawi-Gedichts (23, *b.*), *wdhi kantuna,* aus Furcht, nachzubleiben. Wie durch den Ausdruck des Wunsches in *mugi* das Verbum die Form des Imperativus annimmt, so thut es dasselbe hier in Folge des Begriffes der Furcht. In beiden Fällen ist der verbindende Begriff der, dafs etwas geschehen oder nicht geschehen möge, aber auf eine Weise ausgedrückt, die man nicht imperativisch nehmen kann. Der Conjunctivus geht also hier vom Begriff des Imperativus aus, hat aber die wahre Natur eines Conjunctivus, weil das in ihn versetzte Verbum in Abhängigkeit von einem andren, vorhergehenden Worte steht und eine noch nicht geschehene, noch zweifelhafte Sache anzeigt. Andere Beispiele, in welchen diese Bedeutung sichtbar ist, sind die nachfolgenden:

aharep tumingala (23, *a.*), wünschten, verlangten, dafs sie sähen. Es ist hier nicht unmerkwürdig, dafs dasselbe Wort (*harep*), welches hier als ein selbstständiges Verbum ein anderes im Conjunctivus regiert, im heutigen Jav. zur Bezeichnung des Futurums geworden ist.

paksa malwa (136, *b.*), er verlangte, strebte ([1]), dafs er schlüge ([2]).

paksa murudha (137, *a.*), er strebte, dafs er zurückwiche (*murudh.* Crawf. *Voc.*).

In zwei andren Stellen (12, *b.* 603, *b.*) führt *paksa* gleichfalls das Verbum mit suffigirtem *a* nach sich.

kinon-ira tumutta (85, *b.*), er wurde befehligt, dafs er folgte.

sinapa matya (116, *d.*), wurde geschworen, dafs sie sterben würden.

Bemerken mufs ich noch, dafs die verbietende Partikel *haja*, wenigstens im heutigen Jav., das Verbum ganz unverändert läfst; *haja lali*, dafs du nicht vergessest (Ger. *v. lali*).

Sätze, welche sich auf einander beziehen, werden zum Theil durch Conjunctionen verbunden. Eine von diesen ist das oben (S. 165.) erwähnte *sedeng*. Beispiel (22, *a.*): *sedeng masaji boga ...... ring jero puri, samantara dateng* etc., während man zurichtete Speisen (Crawf. *Voc.* भोग, *bhóga*) im Innern des Pallastes, inzwischen kam u. s. w. Man vergleiche auch 111, *a. b.*, wo der im Ganzen genommene Sinn der ist: während die Pandawas Heerführer ernannten, versammelte der Herrscher der Kurawas einen Rath. Eine andere solche Partikel ist *yan*, als, wenn. Diese steht auch, einen ganz kurzen Satz bildend, mit ausgelassenem Verbum sein, so wie wir es vom Relativpronomen gesehen haben; *yan katiga* (6, *b.*), wann (ist) die dritte Jahreszeit, d. h. in der dritten Jahreszeit.

([1]) *peksa, to force, compel, to wish, will.* Crawf. *Voc.* Es scheint das Sanskr. पक्ष्, *paksh*, nehmen, annehmen, denn wir haben schon oben *sapaksa*, सपक्ष (*sapaksha*), Anhänger, gehabt.

([2]) *malwa* kommt von *palu*, schlagen, hauen, eine Keule, ein Hammer.

Wenn zwei Sätze unmittelbares Folgen auf einander oder Gleichzeitigkeit ausdrücken, so wird der eine, kürzere, häufig durch das suffigirte Besitzpronomen und durch das präfigirte *sa* in Eins zusammengezogen, und so dem anderen beigegeben. Will man die Form, in welcher dies geschieht, mit einem grammatischen Namen belegen, so kann man sie nur als ein Adverbium betrachten. Anstatt zu sagen: er sahe und griff an, heifst es nun: mit seinem Sehen griff er an. Das *sa*, welches aber bisweilen fehlt, übt hier seine, ein Ganzes, eine Einheit ausdrückende Kraft. Von dieser Construction habe ich schon oben (S. 45. 49.) Beispiele angeführt.

Wenn man den ganzen Charakter des in dem Kawi-Gedichte herrschenden Styles von der grammatischen Seite aus betrachtet, so liegt in ihm eine unmittelbare Nebeneinanderstellung der Wörter materieller Bedeutung mit möglichster Vermeidung derer, welche nur grammatische Verhältnisse andeuten. Hieraus entspringt zwar auf der einen Seite Undeutlichkeit und Zweideutigkeit, auf der andren aber auch eine edle Kürze und eine verstärkte Wirkung der unmittelbar auf einander folgenden dichterischen Bilder. Schon zum blofsen Verständnifs wird eine Anstrengung erfordert, die den Geist auch zum kraftvolleren Aufnehmen des Gesagten anspannt. Zum Theil wird dieser Styl fast nothwendig durch den in der Sprache selbst liegenden Mangel an grammatischer Bestimmtheit, und noch mehr an grammatischer Bezeichnung hervorgebracht. Grofsentheils ist aber auch mit Absicht darauf hingewirkt, gerade um eine mehr dichterische Wirkung zu erreichen. Wollte man in einer bei weitem weniger geschmeidigen und gegliederten Sprache mit dem Sanskrit wetteifern, wie dies doch in allen Kawi-Gedichten der Fall ist, so konnte man dies auf keine Weise anders, als auf Kosten der leichteren und fafslicheren Zusammenfügung der Begriffe, erreichen. Das Sylbenmafs wirkte durch den Zwang, welchen es dem Dichter auferlegte, zugleich dazu mit, und endlich mochte man sich an dunkler und räthselhafter Kürze gefallen. Dies ist auch, und in viel höherem Grade, in späteren Sanskritgedichten der Fall; und wie alt auch die Kawi-Gedichte sein mögen, so sind sie doch sicherlich durch einen sehr langen Zeitraum, den man schwerlich blofs nach Jahrhunderten messen kann, von den grofsen, gerade durch ihre einfache Klarheit bezaubernden Indischen Heldengedichten getrennt. Was ich indefs hier von der Dunkelheit auch unsres Kawi-Gedichtes gesagt habe, gilt, wenn man blofs auf die inneren Schwierigkeiten nicht, nur von wenigen Stellen, zu denen ich besonders Stanze 9. bis 16, *b.* (s. Anh.) rechnen möchte. In den meisten anderen Stellen rührt die etwanige Dunkelheit oder Schwierigkeit nur aus der Sprache her, und sehr viele haben ganz die oben erwähnte klare und anmuthige Leichtigkeit.

Von der grammatischen Unbestimmtheit und dem Mangel der gehörigen Verbindung in den Construction finden sich in einer grofsen Anzahl der zu anderen Zwecken in dieser Schrift angeführten Verse die überzeugendsten Beweise. Indefs halte ich es doch nicht für überflüssig, noch besonders auf einige Stellen hinzuweisen, die vorzüglich zu Belegen dieser Behauptungen dienen können; und um in diesen die Eigenthümlichkeit der Sprache noch deutlicher darzuthun, werde ich in der Übersetzung, so viel es nur unsre Sprache immer erlaubt, bei jedem einzelnen Worte die Unbestimmtheit der grammatischen Kategorie und die Abwesenheit ihrer Bezeichnung pünktlich beibehalten.

2, *a.* (s. Anh.) So Gebet sein zu Drei-Welt gesprochen werden Sieg in Schlacht, d. h. so ward sein Gebet um Sieg in der Schlacht zu den drei Welten gesprochen.

113, *b.* (s. Anh.) Gesehen besprengt darauf bekränzt Haupt Schmuck, d. h. er ward gesehen besprengt, darauf sein Haupt bekränzt, im vollen Schmuck.

21, *d.* (s. Anh.) Denn wissen in Geist Janárdana Anhänger von Pandawa, d. h. sie wufsten im Geist, dafs J. der Anhänger der P. war.

138, *b. c.* (s. Anh.) Darauf traurig die Pandawas betrübt sehen den Swéta getödtet kämpfend verschieden und hundert Kurawas jauchzen laut Freude Tod von Feind, d. h. die P. waren darauf betrübt, den S. im Kampfe getödtet zu sehen; anders war es mit den hundert K., welche vor Freude über den Tod des Feindes laut aufjauchzten.

619. (s. Anh.) Vollendet umarmt werden er Fürstin zurückkehren er Bahn Götterwagen wimmelnd (bevölkert). Gelangen zum Himmel erblicken (?) Schönheit (?) seine Haus vielfarbig glänzend alle Edelsteine; d. h. nachdem er die Fürstin in den Arm gefafst hatte, kehrte er heim auf der bevölkerten Bahn der Götterwagen. Zum Himmel gelangt, schaute er (?) seine Schönheit (?), die Häuser vielfarbig, glänzend, mit bunten Edelsteinen geschmückt. Ich habe hier *ramya* in der Bed. genommen, welche mir die am meisten dichterische

Z

schien. Es kann aber auch, als anmuthig, lieblich, bloss ein Beiwort der Götterwagen sein.

Mit der Verbindungslosigkeit und Kürze, in welcher die bedeutsamen Worte schroff an einander gestellt sind, contrastiren in dem Style des Kawi-Gedichts sehr wunderbar die vielen bedeutungslosen Verlängerungen mehrerer Partikeln, ja der häufige Gebrauch einiger von diesen, die dem Sinne anerkannt nichts, oder doch kaum bemerkbare Schattirungen hinzufügen. Ich brauche hier nur an Wörter wie *kawanannira*, *ritampunnira*, an alle Verbindungen der Pronominal-Suffixe mit Partikeln, an *hirika* für *kika*, *nahan*, *apan* u. s. w. zu erinnern.

§. 22.

Lautveränderungen.

Die Theorie der Lautveränderungen sollte in jeder systematisch geordneten Grammatik der Behandlung der Redetheile vorausgehen und gleich auf die Darstellung des Alphabetes folgen, da sie einentheils aus diesem entspringt und andrentheils die wesentlichste Grundlage der, nur aus ihr vollständig zu erklärenden Formenbildung ist. Ein solcher Gang erfordert aber eine bei weitem umfassendere Sprachkenntniss, als die vorhandenen Hülfsmittel für das Javanische und das Kawi gewähren; und ich habe mich daher genöthigt gesehen, so wie Hr. Gericke es in seiner Grammatik thut, der Lautveränderungen nur bei den einzelnen Formen zu erwähnen, zu deren Bildung sie mitwirken. Es scheint mir jedoch zweckmässig, diese einzelnen Fälle hier am Schlusse dieses grammatischen Entwurfes in einer allgemeinen Übersicht zusammenzustellen, und einige aus der Vergleichung von Javanischen und Kawi-Texten geschöpfte Bemerkungen hinzuzufügen, zu deren Erwähnung sich bisher keine passende Gelegenheit zeigte.

Die Veränderungen betreffen theils die Consonanten, theils die Vocale. Von der Reihe von Consonanten, welche in die ihnen entsprechenden Nasenlaute übergehen, habe ich schon oben S. 88. und 97. gesprochen. Wenn die von mir dort dargelegte Ansicht richtig ist, so gründen sich alle diese Veränderungen auf die allgemeine Regel, dass der schliessende Nasenlaut eines Präfixes den Anfangsconsonanten des Wortes, dem es vorgesetzt wird, in den ihm entsprechenden Nasenlaut umwandelt. Übersieht man die Reihe der sich so verwandelnden Consonanten in Vergleichung mit dem ganzen

Alphabet, so bleiben in diesen Fällen unverändert *b, d, dh, g, j, th, w* und *y* (¹), wovon ich, besonders was einige dieser Buchstaben betrifft, keinen Grund anzugeben wüfste.

Am häufigsten findet sich *h* in einen anderen Buchstaben verändert. Man mufs hierbei jedoch wohl im Auge behalten, dafs das Jav. *h* nicht ausgesprochen wird, und nur ein Nothbehelf des geschriebenen Alphabetes, ein blofses Zeichen für das Auge ist. Wenn also dies *h* sich verwandelt, so heifst dies eigentlich, dafs ein anderer wirklicher Consonant vor das vocalisch anlautende Wort gesetzt wird.

Die allgemeine bei den mit *h* beginnenden Suffixen geltende Regel ist nun (s. S. 44.), bei consonantisch endenden Grundwörtern die Wegwerfung des *h* vom Suffixe und die Verdopplung des Endconsonanten des Grundwortes, und bei vocalisch endenden Grundwörtern (nur mit Ausnahme der Causalverba) gleichfalls die Abwerfung des *h*, aber die Einschiebung eines verdoppelten *n* zwischen das Grundwort und das Suffix. Blofs also wenn sich das Grundwort mit einem *h* schliefst, in welchem Fall es *wignyan* heifst und dem Sanskritischen *wisarga* ähnlich ist, erhält sich das *h* des Suffixes, als dessen Verdopplung; *galihhipun*, sein Herz, von *galih*.

Das *n* scheint eine besondere Neigung in der Sprache zu besitzen, sich, an der Stelle des *h*, vor vocalische Wörter zu stellen. Man sagt gleichbedeutend *hamung* und *namung*, nur; und das *n* findet sich auch ohne grammatische Formung für *h* bei Grundwörtern. So giebt Gericke's Grammatik die drei Demonstrativ-Pronomina mit *h* und *n* beginnend an: *nika* und *hika* u. s. w.

Wenn dem suffigirten *h* ein *i* oder *u* vorausgeht, so verwandelt es sich (s. S. 44. 74.) durch den Einflufs dieser Vocale in *y* und *w*. Auch ein vorhergehendes *o* bringt bisweilen dieselbe Wirkung hervor. Doch scheint die Verwandlung nicht gerade nothwendig zu sein, da sie bisweilen unterlassen wird und beide Formen neben einander bestehen. Sie geht übrigens nicht

---

(¹) [Von diesen, nach Ger.'s Darstellung übrig bleibenden Consonanten würden hier noch wegfallen *th*, welches nach Cornets, ebenso wie *dh*, zu *n*, ferner *w*, welches zu *m* wird, und vielleicht *y*. Von diesem letzten Buchstaben sagt nämlich derselbe Grammatiker, dafs er (so wie *l* und *r*) *ng* vor sich nimmt; er führt aber kein Beispiel dafür an, und mir selbst ist keines vorgekommen, sondern nur einige, in denen dem *y* noch *a* vorgesetzt wird, welches natürlich dann *ng* vor sich nimmt. B.]

Z 2

bloſs bei Anschlieſsung von Suffixen, sondern auch bei Vorsetzung von Präfixen und mitten im Grundworte vor, und wird durch ein schlieſsendes *h* nicht gehindert, sondern verdrängt dasselbe. Beispiele: *kariyin* und *karihin*, der erste, *miharsa* und *miyarsa*, hören, *sohan* und *sowan*, erscheinen, hervorkommen (vermuthlich von सु, *sû*, erzeugen), *panuhun* und *panuwun*, Bitte, Ansuchen. Von *tebih*, fern, kommt *tebiyan*, die Ferne, der Abstand, dagegen, in einer ein Übermaſs ausdrückenden, durch ein vorgesetztes *ka* und nachgesetztes *hen* gebildeten Form, *katebihhen*, allzufern.

Wenn zwischen *a* und *i* ein consonantischer Laut zur Verkürzung wegfällt, so ziehen sich beide Vocale bisweilen, wie im Sanskrit, in *ê* zusammen; so wird *hira-hiki* zu *hirêki*, und *wusana-hing* zu *wusanêng*. Doch bleibt der Vocal bisweilen auch unverändert. Denn aus *sawiji*, eins (eigentlich ein Korn), wird nicht durch Abkürzung *sêji*, sondern *siji* (Ger. S. 28.).

Eine sehr beständige Veränderung ist die des End-*i* in ein langes *e* (*taling*) und des End-*u* in das reine *o* (*taling-tarung*), folglich eine wahre Gunirung der einfachen Vocale. Die allgemeine Regel scheint die zu sein, daſs, wenn das in *i* oder *u* ausgehende Wort einen Schluſsconsonanten erhält, jene beiden Vocale den verwandten Laut annehmen; ein Grund davon ist schwer anzugeben, da eine Menge von Wörtern vor schlieſsenden Consonanten die Vocale *i* oder *u* haben, mithin diese Wortausgänge durchaus nicht ungewöhnlich sind. Die Guna-ähnliche Umschleifung des Lautes scheint also doch den Zweck zu haben, die mit dem Wort vorgegangene grammatische Veränderung anzuzeigen. Auf diese Weise wird also bei Bildung abgeleiteter Substantive durch Anfügung von *n* (*han*) (Ger. Gramm. S. 39.) aus *mangsi*, Dinte, *mangsen*, Dintenfaſs, aus *wengku*, Umfang, Bezirk, *tiyang hingkang gadah wawengkon*, Leute, die in dem Bezirk ihre Besitzung haben; aus *siti*, der Grund, der Boden, wird *pasiten*, Landschaft, aus *bupati* (भूपति, *bhûpati*), Herr, Regent, wird *kabupatên*, Regierung, aus *kayu*, Holz, *kakayon*, Gebüsch. Da die Causalverba (s. S. 144.), wenn der einfache Stamm vocalisch ausgeht, ein *k* annehmen, so findet die Vocalveränderung, wie wir schon oben gesehen haben, gleichfalls alsdann in ihnen Platz. Derselben Regel gemäſs entsteht auch aus *dhadhi* (Ger. Gramm. S. 48.), oder vielmehr aus *dhi*, werden, *dhen*. Die Veränderung findet sich aber auch in Fällen, wo das Suffix nicht ein einzelner Consonant ist, sondern aus einer oder mehreren Sylben besteht. *Mati*, todt, wird zu *matènni*, tödten, *ratu*, König, zu *ngratonni*, regieren, *laku*, Gang, zu *nglakonni*, gehen machen, zu Stande bringen, *sami* zu *sasamènnipun*, desgleichen, *warni* zu *sawarnnènnipun*, von allen Arten, *lami* zu *hing salamènnipun*, so lange als.

Das reine *o* (*taling-tarung*) wird aber auch in *a* verwandelt, wenn das Wort sich durch ein Suffix verlängert und dadurch die vorhergehenden Vocallaute gleichsam in engere Gränzen zusammenzieht; *tersonda*, Beweis, *tersandannè*, zum Beweis. Dasselbe findet statt, wenn das Wort einen schliefsenden Consonanten erhält; *titimongsa*, Datum (z. B. eines Briefes), *katitimangsan*, datirt. Man sieht, dafs diese Lautveränderung im Principe genau mit der zwiefachen Aussprache des nicht geschriebenen, sondern immer im Consonanten enthaltenen *a* zusammenhängt. Wie sich die zwischen *a* und *o* schwankende Aussprache zu der reineren, so verhält sich das *taling-tarung* hier zum *a*.

Wie in allen Sprachen, so sind auch in der Javanischen Abkürzungen der Wörter durch Zusammenziehungen oder Verstümmlungen nicht ungewöhnlich. Zusammenziehungen mit Ausstofsung eines Mittelconsonanten sind schon oben dagewesen. Die Verstümmlung besteht in der Abwerfung der End- oder Anfangssylbe, ist aber in mehreren Fällen mehr für die Unterlassung einer Verlängerung, als für eine wahre Abkürzung, anzusehen. In *hi* für *hiki*, dieser, und in *ko* für *kowè*, du, sind die letzten Theile der ursprünglichen Wörter weggeblieben; und die Abkürzung zeigt, dafs in dem ersten Wort der scharfe Vocal, im letzten der breitere (obgleich ich über die Wesentlichkeit des Consonanten zum Begriffe des Worts nicht aburtheilen möchte) die stammhaften Laute sind. Die weggebliebene zweite Sylbe wiederholt den Stammlaut mit abgeänderten Consonanten im ersten beider Wörter, und ist im letzten nur die Verbreitung des Stammvocales in zwei Sylben vermittelst des entsprechenden Halbvocales. In *hiya*, ja, für *ya*, ist die erste Sylbe wohl eine, nur nicht immer beibehaltene, Verlängerung. Dasselbe scheint der Fall, wenn *ku* für *hiku*, jener dort, steht. Dagegen sind bei einigen Sanskritwörtern wirklich zum Begriff wesentlich gehörende Anfangsbuchstaben im Jav. durch Verkürzung abgeworfen; so sagt man *dhi* für आदि, *âdi*, der erste, *pamannè*, zum Beispiel, von उपमा, *upamâ*, obgleich die vollständigen Formen *hadhi* und *hupama* gleichfalls gebräuchlich sind.

Die Reduplication besteht gewöhnlich, wenn blofs die erste Sylbe wiederholt wird, da dies auch häufig mit dem ganzen Worte geschieht, aus dem unveränderten Consonanten und Vocal derselben. Von einer Veränderung des Consonanten ist mir kein Beispiel vorgekommen; dagegen ist der Reduplicationsvocal sehr häufig *a*, wo die erste Sylbe des Worts einen andren enthält, bisweilen auch *e*, jedoch alsdann nur das kurze (*pepet*). Diese Veränderungen treten oft da ein, wo die erste Sylbe das lange *e* oder das reine *o* in sich fafst. Doch möchte ich nicht zu behaupten wagen, dafs diese beiden Vocale nicht auch in der Reduplicationssylbe stehen könnten. Gericke's Grammatik schweigt leider ganz über diesen Punkt und erwähnt der Reduplication nur, insofern sie, wie beim Plural und Verbum, zur grammatischen Formung mitwirkt. Beispiele von *a* als absichtlichem Reduplicationsvocal: *hawawudha* von *wudha*, nackt, blofs, *dhadhosan*, Sünden, von *dhosa* (दोष, *dôsha*), *tatongga*, Bauern, Landleute, von *tongga*, *wawengkon* von dem oben dagewesenen *wengku*, *tatengga*, bewachen, von *tengga*, *nanemu* von *nemu*, finden, *gagriya*, wohnen, von *griya*, Haus. Beispiel von *e*: *dhedhalan* und *dhalan*, Weg.

Aus dem B. Y. Beispiele für diese Lautveränderungen anzuführen bin ich durch die Unmöglichkeit abgehalten worden, in Raffles Schreibung die wirklich im Originaltext stehenden Vocale mit der zu diesen Untersuchungen nöthigen Bestimmtheit zu erkennen.

Die bis jetzt durchgegangenen Lautveränderungen fanden alle in der Mitte der Wörter statt; und in der That glaube ich mit Gewifsheit behaupten zu können, dafs die Anfangs- und Endbuchstaben getrennter und von einander unabhängiger Wörter in der Regel und im Allgemeinen keine Einwirkung auf einander ausüben. Man darf nur einige Seiten von Ger.'s Lesebuch in dieser Rücksicht aufmerksam durchgehen, um sich hiervon zu überzeugen. Indefs finden sich doch einige Fälle des Gegentheils; in allen diesen aber scheint die Sache nur die zu sein, dafs ein Wort von selbstständiger und materieller Bedeutung ein nur eine Nebennüance bezeichnendes und sich einem blofsen grammatischen Worte näherndes entweder an seinem Ende oder an seinem Anfang an sich heranzieht, und im ersten Falle den Anfangsbuchstaben dieses Wortes seinem eigenen Endbuchstaben, im letzteren aber seinen eigenen Anfangsbuchstaben dem Endbuchstaben jenes Wortes assimilirt. Da, wie wir gleich sehen werden, nur das *h* diese Veränderung erleidet, und dies ein völlig lautloser Buchstabe ist, so ist es richtiger und einfacher, zu sagen, dafs sich in den Fällen dieser Lautanziehung der Endconsonant eines Wortes vor dem Anfangsvocal eines anderen verdoppelt. Es finden sich zwar auch hiervon in ganz gleichen Redefügungen wiederum Abweichungen, so z. B. bei der Behandlung des Demonstrativpron. nach einem vorhergehenden Worte. In der Regel findet die Assimilirung des *h*, oder vielmehr die Verdopplung des Consonanten statt; *bagus siku* (S. 100. Z. 12.), schön jener, *hujar riku* (S. 102. Z. 11.), sprach jener, *grumbul liku* (S. 108. Z. 16.), Dickicht jenes; dagegen *dhalil hiku* (S. 102. Z. 12.), Wegweiser jener, *tangêl hiku* (S. 110. Z. 1.), hoch jenes. Die beiden letzten Wörter sind Arabische, doch pflegen sonst auch diese ganz nach den Regeln der einheimischen Sprache behandelt zu werden. Vielleicht giebt es bei dieser Lautveränderung noch andere, mir unbekannte Bedingungen. Denn dafs man sie ganz dem Wohllautsgefühle überliefse, läfst sich aus so wenigen Ausnahmen wohl nicht gleich schliefsen. Immer scheint aus dem oben (S. 72.) über *hing* Gesagten hervorzugehen, dafs Lautveränderung auch zugleich Verschmelzung zur Worteinheit mit sich führt. Hier verbindet das gewichtigere Wort das minder gewichtige mit sich. Doch ist die Verbindung nur eine halbe, nicht eine so innige, als bei den wahren Suffixen. Bei diesen wird auch nach vocalisch auslautenden Wörtern das *h* weggeworfen und ein doppeltes *n* an die Stelle gesetzt. Hier aber erhält es sich in diesem Fall unverändert. Ich mufs mich bei diesem Punkte nur auf einzelne Bemerkungen und Beispiele beschränken.

Alle Veränderung, die ich auf diese Weise auffinden kann, beschränkt sich auf die Assimilirung eines Anfangs-*h* mit dem ihm vorhergehenden Consonanten. Alle andere Consonanten bleiben unverändert.

Das Pron. 1. Pers. *hingsun* wird nach *tutur*, sprechen, zu *ringsun* (S. 100. Z. 4.), *haku* nach *mennyang*, an, zu, nach, zu *ngaku* (S. 38. Z. 9.). Dagegen bleibt nach demselben Worte das Pron. *kowê* unverändert, obgleich sonst *k* eine ebenso grofse Affinität mit *ng*, als *h*, und gleiche Neigung hat, in dasselbe überzugehen. Von dem Demonstrativpron. ist schon im Vorigen gesprochen worden. Nach *lan* und *lawan*, und, wird *haja*, dafs nicht, zu *naja* (S. 100. Z. 7. S. 102. Z. 15.). Nach dem Relativpron.

kang verändert sich *hibu*, Mutter, in *ngibu* (S. 48. Z. 7.) und *hannĕm*, die jüngere, in *ngannĕm* (S. 50. Z. 14.). Dagegen finde ich wieder hinter demselben Relativum *katingngal* (S. 54. vorletzte Z.), so dafs die Lautveränderung immer nur das *h* betrifft. *Hapti*, wollen, wird, wenn ihm die Verneinungspartikel *tan* vorangeht, zu *napti* (Ger. v. *hapti*). Nach *saking*, von, durch, wegen, finde ich in einer Stelle, wo es mit dem Verbum übertreffen und einem nachfolgenden Subst. als Ausdruck des Superlativs steht, das Anfangs-*h* des Subst. in *ng* verwandelt, *hanglangkungngi saking ngageng*, der gröfste (S. 54. Z. 6. übertreffend an Gröfse, von *hageng*). Wahrscheinlich giebt es nun, aufser den hier angeführten Wörtern, noch andere, bei welchen dieselbe Anheftung und Lautveränderung statt findet, doch gehören hierher z. B. nicht alle Präpositionen, denn ich finde *dateng hingkang* (S. 56. Z. 2.).

Im B. Y. kommen diese Lautveränderungen auch nur beim Anfangs-*h*, d. h. bei vocalisch anlautenden Wörtern, vor. Zwar findet sich (95, *c.*) nach *mwang*, und, *ngukir* (1), sonst *wukir*, Hügel, so dafs auf den ersten Anblick *w* in *ng* übergegangen scheint. Dies ist aber nicht eigentlich der Fall. Wenn *h* gar eigentlich kein Laut ist, so ist *w* ein überaus schwacher; und es giebt einige mit Vocalen anhebende Wörter, die mit einem Anfangs-*h* oder Anfangs-*w* geschrieben, d. h. entweder blofs vocalisch, oder mit einem schwachen Anhauch ausgesprochen werden. So kommt in unsrem Gedicht *ukir* (120, *a.*) und *wukir* (16, *c.*) in der Bed. von Hügel, Berg vor, und in dieser letzten Stelle endigt sich das unmittelbar vorhergehende Wort auch in *ng*, und das *w* bleibt doch unverändert. Wo also das Wort durch Veränderung mit *ng* erscheint, mufs man es von der vocalischen Form ableiten. Von *hudhan*, Regen (133, *d.*), findet sich die Ableitung *mawudhan* (100, *c.*). Dieser Fall ist aber der umgekehrte, da *w* hier blofs nach dem Präfix zur Vermeidung des Hiatus eingeschoben sein kann, und man nicht berechtigt ist, eine einfache Form *wudhan* darum anzunehmen.

---

(1) [Crawf. Handschr. hat *wukir*, und ebenso in der Stelle 120, *a.* Raffles führt in seinem Wortverzeichnisse *ukir*, Hügel, auf; da es aber bei niemand sonst sich findet, und das Wort im Mal. *bŭkit* lautet, so wird die Sache vorläufig nur noch durch die Bildung *mangngĕtan* von *wĕtan* (s. meine Anm. zu S. 76.) gestützt. *Hukir* (Mal. *ŭkir*) heifst zerschneiden, schnitzen. B.]

Raffles läfst, wie es an mehreren Stellen sichtbar ist, in seiner Umschreibung des Jav. Textes in Lateinische Lettern sehr häufig das *ng* aus, wenn es auf ein unmittelbar vorhergehendes folgen sollte; und da zugleich seinen Worttheilungen nicht zu trauen ist, so bleibt man sehr häufig zweifelhaft, ob ein sich bei ihm vorfindendes *ng* nicht verdoppelt werden sollte, und ob es dem Schlusse eines Wortes oder dem Anfange eines folgenden angehört. Aus allen den Stellen, wo nur Ein *ng* zwischen zwei Wörtern steht, läfst sich daher nichts mit Gewifsheit schliefsen, und ich halte mich mithin allein an die, in welchen es wirklich zugleich am Anfange und am Schlusse zweier zusammenstofsender Wörter angetroffen wird. Ich erwähne hier nur des *ng*, weil es die häufigsten Fälle dieser Lautveränderung bildet, und in Raffles Schreibung um so mehr Ungewifsheit erregt, als, wie wir gleich sehen werden, in diesem Kawi-Gedichte die Wörter auch oft ein schliefsendes *ng* an sich nehmen, das ihnen sonst nicht eigen ist.

Das Demonstrativpron. findet sich deutlich mit verwandeltem *h* 12, *c.* in *tanjung ngika*, jener Tanjung (Name einer Blume). Von der Lautveränderung nach *sang* haben wir schon oben ein Beispiel gesehen. Es findet sich aber auch ein ganz ähnliches (s. Anh.) 285, *c. sang nginujaran*, der Angeredete. Mehr Beispiele zu häufen, würde, da die Regel schon aufserdem feststeht, und sich aus den angeführten Gründen über die Ausnahmen nicht mit Sicherheit entscheiden läfst, unnütz sein.

Ich gehe daher sogleich zu dem andren schon oben erwähnten Fall über, wo ein Wort einen Schlufslaut an sich trägt, der ihm an sich nicht angehört, und ebensowenig, wenn man auch falsche Wortabtheilung annehmen wollte, dem unmittelbar folgenden beigegeben werden kann, wie in *Kurupatin panguchap* (31, *a.*), wo, da beide Wörter bekannt sind, das *n* des ersten auf keine andere Weise erklärt werden kann (¹). Diese Laute,

(¹) [Ich bemerke in Bezug auf sämmtliche hiernächst folgende aus Raffles B. Y. entnommene Stellen, dafs der Text von Crawf. Handschr., obwohl er manchmal auch darin übereinstimmt, meistentheils diese Zusatzbuchstaben nicht hat (die übereinstimmenden Stellen sind: *sirang chumunduk*, *kramaniran-luha*, *wekanniran mijil*, *iran mimpuh*, *ginusitan sira*, und alle, welche das *ng* vor dem Pron. *ku* betreffen). Da sie dieselben aber auf gleiche Weise an anderen Stellen enthält, so ist an der Richtigkeit der Rafflesschen Lesung gewifs nur in wenigen Fällen zu zweifeln, zu welchen wohl *tambangkun marya* gehören möchte. B.]

welche man als zwischen zwei Wörtern eingeschoben annehmen muſs, sind bloſs *n* oder *ng*, also immer nasale. Sie schlieſsen sich natürlich nur an vocalisch auslautende Wörter an, und stehen in den allermeisten Fällen vor consonantisch anhebenden, jedoch in einigen wenigen auch vor Vocalen. Die Sorgfalt, das Zusammentreffen sogar ganz gleicher Vocale zu verhindern, wird jedoch sehr oft in dem Gedichte vernachlässigt, woraus man nicht mit Unrecht schlieſsen möchte, daſs das vorgesetzte *h* den Vocal doch mit einer, nur sehr schwachen Aspiration schützte. Ich glaube mit Sicherheit behaupten zu können, daſs eine solche Einschiebung in der heutigen Jav. Sprache in prosaischen Schriften nicht vorkommt, da ich wenigstens keinen Fall dieser Art bemerkt habe. Wird dies von gründlichen Kennern des Jav. bestätigt, so gehört diese Eigenheit gleichfalls dem Zustande der älteren Sprache an, und wird für die Untersuchung ihres Ursprunges doppelt wichtig.

Die Tagalische Sprache besitzt einige Laute, nicht bloſs, aber doch gröſstentheils nasale, welche sie nach fest bestimmten, obgleich sehr verwickelten und die Anwendung im Sprechen erschwerenden Regeln zwischen zwei Wörter einschiebt, und die man, nach dem ihnen von den Spanischen Grammatikern gegebenen Namen, *ligazones*, Verbindungslaute nennen kann. Sie haben immer einen syntaktischen Zweck, und sind auf eine für die Theorie des Sprachbaues sehr wichtige Weise wesentliche Hülfsmittel der Construction in einer Flexion entbehrenden Sprache. Bei der Wahl desjenigen Lautes aber, welcher, unter der Zahl der vorhandenen, in jedem einzelnen Falle gewählt werden muſs, treten euphonische Regeln ein. In der Mad. und eigentlich Mal. Sprache finde ich diese Eigenthümlichkeit nicht. Was ich so eben vom Kawi gesagt, hat zwar auf den ersten flüchtigen Anblick groſse Ähnlichkeit damit, ist aber in der That in der Hauptsache gänzlich davon verschieden. Denn ich halte mich für überzeugt, daſs die Einschiebung dieser zwei Nasenlaute im Kawi gar keine syntaktische Bedeutsamkeit hat. Sie scheint daher bloſs euphonisch, ist aber auch so schwer zu begreifen, da sie vor den verschiedenartigsten Buchstaben und auf eine Weise, wie man sie nach der Natur der Laute nicht erwarten sollte, wie im obigen Beispiel *n* vor *p*, wo *m* natürlich wäre, eintritt. Sie ist auch in ihrer Anwendung nicht beständig, und findet sich und fehlt in Stellen, in welchen man vergebens nach einem Grunde der Verschiedenheit sucht. Der natürlichste Gedanke wäre, daſs durch den hinzugefügten Consonanten eine kurze Sylbe verlängert werden, oder vor Vocalen ein Hiatus vermieden werden sollte. Beides mag in einigen Stellen der Fall sein, läfst sich aber nicht nachsuchen. Denn bei dem uncorrecten Abdruck des Gedichtes in Raffles wäre es wohl die undankbarste aller Bemühungen, die Sylbenlänge in diesen Stellen ergründen zu wollen, obgleich allerdings Raffles das Sylbenmafs, wo ein verschiedenes eintritt, jedesmal bezeichnet. Auffallend aber und der Annahme des Zwecks der Sylbenverlängerung entgegen ist es, dafs die Einschiebung auch vor zwei unmittelbar auf einander folgenden und also die vorhergehende Sylbe schon von selbst verlängernden Consonanten vorkommt; *siran tkangka* (27, *c.*), *siran trī* (76, *a.*), *Kresnan sdeng* (36, *a.*). Ich werde nun hier eine Reihe von Beispielen dieser eingeschobenen Nasenlaute folgen lassen.

Ein vocalisch auslautendes Wort hat, wenn es sich mit dem Pronominal-Affix der 1. Pers. verbindet, in mehreren Stellen des Gedichts ein eingeschobenes *ng*; *bapangku* (125, *b.*), Vater mein, von *bapa* (s. ob. S. 34. Anm. 7.); *tambangku* (34, *c.*), Arznei meine (d. h. hier: mein Arzt; *tamba*, Arznei).

Einschiebung eines Nasenlauts vor *k*: *nirang Kurupatin* (31, *a.*), *Palgunang karya Nakula* (100, *a.*), von dem Sanskr. Beinamen des Arjuna फाल्गुन, *Phâlguna*;

vor *ch*: *siran chumunduk* (27, *d.*), er fand, begegnete (Crawf. *Voc.*, der auch das einfache *chunduk* in der gleichen Bed. anführt);

vor *t*: *kramaniran tuhu Wisnumurti* (75, *a.*);

vor *d*: *narêndhran dateng* (23, *a.*), den Männerfürsten kommend; dagegen *narêndhra dateng* (25, *b.*); *surêndhrang dhulur* (96, *d.*);

vor *n*: *sirang nrepati* (112, *d.* 125, *d.*);

vor *p*: *sirang parasura* (17, *c.*), sie die vorzüglichsten Götter, *sirang parama sapta Pandita* (18, *b.*), sie die trefflichsten sieben Pandits;

vor *b*: *sampurnang busana* (105, *d.*), vollständig (सम्पूर्ण, *sampûrṇa*) (im) Schmuck;

vor *m*: *wekanniran mijil* (88, *c.*), *iran mimpun* (102, *d.*), *tambangkun marya* (34, *c.*);

vor *l*: *Kresnan laku* (17, *b.* 20, *a.*);

vor *s*: *ginusitan sira* (21, *a.* s. Anh.).

Gänzlich dem Begriff einer Einschiebung zwischen zwei Wörter widerspricht es, wenn ein den Vers beschliefsendes Wort einen Nasenlaut an sich trägt, der ihm sonst nicht gehört. So *busanan* (20, *c.*), sonst immer *busana* (105, *d.* 106, *c.* 113, *b.* s. Anh.) (¹).

§. 23.

Schlufsfolgerungen aus den bisherigen Untersuchungen.

Feststellung des Begriffs des Kawi.

Ich komme nunmehr zu der Frage, was eigentlich das Kawi für eine Sprache ist? wo man seinen Ursprung zu suchen und wie man die Art seines Entstehens zu erklären hat? Die Beantwortung dieser Frage machte die in den vorhergehenden Capiteln enthaltenen Erörterungen, vorzüglich die grammatischen, wie schon A. W. v. Schlegel (²) darauf aufmerksam gemacht hat, unerlafslich nothwendig. Es wäre eher zu wünschen, dafs diese weniger vermissen liefsen, als es in der That noch der Fall ist; und die aus denselben zu ziehenden Schlufsfolgen würden fester und besser bewiesen dastehen, wenn jenen Erörterungen eine tiefere und vollständigere Kenntnifs der heutigen Javanischen Sprache zum Grunde läge. Ich schmeichle mir jedoch, dafs sie auch so zur vollkommenen Feststellung des Begriffs der Javanischen Dichtersprache hinreichen.

Wenn ich nun Alles zusammennehme, was mir aus diesen Erörterungen zu fliefsen scheint, so halte ich das Kawi für eine ältere Form der heutigen Javanischen Landessprache, die aber in der Bearbeitung wissenschaftlicher, aus Indien nach Java verpflanzter Kenntnisse, und in der Nachahmung Indischer Dichtung eine unbestimmbare Menge reiner Sanskritwörter in sich aufgenommen hat, und dadurch, so wie durch die Eigenthümlichkeiten ausschliefsend dichterischer Diction, zu einer von der gewöhnlichen Sprache abweichenden, in sich abgeschlossenen Sprachart geworden ist.

In einer frühen, historisch nicht zu bestimmenden Zeit waren Indische Religion, Philosophie, Wissenschaft, Dichtung und Kunst nach Java übergewandert und dort von einem bildungsfähigen, lernbegierigen Volke

(¹) [Crawf. Handschr. hat auch in dem ersten Verse *busana*. B.]

(²) Indische Bibl. I. 411.

aufgenommen, jedoch mehr wie fremde Cultur blofs aufgenommen, als wirklich zu eigener Bildung bearbeitet und verschmolzen worden. Zugleich waren die Herrscher und die Regierung mehr oder weniger Indischen Ursprungs, und alles daher auf Indische Sprache und Sitte als den Weg hingewandt, sich dem Kreise zu nähern, in welchem Gröfse und Glanz ihren Sitz hatten. In dieser höchsten Blüthe des Indischen Wesens auf Java denke ich mir die Entstehung des Kawi. Die gebildetsten Classen der Nation bearbeiteten auf ihre Weise den fremden, wissenschaftlichen und dichterischen Stoff. Sie thaten dies in der gewöhnlichen Landessprache ihrer Zeit, in keiner fremden oder gar eigen gebildeten, so dafs das Kawi ursprünglich das Javanische jener Zeit ist. In dieser wissenschaftlichen Anwendung der einheimischen Sprache fand man es aber bald nothwendig, bald bequem, Sanskritwörter, auch über die Zahl derer, die schon in die gewöhnliche und in die Höflichkeitssprache übergegangen waren, theils wegen ihrer Bedeutsamkeit, theils wegen des schönen dichterischen Klanges, oft gewifs aber auch blofs aus dem Hange, die fremde gelehrtere und vornehmere Sprache einzumischen, nebenher aufzunehmen. So wurde der Grund zu einer eigenen Dichtersprache gelegt. Diese Bahn war Anfangs dieselbe, als auf der, nur aus anderen Gründen, auch die Höflichkeitssprache entstand. Beide waren und sind mit absichtlicher Abweichung von den gewöhnlichen Ausdrücken, aber mit strenger Beibehaltung des grammatischen Baues gebildete Abarten der gewöhnlichen Landessprache. Die Höflichkeitssprache, immer in das tägliche Leben verwebt, folgte jedoch mehr den Veränderungen, welche die Landessprache erfuhr; die Dichtersprache, die aber, wie man wohl beachten mufs, zugleich und noch viel mehr Sprache der Gesetzgebung und der Religion war, hielt sich strenger an ihre ursprünglichen Muster, und trennte sich auf ihrem Gange dadurch von der Höflichkeitssprache, dafs sie sich viel mehr in sich selbst abschlofs. Die Dichtung aller Sprachen behält gern alterthümliche und ungewöhnliche Fügungen und Formen bei, holt dieselben sogar geflissentlich, wenn sie beinahe der Vergessenheit übergeben sind, wieder hervor. So lange Indische Herrschaft und Religion auf dem Gipfelpunkte stehen blieben, welchen sie in Java erreicht hatten, mufste das Kawi nicht blofs den gebildeten Classen der Nation, sondern auch dem Volke bis auf den Grad verständlich sein, in welchem die Dichtersprache überhaupt es dem Volke da sein kann, wo sie nicht unmittelbar natürlicher Ausbruch seiner Gefühle ist, sondern eine künstliche Bildung dazwischen tritt. Das Letztere war in Java im höchsten Grade der Fall, da diese Bildung sogar eine ausländische war; und das Volk hatte gewiſs damals, wie jetzt, seine vom Kawi verschiedenen Gesänge und Lieder. Allein die Sprache wimmelt schon an sich von Sanskritischen Ausdrücken, und in jener Zeit muſsten Indische Verhältnisse, Begriffe und Laute das Volk von allen Seiten umgeben. Der Javanische Theil des Kawi konnte noch weniger Schwierigkeit erregen, da es das Javanische jener Zeit selbst oder doch einer nicht sehr entfernten war. Die allgemeine Verständlichkeit der Chöre in der Attischen Tragödie kann gewissermaſsen hier zur Erläuterung angeführt werden. Der in den Chören herrschende Dialekt ist, wenn auch kein künstlich gebildeter, doch ein künstlich behandelter, und das Volk in Athen konnte ihn sich nur durch die Übung des Hörens im Theater aneignen. Wie aber das Indische Wesen zu sinken und zu zerfallen begann, und dies geschah nicht erst durch die Überwandrung der letzten Brahmanen aus Majapahit nach Bali, sondern schon allmälig lange Zeit früher, muſste alles mit Indien Verwandte auch dem Volke fremder werden, und die aus der entferntesten Zeit herstammenden und vermuthlich noch sehr spät in demselben Typus fortgedichteten Kawi-Werke ihm auch in seiner eigenen Sprache so viel Alterthümliches und Fremdartiges darbieten, daſs sie ihm nun wirklich und wahrhaft unverständlich wurden.

Diejenigen, von welchen bisher Meinungen über das Kawi geäuſsert worden sind, haben nicht den Weg eingeschlagen, der doch seit der Herausgabe von Raffles Geschichte von Java jedem offen stand, ich meine den der eigenen Untersuchung der vom Kawi übrig gebliebenen Bruchstücke; sie haben vielmehr nur aus allgemeinen Ideen geurtheilt. Den Englischen Schriftstellern, Raffles und Crawfurd, deren Verdienste um diesen Punkt der Geschichte und Sprachkunde man nie hoch genug anschlagen kann, ging zu diesen Erörterungen, so viel man wenigstens aus ihren Schriften schlieſsen muſs, die Kenntniſs des Sanskrits, denen auf dem Continent die der Malayischen Sprachen ab. Schon die Vereinigung mäſsiger Kenntniſs beider muſste hier, ohne weiteres persönliches Verdienst, mehr leisten; und so gestehe ich, daſs mir alle bisherigen Meinungen über das Kawi irrig scheinen. Sehr viel Schaden hat es auch diesen Untersuchungen gebracht, daſs man, durch den Begriff heiliger oder classischer Sprachen verleitet, das Kawi mit

Pali in Zusammenhang gestellt hat, da beide durchaus nichts mit einander zu theilen haben. Das Kawi läfst sich durchaus nicht als ein verdorbenes oder entartetes Sanskrit behandeln; und die Meinung, welche am bestimmtesten durch die obigen grammatischen Untersuchungen widerlegt wird, ist die in dem so vortrefflichen und gründlichen Versuche über das Pali (¹) geäufserte, welche den Ursprung des Kawi in den allmäligen Veränderungen sucht, die das Sanskrit auf Java entstellt haben, indem dasselbe durch jene Veränderungen alle seine Flexionen eingebüfst habe und in den Zustand einer analytischen Sprache übergegangen sei. Zwar wird diese Umwandlung hauptsächlich der ursprünglichen Sprache Java's beigemessen, und daher ganz richtig anerkannt, dafs das Kawi auf Java selbst entstanden, nicht erst dahin verpflanzt worden ist. Es wird auch anerkannt, dafs die Sanskritwörter ihre natürliche Reinheit darin erhalten haben, ein Zugeständnifs, das aber mit der gemachten Voraussetzung in sichtbarem Widerspruch steht. Wenn eine sogenannte synthetische Sprache in eine analytische übergeht, so liegt es in der Natur dieses Überganges, dafs die Flexionen sich nicht alle und nicht rein abscheiden, sondern dafs man das Werk der Zeit an zufälligen Ungleichheiten wahrnimmt. Es liefse sich auch noch darüber streiten, ob die Javanische Sprache eine durchaus analytische ist (²). Der Annahme, dafs das Sanskrit allmälig zu Javanischem geworden sei, widerspricht die reine Scheidung beider Sprachstämme im Kawi, da die Entartung und allmälige Entstellung des Sanskrits nothwendig Spuren hinterlassen haben müfste. Der Weg ist, meiner Überzeugung nach, gerade der umgekehrte gewesen. Javanen haben Indische Weisheit und Dichtung sich angeeignet, sind der Sprache mächtig gewesen, und haben aus ihr mit Bedacht und mit Absicht Wörter entlehnt, gerade so, wie Persische Schriftsteller Arabische aufnehmen. Die Richtigkeit dieser Voraussetzung beweist der im Vorigen an vielen Beispielen (S. 55-62.) aufgeführte Umstand, dafs sie bei dieser Aufnahme eine feste, zugleich in der Natur ihrer und der fremden Sprache und in dem Zweck

---

(¹) *Essai sur le Pali par* E. Burnouf *et* Chr. Lassen. *p.* 152. 153.

(²) Ich gestehe, dafs ich mich ungern dieser Ausdrücke bediene; die unendliche Verschiedenheit der Sprachformen und Sprachveränderungen läfst sich nicht so in zwei allgemeine Formen zwängen, und die Bequemlichkeit des Ausdrucks, die sie bisweilen gewähren, wird viel zu theuer durch die fast immer bei ihrer Anwendung zurückbleibende Unrichtigkeit erkauft.

ihres Unternehmens gegründete allgemeine Regel beobachteten. Sie nahmen, außer einigen Partikeln, nur Nomina auf, weil sich das Verbum in einer flectirten Sprache nicht, seinem bloßen Begriff nach, von dem einzelnen und bestimmten Zustande, in welchem es erscheint, abscheiden läßt, dagegen ihre einheimische Sprache ihnen das Mittel darbot, jedes Nomen als Verbum gebrauchen oder in ein Verbum verwandeln zu können. Selbst der Sanskritische Infinitiv konnte ihnen, was sehr zu beachten ist, nicht als ein Verbalnomen dienen, da er, wie in jener Zeit vielleicht mehr, als jetzt, gefühlt wurde, nur ein mit Accusativ-Endung verbundenes Supinum ist.

Die Verfasser der eben angeführten Schrift haben, wie es scheint, ihre Meinung über das Kawi, welches nur sehr entfernt und nebenher den Kreis ihrer Untersuchungen berührte, von Crawfurd entlehnt. Crawfurd's Hypothese ist aber doch nicht ganz dieselbe; und wenn ihr allerdings der Umstand entgegensteht, daß eine Sprache, wie das Kawi, gar nicht auf dem von ihm vermutheten Wege gebildet werden konnte, so ging er doch von einer richtigeren factischen Ansicht aus. Er sieht nämlich diese heilige Sprache als in Java entstanden an, nicht aber durch allmäligen Gebrauch und Entstellung, sondern absichtlich und künstlich gebildet. Sie war nämlich, nach ihm, die geschriebene Sprache der Priestercaste, und diese machte sich aus Nachlässigkeit und Unwissenheit von den Unbequemlichkeiten der Sanskritischen Grammatik los, um die Affixa der einheimischen Sprache an ihre Stelle zu setzen ([1]). Crawfurd sahe ganz richtig die Abwerfung der Sanskritischen Flexionen als absichtlich, nicht als durch zufälligen Gebrauch entstanden an. Er widerspricht auch ebenso richtig der Meinung, daß das Kawi eine fremde, nach Java verpflanzte Sprache sei, welche Raffles ([2]), obgleich er sich, wie gewöhnlich, nur zweifelhaft darüber ausdrückt, zu be-

([1]) Um Crawfurd's Meinung ganz zu erkennen, muß man die in dem Versuche über das Pali aus dem dreizehnten Theil der Asiatischen Untersuchungen angeführten Stellen mit einer anderen aus seiner Geschichte des Indischen Archipelagus II. *p.* 17. 18. vergleichen, die ich, da sie kurz ist, hier folgen lasse. *The opinion I am inclined to form of this singular language is, that it is no foreign tongue introduced into the island, but the written language of the priesthood, to whom it is probable, in early times, the use of letters was confined.* Daß Crawfurd von einer absichtlichen Abwerfung der Sanskr. Flexionen spricht, zeigen die Worte (*Asiat. res.* XIII. *p.* 161.): *endeavouring to get rid of the difficult and complex inflections of the Sanscrit.*

([2]) I. 367.

günstigen scheint. Crawfurd scheint mir nur darin auf irrigem Wege, dafs er, was von A. W. v. Schlegel mit Recht bestritten wird, das Kawi zu sehr als ein blofs künstliches Machwerk betrachtet, und sogar behauptet, dafs es immer nur eine todte, höchstens von der Priestercaste gesprochene Sprache gewesen sei. In seiner, so wie in der Meinung der Verfasser des Versuchs über das Pali, ist schon das eine ganz unrichtige Vorstellung, dafs man die Flexionen des Sanskrit abgeworfen, oder dafs sie sich durch falschen Gebrauch verloren hätten. Von einer solchen künstlichen Absonderung oder solcher zufälligen Umwandlung kann hier gar nicht die Rede sein. Es ist sogar factisch unrichtig, dafs die Sanskritwörter im Kawi alle und vollkommen unflectirt wären; man wollte vielmehr im Gegentheil nur Nominative aufnehmen, und konnte keine Grundformen, noch Wurzeln brauchen, da man aus der lebendigen Rede schöpfte, in der diese nicht erschienen. Die Kawi-Schriftsteller bearbeiteten überhaupt gar nicht das Sanskrit, um gleichsam eine neue Sprache daraus zu machen. Ihr ganz natürliches und einfaches Verfahren war das, was in allen Sprachen bei jeder Nation, die eine fremde weiter vorgeschrittene Litteratur benutzt, nur nicht in so hohem Grade, gefunden wird. Sie entlehnten aus der Sprache, die ihre Lehrerin geworden war, Wörter, und nahmen diese in dem einfachsten Zustande, in welchem die Rede sie ihnen darbot. Sie wollten den Sanskritisch ausgedrückten Begriff, aber nichts mehr, als diesen. Was demselben, um in die fremde Rede verwebt zu werden, hinzugehen mufste, theilten sie ihm aus ihrer Sprache mit.

Die Javanischen Wörter, die sich in so grofser Anzahl im Kawi finden, hält Crawfurd für nach und nach darin übergegangen, und erklärt daraus den reineren und weniger reinen Styl, welcher die Kawi-Werke unterscheidet.

Die Crawfurdsche Meinung läfst sich, meines Erachtens, blofs dadurch, dafs man sie von der ihr ohne Nothwendigkeit beigemischten Unnatürlichkeit befreit, auf die wahre und richtige zurückführen. Man darf nur nicht verkennen, dafs die Grundlage des Kawi wirklich die Javanische Sprache, nur aus einer älteren Periode und daher in etwas veränderter Form, ist. Wollten nun die einheimischen Priester, Weisen und Dichter den Reichthum des Sanskrits in die Javanische Cultur verweben, so bedienten sie sich dieser lebenden, zu ihrer Zeit allgemein verständlichen, aber auch jetzt noch

Bb

dem Javanen nicht ganz unzugänglichen Sprache, und versetzten, aber mit sorgfältiger Hinsicht auf die Erhaltung der Verständlichkeit, in dieselbe eine Anzahl Sanskritischer Wörter. Wörter lassen sich immer leichter dem Gedächtnisse einprägen, als der Verstand, einmal an andere gewöhnt, ihm fremde grammatische Formen aufnimmt; und alle im Vorigen aufgeführten Regeln der Behandlung der Sanskritwörter im Kawi beruhen auf dieser einfachen Erfahrung und jener Sorgfalt für die allgemeine Verständlichkeit. Die auf den ersten Anblick auffallende Erscheinung, daſs die Amerikanischen Eingebornen so häufig vier und mehrerer Sprachen mächtig sind, und dieselben ohne Verwechslung nach dem vorkommenden Bedürfniſs sprechen, und daſs die Incas so wenig Schwierigkeit fanden, ihre Sprache den fremden unterjochten Nationen aufzudringen, erklärt sich bloſs aus der groſsen Ähnlichkeit des grammatischen Baues der meisten Amerikanischen Mundarten. Die Jesuiten gründeten hierauf den, jedoch nie zur Ausführung gekommenen Plan, die ihnen untergebenen Missionen nicht an die Erlernung des Spanischen, sondern an eine der dazu am meisten passenden Amerikanischen Sprachen zu gewöhnen. Der Unterschied des reineren und mehr entarteten Kawi's läſst sich dennoch sehr gut begreifen. Das Kawi entfernt sich von der heutigen Landessprache durch die Beimischung in ihr nicht üblicher Sanskritwörter und durch den Gebrauch alterthümlicher Formen und Ausdrücke. Je nachdem nun jene Beimischung und dieser Gebrauch verringert, und noch heute gewöhnliche Formen und Ausdrücke an die Stelle der fremden und alterthümlichen gesetzt werden, desto mehr nähert sich die geringere Reinheit des Kawi der heutigen allgemeinen Verständlichkeit; und es kann kaum fehlen, daſs bei dem im Vorigen erwähnten Recitiren von Kawi-Versen bei den Puppenspielen, und selbst bei der Abschrift von Handschriften häufig auf diese Weise ein gewöhnlicheres Wort und eine leichtere Form den ursprünglichen Lesarten untergeschoben werde. Insofern rechtfertigt sich Crawfurd's Meinung von dem Eindringen Javanischer Wörter in das Kawi um so mehr, als in späteren Zeiten verfaſste Kawi-Gedichte sich theils absichtlich, theils aus Mangel gelehrter Kenntniſs der gewöhnlichen Sprache mehr nähern mochten.

Allen über das Kawi bisher geäuſserten Meinungen liegt sichtbar stillschweigend die Voraussetzung zum Grunde, daſs das wahre reine und älteste Kawi sich gar nicht mit dem heutigen Javanischen in Verbindung bringen läfst, sondern eine ganz eigne, in ihrer wahren Natur immer noch unbekannte Sprache ausmacht. Nur dadurch konnte ein so scharfsinniger und mit den Malayischen Sprachen, namentlich dem Javanischen, durch eignes Studium und mühevolle Arbeiten vertraut gewordener Schriftsteller, als Crawfurd, auf die Hypothese einer gleichsam todtgebornen Sprache gerathen. Aus dem gleichen Grunde schrieb ihr Raffles einen fremden Ursprung zu. Crawfurd sagt mit dürren Worten, dafs das Kawi sich weit von dem jetzigen Javanischen, ja selbst von den ältesten bekannten Überbleibseln desselben entferne ([1]). Hierin vorzüglich weicht meine Meinung von den bisherigen ab; und dasjenige, was ich vorzüglich zu beweisen habe, ist der Punkt, dafs das Kawi wirkliches Javanisch, nur in einer älteren Form, also nicht, im wahren Verstande, eine eigne und abgesonderte Sprache, sondern in seiner Mischung mit Sanskritwörtern, so wie die ihm darin ganz ähnliche Höflichkeitssprache, blofs eine Sprachart, in seinem einheimischen Theile ein älterer Dialekt ist.

Der Beweis für den ersten Theil dieser Behauptung scheint mir in der obigen Zergliederung der Sprache des Brata Yuddha deutlich und von selbst zu liegen. Wer dieser Zergliederung aufmerksam gefolgt ist, kann, dünkt mich, keine andere Überzeugung haben, als dafs der hauptsächlichste Bestandtheil dieser Sprache Javanisch ist, namentlich der ganze grammatische, nur allerdings mit einigen Abweichungen von dem heutigen Gebrauche der Sprache, sowohl in Wörtern, als Formen. Hierüber kann kaum nur ein Zweifel obwalten. Eher läfst sich bestreiten, ob die Abweichungen aus Veränderungen entstehen, welche die Zeit hervorgebracht hat. Ich erlaube mir über Beides hier noch folgende allgemeine Bemerkungen.

Die Meinung, dafs das Kawi, auch in seinem reinsten, alterthümlichlichsten Zustande, blofses Sanskrit gewesen, oder auch nur vom Sanskrit eigentlich ausgegangen sei, scheint mir nach dem bis hierher Gesagten keiner weiteren Widerlegung zu bedürfen. Von Anfang an hatte diese Sprache höherer Cultur zwei verschiedene Grundlagen, und die eine derselben war die Sprache des Landes, in welchem das Kawi entstand. Es war dies sogar die

---

([1]) *We may be prepared to explain the singular fact of the Kawi differing so widely from the present Javanese or even from the most ancient specimens of the ordinary speech of which we are possessed. Archip.* II. *p.* 18.

hauptsächlichste, weil ihr die grammatische Form, also dasjenige angehörte, was einer Sprache den Charakter giebt und sie zu demjenigen macht, was sie ist. Dies scheint sich namentlich Crawfurd nur nicht deutlich genug gedacht zu haben. Denn er sagt nirgends bestimmt, dafs auch der ursprüngliche, nicht Sanskritische Theil des Kawi nicht Javanisch gewesen sei. Er drückt sich darüber gar nicht aus, und spricht blofs von später eingedrungenen Javanischen Wörtern, und scheint zu meinen, dafs früher nur grammatische Affixe und Hülfswörter die ursprüngliche Gestalt des Sanskrits verändert hätten. Waren aber diese Affixe und Hülfswörter ursprünglich Javanisch, wie man bei seiner Behauptung der Entstehung des Kawi auf Java selbst voraussetzen mufs, so ist er von dieser Seite, nur ohne es bestimmt genug zu sagen, der von mir geäufserten Meinung. Wir kennen das Kawi nur nach dem in Raffles abgedruckten Theile des Brata Yuddha; und es fehlt uns an sicheren Kennzeichen, zu entscheiden, ob dies Gedicht und diese Ausgabe desselben zu der reineren oder mehr entarteten Gattung der Kawi-Werke gehört. Ich möchte es wenigstens nicht in der Gestalt, in der wir es besitzen, zu den reinsten und ältesten rechnen, da die Anzahl der, meiner Meinung nach, auch im Javanischen jüngeren Formen immer sehr ansehnlich darin ist. Die uns vorliegenden Bruchstücke sind aber von so bedeutendem Umfange, dafs sich wohl annehmen läfst, dafs sich auch im ältesten Kawi nicht leicht eine Gattung grammatischer Formen gefunden habe, von welcher hier nicht wenigstens einzelne Beispiele vorkommen sollten.

Nun ist aber alles nicht Sanskritische in dem Gedichte mit dem heutigen grammatischen Baue der Javanischen Sprache übereinstimmend oder läfst sich, wo dies nicht der Fall ist, auf eine der andren uns bekannten Malayischen Sprachen zurückführen. Der gröfste Theil ist aber von der ersten Art. Da ich in der Darlegung des grammatischen Charakters des Kawi immer zugleich bei jedem Punkte die grammatischen Regeln des heutigen Javanischen angeführt habe, und, wo es nöthig war, auf die anderen Malayischen Sprachen zurückgegangen bin, so liegt der Beweis meiner Behauptung durch alle Theile der Grammatik hindurch schon in jenen Erörterungen. Ich erinnere hier nur an einige Punkte, welche das Javanische selbst unter den übrigen Malayischen Sprachen auszeichnen, die Suffixa der 3. Pers. des Pronomens, ihren Gebrauch als Genitivzeichen, die Eigenthümlichkeit, sich derselben zur Bildung von Conjunctionen zu bedienen, die Abwerfung des *m* von den Verbalpräfixen, welche die des ihm folgenden Vocals nach sich zieht, oder wenn man diese von mir aufgestellte Theorie nicht annimmt, die Veränderung des Anfangsconsonanten der Verba nach bestimmten Regeln u. s. f. Alles dies findet sich nun nicht bloſs im Kawi wieder, sondern die Affixa sind auch, ihrem Laute nach, groſsentheils dieselben; und insofern sie es nicht sind, ist der Unterschied nur der, daſs die neuere Sprache einige solcher Hülfswörter mehr anwendet. Von Wörtern finden sich im Brata Yuddha eine sehr bedeutende Menge rein Javanischer, die Gericke in dem Wortverzeichniſs seines Lesebuchs als Wörter der heutigen Sprache aufführt, und die in dem Crawfurdschen Wortverzeichnisse, wovon ich gleich ausführlicher reden werde, mit keinem Kreuze bezeichnet sind.

Auf der andren Seite aber finden sich allerdings auch in dem Kawi-Gedichte Abweichungen von dem grammatischen Baue des heutigen Javanischen, und Wörter, welche der heutigen Mundart fremd sind. Über diese letzteren würde ich mich bei der Unvollständigkeit der bisherigen Jav. Wortverzeichnisse nicht zu äuſsern wagen, wenn ich nicht durch einen doppelten Umstand dahin gekommen wäre, eine Anzahl derselben als solche zu erkennen. Ich habe oben (S. 32. 33.) von den Kawi-Wortverzeichnissen gesprochen, deren man sich auf Java bedient. Der bei weitem gröſste Theil der in denselben enthaltenen Wörter ist Sanskritisch; kommen jedoch andere vor, so beweist schon der Umstand, daſs man sie diesen Glossarien einverleibt hat, daſs sie auſser dem Kreise der heutigen gewöhnlichen Sprache liegen. Aber einen noch mehr aus dem Leben gegriffenen Beweis liefert Crawfurd's handschriftliches Javanisch-Englisches Wortverzeichniſs. Er hatte dasselbe, als er sich noch an Ort und Stelle befand, einem jungen Javanischen Häuptling, der in Calcutta Englisch studirte, zur Durchsicht gegeben, und dieser hat mehrere Wörter desselben, zum Zeichen seiner Nicht-Anerkennung, mit Bleistift mit einem Kreuze bezeichnet. Daſs diese Wörter nicht fehlerhaft sind, geht aus der Vergleichung vieler derselben hervor. An den Sanskritischen, die auch im B. Y. vorkommen, läſst sich dies leicht erkennen. Allein auch die Richtigkeit anderer läſst sich beweisen. Jener Javane hatte sich nie mit Kawi beschäftigt, und seine Kreuze geben also den zwiefachen Beweis, daſs die im B. Y. vorkommenden nicht von ihm damit bezeichneten Wörter noch richtige Wörter der heutigen Sprache, die bekreuzten aber derselben fremd sind. Man hat hier ein wahrhaft praktisches

Exempel, welche Kawi-Wörter man mit bloßer Kenntniß der heutigen Sprache ohne weitere Hülfe verstehen kann. Von den nicht Sanskritischen Wörtern des B. Y. ist nun in diesem Verzeichniß der bei weitem kleinste Theil mit Kreuzen versehen. Wo sich das Kreuz findet, sind die Wörter sehr häufig im Malayischen oder Tagalischen nachzuweisen.

Die grammatischen Verschiedenheiten des Kawi von dem heutigen Javanischen liegen theils bloß in den Lauten einiger grammatischer Wörter, wie *ring* für *hing*, *rika* für *hika* u. s. w., theils in solchen Abweichungen, welche sich auf den ersten Anblick und unläugbar als Folge der Zeit, die in den Sprachen den Formenbau nach und nach durch Umschreibung ersetzt, verrathen. Hierhin rechne ich, daß das Kawi, wenn man die Bildung durch das Präfix *ka* dem Nomen beizählt, das Passivum, für welches die heutige Sprache noch *dhi*, *dhipun* und *dhên* als Hülfswörter besitzt, bloß durch Einschiebung von *in* bildet u. s. f. Allein es giebt auch wesentlichere Abweichungen, z. B. den Gebrauch des Artikels *sang*, den des Pron. der 3. Pers. im Nominativ *stra*, wofür es dem heutigen Jav. ganz an einem wahrhaft entsprechenden Ausdruck fehlt, und, was ganz sicher ist und auch von Kennern des Jav. bestätigt wird, die Verwandlung des *m* der Verbalpräfixe in *n* zur Bezeichnung des Präteritums. Diese Veränderungen lassen sich allerdings auch aus dem Fortrücken zur Formlosigkeit erklären; indeß sind sie doch erheblicher, und es ist immer auffallend, daß von der Bezeichnung des Präter. durch Lautveränderung im Jav., welches die künstlichen Bildungen der Einschiebung von *in* und *um* beibehalten hat, keine Spur geblieben ist. Jedoch läßt sich hiergegen auch mit Recht anführen, daß die Abwerfung der mit *m* beginnenden Präfixa auch diese Verwandlung außer Gewohnheit bringen mußte. Daß alle diese Abweichungen das Kawi den Dialekten der Philippinischen Inseln noch näher bringen, als denselben das Javanische schon steht, ist bereits oben bemerkt.

Das also ergiebt sich klar und unläugbar aus der Zergliederung des Kawi-Textes, daß auch dasjenige, was in ihm, ohne Sanskritisch zu sein, im heutigen Jav. nicht gefunden wird, diesem doch auf das engste verwandt ist; und es bleibt nur die Frage übrig, ob man diese Abweichungen der Zeit oder einer Dialekt-Verschiedenheit zuschreiben soll. Ich erkläre mich für das Erstere, schon darum, weil die Kawi-Sprache sich auch in diesen Abweichungen, welche sämmtlich auf mehr Formung hinausgehen, demselben

Punkte, als die Javanische, nämlich den Philippinen, zuwendet, und nichts in ihnen liegt, was nicht, nach bewährten Beispielen in anderen Sprachstämmen, durch das Vorrücken der Zeit wirklich erklärbar werden könnte. Es ist indeſs zugleich meine völlige Überzeugung, daſs sich diese Frage durch die Untersuchung der Sprache nicht gänzlich entscheiden läſst. Die Malayischen Sprachen theilen sich in eine so groſse Menge einander zum Theil so nahe liegender Dialekte, daſs es sehr leicht an einer anderen Stelle dieses mit Inseln besäeten Meeres einen gegeben haben könnte, welcher dieselbe Verwandtschaft mit dem Jav. bei den gleichen Abweichungen besessen hätte. Ja, es könnte einen solchen noch heute geben, da die Sprachkunde die Kenntniſs dieser Dialekte noch bei weitem nicht erschöpft hat, und genaue grammatische Untersuchungen, wie sie hier erfordert werden, theils wegen ihrer Schwierigkeit, theils weil das Sprachstudium bisher nicht ernsthaft genug auf sie gerichtet war, noch seltener sind. Insofern könnte das Kawi auch auf einer andren, benachbarten Insel entstanden sein. Da aber hier die aus der Sprache zu ziehenden Gründe nicht ausreichen, muſs man seine Zuflucht zu den historischen nehmen.

Aus der geschichtlichen Lage der Dinge, die ich in dem ersten Buche dieser Schrift dargestellt habe, ergiebt sich klar, daſs Java von der frühesten Zeit her vermuthlich der erste, gewiſs aber der hauptsächlichste Sitz Indischer Bevölkerung in diesem Völkermeer war. Selbst Sumatra kann ihm diesen Vorzug nicht streitig machen. Madura und Bali liegen ihm so nahe, daſs sie beinahe Theile von Java ausmachen; Bali ist aber mehr ein Ort gewesen, auf welchem sich die Indische Religion und Cultur, als sie auf Java selbst dem Islam weichen muſste, Zuflucht suchte, als einer, auf dem sie ursprünglich blühte. Die groſse Anzahl und der Umfang der Überreste Indischer Baukunst, die bedeutende Menge der, auch ganz abgesehen vom Kawi, sogar der gewöhnlichen Sprache beigemischten Sanskritwörter, die Indischen Benennungen der meisten Staatswürden und öffentlichen Einrichtungen, die Verwebung Indischer Götter- und Heldensage in die ältesten Javanischen Überlieferungen, die Versetzung der gröſsten Begebenheiten jener mythischen Zeit auf den heimathlichen Boden selbst lassen Java, jedoch nur Java allein, als ein zweites Indien erscheinen. Es dürfte sogar schwer zu entscheiden sein, ob die meisten der übrigen Inseln, was man auf ihnen von Indischer Sprache und Überlieferung antrifft, nicht erst aus zweiter Hand von

Java aus erhielten. Ich habe auch schon oben auf den Umstand aufmerksam gemacht, dafs man auf Java nicht sowohl fremde, noch als ausländisch erkennbare Indische Colonieen, sondern vielmehr die Javanen selbst in Indischen Sitten und Einrichtungen wahrnimmt. Schon dadurch war der Zustand auf Java durchaus von dem jenseits des Ganges verschieden, wohin in gewifs späterer Zeit Buddha-Priester eine eigne fremde Sprache, das Pali, von dem auf Java keine Spur anzutreffen ist, dergestalt verpflanzten, dafs dieselbe, aufser ihren Einmischungen in die Landessprache, als abgesonderte heilige und gelehrte Sprache fortblüht. Das Kawi hat blofs Indische Elemente, und ist, wenn es auch für Java könnte als ausländisch angesehen werden, immer eine wahrhaft Malayische, also mit der einheimischen zu Einem Stamme gehörende Sprache. Wie wäre es nun denkbar, gerade die Kawi-Sprache und Litteratur auf einem anderen Punkte, als auf Java selbst, entstanden anzunehmen? Gerade sie setzt das tiefste Eindringen in Indische Sprache und Bildung, die gröfste Vertraulichkeit mit beiden voraus, und sie nun wollte man aus dem Zusammenhange mit aller übrigen Indischen Eigenthümlichkeit auf Java herausreifsen, mit welcher sie in der engsten und in wirklich nothwendiger Verbindung steht! Wenn man in Erwägung zieht, wie unendlich Vieles vorausgehen mufs, ehe sich eine solche Litteratur in einer ihr eigen angepafsten Sprachart bilden kann, so fühlt man die an Unmöglichkeit gränzende Unwahrscheinlichkeit, dafs die Spuren der Entstehung einer solchen Erscheinung auf einem anderen Punkte, als Java, gänzlich sollten untergegangen oder doch unsren Blicken verborgen geblieben sein. Die Meinung, dafs die Kawi-Sprache keine Javanische, sondern erst nach Java verpflanzt worden sei, ist daher die unwahrscheinlichste unter allen; und es bleibt ein wesentliches Verdienst Crawfurd's, den einheimischen Ursprung des Kawi auf Java als unbezweifelt angenommen zu haben.

Wenn es für durchaus nothwendig gehalten würde, die Abweichungen des Kawi vom heutigen Javanischen einer Dialekt-Verschiedenheit zuzuschreiben, so müfste man doch immer annehmen, dafs ein solcher Dialekt auf Java selbst zur Zeit und an dem Punkte der Entstehung des Kawi geherrscht habe. Unmöglich wäre eine solche Annahme durchaus nicht zu nennen; und wenn man von Java so ausführliche und ins Einzelne gehende Kenntnifs besäfse, als man dem sorgsamen Fleifs der Spanischen Missionare von den Dialekt-Verschiedenheiten der Philippinischen Inseln, bis auf die Lauteigenthümlichkeiten einzelner Ortschaften herab, verdankt, so würde sich hierüber mit Gewifsheit entscheiden lassen. Wir kennen aber von Mundarten auf Java nur einigermafsen die von Sunda, im westlichen Theile der Insel, von der hier nicht die Rede sein kann. Der Niederlassungsort der Indier war gerade entgegengesetzt der östliche Theil, und jene Mundart soll viel weniger Sanskritwörter und eine bei weitem unvollkommner ausgebildete Höflichkeitssprache besitzen (1). Auch von ihr aber ist bisher, so viel ich weifs, niemals etwas Grammatisches mitgetheilt worden. Dieser ganze Punkt erfordert also, wenn man es für wichtig hält, ihn weiter zu verfolgen, erst neue historische Aufklärungen, da die bis jetzt vorhandenen nicht hinreichen (2).

Ungeachtet dieses Raisonnements und aller angeführten Gründe dürfte man sich dennoch vielleicht fragen, woher, wenn das Kawi wirklich in seinem hauptsächlichsten Elemente reines Javanisch ist, die heutige Unverständlichkeit dieser Sprache auf Java stammt? Denn Raffles fand nur einen einzigen Mann, welcher im Stande war, den B. Y. auszulegen, und auch dieser mufste doch oft zur blofsen Errathung des Sinnes seine Zuflucht nehmen. In wie vielen Stellen aber er dabei noch irrte, ganze Sätze des Originals unübertragen liefs und andere willkührlich hinzufügte, zeigt die Vergleichung des Textes mit der Englischen Paraphrase bei Raffles. Ich gestehe jedoch, dafs mich diese Erscheinung durchaus nicht wundert, und ich weder in ihr, noch in dem oben angeführten Ausspruche Crawfurd's von dem weiten Abstande des Kawi vom Javanischen, der sich doch nur auf Urtheile der Eingebornen stützt, irgend einen hinreichenden Grund finde, von den obigen Behauptungen abzugehen. Alle nicht noch heute im Jav. übliche Sanskritwörter des Kawi müssen dem heutigen Leser solcher Werke schon ohnehin gänzlich unverständlich sein. Fast gleiche Schwierigkeit mufs er in den alterthümlichen Formen und Ausdrücken finden, wovon man sich leicht überzeugen kann, wenn man bedenkt, wie schwierig einem ungebildeten Deutschen Leser das Verstehen des Nibelungenliedes ist. Eine dritte und hauptsächliche Dunkelheit aber entspringt aus der abgebrochenen, in Metaphern gehüllten und an Inversionen reichen dichterischen Diction, durch welche der an

(1) Raffles. I. 358. 366.

(2) Einige einzelne, aber ganz unzulängliche und sich blofs auf die Aussprache beziehende Bemerkungen über Javanische Mundarten finden sich bei Raffles. I. 359. Vgl. auch 382.

die einfache Klarheit und die feste Wortstellung der Jav. Prosa Gewöhnte sich wie in eine ganz andere Welt versetzt fühlen muſs. Die Inversionen allein können ein groſses Hinderniſs abgeben. Wir haben oben gesehen, daſs die feste und durchgängige Stellung des Genitivs zum Nominativ in den Sanskritisch zusammengesetzten Wörtern und im Jav. (*Kurukshêtram* und *tegal Kuru*, Kuru-Feld) gerade entgegengesetzt ist. Der gleichzeitige Gebrauch beider Stellungen im Kawi muſs daher verwirrend erscheinen. Die Kawi-Sprache war eigentlich schon in ihrem Entstehen eine gelehrte, nur durch Studium zugängliche. Sie ist aber für das heutige Java durch den Verlauf der Jahrhunderte, die Veränderung aller Verhältnisse und die lange Entwöhnung von aller Gemeinschaft mit Indischer Bildung noch zehnfach mehr zu einer solchen geworden. Nicht Eine der uns über den Zustand Java's zugekommenen Mittheilungen berechtigt uns aber zu der Voraussetzung, daſs ein solches Studium auf irgend eine ernsthafte Weise vorgenommen wird. Es ist zwar, nach Raffles Zeugniſs, Mode und Ton, sich einige Kenntniſs des Kawi anzueignen, man erwirbt dieselbe aber vermuthlich, indem man nach einzelnen Ausdrücken bei den Puppenspielen hascht ([1]). Denn sonst sind selbst gute Handschriften auf Java selten und müssen aus Bali herbeigeschafft werden. Legten sich Javanen ernstlich auf Kawi-Studium, so müſste auch Raffles solche Individuen gefunden haben, und es würde ihm nicht entgangen sein, dieselben zu benutzen. Nicht einmal die einheimische Sprache wird, wie es scheint, grammatisch betrieben, da Raffles ausdrücklich erwähnt, daſs es gar keine einheimische Grammatiken giebt ([2]). Dasselbe bezeugt Marsden ([3]) von der eigentlichen Malayischen Sprache. Es ist daher kaum denkbar, daſs ein Javane, nach der heutigen Art seiner Ausbildung, ehemalige und jetzige Formen seiner Sprache als identisch anzuerkennen und aus einander zu erklären im Stande sei. Allein auch insofern wirklich Kawi-Studium getrieben wird, herrscht dabei eine Methode, die unmöglich zur eigentlichen Einsicht des alten Dialekts führen kann. Die wahre Methode dieses Studiums ist offenbar die, Sanskrit zu erlernen und sich mit den Malayischen Sprachen bekannt zu machen, welchen das Jav., nicht in seinem Über-

---

([1]) Raffles. I. 367. 338.

([2]) *l. c.* 364.

([3]) *Gramm.* 126.

gange zur Formlosigkeit, wie der Sprache auf Malacca, sondern in seinem früheren Zustande, wie den Philippinischen Sprachen, nahe liegt. Ohne Sanskrit und Tagalisch mit der Kenntnifs des Javanischen zu verbinden, ist kein wahres Eindringen in das Kawi möglich. Ist man aber im Besitz des Hauptbestandtheils dieser Sprache und der Quellen, aus welchen das von diesem Hauptbestandtheile in ihr Abweichende entspringt, so hat man nun nur auf den verschiedenen Gebrauch zu achten, welchen das Kawi bisweilen von den fremden Elementen macht. Denn allerdings legt es den Sanskritwörtern hier und da Bedeutungen bei, welche aus den uns bekannten nur entfernt abzuleiten sind; auch kommen wohl Wörter des Malayischen Stammes, und wenigstens Sanskritformen vor, die wir in unsren Hülfsmitteln in diesen Sprachen vergebens suchen. Zur Auffindung dieser sind nun die oft im Vorigen erwähnten auf Java sich findenden Verzeichnisse von Kawi-Wörtern nützlich, ja selbst unentbehrlich. Macht man sie dagegen, wie auf Java geschieht, zur einzigen Quelle des Kawi-Studiums, so können sie weder hinreichen, noch ohne Gefahr des Irrthums zur Leitung dienen, am wenigsten aber Einsicht in den Zusammenhang der Elemente der Sprache gewähren. Sie sind natürlich nicht vollständig, und geben auch, so viel sich wenigstens aus dem bei Raffles schliefsen läfst, häufig die Bedeutungen nicht auf adäquate Weise, da sie nicht auf den Ursprung der Wörter zurückgehen. An grammatische Aufklärungen ist bei diesen Verzeichnissen gar nicht zu denken. Ein gelehrtes Studium des Kawi und ein richtiges Urtheil über dasselbe wird daher immer nur bei Ausländern zu suchen sein. Auch hat es wirklich nur insofern Interesse, als es sich an allgemeine Sprach- und Geschichtsuntersuchungen anknüpft, und mufs auf diesem seinem eigenen Wege fortgehen. Es ist hier einer der Punkte, wo man sich durch die Urtheile der Eingebornen nicht irre machen lassen, sondern davon frei erhalten mufs.

Drittes Buch.

Über den Malayischen Sprachstamm.

Erster Abschnitt.

Stammverwandtschaft der Malayischen Sprachen.

§. 1.

Der grofse Ocean, welcher, südlich vom Asiatischen Festlande, Afrika und Amerika durch ungetrennte Schiffahrt verbindet, bietet in den zahllosen, in ihm zerstreuten Inseln eine merkwürdige Gleichförmigkeit der Bewohner und ihrer Sprachen dar. Die ersteren sind entweder negerfarbig, gröfstentheils mit krausem Wollhaar, wild und der Civilisation abgeneigt, oder bald heller, bald dunkler olivenfarbig, mit langem glattem Haar, sanftmüthig, und in Sitten und Kunstfertigkeiten zu einem hohen Grade menschlicher Bildung gelangt. Beide befinden sich entweder in gemeinschaftlichem Besitz einiger Inseln, wie auf Borneo, den Philippinen und anderwärts, oder nehmen jede für sich Inseln und Continente allein ein, die schwarze Race Neu-Holland und einige nördlich davon gelegene Inseln, die olivenfarbige die übrigen zahllosen gröfseren und kleineren Eilande, auf denen zum Theil aber die schwarze erst später untergegangen zu sein scheint. Die weifsere ist überall die zahlreichere und bei gemeinschaftlichem Besitz die herrschende, die schwärzere die geringere an Zahl und die in das Innere und die Gebirge zurückgedrängte. Auch steht nur die weifse in wahrem gesellschaftlichen Verkehr mit den fremden Ansiedlern in diesem Theile der Welt, mit den Arabern und Europäern. Von den Sprachen der schwarzen Race ist es jetzt nicht meine Absicht zu reden, auch besitzt man bis jetzt nur überaus mangelhafte Hülfsmittel zur Kenntnifs derselben. Alle bis jetzt bekannt gewordenen Sprachen der olivenfarbigen Race aber verrathen, von dem westlichsten Punkte, Madagascar, bis zum östlichsten, der Osterinsel, und von Süden nach Norden bis zum Asiatischen Festlande, und im freien Meere bis zu den Sandwich-Inseln hin, eine, auch bei flüchtiger Vergleichung unverkennbare Gleichförmigkeit. Diese Behauptung bedarf, was die Inseln östlich von Sumatra anbetrifft, keines Beweises mehr, sie ist von Allen, welche diesen Theil des Erdbodens in den Kreis ihrer Sprachforschungen aufgenommen haben, einmüthig anerkannt. Von Madagascar konnte sie bedenklich erscheinen, da ein fast ganz von Inseln freies Meer über 50 Grade weit Madagascar von der westlichsten Spitze Sumatra's trennt. Doch auch von der Sprache dieses Landes herrschte schon seit älterer Zeit die Meinung ihrer Verwandtschaft mit den Malayischen, war aber so mangelhaft und unzulänglich bewiesen, daſs man es der schärferen Sprachkritik nicht zum Fehler anrechnen kann, an der Richtigkeit derselben gezweifelt zu haben ([1]). Durch bessere Hülfsmittel, deren ich weiter unten ausführlich erwähnen werde, unterstützt, habe ich mich aber überzeugt, daſs sie nicht bloſs in Rücksicht ihres Wortvorraths, sondern ganz besonders in Rücksicht ihrer Form, also desjenigen, was jede Sprache eigentlich zu der individuellen Sprache macht, die sie ist, durchaus mit den Malayischen Sprachen übereinkommt.

§. 2.

Man hat die hier in Rede stehenden Sprachen die Polynesische, oder auch im Plurale die Polynesischen genannt; und es kann auffallend scheinen, daſs ich mich nicht desselben, einmal eingeführten Namens bediene, sondern ihnen die Benennung der Sprachen des Malayischen Stammes gebe. Es haben mich aber hierzu mehrere, mir nicht unwichtig scheinende Gründe bewogen. Der Name Polynesische Sprachen ist gleichsam ein geographischer, und würde daher, streng genommen, alle in dem mit Inseln besäeten Meere herrschende Sprachen, mithin auch die der negerfarbigen Race, in sich begreifen. Er sagt eigentlich nicht mehr, als daſs diese Sprachen auf einer Menge von Inseln gesprochen werden, und es wird daher durch denselben schlechterdings nichts über das Verhältniſs dieser Sprachen zu einander angedeutet. Nimmt man die Benennung gar im Singularis, so geht sie viel zu weit, da man die Sprache auf Madagascar, den Philippinen und der Südsee östlich von Neu-Seeland aus gewiſs verwandte, auf keine Weise aber dieselbe Sprache nennen kann. Gerade das aber ist es für das Sprachstudium wichtig anzudeuten, wenn man jemals auf eine richtige Classification der Sprachen des Erdbodens kommen will, daſs diese Sprachen zu einem und ebendemselben Stamme gehören. Endlich wird auch der Name Polynesische Sprache schon jetzt von verschiedenen Schrift-

([1]) Mithridates. Th. 1. S. 604. 616. Th. 3. Abth. 1. S. 255. 256.

stellern, ihren verschiedenen Theorieen gemäſs, sehr verschieden genommen, selbst von den Englischen Schriftstellern, deren groſsen Verdiensten um diesen Theil der Völkerkunde man es fast ausschlieſslich verdankt, ein richtigeres Urtheil über diese Sprachen fällen zu können. Marsden ([1]) nimmt Polynesische Sprachen in demselben Sinne, als ich Malayische, indem er jedoch darunter nur eigentlich den Theil dieser Sprachen begreift, der ihnen ursprünglich und unvermischt mit fremdem Zusatze angehört. Er unterscheidet nachher das diesseitige westliche, und jenseitige östliche Polynesien. Crawfurd ([2]) spricht zuerst von den jeder dieser Sprachen, ihrer Localität nach, eigenthümlichen Wörtern, als ihrem ersten constitutiven Element. Er scheint darunter die Sprache der noch uncivilisirten Ureinwohner zu verstehen. Über diese verschiedenen Dialekte hat sich alsdann, nach ihm, die Sprache einer groſsen civilisirten Völkerschaft, welcher er Java zum Sitz anweist, durch Schiffahrt, Handel und Verkehr verbreitet. Die Sprache dieses Volkes nennt er die Polynesische, und rechnet zu derselben alle den Malayischen Sprachen gemeinschaftlichen Wörter. Er giebt auf diese Weise sogar eine Probe eines Polynesischen Wörterbuches ([3]). Bei ihm ist also die Benennung ganz in das System verwebt, das er sich über diese Sprachfamilie gebildet hat. Die Englischen Missionare in der Südsee endlich beschränken den Namen Polynesische Sprache auf den Kreis ihrer Beobachtung, und belegen damit die Sprachen der von Neu-Seeland, dieses mit eingeschlossen, östlich gruppenartig bis zur Osterinsel und zu den Sandwich-Inseln liegenden Eilande. Diese Sprachen, von welchen wir jetzt bereits vier, die Tahitische, Sandwichische, Neu-Seeländische und Tongische, auch grammatisch kennen, der Wortverzeichnisse vieler anderen nicht zu gedenken, haben allerdings wieder im Malayischen Stamme selbst eine nähere Verwandtschaft unter sich, und es lassen sich ihnen allen gemeinschaftliche Wörter von den abweichenden jeder besonderen unterscheiden, eine Erscheinung, die sich in allen groſsen Sprachstämmen, und in dem, von welchem wir reden, in den Philippinischen Mundarten, der Javanischen Sprache, zusammengenommen mit den Dialekten von Sunda, Bali und Madura,

---

([1]) *Gramm. Introduction. p.* I. XVIII. XXIII.

([2]) *History of the Indian Archipelago.* II. *p.* 78. 81 - 95.

([3]) *l. c. p.* 192.

Dd

u. s. w., findet. Der Name Polynesische Sprache, welchen sogar die einzige bisher im Druck erschienene Tahitische Grammatik führt, ist hier noch sonderbarer angewandt, da der Theil des südlichen Meeres, von welchem hier gesprochen wird, nicht der einzige, ja nicht einmal der am meisten inselvolle desselben ist. Wollte man einen geographischen Namen dafür wählen, so würde man diese Dialekte eher, obgleich dies wieder nicht auf Neu-Seeland pafst, die Dialekte der Inselgruppen, im Gegensatze der Inselreihen, nennen können. Ich glaube durch das bisher Gesagte mich vollkommen über den Nicht-Gebrauch des Ausdrucks Polynesische Sprachen gerechtfertigt zu haben. Auch darin wird man leicht mit mir einverstanden sein, dafs es zweckmäfsig ist, diese Sprachen gleich als Sprachen eines und desselben Stammes zu bezeichnen. Dagegen läfst sich allerdings die Benennung Malayische Sprachen aus mehr als Einem Grunde bestreiten. Geht man von dem Charakter der Sprachen selbst aus, so ist es sogar auf keine Weise zu rechtfertigen, dem ganzen Stamm gerade den Namen der einzelnen auf der Halbinsel Malacca herrschenden Sprache beizulegen. Denn diese, sowohl wie sie auf dem eben erwähnten Theile des Festlandes, als wie sie als Handelssprache durch den ganzen Indischen Archipelagus gesprochen wird, ist nach dem heutigen Sprachgebrauche allein unter Malayischer Sprache zu verstehen. Jeder Sprachstamm sollte nach der Sprache benannt werden, aus welcher die übrigen zu ihm gehörenden geflossen sind. Da sich aber dies, ja selbst die Priorität des Alters, nicht immer, oder fast nie, mit Gewifsheit bestimmen läfst, so ist es besser, einer solchen objectiven Grundlage der Benennung eine für den Zweck des Sprachstudiums gewählte, gleichsam subjective unterzuschieben. Nun pflegt sich in jedem Sprachstamme eine Sprache zu finden, welche, alles zur Sprache Gehörende, Wurzeln, Wortform und Redefügung, zusammengenommen, mehr, als irgend eine der übrigen, zur Erklärung des organischen Baues der anderen dienen kann; und nach dieser halte ich es für zweckmäfsig alsdann den ganzen Stamm zu benennen. So pflege ich die zu der gelehrten Alt-Indischen Sprache gehörenden, wieder in so viele und so grofse Familien getheilten Sprachen den Sanskritischen Sprachstamm zu nennen. In diesem Verstande nun kann der Ausdruck Malayischer Sprachstamm keinesweges genommen werden. Denn die Sprache auf Malacca ist gerade die, aus welcher sich der Gesammtbau des Stammes am wenigsten erschöpfend erklären läfst, da diese Sprache sich unter allen ihren Schwestersprachen am meisten von grammatischen Formen losgemacht, dieselben abgeschliffen und durch umschreibende Redensarten ersetzt hat. Aus diesem Gesichtspunkte müfste man den Stamm eher den Tagalischen nennen. Ich bin aber, nicht nur um einen Ausdruck zu wählen, der sich von den gewöhnlichen minder entfernte, sondern darum bei dem Namen Malayischer Sprachstamm geblieben, weil ich dabei nicht an die Sprache, sondern an das Volk gedacht habe. Bekanntermafsen dehnt man den Namen der Malayen viel weiter, als blofs auf die Stämme aus, welche die Sprache der Halbinsel reden. Man hat daraus eine fünfte Menschenrace gebildet, und diese nimmt gerade den Raum auf dem Erdboden ein, welchen die hier in Rede stehenden Sprachen ausfüllen. Streng genommen, halte ich zwar auch so die Benennung für nicht vollständig gerechtfertigt. Denn selbst nach der jetzigen Kenntnifs dieser Völker dürfte es wohl nicht so ausgemacht erscheinen, dafs alle von Madagascar bis zur Südsee hin zu einer und ebenderselben Menschenrace gehören. Wenn wir auf diesem ungeheuren Meeresstriche von zwei, der Farbe nach verschiedenen Menschenarten reden, so müssen wir dadurch nur diesen Unterschied festhalten, nicht aber darum jede dieser Menschenarten in sich für eine einzelne gleichförmige Masse ansehen wollen. Höchst wahrscheinlich sind sowohl die negerfarbigen, als die olivenfarbigen Menschen, wenn man die Verschiedenheiten ihres organischen Baues im Einzelnen untersucht, wieder von verschiedener Herkunft. Zwischen den olivenfarbigen schliefst aber die gleichförmige Sprache wirklich ein allgemeines Band; und wie es auch mit dem Begriffe einer Malayischen Race stehen mag, so verdienen auch selbst die jetzt ganz eigentlich Malayisch Redenden, dafs diese Völkerstämme hauptsächlich nach ihnen benannt werden. Denn obgleich diese allein auf der Halbinsel Malacca jetzt wahrhaft einheimisch genannt werden können, und von einer grofsen Menge von Inseln gänzlich ausgeschlossen sind, so haben sie sich doch auf so viele andere so vielfach verbreitet, dafs auf diesen, z. B. auf Java und den Philippinen, ihre Sprache die wahre Ansiedlungs- und Handlungssprache der Küsten geworden ist, indem die eigentlich einheimischen Sprachen, die Javanische, Tagalische u. a. m., die Landessprache ausmachen. Auf Sumatra, das ihr ursprünglicher Wohnsitz gewesen zu sein scheint, kann man sie wohl noch jetzt sogar als einheimische betrachten. Sie verdanken diese Verbreitung ihrer Neigung zu

Dd 2

Handlung und Schiffahrt; derselbe Geist hat auch wohl andere und ältere ihrer Stämme beseelt. Sie sind in dieser Hinsicht die Phönicier und Griechen des neueren, vielleicht aber auch schon des älteren Orients, und trugen, als schiffahrttreibender Volksstamm, so wesentlich zur Bevölkerung und Verbindung jener Inselwelt bei, dafs dieser ganze Sprachstamm dennoch am natürlichsten nach ihnen benannt wird.

§. 3.

Crawfurd spricht sich in seiner gehaltreichen und mit Recht sehr geschätzten Geschichte des Indischen Archipelagus ([1]) am bestimmtesten über den allgemeinen Zusammenhang und die Art und Ursachen der Verbreitung des Malayischen Sprachstamms aus, und geht, mehr, als seine Vorgänger, Raffles und Marsden, in einzelne Behauptungen darüber ein. Jeder, welcher dieselbe Bahn der Forschung nach ihm betritt, mufs fühlen, welche lichtvolle Anordnung er in die Übersicht dieser sonst verwirrenden Menge von Inseln und Sprachen gebracht hat. Ich bedaure es daher doppelt, dafs ich demungeachtet seine Meinung in einigen sehr wesentlichen Punkten nicht theilen kann; und das Mifstrauen, das ich in einem solchen Zwiespalt der Meinungen billiger Weise in die meinige setze, wird nur dadurch vermindert, dafs Crawfurd, weil ihm einige nothwendige Hülfsmittel fehlten, von den Sprachen, auf die es gerade bei diesen Punkten ankommt, zu unvollständig unterrichtet war.

Crawfurd nimmt mit Recht an, dafs die Verbindung Madagascars mit der Asiatischen Inselwelt von dieser und nicht von der isolirt liegenden Insel ausgegangen ist; er irrt auch gewifs nicht, indem er diese Verbindung in ein Alterthum zurückversetzt, wo vor aller Arabischen und Indischen Einwirkung der Zustand des Archipelagus noch ein durchaus von dem heutigen verschiedener war. Wenn er aber ([2]) behauptet, dafs die kritische Prüfung der Madecassischen Sprache zeige, dafs die übereinstimmenden Wörter in den Sprachen des Archipelagus rein, in ihr aber verderbt seien, dafs diese Wörter nicht die Grundbegriffe der Sprache angehen, sondern nur solche Gegenstände betreffen, die vorgerückte Civilisation mit sich bringt, wie z. B.

([1]) *Vol.* II. *p.* 1-192.

([2]) I. *p.* 29.

die Zahlwörter, dafs sie besonders nicht einer der lebenden Sprachen des Archipelagus angehören, so dafs die Madagascar und den Asiatischen Inseln gemeinschaftliche Sprache jetzt eine todte Sprache, und die von ihm die grofse Polynesische genannte sei; so sind dies theils ganz irrige, theils durchaus anders zu stellende Behauptungen. Schon die in dieser Abhandlung angeführten Madecassischen Wörter sind grofsentheils zur Widerlegung derselben hinreichend. Eine grofse Anzahl stimmt ganz mit denen des Archipels überein. Wenn andre in Endungen oder sonst abweichen, so fragt sich erst, welche Sprache die ursprünglichen treuer bewahrt hat? Wir besitzen aber auch gewifs sehr oft gar nicht die genuine Form der Mad. Wörter, theils wegen der verschiedenen und oft wunderlichen Orthographie, theils wegen der Ungenauigkeit der Wortsammler. Denn die Vergleichung der Wörterbücher ergiebt in der genauen Form der Wörter Verschiedenheiten, die nur Folge abweichender Dialekte oder Irrthümer sein können. Wo aber solche Umstände nicht eintreten, da zeigen einzelne Beispiele, dafs vielmehr gerade die Mad. Sprache die ältere Form der Wörter treu erhalten hat. Dafs die Übereinstimmung der Mad. und der Asiatischen Inselsprachen in den von Civilisation abhängigen Wörtern liege, ist eine so sonderbare Behauptung, dafs ich sie kaum begreife. Gerade im Gegentheil liegt die Ähnlichkeit recht in den Grundbegriffen. Dafs die übereinstimmenden Wörter der Polynesischen Sprache angehören, ist nicht unrichtig, wenn man den Inbegriff der Wörter, welche allen, oder doch mehreren der Inselsprachen gemein sind, Polynesische Sprache zu nennen für gut findet, oder darunter die älteste Sprache versteht. Dafs aber nun darum diese Wörter keiner lebenden Sprache des Archipels angehören sollten, ist eine unbegreifliche Behauptung, da doch *vatou, voulan, massou, olon* u. s. f. nur mit ganz kleinen, auch in den verwandtesten Dialekten vorkommenden Lautabweichungen noch heute auf Madagascar, Java, Malacca u. s. f. gesprochen werden. Crawfurd bemerkt ferner, dafs keine Sanskritwörter in die Mad. Sprache geflossen sind. Auch dies ist nur bedingungsweise und unter Einschränkungen wahr. Nach besseren und vollständigeren Hülfsmitteln, als Crawfurd vor sich hatte, betrachtet, steht die Mad. Sprache gerade in demselben Verhältnifs zu den übrigen, als z. B. die Tagalische. Sie nähert sich keiner bis zu dem Grade, dafs man sie bestimmt von einer einzelnen derselben herleiten könnte. Sie ist durch die allgemeinen Ursachen gebildet worden, welchen alle Hauptsprachen des

Malayischen Stammes ihr Dasein verdanken, es sei nun, daſs sich kleine nachbarlich wohnende Volkshaufen nur nach und nach verzweigt haben, oder daſs es eine ausgebildete, nunmehr verloren gegangene Ursprache gegeben habe, deren Trümmer noch in ihnen fortleben.

Die sonst in jeder Rücksicht trefflichen Untersuchungen Marsden's, Raffles und Crawfurd's über diesen wichtigen Theil des Erdkreises haben, wenn man sie von dem Standpunkt der Sprachforschung aus betrachtet, doch den Fehler, sich nicht genug über das Ganze des sichtbar zusammenhangenden Sprachgebiets auszudehnen, sondern einen Theil auszuschneiden, und sich zu einseitig auf diesen zu beschränken. Der Indische Archipelagus, wie ihn Crawfurd begränzt, von Sumatra bis Neu-Guinea und vom 11° südlicher bis 19° nördlicher Breite, macht zwar ein eignes, in dem Ganzen besonders zu behandelndes Gebiet aus. Die Verwandtschaft der Sprachen unter sich ist dort noch enger, als die zwischen ihnen und Madagascar westlich und den Südsee-Inseln östlich. Der Einfluſs Indischer Bildung ist nicht über diesen Kreis hinausgegangen. Was aber das Wichtigste ist, so ist dies das Gebiet, in welchem allein wollhaarige Australneger mit vergleichungsweise weiſsen Menschen mit schlichtem Haare neben einander wohnen, ja wo man mit geschichtlichem Grunde annehmen kann, daſs der Aufenthalt jener, jetzt von Sumatra und Java verschwundenen Neger ehemals allgemein war. Östlich von Neu-Guinea giebt es weder jetzt Neger, noch Spuren früheren Aufenthalts derselben. In Madagascar wohnen Neger, Malayisch braune und, gewöhnlich zur Caucasischen Race gerechnete Arabische Stämme neben einander. Allein die Neger sind, allen Beschreibungen nach, Afrikanische und nicht Australneger, und die Verschiedenheit der Racen bildet keine der Sprachen, sondern höchstens der Dialekte. Alle Bewohner Madagascars sprechen, nach dem einstimmigen Zeugniſs aller Reisenden, dieselbe Sprache. Allein darum darf doch die genaue Vergleichung der Endpunkte mit der Mitte dieser Inselwelt nicht verabsäumt werden. Aber auch in diesem Centrum selbst haben die Englischen Gelehrten die Tagalische Sprache mit ihren Mundarten vernachlässigt. Crawfurd und Raffles beachten sie gar nicht; Marsden verkennt (*Gramm. p.* XXI.) ihre Wichtigkeit nicht, hat sie aber doch selbst von seiner kurzen Wortvergleichung in der *Archaeologia Brittannica* (*Vol.* VI. *p.* 154.) ausgeschlossen. Die Tagalische Sprache ist aber gerade in diesen Untersuchungen von der höchsten Wichtigkeit, 1. weil sie eine überaus groſse

Übereinstimmnng mit dem Malayischen zeigt, 2. weil sie unter diesen Sprachen die reichste grammatische Ausbildung besitzt, und die Grammatik der übrigen erst aus ihr vollkommen verstanden werden kann. Sie steht darin zu ihnen in einem ganz ähnlichen Verhältnifs, als die Sanskrit-Grammatik zur Griechischen; 3. weil weder Arabische, noch die in Java und Sumatra geschäftig gewesene Indische Religion und Litteratur ihre eigenthümliche Farbe verändert haben, 4. weil es von keiner der andren Sprachen so reiche Hülfsmittel, ganze Reihen immer wieder aufgelegter Wörterbücher und Grammatiken giebt. Auch hier sind die Früchte der Gründlichkeit und des unermüdlichen Fleifses der Spanischen Geistlichkeit sichtbar. Überall wo sie im 17. und noch im 18. Jahrhundert bei Aufser-Europäischen Nationen thätig gewesen ist, giebt es Hülfsmittel, die schon darin einen unschätzbaren Werth haben, dafs sie allemal einen sehr grofsen Theil der in den Sprachen liegenden Thatsachen enthalten.

Crawfurd verwirft (*Vol.* I. *p.* 27.) mit Recht die, allerdings sehr rohe Vorstellung, die Australneger einer Afrikanischen, und die Malayen einer Tatarischen Einwanderung zuzuschreiben. Sein System ist, dafs, Indischen, Arabischen und Europäischen Einflufs abgerechnet, jede der einzelnen Inselsprachen aus der Sprache der rohen Horde, der ihr Ursprung angehört, als ihrem Radicaltheile, dann zweitens aus dem Zuwachs der grofsen Polynesischen Sprache, und drittens aus den Wörtern der unmittelbaren Nachbarsprachen besteht. Unter den rohen Horden versteht er sowohl die schwarzen, als weifsen, was mir vorzüglich fehlerhaft scheint. Denn es geht aus allem hervor, dafs Crawfurd mehr Gewicht auf den Unterschied des Culturzustandes, als auf den der Racen, legt. Die grofse Polynesische Sprache ist ihm eine jetzt nicht mehr vorhandene eines durch Ackerbau, Gewerbe und Handel cultivirten, ohngefähr mit den Mexicanern zur Zeit der Ankunft der Spanier auf gleicher Bildungsstufe stehenden Volkes, das er nach Java versetzt, und das seine Sprache östlich und westlich fortpflanzte. Die Überreste dieser Sprache sind die der ganzen Inselreihe oder einem grofsen Theile derselben gemeinschaftlichen Wörter (*Archip. Vol.* II. *p.* 78-105.), von denen er, als Probe der grofsen Polyn. Sprache (*Vol.* II. *p.* 192.), ein eignes Verzeichnifs giebt. Dieser ganzen Theorie liegt nun, soviel ich einsehen kann, keine andere Thatsache zum Grunde, als die sich in allen grofsen Sprachstämmen findet, die nämlich, dafs ein Theil der Wörter den meisten Sprachen des Stammes gemeinschaftlich ist, ein andrer nur in den einzelnen gefunden wird. Man sieht aber leicht, wie sehr diese Unterscheidung selbst von der Genauigkeit der angestellten Forschungen und der Vollständigkeit der Hülfsmittel abhängt. Daraus, dafs ein Wort nur Einer der Sprachen des Stammes angehört, folgt noch durchaus nicht, dafs dasselbe der Ursprache, wenn man eine solche voraussetzt, fremd gewesen sei. Die Sprachen haben sehr oft für Einen Gegenstand vielfache Ausdrücke, und die Erhaltung, Fortpflanzung und Verbreitung dieser bestimmt oft nur der Zufall. Die Unterscheidung einer gemeinschaftlichen Stammsprache von besonderen Horden-Mundarten würde erst dann gerechtfertigt sein, wenn die nicht gemeinsamen Wörter in ihrem Bau, sei es in ihren materiellen Lauten, oder ihrer grammatischen Bildung, etwas mit dem Organismus der gemeinschaftlichen Wörter nicht Verträgliches verriethen. Dies aber ist hier nicht der Fall und wird auch von Crawfurd gar nicht behauptet. Die so specielle Annahme einer Polynesischen Sprache und Nation ist aber überhaupt sehr bedenklich.

Was Crawfurd mit Recht sagt, ist, dafs die wahren Ursachen der Verbreitung so gleicher Sprachlaute über eine so ungeheure Meeresfläche in unergründlichem Dunkel (*unfathomable obscurity*) begraben liegen. Die unläugbare Thatsache ist, dafs alle diese Sprachen zu Einem Stamm gehören, auf durchaus ähnliche Weise, als die Sanskritischen. Für die natürlichste Erklärung einer solchen Erscheinung halte ich nun immer das nachbarliche Wohnen stammverwandter Völkerschaften, bei denen sich Verkehr, Abkunft und Gleichheit der Umgebungen zur Bildung derselben Sprache verbinden. Nähme Crawfurd die Polynesische Sprache in diesem Sinne, so wäre nichts dagegen zu sagen. Allein eine solche Sprache zu begränzen, ihren Ursprungsort bestimmen, sie andren entgegensetzen zu wollen, mufs zu willkührlichen Hypothesen führen. Wir kennen sie immer nur in ihren einzelnen Überresten an den Sprachen, in die sie übergegangen ist, und da verschmilzt sie mit dem Gange und den Umwandlungen der Zeit, und wird nirgends auf selbstständige Weise sichtbar. Wer möchte wohl das, was wir im Griechischen nicht aus dem Sanskrit herleiten können, darum Pelasgisch oder Hellenisch nennen? Wenn Völkerstämme Colonieen aussenden, so können sie sich in schon bewohnten Ländern festsetzen, und die Sprachen können sich mischen. Allein das geschieht nicht immer, oder die Mischung ist auch nur unbedeutend, tritt nur für einzelne Wörter ein. Es läfst sich aber nicht vorweg ein solcher ungleichartiger Grundtheil in den Sprachen annehmen, er muſs vielmehr thatsächlich nachgewiesen werden. In dieser Inselwelt ist zur Annahme von Sprachmischungen noch weniger Veranlassung. Gewiſs fanden sich Inseln oft unbewohnt, und zwischen den Negern und Malayen fand wenigstens in der Regel keine Verbindung statt. Die ersteren wurden in die Wälder und Gebirge zurückgedrängt.

Ein eignes Verhältniſs bringt in diesem Theil des Erdbodens die Inselnatur hervor. Wenn man aber detaillirte Reisebeschreibungen liest, so sieht man, wie der nachbarliche Verkehr der Völker dadurch wenig gehemmt wird. Daſs das Meer für die Bevölkerung entfernter Punkte erleichternd ist, fällt in die Augen.

Die heutigen Malayen sind, wie Marsden gründlich bewiesen hat, Eingewanderte in Malacca. Ich möchte aber nicht behaupten, daſs darum die ganze Inselbevölkerung ursprünglich dem Asiatischen Continent fremd sei. Schon die *Orang benūa* sprechen dagegen. Ich habe an verschiedenen Stellen dieser Schrift zu zeigen versucht, daſs die Sprachen der Südsee-Inseln den ursprünglichsten Typus der Stammsprache aufbewahrt haben. Ich meine aber darum nicht, daſs der Indische Archipel von ihnen aus bevölkert worden sei, vielmehr ist das Gegentheil bei weitem wahrscheinlicher. Daſs die Sprachen des Archipels diesen Typus umwandelten, kann in vielen Ursachen, am meisten in dem höheren Culturzustande der Völker liegen. Die Versetzung Malayischer Bevölkerung nach Madagascar muſs man als die Folge eines geschichtlichen Ereignisses ansehen. Sie muſs aber in sehr hohem Alterthume statt gefunden haben, weil die Sprache der dort neben dem weiſsen Stamm wohnenden Neger spurlos verschwunden ist.

Daſs in der That alle hier zusammengefaſsten Sprachen zu demselben Stamme gehören, ergiebt sich sowohl aus der Gleichheit der Wörter und Wurzeln, als aus der des grammatischen Baues, wie mich ausführliches Studium derselben überzeugt hat. Nur höchst selten wird man ein nicht sichtbar aus der Fremde genommenes Wort bloſs in Einer derselben antreffen; die meisten lassen sich durch mehrere, viele durch alle verfolgen, und gewöhnlich ist der Fall so, daſs man, bei gehörigem Nachsuchen, auf den, bisweilen nur noch in Einer vorhandenen Grundbegriff stöſst, welcher hernach in den anderen gleichförmig oder verschieden auf andere Bedeutungen übergetragen wird. Wenn man sich damit begnügt, die für einen bestimmten Begriff in den verschiedenen Sprachen geltenden Wörter zu vergleichen, so finden sich allerdings häufige Verschiedenheiten. Die Ursach hiervon ist leicht begreiflich. In einem so grofsen Sprachstamm giebt es natürlich fast für jeden irgend bedeutenden Begriff mehrere, für die geläufigsten aber eine Menge von Ausdrücken. Von diesen sind verschiedene in verschiedenen Zeiten und Orten im Schwange geblieben, und es wird nun natürlich oft für denselben Begriff an verschiedenen Orten Verschiedenartigkeit der Ausdrücke gefunden. Auf diese Weise können auch ganz ursprüngliche Begriffe, für welche es der Sprache unmöglich an Wörtern fehlen konnte, bisweilen durch fremde Wörter bezeichnet werden. Tieferes Eindringen aber beweist die wirkliche Verwandtschaft der Sprache auch in solchen Wörtern nur dadurch desto stärker, dafs sie in anderen Sprachen desselben Stammes in verwandter Bedeutung erscheinen. So wird im Tahitischen und Neu-Seeländischen *mahana* als Tag ([1]) gebraucht, in welcher Bedeutung ich es in keiner der anderen Malayischen Sprachen finde. Da es aber auch warm und Wärme heifst (Tah. Gramm. 17, 38. Lee. *h. v.*), so ist es sichtbar dasselbe Wort mit dem Madecassischen *mafanne* (Challan), warm, und stammt, da *ma* nur Vorschlag ist, von dem Malayischen *panas*, warm, Wärme ([2]), und dem Tagalischen *banás*, Wärme, Hitze. Von dem, gleichfalls Madecassischen, einfachen *fane* (Flacourt) kommt mit dem lautverändernden Vorschlag *mamana* (Jeffreys), erhitzen, z. B. Wasser, welches wieder in doppelt verschiedener Anwendung brüten und uriniren heifst. Mit den Wörtern für Stein, Tag. *bátu*, Mal. *bātu*, Jav. und Mad. *watu*, kommt, so viel mir bekannt ist, kein Wort der Südsee-Sprachen, die Fidgi-Inseln ausgenommen (s. unten §. 13.), überein. Das Neu-Seeländische *watu*, Hagel, ist aber eine blofse Übertragung desselben Begriffes auf diese Naturerscheinung. Ganz dieselbe Metapher, nur mit anderen Wörtern, findet sich in dem

([1]) Ein anderes Wort in beiden Sprachen ist *ao* (vielleicht अहस्, *ahas*), welches auch Licht, und dann metaphorisch Welt bedeutet. *Po* ist eigentlich Nacht, wird aber, da man nach Nächten rechnet, bei Zeitangaben auch für Tag gebraucht. Die Übertragung des Begriffes des Lichts auf den der Welt, gleichsam als des Reiches des Lichts, findet sich häufiger auch in anderen Sprachen. *Máma* führt im Tongischen beide Bedeutungen, und लोक, *lóka*, Welt, wird ganz richtig schon von den Indischen Grammatikern von लोक्, *lók*, sehen (*lux*), abgeleitet.

([2]) [Ebenso Jav. *panas*. B.]

Tongischen *ooha macca* und dem Mal. *ūjan bātu*, Regen von Steinen. In der Sprache der Sandwich-Inseln ist Stein und Fels *pohaku* (Morineau), im Tong. Stein *macca*. Das Tahitische *mato* läſst mich sehr zweifelhaft. Es kann ein eigenes Grundwort sein, ist aber vielleicht auch nur eine Abänderung von *batu*, oder, da auf Tahiti das *k* immer zu *t* wird, von *macca*. *Laki-lāki*, Mal. männlich (in der Bed. von Ehemann bloſs *lāki*), *laki* (aber auch *lannang*. Crawf. *Voc.* Matth. 19, 4.) Jav., *lahy* Mad., und *laláqui* Tag. gleichfalls männlich, in keiner mir bekannten Mal. Sprache aber ein Synonymum von Mensch als beide Geschlechter in sich begreifend ([1]), stammt von dem Südsee-Worte *lahi* Tong., *rahi* Tahit. (Gramm. 13, 36.) und Neu-Seel., groſs, breit, stark. Als männlich ist das Wort diesen Sprachen (die Tongisch *tangata*, Tahit. [Matth. 19, 4.] und Neu-Seel. *tane* sagen) fremd. Die Bed. der Gröſse, Stärke hat sich in der Tag. Sprache neben der anderen in *laquì*, groſs werden, wachsen, und *malaquì*, groſs, allein mehr von Umfang ([2]), als von Länge, zugleich erhalten. Zu diesen Beispielen könnte ich allein aus meinen gemachten Vorarbeiten eine bedeutende Anzahl hinzufügen. Vorzüglich dankbar für die Auffindung der durchgängigen Stammverwandtschaft ist die Zergliederung des Pronomens, so wie der Zahlwörter, auf welche ich weiter unten zurückkommen werde. Von den Zahlwörtern bemerke ich hier nur, daſs sich von mehreren die Wurzeln in anderen, nur auf die Zahlen übertragenen Bedeutungen mit vollkommener Sicherheit in dem Sprachstamm selbst auffinden lassen. Gleich genügenden Erfolg gewährt die Untersuchung der grammati-

---

([1]) Bei der Vergleichung von *laki* mit dem Ossetischen *lag, lach* (Klaproth. *Asia polygl.* S. 383.) kommt es daher erst darauf an, ob diese letzteren Wörter, so wie das Malayische *ōrang*, vom Menschen überhaupt, oder ausschlieſslich vom Manne gebraucht werden.

([2]) Die Verschiedenheit des Accentes in *malaquì* und *laláqui* hat mich einen Augenblick bei diesen Beispielen zweifelhaft gemacht. Ich habe mich aber überzeugt, daſs diese ganze Materie von den Spanischen Grammatikern nicht vollständig genug bearbeitet worden ist, und man sich daher nicht zu viel auf ihre Bezeichnung verlassen muſs. Der obige Fall ist ein Beispiel davon. De los Santos accentuirt die vorletzte Sylbe von *laláqui*. Gaspar de San Augustin aber sagt ausdrücklich in seiner Gramm. S. 161. §. 19., daſs dies Wort den beschleunigten Accent hat, unter welchem er nach S. 154. §. 3. den auf der letzten Sylbe ruhenden versteht. Es fällt also jede Verschiedenheit des Accentes hinweg, und Augustin ist gerade der einzige unter den drei Grammatikern, die ich benutzen kann, welcher die Materie von den Accenten mit einiger Ausführlichkeit behandelt.

Ee 2

schen Formen. Denn nicht nur die grammatische Ansicht, sondern auch, was überall der überzeugendste Beweis der Stammverwandtschaft ist, die grammatischen Laute stimmen mit einander überein oder lassen sich sichtbar von einander ableiten. Hiervon sind schon bei der Entwicklung des grammatischen Baues der Kawi-Sprache vielfältige Beweise gegeben worden.

§. 4.

Ich werde daher nicht bei den Wörtervergleichungen stehen bleiben, sondern vorzüglich in das Grammatische eingehen. Es wird sich alsdann zeigen, daſs diese Völker nicht bloſs viele Begriffe auf gleiche Weise bezeichnen, sondern auch denselben Weg in der Gestaltung der Sprache nehmen, mit gleichen Lauten nach gleichen Gesetzen Wörter bilden und Sätze zusammenfügen, und daher concrete grammatische Formen, eine aus der andren entlehnt, besitzen. Man kann die Sprachen nicht als Aggregate von Wörtern betrachten. Jede ist ein System, nach welchem der Geist den Laut mit dem Gedanken verknüpft. Das Geschäft des Sprachforschers ist es, den Schlüssel zu diesen Systemen zu finden. Man verwechselt sehr häufig die Verwandtschaft der Nationen mit der der Sprachen, und die Forderungen der geschichtlichen und ethnographischen Forschung mit den sprachwissenschaftlichen. Dem Historiker genügt es oft, nur zu wissen, wie und welche Völkerstämme mit einander in Verbindung getreten, in Verkehr gekommen sind, und dies läſst sich sehr gut an der Wörtervermischung erkennen, welche immer die Völkerverbindung begleitet. Allein die Sprache, die alsdann fremde Wörter aufnimmt, wird darum nicht immer in ihrem Bildungssysteme verändert, und tritt daher, wie sich auch die Nationen verschwistern mögen, mit der fremden Sprache nur in äuſsere Verbindung, nicht in innre Verwandtschaft. Wo aber ein Theil eines Volks sich vom Überrest absondert, und nun in neuen Umgebungen, neuen Verknüpfungen ein individuell verschiedenes, aber generisch gleichförmiges System annimmt, da ist unverkennbare Verwandtschaft der Sprachen selbst. Denn da ist Gleichförmigkeit der Weltansicht, der Lautbehandlung und der Ton und Begriff verknüpfenden Einbildungskraft, die sich nur durch wirkliche Abstammung erklären läſst. Diese Verwandtschaft führt zwar natürlich auch Übereinstimmung vieler Ausdrücke mit sich, aber als wahre Stammverwandtschaft läſst sie sich, wenn man wissenschaftlich streng und genau verfahren will, nicht ohne ein wirkliches Eindringen in die Gesetze der Bildung und Fügung erkennen. Denn es soll hier nicht die Übereinstimmung der Sprachen, als todtes Resultat, sondern die der sprachbildenden Kraft selbst bewiesen werden, die man daher in ihrer Wirksamkeit überraschen mufs. Diese Übereinstimmung verräth sich aber unmittelbar da, wo Gleichheit der Bildung in Gleichheit der Laute und Gesetze zusammentrifft; und daher ist die Übereinkunft zweier Sprachen in Einer Declination, Einer Gattung der Wortbildung, Einer grammatischen Form für die Stammverwandtschaft der Sprachen beweisender, als ganze Reihen gleicher Begriffsbezeichnungen. Es liegt in der Natur alles Organischen, auch an dem kleinsten Theile seines innren Zusammenhanges erkennbar zu sein.

Für den Sprachforscher kann aber auch die blofse Thatsache, dafs zwei Sprachen stammverwandte Sprachen sind, auf keinerlei Weise ausreichend sein. Es mufs ihm vorzüglich daran liegen, die Art und den Grad dieser Verwandtschaft genau kennen zu lernen. Denn die Sprachen stehen offenbar in sehr verschiedenen Arten des Zusammenhanges; und um diese, so viel es möglich ist, genau zu erforschen, ist es nothwendig, sie in der Totalität ihres Baues zu betrachten, und in alle Theile desselben einzugehn. Überhaupt hiefse es die Natur der Sprache verkennen, wenn man sich einbildete, den grammatischen und lexicalischen Theil derselben durch völlig scharfe Gränzlinien von einander absondern zu können, und eine Abtheilung, die man nur zum Behuf des Unterrichts machen darf, in die Sprache selbst zu verlegen. In den meisten unsrer Grammatiken ist das unbestimmte Schwanken, wie viel eigentlich in die Grammatik hineingezogen werden soll, noch fast überall sichtbar, und ich werde suchen an einem andren Orte zu zeigen, dafs sie, um von dem ganzen Zusammenhange der Sprache Rechenschaft zu geben, sollten nach einem andren, mehr in sich begreifenden Plan abgefafst werden. So wie ein Laut auch zum einfachsten Worte wird, stempelt ihn derjenige, welcher ihn dazu macht, schon auf eine Weise, die er auch bei andren gleichartigen und zu gleichen Zwecken bestimmten anwendet. Es ist ein vergebliches Bemühen, auch in einer für noch so ursprünglich gehaltenen Sprache noch wirklich Ungeformtes antreffen zu wollen. Der Begriff der Sprache steht und verfliegt mit dem der Form, denn sie ist ganz Form und nichts als Form. Die Grammatik hebt nicht von, sondern mit dem Wurzellaut an, und jedem Wurzellaut ist, weil er Sprachlaut ist, schon Subjectives, mithin der Veränderung Unterworfenes beigemischt. Dies ist selbst bei dem wahren Wurzellaute der Fall. Was soll man aber gar von demjenigen sagen, was wir, die wir bloſs Wörter der Sprachen kennen, welche schon Jahrtausende hindurch auf der Zunge der verschiedensten Völker gerollt haben, Wurzellaute nennen? Sie sind im eigentlichsten Verstande nur künstliche Gebilde, die auf dem Wege der Abstraction und Bezeichnung vielleicht gerade das wesentlich Bezeichnende ihrer Individualität verlieren. Dieser Weg kann nirgends kürzer und einfacher sein, als bei dem Mexicanischen *a*, das, nur mit der gewöhnlichen Substantiv-Endung verbunden, Wasser bedeutet. Was ist aber dies *a* anders, als eine bloſse Angabe der Gränzen, zwischen denen der wahre Laut gelegen hat? Denn wenn wir auch durch die Grammatiker wissen, daſs es ein langes *a* ist, so giebt es noch manche andere Nüancirungen dieses einfachen Vocals. Daſs für diesen Begriff diese oder jene bestimmte gewählt wurde, stand im Munde des Urvolks (wenn eine, ihre Gränzen nicht verkennende Sprachforschung sich so weit zurückzugehen erlauben dürfte) gewiſs schon in Zusammenhang mit den andren durch den gleichen Vocal bezeichneten Begriffen, z. B. der unzertrennlichen Verneinungs-Partikel *a*, die im Mexicanischen kurz ist, und in diesem Zusammenhang lag schon ein Keim der individuellen Sprachformung. Der Laut erlitt nachher natürlich alle die Veränderungen vom Breiteren zum Feineren, Höheren und Tieferen, welchen die ganze Vocalleiter der Sprachen im Laufe der Zeiten, und unter dem Einfluſs der Bildung unterworfen ist; der Urlaut würde, wenn man mit diesen Veränderungen vertraut wäre, am heutigen genau zu erkennen sein, aber man kann mit Sicherheit voraussetzen, daſs er nicht mehr vollkommen der nämliche ist.

Von diesen Ansichten ausgehend, habe ich es mir zum Gesetz gemacht, indem ich mit der Wörtervergleichung, als dem zuerst in die Augen fallenden Versuche, die Ähnlichkeit der Sprachen zu prüfen, beginne, jedes zu vergleichende Wort, so weit es die Hülfsmittel und meine Fähigkeiten erlauben, in seinen Lauten und seiner Bedeutung zu untersuchen, um möglichst sicher zu sein, wirklich nur Gleiches neben einander zu stellen, dann aber die ganze Wörtervergleichung nur als die Hälfte des, allerdings mühevollen Geschäftes anzusehen, und nun mit dem Streben nach gleicher Gründlichkeit in den organischen Bau der Sprachen nach allen seinen Theilen und Beziehungen hin einzudringen. Dies Verfahren, das nichts verwirft, nichts abschneidet, sondern nur nach Ergänzung und Vervollständigung dessen strebt, was der Untersuchung etwa noch abgehen könnte, müfste, dünkt mich, auch die verschiedensten Ansichten befriedigen.

§. 5.

Zum ersten, gewissermafsen rohesten Versuche der Prüfung der Übereinstimmung der Malayischen Sprachen habe ich eine Liste von 109 Wörtern, deren Zahl man leicht vermehren könnte, entworfen und die Ausdrücke der verschiedenen Sprachen, nämlich der Madecassischen, Malayischen, Tagalischen, Tahitischen, Neu-Seeländischen und Tongischen, zusammengestellt. Ich habe bei der Wahl dieser Wörter gar nicht auf ihre Gleichheit oder Ungleichheit gesehen, auch wo ein Wortverzeichnifs für einen Begriff mehrere Ausdrücke angiebt, alle hingesetzt, da es meine Absicht war, alles Absichtliche und im Voraus Angenommene zu entfernen, und die reine comparative Beschaffenheit einer Anzahl von Begriffsbezeichnungen zu zeigen. Ähnlichkeiten mit Sprachen, die nicht zum Malayischen Stamm gehören, habe ich nicht regelmäfsig angeführt, da es mir rathsamer scheint, bei Sprachvergleichungen immer vom Besondren zum Allgemeinen, und stufenweis vom näher Verwandten zum Entfernteren vorzuschreiten. Mit einem Malayischen Wort geradezu ein Deutsches, oder gar ein Französisches oder Italienisches zu vergleichen, scheint mir darum bedenklich, weil man zu viele Mittelglieder, die auf die Formung des Worts Einflufs gehabt haben können, überspringt, und daher Gefahr läuft, das blofs zufällig ähnlich Klingende für dasselbe zu halten. Auch würde ich für mich persönlich fürchten, bei dieser Methode, wenn ich sie zu beständiger Befolgung in meinen Plan aufnähme, oft auf Sprachen zu stofsen, die ich nicht im Stande gewesen bin eigentlich zu studiren, und also Wörter ohne die vorhergängige Untersuchung ihrer Bildung hinzustellen. Die Arabischen Wörter habe ich, mit wenigen Ausnahmen, ganz ausgeschlossen, die Sanskritischen zwar mit aufgenommen, aber bezeichnet.

Bei den Madecassischen Wörtern habe ich es für nothwendig gehalten, sie gerade so aufzuführen, wie sie in den verschiedenen Hülfsmitteln, die mir zu Gebote standen, vorkommen. Ihre Form ist aber in diesen bei weitem nicht übereinstimmend, und es scheint mir hieran mehr die verschiedene Schreibung, vielleicht selbst die Ungenauigkeit der Bearbeiter, als Dialekt-Verschiedenheit, Schuld zu sein. Einiges liegt indeſs gewiſs auch an dieser. Die Englischen Missionare geben, nach Sir Alexander Johnston's Versicherung, die Mundart des Nordens und Nord-Ostens der Insel. Flacourt hielt sich gewöhnlich in Fort Dauphin auf der Südspitze auf, scheint aber alles zu geben, was ihm von der Sprache bekannt wurde. Er versichert übrigens bestimmt und wiederholentlich in der Einleitung zu seinem Wörterbuch, daſs die Sprache auf der ganzen Insel nur Eine und ebendieselbe ist, und daſs die Dialekt-Verschiedenheit der einzelnen Provinzen nur einestheils in Abweichungen des Accents, und andrentheils im Gebrauch verschiedener Ausdrücke für denselben Begriff, die jedoch alle überall verständlich sind, besteht. Dies, so wie was er von den Wörtern *ampele* und *vaivave* anführt, daſs das erstere im Süden beständig gebraucht werde, im Norden aber als Schimpfwort gelte, ist bei allen Dialekten und sehr nahe verwandten Sprachen eine ganz gewöhnliche Erscheinung, und findet sich in demselben Beispiel auch im Dänischen und Schwedischen fast auf dieselbe Weise wieder.

Bei der Auswahl der zu vergleichenden Wörter habe ich nicht ganz frei handeln können, sondern habe mehreremale solche nehmen müssen, die, wenn auch an sich weniger brauchbar zur Vergleichung, sich in den meisten meiner Hülfsmittel fanden. Denn die Formen der Madecassischen Wörter nach den Englischen Missionaren, und die Tahitischen Wörter muſste ich aus den Bibelübersetzungen zusammenlesen, wozu noch die Schwierigkeit kam, daſs ich bloſs die ersten Capitel Matthäi in beiden Sprachen, sonst in jeder andre Evangelien übersetzt besitze. Das Neu-Seeländische Wörterbuch ist nur nach den Neu-Seeländischen Wörtern geordnet, so daſs das Aufsuchen von Ausdrücken für gegebne Begriffe, auch bei schon erlangter Bekanntschaft mit der Sprache, sehr mühselig, und ohne dieselbe kaum durchzuführen ist. Ich habe indeſs gesucht, so wenig Fächer in der Tabelle, als möglich, unausgefüllt zu lassen, und solche Begriffe zu wählen, welche dem Zweck einer solchen Vergleichung angemessen sind. Hierbei muſs man vorzüglich darauf sehen, nicht Gegenstände zu wählen, die sich verschiednen, wenn auch völlig sprachverwandten Völkern unter zu mannigfaltigen Beziehungen darbieten können, so daſs die Verschiedenheit der Benennung an der Wahl unter diesen Beziehungen liegt. Dieser Einwurf trifft zum Theil die einfachsten, und im ersten Zustand der Menschheit vorkommenden Begriffe, wie z. B. die Sonne, die Jahrszeiten, die Weltgegenden, viele Zahlwörter u. s. f. Dafs man in solchen Fällen die Vergleichung doppelt, nach dem metaphorisch gebrauchten, und nach dem ursprünglichen Ausdruck, anstellen mufs, versteht sich von selbst. Wie sehr selbst bei einem zu den ursprünglichsten Begriffen der Menschheit gehörenden die Wörter in ganz nahe verwandten Sprachen verschieden sein können, beweist nr. 8. der anliegenden Tabelle, wo jede Sprache ihren verschiedenen Ausdruck hat, es müfste denn das Mal. *mālam* das Mad. *hale* und *alin* sein, wobei aber erst zu beweisen ist, dafs das *m* nur von grammatischer Formung herstammt. Eben dies *mālam* kommt aber, nur nicht in derselben Anwendung des Begriffs, mit dem Polyn. *maloo*, Schatten, sonnenfrei, kühl, erfrischend, überein. An die Übereinstimmung des Tag. *gaby* mit dem Vaskischen *gaba*, das durch *cavus* mit dem Sanskritischen Stamm zusammenhängt, erinnere ich hier nur im Vorbeigehen.

Übersieht man die Tabelle genauer, so findet man, dafs nur etwas über den dritten Theil der ganzen Anzahl der Madecassischen Wörter mit einer oder mehreren der andren Sprachen verwandt ist, dafs das Verhältnifs der Tagalischen Wörter sich ebenso, das der Polynesischen aber etwas geringer stellt. Gerade auch in etwas mehr, als einem Drittheil, gehen die Wörter aller Sprachen aus einander. Die Fälle zweifelhafter Verwandtschaft sind bei diesen beiden Angaben aus der Berechnung herausgelassen worden. Wo Verwandtschaft vorhanden ist, besteht sie in den meisten Fällen zwischen allen oder doch dreien der verglichenen Sprachen, und geht alsdann hauptsächlich durch die Malayische (1). Der Fälle, wo die andren drei alle, oder zwei von ihnen allein Verwandtschaft verrathen, sind nur sehr wenige. Viel häufiger trifft das Mal. allein (2) mit dem Tag. oder Mad. zusammen.

Als die besten Beispiele merkwürdiger Übereinstimmung aller Sprachen lassen sich anführen nr. 11. 23. 33. 46. 60. In einigen Fällen zeigen sich regelmäfsig jeder der Sprachen eigne Buchstabenverwechslungen. So zwischen *r*, *l* und *d* in nr. 1. und 35. Wie das Mad. *tadign*, und gelegentlich *danghitsi*, die Wörter Himmel und Ohr in *d* bildet (obgleich auch

(1) [Nach Aufnahme der Jav. und Bugis-Sprache in die Tabelle darf man statt dreien fünf sagen. B.]

(2) [das Mal., Jav. und Bugis. B.]

die Formen in *l* vorkommen), so sind dieselben Wörter analog gebildet im Mal. *telĭnga* und *langit*, im Tongischen *telinga* und *langi*, im N. Seel. *taringa* und *rangi*, und im Tah., mit Auslassung des Nasenlautes, *taria* und *rai*. Hiermit zu vergleichen, nur mit noch stärkerem Buchstabenwechsel, ist nr. 45., ferner (nr. 122.) *mora* und *mudah*, Mad. und Mal. leicht, und die Mad. Formen für Haut, *hoditte*, *houlitse*, *oditz* mit dem Mal. *kūlit* (nr. 121.). In nr. 48. ist ein ähnlicher Übergang von *d* und *l*, und ein zweiter, indem *v* durch *b* ersetzt wird, und auch ganz fehlt. Auf der andren Seite setzt das Mad. bisweilen, ohne dafs man einen Grund dafür einsieht, einen Consonanten vor. Denn *zanak*, Kind (nr. 25.), ist sichtbar eins mit dem Tag. und Mal. *anak*. Nach Drury's Wörterverzeichnifs haben auch die Madecassen eine Form *annach*. In dem Tah. *ite*, sehen (Mex. *itta*), scheint aber (nr. 40.), wenn man das N. Seel. *kitea*, Tag. *quita*, Mad. *hita*, *mahita* vergleicht, der ursprünglich vorhandene Consonant weggelassen. Das Tag. *bala* und Tahit. *parau* (nr. 30.), sagen, scheinen dasselbe Wort zu sein. Bisweilen scheint der Laut sehr verschieden, und trägt doch deutliche Spuren der Identität an sich. So das Tah. *ioa* und Mad. *angara*, Name (nr. 36.), wenn man die Mittelglieder Tag. *ngalan* (¹), Tong. *hingoa*, N. Seel. *ingoa* hinzunimmt. Der Tah. Dialekt nimmt, wie wir auch oben sahen, immer *k* und *ng* hinweg, und sucht das Zusammenstofsen der Vocale. Das Mad. *maïnti*, schwarz (nr. 38.), ist nichts andres, als das mit einem Nasenlaut verstärkte Tag. *maytim*, das im Mal., ohne die Adjectiv-Bezeichnung, *ĕtam* und *itam* (²) lautet. Das Tag. *soso*, Mal. *sūsū*, die weiblichen Brüste (nr. 42.), geht im Tong. in *hoohoo* über. Das Mad. *nounou* gehört, wenigstens der reduplicirenden Form und dem dumpfen Vocal nach, auch dahin (³). Die Mal. und Tong. Wörter bedeuten zugleich Milch, zu dem Mad. mufs erst Wasser hinzukommen. Im Tag. giebt es für Milch einen abgesonderten Ausdruck. Auch die Reihe der Wörter für Stern (nr. 89.) leitet sich sehr gut

(¹) [Jav. *haran*. B.]

(²) [im Jav. *hireng* oder *hitheng*. B.]

(³) [In der Jav. Verbalform geht das *s*, aber nur das der ersten Sylbe, wie dies öfter geschieht, in *n* über, *nusu*, saugen (Crawf. *Voc.*). — Sehr merkwürdig ist das Hawaiische *u*, in welchem sowohl der Consonant, als die Verdopplung geschwunden ist. B.]

von einander ab: Tag. *bitoin*, Mal. mit dem Nasenlaut *bintang* (1), Tong. *fetoó*, N. Seel. *wétu*, Tah. *fetia*. Ob aber auch das Mad. *vasia* hierher gehört? müssen andre analoge Fälle entscheiden. Das Tag. *cahui* und Mal. *kāyū* (nr. 106.), Baum, Pfahl, Zimmerholz, gehören sichtlich zusammen, und das Mad. *hazoube*, *cacazou*, *cacazoube* bei Challan scheint dasselbe Wort. Das hinzugefügte *be* heifst grofs. Das Mad. *tsiare*, nicht (nr. 24.), an einigen Orten der Insel auch *tiare* ausgesprochen, ist nichts, als das Mal. *tīāda*, die Verbindung des Verbums sein mit der Verneinungs-Partikel, die auch im Tag. *di*, *dili* gleichlautend ist (2). Aus diesen hier angeführten Fällen läfst sich der in diesen Sprachen vorkommende Lautwechsel übersehen.

In einigen Fällen wird, auch bei sehr in die Augen fallender Ähnlichkeit, die Bestimmung der zusammengehörenden Wörter doch schwer. So sind nr. 22. die beiden Wörter *amu* und *kai*, essen (3), die beide auf Neu-Seeland gebräuchlich sind, offenbar verschiedene Ausdrücke. Mit dem ersteren ist das Mad. *homan*, *houman*, mit dem letzteren das Tag. *cain* verwandt. Wie aber ist das Mal. *mākan* zu erklären? (4) Beide Sylben sind wurzelhaft, die erste stammt gewifs aus *māmah*, kauen (nr. 130.), das dem Mal., Tag. und Tong. (5) gemeinschaftlich ist. Denn es heifst auch durchdringen, schneiden, und das Essen ist also durch das Zermalmen der Speisen bezeichnet. Ist nun aber *kan* in dem Worte das Tag. *cain*? Dies wüfste ich, da das Mal. auf keine bestimmte Spur führt, nicht zu entscheiden. Wie nahe sich aber diese Sprachen begleiten, beweist das angeführte *mama*, das nicht nur im Tag. und Tong. ganz gleichlautend ist, sondern auch in beiden Sprachen nur von dem leeren Kauen ohne Gegenstand, oder ohne Hinunterschlucken gebraucht wird.

---

(1) [Jav. *lintang*; *witoeng* der Bugis-Sprache schliefst sich an das Tag. Wort eng an, hat aber den Nasenlaut mit dem Mal. und Jav. gemein. B.]

(2) [Noch zu beachten ist die Ähnlichkeit zwischen dem Jav. *hora* und dem *ore* der Südsee-Sprachen. B.]

(3) [Haw. *ai*. B.]

(4) [Jav. *mangan*, Bugis *manre*. B.]

(5) [und Jav. B.]

Unter den jetzt verschieden scheinenden Ausdrücken wird tieferes Eindringen in die Sprache gewifs noch viele Analogieen zeigen. Gleiche Wörter haben sehr oft in den Sprachen verschiedne Bedeutungen, wo ein Begriff durch den andren bezeichnet wird.

Die im Malayischen ziemlich häufig vorkommenden Sanskritwörter sind, wie man schon aus diesem kleinen Wortverzeichnifs sieht, von zwiefacher Natur. Der gröfste Theil derselben, wie (nr. 30.) *kāta, sabda, cheritera*, sagen, *nāma*, Name (nr. 36.), *ūtāra*, Nord (nr. 73.), *swāra* Stimme (nr. 80.), befinden sich blofs im Mal. (1), ohne in die andren Sprachen des Stammes übergegangen zu sein. Sie müssen also in einer verhältnifsmäfsig späteren Zeit, nach der Verzweigung des Stammes, in die Sprache gekommen sein. Wieder mufs doch aber diese Zeit schon eine sehr frühe gewesen sein, da die Sanskritwörter vollkommen reine und ächte, von aller Verderbnifs der späteren Indischen Sprachen freie sind. Die andre Gattung der Wörter findet sich in andren, oder zugleich in mehreren Sprachen des Stammes, und dürfte wohl dem Einflufs einer Vor-Sanskritischen Sprache, welche den gleichen auch auf die Indische ausübte, zuzuschreiben sein. Wie klein oder grofs die Anzahl dieser Wörter ist, kann erst eine genau in alle Sprachen des Stammes eingehende Untersuchung zeigen. Die beiden wichtigsten Beispiele hiervon werden gleich bei der näheren Beleuchtung des Pronomens und der Zahlwörter vorkommen. Einzelne andre aus dem hier angehängten Wortverzeichnifs sind das oben angeführte Tong. *aho*, das Mal. *mēga* und Mad. *mica*, Wolke (nr. 61.), das Mad. *ma-lafa*, nehmen (लभ्, *labh*) (2).

---

(1) [und im Javanischen. B.]

(2) [Der Verfasser hatte, wie ich anderwärts bemerkt habe, der Betrachtung der in den Malayischen Sprachen sich findenden Sanskritwörter ein eignes umfassendes Capitel in dieser allgemeinen Schrift über den ganzen Sprachstamm bestimmt. Das Schicksal hat die Ausführung nicht gewollt. Ich setze das wenige hierher Passende, welches mir in der Tagalischen, Madecassischen und den Südsee-Sprachen gelegentlich aufgestofsen ist, her. — Die Ähnlichkeit des Hawaiischen *ino* und Neu-Seeländischen *kino*, schlecht, mit dem Sanskr. हीन (*hīna*), dem Jav. und Mal. *hina*, *hīna*, gering, verächtlich, kann zufällig sein. Aber ein unbestreitbares, und wahrscheinlich das merkwürdigste Beispiel eines Sanskritwortes in den Südsee-Sprachen ist वारि (*wāri*), Wasser (s. Tabelle nr. 3.), im Kawi *warih* (und, wohl, nach Ausstofsung des *r*, daraus zusammengezogen, *wē*), Tab., Neu-Seel. und Haw. *wai*, Tong. *wei* (von Martin, nach dem Englischen Lautsystem, *vy* geschrieben), Bugis *uwae* (wo *u* nur als

[Es liegt mir ob, über die nachfolgende vergleichende Worttafel, nach dem, was der Verf. bereits über dieselbe gesagt hat, fernere Rechenschaft zu geben. Wie ich an einer anderen Stelle erwähnt habe, rührt

---

Vorschlag des *w* zu betrachten ist). — Das Sanskr. चर् oder चार् (*chara*, *chāra*) muſs, wie die Malayischen Sprachen deutlich beweisen, noch verschiedene andere, sich aus der Wurzel चर् (*char*) und anderen Derivaten derselben leicht ergebende Bedeutungen gehabt haben, als aus Wilson's Lexicon ersichtlich sind. Das Mal. *chāra* bedeutet (ebenso wie आचार्, *âchâra*) *mode, manner, style, fashion*, das Jav. *chara*: Art und Weise, 2) Sitte, Gebrauch, *fashion*, 3) Sprache (vgl. nr. 30. der Tab.). Dasselbe Wort ist das Mad. *tsara*, wenigstens in der Bed.: Gestalt, Bild, Ebenbild, Portrait, wahrscheinlich auch in seinen anderen Bedeutungen: schön, gut, gesund, Gesundheit, 2) sich in Acht nehmen. Man wird hierbei an चारु (*chârú*), schön, erinnert, welches die Indischen Grammatiker auch von der obigen Wurzel ableiten. Dasselbe Wort ist ferner das durch das gewöhnliche Verbalpräfix davon abgeleitete Mad. *mitsara*, reden, 2) *sentir, opiner, figurer*, welches durch seine Bedeutung mit dem Subst. विचार् (*wichâra*) zusammenfällt; *wichara* heiſst im Jav. sprechen, das Mal. *bechāra*: Unterredung, Berathschlagung, Rath, Plan, Gedanke. Ich glaube mich nicht zu weit von der Wahrscheinlichkeit zu entfernen, wenn ich, bei dem so genauen Zusammentreffen der Bedeutungen mit den eben erwähnten, obgleich die Form etwas verändert und von den bisher genannten Wörtern bestimmt geschieden erscheint, mit dem Sanskrit-Substantivum noch folgende Madecassische Wörter zusammenstelle: *tserech*, *tsereche*, Gedanke, Urtheil, Geist, Rath, *mitserech*, denken, überlegen, fühlen, meinen, rathen, *fitserech*, Rath, Berathschlagung, *mampitsereche* und *ompitsereche*, rathen, *mitseri*, Rath, berathschlagen, *tserouanni* und *tserouano*, denken, sich erinnern, fühlen, glauben. Die Endung der letztgenannten beiden Formen findet sich öfter affigirt, und *ch*, *che* ist, wie allein schon das Beispiel des Mad. *taiche*, Meer, Mal. *tāsek*, Jav. *tasik* (s. nr. 4. der Tab.), und hier die Form *mitseri* beweist, ein häufiger Zuwachs Madecassischer Wörter, wie im Mal. und Jav. *k*, und wird auch öfter bloſs *c* geschrieben. So kommt das in Rede stehende Wort selbst bei Chapelier *tserec* und im Catechismus *tsereq* geschrieben vor. Die wesentliche Abweichung dieser Wortreihe von der Sanskritform und von *tsara* besteht also nur in der Veränderung der beiden *a* in *e*, und würde sich genugsam, wie vielleicht auch noch näher die Endung *ch*, rechtfertigen, wenn man das Wort unmittelbar von चरितं (*charitam*) ableitete. Das *e* in der ersten Sylbe zeigt schon das Mal. *cherīta* und *cheritera* (चरित्रं, *charitram*), Erzählung, erzählen. Für die Bed. sich in Acht nehmen, welche *tsara* noch hat, besteht auch eine Form *tsauran*. — Das Sanskr. मुखं (*mukham*, s. nr. 87. der Tab.), Mal. *mūka*, Kawi *muka*, Gesicht, findet sich in derselben Bed., sogar mit beibehaltener Aspiration des *k*, im Tag. als *muc-ha*, und noch merkwürdiger ist in derselben Sprache *acsaya*, zerstören, Sanskr. क्षय (*kshaya*), Zerstörung, und *sira*, im Kawi *sirna*, zerstören, vernichten, das Partic. शीर्ण (*śîrṇa*), von der Wurzel शॄ (*śṝ*). Das Tag. *sacsi*, Zeuge, zeugen, ist das Sanskr. साक्षिन् (*sâkshin*), im Mal. und Jav. *saksi*. — Diese Beispiele zeigen hinlänglich, daſs man hoffen darf, im Tag. und Mad. noch eine gewisse, obgleich geringe Anzahl von Sanskritwörtern zu entdecken, wenn man nur, was ich

dieser erste Abschnitt des dritten Buches gröſstentheils aus einer früheren Zeit her, wo der Verf. sich noch nicht mit der Javanischen und Kawi-Sprache beschäftigte, und wo ihm zur Beurtheilung der Hawaiischen kein anderes Hülfsmittel zu Gebote stand, als ein ganz kurzes ABC-Buch für Kinder. Aus dieser Zeit stammt auch die Worttafel. In dem Gedanken, daſs dieselbe besonders geeignet sei, das gröſsere Publicum zu interessiren, habe ich alle mögliche Zeit aufgewandt, um ihr eine gröſsere Vollkommenheit zu geben. Ich habe ihr namentlich die Javanische und Kawi-Sprache, das Bugis und Hawaiische beigefügt. Die Bugis-Wörter habe ich aus dem unten in §. 15. erwähnten in Serampore gedruckten Vocabularium, die Hawaiischen aus Hrn. v. Chamisso's Schrift über die Hawaiische Sprache (Leipzig 1837. 4.) gezogen; die in derselben nicht vorkommenden Wörter, etwa ein Viertheil des Ganzen, hat Herr von Chamisso selbst die Güte gehabt aus den Texten nachzutragen. Ich hätte diese Hawaiischen Wörter aus mehreren sehr schätzbaren handschriftlichen Wortverzeichnissen, welche Wilh. v. Humboldt aus Nord-Amerika und anderen Welttheilen geschenkt erhalten hatte, und aus einem von ihm selbst aus dem Munde eines Eingebornen der Sandwich-Inseln gesammelten Verzeichnisse durch verschiedene wegen weiterer Verknüpfungen mit den anderen Sprachen wichtige Ausdrücke vermehren können, es hat mir aber bei ihrer abweichenden, öfter auch unsicheren Orthographie besser geschienen, bei dem gleichförmigen Systeme der Missionare dieser Inseln stehn zu bleiben. Diese Sprache, die Tahitische und Neu-Seeländische sind nach dem Deutschen Lautsysteme, die Tongische nach dem Englischen geschrieben. Der Verf. hat später noch zu den oben von ihm erwähnten vollständig ausgeführten Wörtern (nr. 1-109.) eine Anzahl solcher hinzugefügt (nr. 110-131.), welche nur insoweit ausgeführt sind, als die Ausdrücke wirklich übereinstimmen.

Wenn es bei der Herausgabe des vorliegenden Werkes überall mein Bestreben gewesen ist, dem Publicum dasselbe unverändert, wie es der Verf. geschrieben hat, zu übergeben, und das wenige von mir Hinzuge-

---

bisher nicht habe thun können, in dieser Absicht die Wörterbücher durchgeht. Noch wichtiger, als in diesen beiden Sprachen, bleibt aber immer das Erscheinen eines Sanskritwortes in den Mundarten der Südsee. B.]

fügte oder Geänderte als solches bemerklich zu machen, so habe ich einige in dem vom Verf. ausgearbeiteten Theile dieser Worttafel gemachte Änderungen und Zusätze nicht gerade bezeichnen können, sondern kann nur das bemerken, daſs die Beifügung der Sanskritischen und Arabischen Etymologien überall von mir herrührt.

Die Javanischen und Kawi-Wörter habe ich aus meinem, wie ich anderwärts erwähnt habe, aus sämmtlichen bisher vorhanden gewesenen Druckschriften und besonders den drei unschätzbaren geschriebenen Wörterbüchern des Herrn John Crawfurd zusammengetragenen und aus meiner Lectüre vermehrten handschriftlichen Wörterbuche, mit Hinzunahme des gedruckten des Herrn Roorda, gezogen, und schmeichle mir mit der Hoffnung, daſs aus den zahlreichen in dieser Columne gelieferten Wortreihen ebensowohl der merkwürdige Wortreichthum dieser beiden Sprachen, als die wichtige Stelle, welche sie in dieser Kette von Sprachen, nicht bloſs in Hinsicht auf den westlichen Zweig, sondern auch auf die Mundarten der Südsee, einnehmen, ersichtlich sein werde. Um in dieser Beziehung nichts zu versäumen, habe ich schlieſslich noch mein ganzes Wörterbuch durchgelesen, und dadurch noch eine bedeutende Anzahl, gerade durch ihre Alterthümlichkeit und ihren Zusammenhang mit den Wörtern der entfernteren Inseln wichtiger Ausdrücke gewonnen, welche weder das Gedächtniſs sogleich an die Hand geben konnte, noch der, seiner Bestimmung nach sich oft nur auf die geläufigste Phraseologie beschränkende Holländisch-Javanische Theil des Roorda'schen Wörterbuches darbot. Indem ich in diesem Bestreben, alle für ein Wort vorhandenen Ausdrücke zu erschöpfen, nur dem Beispiele des Verf. folgte, habe ich dennoch diesen Grundsatz oft wichtigeren Rücksichten aufopfern müssen. Es hat mir namentlich unrichtig geschienen, die Sanskritwörter mit aufzuführen, sobald sie, wie dies in den meisten Fällen so ist, aus der Zeit des allgemeinen Indischen Einflusses herrühren, da sie nicht in den Beweis der Stammverwandtschaft dieser Sprachen gehören. Ich habe sie daher, so wie die Arabischen, in den beiden Sprecharten des Javanischen und im Kawi auch dann weggelassen, wenn sie die einzigen Ausdrücke für einen Begriff sind. Bei der Beibehaltung einiger leiteten mich andere gelegentliche Rücksichten. Diese Auslassung habe ich auch theilweise im Malayischen beobachtet. Nicht minder habe ich mehrere dem Malayischen Stamme zugehörende Wörter, welche sich in den Wortverzeichnissen finden, besonders im Kawi, übergegangen, weil sie, in Bezug auf die beigefügte Bedeutung, manchmal auch ihre Form, mir nicht verbürgt genug schienen, ohne dafs ich darum alle von mir wirklich aufgenommene von einem solchen Zweifel freizusprechen wage. Denn es ist an verschiedenen Stellen dieser Schrift und des Anhanges von mir mit Beispielen belegt worden, welche abentheuerliche Bedeutungen oft den der Gegenwart entschwundenen Wörtern beigelegt werden, und es ist von diesen Incorrectheiten die geringste, und nur eine ganz natürliche, wenn sie in einer zu allgemeinen, wie gehen, sprechen, sehen, aufgeführt werden. Nur gelegentlich habe ich meinen Zweifel durch ein nachgestelltes Fragezeichen oder durch Beisetzung der Quelle angedeutet. Ich habe durch diese letztere Citation nämlich sagen wollen, dafs es auffallend bleibe, dafs das Wort nur in Einer Quelle vorkommt, dafs es wenigstens deshalb ein seltenes, besonders ein Kawi-Wort zu sein scheine. Die Anführung der Crawfurdschen Wörterbücher hat jedoch öfter auch einen anderen, gleich anzugebenden Zweck. Bei diesen Citationen habe ich mich der in meinem Anhange gebrauchten Abkürzungen bedient.

Wenn man die von dem Verf. in diesem Werke über die Sprache gesammelten Resultate in Erwägung nimmt, und besonders noch den Umstand berücksichtigt, dafs eine Menge noch im jetzigen Javanischen üblicher Wörter auch im Kawi schon gebräuchlich sind, so wird man es nicht tadeln, dafs ich dieser letzteren Sprache keine eigne Columne angewiesen habe, und wird es verstehen, dafs unter Kawi-Wörtern nur solche gemeint sind, welche der alten Dichtersprache ausschliefslich angehören. Die Ausdrücke der gewöhnlichen Volkssprache und der höheren oder vornehmen Sprechweise habe ich gesondert, die letzteren durch Kr. (Krama), die Kawi-Wörter durch K. bezeichnet; bei den Wörtern der gewöhnlichen Sprache, welche, unbezeichnet, vorangehn, habe ich aber nicht weiter unterschieden, ob sie allein dieser, oder, wie es bei mehreren der Fall ist, zugleich der vornehmen angehören. Bei dieser Unterscheidung der Wörter in Ngoko-, Krama- und Kawi-Wörter habe ich mich meist an die Bestimmung meiner Quellen hierüber halten müssen. Da einige derselben, vorzüglich die Crawfurdschen Wörterbücher, die Wörter in dieser Beziehung gar nicht bezeichnen, so habe ich in einem solchen Falle das Wort als Ngoko-Ausdruck aufgeführt, aber die Unsicherheit dieses Punktes durch Citirung von Crawfurd oder durch ein vorgesetztes Kreuz (×) angedeutet. Solche Wörter gehören sehr häufig, vielleicht zum gröfsten Theile, dem Kawi an. Aus der Reihe der Krama-Wörter habe ich aber die künstlich aus Wörtern der gewöhnlichen Volkssprache umgebildeten Formen, über welche der Leser in einem ausführlichen Capitel meines grammatischen Anhangs Aufklärung finden wird, gänzlich weglassen zu müssen geglaubt, habe darin aber nur so weit vorgehen können, als die Gewifsheit darüber für den Augenblick reicht. Denn ich habe in jenem Abschnitte meines Anhanges an sehr merkwürdigen Beispielen bewiesen, dafs diese Umformung, indem sie sich leicht aller Fesseln uns wahrnehmbarer Analogie entledigt, schon von einer geringen Ferne aus unsrem Auge gänzlich entschwindet, so dafs nur aus dem Umstande, dafs das vornehme Wort, nach der sorgfältigsten Durchsuchung, wie sie in Jahrhunderten noch nicht möglich sein wird, sich in keiner anderen Malayischen Sprache findet, die negative Wahrscheinlichkeit hervorgeht, dafs es ein absichtlich gebildetes sei. Es befinden sich also sicherlich in der Reihe des Krama noch eine Anzahl Ausdrücke, welche nur diesem Verfahren ihren Ursprung verdanken, und nie in die Vergleichung mit den Schwestersprachen eingehen können.

Wenn sich der Leser die aus diesen verschiedenartigen Gründen weggebliebenen Wörter, von denen die Sanskritischen, besonders im Kawi, oft, wie z. B. die für Wasser, Meer, Sonne, beinahe unerschöpfliche Reihen bilden, hinzudenkt, so wird er sich einen Begriff von dem erstaunenswerthen Wortreichthum dieser beiden Sprachen zu bilden im Stande sein, welche in ihrem Schofse den Stoff der Malayischen, Polynesischen, Indischen und Arabischen Welt zusammengehäuft und ihn durch einen, wenn gleich seltsamen, eignen Bildungstrieb noch mehr ausgedehnt haben.

Über die in diesen beiden Sprachen beobachtete Schreibung merke ich an, dafs ich nirgends einen Consonanten verdoppelt habe. Ich gehe hier nicht auf eine Rechtfertigung dieses Verfahrens ein, noch habe ich damit eine Überzeugung aussprechen wollen, dafs dies in allen Fällen ohne Ausnahme geschehen dürfe, weil ich in meinem Anhange die Sache näher erwägen werde. Da es aber in so vielen Fällen gleichgültig, ja rathsam

Gg

ist, den einfachen Consonanten zu gebrauchen, so habe ich es in dieser Zusammenstellung mit den verwandten Sprachen, von denen keine sich der Consonantenverdopplung im Schreiben bedient, der Gleichförmigkeit wegen für passend gehalten, durchgängig die einfache Schreibung anzuwenden. Von den Verben habe ich, mit Ausnahme der wenigen Fälle, wo die Existenz des Wortes ohne Präfix oder Infix zweifelhaft und durch nichts verbürgt war, überall die einfache (substantivartige) Form, ohne Affixa, aufgestellt, da die Mannigfaltigkeit derselben die Aufnahme mehrerer Formen desselben Wortes nothwendig gemacht hätte, und es der leichteren Erkennung der Übereinstimmung wegen auch bei anderen Redetheilen rathsam war, abgeleitete Formen zu vermeiden. Dasselbe habe ich bei der Malayischen Sprache befolgt. Wo dennoch die Aufnahme einer solchen nicht zu umgehen war, ist die Ableitung angedeutet. Doch habe ich sowohl dieses, als jenes bei der Tagalischen, Madecassischen und Bugis-Sprache meistens unterlassen müssen, weil die Durchführung dieses Principes an ihnen sehr weitläuftige Untersuchungen, welche bei dem unvollkommenen Zustande der Wörterbücher oft nicht zu einem einfachen Schlusse zu bringen sind, nöthig gemacht haben würde.

Die Aneinanderreihung der 131 Wörter dieser Tabelle ist eine rein ungefähre, wie der Verf. die Ausdrücke bei dem ersten Entwurfe sammelte; und es wäre, allein schon zum Behufe des Auffindens bei der Vergleichung anderer Sprachen dieser Inselwelt, die in ihr noch nicht erscheinen, irgend eine systematische Reihefolge, in welcher wenigstens das Gleichartige mehr zusammenstände, durchaus wünschenswerth gewesen. Die Zeit erlaubte mir aber nicht, eine Umschreibung vorzunehmen. Diesem Mangel abzuhelfen, setze ich hier die Wörter der Tabelle in einer doppelten Zusammenstellung, einer nach Materien geordneten, und einer alphabetischen, her. Die jedem Worte beigesetzte Ziffer ist die Nummer, unter welcher sich dasselbe in der Tafel findet.

A. Nach Materien geordnetes Verzeichniſs.

I. Substantiva.

1) Elemente und Stoffe: Wind 52, Feuer 60, Licht 10, Wasser 3, Erde, Land 2, Stein 78, Salz 5.

2) Geistige Dinge: Gott 18, Geist 17, Seele 29.

3) Himmel und was dazu gehört: Himmel 1, Sonne 6, Mond 9, Stern 89, Wolke 61, Norden 73, Osten 74, Süden 75, Westen 76.

4) Dinge auf der Erde: Meer 4, Berg 62, Wald 64, Feld 63, Haus 55.

5) Zeit: Tag 7, Nacht 8, Morgen 58, Abend 59, Jahr 33.

6) Raum: Mitte 67, Zahl 65.

7) Der Mensch und seine Verhältnisse: Mensch 16, Mann 26, Weib 27, Kind, in Bezug auf das Alter 92, in Bezug auf die Abstammung 25, Jungfrau 15, Vater 53, Mutter 54, Sohn, Tochter 25, Bruder, Schwester 57, Wittwe 86, Herr 131, Sclave, Diener 88, Feind 102, Name 36.

8) Der Körper und seine Theile: Körper 28, Leben 49, Stimme 80, Haut 121, Fleisch 51, Blut 34, Kopf 79, Gesicht 87, Haar 48, Auge 109, Mund 71, Zunge 45, Zahn 90, Ohr 35, Backe 110, Hand 77, Fuſs 81, Knie 91, Brust 41, weibliche Brüste 42, Bauch 44, Herz 43.

9) Thiere: Thier 99, Vogel 100, Fisch 101, Rind 56, Eidechse 124.

10) Pflanzen: Baum 106, Saame 108, Blume 107, Frucht 23, Wurzel 105.

11) Werkzeuge: Fackel 50, Löffel 125, Segel 117.

II. Adjectiva.

Groſs 93, klein 94, gut 21, schlecht 19, weiſs 37, schwarz 38, neu 116, alt 95, rechts 84, links 85, warm 46, kalt 47, voll 69, leer 70, tief 126, süſs 129, hungrig 97, durstig 98, blind 103, taub 104, krank 20, betrunken 114, reif 123, leicht (*facilis*) 122, halb 66.

III. Verba.

Sein 128, werden 127, geboren werden 13, sterben 11, tödten 39, gehen 31, fallen 96, sehen 40, hören 32, sagen, reden, sprechen 30, essen 22, kauen 130, öffnen 83, verschlieſsen 82, begraben 72, hängen 119, baden 111, kaufen 68, bezahlen 112, nähren 14, lieben 12, fordern 118, wählen 113, folgen 115, ändern, wechseln 120.

IV. Conjunctionen.

Nicht 24

B. Alphabetisches Verzeichniſs.

Die Reihefolge, in welcher man die neun hier aufgestellten Sprachen geordnet findet, habe ich selbst bestimmen müssen. Die Aufgabe war von der Art, daſs sie sich jetzt noch in keiner Weise genügend lösen lieſs. Es hätte allein schon die groſse Hauptfrage entschieden sein müssen, ob der mehr vollkommene Wortbau des westlichen Stammes als successiv aus dem auf die gröſste Einfachheit und Dürftigkeit herabgehenden des Polynesischen durch Anwachs entstanden anzunehmen sei, ob man in der letzteren groſsen Familie wirklich die so weit verzweigte Sprache mehr in dem Zustande ihrer Entstehung, in der Kindheit stehen geblieben, erkennen solle, oder ob der Urtypus vielmehr in den vollkommneren Sprachen des Westens zu suchen sei, deren Laut- und Formenfülle von einem mit dürftigeren Articulations-Fähigkeiten begabten kindlichen Volke überall beschnitten und vereinfacht wurde, oder, da man bestimmt weder diese, noch jene Thatsache ausschlieſslich und in ihrem Extreme wird beglaubigen können, in wie weit man das Eine und das Andere im Allgemeinen und im Einzelnen werde annehmen dürfen. Es ist dies eine bei allen groſsen Sprachstämmen schwebende, überaus schwierige, und nie bis in alle Einzelheiten unbestreitbar zu lösende Frage, und, bei der noch so geringen Verbreitung allgemeiner, aus der Kenntniſs vieler und verschiedenartiger Idiome des Erdkreises hervorgehender Ideen über die menschliche Sprache, ein Punkt, bei welchem die verschiedenen herrschenden Ansichten gerade zu den entgegengesetztesten Annahmen führen müssen. Unter diesen Umständen kann ich mir am wenigsten anmaſsen, über jene Frage hier ein eignes Urtheil auszusprechen, obgleich ich gestehe, sie für den Augenblick in einer bestimmten Richtung zu verfolgen, wenn dieser Weg auch nur zum Beweise des Gegentheils führen sollte. Indem ich also keine Hypothese in die Bestimmung der Reihefolge dieser Sprachen habe einmischen wollen, habe ich sie nur im Ganzen nach der gröſseren oder geringeren factischen Formenausbildung auf einander folgen lassen und nach der gröſseren oder geringeren Formenähnlichkeit neben einander gestellt. Ich muſste sagen im Ganzen; denn es finden sich natürlich viele Beispiele, in denen die eine oder die andere in Bezug auf diese beiden Punkte sich unmittelbar neben eine ihr entfernt stehende und weit von der, neben welcher sie hier erscheint, stellt; so ordnen sich abwechselnd öfter das Kawi, Bugis, Madecassische mitten unter die Südsee-Sprachen. Besonders schwer ist es, den westlichen Sprachen eine genügende Folge neben einander zu geben; und die hier für das Bugis, Madecassische und Tagalische gewählte Stellung dürfte manchem Tadel ausgesetzt sein. Es liegt dies darin, dafs diese Sprachen, und vorzüglich die beiden letzten, in Rücksicht auf ihre Wortform und ihren Wörtervorrath einen eigenthümlichen, mehr von den anderen gesonderten Charakter, der auf das Fehlen verschiedener Zwischenglieder schliefsen läfst, offenbaren. Wenn man daher eine Wortform in ihrer successiven Ausbildung, oder verschiedene für denselben Begriff sich findende Ausdrücke verfolgt, wird man öfter eines oder mehrere Glieder dieser Reihe überspringen oder anders ordnen müssen. Die vier Südsee-Sprachen bilden eher, wie sie hier absteigend zusammengeordnet sind, eine folgerechte Reihe, und sind auch von Wilh. v. Humboldt so dargestellt worden.

Der Eindruck, welchen die hier erscheinende Übereinstimmung der in den verschiedenen Sprachen für einen Begriff bestehenden Wörter hervorbringt, mufs bei der hier gewählten Gestalt ein weit unvollkommnerer sein, als wenn man der Vergleichung die Richtung gegeben hätte, nur die Wortform, ohne Rücksicht auf die Bedeutung, durch alle zu verfolgen. Der Verf. hat es aber oben ausgesprochen, dafs es gerade seine Absicht gewesen sei, auf diesem, mancherlei Abweichungen unterworfenen Wege dennoch die bedeutende Übereinstimmung zu zeigen. Denn es ist bekannt und überall aus der Tabelle ersichtlich, dafs in verschiedenen Sprachen desselben Stammes eine vollkommen oder genügend übereinkommende Form eine andere Bedeutung erhält, eine ganz ähnliche, aber auch, nach der weitausgreifenden Macht des Symbolisirens und der Begriffsverknüpfungen eine factisch bedeutend verschiedene. Weil das Resultat so nur ein untergeordnetes ist, so hatte der Verf. schon selbst in dem von ihm bearbeiteten Theile den Weg eingeschlagen, durch Parenthese der eine abweichende Bedeutung tragenden, sonst aber übereinstimmenden Formen das Bild zu vervollständigen; und ich habe es für durchaus gerecht gehalten, diesen Weg bei dem von mir nachgetragenen sorgsam zu verfolgen. Ich hatte mir hierzu durch eine, nicht sowohl zu diesem, als zu allgemeineren Zwecken unternommene durchgängige Vergleichung des Marsdenschen Malayischen Lexicons mit meinem Javanischen ein besonders mächtiges Hülfsmittel verschafft, und bin so im Stande gewesen, das erwähnte Princip an diesen beiden Sprachen vorzüglich vollständig durchzuführen und die bedeutende Übereinstimmung ihres Wortvorraths besonders hervorzuheben. Auch ist es mir dadurch möglich geworden, in der der Malayischen Sprache gewidmeten Columne mehrere für den wirklichen Begriff vorhandene wichtige Ausdrücke hinzuzusetzen, die sich nicht durch Marsden's Englisch-Malayisches Wörterbuch ergeben. Recht sehr zu vermissen ist eine solche Bearbeitung des Tagalischen und Madecassischen Wortvorraths; nur aus diesem Grunde stehn diese Sprachen, vorzüglich die erstere, in einem so bedeutenden Theile der hier verglichenen Wörter ohne Analogien da. Überhaupt müfste jede Sprache dieses Sprachstammes mit jeder der übrigen in Beziehung auf die Wortform verglichen werden, das Resultat würde unendlich wichtig und belehrend sein, und würde dem Kenner der einen die Erlernung der anderen auf eine wunderbare Weise erleichtern; dazu würde aber eine Allgegenwart des Gedanken gehören, wie sie, auch bei der umfassendsten praktischen Kenntnifs, allein schon wegen der mannigfaltigen möglichen Buchstabenveränderungen, Einsetzungen und Weglassungen, unerreichbar ist. Denn es fehlt uns z. B. noch sehr an Aufklärung und Beobachtungen über die vielfach räthselhafte Schreibung und die Buchstaben-Combinationen in den vorhin genannten beiden Sprachen, um beurtheilen zu können, welche Laute eigentlich damit gemeint sind, welchen in den verwandten, sichtlich ein klareres und consequenteres orthographisches System befolgenden sie geradezu entsprechen, oder vermittelst gewisser, durch Reihen von Analogien gehender Eigenthümlichkeiten sich anschliefsen. Es würde ferner dazu gehören, dafs wir, andere, weniger bekannte hier ganz aufser Acht gelassen, von den in diese Tabelle aufgenommenen Sprachen nicht nur vollständige, schon mit Berücksichtigung der Etymologie, so weit sie innerhalb der einzelnen Sprache selbst liegt, ausgearbeitete Wörterbücher, in welchen die fremde Sprache voransteht, sondern ganz vorzüglich solche besäfsen, in denen die erklärende Europäische Sprache den ersten Platz einnimmt. Die Tagalischen Wörter sind aber vom Verf. blofs aus dem Spanisch-Tagalischen Theile des Wörterbuches, und die Madecassischen aus lauter einzelnen, die Auffindung meistens sehr erschwerenden Materialien und Wortverzeichnissen zusammengebracht.

Indem so die Tagalische Sprache in einem Grade, der nicht der Wirklichkeit entspricht, hier dürftig an Anklängen mit den westlichen des Stammes dasteht, wenn es auch ausgemacht bleibt, daſs ihr Wortvorrath in einem vielfach geringeren, als dies zwischen der Malayischen, Javanischen und Bugis-Sprache der Fall ist, mit ihnen übereinkommt, wäre es, besonders nach der Aufnahme der zahlreichen Javanischen Formen, welche viele neue Ausdrücke, und damit einen nicht unbedeutenden Theil der ganzen Sprache, in die Vergleichung bringen, sehr nöthig gewesen, das Tagalische Lexicon, und zwar das Tagalisch-Spanische Verzeichniſs, zu diesem Behufe durchzugehn und diese Parthie zu ergänzen. Denn, um hier nur von den directen Ausdrücken, welche die Sprache für die in der Tafel aufgestellten Begriffe besitzt, gar nicht von der Formen-Übereinstimmung bei veränderter Bedeutung, zu reden, so hat mich der gelegentliche Gebrauch der Tagalisch-Spanischen Nomenclatur des Wörterbuches von Fray Domingo de los Santos gelehrt, daſs aus ihr noch eine reiche Anzahl, gerade vorzugsweise zur Vergleichung dienender hervorgeht, welche in dem Spanisch-Tagalischen Theile sich nicht unmittelbar darbieten. Auch die Columne der Madecassischen Sprache würde bedeutende Zusätze gewonnen haben, wenn ich im Stande gewesen wäre, das von mir vor mehreren Jahren ausgearbeitete Madecassische Wörterbuch, zu welchem ich in der letzten Zeit noch den Französisch-Madecassischen Theil hinzugefügt habe, durchzulesen. Ich habe aber, überall von der Zeit gedrängt, der Erfüllung dieses Wunsches, wie manches anderen, den ich für die Vervollkommnung dieser Arbeit hegte, entsagen müssen. — Buschmann.]

…olynesisch.		
[illegible]eeländisch.	Tahitisch.	Hawaiisch.
[illegible]	rai	lani
[illegible]	*fenua* (eig. Land)	*honua* *aina* (Land)
[illegible]	*vai* *pape*	*wai*
[illegible]	*tai*	*kai*
[illegible] (vgl. [illegible] 4.) [illegible] p. 154.)	*taitai* (Marc. 9, 49. 50.) *miti*	*paakai*
[illegible]	*ra*	*la*
[illegible] d. Begriff des	*ao* (vgl. Neu Seeländ.)	*ao*

Tagalisch.	Polynesisch. Tongisch.	Neu-Seeländisch.	Tahitisch.	Hawaiisch.
…an	*mahina*	*maráma* (vgl. nr. 10.)	*marama* (Matth. 24, 29. Marc. 13, 24. Apostelg. 2, 20.)	*mahina*
…anag	*máma*	*ao*	*ao* (vgl. nr. 7.) *maramarama* (Evang. Joh. 1, 5. vgl. nr. 9.)	*lama, malamalama*
…tay *…ay*, todt	*mate*	*máte* (auch: krank sein)	*mate* auch *pohe* (Apostelg. 4, 2.)	*make*
…g (von geringerem) *…ta* (von höherem …rade) *…si*, Freund)	*mamana* *manaco* *ofa* (allgemein: Zuneigung)	*aróha* (*oa*, Freund)	*aroha* *here*	*aloha*
…ngãnac (v. *anac*, …ind)	*fanów*	*wánau* (eig. der Act des Gebärens)	*fanau*	*hanau*
	fafanga	*wángai*		*hanai*

Hh 2

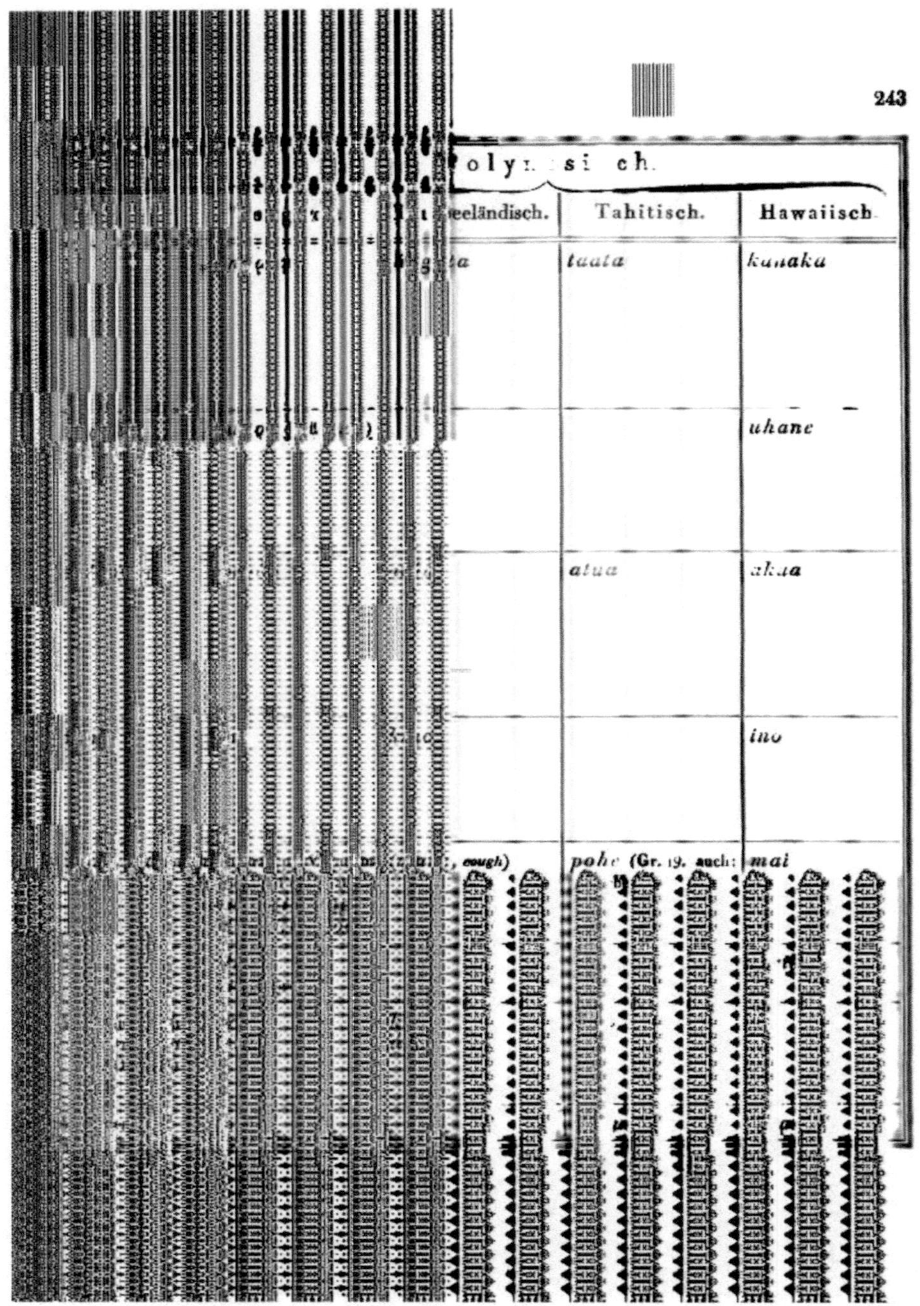

[illegible]	Polynesisch.		
[illegible]	[Neu]seeländisch.	Tahitisch.	Hawaiisch.
[illegible]	[ta]ngata	taata	kanaka
[illegible]	[illegible]		uhane
[illegible]	[illegible]	atua	akua
[illegible]	[illegible]		ino
[illegible]	[illegible], cough)	pohe (Gr. 19. auch:	mai

[T]agalisch.	Polynesisch.			
	Tongisch.	Neu-Seeländisch.	Tahitisch.	Hawaiisch.
[…]ili, yndi, hin-[…] *[…]ag, douag* *[…]an* (auch: *ne*) *[…]a* (un-, eig. es ist [ni]cht da)	*iký* *táï*, un- (eig. ohne) *óooa*, Lat. *ne* (auch: aufhören)	*kore* (eig. *ka ore*, zerbrochen) *kaua*, Lat. *ne* *waho*, ohne	*ore* (zugleich: un-), *aore* *eere, eete* *aita, eita* *aima, eima* *aina, eina* *aipa*	*ole*, nicht, un- *aole*, nein
[…]c	*foha*, Sohn *fafine*, Tochter (eig. weiblich)	*tamaiti*, Sohn *tamaine*, Tochter (v. *wahine*, nr. 27.)	*tamaidi*, Sohn *tamahine*, Tochter	*keiki kane*, Sohn *keikamahine*, Tochter
[…]aqui	*tangata* (auch von Thieren; eig. Mensch, s. nr. 16.)	*tane*	*tane*	*kane*
[…]ayi	*fafine*	*wahine*	*vahine* (auch v. Thieren)	*wahine*
[…]aoan (*ca* und *an* [u]nd Affixe)	*chino* (eig. Rumpf, v. Thieren, Stamm, v. Bäumen), *toonga tangáta* (*toonga* ursprünglich: Haufe, Klumpen; *tangata* s. nr. 16.)	*tínana* (Rumpf des menschl. Körpers)		*kino*
[…]oloua	*loto* (mehr: Gemüth, ursprüngl.: d. Mittelpunkt, das Innere; s. nr. 67.)			*uhane* (Geist)

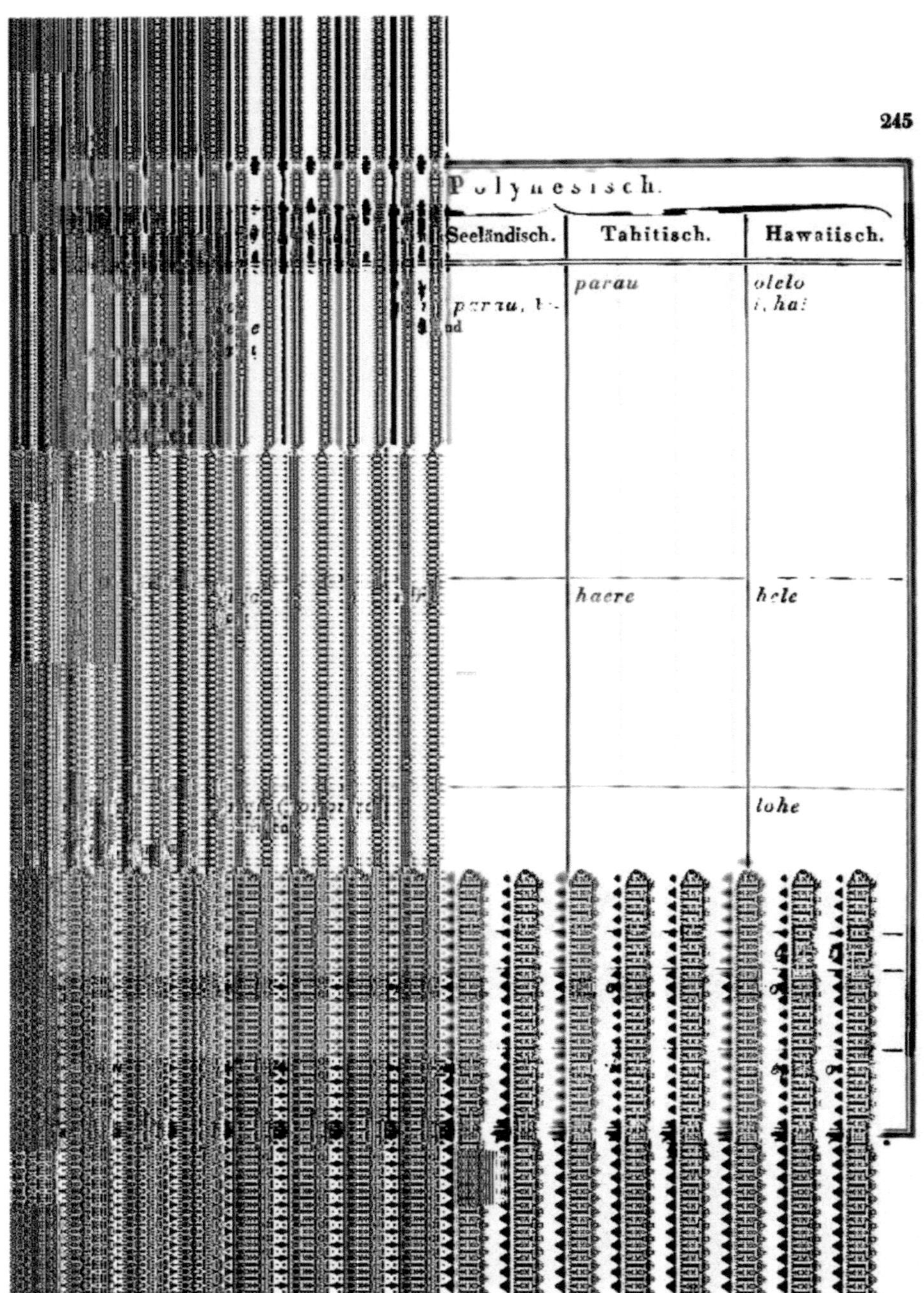

	Polynesisch.		
	(…)Seeländisch.	Tahitisch.	Hawaiisch.
[illegible]	parau, [illegible]	parau	olelo i, hai
[illegible]		haere	hele
[illegible]			lohe

Polynesisch.		
[Neu-]Seeländisch.	Tahitisch.	Hawaiisch.
[illegible]	*ioa*	*inoa*
[illegible] (auch: rein)		*keo-keo*
[illegible]		*ele-ele*
[illegible]	*taparahi*	*pepehi* (*pehi*, schlagen)
[illegible] *tiki*, the [illegible] *tiki*, being [illegible]	*ite* (auch: kennen, wissen)	*ike* (auch: wissen)
[illegible]	[illegible]	[illegible]

agalisch.	Polynesisch. Tongisch.	Neu-Seeländisch.	Tahitisch.	Hawaiisch.
o	*mafoo*	*ngakau*	*aau*	*naau* (eig. Eingeweide)
an *on* (Theil vom ibel nach unten)	*gete* (auch: Magen, Kropf) (*kete*, Neu-Seel. Korb)			*opu* (auch: Magen)
a	*elelo*			*lelo, alelo, elelo*
banas *init*	*mafanna* *vela*	*mahána*	*mahana*	*mahana* u. *mehana* *wela*, heiſs, glühen
nao *lamig*	*momoco*	*máka rídi*		*anu*
toc (des Kopfes) *o* (an Früchten)	*low* (Kopfhaar) *fooloo* (Haare d. Leibes)	*údu-údu*		*oho, lauoho*
hay	*móooi*	(*ora*, Gesundheit)	*ora*	*ola* (auch: Gesundheit, Heil, Errettung)
	mama	*kárama roa* (*a flaming torch*)		*kukui*

...lisch.	Polynesisch. Tongisch.	Neu-Seeländisch.	Tahitisch.	Hawaiisch.
51.	*cano* (auch das Innerste einer Sache, Kern)			*io*
52.	*matangi*	*matángi* (Luft)		*makani*
53.	*tammy*	*matúa tane* *pá* (bloſs im Vocativ, aber für beide Eltern)	*metua* od. *medua tane* (*medua, parens, tane,* männlich)	*makua-kane*
54.	*fáë*	*matúa wahine*	*metua* od. *medua vahine* (*vahine,* weiblich)	*maku-wahine*
55.	*falle* *abi* (mehr: Wohnung, *home*)	*wáre*	*fare*	*hale*
56.				*pipi* u. *bipi* (nach Hrn. v. Chamisso's Meinung das Engl. Wort *beef*)
57. ...*ang*, älterer Br. ...*colouong*...lere zwischen...n) ...der jüngste Br.	*tehina,* Bruder *toóa fafíne,* Schwester (*fafine,* weiblich) *towgete,* ältester Br. od. Schw.		*tacac*	*kaikunane,* Bruder (*kane,* männlich) *kaiku wahine,* Schwester *kaiku aana,* älterer Br. od. Schw. *kaikaina,* jüngerer Br. od. Schw.

L1 2

Polynesisch.		
[illegible]seeländisch.	Tahitisch.	Hawaiisch.
	poipoi	*kakahiake* (*a popo*, der morgende Tag; wohl v. *po*, Nacht, nr. 8.)
[illegible]*hi*	*ahiahi*	*ahi-ahi* (von *ahi*, Feuer, s. nr. 60.)
[illegible] *ai*	*auahi*	*ahi*
[illegible]*a*		*ao*
	moua	[illegible] ([illegible]*ahi*[illegible], Gebirge)
[illegible]*a*	*f*[illegible]*ua* ([illegible] ostig[illegible] [illegible]ch. [illegible]18.) (eigentl. Land, s. nr. 2.)	[illegible]*la* *mahina*

galisch.	Polynesisch. Tongisch.	Neu-Seeländisch.	Tahitisch.	Hawaiisch.
68.	*fuccatow* (es heifst aber, wie auch *tow* allein, eigentlich: handeln, u. schliefst Kauf u. Verkauf ein)	*oko* (allgem. handeln. s. Lex. u. *p.* 98.) *tóu* (*l. c.* für verkaufen gebraucht)	*hoo* (auch für verkaufen gebraucht Apostelg. 7, 9.)	*kuai,* handeln
69. *ap, cumplirse*)	*bito*	*ki*	*i* (Apostelg. 6, 3.) (*faathia,* erfüllt werden. *ib.* 4, 31.)	*piha*
70. *g, pouang*	*maha*			
71. :, Mündung eines ms)	*gnootoo*	*wáha*	*vaha*	*waha*
72. *g*	*tanoo* (*tano,* Grab)	*tanu*	*tanu* (Apostelg. 5, 6.)	*kanu*
73. *a,* Nordwind) :, Nordost-Wind, : *laot,* Nordwest- s. nr. 74. Mad.)	*gi Vavaoo, gi Hamoa* (nach nordwärts gelegenen Inseln)			*akau* (d. i. rechts)
74. *g̃-an* (*silang,* ehn, v. Gestirnen) l: *amihan*	*mätta he laa* (das Auge, d. Erscheinung d. Sonne) *tocalów*			*hiki'na* und *hiki ana* (das Eintreffen, der Aufgang)

Mm 2

Polynesisch.

[illegible] Neuseeländisch.	Tahitisch.	Hawaiisch.
[illegible]	*apatoerau* (Apostelg. 8, 26.)	*hema* (d. i. links)
[illegible]		*komohana* (der Niedergang)
[illegible]	*rima* (Apostelg. 4, 3.)	*lima* (auch: fünf)
[illegible], Hagel)	*ofai*	*pohaku*
[illegible]	*upoo*	*poo*
[illegible] Sprache, eine Rede	*reo*	*leo*
[illegible] (Bein [illegible])	[illegible]	[illegible]

…galisch.	Polynesisch.			
	Tongisch.	Neu-Seeländisch.	Tahitisch.	Hawaiisch.
8… (scheint das all-…einste, sonst eine …ge Ausdrücke für …ndere Dinge)	*taw*		*iriti* (Apostelg. 5, 19.) *araara* (vom Augenaufschlagen gebraucht, *ib.* 9, 40.)	*wehe*
8…*n*	*matów*	*matau*	*atau*	*akau*
8…*ang*	*hema*	*máwi*		*hema*
8… *bauo* (von bei-Geschlechtern)			*vahine ivi* (Apostelgesch. 6, 1. 9, 39.; *ivi* allein finde ich nur als Knochen)	*wahine kane make* (Weib Mann todt)
8…*ha*	*matta* (auch: Auge) *fofonga*	*mata*	*mata* (Apostelg. 6, 15.) (vgl. nr. 109.)	*maka* (auch: Auge) *alo*
8…*ar*, Diener, Schü-Lehrling …*or*, Diener …*ngbahay*, Die-(*bahay*, Haus) …*n*, *bulisic*, *bu-lis*, Sclav …*tobo*, im Hause …orner Sclav	*boboola* (Gefangener, *v. slave*)			*kauwa* *ohua*

Nn 2

Polynesisch		
…u-Seeländisch.	Tahitisch.	Hawaiisch.
…tu	fetia	hoku
…o		nihe
…rí	turi (Apostelg.7,60.)	kuli
		kamalii (vgl. lii-lii nr.94.)
…hi …il	rahi	nui
…i …óhi nóhi	iti	uuku lii-lii iki, geringes

	galisch.	Polynesisch. Tongisch.	Neu-Seeländisch.	Tahitisch.	Hawaiisch.
96	enge besondrer rücke. Das All- inste ist *holog*, Partikel *napa*	*hinga* *taw*	*hinga*	*tufera*	*haule* (*hina*, straucheln)
97	n u. *hoyong*, ger	*fia-ky* (begierig nach Essen; auch: Hunger)		*poia* (vgl. nr. 98.)	*pololi*
98	, Durst	*fia-inoo* (begierig zu trinken; auch: Durst)		*poiha* (Joh. 4, 13. 19, 28.), *poihâ* (ib. 6, 35.) (vgl. nr. 97.)	*make wai* (wollen Wasser)
99	*p*				*holo-holo'na* (von *holo*, laufen)
100	(*manuc*, Huhn)	*manoo*	*mánu*	*manu*	*manu*
101		*ica*	*ika*	*ia*	*ia*
102	*ay* (*auay*, lschaft)	*tow* (eig. Gegner)			*hoa-kaua* *enemi* (aus d. Engl.)
103		*gooi*	*matapó*	*matapo* (*mata*, Auge, *po*, Nacht)	*makapo*
104		*toolli*			*kuli*

galisch.	Polynesisch.			
	Tongisch.	Neu-Seeländisch.	Tahitisch.	Hawaiisch.
105	*aca* *tefito*			*aa*
106r (auch: Holz) Stamm des Bau-	*foo-acow* (es wird aber v. jeder Pflanze gebraucht)	*rákau* (auch allg. Holz) (*ákau* ist ein steil-gerader, glatter Fels)	*raau* (auch: Pflanze überhaupt)	*laau* (auch: Pflanze, Holz)
107*lac* *a*, Frucht)	*cacala*	(*kakára*, Wohlgeruch)		*pua*
108 (v. Getreide) (männlicher)	*toonga* (v. Pflanzen) *hi* (im Engl. Tong. Dict. *sperm*, im Tong. Engl. Dict. *emissio seminis*) *vata* (männl. Saame, auch v. Thieren)	*kakáno* (v. Bäumen) (*uére*, Speichel)	*huero* (männlicher; Apostelg. 13, 23.)	*ano-ano*
109	*matta* (*cano he matta*, Augapfel, wörtl. Kern des Auges)	*kánohi* (aus *matakidi*, Augenlieder [Auge, Haut], sieht man, daſs *mata* auch der Sprache angehört; vgl. nr. 87.; *matá* ist: Flintenkugel)	*mata*	*maka*
:hsweise aufgestellt.)				
110*Fi*				
111				
112				
113	*fili-fili*			

Polynesisch.		
Neu-Seeländisch.	Tahitisch.	Hawaiisch.
		hou
		ili (auch jede Oberfläche)
		[illegible], *nau*

[Es ist mir gelungen, den auf S. 240. ausgesprochenen Wunsch, die Columne der Madecassischen Sprache in der vergleichenden Worttafel mit Hülfe meines Wörterbuches einer Überarbeitung zu unterwerfen, noch während des Druckes auszuführen. Ich habe mich bemüht, in Fällen, wo es mir nützlich schien, die Etymologie durch einige Bemerkungen aufzuklären. Da dieselben dem Urtheile des Publikums unterliegen, und ich sie, den Umständen nach, seiner Nachsicht empfehlen mufs, so bekenne ich mich namentlich zu den die Mad. Sprache betreffenden Bemerkungen in nr. 12, 14, 17, 18, 30, 31, 49, 52, 56, 57, 73-76, 81, 84, 88, 99. Mangel an Raum hat mich oft genöthigt, zu anderen Columnen meine Zuflucht zu nehmen und Zusammengehörendes zu trennen. Im Anhange will ich zu dieser Tafel, sowohl in Beziehung der Mad., als der anderen Sprachen, noch einige Zusätze und Berichtigungen liefern. Daselbst sollen auch die Wörter der Tong., Neu-Seel. und Tah. Sprache, welche nach dem von Wilh. v. Humboldt im 4. Abschnitte dieses Buches dargelegten und in der Tabelle noch nicht befolgten Systeme einer gleichförmigen Schreibung der Südsee-Sprachen eine andere Orthographie erheischen, ihre Stelle finden. B.]

§. 7.

Das Pronomen der 1. Pers. sing. läfst sich, ungeachtet einiger scheinbarer Verschiedenheit, durch alle Sprachen des Stammes hindurch als identisch erkennen. Das Neu-Seel. *ahau* steht gleichsam in der Mitte der verschiedenen Formen, und ihm ist das Mad. *ahe*, *ahy*, wie es im regierten Zustande, entkleidet vom Vorschlag *iz*, vorkommt, am nächsten. Beide sind sichtbar eins mit dem Sanskrit. *aham*, wogegen es merkwürdig ist, dafs die Pronominalform auf *m*, wie das Sanskrit. *mama*, im ganzen Malayischen Sprachstamm gar nicht erscheint [1]. Der Kehllaut von *ahau* verhärtet sich zu *gūā*, *co*, *aco*, *ku*, *aku* in allen verglichenen Sprachen, die einzige Tahitische ausgenommen. In dieser und zum Theil in der Tong. erweicht

[1] [Doch kommt im Kawi (s. oben S. 34.) *mami* vor. Auch ist das *mi* in *kami* (oben S. 36. u. flgd.) und im Bugis-Pron. *yakmi* (s. S. 258. Anm. 1.) zu beachten. Der ausschliefsende Dualis (*maua*) und Plur. (*makou*) des Haw. zeigt auch den Laut *ma*. B.]

Qq

er sich zu *wau* und *u* (1). Das Gleiche geschieht im Sanskrit. Stamm, wo die Endpunkte das Lateinische *ego* und Englische *I* sind.

Die Tong. Sprache hat noch zwei für die 1. sing. sonst nicht vorkommende Formen, *gita* und *te*. Über die erstere habe ich im 2. Buche S. 38-43. bereits ausführlich gesprochen. Das *te* bietet gar keine Analogie in den anderen Sprachen dar, es hängt jedoch so eng mit der Conjugation zusammen, da man es nur im Präsens gebraucht, daſs es noch sehr zweifelhaft ist, ob es in Mariner's Gramm. wirklich mit Recht als ein Pronomen angesehen wird.

Die 2. Pers. sing. weicht im Mad. gänzlich von den Ausdrücken der anderen Sprachen ab. Denn der wesentlich stammhafte Laut darin ist *n*, das in keiner in dieser Person gefunden wird. Denn im Mal. *an̄gkau* gehört die erste Sylbe, wie man aus dem abgekürzten *kau* sieht, nicht zu dem Stamme des Worts. Eher liegt eine schwache Analogie dieses *n* in dem Tag. Possessivum *mo* (2). In den übrigen Sprachen ist, bis auf geringe Ausnahmen, *ko* der vorherrschende Laut. Nur das Tah. stöſst hier, wie gewöhnlich, den Kehlconsonanten hinweg und bildet *oe*. Die Neu-Seel. Sprache hat als Abkürzung gleichfalls den bloſsen Vocal *u*, die Tong. als Possessivum *ho*. In dieser letzteren steht zwar das der Conjug. dienende *ger* allein, aber die eigentlich selbstständigen *koi* und *akoi* schlieſsen sich den übrigen Sprachen des Stammes eng an. Der *o*-Laut ist in dieser Person durch alle Sprachen des Stammes hindurch sehr beständig. Bloſs die Mal. hat, statt desselben, *au*, und die Tag. in einer abgekürzten Form *a*. Die groſse Ähnlichkeit dieser zweiten Person mit der ersten im Consonantenlaut führt natürlich die Frage herbei, ob nicht die Bedeutsamkeit des Wortes mehr im Vocal liegen sollte? Das Tah. Possessivum 2. Pers. sing. heiſst *to*, was aber wohl nur daher kommt, daſs die Tah. Mundart niemals *k*, sondern, wo *k* bei

(1) [Im Haw. ist *au* und *wau* das Pron. 1. Pers., das Possessivum lautet *kuu*, mein. Das Bugis-Wörterbuch führt drei Formen für das Pron. 1. Pers. auf: *iyak*, *yakmi*, *ata*, welche abweichend erscheinen. Doch wäre es möglich, daſs die beiden ersten auf *aku* hinausgehn, da *i* und *y* sich in mehreren Pron. dieser Sprache als Vorschlag finden; *ta* gehört in diesen Sprachen der 2. Person, doch auch in einigen, wie die Formen *kita* und *gita* (s. oben S. 38. u. flgd.) davon Beweise liefern, der ersten an. Vielleicht darf man das, dem Madhya eigne Jav. *tak* oder *dhak* auch hierher ziehn. B.]

(2) [im Mal. und Jav. *mu*. B.]

den andren Mundarten vorkommt, entweder gar keinen Consonanten, oder *t* hat (1).

In der 3. Pers. sing. herrscht unter allen Mal. Sprachen eine grofse Gleichförmigkeit. Bis auf wenige, nur in Abkürzungen gebrauchte Formen, ist *i*, meistentheils mit auslautendem *a*, der bezeichnende Buchstabe. Beim Possessivum tritt ein *n* hinzu, und im Polynesischen verschwindet dann das *i*. Aber im Hinzukommen des *n* ist absolute Gleichförmigkeit: Mad. *ny mpiana'ny*, die Jünger seine (Luc. 8, 9.); Mal. *kapalā-nia*, sein Kopf; Tag. *ang yna-niya*, die Mutter seine; Tah. *to'na ahu*, sein (von ihm) Kleid; Neu-Seel. gerade ebenso *tóna toki*, seine Axt; Tong. *ana falle*, sein Haus (2). Selbst in Nebenlauten ist Übereinstimmung, so im Mad. *isi* und Tag. *siya*. Ob auch das *r* im Mad. *ri*, *ric* nur ein Nebenlaut ist, möchte ich nicht entscheiden. In dem Mad. *reo* und *zareo* kann man es kaum für anders, als die Person eigentlich bezeichnend, halten, und in dem Neu-Seel. und Tah. Dual und Plural unterscheidet es dieselbe sichtlich allein. Durch fast alle Sprachen des Stammes hindurch zeigt es sich, dafs dies *ri* ein mit dem gleichlautenden Ortsadverbium verwandtes Pron. demonstrat. ist. Im Mad. bezeichnen *reho*, *indreo* (Chall.), *indroni* (Chap. in den *Annal. p.* 114.), *iroche* (Flac.), *inro* (Gouda) alle den Ort. Die angeführten Wortverzeichnisse bestimmen nur nicht genau die Stelle desselben, sondern vermischen dies offenbar. Die Tag. Sprache hat soviel Ortsadverbia, als demonstrative Pronomina, und bildet sie alle, so wie die Besitz-

---

(1) [Dieser Bemerkung über das Tah. *to* schliefst sich das Hawaiische Poss. *ko*, dein, an. Im Bugis erkennt man den Grundlaut *ko* in der Form *iko*; die beiden andren Formen der Sprache, *puang* und *puwak*, sind abweichend. Im Haw. ist das persönliche Pron. im Sing. *oe*, wie im Tah.; der Dual, *olua* (*lua*, zwei), zeigt den Stamm *o*, der Plur. *oukou* (vgl. *kakou*, wir, einschliefsend, *makou*, ausschliefsend, *lakou*, sie) *ou*. Im Jav. *kowé* erkennt man auch *ko*. Eines zweiten, dem Sanskritischen ähnlichen Stammes dieses Pron., *ta*, der besonders in den Kawi-Formen *ta*, *kita*, *hanta* ersichtlich ist, habe ich schon in Anm. 1. auf S. 258. erwähnt. B.]

(2) [Im Haw. lautet das Pron. sing. *ia* und *na*; die letztere Form wird nach Präpositionen gebraucht, und so besonders bei der Bildung des Pron. poss., ganz in der Art, wie die Beispiele der andren Südsee-Sprachen zeigen. Dem Dualis (*laua*) und Plur. (*lakou*) liegt wahrscheinlich das Ortsadverbium *la*, dort, zum Grunde. Im Bugis ist der Sing. des Pron. *ioh* und *yatu*. Das vom Verf. erwähnte *n* erscheint ebenfalls in den Pron. poss. des Jav. und Kawi. B.]

pronomina aus den persönlichen, aus dem angeblichen Genitiv. Dieser selbst aber wird abweichend vom Nom. geformt, und fängt immer mit *d* an; so sind die Adverbien *diri*, *dito*, *diyan* und *doon* abgeleitet, und das Mal. *diya* für das Pron. 3. Pers. sing. ist wohl nicht, wie Marsden will (*Gramm. p.* 48.), da, um den Hiatus zu vermeiden, sondern ist ein eignes Pron. demonstrat., dem im Tag. *yian*, im sogenannten Gen. *diyansa* entspricht. Das sogenannte Pron. 3. Pers. *siya* ist hiervon nur eine andre Form, und das Beispiel des Tag. beweist hier, dafs man in diesen Sprachen, wie auch sonst in vielen andren, das persönliche Pron. 3. Pers. nicht vom demonstrativen trennen kann. Man darf sich daher nicht wundern, dafs das Mad. *reo* sich im Plur. auch mit dem Pron. 2. Pers. verbindet, *ano*, du, *anareo*, ihr. Es verbindet sich hier nicht das Pron. 2. und 3. Pers., sondern das erstere mit dem Demonstrativum: ihr dort. Auch der Laut *ri* findet sich im Tag. Pron. demonstrat. *yari*, ebenso im Neu-Seel. und Tah. *tera*, das aber ganz genau den entfernteren, von dem beider Sprechenden verschiedenen Ort anzeigt. Bei Chapelier (*Ann. p.* 100. 119.) wird *ahe*, als regiertes Pronomen, sowohl für die 1., als 3. Person gebraucht, was nicht wohl zu erklären ist. Ich habe oben einige Pronominallaute des Mal. Sprachstamms mit Sanskritischen verglichen. Die Vergleichung mit den Chinesischen ist nicht minder fruchtbar. *'O*, *'oû*, *iù* erinnern an den Endvocal von *ego* und das Tah. *u*. In *ahan* und seinen Verstärkungen liegt die Nachbildung des Athmens, das Ich, der unmittelbare Aushauch der Brust. Allein auch der breite und tiefe Vocal *o*, *u* mag mitbezeichnend sein. Das isolirt stehende Mad. *ano*, du, *nao*, *no*, dein, findet im Alt-Chinesischen *naï* ([1]) einen erklärenden Vergleichungspunkt, und das in den Chinesischen Pron. 3. Pers. *i*, *khi*, *kiouëi* vorherrschende *i* ist auch im Mal. Stamm der Hauptlaut für diese Person. Im Plural hat die Mad. Sprache zum Pron. 1. Pers., ebenso wie im Besitzpron. der 3. sing., eine Form mit dem Nasenlaut: *naie* (*Ann. p.* 101.), *anay* (Luc. 9, 49.), *nay* (Luc. 11, 4.), doch nur wenn das Pron. als regiert in Casu obliquo steht. Es erinnert dies an das Sanskrit-Pron., in welchem die 1. Pers. plur. auch nur in diesen Fällen ein *n* (*na*) annimmt.

Es ist sonderbar, dafs die Unterscheidung der ein- und ausschliefsenden Form im Pron. der 1. Pers. plur. der Mad. Sprache fehlt, da die Mal.,

---

([1]) Rémusat. *Gramm. Chin. p.* 99. nr. 262.

Tag. und Polynes. sie besitzen. Doch beruht dies auf Gewohnheiten, die sehr leicht auch in Sprachen desselben Stammes verschieden sein können. In diesem doppelten Plural liegt im Mal. eigentlich der Dualis, da die Pronominal-Formen der 1. Pers. eigentlich immer nur von zweien verstanden werden, und, um eine weitere Ausdehnung zu erhalten, das Wort *ōrang*, Menschen, nach sich nehmen müssen. Im Tag. verhält es sich auf ähnliche Weise. Die Polynes. Sprache bildet den, in ihr beständig unterschiednen Dualis ganz einfach durch Hinzufügung der Zahl zwei. Die Tong. deutet den Plur. durch die Zahl drei an; und wenn diese Zahlen fehlen, bleibt es unbestimmt, ob von zweien oder mehreren die Rede ist. Die Tahitische und Neu-Seel. (¹) bezeichnen nur den Dualis mit der Zahl, und brauchen für den Plural eine Endung, in der auch ursprünglich keine zu liegen scheint. Auf diese Weise ist der Polynesische Dualis, der Lautbildung nach, nicht sowohl ein eigner grammatischer Typus, als eine Zusammensetzung des Pronomens mit der Zahl zwei, die gelegentlich entstanden sein kann, und dann zur Gewohnheit geworden ist. Es wird dadurch noch begreiflicher, wie nur diese Sprachen aus dem ganzen Malayischen Stamm zu einem durchgängigen Dualis des Pronomens gekommen sind.

§. 8.

In den Zahlwörtern findet sich bei allen verglichenen Sprachen eine nur von wenigen Ausnahmen unterbrochene Gleichförmigkeit. In den Zahlen 2, 3, 4, 5, 6, 10 ist sie, bis auf leicht zu erklärende Dialektverschiedenheiten, vollkommen. In 7, 8, 9 haben die Tag., Mad. und Polynes. Sprache verwandte Ausdrücke, die Mal. aber *tūjuh*, *delāpan* (auch *dūlāpan* und *salāpan*), *sambīlan*. Das letztere bedeutet nach Crawfurd (*Archip.* I. 207.) eins weggenommen, nämlich von zehn. Crawfurd leitet das Wort also von *ambel*, nehmen, und *sa*, eins, ab, und dies scheint ganz richtig, da das Suffixum *an*, welches aus dem Verbum ein Nomen macht, das kurze *e* des Verbums in ein langes *i* verwandelt. Hiernach schiene nun die erste Sylbe von *salāpan* auch eins, und die erste von *dūlāpan* zwei (von *dūa*) zu bedeuten. Für *lāpan* finde ich im Mal. keine Ableitung, wohl aber im Mad. *ma-lafa*, nehmen (Chall.), wohl verwandt mit dem Tag.

(¹) [Ebenso die Haw. Sprache. B.]

lapac, ausrenken. Im Javanischen Sunda- oder Gebirgsdialekt bedeutet nun wirklich *dalapan* (zwei genommen) 8, *salapan* (eins genommen) 9, und dies kann, da Raffles (*hist. of Java.* II. *App. p.* CXXVIII.) und Crawfurd *l. c.* I. 205. 206.) es beide, jeder aus eignen Quellen, anführen, kein Irrthum sein. Raffles hat nur *selapan* statt *salapan*. Dafs im Mal. beide Wörter blofs Synonyma von 8 sind, beweist, dafs, auch in nahe verwandten Dialekten, verkannte Etymologie den Wörtern im Gebrauch irrige Bedeutungen geben kann. Zur Bezeichnung der Einheit haben fast alle diese Sprachen eigenthümliche Ausdrücke, die Mad., neben *issa*, noch *rec*, das wohl mit dem Pron. 3. Pers. zusammenhängt, die Polynes. *tahi*; nur in der Mal. und Tag. finde ich blofs *sa* und *ysa*, die mit der gleichlautenden, auch im Sanskrit vorhandenen Partikel in Verbindung stehen. Das Sanskrit. *tri* ist im Tah. *toru*, Neu-Seel. *todu*, Tong. *tolu*, Mad. *télou*, selbst noch im Tag. *tatlò*, wo *ta* wohl nur ein Vorschlag ist, kenntlich. Nur das Mal. *tīga* weicht allein bedeutend ab. In 100 entfernt sich das Mad. *zatou* doch zu wenig vom Mal. *rātus*, als dafs man dabei an eine andre Verwandtschaft mit dem Sanskr. *śata* denken könnte, als die auch dem Mal. Wort zum Grunde liegen möchte. Das Tag. *daan* scheint ein ganz andres Wort zu sein. In 1000 geht das Polynes. *mano* vom Mal. *rību* und dessen Tag. und Mad. Lautverwandten ab. Allein auch im Polynes. bedeutet *mano* nur im Tah. und Neu-Seel. 1000, im Tong. ist es 10,000. Für 1000 hat die Sprache *afe*. Diese, sich aber wohl nur bei hohen Zahlen zeigende Erscheinung, dafs dasselbe Wort in stammverwandten Sprachen verschiedene Zahlen bezeichnet, kehrt im Tag. *yòta* wieder, das in dieser Sprache 100,000, im Mal. aber 1,000,000 bezeichnet (1). Man sieht aus den hier angestellten Vergleichungen, dafs mehrere Ausdrücke für dieselbe Zahl in diesem Sprachstamm, ja zum Theil in derselben Sprache im Schwange gewesen sind, von welchen dann der Gebrauch einen bestimmten fixirt hat. In Tahitischen Übersetzungen aus der Bibel (Joh. 6, 9. 10. 13.) kommen für 2 und 5 zwei Synonyma, *piti* und *pae*, vor. In der Sprache der Insel Bali ist für 8 ein sonst in keiner dieser Sprachen sich findendes Wort, *kutus*.

---

(1) [*Yuta* bedeutet im Jav. auch eine Million, das Sanskr. अयुत, *ayuta*, 10,000, नियुत, *niyuta*, Million; das Sanskr. लक्षा, *lakshâ*, ist 100,000, *laksa* im Jav. und Mal. aber 10,000; s. oben S. 51. B.]

Das Denar-System ist im ganzen Malayischen Sprachstamm, wie wir ihn jetzt kennen, allgemein. Crawfurd macht aber (a. a. O.) sehr scharfsinnig auf Spuren des quaternaren, quinaren und senaren in der Bedeutung einzelner Wörter einiger Sprachen aufmerksam, so dafs zwar alle diese Systeme zuletzt in das denare übergegangen sind, aber in diesem Ausdrücke hinterlassen haben, die nur in ihnen eigentlich Sinn hatten. Den von Crawfurd angeführten Beispielen kann ich aus der Madecassischen ein seine Bemerkung bestätigendes beifügen. Wie in dem Sunda-Dialekt *ganap*, 6, durch seine Bedeutung geendet, vollständig (*meñgganap*, Mal. endigen) das Senar-System verräth, so liefert das Mad. *effat*, 4, da *effa* (Chall. *fin, qui est fini, voilà la fin*) dasselbe bedeutet, den Beweis für das ehemalige Dasein des quaternaren. Da aber der Grundlaut von *effat* dem Zahlwort 4 in den hauptsächlichsten Mal. Sprachen gemeinschaftlich ist, so mufs das quaternare System durch alle diese gegangen sein, insofern nicht ein Übergang der Zahl ohne ihre Bedeutsamkeit angenommen wird. Indefs bleibt es freilich noch zweifelhaft, ob der Vocal vor dem Lippenlaut in diesen Zahlwörtern stammhaft, oder der Consonant der Stamm- und Anfangsbuchstabe ist. Auf das erste führen die Ausdrücke der verwandten Sprachen *effat* (Mad.), *epat* (Biajuk), *apa* (Bugis), *apat* (Tag. und Magindanao), *opat* (Sunda). In diesem Fall nun entspricht dem *effa*, Ende, das gleichbedeutende Mal. *ābts*. Es fragt sich nun, ob die übrigen consonantisch anlautenden Wörter des Sprachstamms für 4, *pa* (Lampung), *fa* (Tong.), *papat* (auf Bali und Java), *ampat* (Mal.), derselben Wurzel angehören? Sie haben höchst wahrscheinlich nur den anlautenden Vocal aus verderbter Aussprache abgeworfen, so dafs die Frage zu bejahen ist. Dafs wirklich die Formen mit und ohne Anfangsvocal dieselben sind, zeigt die Tag. Sprache, in welcher der Begriff des Mad. *effa* durch beide, nämlich durch *abar, ibos, obos* mit Anfangsvocal, und durch *pahit* mit Anfangsconsonanten, ausgedrückt wird. Man könnte aber auch, wie hier die Herleitung von *effa* aus gemacht ist, so dieselbe von dem Tong. *fa* aus anstellen. Dies heifst viel, übermäfsig, und auch so würde die Zahl ein Beweis des quaternaren Systems bleiben. Denn es ist bekannt, dafs in vielen Sprachen der Begriff oder das Bild einer unbestimmten Menge zur Bezeichnung der Zahl genommen wird, die man als den Endpunkt des Systems, als diejenige ansieht, über die man nicht hinausgehen will.

Es ist auffallend, dafs in den Chinesischen Zahlwörtern auch nicht ein einziger Vergleichungspunkt mit den Malayischen liegt, das einzige *pă* ausgenommen, welches 8, mithin ein Vielfaches von 4, bedeutet. Dafs die Chinesischen Sprachforscher bei *pă* an ein Vielfaches gedacht haben, beweist wenigstens der Umstand, dafs sie das Zahlzeichen als Schlüssel der doppelten Dinge angenommen haben, zu dem sie auch 6 (2×3) rechnen. Die zugleich in *pă* liegende Bedeutung ist die des Theilens, Zerreifsens, so dafs es wohl nicht unwahrscheinlich ist, dafs die 8, wie im Malayischen die 4, eine Rolle im Chinesischen Zahlensystem gespielt hat. Nicht zu übersehen ist auch, dafs, entsprechend dem im Chinesischen Wort liegenden Begriff, im Tag. *pa* noch einmal soviel bedeutet, so dafs das Wort, je nachdem man den Vergleichungspunkt annimmt, mehr als Eine Zahl bezeichnen könnte.

[Es scheint mir nicht unwichtig, die Zahlwörter der neun hier hauptsächlich verglichenen Sprachen in einer Tabelle zusammenzustellen. Diese Wörter sind immer bei der Wortvergleichung zwischen Sprachen vorzüglich berücksichtigt und von Reisenden aufgezeichnet worden, und sind oft, neben wenigen anderer Redetheile, das Einzige, was uns von einer bekannt ist. Ich werde deshalb auch an diese Tafel im Anhange eine zweite, welche die Zahlwörter anderer, weniger bekannter Sprachen dieser Meere enthalten soll, anknüpfen. Nach des Verf. Vorgange, beschränke ich mich auf die Einer und die Zahlen hundert und tausend, obgleich die Bildung und Zusammensetzung der dazwischen liegenden einen zweiten, und oft entscheidenderen Punkt der Prüfung der Stammverwandtschaft ausmacht. Er ist aber mehr grammatischer Natur, und gehört schon aus diesem Grunde zum gröfsten Theil nicht an diese Stelle der Untersuchung des blofsen Wortvorrathes.

Das Kawi fällt hier ganz aus, da seine Zahlwörter geradezu die des Sanskrits sind. Das Javanische hat in den Zahlen 1, 2, 3, 4, 5 und 10 besondere Ausdrücke für die gewöhnliche und die höhere Sprechweise, in den übrigen (6, 7, 8, 9, 100 und 1000) denselben für beide.

	Malayisch.	Javanisch.	Bugis.	l.	
				Ch sch.	Hawaiisch.
1.	*sa-*, *asa* *sūātu* od. *sātu*	*sa-* (Ng. u. Kr.) *sawiji* od. *siji* Kr. *satunggal* od. *satunggil*	*sedi*	*rec*	*kahi*
2.	*dūa*	*loro* od. *ro* Kr. *kalih*	*duwa*	*roui*	*lua*
3.	*tīga*	*telu* Kr. *tiga*	*tölu*	*telou*	*kolu*
4.	*ampat*	*papat* od. *pat* Kr. *sakawan*	*öpak*	*effat*	*ha* (*kauna*)
5.	*līma*	*lima* Kr. *gangsal*	*lima*	*dimi*	*lima*
6.	*anam*	*nem* od. *nenem*	*önöng*	*enine*	*ono*
7.	*tūjuh*	*pitu*	*pitu*	*fitou*	*hiku*
8.	*salāpan* *dūlāpan* u. *de-lāpan*	*wolu* (u. *walu*)	*aruwa*	*valou*	*walu*
9.	*sambīlan*	*sanga*	*asera*	*sivi*	*iwa*
10.	*sa-pūluh*	*sa-puluh* Kr. *sa-dhasa* (दशन्)	*sö-pulo*	*foulo*	*umi*
100.	*sa-rātus*	*s-atus* (*hatus*)	*si-ratu*	*zatou* *haneri*, *hundred*)	*haneri* (s. d. Tah.) (*lau*, 400)
1000.	*sa-rību*	*s-ēwu* (*hēwu*)	*si-söbu*	*arivo* ch *tau-* das Engl.)	*tausani* (s. d. Tah.) (*mano*, 4000)

Ich erlaube mir noch einige Bemerkungen über diese Zahlen.

In einigen Jav. und Tag. Zahlwörtern ist eine Verdopplung der ersten Sylbe bemerkbar. Das Tag. *dalua*, 2, scheint mir aus *dua* oder *lua* verdoppelt; die Verdopplung hat einen anderen Consonanten, als die ursprüngliche Sylbe, aber einen eng mit diesem verwandten. In *dalaua* ist das zweite *a* räthselhaft; ich werde unten bei der Betrachtung der einzelnen Zahlen darauf zurückkommen. Die Verdopplung im Tag. *tatlò*, 3, hat schon Wilh. v. Humboldt oben (S. 262.) angemerkt. Im Javanischen kommen die einfachen und die verdoppelten Formen zugleich vor, *ro* und *loro*, wo die Verdopplungssylbe, wie im Tag., nicht denselben, sondern einen verwandten Consonanten gebraucht, für 2, *pat* und *papat* für 4, *nem* und *nenem* für 6. Von der verdoppelten Form wird nur Gebrauch gemacht, wo das Zahlwort nach dem Subst. steht (*wong loro*, zwei Menschen); in allen übrigen Fällen wird die einfache gebraucht: *patang dhina*, zwei Tage, *rong pikul*, zwei Pikuls (ein Maafs), *rong puluh* 20, *ro las* 12, *nem blas* 16.

Wie im Mal. und Jav. das Subst. manchmal mit einem vorgesetzten *a*, auch wohl *ĕ*, erscheint (Mal. *nānas* und *anānas*, die Ananas, Mal. und Jav. *mas*, Mal. *amas*, Jav. *hemmas*, Gold), und in mehreren Südsee-Sprachen die Cardinalia regelmäfsig ein präfigirtes oder vorgesetztes *a*, *e* oder *he* gebrauchen ([1]), so tragen auch mehrere Zahlwörter sichtlich solche Vorschläge an sich: *a* das Mal. *asa* 1, Tag. *alaua* 2, und *apat* 4, Bug. *aruwa* 8, und *asera* 9, und das Mad. *arivou* 1000; *e* das Mad. *effat* und Tah. *eha*, 4; *ö* das Bug. *öpak*, 4; *am* (mit Hinzunahme des dem folgenden Consonanten entsprechenden Nasals oder Lippenbuchstaben, wie diese Erscheinung auch beim Mal. und Jav. in andren Redetheilen wiederkehrt) das Mal. *ampat*, 4. Der Gebrauch des Vorschlages in der Zahl 4 ist so häufig, dafs schon Wilh. v. Humboldt oben (S. 263.) die Meinung aufgestellt hat, der Vorschlag möchte bei diesem Zahlworte stammhaft, und in den Sprachen, welche ihn nicht haben, nur abgeworfen sein. Dies ist ganz bestimmt bei der Zahl 6 der Fall, wo er nur dem Jav. fehlt.

([1]) *a* findet sich so im Tah. und Haw., *e* in denselben Sprachen und im Tong., *he* im Tong. und Haw. Im Neu-Seel. lautet der Vorsatz *ka*. S. hierüber den 4. Abschnitt dieses Buches.

Rr

Mehrere Zahlwörter haben das Präfix der Einheit vor sich, Mal. und Jav. *sa*, Bug. *si* und *sö*. Sie werden dadurch zu Substantiven und zu Zahlclassen gestempelt. Dies sind im Jav. das vornehme Wort für 4, *sakawan*, 10 im Mal. (*sapūluh*), Jav. (Ng. *sapuluh*, Kr. *sadhasa*) und Bugis (*söpulo*), 100 im Mal. (*sarātus*), Jav. (*satus*), Bugis (*siratu*), doch wohl nicht im Mad. (*zatou*); 1000 im Mal. (*sarību*), Jav. (*sĕwu*) und Bugis (*sisöbu*). Die hierdurch gebildeten Zahlclassen gehören dem Denar-Systeme an, nur das Jav. *sakawan* ist ein Beweis für das oben vom Verf. erwähnte Quaternar-System. Im Jav. finde ich kein Subst. *kawan*, aber das Mal. *kāwan* bedeutet: Gefährte, Genosse, 2) Heerde, Trupp, Bande. Hr. v. Chamisso erwähnt in seiner Schrift über die Hawaiische Sprache eines volksthümlichen auf der Grundzahl 4 basirten Denarsystems auf den Sandwich-Inseln, welches durch die Europäische Arithmethik der Missionare verdrängt worden zu sein scheine. Die Zahlclassen sind nach seiner Angabe: *kauna* 4 (welches vielleicht das Jav. *kawan* selbst sein könnte), *kanaha* 40 (dieselbe Zahl gilt auch in dem Zahlsysteme der Missionare), *lau* 400, *mano* 4000, *kini* 40,000, *lehu* 400,000. Die Zahlen *lau* und *mano* sind um so beweisender für dieses Zahlsystem, als die erstere Form in den anderen Sprachen 100, *mano* im N. Seel. und Tah. 1000 bedeutet. Eine Verwirrung des Begriffs in den höheren Zahlen ist bei diesen Völkern sehr natürlich, wie sich davon schon (s. oben S. 262.) im Mal. und Jav. Beispiele finden, und wie *mano* selbst ein solches im Tong. darbietet, wo es 10,000 bezeichnet (1). Im Jav. giebt es auch eine Spur des denarischen Weiterzählens von

(1) Ich nehme eine Erzählung Mariner's (*Tonga Islands.* II. *p.* 370-371.) auf über den boshaften Scherz, den die Tonga-Bewohner sich mit Labillardière erlaubt haben, als er sie nach hohen Zahlen fragte, einestheils weil er unterhaltend genug ist, und andrentheils, weil ähnliche Abentheuerlichkeiten in manchen, uns sehr ernsthaft mitgetheilten Wortsammlungen wilder Völker enthalten sein mögen, wie denn meine eigne Erfahrung bei den Eingebornen des Spanischen Amerika's mich gelehrt hat, daſs solche Nationen sehr geneigt sind, mit dem Reisenden, welcher sie nach Wörtern in ihrer Sprache fragt, Scherz zu treiben, und daſs ihnen dieses Beginnen um so lächerlicher vorkommt, je systematischer es betrieben wird. Bis 1000 blieben sie ehrlich; *kilou afey*, 10,000, muſs einen Irrthum enthalten, da *kilou* unbekannt ist; *mano*, das Labillardière 100,000 übersetzt, bedeutet 10,000. Für Million gaben ihm die Tonga-Bewohner das Wort *panu* an, welches Mariner nicht kennt, für 10 Millionen *laoualé*, nach Mariner *lōúle*, πόσθη, ἀκροβυστία (vielleicht ist es aber das folgende *lau*, welches ich im Wörterbuche entblättern, abschälen übersetzt finde, und

4 aus; *samas* ist nach Crawfurd's handschriftlicher Grammatik ein besonderes Wort für 400 (statt des gewöhnlichen *patang ngatus*, Kr. *kawan natus*), und *dō mas* nach ihr und nach Brückner für 800. *Mas* bedeutet Gold, und ist im Mal. ein Goldgewicht und eine Münze, woraus das Englische *mace* entstanden ist ([1]).

---

wale, verrückt, beides zusammen also ein ähnlicher Ausdruck, als *lau noa*; *ali* bedeutet kahl, und Mariner setzt hinzu: *a term applied only to the parts of generation*; *lŏŭle* ist von *ule*, φαλλός, abgeleitet; der erste Theil des Wortes ist mir ungewifs), für 100 Millionen *laounoua*, nach Mar. *lau noa*, Unsinn (*noa* ist: vergeblich, nutzlos, *ill-directed*, verstandlos), für 1000 Millionen *liagui*, Mar. *liagi*, ein Spiel mit den Händen, weil er sie wahrscheinlich viel bewegte, um sich verständlich zu machen. Für 10,000 Millionen gaben sie ihm den Ausdruck *tolo*, für 100,000 Millionen *tafé*. Mariner scheint alle diese Sachen aus der Erinnerung zu schreiben, und behauptet, dafs ihm für die eine Zahl 10,000 Millionen *tolo tafai* angegeben worden wäre, welches er in *tole ho fâē*, τὸ αἰδοῖον τῆς σου μητρός, umwandelt (*ho*, dein, *fâē*, Mutter); dies scheint eine Ungerechtigkeit zu sein; *tolo* ist der Name eines Spieles, *tolo-afi*: Feuer durch Zusammenreibung zweier Hölzer anmachen, *tafe*, fliefsen; man kann noch an *afe*, 1000, denken. Für Billion wurde ihm angegeben *lingha*, Mar. *linga*, φαλλός (merkwürdiger Weise das Sanskr. लिङ्ग, *lingam*), für 10 Billionen *nava*, *glans virilis*, für 100 Billionen *kaïmaau*, nach Mar. *kei ma au*, welche Worte bedeuten, dafs er die eben genannten Dinge aufessen soll (*kei*, essen, *ma*, für, *au*, du). Für 1000 Billionen giebt er *tolomaguitangha kaïmaau*, und für eine unendlich grofse Zahl *oki*; beide Ausdrücke erwähnt Mariner nicht mehr, und ihr, sonst ziemlich verständlicher Sinn scheint in dieselbe Kategorie mit den vorhergehenden zu gehören. Ich habe seine einzelnen Ungenauigkeiten aus Labillardière's Reise berichtigt und das von ihm Übergangene ergänzt, und der Leser kann sich von der Wirklichkeit dieser wunderbaren Wortsammlung, deren oft unangenehme Deutung ich leider nicht weiter habe umgehen können, durch eigne Ansicht überzeugen (Labillardière, *relation du voyage à la recherche de* La Pérouse, *fait par ordre de l'assemblée constituante. T.* 2. *Vocabulaires. p.*50.).

([1]) Die Mexicanische Sprache zeigt, wie andere Amerikanische, ein Vicesimal-System. Sie beginnt aber mit einem quinaren. 5 heifst *macuilli*, 10 *matlactli* (in diesen zwei Wörtern erkennt man vorn im *ma* das Wort Hand, *ma-itl*), 15 *caxtulli*. Die Zahlen zwischen diesen Ordnungen werden durch Zusatz von 1 bis 4 (*ce* 1, *ome* 2, *yei* oder *ei* 3, *nahui* 4) gebildet, z. B. *matlactli-om-ei* 13 (*om* deutet hier die Verbindung an); doch erscheint in dieser Zusammensetzung für 5 *chicu*, statt *macuilli*, welches nur allein vorkommt: *chicunahui* 9. Erst von 20 an beginnt das Vicesimal-System: 20 *pohualli* (eig. ein Gezähltes), 400 *tzontli* (eig. Haar), 8000 *xiquipilli* (ein Beutel, weil darin so viele Cacaobohnen enthalten sind). Vor diese Classenwörter werden die Zahlen von 1-19 (die Einer des Mex. Systems) als Vielfaches gesetzt: *cempohualli* 20, *ompohualli* 40, *macuilpohualli* 100, *chiquacempohualli* 120, *caxtulpohualli* 300. Statt *pohualli* gebraucht man aber, wenn Matten, Decken, Häute, Papier, Tortillas (Maiskuchen) gezählt werden, *ipilli*, und für Decken auch *quimilli* (Bündel).

Ich glaube nicht, dafs das Mad. *zatou*, 100, wirklich den Vorschlag der Einheit enthält; es ist zu auffallend, dafs von diesem *sa* sonst im Mad. keine Spur ist und dafs das *za* bei dem Vielfachen stehen bleibt. Es könnte daher das *z* wohl, wie in *zanac*, Kind (s. die vergl. Wortafel nr. 25.), ein Lautzuwachs sein. In den anderen drei Sprachen weicht das *sa* dem Vorsatze des Vielfachen: 20 Mal. *dūa pūluh*, Jav. *rong puluh*, Kr. *kalih dhasa*, Bugis *duwa pulo*, 300 Mal. *tīga rātus*, Jav. *telung ngatus*, Kr. *tigang ngatus*; Mal. *sambīlan rību* 9000, Jav. Kr. *kalih hĕwu* 2000, und selbst im Jav. *sakawan*, 4, welches nicht in diesen Fall kommen kann, wenn es als Vielfaches vor eine Zahlclasse tritt: *kawan dhasa*, Kr. 40.

Das Ergebnifs der Vergleichung der neun Sprachen in diesen Zahlwörtern ist für die behauptete Stammverwandtschaft, und noch besonders für den Zusammenhang der Südsee-Sprachen mit den westlichen, ein äufserst günstiges. Der Fälle sind verhältnifsmäfsig sehr wenige, wo eine Sprache sich in einer Zahl ganz ausscheidet. Der wichtigste ist das übereinstimmende Abgehen der vier Polynesischen Sprachen in der Zahl 1, welches in dieser Zahl, wo auch das Mad. die besondere Form *rec* hat, sehr natürlich ist; vielleicht gelingt es aber späteren Untersuchungen, auch hier einen Zusammenhang etymologisch aufzufinden. Ebenso scheiden sich die vier Sprachen in dem Ausdrucke für 1000 aus.

Ich wende mich nach diesen allgemeinen Bemerkungen zu den einzelnen Zahlen. Von 1 habe ich nur noch anzuführen, dafs die Malayischen Sprachen im engeren Sinne dafür den schon oben ausführlich erörterten Ausdruck *sa* haben. Er wird im Mal., Jav. und Tag. (hier als *sang*) dem gezählten Subst. präfigirt, und vertritt in den ersten beiden Sprachen ebensowohl den unbestimmten Artikel (ein ohne Nachdruck), als das Zahlwort (ein mit Nachdruck); im Mad. ist er ein selbstständiges Wort mit dem Vorschlag *i* (*isa*), ebenso auch im Tag. *ysa*, wie denn auch dies *i* vor *rec* im Mad. tritt (*iraiche* bei Flac.); das Mal. hat ihn auch selbstständig mit dem oben betrachteten Vorschlag *a* (*asa*). In den Sprachen, welche das Präfix und das selbstständige Wort neben einander besitzen (der Mal. und Tag.), dient das letztere zum Gebrauche ohne Substantivum; Mal. *dūa pūluh asa* 21, Tag. *ysa yeri, uno es este* (de los Santos. *v. unó*). Die Mal. und Jav. Sprache verbindet mit dem Präfix *sa* aber nicht nur das gezählte Subst.

selbst, sondern auch allgemeine Substantiva, welche nach der Beschaffenheit der gezählten Gegenstände verschieden sind und auch mit allen anderen Zahlen gebraucht werden. Diese Eigenthümlichkeit hat Wilh. v. Humboldt bereits in der Einleitung zu dieser Schrift (S. ccccxxix.) erörtert, und daselbst die Chinesische, Barmanische, Siamesische und Mexicanische Sprache als diejenigen genannt, in denen sie vorzüglich in Anwendung kommt. Im Mal. führt Marsden's Grammatik eine ziemliche Anzahl solcher Substantiva an, welche ich noch durch einige zu vermehren Gelegenheit gefunden habe; im Jav. stehn mir wenigere zu Gebote, da die Grammatiker (Brückner und Cornets de Groot) nicht lange bei dem Gegenstande verweilen und ich noch nicht die Zeit gehabt habe, wie ich es beim Malayischen gethan, das Lexicon zu grammatischen Sammlungen durchzulesen. Das allgemeine Zahlsubstantivum steht in beiden Sprachen nach dem Zahlworte, so wie es bei der Einheit dem *sa* angehängt wird; das gezählte Substantivum geht diesem Ausdrucke bald voraus, bald steht es ihm nach. Auch mit diesen allgemeinen Subst. drückt *sa* in beiden Sprachen zugleich den Einheits-Artikel aus. In der Malayischen Sprache habe ich folgende Zahlsubstantiva beobachtet:

ōrang (Mensch), für Personen: *ōrang s'ōrang*, eine Person, *laki-lāki dūa ōrang*, 2 Männer, *perampūan tīga ōrang*, 3 Frauen. *Sōrang* bedeutet auch allein, ebenso wie *sōrang dīrī* (*dīrī*, selbst) und *dangan* (mit) *sōrang dīrī*: *berjālan sōrang*, allein gehn, *tīāda hārus pergi-pergīan perampūan sōrang dīrī*, es pafst sich nicht, dafs ein Frauenzimmer allein geht; es steht auch allein für einer: *sōrang īni sāja*, dieser Eine. *Sōrang pūn tīāda* (mit folgendem Verbum) ist niemand, *sōrang sātu* (zwei Zahlsubstantiva zusammen, jedes mit *sa*) und *sasōrang* (mit reduplicirtem *sa*), auch das blofse *sōrang*, jeder.

īkur (Schwanz), für Thiere: *kūda līma īkur*, 5 Pferde, *āyam sābōng ampat īkur*, 4 Streithähne;

bātu (Stein): *gīgī sabātu*, ein Zahn. Merkwürdig ist, dafs das Wort selbst eines anderen Zahlsubst. bedarf: *bātu dūa bīji* oder *dūa bīji bātu*, 2 Steine;

bīji bedeutet: Saame, Saamenkorn (s. vergl. Worttafel nr. 108.), und ich finde damit auch Eier und Augen gezählt;

būah (Frucht) hilft Früchte, Edelsteine, Häuser, Städte, Schiffe, Berge,

Brote zählen: *pīsang līma būah*, 5 Bananen, *negrī sabūah* oder *sabūah negrī*, eine Stadt, *tīga būah prāu*, 3 Schiffe;

lei, für Blätter, Haare, Kleider; das Beispiel *kartas salei*, ein Bogen oder Blatt Papier, ist dem Deutschen gleich, da wir auch ein Subst. zu Hülfe nehmen müssen;

bīlah, für Bretter, Schwerdter, Dolche, Messer; ferner: *kūlak dūa bīlah*, 2 Gallonen (ein Maafs für Flüssigkeiten);

keping (platt, 2) eine kleine Kupfermünze), für Schwerdter, Bretter, Tuch, Papier;

bātang (Stamm): *kāyu sabātang* oder *sabātang kāyu*, ein Baum, ein Stück Bauholz, *pūhn dūa bātang*, 2 Bäume, *sabātang būluh*, ein Rohr;

pūchuk (ein junger Pflanzenschufs), für Elephantenzähne, Flinten, Kanonen; ferner: *sūrat sapūchuk*, ein Billet;

bantok (krumm, 2) Krümmung, Beugung), für Ringe;

rāwan (*a bunch of fruit, a head of corn, a set of buttons*), für Fischnetze;

pātah (Zug, Zeichnung): *kāta sapātah* oder *sapātah kāta*, ein Wort.

Die Javanischen Wörter sind:

lembar für lange und breite Gegenstände: *gadong salembar*, ein Blatt;

ler (gerade, 2) *line, fibre, shred*, Crawf. *Voc.*, das obige *lei* des Mal.) für blofs lange: *rambut saler*, ein Haar (Mal. *rambut salei*);

hiji, nur eine andere Form des sogleich zu erörternden *wiji*; *pirang hiji roti hana hing sira*, wie viele Brote habt ihr? Antwort: *kathahhipun hamung gangsal hiji saha kalih hiji hulam toya*, es sind ihrer (eig. ihre Anzahl ist) nur fünf, und zwei Fische (Ev. Marci. 6, 38.); *hamendet roti limang hiji lan hiwak rong hiji hiku mahu*, er nahm die 5 Brote und die 2 Fische (*ib.* 6, 41.), und gleich darauf, mit vorangestelltem Zahlausdruck: *rong hiji hiwak hiku*, die 2 Fische.

Ich habe diesen grammatischen Punkt wegen des Folgenden erwähnen müssen, und bin nur deshalb ausführlich über ihn gewesen, weil er zur

Vergleichung mit dem Mexicanischen [1] und den anderen oben genannten Sprachen wichtig ist und ich in dieser Schrift keine Gelegenheit mehr finden werde, auf ihn zurückzukommen.

Die Grammatiker führen nun im Mal. *sūātu* oder *sātu*, im Jav. für die gewöhnliche Sprechweise *sawiji* oder *siji*, für die vornehme *satunggal* oder *satunggil* als wirkliche, einfache Zahlwörter auf. Es springt aber nach der obigen ausführlichen Betrachtung der allgemeinen Zahlsubstantiva in die Augen, dafs sie, wenigstens die zwei ersten, nur solche Substantiva mit dem Einheits-Präfix *sa* sind. Das Mal. *sūātu* ist unläugbar aus *sabātu*, eig. ein Stein, ein Stück, entstanden; es scheint aber noch niemand auf diese Etymologie gefallen zu sein; *sātu* ist daraus abgekürzt. *Bātu* habe ich schon oben als ein Zahlsubst. angeführt, und es fällt nur auf, dafs dort die regelmäfsige Form *sabātu* vorkommt. Man kann annehmen, dafs die Ableitung von *bātu* und das Gefühl, dafs das Wort ein Subst. enthält, bei dem Volke verloren gegangen ist. Dies zeigt sich auch darin, dafs die contrahirte Form einen weiteren Gebrauch angenommen hat, als bei dem Bewufstsein des Subst. möglich gewesen wäre; das Subst. blieb nun, aufserhalb dieses Kreises, in seiner beschränkten Anwendung. Aus diesem unbeschränkten Gebrauche, der das Mal. und Jav. Wort wirklich zu einem blofsen Numerale macht, sieht man nun auch, dafs die Grammatiker sie mit Recht als solche aufführen. Das Jav. *sawiji*, *siji* unterscheidet sich jedoch von dem Mal. *sūātu*, *sātu* dadurch, dafs in ihm das Gefühl des Subst. nicht

---

(1) Die Mexicanische Sprache bedient sich besonders folgender allgemeiner Zahlsubstantive:

tetl (Stein), für runde oder cylinderförmige Gegenstände, als da sind: Eier, Bohnen, Cacao, Kirschen, *tunas* (die Frucht der Nopalpflanze), Obst, Kürbisse, Melonen, Rüben, *xicamas* (eine Wurzel), *tamales* (gekochte Maisähren), Spanisches Weifsbrot, Küchengefäfse; aufserdem für Bücher und Hühner; z. B. *centetl* 1, *nauhtetl* 4.

pantli (von der Präpos. *pan* abgeleitet), für lange Reihen von Personen oder Dingen, von Mauern, Furchen;

tlamantli (von *mana*, auf den Boden hinbreiten), für Schuhe, Teller, Schüsseln, Papier, Maisbehälter, Reden, Predigten;

olotl (die leere Maisähre, ohne die Körner), für Maisähren, Cacao-Schoten, Bananen, für eine gewisse Blumenart (*yeloxochitl*) und eine Art Brot aus Saamen (*tzohualli*) oder Mais (*tlaxcalmimilli*), ferner für steinerne Pfeiler.

völlig verloren gehn konnte und der Gebrauch des Subst. mit dem *sa* und mit anderen Zahlen dem Volke als gleichartig erscheinen mufs. Vielleicht kommt mit diesen auch die Form *wiji* vor, obgleich die Beispiele, welche ich oben habe anführen können, nur *hiji* zeigen. *Siji* enthält diese letztere Form, *sawiji* das von Wilh. v. Humboldt oben S. 69. besprochene *wiji*, wozu noch nr. 108. der Worttafel zu vergleichen ist. Den weiteren Gebrauch des Mal. und Jav. Wortes und den Beweis, dafs die Bedeutung des Subst. dem Bewufstsein entschwunden ist, suche ich darin, dafs 1) diese Wörter auch allein, ohne Subst. und ohne Beziehung auf ein wirklich im Satze stehendes, vorkommen (Mal. *sātupūn tīāda*, es ist nicht einer, es ist nichts, *dūa pūluh sātu*, 21), und 2) dafs sie auch von Personen gebraucht werden, eine Bedeutung, die dem Begriffe Stein, Stück, Korn sehr entgegenläuft. Sie dienen auch als Einheitsartikel (ein ohne Nachdruck): Mal. *adalah sūātu negrī besar*, es ist eine grofse Stadt. Von dem Mal. Worte ist sogar ein Abstractum, mit einem neuen Präfix, abgeleitet: *persūatūan dan kaasūan*, Einheit und Einzelheit oder Individualität (Marsden. *Dict. v. sūātu*). Mit reduplicirtem *sa*, *sasūātu* oder *sesūātu*, bedeutet es jeder: *barang sasūātu*, *any whatever*, *segala sasūātu*, alles, alle Dinge.

Ich habe oben angedeutet, dafs vielleicht das Jav. *satunggal*, *satunggil* von diesen Wörtern verschieden sei. Es fällt mir nämlich auf, dafs ich noch kein Beispiel des Vorkommens von *tunggal* mit einer anderen Zahl gefunden habe. Sollte es wirklich so sein, so könnte man annehmen, dafs das Wort nur Adjectivum, nie Substantivum wäre (¹), und dafs *sa* in dieser Zusammensetzung nicht die Bedeutung der Zahl eins hätte, sondern diese schon in *tunggal* läge, und *sa* nur verstärkend (ganz, zusammen) stände, mithin wieder ein Adjectivum bildete. Für diese adjectivische Bedeutung spricht sehr, dafs in einer, oben S. 69. citirten Stelle des Brata Yuddha *tunggal* allein als Zahlwort vorkommt: *gaja tunggal*, ein Elephant. Keines der oben angeführten Mal. und Jav. Zahlsubstantive könnte des *sa* zum Ausdrucke von eins entbehren. Dieser Annahme widersprechend ist es aber wieder, dafs Cornets und Roorda (s. meine Anm. auf

(¹) Seine Bedeutungen sind oben S. 69. nach den Wörterbüchern und Grammatiken angegeben worden.

S. 69.) das Wort auch Einheit übersetzen. Diese Bedeutung könnten sie jedoch auch blofs von dem Zahlworte abstrahirt haben, und man müfste dafür ein Beispiel wünschen. Das Mal. *tuñggal* ist nur Adjectivum (einzeln, einzig), und nur als Adj. und Adverbium giebt Crawfurd das Jav. *tunggil* an. Auch ganz allgemein betrachtet, ist es nicht sehr wahrscheinlich, dafs man ein Subst. dieser Bedeutung gewählt hätte und z. B. zwei Einheiten, für 2, sagte. Die oben aufgezählten Zahlsubstantiva verfolgen eine ganz andere Idee. Wenn *satunggal* nie vor dem Subst. stände, so würde auch dies seine adjectivische Bedeutung beweisen. Nun finde ich es aber allerdings auch vor demselben, und da einen Genitiv regierend: *satunggalling tiyang*, ein Mensch (Brückner. Gramm.), ebenso wie *sawiji* der gewöhnlichen Sprache: *sawiji-ning wong*. Dies ist ein unumstöfslicher Beweis, dafs es in dieser Stellung ein Subst. ist. Es handelt sich also nur noch um die Beantwortung der Frage, ob die einfache Form mit Vielfachem vorkommt?

In dem *sedi* des Bugis ist vielleicht auch das Präfix mit einem Substantivum verschmolzen.

Die Übereinstimmung aller neun Sprachen unter sich und mit dem Sanskritischen Sprachstamme in der Zahl 2 ist höchst merkwürdig. Es ist zwar nicht die Grundform des Sanskr. Wortes, द्वि, *dwi*, wie sie im Kawi (*dhwi, dhuwi*) und in Sanskr. Ableitungen vorkommt; aber die Declination der Sanskritzahl beruht auf der Form *dwa* im Masc. und Neutr., *dwâ* im Fem., und *dwâ* tritt in der Composition vor andere Zahlen (द्वादशन्, *dwâdaśan*, 12). Im Jav. bestehen *ro* und, verdoppelt, *loro* neben einander; die Form *ro* findet sich auch im Mad. *ropoul*, 20 (Flac.). Das Tag. *dalua, dalaua* enthält auch eine Verdopplung, und *alaua* einen Vorschlag; über letzteren und über die Verdopplung habe ich schon oben (S. 265.) ausführlich gesprochen. Fremdartig bleibt also nur das Jav. *kalih* der vornehmen Sprache, und das Tah. *piti*, welches, so wie *pae* für 5, Wilh. v. Humboldt (oben S. 262.) in der Bibelübersetzung nachgewiesen hat, während die Wortsammlungen das regelmäfsige *rua* und *rima* anführen. Es mufs mit jenen zwei Wörtern eine seltsame Bewandtnifs haben.

Das Jav. *kalih* nöthigt mich zu einer umständlichen etymologischen Auseinandersetzung. Crawfurd's handschriftliche Wörterbücher führen *lih* in der Bedeutung verändern auf. Obgleich man an dem Vorhandensein

Ss.

dieser Form durchaus nicht zweifeln kann, so kommt sie doch wohl kaum im Kawi vor; dagegen ist *halih* und, in der vollständigen Verbalform, *hangalih* oder *ngalih* noch in dem jetzigen Jav., und zwar in der gewöhnlichen Sprechweise, ganz gebräuchlich, und bedeutet: verändern, 2) seinen Wohnsitz verändern, ausziehn, auswandern, das Mal. *alīh* (auch *alī*): verändern, umdrehn, sich verändern, sich wenden, und Tag. *halili* (mit reduplicirter Stammsylbe): *trocar, suceder, substituir*. Von *lih* ist nun, durch das bekannte Suffix *han*, *liyan*, Ng. ein anderer, verschieden, abgeleitet; es findet sich dafür auch *liya*, eine seltsame Form, da ein Suffix *a* in dieser Art nicht vorkommt. Dem Jav. *liyan* entspricht das Mal. *lāīn* und das Tag. *lainlain*; davon kommt das Mal. *lāīnkan*, verändern, und *meleinkan*, welches als nach einer Verneinung (das Engl. *but*), wenn nicht nach einer Frage, sondern u. ä. ausdrückt, und merkwürdiger Weise das Präfix und Suffix eines Verbums hat. *Layyan* ([1]), das ich nur bei Crawfurd finde, heifst und, mit, und gehört vermuthlich dem Kawi an; denselben Sinn hat das Jav. *lawan*; es bedeutet aber noch aufserdem, wie das Mal. *lāwan*: Widerstand leisten, sich widersetzen, kämpfen, Gegner, Nebenbuhler, gegen. *Kalawan*, mit dem Präfix *ka*, heifst im Ngoko: und, mit (sowohl der Gesellschaft, als des Werkzeugs), durch (*instrumenti*), bei (von der Nähe), als (nach dem Comparativ); und alle diese Bedeutungen hat in der gewöhnlichen Sprechweise auch das durch dasselbe Präfix *ka* von dem Zahlworte *ro* abgeleitete *karo*, und in der vornehmen *kaliyan*, *kalayan* und *kalih*; *kalih* bedeutet aufserdem noch zwei und beide, und *karo* beide. Die letzterwähnten zwei Wortreihen, *karo* und *kalawan* auf der einen Seite, und *kalih*, *kaliyan* oder *kalayan* auf der andren, können keinen Zweifel übrig lassen, dafs die Form *lawan* mit Veränderung des *r* in *l* ebenso durch das Suffix *han* von *ro* abgeleitet ist, als *kaliyan* von *lih*, und dafs *ro* und *lih*, wenigstens für das Javanische, zwei einander entsprechende Stämme sind. *Lwan*, bei Crawf. ein anderer, verschieden, liefert durch diese seine Bedeutung einen neuen Beweis ihrer Übereinstimmung. Die Auflösung des *o* in *aw* und des *i* in *ay* (*kalayan*) vor

---

([1]) Das zweite *y* ist durch *pingkal* ausgedrückt, welches auch *w* bedeutet; doch ist die Form *laywan* wenig wahrscheinlich. Die Hinzunahme des zweiten *y* ist wohl nur eine dichterische Freiheit zur Gewinnung einer Länge; vgl. *kalayan* weiter unten.

dem Vocal des Suffixes hat im Kawi und Jav. mannigfache Belege, und ist im Sanskrit ganz gewöhnlich. In dem Mal. *lāīn* und Tag. *la'inlain* sind vielleicht die Vocale des Jav. *liyan* umgestellt; doch ist es auch möglich, dafs eine Einschiebung von *a* nach dem *l* von *lih* vorgegangen ist. Da ich jedoch nichts Ähnliches in diesen Sprachen beobachtet habe, so wage ich diese Bemerkung, welcher ich keine Wahrscheinlichkeit beilege, nur mit Rücksicht auf das Tag. *alaua* und *dalaua* (zwei), verglichen mit *dalua* (1). Das *i* von *lih* (*laih*) wäre dann mit dem Suffix *an* in *īn* (*lāīn*) zusammengezogen. Der regelmäfsige aus *i* und *a* im Jav. und Mal. entstehende Vocal ist freilich *ĕ*, und so ist *lĕn* im Kawi, ein anderer, 2) und, mit, eine Zusammenziehung aus *liyan*. Die Form *lan* der Jav. gewöhnlichen Sprache, und, mit, das Mal. *dan*, ist ebenfalls durch eine Zusammenziehung, die aber keine regelmäfsige ist, aus *lawan* entstanden. Da der Stamm *lih* sich nach dem Obigen auch im Mal. und Tag. findet, und, mit Ausschlufs der Formen mit präfigirtem *ka* und *pa* (2), im Jav. der gewöhnlichen Volkssprache angehört, so ist nicht daran zu denken, dafs *lih* durch absichtliche Vocalveränderung aus *ro* oder *lo* entstanden sei, es ist vielmehr deutlich, dafs die Javanen sich in jenen präfigirten Formen dieser zwei in dem Sprachstamme schon vorhandenen Stämme nach ihrer Weise bedient haben, um Krama und Ngoko zu scheiden. Man darf ferner wohl annehmen, dafs der Begriff von zwei erst auf dieser Gränzscheide in das Jav. *lih* eingeführt ist, so verwandt er auch mit den anderen Bedeutungen der zwei Stämme, ein anderer, verschieden, verändern, widerstehen, Gegner, und, mit, in denen sich die Mal. und Tag., und aufser den Präfixformen die Jav. Sprache bewegt, genannt werden mufs. Der einzige Unterschied zwischen dem *karo* der gewöhnlichen und dem *kalih* der höheren Sprache ist der, dafs die gewöhnliche Sprechweise für zwei das einfache *ro*, die vornehme *kalih*, mit dem Präfix, hat, und dafs *karo* ausschliefslich, *kalih* noch nebenher beide bedeutet. Das Präfix *ka* hat nämlich im Mal. vor den Zahlwörtern, aufserdem dafs es Ordinalia bildet, zusammenschliefsende Kraft: *kadūa*, der zweite, 2) beide, *katīga*, der dritte, *ka-*

(1) Doch könnten diese Formen auch durch Auflösung des *u* in *aw* erklärt werden; das Tag. *u* zwischen Vocalen ist meist für den Consonanten *w* zu nehmen.

(2) Auf das letztere Präfix werde ich sogleich kommen.

Ss 2

tīga ärī, die 3 Tage, alle 3 Tage, *kadūablas mūrīdnia*, seine 12 Jünger (Ev. Matth. 11, 1.). Im Jav. finden sich von diesen Bedeutungen des Präfixes nur vereinzelte Spuren, wenn nicht längere Beobachtung hierin die Grammatiker und Wörterbücher vervollständigt. Einen zweiten Fall der Benutzung von *lih* im Jav. für den Begriff zwei bietet das Präfix *pa* dar: *palih* Kr., *paro* Ng., in zwei Hälften theilen, *sepalih* Kr., *separo* Ng., halb, Hälfte. Das Mal. gleichbedeutende *sapārō* ist darum merkwürdig, weil, mit einziger Ausnahme des Jav. *ro* und der Mad. Form *ropoul*, 20, das Zahlwort in allen hier verglichenen Sprachen des Stammes die Vocale *ua* zeigt.

Die Ähnlichkeit des Zahlwortes 3 mit dem Sanskr. त्रि, *tri*, hat schon der Verf. oben (S. 262.) bemerkt; ich möchte sie aber, besonders im Vergleiche mit der des vorigen, nur eine sehr untergeordnete nennen, welche ebensowohl eine ganz zufällige sein kann. Der Vocal des *t* ist in den westlichen Sprachen *e*, in den Polynesischen *o*; der Endvocal ist immer *u*, nur im Tag. (*tatlò*) *o*. Dieses enthält eine Reduplication (s. oben S. 265.). Weit eher würde man, meiner Meinung nach, das Mal. *tīga*, Jav. vornehme *tiga* mit dem Sanskrit zusammenstellen können, wenn man einmal auf eine Vergleichung ausgeht. Es ist, wie auch Wilh. v. Humboldt annimmt, ein ganz anderes Wort, als das in den übrigen Sprachen herrschende.

Die Formen für 4 beginnen in der Mehrzahl dieser Sprachen mit einem Vocalvorschlag, *a*, *e*, *ö*, *am*, und es mag sein, daſs dieser wesentlich zum Worte gehört und nur in einigen Sprachen weggefallen ist. Man sehe oben S. 263. die Betrachtung des Verf. hierüber, und ferner S. 265., und über das einfache *pat* und verdoppelte *papat* des Jav. S. 265. In den Südsee-Sprachen ist das End-*t* weggefallen. Ein ganz anderes Wort erscheint im Krama des Jav., *sakawan*, und im Haw., *kauna* (neben dem regelmäſsigen *ha*). Über diese zwei Formen habe ich oben (S. 266.) gesprochen.

Die Zahl 5 ist durch das Subst. Hand ausgedrückt (s. die vergl. Worttafel nr. 77., und das oben über die Mexicanischen Zahlwörter 5 und 10 Gesagte). Fremdartig ist nur das Jav. *gangsal*, über welches Wilh. v. Humboldt in der Anm. auf S. 167. gesprochen hat. Ich mache darauf aufmerksam, daſs die Jav. höhere Sprechweise in allen Zahlen sich als abweichend von den im Sprachstamme herrschenden Wörtern erwiesen, dagegen die gewöhnliche bisher immer gerade diese gezeigt hat. Der Tah. Nebenform *pae* habe ich schon oben bei der 2 erwähnt.

Für die Zahl 6 geht ein einziges Wort durch alle Sprachen des Stammes, zweisylbig und mit einem Vocal anlautend; dieser ist im Jav. *nem* weggefallen, über dessen Verdopplung ich oben S. 265. gesprochen habe. In der Tah. Sprache ist merkwürdiger Weise diesem Vocal ein *f* vorgesetzt, womit man das Mad. *henne* vergleichen kann. Der anlautende Vocal ist *a* im Mal. und Tag., *e* im Mad. und Tah., *ö* im Bugis, *o* im Tong., N. Seel. und Haw. Das Schlufs-*m* findet sich nur im Mal., Jav., Mad. und Tag., im Bugis hat es sich schon zum Nasenlaute verflacht, und ist in den eben genannten drei Südsee-Sprachen mit dem vorhergehenden Vocal in *o* übergegangen. Im Tah. und im Mad. *henne* ist es blofs weggefallen.

Ebenso geht, jedoch mit Ausnahme des Mal. *tūjuh*, welches, wie schon der Verf. S. 261. bemerkt hat, sich weder in dieser, noch in einer anderen Bedeutung in den verwandten Sprachen bis jetzt hat entdecken lassen, für 7 Eine Form, und mit den geringsten Abweichungen, durch alle Sprachen.

Gleich beständig ist die 8. Es ist sogar möglich, dafs das *aruwa* des Bugis (s. über das Anfangs-*a* S. 265.) noch dazu gehört, indem man eine Sylbenumstellung, *ru-wa* statt *wa-ru*, annähme. Die stärkste Abweichung ist das *o* der ersten Sylbe im Jav., wo alle andren Sprachen *a* haben. Wirklich schreibt auch Brückner nur *walu*, aber Gericke, Cornets, Roorda, Crawfurd immer *wolu*. Das lange *o* für das *a* der andren Sprachen in der vorletzten Sylbe ist eine Eigenthümlichkeit des Jav., welche aber sonst nur da statt findet, wo die letzte Sylbe mit einem *a* schliefst, und meist auch nur, wenn zwischen beiden Vocalen zwei Consonanten stehn: *tonda*, Mal. und Tag. *tanda*, Zeichen, *wonna*, Sanskr. वनं, *wanam*, Wald. Dieses *o* gehört aber nur der Schrift an, welche dadurch eine Nüance der Aussprache des *a* auszudrücken sich bemüht. Denn dafs der Laut nicht vollkommen der eines langen *o* ist, sieht man daraus, dafs die Wörterbücher ihn ebensowohl mit *a* schreiben (*tanda*, *wana*). Das Mal. Zahlwort scheidet sich allein aus, seine merkwürdige Etymologie hat der Verf. oben (S. 261. 262.) entwickelt.

Die Form für 9 ist in den Polynesischen Sprachen übereinstimmend, und ich glaube auch die Tag. und Mad. damit zusammenschliefsen zu können. Die erstere hat statt des *w* das dem vorhergehenden Vocale gleichartige *y*, die Mad. das *w* des Polynesischen und das *si* des Tag., und weicht nur durch das Schlufs-*i* von allen ab. Für diese Vertauschung des *a* der letzten

Sylbe mit *i* bieten andere Zahlwörter Analogieen dar, die sichersten das Mad. *limi*, *dimi*, 5, und das Tag. *anim*, Mad. *enina*, *enine*, 4; hiermit kann man das Tong. *taha*, 1, gegen das *tahi* der drei übrigen Südsee-Sprachen, wenigstens zu vergleichen versuchen. Von den bisher betrachteten Formen scheidet sich ganz aus das Bugische *asera*, wenn es nicht doch mit dem Tag. *siyam* zusammenzustellen ist, das Jav. *sanga*, und das Mal. *sambīlan*, dessen Bedeutung (eins weggenommen, nämlich von 10) und Etymologie Wilh. v. Humboldt (S. 261.) sehr treffend angegeben hat. Ich würde, mit Rücksicht auf das *s* im Anfange, eine Vermuthung ähnlicher Bedeutung in dem allgemeinen Zahlworte, so wie in dem Jav. *sanga*, wagen, wenn nicht der Vorsatz in jenem *si* lautete ([1]), und das Fragmentarische des zweiten Theiles der Formen nicht jeden Versuch der Ableitung dieses letzteren als mifslich oder willkührlich erscheinen liefse, und wenn nicht solche Äufserungen, deren Beglaubigung meist kaum mehr, sogar in dem Laufe der Jahrhunderte, möglich ist, den, welcher sie thut, in den Verdacht setzten, dafs er eine Partheilichkeit für sie hegte.

In dem Zahlworte 10 tritt der merkwürdige Fall ein, dafs die Hawaiische Sprache sich von den übrigen, welche mit vollkommner Gleichmäfsigkeit sich Einer Wortform anschliefsen, durch den Gebrauch eines ganz anderen Wortes, *umi*, lossagt. Die Jav. vornehme Sprache bedient sich eines Sanskritwortes, das auch dem Kawi angehört. Über das den Zahlen 10, 100 und 1000 im Mal., Jav. und Bugis vorgesetzte Präfix der Einheit habe ich mich schon (s. S. 266. 268.) ausführlich erklärt.

In dem Ausdrucke für 100 weicht allein das Tag. *daan* (s. Wilh. v. Humboldt oben S. 262.) ab. Alle übrigen Sprachen, selbst die Polynesischen, bedienen sich eines übereinstimmenden. Bemerkenswerth ist, dafs in den letzteren (mit Ausnahme des Tong.) das *r* sich hält, während das Jav. hier die sonst diesen Sprachen eigne Weichheit des Zerschmelzens fester Consonanten in *h* annimmt. Das Schlufs-*s* verschwindet schon jenseits des Jav., das *t* zwischen den beiden Sylben aber erst in den Südsee-Sprachen. Über das *z* des Mad. s. oben S. 268. Am meisten reducirt ist die Form im Tong. *Tĕáu* erscheint freilich auf den ersten Anblick als ein ganz verschiedenes Wort; wenn man aber in dem Vielfachen (*ua ngĕáu*, *tolu ngĕáu* u. s. f.)

([1]) Doch erscheint diese Form als eins im Bug. 100 und 1000.

dieselbe Form mit einem anderen Vorsatze wiederkehren sieht, so kann man darin *au*, das gemeinschaftliche Zahlwort mit geschwundenem Anfangsconsonanten, als den wesentlichen Theil nicht verkennen. Das Tong. *ua*, 2, wo die Schwestersprachen ebenfalls den Anfangsconsonanten beibehalten, liefert eine vollständige Analogie für das Wegfallen des *r*. Ich habe im 4. Abschnitte dieses Buches unter den Tong. Partikeln nachgewiesen, dafs *te* der Singular-, *ng* (eigentlich *nga*) der Plural-Artikel ist, und daselbst auch der Schwierigkeit erwähnt, welche das *e* in der Form *ngëáu* macht. Die Tah. und Haw. Sprache haben, beide unnöthiger Weise, da sie ein einheimisches Wort besitzen, für diese Zahlclasse noch aus dem Engl. *haneri*, und die Haw. und N. Seel. für 1000 ebenso *tausani* von den Missionaren angenommen; neben diesem hat die letztere Sprache auch das einheimische Wort.

In dem Ausdrucke für 1000 scheidet sich der Sprachstamm, wie dies bei den Zahlwörtern nur noch in Einem Beispiele, bei der Eins, in anderen Redetheilen und Ausdrücken aber sehr gewöhnlich der Fall ist, in die zwei grofsen Abtheilungen der westlichen oder im engeren Sinne Malayisch zu nennenden, und in die Südsee-Sprachen. In jenem Hauptzweige herrscht das Wort *ribu*, in diesem *mano*. Das *r* des ersteren wird im Jav., wie bei 1000, zu *h*, und im Bugis, wie im Mad. *zatou*, 100, zu *s*. Die Mad. Sprache hat ein *a* präfigirt (s. S. 265.). *Mano* gilt nur in der N. Seel. und Tah. für 1000, in den beiden anderen hat die Höhe des Begriffes zu Abweichungen geführt; denn im Haw. drückt es das Vierfache, im Tong., wo ein eignes Wort, *afe*, für die Zahlclasse erscheint, das Zehnfache davon aus.

Es sei mir schliefslich noch erlaubt, auf das in so vielen zweisylbigen Zahlen (3, 7, 8, 10, 100, 1000) sich in der letzten Sylbe, meist selbst schliefsend, findende *u* (gelegentlich *o*) aufmerksam zu machen. Buschmann.]

§. 9.

Eine noch innigere, und wirklich in der Form der Sprache gegründete Verwandtschaft zeigt es an, wenn gleichlautende Partikeln, deren ursprüngliche Bedeutung längst verloren gegangen ist, in zwei Sprachen auf gleiche Weise gebraucht werden, Wörter bestimmten logischen oder grammatischen Kategorieen anzueignen. Es sind alsdann solchen Sprachen nicht einzelne, in ihrer ganzen, vielleicht nicht einmal erkannten Zusammenfügung aufgenommene Wörter, sondern ganze, auf eine unbestimmte Zahl verwandter und nicht verwandter Wörter anwendbare Bildungsgesetze gemeinschaftlich. Dies nun trifft man im Madecassischen und in den übrigen Sprachen des Malayischen Stammes durchgängig an.

Im Mal. und Tag. (Marsden. *Gramm.* 33. Totanes. nr. 301 - 305.) werden aus Adjectiven und Verben durch Vorsetzung von *ca* und Anfügung von *an* Substantiva gemacht. Ebenso ist das Mad. *han-ompou-an*, Dienst, von *man-ompo*, dienen. *Cabaro*, Neuigkeiten, könnte man zu derselben Bildung rechnen. Es ist aber wohl, wie das Mal. *khabar*, geradezu Arabisch. Dagegen scheint die Substantiva bildende Vorsylbe *ha* (auch blofs *h*, wie *fi* zu *f*, *mi* zu *m* wird) die Mal. und Tag. *ca*, wie *ha-tahere*, Breite, von *ma-tahets*, breit, *h-onengh*, Wohnung, *f-onengh*, Bewohner, *m-onengh*, wohnen.

Das Mad. *fi*, das (*Annal. marit. p.* 97.) gleichfalls Substantiva bildet, ist das Mal. *pe*. *Fi-teia*, Liebe, von *mi-teia*, lieben, *fi-efah*, Friede, *fi-ambou*, Höhe, ist wie das Mal. *pe-sūruh*, ein Bote.

Das Tag. Adjectiv-Praefix *ma*, wie *ma-puti*, weifs, ist auch der Mad. Sprache eigen: *haihai*, Feinheit, *ma-hai*, fein, *ma-tahets*, breit, *ha-tahere*, Breite.

Die Mal. Sprache unterscheidet die transitiven Verba durch die Vorsylbe *men*, mit ihren euphonischen Veränderungen, von den intransitiven, welche *ber* und dessen Lautveränderungen vor sich nehmen, obgleich dieser Unterschied nicht immer festgehalten wird. Im Mad. entsprechen den Mal. *men*, *meng* und *me* die Partikeln *man*, *mangh* und *mi*, sie sind aber nicht alle transitiv. *Mi* bezeichnet, zwar nicht ausschliefslich, aber häufig, Intransitiva. Wie, das Transitive und Intransitive in noch prägnanterem Sinne genommen, im Mal. *bel-ājar* und *meng-ājar*, so heifsen im Mad. *mi-hanats* und *mangh-anats* l e r n e n und l e h r e n. Die Tag. Sprache besitzt auch mit *man* verbundene Verba, ohne dadurch die transitive Eigenschaft zu bezeichnen. Überhaupt steht die Mad. in diesem Theile der Wortbildung der Tag. näher, als der Malayischen. Die befehlenden Verba haben im Tag. (Totanes. nr. 208.) *magpa* (*magpa-sulat*, befehlen zu schreiben), im Mad. *manpangh* zu Vorsylben, *manpangh-aterre*, befehlen zu bringen. Sehr merkwürdig wegen ihrer Verbreitung über entfernte Punkte des Sprachstamms sind die Tag. Verba mit *maca* (Totanes. nr. 190.). Zwei ihrer hauptsächlichsten Bedeutungen sind die des Könnens, *maca-lacar*, gehen können, und des Verursachens, *maca-buhay*, Leben hervorbringen. Gerade diese beiden Bedeutungen vereinigen sich auch im Mad. *maha*; *maha velonne*, leben können (*Annal. marit. p.* 94.), *maha-tserongh*, umgeben (Flac. *v. environner*). Auch bilden beide Sprachen mit diesen Vorsylben die Verbal-Adjectiva, die eine Fähigkeit oder Möglichkeit anzeigen; Tag. *maca-caen*, Eſsbares, Mad. *maha-teia*, liebenswürdig, *maha-fate*, sterblich (Flac. *Cat. p.* 29.). Dasselbe *maca* ist unverkennbar im N. Seel. causativen *waka*, Tong. *fækka*, Tah. *haa* und *faa* (¹). Die Englischen Bibelübersetzer auf Madagascar haben eine der Tah. ganz nahe kommende Form *haha*; *hahamasina*, heiligen (Exod. 20, 8.). Dem Mal. fehlt dies Präfix. Es bildet diese Gattung von Verben, indem es *men* vor- und *ī* nachsetzt; betrunken machen, Mal. *me-mābuk-ī*, Mad. *maha-mamou*. Einen stärkeren Beweis der Stammverwandtschaft können Sprachen nicht geben, als wenn sie, wie hier, den Grundlauten nach gleiche Wörter ganz frei auf eigne Weise grammatisch behandeln, diese Behandlung aber wieder genau mit der einer andren Sprache desselben Stammes übereinkommt.

Die Mad. mit *mi-tan* gebildeten Verba gesellschaftlicher Handlungen, wie *mi-tam-pouli*, zusammen zurückkehren (Flac. *v. retourner*, *Annal. marit. p.* 94.), können von der Mal. Präposition *dangan*, mit, herkommen, die aber sonst nicht im Mad. gefunden wird.

Die Anfügung des Verbal-Präfixums *men* im Mal. und *man* im Tag. bringt Veränderungen in dem Anfangs-*t* und *s* des Wortes hervor, an welches die Anfügung geschieht. Nach Marsden (*p.* 54.) fällt alsdann das *t* hinweg und das *s* verwandelt sich (indem das *men* sein *n* verliert) in *nia*; so wird aus *tōlong*, helfen, *menōlong*, aus *senang*, zufrieden, *meniénang*, zufrieden stellen. Hätte aber Marsden das Tag. zu Rathe gezogen, so hätte er vermuthlich seine Regel anders, und so wie die Tag. Grammatiker gefaſst. Nach diesen verwandelt sich das *t* und *s* in *n*, und das *n* des Präfixums geht verloren; so wird aus *tubùs*, loskaufen, *ma-nubùs*, aus *súlat*, schreiben, *ma-núlat*. Die Sache ist im Mal. für das *t* ebenso, denn Marsden sagt ausdrücklich, daſs das End-*n* der Partikel mit dem Anfangsvocal des Wortes

(¹) [Auch Haw. *haa*. B.]

zusammenschmilzt; man mufs also auch *me-nölong*, nicht *men-ölong* abtheilen. Sie ist aber nicht gleichgültig, im Tag. nicht, weil dort die Anfangssylbe des verwandelten Wortes aus andren grammatischen Gründen bisweilen verdoppelt wird, so dafs aus *diquit*, schlagen, im Fut. *ma-ni-niquit* wird, überhaupt nicht, weil nun, was bei Marsden's Regel sehr auffallend ist, klar wird, dafs *t* und *s*, so nahe verwandte Buchstaben, nicht ganz verschieden, sondern im Tag. ganz gleich, im Mal. mit geringer Abweichung behandelt werden. Beide Zahnlaute verwandeln sich in ihren Nasalen, die zischende Natur des *s* bringt aber wieder eine Alteration des Lautes für sich hervor. Im Mad. findet sich in deutlichen Beispielen dieselbe Buchstabenveränderung, aber für das *s* nicht wie im Mal., sondern wie im Tag. Bezahlung heifst *siui* und *tambe* (Flac.), daher bezahlen *maniui*, *manambe*. *Tapere* heifst Ende, daher *manapere* endigen, und, da dasselbe vom Substantiv-Präfix *fan*, ebenso wie vom Mal. *pen* (Marsden. *Gramm. p.* 35.), gilt, *fanapere* Gränze (Flac.). Man könnte, indem man *manapere* vom Mal. *ābis* ableitete, gegen dies Beispiel einwenden, dafs hier schon das Primitivum kein Anfangs-*t* habe; man würde aber alsdann zwei ganz verschiedene Wörter verwechseln. *Abis* hängt mit dem Mad. *effa* und dem Tag. *abar*, *ibos*, *obos* zusammen, das Mad. *tapere* aber mit dem Tag. *tapus*. Dieses ist endigen, aufhören überhaupt, jenes das bestimmte Aufhören, wenn zum Wegnehmen nichts mehr vorhanden, zum Thun nichts mehr übrig ist, also aufgezehrt und vollendet. Man könnte hierher auch *manompo*, dienen, rechnen wollen, da der Herr *toumpou*, *tompo* heifst: einen Herrn haben. Allein in *manompo* ist *ompo* das Grundwort, in *toumpou* ist das *t* (abgekürzt aus *tai*) ein Vorschlag, der das Werkzeug andeutet, also: der, durch den man Diener ist, d. h. der Herr. Die andren Sprachen des Stammes haben daher wohl verwandte Ausdrücke für *ompo*, aber nicht für *toumpou*.

§. 10.

Auch die Vergleichung der wenigen Wortbeugung, welche diese Sprachen besitzen, zeigt durch auffallende Übereinstimmungen ihre nahe Verwandtschaft, und namentlich die der Mad. mit den übrigen. Das Kennzeichen der Vergangenheit in der Conjugation ist in derselben die Vorsetzung von *ni* vor das Verbum; *zaho ni teta*, ich habe geliebt (*Annal. marit. p.* 94.

Flacourt. *Dict.* Vorr.), *izy ni-laza*, er sagte (Luc. 17, 19.). Da aber das Verbum im Präsens *milaza* heifst, so wird nicht sowohl *ni* vorgesetzt, als das *m* von *mi* in *n* verwandelt. Ebenso wird von *mambonatsi*, schaffen, *nambonatsi*, er hat geschaffen, aus *mahavelonne*, *nahavelonne*, er hat leben können u. s. f. Gerade auf die gleiche Weise verwandelt auch die Tag. Sprache das Anfangs-*m* der Verba in *n*; und da fast alle Verba mit *m* anfangen, oder ihren Anfangsvocal in *m* verwandeln, so kann die Vorsetzung des *n* als allgemein angesehen werden. Sie ist nun zwar auch dem Präsens eigen, doch da mit andren Veränderungen verbunden. Das Prät. bezeichnet sie ausschliefslich. Bisweilen nimmt dies Tempus auch die Partikel *na* an (Totanes. nr. 98. 99. 108. 140-143.). Diese begleitet das Perfectum auch im Tah. und Tong. Im Tah. ist sie deutlich das Ortsadverbium dort, und steht dem dem Präsens zugegebenen *nei*, hier, entgegen. Die Mal. Sprache, die überhaupt am wenigsten grammatischen Apparat blofser Verbindungswörter besitzt, macht ihr Präteritum, auf eine höchst merkwürdige Weise, durch Hinzufügung eines eignen, nicht einmal dem Mal. Sprachstamm, sondern dem Sanskrit angehörenden Wortes *sudah*, vergangen, vollendet, kenntlich.

§. 11.

Ich habe hier lauter Fälle gewählt, wo die Gleichheit der grammatischen Behandlung auch mit Gleichheit des grammatischen Lautes zusammentrifft, da diese doppelte Übereinstimmung erst den Beweis der Stammverwandtschaft der Sprachen wahrhaft vollendet. Allein auch der allgemeine grammatische Typus aller hier verglichenen Sprachen ist insofern derselbe, dafs sie alle zu einem und ebendemselben grammatischen System gehören, und ihre, sehr grofsen eigenthümlichen Verschiedenheiten des grammatischen Baues sämmtlich innerhalb dieses Systems liegen.

Sie bezeichnen weder am Nomen Genus und Casus, noch am Verbum die Personen, und besitzen insofern weder Flexion, noch Agglutination. Sie geben aber das grammatische Verhältnifs der Wörter in der Redeverbindung durch grammatische Wörter an, die nicht mit den Bezeichnungen der Begriffe zusammenschmelzen. Dies unterscheidet sie wesentlich von den eigentlichen Flexionssprachen, wie das Sanskrit ist, allein auch ebenso sehr von den agglutinirenden, wie fast alle Amerikanischen sind. Dagegen nähern sie

Tt 2

sich dadurch dem Chinesischen. Sie bleiben jedoch hierbei nicht stehen. Sie streben, den Wörtern durch Prä-, Suf- und Infixa Nüancen mitzutheilen, die zum Theil grammatisch sind, zum Theil aber aufser dem Gebiet der Grammatik liegen. Hierin suchen sie auch euphonische Lauteinheit zu erreichen, nehmen Buchstabenveränderungen vor, versetzen den Accent, und bieten so die sonderbare Erscheinung höchst verwickelter grammatischer Formen bei sehr mangelhafter Declination und Conjugation dar. Es ist ein auffallend charakteristischer Zug dieses Sprachsystems, dafs das Pronomen sich weder mit dem Verbum anders, als auf die lockerste Weise, verbindet, noch auch an demselben durch Personenzeichen ersetzt wird. Hierin liegt ein Hauptgegensatz dieser Sprachen gegen die Amerikanischen, in denen nicht blofs das Verbum, sondern auch das Nomen die engsten Verbindungen mit dem Pronomen eingeht.

Sucht man sich ein Totalbild aller in dem Stamme begriffener bekannten Sprachen zu machen, so kann man folgende Merkmale als allen zugleich angehörig ansehen, wenn man nur einen gewissen Spielraum für den verschiedenen Grad zuläfst, in welchem jeder der einzelnen diese Beschaffenheiten eigen sind.

Ihr Alphabet ist eher beschränkt, als zahlreich an Lauten; die Reihen der sogenannten lingualen und der aspirirten Buchstaben fehlen denselben ganz, wie man wenigstens aus den geschriebenen Alphabeten schliefsen mufs. Sollten auch einige Dialekte wahre Aspirationen enthalten, so ist der Unterschied zwischen aspirirten und unaspirirten Buchstaben in keiner in die Sprachform übergegangen. Dagegen sind Nasenlaute, vorzüglich am Ende der Sylben, jedoch auch am Anfang derselben, sehr häufig. Die Vocallaute sind zum Theil nicht rein von einander geschieden.

Der Sylbenbau ist einfach, und das Urprincip des Sprachstammes scheint nicht weiter über die Verbindung eines Anfangsconsonanten mit einem darauf folgenden Vocal hinauszugehen, als insofern sich einige Consonanten, vorzüglich *h*, *r* und die Nasenlaute, leicht und gewissermafsen unzertrennlich an den Vocal anschliefsen und, so zu sagen, mit ihm zusammenschmelzen. Zwei unmittelbar auf einander folgende Consonanten beschliefsen oder beginnen eine Sylbe nur bei vorgegangener Zusammenziehung, wovon man nur in einigen Sprachen, wie in der Jav. und Mal., die Verbindung der Mutae mit *l* und *r* im Anfange ausnehmen mufs.

Die hauptsächlichsten Sprachen des Stammes besitzen Schriftalphabete, von welchen diejenigen, die nicht das ganze System, durch welches die Sanskritschrift einer alphabetischen gleichkommt, angenommen haben, durch ihre Beschaffenheit, namentlich durch den Mangel der Bezeichnung der Endconsonanten, die hier geschilderte Eigenthümlichkeit des Sylbenbaues deutlich angeben.

Einsylbige Wörter sind die seltneren, wenn man nämlich die Gewohnheit, besonders einiger dieser Sprachen, das Wort immer doppelt auszusprechen, wie man muſs, in die Wortbildung aufnimmt. Mehr als zweisylbige Wörter finden sich noch seltner, ohne daſs man sie nicht beim ersten Anblick als durch Affixa abgeleitet, oder als zusammengesetzt erkennen sollte. Die gröſste Zahl der Malayischen einfachen und nicht zusammengezogenen Grundwörter ist zweisylbig, und besteht daher aus der sich selbst wiederholenden oder sich mit einer verschiedenen Endsylbe verbindenden Wurzel. Ob diese Endsylbe bloſse Lautendung, oder eine neue Wurzel ist? habe ich in der Einleitung zu dieser Schrift (S. ccccii - ccccxi.) zu bestimmen versucht.

In der verbundenen Rede bleiben die Grundwörter insofern ganz unverändert, als ihnen weder durch Anheftung, noch durch Beugung eine Veränderung widerfährt. Dieses Merkmal ist von der gröſsten Allgemeinheit, und auf ihm beruht die groſse, indeſs doch darum, weil man von dem ganzen Stamm nur das Malayische auf Malacca gehörig kannte, sehr übertrieben geschilderte Einfachheit dieser Sprachen und die gepriesene Leichtigkeit ihres Gebrauches.

Anders verhält es sich jedoch mit der Methode, Grundwörter als einer bestimmten grammatischen Kategorie angehörend zu bezeichnen, oder auch an ihnen allgemeine Verhältnisse und Beziehungen auszudrücken, wodurch eine ganze Anzahl derselben einem Gattungsbegriff untergeordnet wird. Um dies anschaulicher in Beispielen auszudrücken, muſs man hierher die verschiedenen Gattungen von Substantiven und Adjectiven, ferner die der Verba, Causalverba, Frequentativa u. s. f., den verschiedenen Zustand des Verbums in seiner Beziehung auf das Subject und Object, also das transitive und intransitive, das Activum und Passivum u. s. w., ferner die Verbindung der Verben mit Bestimmungen, welche ihre ursprüngliche Bedeutung abändern (was in den Sanskritischen Sprachen durch untrennbare Präpositionen bewirkt wird), rechnen. Alle diese Veränderungen werden durch vor- oder nachgesetzte oder zwischengeschobene Affixa, zum Theil auch durch Sylbenverdopplung angedeutet, und ihre Andeutung macht ein zusammenhangendes, aber künstlich zusammengesetztes System aus. Unter den Affixen ist in Absicht der aufzufindenden Spuren des näheren oder entfernteren Zusammenhanges der einzelnen Sprachen vorzüglich die oben vielfach besprochene Einschiebung von *in* und *um*, die sich nicht in allen findet, merkwürdig. In diesen Zusammenfügungen zeigt sich nun bestimmt ein gelungenes Streben, das Wort und seine Anfügungen zu einem Lautganzen zu verbinden. Es entstehen von dieser Seite in dem Sprachstamm wahre grammatische Formen. Denn die Anfügungen sind mit Lautveränderungen und Accent-Umstellungen, also mit sichtbaren Zeichen des Strebens nach Worteinheit, verbunden.

Zu den nicht in jeder einzelnen seiner Sprachen, aber überhaupt in dem Stamm durch Formung gebildeten gehören auch die Beziehungen der Zeit. Wir sind zwar gewohnt, dieselben nur in Verbindung mit dem Verbum, als Theil der Conjugation zu denken. Sie lassen sich aber auch mit dem Nomen verbinden, und in den hier bezeichneten Sprachen kann man ihren Gebrauch bisweilen nicht anders erklären. Auf diese Weise, so dafs man sie als zur Feststellung des Begriffs der Grundwörter beitragend ansieht, läfst sich begreifen, warum dieser Punkt gerade aus der, sonst vernachlässigten Conjugation herausgehoben ist.

Geht man nun auf die Formung der Grundwörter überhaupt, als auf das Mittel hin, die Rede verständlich und die Sprachform der Gedankenform entsprechend zu machen, so findet sich also in diesem Sprachstamm hierin eine merkwürdige Verschiedenheit. Um das in der Rede beständig Bewegliche, die immer wechselnden Beziehungen der Wörter auf einander in Rücksicht auf Subject und Object, und das Zusammenfassen beider in die Einheit des Satzes zu bezeichnen, wird die Formung gar nicht gebraucht. Dagegen wendet sich der auf sie gerichtete Trieb der Sprache ausschliefslich auf die Ausbildung des Grundbegriffs für sich nach allgemeinen logischen oder grammatischen Beziehungen. Es werden von einem Worte eine ganze Anzahl derselben mit verschiedenen Nüancen gebildet, dadurch aber allerdings auch das Bedürfnifs der Sprache, dem es in ihr an Formung gebricht, die Satzbildung, indirect gefördert. Obgleich aber diese Sprachen im Besitz der erwähnten Formen sind, so können sie auch in mehreren Fällen nach Willkühr den Gebrauch derselben bei Seite setzen und durch die Anwendung des bloſsen Grundworts die grammatische Bestimmung zweideutig lassen. Hiervon haben wir oben im Javanischen merkwürdige Beispiele gesehen.

Der Mangel an Formung in der Redefügung kann nur durch die Stellung und durch grammatische Wörter ersetzt werden. Der groſse Gebrauch, welchen die anheftenden Sprachen vom Pronomen beim Verbum machen, findet in diesem Sprachstamm so gut als gar nicht statt; das Pronomen fügt sich, wie schon gesagt, nur äuſserst lose zur Bezeichnung der Personen an das Verbum an, was um so auffallender ist, als diese Sprachen vollständige und abgekürzte Pronomina besitzen und in anderer Rücksicht gebrauchen. Da sie der Redefügung so geringe Sorgfalt widmen, so konnten sie nicht dahin gelangen, sich das Verbum in seiner wahren Natur, als die Seele des Satzes, zu denken. Sie nehmen dasselbe nur materiell nach seiner Bedeutung, umgehen es, so viel sie können, im Ausdruck, und lassen, da nun auch die Freiheit hinzukommt, sich von den oben erwähnten dasselbe bestimmt ausdrückenden Formen loszumachen, es sehr oft zweideutig, in welcher Kategorie, ob als Nomen oder Verbum? es genommen werden soll. Dies ist bei einer höheren Sprachansicht das hauptsächlichste Gebrechen der Sprachen dieses Stammes. Gerade die Hauptsache in der Redefügung wird am wenigsten bestimmt ausgedrückt, gerade in dem Punkte, wo sich die Gedankeneinheit durch die innigste Lautverschmelzung symbolisch in der Sprache ausprägen sollte, entbehrt sie der Form, in welcher allein symbolische Bezeichnung liegen kann. Hierin stehen die Malayischen Sprachen im directesten Gegensatz mit den Sanskritischen, und dies hat gewiſs viel dazu beigetragen, daſs sie, der groſsen Begierde ungeachtet, Sanskritische Wörter sich einzuverleiben, nur Nomina, nie das, bloſs in seiner Wurzel, und also immer erst durch Zergliederung auffaſsbare Verbum sich haben aneignen können.

Aus dieser, absichtlich kurz zusammengedrängten Charakteristik ergeben sich vorzüglich zwei wesentliche Punkte: die Sylbenbildung und der Formentrieb.

In dem ersteren liegt zwischen den Sprachen des Malayischen Stammes ein bedeutender Unterschied, und der Begriff scheint sich innerhalb des Stammes sowohl, als einzelner Sprachen, erweitert zu haben. Das Erstere zeigt die Vergleichung der Philippinischen Schrift mit der Javanischen, das

Letztere scheint aus der, durch die gründlichsten Bearbeiter dieser Sprache bezeugten und sich durch den eigenen Anblick offenbarenden Unzulänglichkeit der Tagalischen Schrift für ihre Sprache hervorzugehen. Die Sprache scheint hier der Schrift gleichsam entwachsen zu sein.

In dem zweiten der oben bezeichneten Punkte ist die dem Stamme wesentlich anhangende Formlosigkeit, nämlich die sich auf die Redefügung beziehende, durchgängig und wahrhafter Charakter des Stammes, nicht eines wechselnden Zustandes in demselben. In dem Gebiete aber, in welchem Formung herrscht, ist in den einzelnen Sprachen ein bedeutender Unterschied sowohl in dem Grade, als in der Art, aber, insofern man diesen Unterschied als einen fortschreitenden ansehen wollte, ein eher als ein Herabsteigen zur Formlosigkeit, nicht als ein Aufsteigen zur Formung, sichtbarer.

§. 12.

Die einzelnen zu diesem System gehörenden Sprachen haben so mehr oder weniger Tendenz zu grammatischer Formung, mehr oder weniger grammatischen Stoff, und es lassen sich von diesem Gesichtspunkte aus drei Abtheilungen unter ihnen machen.

1. Die Tahitische, Neu-Seeländische und Tongische. Sie haben am meisten, oder fast allein den oben erwähnten, sich dem Chinesischen nähernden Zuschnitt. Alle grammatischen Verhältnisse werden in ihnen durch Partikeln bezeichnet, die allein und unverbunden dastehen. Von den Affixen, welche den Wörtern grammatische und andre Nüancen mittheilen, finden sich in ihnen einige, genug, um auch dadurch ihre Stammverwandtschaft zu beweisen, aber wenige, und einfach, ohne Buchstabenveränderung, angefügte. Dennoch ist der Bau dieser Sprachen bestimmt, klar und leicht zu übersehen, die Anordnung des Pronomens insbesondre einfacher und vollständiger, als in irgend einer der andren. Unter diesen drei Polynesischen Sprachen entfernt sich die Tongische ein wenig von dem hier beschriebnen Charakter, hat weniger grammatische Partikeln, und verbindet sie zum Theil mit den Begriffswörtern.

2. Die Tagalische und Madecassische Sprache.

Bei der Tag. glaubt man auf den ersten Anblick in ein ganz neues Gebiet zu kommen. Sie besitzt lange und künstlich gebildete Formen, und hat eine schwer zu übersehende, verwickelte Grammatik. Allein genauer untersucht, findet sich dasselbe System der Polyn. Sprache wieder, Flexionslosigkeit in Declination und Conjugation, und Andeutung der grammatischen Verhältnisse durch abgesonderte Partikeln. Aber die Methode der nüancirenden Affixa ist so weit, als immer möglich, getrieben; es giebt allein siebzehn Modificationen des Verbums, deren jede ihr Activum und Passivum besitzt, und die man, um sich einen Begriff davon zu bilden, noch am besten mit den Arten des Arabischen Verbums vergleichen kann, obgleich sie auch wieder von diesen sehr verschieden sind. Jedes Verbum geht nach einer oder mehreren dieser 17 Conjugationen. Wie schwer es aber ist, die Grundverba immer richtig aus den Formen herauszuerkennen, werden einige wenige Beispiele beweisen. *Sungmùlat* ist das Perf. von *sùlat*, schreiben, *pungmàsoc* von *pàsoc*, hineingehn.

Einer grammatischen Eigenthümlichkeit der Tag. Sprache mufs ich noch erwähnen, die ich gerade auf diese Weise in keiner andren Sprache des Erdbodens kenne. Sie knüpft nämlich nach festen Regeln in gewissen Fällen zusammengehörende Worte durch eigne Verbindungslaute, welche die Spanischen Grammatiker *ligazones* nennen, an einander. Die fünf hierzu gebrauchten Laute sind *g*, *ng*, *na*, *n* und *ay*, mithin Partikeln und Buchstaben, welche letzteren an das Ende des mit den nachfolgenden zu verknüpfenden Wortes treten. Die Wahl zwischen diesen Lauten hängt von dem Endbuchstaben des Wortes ab; und da *g* sich nur an ein End-*n* hängt, so geschieht die Verbindung, aufser im Fall von *ay*, allemal durch einen Nasenlaut. Indefs ist die Wahl der Laute nicht blofs phonetisch. Denn da die auf Vocale auslautenden Wörter eigentlich den palatalen Nasenlaut *ng* annehmen, so tritt, statt dieses, der reine dentale, *n*, ein, wenn die beiden zu verknüpfenden Worte die Eigenthümlichkeit, Gewohnheit u. s. w. eines Menschen, einer Nation u. s. f. anzeigen. So sagt man, um die aus den kindlichen Gefühlen entspringende eigenthümliche Reue auszudrücken, nicht *pagsisisi-ng anac*, sondern *pagsisisi-n anac*. Allein der Zweck oder die Ursach der Verknüpfung ist, wie man aus den Fällen ihres Gebrauchs sieht, durchaus syntaktisch, und die phonetische Rücksicht wirkt nur insofern mit, dafs in einigen wenigen, und nicht in den hauptsächlichsten Fällen die Verbindung bei vocalisch, nicht aber bei consonantisch auslautenden Wörtern statt findet. Die Verbindunng unterbleibt auch, wenn der Redende aus ir-

Uu

gend einer zufälligen Ursach gerade mit dem zu verknüpfenden Worte inne hält. Die allgemeine Regel dieser Verknüpfungen, auf die es hier allein ankommen kann, ist, dafs sie da angewandt werden müssen, wo zwei Wörter der Construction nach zusammen gedacht werden, und wo doch keine, ihr Verhältnifs ausdrücklich bestimmende Conjunction oder Präposition vorhanden ist. Eine solche hebt die Verbindung sogleich auf. Niemals werden daher auf diese Weise verknüpft der Genitiv mit dem ihn regierenden Substantiv, das Verbum mit seinem Complement, Substantiva, die zusammen ein Verbum regieren, oder Adjectiva, die Prädicate desselben Satzes sind, unter sich, dagegen immer das Subject mit dem von ihm regierten Verbum, das Substantivum mit seinem Adjectivum, oder mit einem, ihm zu näherer Bestimmung nachfolgenden Substantiv, das Adverbium mit dem Verbum, zu dem es gehört, u. s. f. Da, wo die Grammatik der Sprache sehr unbestimmt ist, beruht das Verständnifs allein auf der Verknüpfung. *Alinman*-g *tauo*-ng *magcasala sa Dios* (1) heifst: jeder Mensch, der Gott beleidigt, weil *tauo*, Mensch, mit *magcasala* (dem Imperativ und Subjunctiv von beleidigen) durch *ng* verbunden ist, woraus allein sichtbar wird, dafs *magcasala* hier das zu seinem ihm vorangehenden Substantiv gehörende Participium ist. Da die Sprache sonst gar keinen Unterschied zwischen Participium und Verbum kennt, so würden die Worte ohne den Verbindungslaut den Sinn haben: jeder Mensch beleidige Gott.

Wenn man abrechnet, dafs die Tag. Verbindungslaute zum Theil zwei Worte in eins verschmelzen, was im Chinesischen nicht möglich ist, so besitzt diese letztere Sprache in einem gewissen Gebrauch einiger ihrer Partikeln etwas der Tag. Verknüpfungsmethode sehr Ähnliches. Denn *tchi* wird auch zwischen Substantiv und Adjectiv eingeschoben, und verbindet das Subject mit dem Verbum (Rémusat. *Gramm. Chin.* nr. 190. 315.). Allein im Chinesischen läfst die Unbestimmtheit zwischen Verbum und Nomen es immer ungewifs, ob nicht in diesen Fällen, nach Rémusat's scharfsinniger Vermuthung (2), *tchi*, wo es zwischen Subject und Verbum steht, blofs das Verhältnifs zweier Nomina, wie seine eigentliche Bestimmung ist, feststellt. Im Tag. ist diese Bezeichnung des Subjects gröfstentheils überflüssig, da die

(1) Die Verbindungslaute sind durch den Druck ausgezeichnet.

(2) Meine Schrift: *Lettre à Mr.* Abel-Rémusat *sur la langue Chinoise. p.* 104. *nt.* 10.

Substantiva immer durch ihren Artikel den Nominativ kenntlich machen. Aber die beiden Wörter wurden zusammen gedacht, und also auch zusammen ausgesprochen.

Die Verknüpfungsmethode scheint übrigens der Tag. Sprache im Mal. Sprachstamm allein eigenthümlich zu sein. Wenigstens erwähnen die Grammatiken der übrigen Sprachen derselben mit keinem Wort, und auch ich habe in den Sprachen selbst bis jetzt keine Spur davon angetroffen.

Die Madecassische Sprache besitzt zwar eine viel einfachere Grammatik, als die Tagalische, allein doch viel mehr die Bedeutungen der Wörter nüancirende Affixa, als die Mal., und kommt in den ihr eigenthümlichen der Tag. näher. Ich habe sie darum mit dieser in Eine Classe gesetzt.

3. Die Malayische Sprache.

Sie läſst sich mit keiner der andren Sprachen zusammenstellen. Sie hat nicht die Menge abgerissen dastehender Partikeln der Polynesischen, und daher nicht den lallenden Kindheitscharakter dieser Sprache. Ebensowenig ist ihr der Reichthum der Tag. an grammatischem Stoff eigen. Sie besitzt nur wenige, aber zur Worteinheit durch Buchstabenveränderung verbundene Affixa. In der Flexionslosigkeit übertrifft sie beinahe die Schwestersprachen, und die Einfachheit ihrer Grammatik, der es doch darum weder an Bestimmtheit, noch Gewandtheit fehlt, ist gröſser, als die der Persischen und Englischen, obgleich sonst diese drei Sprachen jede in ihrem Stamm ganz und gar dieselbe Stelle einnehmen. Bei dieser grammatischen Beschaffenheit ist sie vorzugsweise fähig, wie sie es seit Jahrhunderten ist, die Verbindungssprache zwischen Menschen höchst verschiedener Wohnsitze zu sein. Zum Theil mag aber auch die Einfachheit ihrer Grammatik darin ihren Grund haben. Die Mal. Sprache ist zugleich eine gelehrte Sprache, auf deren Litteratur Indische Bildung und Wissenschaft eingewirkt haben. Aber ihr Bau bleibt immer unvollkommen und dürftig, und zeugt weniger, als der ihrer, in andrer Rücksicht roheren Schwestersprachen, von dem befruchtenden Walten des Bewuſstseins des grammatischen Typus und der lebendigen Geschäftigkeit lautbildender Phantasie. Äuſsere politische und geschichtliche Umstände haben sichtbar zu sehr auf sie eingewirkt. Nicht einmal ihr Pronomen hat sie von den unverkennbarsten Spuren sclavisch-Asiatischen Cärimoniels rein erhalten können. Hierin sind die andren Sprachen glücklicher gewesen. Allein die Polyn. und Mad. sind nur Volkssprachen, ohne Alphabet und Litteratur, aber, wie wir von der Polyn. bestimmt wissen, nicht ohne Volkstraditionen und Lieder. Die Tag. besitzt ein, nur aufser Gebrauch gekommenes Alphabet, und steht wohl überhaupt auf einer höheren Stufe. Ungeachtet ihrer Einfachheit besitzt aber doch die Mal. Sprache eine sehr künstliche Bildungsmethode in Absicht der Quantität der sich durch Suffixa, oder durch Reduplication verlängernden Wörter. Sie versetzt alsdann die langen und kurzen Vocale, fordert die ersten an einer bestimmten Stelle, duldet nur Einen, wie auch das Sanskrit in einigen Fällen, und leidet nicht, dafs eine schon durch an- und auslautende Consonanten lautschwere Sylbe es noch durch einen langen Vocal werde. Da sie aber doch diesen an der gegebenen Stelle liebt, so trennt sie in der Aussprache, wenn das Suffixum mit einem Vocal anfängt, den Endconsonanten vom Wort und heftet ihn an das Suffixum; so wird aus *ādap-an adā-pan.* Um also grammatisch-euphonische Worteinheit hervorzubringen, geht die Sprache auf das eigenmächtigste mit den bedeutsamen Stammlauten um. Diese Regeln sind aber nicht von Grammatikern und Litteratoren der Sprache aufgedrungen, sondern liegen in den natürlichen Forderungen, welche das Ohr des Volkes an Wohllaut macht. Es ist übrigens nicht unmerkwürdig, dafs, nach Marsden's Forschungen (*Gramm.* 126.), die Malayen niemals einen Versuch gemacht haben, eine Grammatik ihrer Sprache zu verfassen. Auch die Chinesische Gelehrtengeschichte kennt keine Grammatiker. Vergleicht man hiermit das tiefe und weit in verschiedene Schulen verzweigte Studium der Grammatik im alten Indien, so erkennt man deutlich, dafs der Geist, der sich in den Sprachen ausdrückt, auch in ihren Bearbeitern Jahrhunderte und Jahrtausende hindurch nachklingt.

Nach dem bisher Entwickelten fehlen also den Sprachen des Malayen-Stammes die hauptsächlichsten grammatischen Mittel, an welche andre das Verständnifs der Rede knüpfen, und sie kommen darin dem Zustande des Chinesischen nahe. In dem eigentlichen Flexionstheile der Grammatik, der Declination und Conjugation, entfernt sich keine irgend bedeutend von diesem Typus, in der grammatischen Wortbildung aber (dem Stempeln der Begriffswörter zu den Redetheilen und der Classificirung derselben in diesen) weichen alle von ihm ab, die Pol. zwar nur sehr schwach, die Tag., Mad. und Mal. aber durchaus wesentlich, und zwar in der Folge, wie sie hier genannt sind, in höherem und absteigend niedrigerem Grade. Auf diese Weise sind die Pol. und Mal. die dürftigsten an grammatischen Formen. In jener tritt aber an deren Stelle ein Reichthum von Partikeln. In den übrigen Sprachen ist diese wuchernde Partikelfülle weggeschnitten, und zur Worteinheit verbundene Formen treten hervor. In das Mal. sind aber von diesen vergleichungsweise nur wenige übergegangen, die Sprache hat sich mit diesen eingerichtet, ihr Bedürfnifs erfüllt gefunden und abgeschlossen.

Die Polynesischen Sprachen scheinen mir unter den hier verglichenen den alterthümlichsten Charakter an sich zu tragen. Dies beweist schon der Typus ihrer Grammatik. Sie haben ferner die meisten einsylbigen Wörter, da in den andren dagegen Mangel an solchen charakteristisch ist, besonders am Mal. (Marsden. *Gramm.* 122. 123.) Es kommen aber auch einzelne für diese Meinung sprechende Umstände hinzu. Ein sehr kleiner Volksstamm auf Malacca, den man dort für viel älter, als die Malayen selbst, hält, führt den Namen *ōrang benūa.* Nun aber hat *benūa* im heutigen Mal. eine sehr beschränkte Bedeutung, und wird nur von ganz grofsen Landstrichen, wie China, Arabien u. s. f., gebraucht. Im Pol. dagegen sind *wenua* (N. Seel.), *fenua* (Tah.), *fonnua* (Tong.): Land, Gegend, verwildertes, unbearbeitetes Land überhaupt. Ein andrer Stamm solcher Landeseinwohner heifst *ōrang udái.* Dieser ist nach Raffles derselbe mit den Semang, oder wollhaarigen Negern. Es ist aber sonderbar, dafs auch dieser Name auf ein Pol. Wort *uta* (N. Seel. Ufer, Tong. Land überhaupt) führt. Von der Sprache der *ōrang benūa,* die auch Jókóng heifsen, giebt Raffles etwa 30 Wörter, von denen ein Drittel rein Mal. sind; und wo der Fall eintritt, dafs, wie bei Vogel, Erde u. s. f., die Pol. von den Mal. abweichen, haben die Jókóngs die Mal. Unter den 20 nach Raffles nicht Mal. sind die Wörter *hantu,* Geist, und *jāhat,* böse, schlecht, auch noch Mal. Von den übrigen sind mehrere Benennungen von Thieren, die es auf den Südsee-Inseln nicht giebt (Marsden. *Gramm. p.* IV-VI. *Asiat. res.* XII. *p.* 108-110.). Da die Jókóng in beständigem Verkehr mit den Malayen und Negern sind, so darf das Resultat dieser Wörtervergleichung uns nicht wundern. Sie geben immer einen Beweis ab, dafs das Pol. Wort, nach dem sie genannt werden, älter, als das heutige Mal., ist.

Zweiter Abschnitt.

Betrachtung der einzelnen Sprachen des Stammes, besonders der im engeren Sinne Malayisch genannten.

§. 13.

Nachdem ich zu Ende des vorigen Abschnittes eine allgemeine Charakteristik und Classificirung der Sprachen des Malayischen Stammes zu geben versucht habe, ist es jetzt meine Absicht, die zu wissenschaftlicher Beurtheilung hinreichend bekannten einzelnen Hauptsprachen desselben in wenigen Worten zu bezeichnen, und, damit diesen allgemeinen Theil schliefsend, in dem gegenwärtigen und den folgenden Abschnitten ebendiese Sprachen einer umständlicheren Betrachtung zu unterwerfen, wie ich dies im zweiten Buche bereits für das Kawi und Javanische gethan habe. Denn wenn man, wie ich es hier mit mehreren beabsichtige, den Standpunkt einer Sprache in einem Stamme von Sprachen bestimmen will, so genügt es nicht, auszusprechen, welchen anderen desselben Stammes sie näher oder entfernter steht, sondern es kommt darauf an, im Einzelnen zu zeigen, in welchen Beschaffenheiten sie mit gewissen übereinkommt, von anderen abweicht. Man mufs daher, von allen Seiten in sie eingehend, sich ein vollständiges Bild ihrer ganzen Eigenthümlichkeit, ihrer wahren Form verschaffen.

Ich beginne billiger Weise mit den Sprachen der Südsee, da sie mehr, als alle übrigen, sowohl im Baue, als selbst in den Wörtern, abweichend allein stehen. Bei der Anwendung der gewöhnlichen Methode, einen Begriff durch seine Benennungen in einer Reihe von Dialekten durchzuführen, stöfst man in ihnen häufiger, als bei den anderen, auf Verschiedenheiten. Sehr oft aber findet sich, wie ich schon im Vorigen davon Beispiele gegeben habe, gerade bei diesen Verschiedenheiten dennoch der Wurzelbegriff in ihnen, so wie man überhaupt bei der Übereinstimmung einer so grofsen Anzahl von Wörtern, und einiger grammatischen Laute, und da man doch auch in diesen Sprachen das Wesentliche der Form der Malayischen antrifft, an der Stammverwandtschaft durchaus nicht zweifeln kann. Ob sich indefs der von den übrigen Malayischen Sprachen abweichende Charakter bloſs als eine Folge der Zeitveränderung erklären läſst, oder doch wieder auf eine verschiedene Mundart, welche gerade auf diese Stämme einen gröſseren Einfluſs gehabt hat, geschlossen werden muſs, darüber möchte ich in diesem Augenblick nicht absprechend urtheilen, und es dürfte wohl überhaupt schwer mit Sicherheit zu entscheiden sein. Es liegen aber diesen, schon in ihrem jetzigen Zustande so alterthümlich erscheinenden Sprachen sichtbar frühere, zum Theil wieder untergegangene Dialekte zum Grunde. Auf mehreren der dortigen Inseln giebt es eine, jetzt durchaus unverständliche, heilige Sprache, die man sich doch auch nicht anders, als ehemals gesprochen, denken kann ([1]). Auch die wunderbare Gewohnheit, bisweilen Wörter aus der Sprache zu verbannen und durch andere zu ersetzen, könnte nicht geübt werden, wenn es nicht eine bedeutende Anzahl veralteter Wörter gäbe, die bei solchen Gelegenheiten der Vergessenheit entrissen werden. Dies trifft aber sogar die allergewöhnlichsten Begriffe. Als z. B. auf Tahiti der König Pomare seinem Vorgänger Otou folgte, muſsten die beiden sich in seinem Namen zusammenfindenden Wörter *po*, Nacht, und *mare*, Schnupfen oder Husten, neuen Platz machen. Bei einer ähnlichen Gelegenheit wich auf derselben Insel das Wort *wai*, Wasser, dem heutigen *pape* ([2]). Von solchen Wörtern muſs es eine sehr groſse Anzahl geben, da es auf den Sandwich-Inseln dem durch kühne Eroberungen und wohlthätige Einrichtungen zur Civilisation seines Volkes bemerkenswerthen Könige Tameamea im Jahre 1800 bei der Gelegenheit der Geburt eines Kindes einfallen konnte, eine ganz neue Sprache einzuführen ([3]). Sie sollte, seiner Absicht nach, mit kei-

---

([1]) Chamisso im dritten Bande von Kotzebue's Entdeckungsreise S. 45. Mariner (II. 217.) giebt eine, doch sehr kleine Probe dieser Sprache, wie sie bei Begräbnissen gebraucht wird. In dieser befinden sich einige leicht kenntliche noch heute gebräuchliche Tagalische Wörter.

([2]) Adrien Balbi. *Introduction à l'atlas ethnographique.* p. 262., wo aber fälschlich *vae* gedruckt ist; Tah. Gramm. p. 4. wird *vai* als eines der primitiven Wörter angegeben, welche überall verstanden werden. In der 1821 erschienenen Übersetzung des Evang. Joh. kommt in der That nur *pape* vor.

([3]) Chamisso. *l. c.* S. 46. Bei den Abiponen herrscht eine ähnliche Sitte. Bei dem Tode eines Menschen wird, wenn sein Name ein bedeutsamer war, das Wort, woraus er bestand, mit einem ähnlichen vertauscht. Bei zufälligen Todesarten trifft die Vertauschung auch das Wort des Gegenstandes, der den Tod veranlaſst. Die neuen Wörter werden förmlich aus-

nen Wörtern der bisherigen zusammenhängen, und auch die grammatischen Partikeln sollten verschieden sein. Hierüber wurde doch aber die Verwirrung so grofs, dafs mächtige Häuptlinge des Volks das Kind mit Gift aus dem Wege räumten. Zum Theil erklärt sich diese Erscheinung auch aus der Vielheit der Dialekte; indefs beweist doch der Umstand, dafs ein Theil solcher Wörter allgemein verständlich ist, dafs ehemals einer derselben allgemein herrschend war, und dafs sich nun für viele Gegenstände die allgemeinen Ausdrücke in der Überlieferung neben den besonderen erhalten haben. Ich führe dies alles nur deshalb an, um zu zeigen, auf welche Masse ganz oder halb untergegangenen Stoffes man in den Sprachen an jedem Punkte des Erdbodens stöfst.

Man begreift wohl, wie ich schon oben angeführt habe, alle Sprachen der Südsee-Inseln unter dem Namen der Polynesischen Sprache, aber man geht offenbar zu weit, wenn man auch nur diesen Theil des Malayischen Stammes als Eine Sprache ansieht. Die Sprachen desselben sind allerdings sehr nahe verwandt, aber dennoch zu verschieden, um sie blofs als Dialekte zu betrachten.

Am ehesten dürfte das Letztere zwischen der Tahitischen Sprache und der der Sandwich-Inseln der Fall sein, obgleich ich die zuletzt genannte Sprache, da ich die Hülfsmittel dazu erst ganz vor Kurzem erhalten (1) habe, noch nicht genau genug kenne. Aber der Sylbenbau und der

---

gerufen, und ihre Festsetzung, so wie das Ausrufen, geschieht durch betagte Frauen. So wurde bei dem Tode eines jungen Mannes, der an einer Verwundung durch einen Dorn starb, das damals gebräuchliche Wort *hana* mit *nichirencate* vertauscht. Dobritzhoffer. *Historia de Abiponibus. T.* 2. *p.* 199. Bemerkenswerth ist hier die Ursach dieser Sprachveränderung; bei dem Amerikanischen Volke ist sie ein natürlich menschliches Gefühl, in der Südsee eine vom Beherrscher ausgeübte Willkühr oder ihm bezeigte Schmeichelei. Die Abiponische Sprache ist sehr reich an gleichbedeutenden Wörtern, und vermuthlich benutzt man bei dieser Sitte den Umstand, dafs bei der Verzweigung grofser Volksstämme in kleine Haufen den einzelnen von diesen besondere Ausdrücke eigen sind, ohne dafs sie allgemein geltende verlieren, oder den besondren Ausdrücken andrer Mundarten ganz fremd werden.

(1) Einige mir durch Hrn. Laiber in Boston mitgetheilte kleine Schriften religiösen Inhalts, und die Übersetzung der Evangelien Matthäus, Marcus und Johannes durch die Güte des Hrn. Prof. Neumann. Die vier ersten Capitel des Evang. Luc. besitze ich durch die Sorgfalt meines Bruders in einer handschriftlichen Übersetzung, die von Hrn. Morineau, welcher sie ihm gegeben, herzurühren scheint. Derselben Quelle verdanke ich ein, gleichfalls handschriftliches Wörterverzeichnifs der Sandwich-Sprache.

regelmäſsige Übergang gewisser Buchstaben in einander in beiden Sprachen scheint es zu beweisen. Auch sind die Partikeln, dem Laut und der Anordnung nach, gröſstentheils dieselben. Die Sandwich-Sprache wirft häufig, wie die Tahit., harte Anfangsconsonanten anderer Dialekte fort. So wie aus dem Neu-Seel. *koromatua* das Tahit. *oromedua* wird, so verändert sich das Neu-Seel. *korero* in das Sandwichische *olelo*, sprechen, Rede (Morineau. *olelo maikai*, die Rede gute, das Evangelium). In anderen Punkten scheint aber die Verschiedenheit wiederum gröſser ([1]).

Diesen beiden am nächsten dürfte die Neu-Seeländische Sprache stehen. Von allen dreien aber entfernt sich bedeutend die der Freundschafts-Inseln oder Tongische, und in ein sehr anderes Gebiet möchte eine genaue Untersuchung der der Fidgi-Inseln führen. Ich besitze von derselben ein Wörterverzeichniſs, das man, so viel ich weiſs, bisher nicht hatte ([2]). Das Ausführlichste, was man über diese Inseln besaſs, findet sich

([1]) Oft ist aber auch die Verschiedenheit bloſs scheinbar. Ein sehr passendes Beispiel hiervon, so wie von der dialektartigen Verschiedenheit beider Sprachen, geben die Worte (Ev. Joh. 3, 13.) des Menschen Sohn, Tah. *o te tamaidi a te taata*, Sandw. Sprache *o ke keiki a ke kanaka*. Hier sind, wenn man den Übergang von *t* in *k* kennt, die Partikeln gänzlich dieselben. *Kanaka* und *taata*, Mensch, erklären sich auf gleiche Weise. *Keiki* und *tamaidi*, Sohn, scheinen gänzlich verschieden, beweisen aber, gehörig zergliedert, gerade die Identität der Sprachen. *Tamaidi* besteht aus *tama* und *iti*, klein, und so heiſst auch Neu-Seel. Sohn, Knabe. *Tama* ist Embryo, Kind in der letzteren Sprache, wird aber auch in ihr mit dem Zusatz von *ra*, Stärke, Gesundheit, und: sich erheben, aufstehen, (*tama ra*) von erwachsenen Personen beider Geschlechter gebraucht. In *tamaidi* wird das männliche Geschlecht, als das hauptsächlichste, vorausgesetzt; die Tochter heiſst *tamahine*, von *wahine*, Weib. Tongisch ist *tama* ein Knabe. Die Sandwich-Sprache braucht dies Wort wenigstens hier nicht, sondern bezeichnet den Begriff des Kindes bloſs durch den der Kleinheit. Denn *keiki* (Tah. *te iti*) ist die Zusammensetzung von *iki* mit dem Artikel. Die Tochter heiſst *keiki-wahine*. So ist überall die vollkommenste Gleichheit der Wörter. Sehr bemerkenswerth ist hier die feste Verwachsung des Artikels mit dem Worte, welches dergestalt Eins mit ihm geworden ist, daſs es einen neuen Artikel vor sich nimmt.

([2]) Dies Wörterverzeichniſs ist von Hrn. William P. Richardson aus Salem im Jahre 1811 an Ort und Stelle gesammelt. Es enthält etwa 300, nach Englischer Aussprache geschriebene Wörter, wobei nur zu bedauern ist, daſs darunter zu viel ganz specielle Benennungen von Pflanzen, Kräutern und Handelsartikeln aufgenommen sind, die bei allgemeinen Sprachvergleichungen weniger Dienste leisten. Allein auch so ist es äuſserst schätzbar. Ich verdanke eine Abschrift desselben Hrn. Pickering in Boston, dessen Name den Sprachforschern durch mehrere Schriften, namentlich durch die Herausgabe der Grammatiken Eliot's in Mariner's Beschreibung der Tonga-Inseln. Nach der dort enthaltenen Beschreibung der Sitten und Gebräuche ihrer Bewohner weichen diese auch hierin bedeutend ab. Man sieht darin, wie z. B. in der Sitte, daſs die Frauen ihren Männern im Tode folgen, einen von Westen herkommenden Einfluſs. Obgleich diese Sitte in der Familie des priesterlichen Häuptlings auch auf den Tonga-Inseln galt, so hatten diese sie wohl, wie auch die Art der Kriegführung, von ihren Nachbarn erhalten. Von der Sprache wird in der Tahit. Gramm. gesagt, daſs sie zwar viele Polynesische ([1]), aber auch andere, die-

---

und Edwards und die lehrreiche Vorerinnerung über die Verwandtschaft der eingebornen Nord-Amerikanischen Stämme, vortheilhaft bekannt ist. Ein besonderes Verdienst hat er sich durch seinen Vorschlag einer gleichförmigen Rechtschreibung für diese Sprachen erworben, den er in einer in Cambridge (in Amerika) 1820 herausgegebenen Abhandlung bekannt gemacht hat, und der schon vielfältig angewendet worden ist. Ich kann hier nicht unerwähnt lassen, mit welcher unermüdlichen Güte und zuvorkommenden Gefälligkeit Hr. Pickering seit einer langen Reihe von Jahren meine Sprachstudien durch die schätzbarsten Mittheilungen befördert, und wie er mich auch dadurch zur wärmsten und aufrichtigsten Dankbarkeit verpflichtet hat.

([1]) Beispiele solcher Polynesischer Wörter sind: *ta ta*, Bäume fällen (*ta*, schlagen, hauen, Tong.), *tanghnie*, Ehemann (*tane*, Neu-Seel.), *goulie*, Hund (*guli* Tong., *uri* Tah., *iko* Sandw. Kotzebue. III. 48. Anm.**)), *ahwhye*, Wasser, sichtlich das Polynes. *wai*; das *ah* ist nur ein Vorschlag, vielleicht ein Artikel, denn ein befestigter, mit Wasser umgebener Platz heiſst *koro whye*; *fenoah*, Land, das Neu-Seel. *wenua*, Erde, und Tah. *fenua*, Land, Gegend (Ev. Joh. 3, 22.); *matte matte*, tödten, todt, welches in der Bed. von sterben durch alle mir bekannte Polynesische Dialekte geht; *moī moī*, schlafen (*mohe* Tong., *moe* Tab. und Neu-Seel.), *moorie*, nach, hinter, der letzte (Tab. *mure*, Ende, Ev. Joh. 3, 15. *muri*, nach, Ev. Joh. 3, 22. Neu-Seel. *mudi*, hinter, nach, Tong. *mui*, sichtbar das Jav. *buri*, Mal. *būrit*, Hintertheil des Schiffes, beide von भूरि, *bhūri*, viel, nämlich das starke, dicke Ende), *ouly*, Haupthaar (Mal. *būlū*, Jav. *wulu*, Mad. *voulou*, Tong. *fulu*, Sandw. *hulu* [auf dem Leibe], Tag. *bohoc* [*bolo*, an Früchten], N. Seel. *udu udu*), *manoo*, Vogel (*manu* Tong., Neu-Seel., Tab. und Sandw., *manuk* Jav.; im Tag. *manuc*, Huhn; das Mal. und Mad. weichen hier ab); *tumattah*, Mensch, scheint nichts anderes, als das Neu-Seel. *tangata*, Tah. *taata*. In der Tahit. Gramm. wird das Fidgi-Wort *tamata* geschrieben (S. 4.). Ebenso scheint *tummunnah*, Vater (welchem *tunneenah*, Mutter, entspricht), verwandt mit dem Tong. *tammei*. In *kunny kun*, essen, scheint mehr das Tag. *cain*, als das Neu-Seel. und Tong. *kai*, zu liegen. In einigen Fällen erklären die Fidgi-Wörter die Herleitung der Polynesischen; *bongi-bongi* heiſst Tong., und *nebongybong* (wo *ne* nur Vorschlag ist) in der Fidgi-Sprache morgen. In der letzteren aber ist *ne bongy*, Nacht, offenbar das Tong. *bo*, Tah., N. Seel. und Sandw. *po*, die auch, da man nach Nächten rechnet, als Tag gebraucht werden. *Metua* ist Tab. und *makua* Sandw. (Ev. Joh. 6, 42.), *matua* Neu-Seel. eine Benennung der Eltern und der Verwandten in aufsen Sprachen ganz fremde, und unter denselben einige Malayische (¹) Wörter (nämlich der Sprache der Halbinsel) besitze. Dies würde auch den westlichen Einfluſs beweisen.

Eine gründliche und vollständige Untersuchung würde vielleicht hier einen merkwürdigen Scheidepunkt zwischen den näher unter sich verwandten

---

steigender Linie; das Fidgi-Wort *mattuah* bedeutet geradezu jede bejahrte Person, und es scheint also, daſs die Benennung bloſs vom Alter hergenommen ist. Das Wort ist das Mal. *tūah*, alt, mit dem Adjectiv-Präfix. Im Tong. ist *motua*: alt. Ob nicht ebendaher das Polynes. Wort für Gott, Tong. *hotua*, N. Seel. und Tah. *atua*, Sandw. *akua*, herkommen möchte, bleibt zweifelhaft. Im Mal. ist *tūan*, Herr, und *tūhan*, Gott, wohl eigentlich dasselbe Wort, und von *tūah*, alt, durch die Substantiv-Endung abgeleitet. Im Polynes. ist der Ausdruck für Herr (Tah. *fatu*, Sandw. *haku*) auch abweichend. Nach dem Fidgi-Wörterverzeichniſs werden die Gottheit und ein sehr alter wegen seiner Weisheit berühmter Mann mit demselben Ausdruck *kallou* genannt. Die Begriffe des Alters und der Gottheit scheinen also auch hier mit einander verbunden zu sein. *Matou*, Eisen, ist das Tong. und Neu-Seel. *matau*, Angelhaken, und Eisen heiſst in der ersteren Sprache *ukæmmea*. *Marammah*, die Gemalin eines Häuptlings, ist wohl nur das Neu-Seel. *marama*, Licht, Mond, metaphorisch angewandt. In *guou*, ich, erkennt man deutlich das gleichbed. Tong. *kou*, obgleich eigentlich noch mehr die Formen anderer Malayischen Stämme, *gūa*, *acò* (Tag.) u. s. f. *Guego*, du, ist, obgleich weniger sichtbar, dennoch unbezweifelt verwandt mit dem Neu-Seel. *koe*, dem Tong. *koi* und Mal. *kau*.

(¹) Malayische und Polynesische Wörter bilden eigentlich keinen Gegensatz, man kann sie also nur insofern einander entgegenstellen, als Fidgi-Wörter für einen gewissen Begriff mit den Benennungen der westlichen Sprachen da übereinstimmen, wo die der östlichen abweichen. Als solche Beispiele lassen sich *booloo*, Mond, und *battoo*, Stein, Fels, anführen. Das erstere Wort kommt mit den Benennungen des Mondes in den westlichen Mal. Sprachen überein, und ist den östlichen Sprachen der Südsee, die *marama*, Neu-Seel. und Tah. (*malama* ist Sandw. Monat), und *mahina*, Tong. und Sandw. (die Benennung scheint vom bleicheren Lichte hergenommen; denn *hina* ist Tong. grau, vom Haar des Alters gebraucht, *hina-hina*: weiſs, im Neu-Seel. ist *ina*: grauköpfig, Greis; *ma* ist Adjectiv-Präfix, also eigentlich: der Bleiche), dafür brauchen, fremd. Von *battoo* ist schon oben (S. 218. 219.) gesprochen worden. *Salago* heiſst nach dem Fidgi-Wörterverzeichniſs weggehen, *sa* ist aber nur eine angeheftete Partikel, denn *lago my* heiſst: komm hierher! Das Wort scheint also das Jav. *laku*, Tag. *lakar*. Eine bedeutende Zahl von Fidgi-Wörtern ist mir beim ersten Anblick fremd geblieben. Beispiele dieser Art sind *levah*, Weib, *kisee*, ein Armer, Sclave (vgl. jedoch Mad. *ankizy*, Diener, Exod. 20, 10.), *assuey*, Haus, *singa*, Sonne. Viele dieser Wörter aber würden sich gewiſs bei genauerer Untersuchung doch als Wörter des Mal. Stammes erweisen; und dann darf man nicht vergessen, daſs man bei weitem nicht alle Wörter des groſsen Stammes kennt. Ich würde daher darum noch nicht an einen Einfluſs der schwarzen Bewohner des Insel-Oceans denken, da von einem solchen Einfluſs in keiner Mal. Sprache, so viel ich weiſs, sichere Spuren vorhanden sind.

Xx 2

westlichen Malayischen Sprachen und den im Gebiete der Inselgruppen der Südsee, von den Fidgi-Inseln östlich, aufdecken. Hierzu fehlt es aber bis jetzt noch an Hülfsmitteln. Am dankbarsten würde bei einer solchen Arbeit, aufser der Untersuchung der Fidgi-Sprache selbst, die der Hebridischen Inseln sein. Wesentlich kann aber auch die Kenntnifs der Sprache der Marianen-Inseln dazu beitragen, von der wir Grammatik und Wörterbuch in Kurzem von Hrn. Freycinet zu erwarten haben.

Von den in einigen dieser Sprachen vorkommenden Zischlauten werde ich im vierten Abschnitte dieses Buches reden [1].

Wenn ich in dieser Schrift von den Südsee-Sprachen rede, verstehe ich immer darunter vorzugsweise diejenigen, von welchen man grammatische Hülfsmittel besitzt oder sich, wie es bei der Sandwich-Sprache der Fall ist, von der ich keine Grammatik habe, durch Zergliederung von Bibelübersetzungen verschaffen kann, namentlich also die Tongische, Tahitische, Sandwichische und Neu-Seeländische. Unter diesen vieren tragen aber nur die drei letzteren den wahren Charakter dieses Theiles des Malayischen Sprachstammes rein und unvermischt an sich. Die Tongische liegt schon dem Striche zu nahe, wo der Charakter der Sprache den westlicher liegenden ähnlicher ist, und weicht schon darum mehr von den anderen ab.

---

[1] Ein Beispiel von der Scheidung der Zischlaute giebt das Wort Salz. Es heifst in der Fidgi-Sprache *marsima*, Tong. *masima*. Beide Wörter sind dieselben; das *r* ist ein blofs in den Vocal verschlungener Laut, der höchst schwierig alphabetisch auszudrücken ist. Mariner bemerkt ausdrücklich, dafs *marlei*, ein öffentlicher zu Spielen bestimmter Platz, eigentlich *malai* ausgesprochen wird. Beide obige Wörter stammen von dem Tagal. *ásim*, sauer, herbe (*agrio*), her. Dies findet sich auch im Mal. *āsam*, *māsam* (*acid, sour*) und im Mad. *masi*, *macin* (Challan), *masse* (Flacourt), woher *ranoumasse*, bitteres, saures Wasser, d. h. Meer. Von dieser Wurzel ist nur durch den Endungslaut und Accent verschieden das Tag. *asìn*, Salz, *maasìn*, salzig. Im Mal. wird das Subst. durch ein anderes Wort, *gāram*, bezeichnet, das Adj. salzig (*briny, brackish*) aber ist *māsin*. *Asìn*, Salz, und *ásim*, sauer, sind offenbar in diesen Sprachen dasselbe Stammwort und haben sich nur zu bestimmten Bedeutungen und verschiedenem Accent geschieden. Die Analogie von sauer und Salz beweist auch das Mad. *sira*, Salz, und *masirasira* (Luc. 13, 21.), Sauerteig. Östlich von den Tonga-Inseln finden sich für Salz im Tah. *miti*, in diesem und im Neu-Seel. *tai tai*, in der Sandw. Sprache, mit einem anderen, mir unbekannten Elemente zusammengesetzt, *paakai* (Matth. 5, 13. Marc. 9, 49. 50.); im Tong. ist *tahi-tahi* salzig, und *mahe* (sichtlich das obige Wort mit geschwundenem Zischlaut) sauer. *Tahi* Tong., *tai* N. Seel. und Tah., *kai* Sandw. bedeutet Meer und ist das Mal. *tāsek*, ein See, Kawi *tasik* und Mad. *taiche* (Flac.), Meer.

Da eine möglichst scharfe Abgränzung der sich zeigenden Verschiedenheiten der Sprachform zur Beurtheilung der geschichtlichen Verhältnisse dieser Völkerstämme wichtig ist, so habe ich die Abschweifung über die Fidgi-Sprache für nothwendig gehalten.

Die Abweichungen der Tongischen Sprache scheinen aber auch noch in anderen Ursachen, als in der Nachbarschaft der Fidgi-Inseln, zu liegen. Aus dieser lassen sich mit Sicherheit, nach dem jetzigen Standpunkte unsrer Kenntnisse, nur die eingemischten Zischlaute erklären. Bei Gelegenheit dieser muſs ich erwähnen, daſs unter diesen Sprachen auch allein die Tongische den dumpfen Gaumenlaut, das Sanskritische च, *ch*, besitzt. Er steht aber immer nur vor einem nachfolgenden *i*; *chi*, klein, unstreitig nur mit verändertem Laute das Neu-Seel. und Tah. *iti*, Sandw. *iki*. Der Mangel oder das Vorhandensein eines Anfangsvoçales unterscheidet oft in diesen Sprachen übrigens gleiche Wörter; *wae* ist Tong. Fuſs, Neu-Seel. *waewae*, Sandw. nach Morineau *wawa*, nach der Bibelübersetzung (Joh. 11, 2.) *wawae*, Tah. *awae*. Das Stammwort ist das einfache Tag. *paa*. Der übrige abweichende Charakter kann auch nicht gerade als sich den westlichen Mundarten nähernd betrachtet werden, und besteht im Ganzen darin, daſs sowohl in den Lauten, als in der grammatischen Fügung, die anderen Südsee-Sprachen etwas noch Einfacheres und Kindlicheres haben, die Tong. dagegen etwas Festeres und Männlicheres an sich trägt. Dies zeigt sich in den stärkeren und häufigeren Consonanten, der geringeren Fülle von Partikeln, und einigen wirklichen mit Lautveränderung verbundenen Zusammenziehungen von Partikeln unter sich und mit den Grundwörtern. Auch scheint der grammatische Bau in der Regelmäſsigkeit des Gebrauchs der Partikeln fester.

In einer ziemlich bedeutenden Anzahl von Wörtern fängt das Wort oder die Sylbe mit *gn* oder *tw* an ([1]). Ob eine Sylbe auch wirklich je mit einem Consonanten (wozu man aber freilich den bloſs nachklingenden Nasenlaut nicht rechnen darf) endigt, scheint mir zweifelhaft; wenigstens aber kommt dies gewiſs nie anders vor, als wo die folgende mit dem gleichen Consonanten anhebt. Denn über das End-*r*, das ich auch nur in zwei Wörtern, *marlei*, und *ger*, du, kenne, habe ich schon oben (S. 300. Anm. 1.) gesprochen. Ob nun die Verdopplung der Consonanten eine wirk-

([1]) [Dies sind aber keine Doppelconsonanten. S. meine Anm. über *gn* unt. §. 34. B.]

liche zwiefache Aussprache desselben Buchstaben ist, oder ob man nur die Kürze des vorgehenden Vocals beim Niederschreiben auf diese Weise aufgefafst hat, ist schwer zu entscheiden. Alles, was ich von der Sandwich-Sprache gedruckt besitze, ist frei von diesen Verdopplungen, und doch gestehe ich, bei einigen Versuchen, die ich mit einem sich zufällig in Berlin aufhaltenden Eingebornen dieser Inseln angestellt habe, immer zweifelhaft über diesen Punkt geblieben zu sein. Ebenso mufs man, wie ich im Vorbeigehn bemerken will, auch das Tahit. *t* und Sandw. *k* nicht so rein geschieden denken, wie wir es zu thun gewohnt sind. Man glaubt, wie ich bei dem eben erwähnten Individuum und bei Tahitiern, mit welchen ich mich in London beschäftigt habe, bald den einen, bald den anderen Laut stärker und deutlicher zu hören (1).

Beispiele der Zusammenziehungen mit Lautverändrung im Tongischen sind *na-i*, bestehend aus dem Zeichen der Vergangenheit *na* (welches wir oben S. 155. 156. als *n* auch im Kawi gefunden haben) und aus *ia*, dem Pron. 3. Pers. er mit abgeworfenem *a*; ferner *ta-mate-a*, ihn tödten, bestehend aus dem Grundworte *mate*, Tod, sterben, aus *ta*, schlagen, und *ia*, demselben Pron. der 3. Pers., das aber hier seinen wesentlichen Stammlaut *i* verliert. Dafs dies Wort diese drei Elemente wirklich zur Einheit verbindet, beweist seine Accentuirung. Denn *tamatéa* hat den Accent auf der letzten Sylbe des Grundwortes. *Ta* hat im Neu-Seel. speciellere Bedeutungen, und ist im Tahit. zur Vorschlags-Partikel der Causalverba geworden (2), aber in dieser Bed. jetzt von seltnerem Gebrauch, als *faa*. Wenn man die Zusammenziehungen mit blofser Verdopplung, wie *tegger*, bestehend aus dem Zeichen des Fut. *te* und dem Pron. der 2. Pers., und *tenne*, bestehend aus der eben angeführten Partikel und einem andren Pron. 3. Pers., ausnimmt, so mögen indefs dies die einzigen Fälle grammatischer Lautveränderungen der Sprache sein.

Im Ganzen bildet jedoch die Tonga-Sprache auf keine Weise eine besondere, als solche, den östlicheren Sprachen entgegenzustellende Sprach-

---

(1) Ebenso scheint es Anderen, dieser Sprache weit mehr Kundigen ergangen zu sein. Denn Hr. Morineau schreibt in seinem Wörterverzeichnifs *mattai*, gut, wo die Übersetzer der Evangelien *maikai* haben.

(2) Tah. Gramm. 20.

form. Der Charakter dieser letzteren spricht sich nur nicht so rein, so voll und so entschieden in ihr aus.

In diesen nun zeigen sich zuerst eine viel gröfsere Zahl von Vocalen und Diphthongen, als sich wenigstens in den Alphabeten der andren Mal. Sprachen finden, dann eine ungemeine Einfachheit des Sylbenbaues. Keine Sylbe in ihnen hat mehr als Einen Consonanten, und diesen anders, als im Anfange. Bei schliefsenden Consonanten mufs man in den Sprachen, um genau zu sein, den doppelten Fall unterscheiden, wo ein entschiedener, für sich bestehender Consonant, wie *t*, *k*, *p* u. s. f., auf den Vocal folgt, und wo die Sylbe nur mit einem Hauch-, Nasen-, Zisch- oder *r*-Laut schliefst. In allen diesen letzteren Fällen sind die genannten Laute dergestalt mit dem Vocal zerschmolzen, dafs sie nur als zur Aussprache des Vocals gehörig betrachtet werden können. Diese Fälle finden sich daher auch, allein auch nur diese, in den einsylbigen Sprachen. Man hat bisher diesen Unterschied nicht beachtet, ich betrachte ihn aber als von der gröfsten Wichtigkeit für die Erklärung der Sprachbildung, und werde an einem anderen Orte auf ihn zurückkommen. Die hier benannten Sprachen kennen nun auf keinen Fall die Sylbenendungen mit verschiedenen Consonanten; auch die mit den verschmolzenen Consonantlauten sind ihnen am Ende der Wörter fremd. In den gedruckten Wörterbüchern wenigstens endigen alle Wörter rein vocalisch. Allein in der Mitte der Wörter schliefsen die in dieser Stellung vorkommenden Nasenlaute die Sylbe, auf deren Vocal sie folgen, und sind mithin wahre Nachklänge (*anuswâra*). Vom Tong. bemerkt dies Mariner ([1]) ausdrücklich, und es läfst sich also wohl auch mit Sicherheit vom Neu-Seel. annehmen. Die westlicheren Sprachen des Mal. Stammes haben auch am Ende der Wörter häufig sowohl jene Laute, als entschiedene Consonanten, und die Fälle sind besonders merkwürdig, und führen auf tiefere Betrachtungen, wo ganz dieselben Wörter in westlichen Dialekten sich von denen der Südsee blofs durch den angenommenen Endconsonanten unterscheiden. Beispiele dieser Art sind *manu*, Neu-Seel., Tah., Tong., aber auch in der Bugis-Sprache ([2]), Vogel, und *manuk* Jav.; *rai*, Himmel (Eins oder verwandt mit *ra*, Sonne) Tah., *rangi* N. Seel., *langi* Tong., *langit* Tag.,

([1]) II. 347.

([2]) Leyden in den *Asiat. res.* X. 201.

lanitra (jedoch auch *lanhits*, *langhitsi* u. s. f.) Mad. (Exod. 20, 4.); *namu*, Mücke, Tong., *niamok* Mal.; *tai*, Meer, N. Seel. u. Tah., *tasik* Kawi (s. S. 300. Anm. 1.); *foa*, platzen, bersten, brechen, Tong., *folac*, *foulac* Mad.; *tangi*, weinen, schreien, Tong. u. Neu-Seel., *tangis* Tag.; *tui*, bezeichnen, nähen, schreiben, Neu-Seel., *tohi*, Gemälde, schreiben, Tong., *tulis* Tag. Bisweilen findet sich dieser Unterschied auch zwischen den westlichen Sprachen selbst; so die oben angeführten Wörter, das Jav. *buri*, Hintertheil, Rücken, hinten, nachher, entsprechend dem Südsee-Worte *muri*, und das Mal. *bŭrit*, Hintertheil (sowohl im Allgemeinen, als besonders des Schiffes), hinten ([1]).

Nach der Behauptung der Tahit. Gramm. giebt es im Tah. gar keine Nasenlaute. Dennoch enthält Monkhouse's Wörterbuch Zeichen für solche Laute. Überhaupt ist es nicht glaublich, dafs die Alphabete und Sylbenverzeichnisse in unsren Hülfsmitteln die Mannigfaltigkeit der vorhandenen Laute erschöpfen. Das Wort *oe*, du, aber auch Schwert, soll noch eine viel gröfsere Anzahl von Bedeutungen haben, aber auch ebenso viel verschiedene Arten, es auszusprechen ([2]). Die sogenannten Chinesischen Accente sind bekanntlich nicht eigentlich Betonungen, sondern nur Lautmodificationen, die sich nach unsrer Weise nicht alphabetisch behandeln lassen. Ähnliche solche Modificationen haben andere Sprachen jener Gegenden, namentlich die Siamesische, und diese Materie ist noch lange nicht genug bearbeitet und in ihrem Zusammenhange mit der Sprachbildung untersucht worden. Vielleicht besitzen auch die Südsee-Sprachen etwas Ähnliches; gewifs ist es immer, dafs die Sprachen sehr einfachen Sylbenbaues darum doch eine viel gröfsere Anzahl, dem Ohre unterscheidbarer Laute in sich fassen, als wir nach unsrer Schreibung uns vorstellen.

Wie in allen Mal. Sprachen, sind zwar auch in diesen die einsylbigen Wörter am wenigsten häufig, und die gröfste Anzahl machen auch hier die zweisylbigen aus. Doch ist die Zahl der ersteren verhältnifsmäfsig viel bedeutender, als in den westlichen Sprachen; und das Verhältnifs würde sich beinahe umkehren, wenn man die Fälle, wo dasselbe Wort zweimal hinter

---

([1]) Über die häufige Anhängung eines, nicht immer ausgesprochenen *k* vergleiche man Marsden's sehr gründliche Bemerkungen. *Gramm.* 114-116.

([2]) Balbi. *Introduction.* 262.

einander ausgesprochen wird, zu den einsylbigen Wörtern rechnen wollte. Dies wäre aber kein richtiges Verfahren. Denn es wird ausdrücklich bemerkt, dafs das so verdoppelte Wort nicht immer dieselbe Bedeutung mit dem einfachen hat; man sieht dies an einzelnen Beispielen, wie im N. Seel. *tai* Meer, dagegen *taitai* Salz heifst. Der Sprachgebrauch hat einmal gewisse Begriffe auf diese Weise gestempelt; und diese Schöpfung neuer Wörter durch Verdopplung, die nun nicht mehr Ausbruch des Affects bleibt, sondern wahres Sprachgesetz wird, ist von grofser Wichtigkeit für die Wortbildung, und vielleicht als eine bedeutende Stufe in derselben anzusehen. Keine dieser Sprachen wendet übrigens die Verdopplung so häufig und, da sie gar nicht immer eine blofse Wiederholung desselben ganzen Wortes ist, auf so vielfache Weise an, als die Tahitische.

In der Redefügung zeichnen sich die Südsee-Sprachen durch einen besonders grofsen Reichthum an Partikeln aus, wenn man unter Partikeln alle Wörter zusammenfafst, welche die Chinesen leere Wörter nennen, da dieselben, wenn sie auch ursprünglich eine materielle Bedeutung besitzen, doch in ihrem Gebrauche nicht Sachbegriffe ausdrücken, sondern Bezeichnungen von Modificationen und Verbindungen sind, in welchen die andren, selbstständig ausgedrückten Sachbegriffe genommen werden sollen. Von diesen nun giebt es in diesen Sprachen eine wahrhaft wuchernde Fülle. Es verräth sich darin gleichsam ein frisches und lebendiges Streben, die Begriffe mit den Nüancen, in welchen sie gedacht und verbunden werden sollen, zu umkleiden. Es ist, als schiene der Ausdruck dem Sprechenden noch immer nicht klar und lebendig genug, und als würden ihm daher immer neue Bestimmungen und Zusätze beigegeben. In diesem Reichthum von Partikeln, besonders aber auch in dem Gebrauche und der Stellung derselben, sind alle übrigen Mal. Sprachen von diesen verschieden. Denn obgleich diese Partikeln der Südsee-Sprachen in ihren grammatischen Bedeutungen gewöhnlich eine bestimmte Stellung zu dem Grundworte annehmen, so wechselt dieselbe doch auch bisweilen, und so schmelzen sie niemals mit dem Worte zusammen, und können, da sich gar kein Streben zu einer solchen Verschmelzung in ihnen äufsert, nicht als Affixa betrachtet werden. Die Grundwörter selbst erfahren natürlich, nach dem allgemeinen Charakter des ganzen Stammes, gar keine Veränderungen, und so weichen die Südsee-Sprachen von dieser Seite, in der Isolirung aller Redeelemente, wenig vom Chinesischen ab, und könnten mit Chinesischen Zeichen geschrieben werden. In ihrer festeren grammatischen Bedeutsamkeit, in der Bestimmung ihrer Stellung zum Grundworte und in der dadurch hervorgebrachten deutlicheren Unterscheidung der Redetheile liegt jedoch auf der andren Seite wieder ein so bestimmter und so grofser Unterschied, dafs die Form beider Sprachen gar nicht verwechselt werden kann.

Indefs ist die Natur dieser Partikeln und ihr Verhältnifs zum Formenbau der Sprache, wenn man sie mit denen anderer Sprachen vergleicht, wiederum ganz eigenthümlich. Ihre Anwendung steht natürlich unter den allgemeinen Gesetzen des Sprachbaus, welche alles Sprechen beherrschen. Aber man vermifst die feste logische Übereinstimmung zwischen diesen Gesetzen und der Vertheilung der verschiednen Partikeln unter dieselben. Das ganze Geschäft der Sprachformung in diesem Theil ist, wenn ich mir den Ausdruck erlauben darf, nicht von der Vorstellung der Form, sondern von dem Stoff ausgegangen. Dadurch ist das Princip, welches hätte das allein herrschende sein sollen, nur bei der Anwendung des Stoffs und nach dessen Bedeutsamkeit ein schwach leitendes geworden. Die Sonderung der Partikeln ist nun weder rein, noch bestimmt genug. Mehrere dienen zur Bezeichnung derselben Form, und in einer und ebenderselben verbinden sich mehrere, sehr verschiedenartige Formen. Sie werden auch wohl zu blofs ausfüllenden, gänzlich bedeutungslosen, oder begleiten die Sätze gewissermafsen als tönende Interpunctionszeichen. Von dem ursprünglichen Sachbegriff, oder wenn kein solcher erweisbar vorhanden ist, von der hauptsächlichsten grammatischen Bedeutung ausgehend, hat der Sprachgebrauch die Partikel in ähnlichen Verhältnissen angewendet, und so schlingt sich die Bedeutung einiger, sehr häufig vorkommender durch eine Reihe von Formbegriffen, welche nach unsrer Ansicht zu sehr verschiedenen Kategorieen gehören.

Bei dieser Beschaffenheit der Partikeln erhält man durchaus keinen richtigen Begriff von der Sprache, wenn man diese letztere, der Anlage unsrer Grammatiken gemäfs, nach den Redetheilen durchgeht. Man zerreifst und zerstreut da, was, seiner Natur nach, zusammenhing. Ich habe daher bei der Behandlung derselben zuerst eine Zusammenstellung sämmtlicher Partikeln gemacht, und erst auf diese eine kurze Übersicht der Art, wie die grammatischen Kategorieen gebildet werden, folgen lassen. Auf diese Weise habe ich jede Partikel in ihrem Zusammenhange darstellen und die verschiedenen Bedeutungen aus einander ableiten können. Um hierin genauer zu verfahren, habe ich überall im Tahit. die Evangelien-Übersetzung, im Neu-Seel. die in der Gramm. vorkommenden Sprachproben zum Grunde gelegt, um den Sinn der Partikeln unmittelbar aus ihrer Verflechtung in die Rede zu schöpfen. Diese Arbeit, verbunden mit der grammatischen Übersicht, gewährt dann einen möglichst vollständigen Begriff des ganzen Sprachbaues. Die Erfahrung hat mich überzeugt, daſs man bei allen nicht mit wahrer Flexion versehenen Sprachen diese zwiefache Arbeit nach einander vornehmen muſs. Es kommt alsdann auf die gröſsere oder geringere Hinneigung der Sprache zu regelmäſsigem Formenbau an, welchen dieser beiden Theile ihrer grammatischen Darstellung man dem andren voranschickt.

Die hier erwähnten Partikeln fehlen, wie wir es auch bei dem Gebrauche der Affixa in den andren Mal. Sprachen gesehen haben, bisweilen ganz in der Rede, und die Wörter entbehren alsdann aller anderen grammatischen Bezeichnung, als der, auch nicht immer entscheidenden Stellung. Beim Durchlesen der Grammatiken empfindet man dies weniger, da ihre Verfasser in ihren Paradigmen natürlich nach fester Regelmäſsigkeit streben. Bei den Sprachproben aber stöſst man häufig auf solche Stellen, besonders in den aus dem Munde des Volkes selbst entlehnten in Mariner's Beschreibung der Tonga-Inseln. Doch ist der Fall immer selten, daſs in einem Satze ein durch die beigefügten Partikeln bestimmter Theil den in sich unbestimmt gebliebenen hinlänglich erläutern sollte.

Überhaupt ist offenbar in diesen Sprachen ein nicht zu verkennendes Streben nach grammatischer Formung, und es liegt in ihnen sichtlich eine Voranlage zum Übergange zu derjenigen, die wir an den westlichen Sprachen des Stammes in vielen Theilen dieser Schrift einzeln betrachtet haben. Die Partikeln deuten gewissermaſsen schon an, daſs sie, auch ohne Verschmelzung zur Worteinheit, als Affixa betrachtet werden. Sie wechseln ihre Stellung zum Grundwort selten, und mehrere, wie z. B. die der Causalverba, thun dies nie; einige unter ihnen stimmen auch dem Laute nach mit Affixen der westlichen Sprachen überein. Die Tongische Sprache besitzt, jedoch freilich nur durch Abwerfung, nicht durch Umwandlung von Buchstaben, einige wirkliche Lautveränderungen bei Zusammenziehung zur Worteinheit; und da sie sich dennoch im Übrigen nicht von dem Gesammtbau dieser Sprachen entfernt, so ist dies nichts andres, als gleichsam ein weiter vorgerückter Schritt in dem, auch in den andren eigenthümlichen Streben.

Aus der hier gemachten Schilderung des Baues dieser Sprachen, und vorzüglich aus der Einfachheit ihrer Sylbenbildung, scheint, ohne daſs es eines anderen Beweises bedürfte, von selbst ihre Alterthümlichkeit hervorzugehen. Die westlichen Sprachen des Stammes scheinen neuer, indem ihre mehr zusammengesetzten Wörter und ihr mehr auf Worteinheit gerichteter grammatischer Bau, so wie auch die geringe Fülle der Partikeln, eine gröſsere und längere Arbeit des sprachbildenden Geistes in ihnen verräth. Den in sehr jugendlichen Sprachen immer üppigen Partikelreichthum pflegt das Vorrücken der Sprachbildung überall zu beschneiden, und dies bringt hier die Erscheinung hervor, daſs die Südsee-Sprachen zum Theil mehr Mittel zur Bezeichnung der Beziehungen, namentlich der Casus, besitzen, als einige der mehr ausgebildeten Sprachen des Stammes.

Ein Beweis des höheren Alters scheint auch in den Zahlwörtern, sowohl dieser Sprachen, als der des Stammes überhaupt, zu liegen. Die Südsee-Sprachen enthalten nämlich von mehreren die Wurzeln, in noch lebendiger anderer Bedeutung, deren Begriff man auf die Zahlen übergetragen hat. In den anderen Sprachen ist dies theils gar nicht, theils weniger der Fall. So bedeuten *lima, rima, nima, dima*, welche dieselben Laute sind, fast in allen Mal. Sprachen die Zahl fünf, allein nur in den Südsee-Sprachen, auf Bali, Borneo und Celebes hat sich dies Wort für Hand erhalten. Die Zahl zehn wird in sehr vielen Mal. Sprachen nach dem Wort Haar benannt. Im Tong. ist dies auch der Fall. Aber auſser dem Wort *fulu*, Leibhaare (mit dem Zusatz *he manu*, Haare des Vogels, d. i. Federn), hat sich auch *fuli*, alles, und zwar nur von Zahl, nicht von Gewicht gebraucht, erhalten, so daſs dies noch bestimmter den Übergang zum Begriff der Zahl bildet. Auf ähnliche Weise bedeutet in derselben Sprache *fa* vier und viel. Crawfurd's aus der Ende-Sprache [1], deren Zahlwörter übrigens sehr mit denen der andren Mal. Sprachen übereinkommen [2], gezogene Folgerung, daſs man in ihr auch nach einem Zahlsystem von vieren gerechnet habe, erhält hierdurch eine neue und viel evidentere Erweiterung. Denn

---

(1) *Archip.* I. 255.

(2) Raffles. II. *App. p.* CXCVIII.

die gröſste Zahl des Systems pflegt als unbestimmte Menge bezeichnet und mit einem solchen Gegenstande (wie z. B. die Haare sind) verglichen zu werden. Die Tahit. Sprache hat auch, was in Sprachen ein seltner Fall ist und immer einen auf hohes Alter hindeutenden Wörterreichthum beweist, doppelte Ausdrücke für dieselben Zahlen, für zwei und fünf neben *rua* und *rima* noch *piti* und *pae* (¹).

§. 14.

Wir treten jetzt in ein Gebiet des groſsen Sprachstammes, in welchem sich die Sprachen von den so eben betrachteten durch etwas auszeichnen, das allemal eine höhere Bildung und einen vollendeteren Bau entweder voraussetzt oder allmälig nach sich zieht. Die Südsee-Sprachen haben keine Schrift, es sind auch, so viel ich weiſs, keine Spuren vorhanden, daſs sie jemals eine solche besessen haben. Die Wörter, welche jetzt in denselben für schreiben gebraucht werden, bedeuten ursprünglich malen und Zeichen machen. Von dem Neu-Seel. *tui*, mit dem das Tong. *tohi* dasselbe Wort ist, ist dies in beiden Sprachen offenbar. Der Ursprung dieser Bedeutung liegt in der Wurzel *tu*, Neu-Seel. schlagen, Tong. schneiden, und rührt also von dem Verfahren bei dem Anfertigen der Zeichen her. Es ist eine sinnreiche Bemerkung von Hrn. Jacquet, daſs dies mit dem Bezeichnen der Haut mit eingeritzten Figuren, dem Tattuiren, zusammenhängt, und es ist merkwürdig, daſs dieselben Wörter, nur in weniger einfacher Lautform, in den westlichen Mal. Sprachen gefunden werden. So ist im Tag. *tulis*: Spitze und schärfen, *tuli*: beschneiden, im Jav. *tulis*: Schrift, im Mal. zeichnen, malen, schreiben. Der Ursprung des Tah. *papai* und Sandw. *pala pala* (Ev. Joh. 1, 45.) ist mir bis jetzt unbekannt (²). Die westlichen Mal. Sprachen haben dagegen groſsentheils Alphabete; und von einigen, bei welchen keine mehr im Gebrauche gefunden werden, läſst sich beweisen, daſs ehemals vorhandene nur in Vergessenheit gerathen sind. Dies scheint der Fall

(¹) Tah. Gramm. *p.* 17. Matth. 5, 41. 25, 2. Die Sandwich-Übersetzung hat die gewöhnlichen Ausdrücke *lua* und *lima*.

(²) [Im Haw. bedeutet *pai*: mit der flachen Hand schlagen, 2) stempeln, drucken, 3) Reihe, Linie, *papai*: mit der flachen Hand schlagen, *pala*: bestreichen, beschmieren, *palapala* auſser schreiben auch: malen, zeichnen, bezeichnen; im N. Seel. ist *para*: *unctuous*. B.]

mit der eigentlich Mal. Sprache, da es auf Sumatra, wo diese Sprache eigentlich herstammt, bekanntlich mehrere einheimische Alphabete giebt. Zweifelhafter bleibt es, ob auf Madagascar vor der Einführung des Arabischen Alphabets ein eignes vorhanden gewesen ist. Wenn, wie es höchst wahrscheinlich bleibt, alle Mal. Alphabete mit dem Indischen zusammenhangen, so wäre es nicht zu verwundern, dafs gerade die beiden Endpunkte des Sprachstammes der Schrift entbehrten. Es würde dies jedoch zugleich beweisen, dafs die Überwandrung nach Madagascar zu einer Zeit und von einem Punkte aus gemacht worden wäre, wo noch kein Indisches Alphabet hingedrungen war, da sonst höchst wahrscheinlich Sprache und Schrift sich mitgetheilt haben würde. Denn im Gegentheil diese Überwandrung so jung anzunehmen, dafs man sie blofs von den Arabisch schreibenden Malayen auf Malacca herleiten wollte, macht der grammatische Bau der Sprache unmöglich, die viele aus dem eigentlich Malayischen ganz unerklärbare und auf grammatisch reichere Mundarten des Stammes zurückweisende Formen enthält.

§. 15.

Ich kann nicht umhin, in der Folge der einzelnen Malayischen Sprachen der Bugis-Sprache mit wenigen Worten zu erwähnen, obgleich die Hülfsmittel, wie man sie bis jetzt besitzt, durchaus kein eigentliches Studium derselben erlauben. Denn selbst die Handschriften, die, da Raffles zwei derselben besafs, sich vermuthlich jetzt in den Sammlungen der Asiatischen Gesellschaft in London befinden, würden nur mit der gröfsten Schwierigkeit und unsäglichem Zeitaufwande zur Erlangung einer irgend vollständigen Kenntnifs der Sprache benutzt werden können. Mir hat blofs, was in den Werken von Raffles (II. *App. p.* CLXXVIII.) und Crawfurd ([1]) und in Leyden's bekannter Abhandlung (*Asiat. res.* X. 192.) über diesen Gegenstand enthalten ist, nebst den ersten acht Octavseiten eines angefangenen, aber nicht fortgesetzten Wörterverzeichnisses zu Gebote gestanden. Dies Wörterverzeichnifs verdanke ich der gefälligen Güte des Hrn. Prof. Neumann, der es auf seiner Reise nach Canton, welche Deutschland mit einer so wich-

([1]) Die Bugis-Zahlen befinden sich *Archip.* I. 264., Nachrichten über die Sprache und Litteratur II. 59., das Alphabet II. 70. *pl.* 17., eine Anzahl von Wörtern II. 125.

tigen Sammlung Chinesischer Bücher bereichert hat, aus den Händen des Verfassers selbst empfing. Dieser ist nämlich Hr. Thomsen, Präsident der Christlichen Gesellschaft (*Christian Union*) in Singapore. Es enthält auf diesem ersten halben Bogen etwa zweihundert Wörter, die nach den Materien geordnet sind, und wo auf das Englische Wort das Bugis-Wort erst mit Lateinischen Lettern, dann aber mit den einheimischen Charakteren gedruckt, folgt. Da die Fortsetzung des Drucks wegen Mangels an Fonds aufgegeben worden ist, so suche ich durch Hrn. Prof. Neumann's Vermittlung das Manuscript und auch einige grammatische Notizen von Hrn. Thomsen zu erhalten, und schiebe, bis mir dies gelingt, oder ich die Hoffnung dazu aufgeben mufs, die Herausgabe einer vergleichenden Sprachlehre der uns bekannt gewordenen Sprachen des Malayischen Stammes, die ich für die Südsee-Sprachen, das Tag., Mad. und Jav. bereits vollendet habe, auf (¹).

(¹) [Der Verf. hat späterhin dieses Wörterbuch vollständig im Druck erhalten. Es führt den Titel: *A vocabulary of the English, Bugis, and Malay languages.* Singapore 1833. 8°. Ich habe oben S. 230. Z. 10. irrthümlicher Weise Serampore als Druckort angegeben. Es ist ein neuer Druck, in kleineren Typen. Der Text ist dabei unverändert geblieben, nur dafs die Malayische Sprache mit hinzugenommen, und in der Umschreibung der Bugis-Schrift in Lateinische Buchstaben der Vocal, welcher in dem früheren Abdruck sich durch cursives *o* wiedergegeben findet, durch ŏ ausgedrückt ist. Bei dem kleineren Drucke läuft der Text, welcher die acht Seiten des ersten Abdrucks einnimmt, in dem neuen nur bis gegen das Ende der siebenten Seite. Dieser vollständigen Ausgabe habe ich die Bemerkungen über das Bugis-Alphabet entnommen, welche ich dem neuen Abdrucke von Wilh. v. Humboldt's *Lettre à Mr. Jacquet* am Ende dieser Schrift (S. 78-97.) beigegeben habe. Diese Bemerkungen werden zu gleicher Zeit dazu dienen, die hier vom Verf. über das Lautsystem der Sprache gemachten in einigen Stücken zu vervollständigen. Da ich erst später den Entwurf dieses Briefes aufgefunden habe, so sei es mir erlaubt, aus ihm hier die Stellen zu ergänzen, welche Hr. Jacquet aus Bescheidenheit weggelassen hat. Der Brief beginnt so:

Monsieur,

Je m'empresse à Vous présenter mes vifs et sincères remercîmens de Votre intéressant mémoire sur les Alphabets des Philippines, et des expressions infiniment trop flatteuses dont Vous avez bien voulu l'accompagner. Occupé depuis quelque temps de l'étude des langues Malaies, j'ai dû diriger mon attention sur le même objet, Vos savantes recherches sont venues à mon secours, et j'aime à me flatter qu'il ne Vous sera pas désagréable, Monsieur, si je prends la liberté de Vous communiquer quelques idées qu'elles m'ont suggérées.

Hierauf folgen die Worte (S. 78.): *Je commence par Vous envoyer etc.* Vor dem Satze (S. 96.): *Votre interprétation du passage de Diodore etc.* ist einzuschalten:

Veuillez, Monsieur, excuser la longueur de cette discussion. Mais l'intérêt que Votre

Die Sprache der Marianen-Inseln gehört gleichfalls nothwendig zur Vervollständigung dieser Arbeit. Zu dieser darf ich aber hoffen durch Hrn. Freycinet's Werk früher und leichter zu gelangen. Ich halte es nämlich, obgleich ich für jetzt nichts darüber entscheiden möchte, für wahrscheinlich, dafs die Bugis-Sprache gewissermafsen ein Mittelglied zwischen denen der Südsee und den westlichen abgeben kann. Die der Marianen-Inseln ist darum so merkwürdig, weil wir bis jetzt keine einzige Sprache aus dem Theile der Südsee in einiger Vollständigkeit kennen, welchen Hr. d'Urville (¹) Mikronesien, Hr. von Chamisso die erste Provinz des Beckens des grofsen Oceans (²) nennt.

Die Bugis-Sprache wird dadurch so merkwürdig, dafs sie einen noch einfacheren Sylben- und Wortbau, als die Tag., zu verrathen scheint, und doch zugleich eine ausgedehnte Litteratur in der einheimischen Sprache besitzt, von der man sich noch jetzt Handschriften verschaffen kann. Die Sylben scheinen fast blofs einfache, nur consonantisch beginnende zu sein. In den zweihundert Wörtern des erwähnten Verzeichnisses finde ich von schliefsenden Consonanten blofs *m* und *n*, beide nur am Ende von Sylben in der Mitte des Worts, das erstere nur vor *p*, das letztere vor *r*; ferner *h* und *k*, beide blofs am Ende der Wörter; endlich den Nasenlaut *ng*, sowohl am Ende der Sylben in der Mitte des Worts, als am Ende desselben. In den wenigen von Leyden gegebenen Sprachproben findet sich *n* und *m* auch am Ende, sonst aber lauten alle Wörter blofs vocalisch aus. Dies mag aber daran liegen, dafs diese Sprachproben nach den einheimischen Charakteren gegeben sein mögen, und in diesen werden die Schlufsconsonanten nicht be-

mémoire répand sur ces matières, d'ailleurs sèches et minutieuses, m'a entraîné plus loin que je ne pensais. Si je n'ai pas lassé Votre patience, j'en retirerai l'avantage d'avoir soumis bien des doutes et bien des conjectures à Votre décision.

Vor der Unterschrift endlich (S. 97.), nach den Worten: *différer de Votre opinion*, ist einzuschalten:

Mais je termine ici ma lettre dont la longueur a déjà besoin de toute Votre indulgence. Veuillez me l'accorder, Monsieur, et agréer l'assurance de mes sentimens les plus distingués. — B.]

(¹) *Mémoire sur les îles du grand Océan. p. 8. Bulletin de la Société de Géographie.* nr. 103.

(²) Kotzebue's Entdeckungsreise. III. 30. Ein Wortverzeichnifs einiger hierher gehörigen Sprachen ist ebendas. S. 55.

zeichnet. So hat Leyden für Sonne *mataso*, da Thomsen *mata-osok* giebt. Das Wort ist Auge des Tages (s. ob. S. 173.). In *tajang osok*, Sonnenstrahlen (Thomsen), ist *osok* allein Sonne, *tajang* Licht. Das erste *o* in *osok* ist nasal. Leyden's *aso* für Tag scheint falsch. In andren Wörtern des Verzeichnisses, z. B. *salok*, Fluſs, hat er das End-*k* richtig. Dann fehlt es wieder, wie in *tasi*, für *tasik*, Meer. Dagegen finden sich in den Sprachproben in der Mitte der Wörter auch drei auf einander folgende Consonanten, wie in *matindro*, *andraguru*. Das letzte Wort, das Feldherr übersetzt wird, verräth seinen Indischen Ursprung ([1]), und die classischen Werke des Volks mögen auſserdem schon Fremdes aufgenommen haben. Auch Leyden bemerkt, daſs sich in ihnen in der gewöhnlichen Sprache nicht vorkommende Ausdrücke finden. In dem Ortsnamen *Sedéndreng* bei Raffles ([2]) glaube ich eine Zusammensetzung des Sanskr. *siddha* mit *indra* anzutreffen.

So wenig sich auch bei so dürftigen Hülfsmitteln über das Grammatische dieser Sprache urtheilen läſst, so scheint dieselbe doch den Charakter des Tag. und Jav. an sich zu tragen. *Ma* ist in ihr ein Adjectiv-Präfix, wie in jenen. Dies zeigen besonders die Namen der Farben bei Leyden ([3]). *Pa* präfigirt und *an* suffigirt zeigen den Ort an. Denn *patunan* bedeutet: Verbrennungsplatz ([4]), nämlich der Todten, wo das Grundwort dem Mal. *tūnu* verwandt ist, welches wieder seine noch einfachere Wurzel in dem Tong. verdoppelten *tutu* zu haben scheint. Auch das durch die Einschiebung von *in* gebildete Passivum glaube ich bei Leyden in dem Worte *tinumbukkeya* zu entdecken. Es wird durch unbesiegt übersetzt. Nun ist *tumbuk* Mal.: im Mörser zerstoſsen, wiederholt schlagen, um etwas zu zerstückeln, und

([1]) Es scheint, wie sonderbar auch die Verbindung wäre, aus अन्ध्र, *andhra*, Jäger, und dem bekannten *guru* zusammengesetzt. Von den beiden andren Wörtern desselben Verses (S. 197.) glaube ich in *laset* das Mal. *lāsa*, verstümmelt, eines Gliedes beraubt, und das Tag. *laslàs*, zerstören, in Stücke reiſsen, in *maliat* aber das Mal. *mĕlas*, träge, säumig, langsam, zu erkennen, so daſs das *castrato* der Übersetzung auf das erste, das *timidun* auf das zweite dieser Wörter ginge. Ob das mit *laset* verbundene *ta* das Tah. Präfix der Causalverba ist, lasse ich dahingestellt.

([2]) II. *App. p.* CLXXXIV.

([3]) *Asiat. res.* X. 200. 201.

([4]) Raffles. II. *App. p.* 186.

Zz

davon scheinen die ersten drei Sylben des Wortes das Pass. zu sein; das Ende weiſs ich nicht zu erklären.

Es soll, nach Crawfurd ([1]), unter den Bugis eine verborgene, alte, noch von Wenigen gekannte Sprache geben, welche er mit dem Kawi und Pali vergleicht. Es wäre sehr interessant, zu untersuchen, ob in dieser das Bugis ebenso mit Sanskritwörtern vermischt ist, als das Javanische im Kawi. Daran, daſs der Ursprung der Bugis-Litteratur dem Einflusse des Indischen angehört, kann wohl kein Zweifel sein. Schon in der Reihe von Titeln, welche Leyden von ihm bekannt gewordenen Werken giebt ([2]), kommen mehrere Sanskritwörter vor; Nama-Saguni, Batara Guru, Guru de Sillang, Lapa Bichara Lari Sindenare (लाप, *lápa*, Rede, Gespräch, विचार, *wichára*, Untersuchung, Erörterung, woher auch das Mal. *bechāra* stammt), Aji (s. ob. S. 51.) Ledeh. In Savira Gading, welches zusammen der Name eines Helden ist, scheint वीर, *wīra*, Held, zu liegen, und Satya-bonga ist wohl Blume der Wahrheit, von dem Mal. *būnga*, Blume. Vorzüglich wichtig zur Kenntniſs der Sprache würde es sein, sich die vorhandene Übersetzung des Korans zu verschaffen, nicht bloſs um dadurch eine leichtere Anleitung zur Kenntniſs der Sprache zu erlangen, sondern auch um daraus die eigentliche Volkssprache besser kennen zu lernen. Ob übrigens der Indische Einfluſs auf Celebes unmittelbar vom Indischen Festlande oder nur mittelbar durch Java ausgeübt worden ist, bleibt sowohl in diesem Falle, als bei mehreren ähnlichen die Civilisation dieses Erdtheils betreffenden Fragen schwer zu entscheiden.

Merkwürdig ist es, daſs sich, wie Raffles ([3]) erzählt, noch bis zum heutigen Tag auf Celebes eine Art Knotenschrift, jedoch nur in einem einzigen Falle, erhalten hat. Wenn nämlich ein Lehnsherr seine Vasallen vorladet, so schickt er ihnen ein Blatt eines Baumes, an welchem mit Knoten die Zahl der Tage bezeichnet ist, nach deren Verlauf sie erscheinen sollen. Dies Blatt heiſst in der Bugis-Sprache *bila-bila*, Zählung, Rechnung, aber auch: Zeit, Zeitbestimmung, nach dem Tag. *bilang*, zählen, rechnen, und dem Mal. *bīlang*, welches dasselbe, aber auch sprechen, erzählen be-

([1]) *Archip.* II. 61.

([2]) *Asiat. res.* X. 195.

([3]) II. *App.* p. 185.

deutet, und *bīla*, Zeit, durch welchen Mittelbegriff das Wort (dann *bīlā*) auch auf den Tod, wie es aber scheint, nur auf einen freiwillig selbst bestimmten, angewendet wird. Es ist merkwürdig zu sehen, wie diese Wörter in allen ihren verschiedenen Bedeutungen mit den Sanskritischen वेल्, *wêl*, und वेला, *wêlá*, übereinstimmen.

Die Sprachen, von welchen ich jetzt noch zu reden habe, sind auch grammatisch näher mit einander verwandt, und unterscheiden sich im Ganzen von denen der Südsee-Inseln durch gröfsere Zusammenfügung des Wortbaues und der grammatischen Formen. Ich werde aber bei ihnen kürzer sein können, da ich im Laufe dieser Schrift schon zur gehörigen Erklärung der Javanischen Sprachform das Wesentlichste, besonders was das Verbum betrifft, über sie beigebracht habe.

§. 16.

Ich beginne hier mit der Tagalischen, da sie insofern für die primitive und den Ursprung der übrigen angesehen werden kann, als sie den diesen Sprachen eigenthümlichen Bau am vollständigsten und am klarsten enthält. Sie besitzt alle Formen zusammengenommen, von welchen sich in den anderen nur einzelne finden, und hat dieselben, bis auf sehr unbedeutende Ausnahmen, unverstümmelt und in durchgängiger Analogie erhalten.

Sie ist aber nur eine der mehreren auf den Philippinischen Inseln herrschenden Sprachen. So viel man jedoch aus dem, was über die mir bekannten vier hauptsächlichsten, die Tagalische, die Bisayische, Pampanga- und Iloco-Sprache, einzeln gesagt wird, schliefsen kann, bilden alle diese Mundarten zusammen mit ihren Unterarten, deren z. B. Ezguerra in seiner Bisayischen Gramm. viel mehrere anführt, in dem grofsen Malayischen Sprachstamm wieder einen kleineren, enger verwandten. Meine Hülfsmittel erstrecken sich nur auf das Tagalische und Bisayische, und ich beschränke mich, da der allgemeine Typus beider derselbe ist, blofs auf das erstere.

Die Tagalische Sprache hat insofern dieselbe Einfachheit des Sylbenbaues mit den bisher betrachteten, als sie nicht in derselben Sylbe zwei Consonanten unmittelbar auf einander folgen läfst. Dagegen schliefsen sehr viele

Zz 2

Sylben, sowohl in der Mitte, als am Ende der Wörter, mit Consonanten, und es liegt wohl nur an Eigenthümlichkeiten der Aussprache, wenn ein Consonant hiervon ausgeschlossen scheint. So erinnere ich mich keines Wortes, welches seine erste Sylbe mit *r* endigte, obgleich das *r* am Ende sehr vieler Wörter steht. In denjenigen Wörtern, welche nach festen grammatischen Regeln eine Zusammenziehung (Syncopa) erfahren, wären es auch nur eine bestimmte Anzahl dieser, stellt sich auch *r* bisweilen vor dem Anfangsbuchstaben einer nachfolgenden Sylbe in die Mitte des Wortes; so wird aus *hiran*, entlehnen, *hirmin* (¹). Aber auch die Zusammenziehung bringt niemals zwei Consonanten in derselben Sylbe an einander.

Mit den einsylbigen Wörtern ist es, wie im Allgemeinen bereits angemerkt worden ist. Sie sind, wenn man die Wiederholung desselben Wortes ausnimmt, die seltneren; die drei- und mehrsylbigen dürften sich wohl alle bei genauerer Untersuchung als zusammengesetzt erweisen, und so ist auch hier die Zweisylbigkeit die Regel. Die Wiederholung desselben einsylbigen Wortes ist weniger häufig, als in den Südsee-Sprachen.

In der grammatischen Form scheint zwar auf den ersten Anblick der Unterschied gegen jene überaus grofs, im Wesentlichen nimmt man aber bald die, noch merkwürdigere Übereinstimmung wahr. Der allgemeine Charakter, dafs das Wort sich nicht verändert, um declinirt oder conjugirt zu werden, und dafs die ihm beigegebenen Modificationen durch Partikeln ausgedrückt sind, ist auch hier der nämliche, und ebenso die Anheftung dieser Partikeln an den Anfang des Worts.

Dagegen liegt die sehr eigenthümliche Verschiedenheit in der grofsen Regelmäfsigkeit im Gebrauch dieser Partikeln, in ihrer Verbindung mit dem Grundwort zur Worteinheit, und in einigen wenigen Fällen in der Veränderung des Wortes selbst. Dadurch erhält die Sprache einen verwickelten, ehe man den Schlüssel dazu gefunden hat, schwer zu übersehenden Formenbau, und das Grundwort ist nicht immer gleich aus der Form, in der es erscheint, herauszufinden. Auf der andren Seite aber beruht nicht allein das Verfah-

---

(¹) Totanes. S. 144. Das *r* fängt niemals im Tag. ein Wort an, sondern verwandelt sich dann in den verwandten Laut des *d*. Dies geschieht auch in der Mitte der Wörter bisweilen. So lautet die Zusammenziehung von *sonorin*: *sondim*.

ren, so wie man es einmal kennt, doch auf einer sehr einfachen Zusammensetzung der Wörter mit den Partikeln, sondern man kann sich auch in gewissen Fällen von diesen Formen losmachen und, wie im Chinesischen, das nackte Wort hinstellen. Auch im Tag. führt eigentlich die Kenntniſs der Bedeutung der Partikeln und der Wörter zum Verständniſs, und es bedarf nur wenig, was bei Flexionssprachen ein unerlaſsliches Erforderniſs ist, der eigentlich grammatischen Erläuterung.

Ihre Hauptsorgfalt scheint die Tag. Sprache dem Verbum zugewandt zu haben. Zwar kann auch dies, wie ich oben bemerkt habe, ohne allen grammatischen Zusatz in die Rede eingeführt werden, allein es geschieht nur selten. Die, bis auf diese einzelnen Ausnahmen allgemeine und den Charakter der Sprache ausmachende Regel ist die, daſs das Verbum in der Rede nie ohne dasselbe bezeichnende Affixa erscheint, daſs aber auf diese Weise, und durch dieselben jedes Wort, ohne alle Ausnahme, in ein Verbum verwandelt werden kann. Alle Tag. Verba sind sogenannte Denominativa, oder, nach der Indischen Terminologie, aus Wurzeln gebildete, die man *lidhu* nennt. Wie das Verhältniſs des Nomens zum Verbum die Sprache vielfach beschäftigt, haben wir im 2. Buche bei der Passivbildung gesehn. Ungeachtet dieser Sorgfalt und Beschäftigung aber gelingt ihr, wie ich schon oben (S. 287.) bemerkt habe, die wahre Charakterisirung des Verbums am wenigsten. Das vielfache Bemühen danach entsteht sogar gerade daraus, daſs sie den einzig richtigen natürlichen und einfachen Weg verfehlt. Anstatt die Verbindung der Person mit dem Verbum, ohne welche die wahre Symbolisirung seines Begriffs unmöglich ist, gehörig mit ihm zu verschmelzen, und wieder mit dieser auch die Zeitbedingungen in Verbindung zu setzen, bildet sie die Seiten des Verbums aus, die ihm, auch wenn es unpersönlich und gleichsam in der Flüchtigkeit seiner Natur fest geheftet erscheint, zukommen können. Hiervon ist der Numerus ein auffallendes Beispiel. Statt diesen zugleich mit der Person in das Verbum zu verflechten, versetzt sie denselben zugleich oft in den Grundbegriff selbst, und vermischt also wenigstens die Begriffe, indem sie ein Präfix in gewissen Fällen dem Verbum nur dann zugiebt, wenn dasselbe Mehrheit der Handlungen anzeigt. In der verbundnen Rede kann nun daraus freilich keine Undeutlichkeit entstehen, da das Pronomen in der Mehrzahl verschiedene Formen hat; aber in das Verbum wird der Begriff dadurch um nichts mehr verflochten.

Wie sich die verschiedenen Affixa zur Modificirung des Grundbegriffs des Verbums verhalten, und wie durch sie eine gewisse Anzahl von Formen entstehen, von denen sich einige, wie die causativen, auf alle Verba, andere aber nur auf einzelne anwenden lassen, habe ich im Ganzen schon im vorigen Buche an einigen Stellen angedeutet. Diese von den Spanischen Grammatikern Conjugationen genannten Formen, welche man am passendsten mit den Verbalformen der Semitischen Sprachen vergleichen kann, werden nun wieder darin nach einem, in genaue Regeln zu bringenden Systeme verschieden behandelt, dafs die Sylbenverdopplung, welche z. B. die Tempusandeutung erfordert, bald das Grundwort, bald das Präfix trifft. Auch stellt sich unter gewissen Bedingungen bei einigen derselben der Accent um. Ich erwähne dies ausdrücklich, um zu zeigen, wie thätig sich der Formentrieb in dieser Sprache erweist, und wie er nur gewissermafsen nicht in das Gebiet eingedrungen ist, in welchem er vorzüglich walten sollte.

Von der Sylbenverdopplung macht die Tag. Sprache einen viel gröfseren Gebrauch, als die anderen, die uns noch zu betrachten übrig bleiben; namentlich wendet keine von diesen sie zur Tempusbezeichnung an. Die Art, wie es mit *in* (S. 86. 122.) und *um* (S. 82. 110. 111.) geschieht, Affixa zur grammatischen Bezeichnung in die Wörter selbst durch Abtrennung ihres Anfangsbuchstaben einzuschieben, gehört auch zu den künstlichen Mitteln der grammatischen Bildung, die man sich nur durch ein zur Gewohnheit gewordenes Streben nach Worteinheit erklären kann. In ähnlicher Art finden solche Einschiebungen, sogar mit entschiedenen Consonanten, wie im Arabischen mit *t*, auch in anderen Sprachen statt. Im Tag. wird der Vocal der eingeschobenen Sylbe auch in einigen Fällen dem Vocal des Grundwortes assimilirt, und dadurch noch ein höherer Grad der Lautverschmelzung zur Worteinheit bewirkt. Diese Einschiebungen sind im Mal. Stamm vorzüglich zu beachten, weil der Umstand, ob sie sich in einer der einzelnen Sprachen desselben finden oder nicht, über die nähere und entferntere Verwandtschaft derselben unter einander entscheiden kann.

Eine andere Einschiebung von einzelnen Buchstaben oder Sylben, nicht zwischen die Buchstaben desselben Wortes, aber zwischen die Wörter desselben Satzes, scheint das Tag. nur mit den andren Mundarten der Philippinen zu theilen (s. oben S. 289. 290.). Wenigstens ist es mir bis jetzt nicht gelungen, in irgend einer andren Mal. Sprache mit Sicherheit eine

Spur davon in der Art aufzufinden, dafs diese Einschiebung auch grammatisch bedeutsam wäre. Denn von der blofs euphonischen Anfügung eines Nasenlautes im Kawi habe ich oben (S. 185-188.) gesprochen (1).

Die Tagalische Sprache enthält also den Formenbau des Mal. Stammes, so viel wir urtheilen können, in seiner entwickelten Reife und noch unabgekürzt und unverstümmelt durch die Zeit. Von den drei andren uns grammatisch genau bekannten Sprachen befindet sich keine ganz in diesem Fall. Man mufs dieselben aus ihr ableiten und ihre Formen auf die Tagalischen zurückführen, man macht sich ohne die Kenntnifs der Philippinischen Sprachen keinen vollständigen Begriff von ihnen und gewinnt keinen freien Überblick weder über ihren Wortvorrath, noch ihren grammatischen Bau. Das Tagalische verhält sich zu ihnen, wie das Sanskrit zu den aus ihm abstammenden alten und neuen Sprachen.

Sie stehen aber in verschiedenem Verhältnifs zu diesem ihrem primitiven Vorbilde, und ihre Verwandtschaft unter einander läfst sich daher nicht einfach bestimmen, indem sie in einem Punkte mehr Ähnlichkeit mit dieser, in einem anderen mit jener unter ihnen haben. Wahrscheinlich würde dies historisch zu erklären sein, wenn man die Mittelglieder kennte, die es vermuthlich noch zwischen ihnen und den Philippinischen Sprachen giebt oder gegeben hat. Sehr viele Aufklärungen über diese Frage würde man schon besitzen, wenn die Reisenden, die uns Wortverzeichnisse vieler Mal. Dialekte hinterlassen haben, uns einige Notizen nur über wenige, aber hauptsächliche grammatische Punkte mitgetheilt hätten. Leider aber läfst sich aus den vorhandenen Nachrichten nicht einmal beurtheilen, ob alle übrigen Dialekte auf Java und Sumatra im Formenbau mit dem Javanischen und der Sprache der Halbinsel übereinstimmen, oder nicht?

---

(1) [In der Jav. Sprache findet sich ein einzelner Fall der grammatischen Anwendung von *ng* als Verbindungslaute. Die auf einen Vocal ausgehenden Zahlwörter von 2 bis 9 nämlich setzen, wenn das zu ihnen gehörende Subst. unmittelbar folgt, oder wenn sie als Vielfaches vor einer Zahlclasse stehn, *ng*, *papat*, 4, *ang* an, wobei das letztgenannte Zahlwort und *loro*, 2, die Verdopplung verlieren: *telung prahu*, 3 Schiffe, *patang dhina*, 4 Tage, *rong puluh* 20, *pitung dhasa* Kr. 70, *limang ngatus* 500, *sangang ngèwu* 9000, *wolung leksa* 80,000. Diese Eigenschaft theilt das Pron. interrog. *pira*, wie viele? vor Subst. und Ordnungen der Cardinalzahlen: *pirang pikul*, wie viele Lasten? *pirang ngatus*, wie viele Hunderte? Bei den Tag. Zahlwörtern werden in demselben Falle die Verbindungslaute gebraucht, aber in gröfserer Ausdehnung und Mannigfaltigkeit. B.]

In der That käme es hier nur auf die Beantwortung einiger einzelnen Fragen an, um über den Zusammenhang, der uns hier beschäftigt, sehr viel Licht zu verbreiten. Denn wenn wir aus dem Bau der Tag. Sprache die beiden charakteristischen Merkmale, die Mannigfaltigkeit und systematische Zusammensetzung der Verbalpräfixe und die künstlich durch Infigirung gebildeten Formen, herausheben, theilen sich die übrigen Sprachen hiernach gewissermafsen in zwei Classen. Das Javanische besitzt vorzugsweise vor den beiden andren Sprachen die künstlicheren Formen, vernachlässigt dagegen die Präfixa. Die Madecassische und Malayische Sprache verhalten sich entgegengesetzt. Die erstere verbindet mit dem Verbum viele einfache und zusammengesetzte Präfixa, aber die Bildung durch Infigirung hat sie entweder nie besessen, oder wiederum verloren. In der eigentlich Mal. habe ich von der letzteren bis jetzt keine sichere Spur wahrgenommen (1), der Bau der Präfixa ist in ihr einfacher, als im Tag., aber bei weitem mehr und bedeutsamer geregelt, als im Jav. In ihr findet sich ohne Zweifel am wenigsten von dem vollständigen Tag. Formenbau. Von den beiden andren Sprachen läfst sich schwer entscheiden, welche mehr von demselben in sich aufgenommen hat. Sie haben sich jede an einen verschiedenen Theil desselben gewandt und dagegen den anderen vernachlässigt.

§. 17.

Um hier von der Javanischen Sprache das Nöthige beizubringen, brauche ich nur mit wenigen Worten an das in dem grammatischen Theile dieser Schrift bereits hinlänglich Ausgeführte zu erinnern.

Was sie in Absicht des Sylben- und Wortbaus charakterisirt, beruht wohl schon grofsentheils auf Indischem Einflufs. Den einfachen Sylbenbau, selbst nur wie er im Tag. herrscht, darf man natürlich blofs in den wahrhaft Mal. Wörtern erwarten; der in sie übergegangenen Sanskritischen giebt es aber eine sehr bedeutende Anzahl. Auch macht die Sprache Zusammenziehungen durch Ausstofsung kurzer Vocale, so dafs daraus Sylben mit zwei auf einander folgenden Consonanten, wie *tr*, *ngl*, *ngr* u. s. f., und auch mehr einsylbige Wörter entstehen. Es lassen sich nicht einmal alle Fälle

(1) [S. meine Anm. auf S. 83. B.]

dieser Art auf diese Weise erklären, besonders die nicht, wo die zusammentretenden Consonanten nicht beide entschiedene Consonanten sind, sondern wo z. B. ein Nasenlaut hinzutritt. Ein Beispiel hiervon giebt die Entstehung des Anfangs-*ngr* und *ngl* durch grammatische Formation (s. S. 98.).

Im Formenbau und in der grammatischen Fügung hat die Sprache ihre bestimmteste Eigenthümlichkeit in der Vernachlässigung der Verbalpräfixe und der durch ihre Abwerfung entstehenden Veränderung der Anfangsconsonanten. Die Sache selbst habe ich oben (S. 92. u. f., besonders von S. 98. an) ausführlich auseinandergesetzt; und wenn man auch meiner Annahme, dafs diese Lautveränderung von einem verstümmelten Präfixum herrührt, nicht beitreten sollte, so bleibt der Erfolg für den Charakter, welchen die Sprache dadurch annimmt, dennoch derselbe. Sie hat auf der einen Seite durch die Einschiebung des *in* und *um* und durch die Lautveränderung des Verbums, die sich nicht deutlich als die Folge eines angehängten Präfixes darthut, den Schein, den flectirenden Sprachen näher zu stehn. Sie entledigt sich dadurch der vielfachen, die Tag. Wörter beschwerenden Vorsylben, zerstört aber wieder durch eine gleichsam willkührliche Anhängung solcher verlängernden Laute diesen Eindruck ohne Nutzen, da diese Vorschläge der Bedeutung nichts hinzufügen. Diese vernachlässigende Behandlung der Verbalpräfixa ist ihr zwar gewissermafsen mit dem eigentlich Malayischen gemein, da diese Sprache auch sehr häufig das Verbum ohne und mit Präfix gebraucht; sie führt aber in der letzteren niemals zu einer, auch nur scheinbaren Veränderung des Anfangsbuchstaben des Verbums. Wo diese statt findet, ist sie vom vollständigen Präfixum begleitet und erscheint daher in der Mitte des Worts. Aber darin kommen wieder beide Sprachen mit einander überein, dafs sie nur eine kleine Zahl von Verbalpräfixen aufgenommen haben. Dies unterscheidet beide vom Madecassischen. Endlich sind beide in ihrem Bau auch darin einander ähnlich, dafs sie die Andeutung des Tempus beim Verbum blofs durch Hülfswörter bewirken, und daher in der Flectirung des letzteren gar keine einfachen Formen haben, dergleichen doch die Tag. Sprache, durch Annahme des Anfangs-*n* im Präter., besitzt. Auch hierin ist die Mad. beiden unähnlich.

Ebenso zeigt sich ein Übergang zur Formlosigkeit in dem Pronomen der Jav. Sprache, sogar gegen die eigentlich Malayische. Man wird dies an mehreren Punkten im Gebrauche des Pron. gewahr, vorzüglich aber daran,

Aaa

dafs die Unterscheidung der aus- und einschliefsenden Form der 1. Person der Mehrheit, welche sich im Mad. und Mal. erhalten hat, gänzlich untergegangen ist, so dafs das ursprünglich für die letztere bestimmte *kita* zur Singular-Bezeichnung geworden ist.

Nimmt man das hier Gesagte zusammen, so scheint daraus zu folgen, dafs das Jav. ursprünglich seinen Formenbau vom Tag. ableitete, davon aber durch den Verlauf der Zeit wiederum sehr Vieles einbüfste. Dies scheint auch noch vollständiger durch den Bau des Kawi bewiesen, der in Absicht der grammatischen Formung ein Mittelglied zwischen beiden Sprachen bildet. Auf ähnliche Weise läfst sich die Entstehung des eigentlichen Mal. erklären, nur dafs dieses, wenn man in dieser Hypothese bleibt, noch mehr Formung aufgegeben hat. Sehr leicht kann es aber auch mit diesem Unterschiede noch eine andere, durch einen dazwischen liegenden, uns unbekannten Dialekt vermittelte Bewandtnifs haben.

Dadurch, dafs der Indische Einflufs keinen Theil des Archipelagus so stark, als Java und Sumatra, traf, entsteht ein neuer Punkt der Gemeinschaft zwischen dem Javanischen und eigentlich Malayischen. Die Anzahl der Sanskritwörter ist zwar, wenn man nicht blofs bei den auf den ersten Anblick in die Augen fallenden Ähnlichkeiten stehen bleibt, sondern auch tiefer liegende Etymologieen verfolgt, auch im eigentlich Mal. bedeutend grofs. Ich halte sie jedoch noch für viel gröfser im Jav., wenn man auch nicht die ausschliefslich der Höflichkeitssprache eigenthümlichen Wörter dahin rechnet. Die Nähe von Java, Sumatra und Malacca macht überhaupt, dafs die beiden in diesen Gegenden herrschenden Hauptsprachen einander in ihrem Wortvorrathe sehr ähnlich, in vielen Wörtern gleich sind, und dafs man im Tag. oft nur die entferntere Wurzel wiederfindet. Meiner, ehe ich Javanische Wörterbücher besafs, gemachten Erfahrung nach, ist für die Wortbedeutung das eigentlich Malayische am hülfreichsten für das Verständnifs des Jav., ob es gleich auch eine bedeutende Zahl von Wörtern giebt, welche blofs, oder directer auf das Tag. hinweisen. Aus den Javanischen grammatischen Formen aber hätte ich mich, vor dem Besitz einer Grammatik, niemals ohne Kenntnifs des Tag. zurecht gefunden, da ich mit Wahrheit behaupten kann, blofs mit diesem Hülfsmittel so weit gekommen zu sein, dafs ich, bis auf wenige Punkte, der Jav. Grammatik, als ich eine solche erhielt, nur zur Bestätigung des mir schon Bekannten bedurfte. Man mufs zur Erklärung dieses Unterschiedes nicht vergessen, dafs der Einflufs des eigentlich Malayischen durch die Handlungsunternehmungen und Ansiedlungen der Malayen sich seit Jahrhunderten beständig wiederholt, und in der That dauernd fortwirkt, und dafs daher schon durch diesen Einflufs die Malayischen Wörter im Jav. mehr in Umlauf gekommen sein mögen, besonders da es immer Wörter desselben Stammes sind, und der Unterschied nur theils in ihrer Form, theils darin liegt, dafs in der einen Sprache Ausdrücke veraltet sind, welche in der anderen fortblühen.

Die Übereinstimmung des Javanischen mit dem Charakter und dem Bau der übrigen Sprachen des Stammes geht aus allem über die Wörter und den grammatischen Organismus desselben Gesagten hervor.

§. 18.

Ich nenne die Sprache Madagascars mit Flacourt und mehreren Französischen Schriftstellern die Madecassische, da dieser Name wohlklingender ist, als der von Challan und Andren gebrauchte *langue Malgache*, auch *Malegache*, und der gegenwärtig bei den Englischen Missionaren übliche *Malagazy*. Bei dem so gewöhnlichen Übergange des *r* und *l* in *d* laufen übrigens alle diese Benennungen auf Eins hinaus, und Hr. Jacquet schreibt daher gleich richtig *langue Malecasse* (1).

Obgleich die Aufmerksamkeit der Sprachforscher schon längst auf diese Sprache und ihre Verwandtschaft mit dem Malayischen gerichtet war, so scheinen doch alle bisher über sie bekannte Nachrichten nur aus Flacourt's Geschichte von Madagascar und Drury's (2) höchst unvollständigem Wörterverzeichnifs geschöpft. Dagegen scheint des eben erwähnten Flacourt (3) 1658 in Paris, und Challan's (4) 1773 in Isle de France her-

---

(1) *Nouv. Journ. Asiat.* IX. 264.

(2) *Bibliotheca Marsdeniana. v.* Drury.

(3) *Dictionnaire de la langue de Madagascar avec un petit Catéchisme cet. par* le Sieur de Flacourt. Paris. 1658. 8. (*Dict.* 176 S. Nach den Gegenständen geordnete Wörter 53 S. Kat. 112 S.)

(4) *Vocabulaire Malgache par* Mr. Challan. à l'Isle de France. 1773. 8. (*Voc. M. F. p.* 1-54. *Voc. F. M. p.* 55-92.)

ausgegebenes Wörterbuch gar nicht bekannt geworden zu sein. Ich verdanke die Benutzung dieser beiden höchst wichtigen Schriften der Königl. Bibliothek in Paris und namentlich der Güte des Herrn Van Praet, der schon vor einer langen Reihe von Jahren meine Vaskischen Untersuchungen mit so zuvorkommender Gefälligkeit unterstützte. Das Flacourtsche Werk ist blofs Französisch-Madecassisch, das Challansche zwar ebenso, doch auch in einem zweiten, kürzeren Theile Madecassisch-Französisch geordnet. Challan war Missionar und Pfarrer in St. Louis auf Isle de France, und man sieht aus der Zueignung, dafs es damals eine Französische, wie jetzt eine Englische, von dieser Insel aus geleitete Missionsanstalt in Madagascar gab. Beide Schriften ergänzen sich auf sehr zweckmäfsige Weise, da Flacourt gewöhnlich dasselbe Wort in verschiedenen grammatischen Kategorieen Madecassisch wiedergiebt, und dadurch die Wortbildung der Sprache kennen lehrt, Challan dagegen reicher an gleichbedeutenden Wörtern für denselben Begriff ist. Mit diesen gedruckten Wörterbüchern habe ich zwei handschriftliche verbinden können. Das eine hat Hr. Lesson, dem ich auch für andre interessante wissenschaftliche Mittheilungen zum lebhaftesten Danke verpflichtet bin, die Geneigtheit gehabt mir in Paris zu überlassen. Es hat den durch Aufsätze in den *Annales des voyages* bekannten Naturforscher Chapelier zum Verfasser, der von der Französischen Regierung nach Madagascar geschickt wurde und nach einem etwa zehnjährigen Aufenthalte daselbst starb. Hr. Lesson kam, indem er als Arzt die Freycinetsche Entdeckungsreise in die Südsee begleitete, in Besitz desselben. Es ist vorzüglich reich an Redensarten, aber leider sehr undeutlich geschrieben, und sichtbar ein unvollendet gebliebener erster Entwurf, den der Verfasser erst später umarbeiten wollte. Es ist blofs Madecassisch-Französisch, und nur in den Anfangsbuchstaben der Wörter alphabetisch geordnet. Das zweite handschriftliche Wörterbuch ist mir durch Hrn. Alexander Johnston's Aufmerksamkeit, meine Sprachuntersuchungen zu unterstützen, zugekommen. Es ist klein, aber dadurch schätzbar, dafs demselben auch schwer aufzulösende grammatische Formen beigemischt sind. Der Verfasser ist der auf seiner Mission gestorbene Missionar Jeffreys. Die vier hier genannten Wörterbücher habe ich in ein alphabetisches nach der Folge der Madecassischen Wörter zusammentragen lassen, und es war meine Absicht, dasselbe herauszugeben. Ich bin aber von diesem Vorsatze durch die Nachrichten abgekommen, welche ich, gleichfalls durch die Vermittlung von Sir Alexander Johnston, über ein handschriftliches in London befindliches Wörterbuch dieser Art empfangen habe. Es ist im Jahre 1816 von Barthélemi Huet Ritter von Froberville verfertigt, und befindet sich im Besitze von Sir Robert Farquhair, dessen verstorbener Bruder Sir Thomas es an Ort und Stelle erworben hat. Es besteht aus sieben Bänden, ist Madecassisch-Französisch und Französisch-Madecassisch, und unterscheidet bei den Wörtern, ob sie im nördlichen oder südlichen Dialekte der Insel üblich sind. Eine solche Arbeit müfste nothwendig bei einer jetzigen Herausgabe eines Mad. Wörterbuches benutzt werden, ja die Grundlage davon ausmachen, so dafs sie nur durch die vorhin genannten Hülfsmittel vermehrt oder vielleicht in einzelnen Fällen berichtigt würde. Diese Hülfsmittel allein führen die grofse Unbequemlichkeit mit sich, dafs die Dialekte nicht deutlich unterschieden sind, auch wohl verschiedene Schreibungen gebraucht sein mögen, so dafs man von einer grofsen Zahl von Wörtern mehr als Eine Form aufführen müfste, ohne dennoch gewifs zu sein, ob die Verschiedenheit wirklich in der Sprache selbst läge. So lautet Himmel bei Flacourt und Chapelier *langhitsi* und *langhits*, bei Challan *languets*, *lanhits*, *lanéhits*, in den Bibelübersetzungen der Englischen Missionare *lanitra*. Bei etymologischen Untersuchungen sind diese, sich leicht aus einander erklärenden Verschiedenheiten wenig hinderlich, ganz anders aber ist es in einem Wörterbuche, wo die ganze Form des Wortes richtig gegeben werden soll. Das Verdienst, die Sprachkunde zuerst mit einer Madecassischen Grammatik bereichert zu haben, gebührt ebenfalls Hrn. Lesson. Sie ist auch von Chapelier verfafst und in den *Annales maritimes* (¹) abgedruckt. Ob sie gleich noch Vieles vermissen läfst, beweist sie doch, dafs Chapelier die Zusammenfügung der Sprache in ihren verschiedenen Verbalpräfixen und in mehreren ihrer Lautveränderungen richtig aufgefafst hatte. Von einer handschriftlichen Grammatik des oben erwähnten Missionars Jeffreys habe ich, da sie mir durch die Wittwe desselben im Originale zugeschickt wurde, eine genaue Abschrift nehmen können. Sie enthält vorzüglich nur vollständig ausgeführte Verbal-Paradigmen, in den wenigen hinzugefügten Bemerkungen kommen aber höchst wichtige und sich sonst nicht findende Notizen vor. Ein über-

(¹) *Annales maritimes ou recueil cet. publié par* Mr. Bajot. 1827. nr. 2. p. 90-121.

aus wichtiges Hülfsmittel zur Kenntnifs des Baues der Sprache gewähren die Übersetzungen einiger biblischen Stücke, durch welche aus leicht begreiflichen Gründen ausschliefslich die evangelischen Missionen der Sprachkunde so wesentliche Dienste leisten. Ich besitze Madecassisch die Evangelien Lucas, Johannes ([1]) und einige Capitel des Ev. Matthäus. Aufserdem ist auch noch ein Theil der Bücher Moses übersetzt, den ich aber nicht habe benutzen können. Durch die freundschaftliche Sorgfalt von Sir Alexander Johnston, der jedes wissenschaftliche Unternehmen auf die freisinnigste Weise zu fördern bemüht ist, und zugleich durch seine Stellung als Vice-Präsident der Asiatischen Gesellschaft in London, so wie ehemals als Gouverneur von Ceylon, mit unermüdetem Eifer zur Verbreitung nützlicher Kenntnisse mitwirkt, habe ich mich mit dem Gouverneur von St. Mauritius (Isle de France) Sir Charles Colleville und dem sehr sprachkundigen Missionar Freeman in Briefwechsel setzen können, und verdanke dieser Quelle schon einige wichtige grammatische Aufschlüsse.

Auf ganz Madagascar herrscht nur Eine, blofs in verschiedene, jedoch höchst verwandte und gar nicht als eigene Sprachen anzusehende Dialekte getheilte Sprache. Dies sagt Flacourt ([2]) ausdrücklich, und alle anderen Schriftsteller von Madagascar bestätigen es. Diese Thatsache ist aber wichtig, da die Bevölkerung der Insel, auch abgesehen von einigen dort angesiedelten Arabischen Stämmen, aus zwei Racen, einer weifsen und einer schwarzen, zusammengesetzt ist.

Dabei, dafs diese Sprache im eigentlichen Verstande und bis in ihr Innerstes hinein dem Malayischen Stamme angehört, verweile ich nicht mehr. Ich habe mich im Vorigen (§. 1-3.) darüber ausgesprochen, und es ist dies keine Behauptung, die noch eines ausdrücklichen Beweises bedürfte. Gelegentlich wird man überall, wo Einzelnes aus der Sprache berührt wird, von selbst neue Beweise antreffen.

Der Sylbenbau ist in dieser Sprache zwar nicht so rein und einfach, als z. B. im Tagalischen; das Zusammentreffen zweier Consonanten in der-

---

([1]) Sie sind 1828 und 1829 auf Madagascar in Tananarivo, bei Malte-Brun (*Géographie.* V. 125.) Tanane-Arrivou, im Nordosten der Insel, gedruckt und im Dialekt der Hovas in der Provinz Ankove, des kunstverständigsten Stammes der Insel, verfafst. Flacourt hielt sich in Fort-Dauphin, im Südosten der Insel, auf.

([2]) Vorr. zum Wörterbuch. S. 1.

selben Sylbe findet sich oft, so wie überhaupt Zusammenziehungen und Veränderungen der ursprünglichen Gestalt der Wörter durch die Aussprache häufiger in ihr zu sein scheinen. Bei der Verschiedenheit aber, in welcher sich die Wörter in meinen Hülfsmitteln, wenn man auf ihre genaue Form sieht, wie ich schon oben bemerkt habe, darstellen, möchte ich nicht wagen, über diesen Punkt etwas Weiteres zu bestimmen. In der Aussprache der Eingebornen scheinen sich noch einige der Eigenthümlichkeiten zu finden, welche die reine Articulation der Laute undeutlich machen und Hindernisse in der alphabetischen Schreibung hervorbringen. Denn nach Flacourt's Versicherung (1) lassen die Eingebornen im Schreiben nicht selten Consonanten, die einem andren vorausgehen, weg, und aus den angeführten Beispielen sieht man, dafs dies mit dem Vocal der Sylbe verschmolzene Nasenlaute sind, die also die Eingebornen nicht gehörig im Schreiben zu trennen vermögen. Er citirt *abohits*, *laba* und *labou*, statt *anbohits* (2), *lanba* (3) und *lanbou* (4); diese Wörter sollten aber, wie man aus seinem eignen Wörterbuche sieht, ein *m* statt des *n* haben, da sich das letztere vor dem Lippenbuchstaben *b* in das erstere verwandelt (5). Noch merkwürdiger ist die sich in dem Frobervilleschen Wörterbuche *v. magne* (6) findende Bemerkung, dafs es Wörter giebt, welche bis auf sieben verschiedene Arten, sie auszusprechen, haben. Ähnliches erwähnte ich oben von Tahiti. Es ist zu bedauern, dafs Froberville nicht hinzusetzt, ob sich nun auch, wie zu vermuthen steht, die Bedeutung nach diesen verschiedenen Aussprachen abändert.

Einsylbige Wörter, wenn man blofse Partikeln ausnimmt, sind im Madecassischen vielleicht noch seltner, als im Tag. und Jav.

---

(1) Vorr. zum Wörterbuch.

(2) Zusammengesetzt aus der Präposition *an*, in, auf, und *vohits*, Berg (*Annales.* 92.).

(3) Leinwand, Zeug zur Bekleidung, und Bekleidungsstücke selbst (*toile, linge, harde* Chall., *manteau, nappe* Flac. *pet. rec.* 30.). Da *d* und *l* verwechselt werden, so ist das Wort vielleicht dasselbe mit dem gleichbed. Tag. *damit.*

(4) Schwein.

(5) Diese beiden Buchstaben werden bei Flac. und Chall. sehr häufig verwechselt.

(6) Ich verdanke nämlich der freundschaftlichen Güte des Hrn. Dr. Rosen die Abschrift einiger Artikel dieses Wörterbuches, die mich gerade vorzüglich interessirten.

Der grammatische Bau ist, wie ich kaum zu erinnern brauche, im Ganzen derselbe, als in den Malayischen Sprachen überhaupt.

Beim Nomen hat die Sprache offenbar mehr grammatische Formung, als die Jav. und Mal., und kommt darin der Tag. näher. Sie unterscheidet das Subst. durch einen Artikel, hat im Pron. für die Casus obliqui eine andre Form, als für den Nominativ, bildet regelmäſsige Affixa derselben, und besitzt verschiedene Formen für die gröſsere oder geringere Allgemeinheit, in welcher die 1. Pers. des Plur. genommen werden soll.

Im Verbum braucht sie allerdings auch die affixlosen Formen, welche mithin aus dem bloſsen Grundworte bestehen, neben den grammatisch zu Verben gestempelten. Besonders bezeichnet sie auf diese Weise den Imperativ. Die Fälle dieses Modus abgerechnet aber, ist dieser Gebrauch nicht so häufig, als im Mal., jedoch weit mehr, als ihn sich die Tag. Sprache erlaubt.

Verbalformen, wo das Verbum kein Präfix erhielte, und doch verändert würde, um aus dem Zustande des bloſsen Grundwortes in den Verbalzustand überzugehen, kenne ich im Mad. gar nicht, und glaube dieselben ihm absprechen zu müssen.

Fälle, wo, wie im Tag. (S. 83.) und im Jav., theils auf dieselbe (S. 114.), theils auf andre Weise (S. 87. u. flgd.) ohne Präfix bloſs ein anderer Anfangsconsonant, als demselben ursprünglich eigen ist, am Worte erschiene, habe ich mit der gröſsten Aufmerksamkeit nicht entdecken können (1).

---

(1) Wenn ich mich über die Bildung des Mad. Verbums nicht mit Zweifel, da ich es richtig und ganz zu durchschauen glaube, aber mit Behutsamkeit ausdrücke, so rührt es daher, daſs ich dieselbe so gut als ganz habe aus Wörterbüchern und Sprachproben abstrahiren müssen. Chapelier und Jeffreys führen gewissermaſsen nur Bruchstücke derselben an, wie z. B. einzelne Präfixformen, lassen sich aber auf den Zusammenhang dieser gar nicht ein. Chapelier spricht nirgends einmal von der Veränderung des Anfangsbuchstaben der Verba nach dem Präfix *man*, wie *tapere* und *manapere*, endigen. Jeffreys (dessen Aufsatz ich übrigens erst erhielt, als ich meine grammatischen Arbeiten über das Mad. schon gänzlich vollendet hatte) erwähnt derselben bloſs gelegentlich als einer Zusammenziehung zur Erklärung von *manoulou*, verändern, wechseln, aus *manao soulou*, und hat offenbar keinen richtigen Begriff von dem Verfahren der Sprache in diesen Formen. Es ist dies beiden auch keineswegs zu verargen, da sie nicht einmal das eigentlich Malayische kannten. Auf dem Wege aber, welchen ich einschlagen muſste, können Einem immer Fälle entgehen, die zu anderen Schluſsfolgerungen führen würden. Das obige *soulou* hat die doppelte Bed. von kahlköpfig (Mal. *sūlah*) und von Stellvertreter (bei Challan *soulouh*, *remplacer*). In dieser entspricht ihm das Mal. *sĭlih* oder *sĭlĭ*, ersetzen, zurückzahlen, entschädigen, woher *menyĭlĭ*.

Dafs die Einschiebung der Sylbe *um* nicht als grammatische Form mehr in der heutigen Sprache üblich ist, sich aber an einigen Verben unverkennbar erhalten hat, habe ich bereits oben (S. 83.) erwähnt. In dem Gebirgsdialekte des Tag. findet sie sich auch nicht, sondern man braucht, statt derselben, das Präfix *ma*, welches also dort transitiv genommen wird ([1]), da das Tag. aufser dem Gebirge es immer zum Kennzeichen des intransitiven Verbums macht. Im Bisayischen ([2]) ist es willkührlich, sich in demselben Sinne der Einschiebung von *um* oder der Vorsetzung von *ma* zu bedienen. Dieselbe Freiheit lag vermuthlich auch im Mad., die Vorsetzung von *ma* aber gewann die Überhand. Dies ist aber keine leere Hypothese. Denn das Mad. hat mit einem Dialekt des Bisayischen, der Zebu-Mundart, das dem Tag. fremde Präfix *mi* (das Mal. *me*) gemein, und das Mad. Präfix *ma* giebt dem Verbum ungefähr dieselben Modificationen, als die Tag. Einschiebung von *um*. Die Verbalbildung der Sprache beschränkt sich also auf den Gebrauch der Präfixa, der aber durch die Verschiedenheit derselben, da auch zusammengesetzte vorhanden sind, nicht allein häufig, sondern auch mannigfaltig ist. Man kann diesen Theil als den am meisten und sorgfältigsten in der Grammatik der Sprache ausgebildeten ansehen. Sie kommt darin dem Bau der Tag. unter den hier betrachteten Sprachen am nächsten, wenn man blofs den einzigen Punkt ausnimmt, dafs das intransitive Verbum im Tag. durch *ma*, im Mad., wo dagegen *ma* transitiv ist, durch *mi* bezeichnet wird. Allein auch dies *mi* findet sich in andren Philippinischen Dialekten, so dafs es immer auf dieselbe Quelle zurückweist. In anderen Punkten sind die Formen beinahe identisch.

Man trifft einzelne Conjugationen des Tagalischen ganz im Madecassischen an. Ich habe schon oben erwähnt, welche Verwandtschaft zwischen der Tag. infigirenden Conjugation und dem Mad. Präfix *ma* in den Bedeutungen herrscht. Das Tag. Präfix *maka* entspricht dem Mad. *maha*, und in beiden Sprachen deuten diese Präfixa das M a c h e n und K ö n n e n an. Ferner sind beiden Sprachen die Buchstabenveränderungen gemein, welche die Vorsetzung des Präf. *man* in den Anfangsconsonanten der Grundwörter hervorbringt, und zwar verwandelt die Mad. Sprache, wie die Tag., das *s* in

([1]) Totanes. *p.* 44. nr. 140.

([2]) Ezguerra. nr. 130.

n, da die Mal. es in *ny* und die Jav. gewöhnlich in dieses, seltner in *n* umändert. Hier findet es sich sogar, daſs, auch den Bedeutungen nach, dieselben Classen von Wörtern in beiden Sprachen gleiche Conjugationsbehandlung erfahren. Im Tag. gehen die aus Werkzeugen des Jagens, Fischens, Fangens u. s. w. gebildeten Verba nach dieser mit Buchstabenveränderung verbundenen Conjugation; *bívas*, Angelhaken, *mamívas*, angeln. Ganz das Gleiche findet in den Mad. Wörtern *vinta*, Angelhaken, *maminta*, angeln, *vovo*, Fischernetz, *ompamovo*, ein mit Netzen Umgehender, ein Fischer, statt. Alle Verbalpräfixa beginnen mit *m*, und aus ihnen werden, wie im Tag., Jav. und eigentlich Malayischen, mit *p* beginnende, jenen genau entsprechende Nominal-Präfixa. Im Mad. steht nur oft an der Stelle des *p* ein *f* oder *h*. Eine besondere und genauere Verwandtschaft des Mad. mit dem Tag. liegt aber wieder darin, daſs beide Sprachen die mit *m* beginnenden Präfixa mit andren verbinden, und daſs die in die Verbindung aufgenommenen nicht wieder mit *m*, sondern nur mit *p* anhebende sein können. Diese letzteren nämlich sind nichts andres, als Verbal-Nomina, und das Verbalpräfix kann sich nur mit einem Nomen verbinden. Das Grundwort bildet durch das mit *m* beginnende Verbalpräfix ein Verbum, aus dieser Bildung geht vermittelst des mit *p* beginnenden Präfixes ein Verbal-Nomen hervor, und durch die abermalige Verbindung von diesem mit einem Verbalpräfix entsteht ein neues abgeleitetes Verbum. Das präfixlose Grundwort kann, auch der Bedeutung nach, ein Verbum sein, die mit Präfixen in *p* anhebenden Wörter sind allemal Nomina. Auf diese Weise muſs man sich die zusammengesetzten Präfixa denken; *soulou*, verändern, Veränderung, *manoulou*, verändern, *panoulou*, der Veränderer, *mampanoulou*, jemanden verändern machen.

Wenn aber das Madecassische dem Tagalischen auf dem Wege seiner angeblichen Passivbildung bis zur Formation der Verbal-Nomina folgt, so verläſst es dasselbe in der Hinzufügung der sogenannten drei Passiv-Affixe. Ich möchte indeſs nicht vollkommen läugnen, daſs die Infigirung von *in* sich nicht auch in einzelnen Wörtern, so wie die von *um*, erhalten hätte. Ich weiſs jedoch bis jetzt nur Ein Wort, was mir diese Vermuthung erregt hat (1). Es ist dies *finoulac*, Riſs, Bruch. Das Grundwort ist hier offen-

(1) [Ich habe unten in einer Anm. zu §. 21. noch zwei andere Beispiele nachgewiesen. B.]

bar *foulac* (*cassé, rompu* Flac., *folac, casser* Froberville v. a.), von welchem auch das abgeleitete Verbum *mamoulac*, zerbrechen, angetroffen wird. Nach den Regeln der Mad. Grammatik, liefse sich nun *finoulac* aus dem Grundworte nicht anders, als so erklären, dafs das Präfix *mi* das Anfangs-*f* des Wortes in *m*, bei Flacourt verwechselt mit *n*, verändert hätte, und daraus ein Verbal-Nomen entstanden wäre. Für diese Buchstaben verändernde Kraft des intransitiven Präfixes *mi* giebt es aber im ganzen uns bekannten Sprachstamm keine Analogie, so dafs das Wort sich nur nach Tagalischer Weise richtig herleiten läfst.

Die Madecassische Sprache drückt das Passivum durch Redensarten aus, die ganz nominaler Natur sind, indem wirkliche Nomina mit ausdrücklicher oder stillschweigender Hinzufügung des Verbums sein dazu angewendet werden. Ich habe schon oben (S. 85.) gezeigt, wie dies eigentlich aus der Tagalischen Passiv-Construction herrührt und sich gleichfalls, wie im Mad., ohne wahre Passivform im Malayischen findet. Spuren davon kommen auch im Tahitischen vor ([1]), aber am meisten ausgebildet erscheinen diese Redensarten im Madecassischen. Wahrhaft zu sagen, giebt es also keine Passiv-Conjugation in dieser Sprache. Jeffreys giebt zwar eine solche, durch alle Tempora durchgeführte in mehreren ausführlichen Paradigmen. Sie verrathen aber gleich ihre Natur durch die Art ihres Gebrauchs des Pronomens. Das Grundwort ist nämlich in denselben nicht, wie beim Activum, dem allein wahren Verbum in der Sprache, mit dem persönlichen Pron., sondern mit den Possessiv-Suffixen desselben verbunden, wodurch das Grundwort sich als Nomen zeigt. Es ist hier ganz derselbe Fall, als mit dem, von Marsden auch in die Conjugation aufgenommenen sogenannten unbestimmten Vergangenheits-Tempus (s. ob. S. 162.). Wie in diesem das *de* das Verbum sein enthält, so findet sich dies Verbum auch in den Mad. Redensarten, nur dafs diese die drei bestimmten Zeiten unterscheiden, jedoch wohlverstanden nicht am Grundwort, sondern am Hülfsverbum ([2]).

([1]) Das Subject des Activverbums steht alsdann im Genitiv, das Verbum selbst als Nomen, und der vom Activum regierte Accusativ im Nominativ; *na te atua i hamani te rai*, Gott machte den Himmel, aber wörtlich: des Gottes Machen (war) der Himmel. Tahit. Gramm. 37.

([2]) In Jeffreys Paradigmen steht im Pass. das Grundwort ohne Verbalpräfix, aber mit nachfolgendem Possessiv-Suffix des Pron. Vor dem Grundwort steht im Präter. *nou*, im

In der Tempusbezeichnung bleibt zwar die Sprache durchaus im Charakter des Stammes, kommt aber darin mit keiner der einzelnen uns bekannten Sprachen vorzugsweise überein, sondern geht ihren eignen Weg. Sie macht keinen Gebrauch von der Sylbenverdopplung zu diesem Behuf, wie die Tag., kennt aber auch nicht die Bezeichnung der Tempora durch abgesonderte Hülfswörter, wie sie die Mal. und Jav. Sprache haben. Es giebt zwar ein solches, *efa*, welches man mit dem Jav. *sampun* und Mal. *sudah* vergleichen kann. Es deutet ursprünglich vollendet, geschehen, aus sein an und wird, zur Verstärkung des Begriffs der Vergangenheit, dem gewöhnlich geformten Prät. hinzugefügt. Jeffreys bildet daraus, die ganze Conjugation hindurch, ein dreifach zusammengesetztes Tempus, wo immer diese Partikel dem einfachen Tempus vorausgeht. Aus seinen Benennungen, — Übersetzungen giebt er nicht —, *present*, *past*, und *future perfect* mufs man schliefsen, dafs er damit die drei Tempora der vollendeten Handlung meint. Die einfachen Tempora, die Jeffreys indefinite nennt, werden durch Vorsetzung von *n* im Prät. und *h* im Fut. gebildet. Das Präsens unterscheidet sich hinlänglich durch das Anfangs-*m* des Präfixes, welches den Vorlauten der andren Tempora weicht. Das *n* kommt, wie wir

Fut. *hou*. Beide sind gleich den in der Bibelübersetzung gebrauchten *no* und *ho*; denn Jeffreys schreibt auch *Tananarivou* statt *Tananarivo*. Ein mehr wesentlicher Unterschied aber zwischen ihm und den, vermuthlich von andren Missionaren angefertigten Bibelübersetzungen ist der, dafs er im Präsens der Passivform gar keine Vorsylbe hinzufügt (*vidy kou*, ich werde gekauft), die Bibelübersetzungen aber auch da, wie im Prät., *no* brauchen, gerade wie im Tag. das *n* zugleich im Präsens und Prät. steht. Hr. Freeman übersetzt in einem Briefe an mich *no* einmal durch ist (*is*), ein andresmal durch war (*was*). Die wahre Bedeutung des Präsens hat das Wort in der biblischen Stelle (Ev. Joh. 6, 48.) ich bin das Brot des Lebens, *izaho no mofon' aina* (vgl. ob. S. 154.). In diesen Übersetzungen wird *no*, dessen Fut. in diesem Fall *ho* ist, als wahres Verbum sein genommen. Beide Wörter sind aber viel wahrscheinlicher nur Partikeln, zu welchen jener Begriff hinzugedacht wird. Als Infinitiv des Pass. giebt Jeffreys *amidy*, *to be bought*, an, bei Flacourt *hamili*, *acheté*, welches nichts andres ist, als das durch das Präfix *fan* oder *han* aus dem Grundworte *vidy* gebildete Verbal-Nomen. Das Wort selbst ist das Tag. *bili*, welches in der Conjugation mit bloſser Abänderung des Anfangsconsonanten für kaufen, in der mit vorgesetztem *mag* für verkaufen gebraucht wird, und das Mal. *bilī* oder *blī*. Tiefer etymologisirt, kommt das Wort wohl vom Tag. *billng*, sich herumdrehen, weil die verhandelte Sache hin- und hergeht. In den Südsee-Sprachen sind davon die Tongischen Wörter *wilo*, *to twirl*, und *wili*, ein Bohrer, *gimlet*. Auch im Mad. ist *vidi* zugleich kaufen und verkaufen (Chall. *v. ambidi*).

schon gesehen haben (S. 153. u. f.), mit mehreren Mal. Sprachen überein, und entsteht aus der Partikel *na*, welche im Tag. zur Andeutung gänzlicher Vollendung gelegentlich hinzugefügt wird. Im Mad. könnte dieselbe im eben angeführten *no* stecken. Das *h* des Fut. entspringt aus *ho*, welches nach Froberville's Bemerkung (*v. ho*) eine Abkürzung der Zweck, Absicht andeutenden Partikel *nahou*, *naho* ist, auf dafs, damit. Im südlichen Dialekt macht, nach Flacourt's Angabe ([1]), noch die vollständige Partikel das Zeichen des Fut. aus. Es ist daher offenbar, dafs die Mad. Dialekte in der Tempus-Andeutung sich dem System der Südsee-Sprachen enger, als jedem andren in dem Stamme, anschliefsen, nämlich der Methode, sich dazu einsylbiger Partikeln zu bedienen, die dann in der Aussprache mit dem Grundwort zusammenfliefsen.

Ich glaube in der Madecassischen Sprache auch sichere Spuren gefunden zu haben, dafs in ihr, wie im Jav., in mehreren Verben das *m* der Präfixa in ein *h* übergegangen, oder vielmehr ganz weggefallen ist. Nur bis zur Abwerfung auch des Vocales ist es in der Sprache nicht gekommen. Die Sache ist aber schwierig zu untersuchen, weil auch den mit *p* oder *f* anfangenden Präfixen ein Anfangs-*h* wird, und es nun schwer ist, in jedem einzelnen Fall die beiden verschiedenen Anwendungen genau zu unterscheiden. Denn obgleich in einigen Fällen die Wörter, welche eigentlich ein *p* oder *f* haben sollten, wirklich mit *h*, die aber, die mit *m* beginnen sollten, mit *a* geschrieben werden, so ist dieser Unterschied nicht immer beobachtet, wenn er auch durch die Aussprache vermuthlich begründet wird, indem in dem einen Fall aus *f* eine wirkliche Aspiration entsteht, in dem andren blofs ein Anfangsconsonant wegfällt. So schreibt Flacourt (*v. acheter*) ganz richtig kaufen *amili* für *mamili*, und gekauft *hamili* für *famili*. Denn für das letztere Wort giebt er als gleichbedeutend *fivili*, und hat auch *famili* selbst, aber als *vénalité*. So mufs man es auch erklären, wenn Flacourt *reporter* zugleich durch *afouli* und *mamouli* übersetzt; das letzte Wort ist mit *man* und Buchstabenveränderung vollständig gebildet, im ersteren hat das Präfix *ma*, das im Mad. auch transitiv ist, sein *m* abgeworfen. Es ist eine unverkennbare Thatsache, dafs eine nicht kleine Anzahl von Verben mit *a*, *am*, *an* beginnen, und Froberville, durch den ich auf die Entdeckung

([1]) Vorr. zum Wörterbuch.

dieser Veränderung der Präfixe gekommen bin, bemerkt ausdrücklich, dafs das *a* oft Anfangsbuchstabe der Verba in Abwesenheit ihres Kennzeichens (*par l'absence du caractéristique*) ist. Als Beispiele führt er *arinri* (ebenso bei Chall.) für *marinri* (ebenso bei Flac.), verschliefsen, von *rinri* (auch bei Flac.), Schlufs, Verschlufs, *afeheh* für *mameheh* (auch bei Flac.), binden, von *feheh*, Band (bei Flac. *attaché, paquet, bandage*), an. In andren Fällen scheint er nur dieselbe Formation nicht richtig erkannt zu haben. So führt er an, dafs mehrere Wörter, ohne Verändrung ihrer Bedeutung, bald ein Anfangs-*a* haben, bald nicht. Seine Beispiele sind *dian* und *adian*, gehen, *dienne* und *adienne*, Langeweile machen oder haben. Dieselben Wörter hat ebenso auch Challan. Ferner soll nach ihm ein Anfangs-*a* die Bedeutung verstärken, was er, jedoch nicht sehr glücklich, durch *folac*, *casser*, *amolac*, *briser, mettre en pièces*, beweist. In allen diesen Fällen ist offenbar nichts andres, als die Abwerfung des *m* des Präfixes. Am besten übersieht man die Reihe dieser Lautverändrungen in dem obigen Worte für gehen. Das Grundwort ist *dian*; daraus entstehen *mandea* (Chall.) und *andea* (Chap.), ferner *mandehan* (Chall. Flac.), *andehan* (Chall.). Ich habe mich mit Absicht länger bei diesem Punkte aufgehalten, weil man hier gleichsam eine Stufe zu der im Jav. noch weiter gegangenen Verstümmlung der Präfixe entdeckt, und weil auch dieser Fall beweist, dafs, wenn man nur immer tiefer in den Bau dieser Sprachen eindringt, man auch immer auf mehr und auffallendere Punkte des Zusammenhangs unter ihnen stöfst.

Beurtheilt man, nach der eben gemachten Schilderung, die Art der Verwandtschaft der Madecassischen Sprache mit den übrigen Malayischen, so ist es zuerst offenbar, dafs auf Madagascar nicht eine schon bestehende Sprache Malayische Wörter und Formen in ihren Schoofs aufgenommen, sondern dafs ein wirklich nach der Insel übergesiedelter Malayischer Stamm die Sprache der vorgefundenen Bewohner gänzlich verdrängt hat. Wenn behauptet worden ist, dafs die Verwandtschaft mit den übrigen Malayischen Sprachen allein, oder doch hauptsächlich auf Wörtern des Verkehrs oder der Civilisation beruhe, so kann man dies nur aus mangelhafter Kenntnifs der Sprache erklären. Denn aus einer nur irgend vollständigen leuchtet offenbar das Gegentheil hervor. Von wo aber diese Auswandrung nach Madagascar ausgegangen sein mag? bleibt doch genau zu bestimmen unmöglich.

Die Sprachverwandtschaft deutet entweder auf die Philippinischen Inseln, oder auf Java hin. Indeſs hätte sich doch wohl mehr von der künstlichen Formung der Philippinischen Dialekte in der Sprache erhalten, wenn sie unmittelbar von dort herstammte. Läge ihr Ursprung in Java, so müſste die Überwandrung in die Zeit vor dem Indischen Einfluſs fallen. Denn sonst würde das Madecassische unstreitig viel mehr Sanskritwörter enthalten. Ich bemerke hier im Vorbeigehn, daſs sich indeſs auch solche, und zwar für ganz allgemeine Begriffe und in sehr wenig veränderter Form, im Madecassischen finden. Ich erinnere hier bloſs an *mica*, मेघ, *mēgha*, Wolke, Mal. und Jav. *mēga*, *vihi*, Saamenkorn (Flac.), Tag. *binhi*, Jav. *wiji*, वीज, *wīja*. Es ist daher zu vermuthen, daſs andere, uns unbekannte, als Mittelglieder zwischen den Philippinischen und der Madecassischen stehende Sprachen die stufenartigen Übergänge der ersteren in die letztere bilden.

Eine Litteratur hat wahrscheinlich Madagascar nie besessen. Denn diese stammt in diesem ganzen Inselmeere wohl nur aus Indien her. Von eigner Schrift findet sich gleichfalls keine Spur.

Auch darin steigt die Sprache mit der Tagalischen gegen die Malayische und Javanische in ein höheres Alterthum hinauf, daſs sie der einfachen Sitte treu bleibt, sich in der Rede des bloſsen Pronomens zu bedienen, und diesem nicht, wie die beiden zuletzt genannten Sprachen, mit Rangbegriffen zusammenhangende Substantiva, wie Herr und Diener, beimischt. Auch im ächten Sanskrit lag schon der Ursprung dieses, die natürliche Anwendung der Personen des Pronomens verkehrenden Gebrauches, doch nur in der Erhebung der angeredeten, nicht in der Erniedrigung der eignen Person. Von hochcultivirten Sprachen haben sich überhaupt nur die Semitischen, die Griechische und Lateinische davon frei erhalten.

Von dem grammatischen Bau der Malayischen Sprachen.

1. Capitel.

Vom Nomen.

§. 19.

1. Das Substantivum unterscheidet sich in keiner dieser Sprachen durch ein allgemeines Kennzeichen von den übrigen Redetheilen; der gram-

matisch an den Wörtern selbst bezeichnete Unterschied liegt mehr in den andren Redetheilen, sehr oft aber blofs in der Behandlung und Construction.

2. Im Tag. fallen Verbum und Substantivum nur bisweilen in der 2. Pers. sing. des Imperativs (s. unt. nr. 36.) zusammen, da das Verbum in der Regel seine unterscheidenden Partikeln hat. Das Adject. ist in demselben Fall; und wo der Adjectivbegriff der ursprüngliche ist, da nimmt das Substant. Kennsylben an. Man erkennt daher den Redetheil in den meisten Fällen am Worte selbst.

3. In der Mal. Sprache fallen Subst., Adject. und Verbum sehr oft zusammen, und dasselbe Wort gehört unverändert zwei oder mehr Redetheilen an. Die Bildung der Abstracta, die oft nur Verwandlung in ein Subst. ist, theilt sie mit dem Tag., die Bildungen aus dem Verbum aber durch *per* und *pen*, die auch oft nur Umtausch der Kategorieen sind (vorzüglich die durch *pen*), sind ihr eigenthümlich.

4. Das Mad. vereinigt die Unterscheidungsmittel des Tag. und Mal. zur Unterscheidung der Redetheile, indem es, gleich dem ersteren, dem Verbum immer Partikeln anhängt, und, wie das letztere, Kennzeichen anwendet, aus Adject. und Verben Substantiva zu machen. Der Fall des Mal., dafs dasselbe Wort ganz unverändert zwei Redetheilen angehöre, scheint im Mad. nur selten (*masse*, sauer, Säure, *mandre*, Schlaf, schlafen, Flac.) vorkommen zu können.

5. Die Polynesischen Sprachen besitzen zwar auch Unterscheidungszeichen der Redetheile, allein weniger, und wenden sie weniger an. Sie haben nur für die Verba, welche die Handlung auf einen Andren übertragen, eine Partikel, und besitzen nicht die Mal. Mittel, aus Verben Substantiva zu machen (1). In ihnen ist es also fast allgemeine Regel, dafs dasselbe Wort Nomen und Verbum ist.

6. Im Tag. ist das affixlose Grundwort in der Regel ein mit gewissen Affixen conjugirbares Nomen, und am häufigsten ein Substantiv; im Mal. und Polyn. ist es sehr oft ein grammatisch unbestimmbares, mehrdeutiges Wort. Im Mad. ist der Fall nicht selten, dafs, wenn Verbum und Substantivum Affixa haben, das Grundwort gar nicht ohne dieselben erscheint (*mamoule*,

(1) [Auszunehmen ist hiervon die Endung *anga*, Tong. und N. Seel., und *ana*, Haw. und wohl auch Tah., das *an* des Mal., Jav., Mad. und Tag. B.]

spinnen, *famoule*, Gespinnst. Flac.). Indeſs können in allen diesen Sprachen alle diese Fälle zugleich vorkommen. Der Unterschied liegt nur in der Häufigkeit.

7. Da die Umänderung der Redetheile aus einander durch Anfügungssylben meistentheils auch Modificationen der Bedeutung mit sich führt, so ist sie, um die Materie nicht zu zerreiſsen, oben bei der Wortbildung abgehandelt worden (¹).

Artikel.

8. Die Tag. Sprache bedient sich überall des vor das Substant. zu setzenden Artikels *ang*, wo der Begriff vollständig oder bestimmt ist. Im entgegengesetzten Fall bleibt er weg. Statt unsres unbestimmten Art. ein dient im Tag. *sa*, in der Verbindung mit einem Nomen *sang*, die Abkürzung des Zahlworts *isà*. Ein Artikel ist aber auch das Substantiv-Präfixum *ca*, den man dem bestimmten entgegensetzen kann, da er nicht die Universalität der Gattung bezeichnet, der aber zugleich als unbestimmter, *catávo*, ein Mensch, und als individueller, *católong*, einer von den beiden, die einander helfen, dient. Verdopplung deutet die Einzigkeit an; *ca-cata-catávo*, ein einziger Mensch. Doch wird nicht gesagt, ob man bei allen Wörtern dies *ca* anbringen kann; und wirklich ist das Präfixum in das bisweilen seine Form ändernde Wort verwachsen. Aus *dagot*, Faustschlag, wird *ca-racot*, eine Handvoll. Das den Ordinalzahlen vorgesetzte *ica* ist dasselbe Wort. Der Bis. Dial. unterscheidet förmlich den bestimmten Art. *an* oder *ang*, und den unbestimmten *i*, *in*, *ing*, und erhält diesen Unterschied auch in den Partikeln der Casus *sa* oder *san*, *sin*.

Anm. Das Mal. *iang* scheint aus dem Pron. 3. Pers. *iya* und dem Tag. *ang* zusammengesetzt zu sein.

9. Die Tah. und N. Seel. Sprache unterscheiden bestimmten und unbestimmten Artikel, geben dem letzteren den vagen Vocallaut *e*, und fügen, um daraus den ersteren zu machen, den harten Consonanten *t* hinzu. Sie dehnen den Gebrauch des unbestimmten viel weiter, als sonst eine

(¹) [Der Verf. bezieht sich hier, so wie öfter im Folgenden, auf eine Arbeit über die Wortbildung in den Malayischen Sprachen, von welcher ich, zu meinem groſsen Bedauern, im Nachlasse nichts gefunden habe. B.]

Sprache, aus, und geben fast allen Redetheilen, und ohne bestimmte Bedeutung, diesen anklingenden Laut. S. Tah. und N. Seel. Partikeln *e*, *te*.

10. Die Tong. Sprache dehnt ihren unbestimmten Artikel *he* nicht so weit aus, entbehrt aber eines eignen bestimmten, und bedient sich desselben Wortes für beide.

11. Die Mal. braucht den, auch vom Zahlwort abgekürzten, unbestimmten Artikel nicht häufig, und hat eigentlich keinen bestimmten. Das Pron. *ĭang* vertritt in einigen Fällen dessen Stelle.

12. Das Mad. macht keinen Gebrauch von dem Zahlwort zum unbestimmten Artikel, bedient sich aber des *gni*, *ni* (Chap.), *ny* (Bibelübers.) zur Bezeichnung dieses und des bestimmten.

13. Die hier vom Tag., Pol. und Mad. angegebenen Artikel gelten aber nur beim Nomen appellativum. Die Eigennamen haben einen verschiedenen, der im Tag. und Mad. auf sie beschränkt ist, aber im Polyn. einen sinnvoll weiter ausgedehnten Umfang hat. Im Tag. ist dieser Artikel *si*, im Mad. *ra* oder *i*.

Anm. 1. Im Dialekte von Sumenap ist *si* das dem Mal. *ĭang* entsprechende Pron., so wie *sibâni* in dem von Madura (Raffles. II. *App. p.* 149.).

Anm. 2. Von *ra* merkt es Flacourt (*hist. de Madagascar*, hinter dem Inhaltsverzeichniſs) an. Es wird den Namen selbst präfigirt: *Radavoudou*, David, *Radama*, Adam, *Ramaria*, Maria (Flac. *Catéchisme* p. 10. 12.). *Ra* (Chap.), *raha*, *raa* heiſsen etwas. Von *i* reden Gramm. und Wörterbücher nicht. Aber die Englischen Missionare brauchen es so. Es steht, wie das Tag. *si*, vor dem Namen: *i Abirahama* (Matth. 1, 2.).

14. Das Tag. *si* wird nicht nur ausgedehnt auf alle Arten Namen, Liebkosungsnamen, Spitznamen, die Namen, welche nach der Mal. Sitte Eltern nach ihren Erstgebornen annehmen (Marsden. *hist. of Sumatra. p.* 286.), sondern auch auf die mit *ca* präfigirten Wörter, mit welchen sich diejenigen bezeichnen, die sich beim Essen oder Trinken einer Sache Freundschaft geschworen haben (*si ca-túbig*, der Wasser-Verbrüderte). Auch den Verwandtschaftsnamen wird von Seiten derer, die Ehrfurcht schuldig sind, *si* vorgesetzt, da die Respectspersonen selbst, z. B. Eltern, bei den Ausdrücken Sohn, Tochter *ang* gebrauchen. Im Bisayischen Dialekt steht es auch vor dem Demonstr. Pron., sobald sich dies auf Personen bezieht, in gewissen Fällen vor dem persönlichen Pronomen, ja in andren Dialekten auch bei

dem auf Sachen gehenden Pron. Die Beschränkung auf Eigennamen ist also mehr Sache einzelnen Sprachgebrauchs (Ezg. nr. 3. 35.).

15. Im Tah. ist *o*, im Tong. und N. Seel. *ko* der die Eigennamen begleitende Artikel. Aber sie werden dann auch auf andre Fälle angewendet, wo ein für sich bestehendes Ganzes zu bezeichnen ist, und sind gleichsam Artikel der lebendigen Individualität (s. Tahit. und N. Seel. Partikeln). Im Tong. braucht man *ko*, um mehrere Unterarten einer Gattung zu bezeichnen, so daſs auch der Begriff eines Individuums, einer Einheit herauskommt. Die Verbindung dieses Artikels der Individualität mit dem allgemeinen, *o te*, *ko he* (*koe*), ist nur diesen Sprachen eigen. Der Begriff erhält dadurch die gröſste Bestimmtheit, deren er fähig ist.

16. Zu diesen Artikeln oder artikelartigen Vorschlägen ist auch das Tah. *a*, N. Seel. *ka* zu rechnen (s. Partikeln).

Anm. Da *ka* vor Adjectiven nur dann steht, wenn kein Substantivum vorhanden ist, und *ko* vor Ordinalzahlen bei ausgedrücktem Subst. ganz, oder doch von seiner Stelle weicht, so bedeuten beide sichtlich ein Allgemeines (Ding, Sache), welches das Specielle ersetzt, und zwar im Polyn. *ko* ein individuell abgesondertes Wesen, *ka* ein Etwas überhaupt. Damit stimmen das N. Seel. *ko*, heranwachsendes Mädchen, *kōro*, dasselbe ohne Rücksicht auf Geschlecht, und auch ein Mensch auf einer Reise oder bei einem bestimmten Geschäft, bestimmten Beruf. Das Tagalische *ca* hängt ungeachtet der Vocalverschiedenheit mit dem Polyn. *ko*, nicht *ka*, zusammen. Daſs im Tag. *ca* der Begriff der selbstständigen Einheit liegt, geht auch daraus hervor, daſs es mit Verben die Vollendung der Handlung anzeigt (Tot. nr. 272.). Nur eine Lautveränderung von *ko* ist das N. Seel. *kau*, das aber allein, bloſs, abgesondert von andrem heiſst (*e tángata kau*, ein nackter Mensch), ein Begriff, der mit dem der Einheit zusammenhängt, weshalb in der Numeration die Einer *ka te kau*, ohne Zusatz, heiſsen. Im Tong. *kau* ist der Begriff auf die, eine Einheit bildende Verbindung angewendet, und wird, wie wir gleich sehen werden, auf diese Weise zu einem Mehrheitszeichen.

17. Das Mal. setzt den Eigennamen keine Partikel vor. In einigen Gegenden Sumatra's aber geschieht es vor den Geburtsnamen, und die Partikel ist auch *si*; *Si Bintang* wörtlich: der Stern (Marsden. *hist. of Sumatra. p.* 286.). Die Sitte ist also nicht der Sprache überhaupt, sondern

nur dem zur Schriftsprache gewordenen Dialekt fremd. Dagegen besitzt die Sprache auch das Tag. *ka* als Vorschlag der Ordinalzahlen, und im Begriff des Zusammenfassens in Einheit bei den Cardinalzahlen. *Ka-dŭa* ist der zweite, aber auch beide.

Numerus.

18. Da die Mal. Sprachen ihn nie am Worte selbst ausdrücken, so besteht seine Bezeichnung auch in Vorschlägen, die sehr von unsrem Begriff des Plurals abweichen, aber um so mehr artikelartig sind, als sie das Maafs andeuten, in dem man sich den Gegenstand denken soll. Der Art, wie diese Sprachen den Mangel eines Plurals in der Conjugation und Wortbildung ersetzen, wird nicht hier, sondern am gehörigen Orte gedacht werden.

19. Die Tag., N. Seel. und Tah. Sprache bezeichnen den Plural durch eigen dazu bestimmte Partikeln, die Tag. aber nur durch Eine, blofs dazu gebrauchte, die beiden andren nach Maafsgabe der gröfseren oder geringeren Mehrheit oder auch der Gegenstände durch mehrere (s. Tah. Partikeln *na*, *ma*, *maa*, *mau*, *tau*, *pue*, *hui*, N. Seel. *nga*, *niki*, *toko*, *ma*). Das Pluralzeichen schliefst den Artikel nicht aus, sondern steht, als wäre es (was auch wohl die richtige Erklärungsart ist) selbst ein Subst., dem das andre wie Apposition folgt, zwischen dem Artikel und dem Subst. (*ang mañga távo*, Tag. die Menschen). Die Verwandtschaft dieser drei Sprachen ist sichtbar in dem Tag. *mañga*, N. Seel. *ănga*, zu einer Arbeit verbundene Menschen, und dem daraus zusammengezogenen *nga*, endlich dem Tah. *na*. Wenn in das Tag. Verbum ein Mehrheitszeichen eingeschoben wird, lautet es auch nur *nga* (Tot. nr. 236.). Das *m* oder *ma* von *mañga* könnte mit dem Theilung, Vielheit, Verbindung andeutenden *ma* (s. Polyn. Partikeln; indefs ist auch *ma*, als Mehrheitsbezeichnung, den Philipp. Sprachen eigen und wird im Bis. den Verben infigirt. Ezg. nr. 154.) zusammenhangen, ich halte es aber für denselben, weiter unten zu erklärenden Vorschlag, der bei den Adject. und Verben aller Mal. Sprachen vorkommt. Sehr leicht kann *nga* der ursprüngliche, in *anga* schon zusammengesetzte Laut sein. Wirkliche Zusammensetzung von *nga* mit der intransitive Bedeutung habenden Partikel *ma* findet sich in der sogenannten 8. Tag. Conjugation.

20. Die Tong., Mal. und Mad. Sprache bezeichnen den Plural meistentheils gar nicht, oder nur gelegentlich durch Mehrheits-Adjectiva. Die

erste braucht jedoch noch bei Menschen und Thieren oft die, gleichsam zu Partikeln gewordenen Subst. *kau* (s. ob. nr. 16.), Verbindung, Gesellschaft, und *tunga*, Haufen, dazu.

21. Vom Mal. behauptet Marsden (*Gramm. p.* 30.) scharfsinnig, dafs das bloſse Subst. den Plur. andeutet, und der Sing., als Ausnahme, bezeichnet wird. So sind im Mad. Augen (*yeux*) *massou*, Auge aber (*oeil*) *massou rec* (Ein Auge). Die Sache ist wohl die, dafs man den Numerus nur da bezeichnet, wo man Undeutlichkeit befürchtet, und zur Bezeichnung dann nach der Natur der Gegenstände bald den Sing., bald den Plur. wählt.

22. Der ein- und ausschlieſsende Plural und der Dualis treffen nicht allein bloſs beim Pronomen ein, sondern sind so in dasselbe verwebt, dafs ihrer schon oben beim Pron. in der Wortbildung gedacht worden ist.

Casus.

23. Keine Mal. Sprache deutet sie durch Veränderung des Wortes an. Alle bezeichnen sie, wenn sie nicht ganz unangedeutet bleiben, durch den Wörtern vorangehende Partikeln, oder durch einen vermöge eines Zwischenlautes angedeuteten Status constructus. Auch giebt es, den Nominativ eingerechnet, im Mad. nur 2, im Tag. und N. Seel. 3 Bezeichnungs-Verschiedenheiten aller möglichen Casusbeziehungen.

24. Im Tag. sind, auſser dem, den Nominativ bezeichnenden Artikel *ang*, die Casus-Part. nur *nang* für den Gen., den Accus., wenn er die eigentlich durch das Verbum leidende Sache bezeichnet, und alle Fälle, wo die Präp. mit gebraucht werden kann, und *sa* für alle übrigen Beziehungen. Diese Partikeln würde man fälschlich für Präpositionen halten. *Sa*, auch, mit einem Ortssuff. verbunden, *saan*, deutet einen jedesmal bestimmten Ort an, bildet hiervon ein intransitives Verbum: sich an einem Orte befinden (*s-u-ng-masa Pila si Iuan*, Johann wohnt in Pila), und heiſst, mit transitiven Partikeln vor ein Subst. gesetzt: etwas an den durch dies Wort angedeuteten Ort legen oder stellen (*mag-sa-arao nang damit*, lege [an die] Sonne das Kleid) (Tot. nr. 78. 362.). In der Redensart *pasasa-búquir acò*, ich werde aufs Saatfeld gehen, scheint zwar *sa* ganz den Sinn einer Präpos. zu haben. Allein es ist auch hier nur der Ortsbegriff, der in der Bewegung andeutenden Form zum Verbum gemacht wird. Dies sieht man auch daraus, dafs, wenn in derselben Verbalform an der Stelle des Subst. ein Ortsadv.

steht, *sa*, als dadurch unnöthig werdend, wegbleibt; *pa-rito-ca*, komm hierher, von dem hier zum Verbum gemachten Adv. *dito*, hier (Tot. nr. 233.). Im Bis. Dialekt heifst *sa amun*, was nichts andres ist, als die Form der obliquen Casus des Plur. Pron. 1. Pers. mit vorangehendem *sa*: in unsrem Lande (Ezg. nr. 25.). Was also hier die Stelle des Casuszeichens vertritt, ist eher ein Substantiv zu nennen.

25. Der Ursprung von *nang* ist nicht so klar nachzuweisen. Das Bedeutsame scheint aber im Nasenlaut zu liegen, und so verbreitet sich das *n* in diesem grammatischen Gebrauch über einen grofsen Theil des Stammes. Die genaue Bedeutung von *nang* ist das Zusammengehören, es sei nun, dafs Dinge sich wie Theile zum Ganzen verhalten, oder nahe an einander geknüpft werden. *Nang* heifst als Conjunction und. Vgl. auch unt. nr. 170. Daher dient auch *nang* bei weitem nicht in allen den Fällen, wo wir den Accusativ setzen, sondern nur da, wo das Verbum, wie schaffen, machen, tragen, bringen, das Object ganz dem Gebiete des Subjects aneignet. In vielen andren wird der Accusativ wie ein Locativus behandelt, z. B. nicht gesagt mit *nang*: die Arznei erleichtert den Kranken, sondern mit *sa*: erleichtert (stiftet Erleichterung) im Kranken. Der Genitiv läfst sich ganz natürlich als ein Zusammengehören denken. Ich halte es nur für eine Abkürzung dieses *nang*, wenn die Sprache in der Construction zusammengehörende Wörter durch Nasenlaute verbindet. Diese, welche die Span. Grammatiker Ligationen nennen, haben denselben Zweck, als *nang*, nur in einer weiteren und mannigfaltigeren Beziehung. Den Übergang selbstständiger Partikeln in Endbuchstaben des vorhergehenden Worts sieht man deutlich im Bisayischen Dialekt. Denn auf der einen Seite werden die, wieder untergeordneten Dialekten angehörenden Partikeln (angebliche Casuszeichen) *san*, *ac*, *ug* blofs zu End-*n*, *c*, *g*; Bis. *nañgáyo aco-n* (od. *aco-c*, od. *aco-g*) *canùn*, fordre ich zu essen. Auf der andren erscheint in diesem Dialekt eine ganze, jedoch bisweilen auch abgekürzte Partikel *nga* als blofser Verbindungslaut; *maáyo nga távo*, ein guter Mensch (Ezg. nr. 12. 73.).

26. Beim Genitiv ist zwar *nang* die eigentliche Partikel, welche das regierte Subst. an das vorausgehende regierende anknüpft. Läfst man aber umgekehrt das regierte Subst. vorausgehen, so nimmt dies *sa* vor sich, d. h. es wird räumlich als ein Ganzes behandelt, von dem das regierende Subst. einen Theil ausmacht; im Vater das Haus für das Haus des Vaters.

Allein in diesem letzteren Fall werden doch beide Subst. durch eine Ligation verknüpft; *sa Cápita-ng báhai*, des Capitains Haus.

27. Im Mad. beruht die Casusbezeichnung fast allein auf dem verknüpfenden Nasenlaut; *gni*, od. *ni*, od. *n'*, die auch die Stelle des Artikels vertreten (s. ob. nr. 12.), dienen für den Gen. und Accus., nur im letzteren Fall bisweilen mit vorangehendem *a*, *ani*, zusammengezogen in *an*. Für einige Beziehungen hat die Sprache wirkliche Präpos.; *tabini*, durch, in u. s. w., und mit Verlust des *t* (s. oben) *abini* (Chap. *Ann. p.* 99.), aber auch (*l. c. p.* 101.) *amini* (in welchem Wort wieder *ni* einen Theil ausmacht; *amy ny trano*, in den Häusern, Luc. 7, 25.), und *naho*, für. Doch duldet die Sprache auch die Bezeichnung des Gen. und Accus. ohne Verbindungszeichen durch blofse Stellung; *zanhare anak*, Gottes Sohn (Chap. *Ann. p.* 102.). Eine bestimmte Vocativ-Partikel ist bei den Englischen Missionaren vor Eigennamen (Matth. 4, 10. Luc. 16, 24.) und Appellativen (Luc. 14, 10.) *ry*. Statt des *ry* wird auch dem Wort ein *r* präfigirt: *r-ankizy*, o du Mädchen! Luc. 8, 54. Wenn das Subst. ein Besitzpron. mit sich führt, wie in *tompo ko*, mein Herr, finde ich sie nicht.

28. Die Tah. und N. Seel. Sprache unterscheiden drei oblique Casus: den Gen., den Dativ und Acc. (welche durch dieselbe Präpos. bezeichnet werden), und den Instrumentalis. Den Gen. deuten die Präpos. *a*, *o*, *na*, *no*, *ta*, *to*, den Dat. und Acc. im N. Seel. *i*, *ki*, *kia*, im Tah. *i*, *ta*, den Instrum. im N. Seel. *i*, im Tah. *e* an. Das Bedeutsame im Gen. beruht also in diesen Sprachen nicht auf dem Nasenlaut, sondern auf den Vocalen *a*, *o*, denen, wo sie einen Consonanten annehmen, nach Maafsgabe der Entfernung *t* oder *n* beigesellt wird. Unter diesen beiden Vocalen ist der Unterschied, dafs *a* den Besitz als Eigenthum, *o* ein unbestimmtes Angehören anzeigt. Man sieht, dafs diese Partikeln wirkliche Präpositionen sind.

29. Die Tong. Sprache bezeichnet die Casus sehr selten, und setzt selbst im Genitiv nur gewöhnlich die mit ihren Artikeln versehenen Wörter, den Gen. zuletzt, nach einander hin; *he hingoa he jiéna*, der Name der Person. Indefs verläugnet die Sprache auch hierin ihre Stammverwandtschaft nicht. Denn für den Dativ hat sie die Präp. *gi* (vor Appellat.), *gia* (vor Eigennamen) und *giate* (vor dem Pron.), und in einigen, doch seltnen Fällen setzt sie dem Gen. ein *a* vor, *malánga a Fináu*, die Rede Finau's. *Gi*, *gia* sind das N. Seel. *ki*, *kia*.

30. Dem Mal. ist gar keine Casusbezeichnung eigenthümlich. Es deutet den Gen. und Accus. bloſs durch Stellung an; und wo eine Specificirung der Beziehung erforderlich ist, gebraucht die Sprache wirkliche und ausführ- Präpos., die gar nicht als Analoga von Casusbezeichnungen angesehen werden können.

31. Bei dem Pron. weicht die Bezeichnung der Casus von der beim Nomen ab, jedoch nur im Tag. und Mad. Die anderen vier Sprachen wenden entweder dieselben Mittel an, oder entbehren der Bezeichnung auch hier.

32. In den Mal. Sprachen dienen aber auch Abkürzungen des Pron. zur Bezeichnung der Casus. Von diesen wird jedoch weiter unten die Rede sein, da sie immer mit der Anhängung an andre Redetheile zusammenhangen.

Anm. Im Mal. glaube ich noch eine von Marsden nicht erkannte Spur zu finden, in der sich die Casusbezeichnung der Philippinischen Inseln erhalten hat, nämlich in *dăku* (*d-áku-n*, Zeb.), *dīkau* (für das es nur darum keine Zebuische entsprechende Form giebt, weil dieser Dialekt sie mit *mo*, dem andren Pron. für du, bildet, *di-mo*) und *dīya* (ganz gleichlautend Zeb.). Marsden (*Gramm. p.* 44. 46-48.) mag Recht haben, daſs gegenwärtig der Gebrauch dieser Formen nur als euphonisch gilt; daſs ihm aber auch noch heute etwas Andres zum Grunde liegt, ist offenbar. Denn *dáku* (Engl. *me*) und *dīkau* (Engl. *thee, ye* (¹)) bezeichnen immer den Fall eines obliquen Casus, und *dīya* (Engl. *he, him*) thut dies meistentheils. Daſs jedoch *dīya* auch als Nomin. vorkommt, kann daher rühren, daſs sich die wahre Bedeutung der Form im Bewuſstsein des Volkes verloren, und mit dem euphonischen Zwecke vermischt hat. Man vgl. über dies präfigirte *d* ob. nr. 31.

Im Tag. hat der Gen. (ohne von den oben betrachteten Fällen zu sprechen, wo er ein ganz verschiedenes Thema ist) weder die Partikel *sa*, noch *nang* vor sich, besteht aber, wie beim Nomen, immer aus zwei Formen, einer vor- und einer nachzusetzenden; und die erste von diesen dient dann mit *sa* für alle Casus, auch den beim Nomen mit *nang* bezeichneten Accus. Es kommt daher nur auf die Bildung der beiden Genitivformen an. Diese geschieht nun in der Regel nach der allgemeinen Analogie vermittelst

---

(¹) Marsden setzt zwar (Lex. *h. v.*) auch *thou, you*, belegt dies aber mit keinem Beispiel. *Gramm. p.* 46. sagt er selbst, daſs es niemals Nomin. ist.

eines Nasenlauts, der entweder einfach suffigirt wird (*acu-n*, meiner, von *aco*, da *o* und *u* immer verwechselt werden, Bis.), oder durch Suffigirung der Sylbe *in* (*aquin*, meiner, von *aco*, Tag.), oder durch bloſse Präfigirung von *n* (*nacu*, meiner, von *aco*; Zebu-Dial.), oder durch Vorsetzung von *can* (*can acu*, dass. in dems. Dial.), oder endlich durch Verbindung der Prä- und Suffigirung von *n* (*n-acu-n*, dass. in dems. Dial.). Die Consonanten aber, mit denen einige Pron. anfangen, fallen bei der Anfügung von *n*, und auch wo diese, wie in *ata* von *catà*, du und ich, nicht statt findet, ohne Ausnahme hinweg, und so wird Tag. von *cami*, wir, *ámin*, *námin*, von *quità*, du und ich, *canità*, von *siya*, er, *caniya*, von *silà*, sie, *canilà*. Die demonstr. Pron. haben bei Totanes eine vom eben Gesagten abweichende Casusbezeichnung. Wo beim Appellat. *nang* gebraucht wird, haben sie eine Form mit präfigirtem *n*. Wo dort *sa* steht, setzen die vier Pron. *d-ini*, *d-ita*, *d-iyan* und *d-oon*, worauf sie *sa* und dann das vorkommende Nomen folgen lassen. Hier gehört *sa* gar nicht zum Pron., sondern zum Nomen, und jene Formen mit *d* sind bloſse Adverbia. *Diyan sa báyan* heiſst nicht: in jener dir näheren Ortschaft, sondern: dort, dir näher, in der Ortschaft. Die Casus von *yari* und *ito* sind nicht, wie sonderbarer Weise Totanes sagt, *dini sa*, *dito sa*, sondern *niri*, *nito*. Aber wo die Bedeutung von *sa* eintritt, bedient man sich nicht des Ausdrucks durch die Casus des Pron., sondern durch die Adverbia. Allein von einer andren Seite hat Totanes wieder nicht so ganz Unrecht, da die Adverbia offenbar Ableitungen von den Pron. und gleichsam Casus derselben sind. Denn alle haben das Praefix *d*, und dieses ist nach Ezguerra auch eins der mehreren Präf. der obliquen Casus der persönl. Pron. Bei den demonstrat. dagegen führt er es gar nicht an.

33. Im Mad. sind die Quellen nicht vollständig, und vorzüglich in der Orthographie nicht genau genug, um die Sache gleich umfassend zu verfolgen. Aber die Hauptmodificationen, die Anfügung des Nasenlauts und Unterdrückung des Anfangsconsonanten, finden sich sichtbar. Denn aus *zahaïe*, wir, wird in den obliquen Casus *an-aïe*, oder *n-aïe*.

Pronomen.

34. Nach dem schon oben vom Pron. Gesagten ist hier nur noch von dem Gebrauch der Pron. als Affixa zu reden, worunter ich nur die Fälle

verstehe, wo eine Abkürzung des gewöhnlichen Pron. an andre Redetheile angehängt wird. Dies ist in allen Mal. Sprachen, jedoch nur in wenigen Fällen, üblich. Es geschieht in der Regel durch Nachsetzung. Die Pronominalabkürzung tritt dann unmittelbar hinter das Hauptwort. Wenn im Tag. eine Verbalform zur Bezeichnung der Vollendung einer Handlung das Adv. *na*, schon, nach sich nimmt, so schliefst sich dies *na*, sobald die Verbalform ein Pronominal-Suffix hinter sich hat, an dieses, und nicht an jene, an; *na-babasa co na ito-ng libro*, im-Begriff-geendet-zu-werden-zu-lesen von-mir schon (ist) dieses (Bindelaut) Buch (Tot. nr. 203.). Insofern sieht also die Sprache das Pronomen als zum Verbum gehörend an. Auf keine Weise aber kann es für ein Suffix der Verbalform gelten. Denn die Sprache thut nicht allein nichts, um das Zusammenschmelzen des Pronomens mit dem Wort zu befördern, sondern sie giebt auch durch den Accent ausdrücklich zu erkennen, dafs keine solche Verschmelzung statt findet. Bei einem wirklichen Suffix rückt nämlich der Accent des Stammwortes, wenn dies ein Paroxytonon ist, auf die letzte Sylbe. Bei dem Hinzutreten der Pronominalabkürzung aber bleibt er ohne Unterschied unverändert; von *áral*, lehren, *hánap*, suchen, wird im Pass. *aràl-an*, *hanàp-in*, weil *an* und *in* wahre Suffixe sind, dagegen sagt man *pinaghahánap co*, gesucht werdend von mir. Am allgemeinsten findet die Affigirung im Genitiv statt; *anac-co*, mein Kind, Tag., *rajā-mu*, dein Fürst, Mal., *zoqué ko* (Chap.), mein Bruder, *sakaiza ko* (Luc. 12, 4.), meine Freunde, Mad. Die Polyn. Sprachen bedienen sich dieser Anhängung nicht, sondern bilden ihre Possess. anders. Die N. Seel. und Tah. thun es durch Verbindung der Pron. mit den Casuszeichen des Gen., bedienen sich aber hierbei der Suffigirung abgekürzter Formen; *tō-ku*, von mir, mein, von *ahau*, ich; *tō-u*, von dir, dein, von *koe*, du, N. Seel.; *to'u*, von *wau*, ich; *to'na*, von ihm, sein, von *na*, dort, Tah. (1). Das Tong. setzt auch einige Pron. possess. dem Nomen nach. Es sind aber nicht sowohl abgekürzte, als verschiedene Laute, und sie nehmen immer ein *a* vor sich, was die oben (nr. 29.) erwähnte Präp. zu sein scheint. Der Nom. scheint blofs im Tag. und Mal. abgekürzt suffigirt zu werden, im Tag. nur

(1) [Im Haw. werden die Pron. possess. ebenso durch Vorsetzung der Besitzpräpos. vor das persönliche Fürwort gebildet: *ka'u*, mein, *kau*, dein, *kana*, sein, u. s. w. Für mein und dein haben aber die Polyn. Sprachen auch Suffixformen (z. B. Haw. *kuu*, *ko*). B.]

der der 2. sing., *ca*, meistentheils im Imperat.; *malo-ca*, prügle du. Das Mal. präfigirt aber auch die abgekürzten Pron. dem Verbum; *ku-bŭnoh* (Marsden. *Gramm. p.* 46.), ich tödte, *kau-bŭat*, du thust; im Imperat. suffigirt sie; *matī-lah kau*, stirb du.

2. Capitel.

Vom Verbum.

§. 20.

35. Der Bau des Malayischen Verbums (vom ganzen Sprachstamm zu reden) ist vollständig nur am Tag. Verbum zu erkennen. Das Mad. und eigentlich Mal. enthält nur Bruchstücke davon, die Polyn. Sprachen haben eine primitivere, weniger zu Formen verbundene Gestalt des Verbums. Es wird daher am angemessensten sein,

zuerst das Tag. Verbum vollständig, ohne alle Rücksicht auf die andren Sprachen darzustellen;

zweitens das Mad. abzuhandeln, das sehr vieles aus demselben Bau an sich trägt;

drittens zu zeigen, was die Mal. Sprache in ihrem Abwerfen und Wegschleifen der grammatischen Formen davon dennoch erhalten hat;

viertens endlich zu untersuchen, wie sich der einfachere, aber rohere Polyn. Verbalbau zu dem zum Theil künstlichen Tag. verhält.

Form des Tagalischen Verbums.

36. Die einfachste Verbalform der Sprache ist die von Totanes die absolute, von Ezguerra die radicale genannte. Sie läſst die Wurzel, wenn dieselbe auch ein Nomen wäre, ganz unverändert, und fügt ihr, allein in abgesonderten Wörtern, ein Pron., auch Zeit andeutende Wörter hinzu. Bisweilen unterläſst man aber auch dies. *Lacar*, gehe! *ayào aco*, nicht-will ich, Tag.; *bugsai*, Ruder, *bugsai camo*, rudert ihr! *obus na aco caun*, vollendet schon ich essen, d. h. ich habe gegessen, Bis. Zur Verstärkung wird bisweilen dem seine Anfangssylbe reduplicirenden Worte *ca* vorgesetzt (Tot. nr. 275.). Da dies ein Präf. des Nomens ist, so gehen dadurch Nomen und Verbum ganz in einander über; *ca-lalácar ca*, gehe-schnell du! eig. (das) wirkliche-Gehen-Gehen du. Diese Art des Verbalausdrucks

ist aber blofs eine gelegentliche, in der Sprache selbst vermuthlich eine frühere. Denn dieselben Wörter werden auch auf dem der Sprache eigenthümlichen künstlicheren Wege zu Verben geformt, und auch der Imperat. hat sonst keine so einfache Bildung. Wo ein Präfix die wirkliche Bedeutung des Wortes verändert, bleibt sie auch in der absoluten Verbalform; *áral*, lehren, *pag-áral ca*, studire! (Tot. nr. 129. 130. 238. Ezg. nr. 110.) Vgl. unt. nr. 174.

37. Den so eben erklärten absoluten Verbalausdruck ausgenommen, erscheint das Verbum in allen seinen Modificationen beständig theils von bestimmenden Partikeln begleitet, theils mit Lautveränderungen des Grundworts selbst. Dieses steht, als Verbalausdruck, niemals allein und unverändert da; und was Verbalbedeutung an sich trägt, ist abgeleitet.

38. Diese Ableitung, und mithin die Verwandlung in Verbalausdruck kann aber von jedem Wort in der ganzen Sprache geschehen, und es giebt hiervon, der grammatischen Form nach, durchaus keine Ausnahme. Der Materie nach können insofern Ausnahmen gedacht werden, als sich mit gewissen Wörtern kein Verbalbegriff verbinden läfst. Von *oo*, ja, wird *p-in-a-pa-o-óo mo siya*, wird-befehligt-ja-zu-sagen von-dir er? von *dayopai*, Heuschrecke, *d-in-ayopai ang palai*, ist-geheuschreckt-worden der Reifs, d. h. von den Heuschrecken abgefressen (Ezg. nr. 111.).

39. Mit Ausnahme des absoluten Verbalausdrucks, erscheint also in der Rede ein Grundwort, allein und unverändert, immer nur als Nomen oder Partikel, und der Verbalbegriff liegt immer in den begleitenden Partikeln und der Wortveränderung, selbst da, wo die Bedeutung, wie in gehen, werfen, schon an sich verbal ist.

40. Dagegen kann jeder Verbalausdruck, ohne die geringste Veränderung zu erleiden, durch blofse Vorsetzung des bestimmten Artikels und der als Casuszeichen dienenden Präpositionen (mithin durch Behandlung als Nomen) in ein Participium verwandelt werden, oder vielmehr, da er gar kein Zeichen des Particip. äufserlich an sich trägt, seine Verbalnatur grammatisch gänzlich ablegen. *S-u-ng-m-u-súlat siyà*, schreibt er, *ang s-u-ng-m-u-súlat*, der Schreibende, *ang mañga b-in-ili mo*, die (Pluralz.) gekauftwordenen von-dir, die von dir gekauften Sachen, *sa su-sulat*, für den, der schreiben wird, *su-sulat siyà*, schreiben wird er. Nur der wirklich befehlende Imperativ macht hiervon eine Ausnahme (Tot. nr. 118.).

41. Die angeblichen Verbalformen der Sprache sind also an und für sich gegen die Nominal- und Verbalnatur gleichgültig, und es hängt erst von der Behandlung in der Construction ab, ob man sie als Participia oder als Formen des flectirten Verbums betrachtet. Setzt man ihnen ein Pron. nach, so sind sie Verba, setzt man ihnen einen Artikel vor, so sind sie Participia oder richtiger Verbal-Adjectiva. Die Worte: *alinman-g tavo-ng magca-sala sa Dios* heifsen: jeglicher Mensch beleidigend (Casusz.) Gott, weil die Form *magca-sala* durch die Ligatur *ng*, wie ein Adjectivum, mit dem Subst. *tavo* verbunden ist. Hebt man diese Verbindung auf, so wird das nun selbstständige *magca-sala* zum flectirten Verbum, und die Worte heifsen: jeglicher Mensch beleidige Gott.

42. Kein Tag. Verbum enthält die Andeutung der Personen in sich. Wo dieselbe erforderlich ist, geschieht sie durch ausdrückliche Hinzufügung der persönlichen Pronomina. Auch die Anheftung der Pronominal-Affixa (s. ob. nr. 34.) macht hierin keine Ausnahme.

43. Ebensowenig wird der mit der Person verbundene Numerus auf andre Weise angedeutet. Alles, was in dieser Beziehung bisweilen angedeutet wird, ist der Begriff einer unbestimmten Mehrheit der Handelnden oder der Handlungen.

44. Die Bezeichnung der Verbalformen trifft also die transitive oder intransitive, active und passive Natur, die Modi, Tempora, und andre, theils die Verbalbeschaffenheit überhaupt (z. B. Frequentativa, Inchoativa), theils die einzelne materielle Bedeutung angehende Modificationen.

45. Die Partikeln, welche die jedesmalige Verbalform am Grundwort bestimmen, werden derselben präfigirt oder infigirt, so dafs das Grundwort immer das letzte Glied in der Form ist.

Anm. Hiervon giebt es in der Conjugation activer Construction nur Eine Ausnahme, wenn nämlich zur Andeutung der ganz vollendeten Handlung an ein Prät. *na* (eig. das Adv. schon) angehängt wird. Die Ausnahmen bei der Conjugation passiver Construction werden weiter unten vorkommen.

Von den zwei Hauptverschiedenheiten des Tagalischen Verbalausdrucks.

46. Der eine betrachtet die Handlung als eine Thätigkeit des Subjects, und als sich auf ein Object beziehend, und stellt daher das Verbum in

natürlicher Folge mit seinem Subject und Object zusammen; *ang bálang ai s-u-ng-m-ira nang pálai*, die Heuschrecke (Bindepart.) hat-zerstört den Reifs. Der zweite Verbalausdruck betrachtet die Handlung blofs als etwas Geschehenes, und kleidet also das Verbum in eine Nominalform mit ausgelassenem Verbum sein; *sisirà-in co ang bibig mo*, wörtl. zerstören-werden mein der Mund dein, d. h. dein Mund wird von mir zerstört werden, oder wird mein Zerstören sein. Dieser Ausdruck stellt auch die Handlung in den verschiednen Beziehungen dar, in denen sie bald auf den Handelnden, bald auf das Gewirkte, bald auf Nebenumstände (Werkzeug, Ort) genommen werden kann. Er hat daher mehrfache Formen, der erste nur Eine. Denn in diesem wird die mit Thätigkeit vollbrachte Handlung als die Hauptsache angesehen, welche so nur Eine Richtung erlaubt. Bei jenem ist noch ungewifs, auf welche der verschiedenen vorkommenden Beziehungen der Redende seine Aufmerksamkeit richten will.

47. Die Tag. Grammatiker nennen den ersten dieser beiden Verbalausdrücke den activen, den zweiten den passiven. Jenes ist vollkommen richtig, dieses aber nur insofern, als wirklich die Construction immer eine passive, wenigstens intransitive ist. Allein übrigens umfafst der zweite Tag. Verbalausdruck auf der einen Seite mehr, als unser einfaches Passivum, und auf der andren wird das Passivum auch durch eigne, aus der Verbalform activer Construction abgeleitete Partikeln bezeichnet, so dafs die Benennung zugleich zu eng und zu weit ist.

48. In Wahrheit ist die Sache offenbar die, dafs die Sprache da, wo der Gedanke ein Verbum erfordert, an dessen Stelle eine Nominalform anwenden will, und dafs ihr diese Richtung des Ausdrucks so geläufig geworden ist, dafs sie dieselbe dem wahren Verbalausdruck vorzieht. Sie geht daher bei diesem angeblichen Passivum gar nicht hauptsächlich von der Darstellung des Thuns und des Leidens aus. Die Form des Ausdrucks wird nicht durch die Natur des Auszudrückenden nothwendig gemacht, sondern liegt weit mehr, wenn nicht ganz, in der Eigenthümlichkeit der Sprache. Sie benutzt dieselbe aber, um dadurch zugleich einen anderen Zweck und, wie man nicht läugnen kann, einen eignen Vorzug zu erreichen. Es soll nämlich durch diese zwei verschiedenen Darstellungen des Verbalbegriffs deutlich gemacht werden, worauf der Redende die Wichtigkeit seiner Aussage legt. Thut er dies in die Handlung, so braucht er die active Construction. Liegt

ihm aber der Nachdruck in dem Subject oder Object, oder den Nebenumständen, so wendet er die passive an, und wählt die seiner Absicht entsprechende Form. In der activen Construction, und wo die Thätigkeit der Handlung die Hauptsache ist, kann einzig und allein das handelnde Subject im Nominativ stehen, im reinen Passivum ebenso nur das Object. Weil aber die Sprache sich die Freiheit erhalten will, jeden im Satz vorkommenden Begriff zum Ausgangspunkt des Gedanken, als Nomin., zu machen, so muſs sie den reinen Verbalbegriff durch Nebenbestimmungen hierzu in Stand setzen. Folgende zwei Beispiele werden dies klar machen. Wenn in den Sätzen: gieb mir das Wasser und: die Gnade verschönert die Seele die Wörter mir und die Gnade im Nomin. stehen sollen, und in beiden doch der Ausdruck passiv sein, um das Gewicht jener beiden Begriffe recht herauszuheben, so ist dies durch das gewöhnliche Pass. unmöglich. Die Sprache verbindet also mit dem Verbalbegriff im ersten Fall den des Orts, im letzten den des Werkzeugs, und sagt nunmehr: *bigy-an mo aco n-ang tubig*, nach der jetzt in die Form gelegten Bedeutung: gegeben-werde von-dir ich des Wassers, aber eig. und der wahren Construction nach: Gebungsort dein (sei) ich des Wassers, oder ich sei der Ort, wo du das Wasser hingiebst; im andren Beispiel: *ang Gracia i i-qu-in-a-bu-buti n-ang calolova* (Tot. Gramm. nr. 119.), die Gnade (Bindepart.) wird-verschönert der Seele, allein eig. die Gnade (ist) das Verschönerungswerkzeug der Seele. Untersucht man die angeblichen Passivformen, so ist in *bigyan* das Suffix *an*, in *iquinabubuti* das Präfix *i* der die besondre Species des zweiten Verbalausdrucks bezeichnende Laut. In *bigyan* ist dieser bloſs mit dem Grundwort *bigai*, geben, verbunden, dem sein *a* genommen ist, und wo sich das übrig bleibende *i*, als Halbvocal *y*, an den Vocal des Suff. anschlieſst. In *iquinabubuti* ist, auſser dem reduplicirten Grundwort *buti*, noch die ihm den Passivbegriff, als leidend Gewirktes, allgemein anhängende Part. *ca*, die aber, weil ihr zur Bezeichnung des Präs. *in* infigirt ist, *quina* lautet.

49. Das Mittel, wodurch die Sprache den hier ausgedrückten Constructionszweck erreicht, ist nun die Bildung drei verschiedner Formen (der drei Passiva bei Tot. und Ezg.), deren Grundgesetz in der Verbindung von *in* (*Pasiva de in*), *i* (*Pasiva de i*), *an* (*Pasiva de an*) mit dem Grundwort besteht. *I* ist immer Prä-, *an* immer Suffix; *in* ist nur im Fut. und im Imperat. Suffix; sonst trennt es bei consonantisch anfangenden Wurzeln, als

Infix, den Consonanten der Anfangssylbe von seinem Vocal; *h-in-anap*, gesucht werden, von *hanap*, und wird vocalisch anfangenden präfigirt. Die genauere Bildung dieser Passiva sehe man, da sie sich nicht füglich ohne die Modus- und Tempusbildung erklären läfst, unt. nr. 173. Die aus der ersten Hauptgattung des Verbalausdrucks abgeleitete wirkliche Passivpartikel wird in der hier betrachteten dreifachen Passivform allemal beibehalten; s. das Beisp. in nr. 48.

50. Die mit den drei Partikeln verbundenen Grundwörter sind an und für sich, und vermöge dieser Verbindung gar keine Passiva, sondern Nomina. Dies beweist die in vielen Fällen bei ihnen gebrauchte Construction. Die Sylben *an* und *in* sind Substantiva bildende Suffixa, *an* des Ortes und sonst (Tot. *p*. 98. §. 4.), *in* der Handlung, des oftmaligen Leidens derselben Sache u. s. f. (Tot. *p*. 97. §. 3.). Das Prät. der angeblichen Passivform in *an* wird auch geradezu, und ohne alle Änderung, als Subst. und Adject. gebraucht; *b-in-ating-an*, er ist verschnitten worden, von *báting*, allein auch: ein Verschnittener (*capon*), verschnitten. Der Grundbegriff ist sogar nur der des Verschneidungsortes. Die passive Bedeutung kommt erst durch die Construction nebenher hinein, indem diese nur durch Hinzufügung des ausgelassenen Verbums sein möglich ist. Dagegen erhält das Grundwort durch die aus der ersten Gattung des Verbalausdrucks abgeleiteten Partikeln, die im Gegensatz mit den activen stehen (*pag* gegen *mag*, *ca* gegen *maca*), wirklich und geradezu passive Bedeutung.

51. Diese dreifache Art des Verbalausdrucks passiver Construction kann nun auf gewisse Verba vollständig angewendet werden, so dafs dieselben dadurch drei Passivformen erhalten; andre können nur von zweien, andre nur von einer Gebrauch machen. Dies hängt nämlich von der Bedeutung ab. Diese ist nun so, wie sie oben, jedoch nur in sehr groben Umrissen (nr. 46. 48.), geschildert worden ist. Das Pass. von *an* wird überall gebraucht, wo die Vorstellungsweise, körperlich oder bildlich, auf irgend eine Art auf den Ort bezogen werden kann. Das Pass. in *i* scheint zwar vom Begriff des Werkzeuges auszugehen, wird aber auf alles angewendet, was man von sich absondert (reden, geben, leihen u. s. f.), aus sich ausstöfst, und dient überall, wo die Span. Präpositionen *con* und *por*, mit, durch, für, eintreten, also auch zur Bezeichnung von Ursach, Rücksicht, Beweggrund, endlich zur Andeutung einer bestimmten Zeit (die Zeit gleichsam als Mittel, Werkzeug

betrachtet, wodurch etwas geworden ist). In allen hierin nicht begriffenen Fällen tritt das Pass. von *in* ein. Nun hat sich aber der Sprachgebrauch dieser allgemeinen, in der Natur der Part. liegenden Bedeutungen bemächtigt, und sie auf seine Weise angewendet, so dafs für jedes Verbum gewisse gebräuchlich geworden sind. Es geht damit, wie in Flexionssprachen mit den von den einzelnen Verben regierten Casus, dafs sehr oft für ein Verbum eine uns gar nicht natürlich scheinende Passivform üblich ist.

52. Nach der obigen allgemeinen Angabe sollte man glauben, dafs der Ausdruck des einfachen Pass. immer durch *in* geschähe. Aber der Sprachgebrauch macht, dafs auch dieser einfache Fall durch alle drei Passivformen bezeichnet werden kann; *cán-in mo itò*, gegessen-werde von-dir dies, dein Essen (sei) dies; *i-bigài mo sa caniyà ang libro*, werde-gegeben von-dir (Casusz.) ihm das Buch, dein Gebungs-Werkzeug (das, womit du das Geben übst) an ihn (sei) das Buch; *pag-arál-an mo ang doctrina*, werde-gelernt von-dir die Lehre, dein Lerneort (sei) die Lehre.

53. Aus dem Obigen ergiebt sich schon von selbst, wann man sich jeder der beiden Hauptgattungen des Verbalausdrucks zu bedienen hat. Die von den Span. Grammatikern gegebene allgemeine Regel stimmt, obgleich sie diese Formen viel zu sehr, ihre wahre Natur nicht erkennend, mit dem Passivum anderer Sprachen vermischen, dennoch mit dem Obigen überein. Nach ihnen mufs die passive Construction eintreten, wo der Redende unter mehreren das Verbum begleitenden Begriffen auf Einen hauptsächliches Gewicht legen will, und allgemein da, wo von einem bestimmten Gegenstande gesprochen wird, die Bestimmung möge nun durch den bestimmten Artikel, oder ein possessives oder demonstratives Pron. geschehen. Dagegen wird die Construction activ, wenn das Object des Verbums auf unbestimmte Weise genommen wird. Man mufs also activ sagen: *t-um-avag ca nang isa-ng báta*, rufe du (Accusativz.) einen (Bindelaut) Knaben, dagegen passiv: *tavágu-in mo ang aquin-g báta*, gerufen-werde von-dir (deine Handlung des Rufens sei) der mein (Bindelaut) Knabe.

54. Die Sprache, einmal den Nominalausdruck für das Verbum liebend, geht auch noch weiter, und wendet Wörter ohne alle Veränderung, oder mit den Passivpräf. der Conjugationen verbunden, dazu an, indem sie denselben blofs *ca* vorsetzt. Dabei wird die Anfangssylbe des Worts wiederholt, die Actualität auszudrücken. Die Construction ist, wie bei den hier

Eee

betrachteten Passivformen. Die Bedeutungen sind mehrfach. Ein Beispiel wird genügen: *ca-aalìs din ngaiòn ni Pedro, aora se acaba de ir Pedro,* wörtl. (das) gethane-wirkliche-Gehen gewiſs jetzt von Peter (ist); *ca-pa-nga-ngáral din nang Pare,* (das) gethane-wirkliche-Predigen (Pass. 3. Conjug.) gewiſs des Paters (ist), d. h. der Pater hört eben auf zu predigen. Hier ist also der oben betrachtete zweite Verbalausdruck in einer Nominalform ohne die drei angeblichen Passiv-Charakteristiken (Tot. nr. 272. flgd.). Die hier beschriebenen Formen kommen auch in andren Bedeutungen mit suffigirtem *an* vor, und sind dann bald mehr als Passivformen von *an*, bald mehr als wahre Substantiva anzusehen. Ähnliche Formen, als hier mit *ca*, finden sich auch mit *na* (Tot. nr. 281.).

55. Der Verbalausdruck passiver Construction bedarf für jetzt keiner weiteren Entwicklung. Der active aber theilt sich in mehrere Unterarten, und erfordert eine eigne Betrachtung.

Vom Verbalausdruck activer Construction.

56. Es ist schon oben (nr. 37.) gesagt worden, daſs, ehe ein Wort, welcher Art es sein möge, als Verbum gebraucht werden kann, es erst eine Zubereitung erhalten muſs, welche es dazu stempelt. Durch diese Zubereitung entsteht nichts, als eine Verbalform, die noch von allen, den Verbalbegriff grammatisch begleitenden Modificationen (Modus, Tempus u. s. f.) unabhängig und entblöſst ist, und die man am besten mit der Gestaltung vergleichen kann, welche die Sanskritwurzeln in denjenigen Conjugationen erleiden, die wirklich durch eigne Behandlung der Wurzel bezeichnet sind. In der That verhält sich die Tag. Verbalform *s-um-úlat*, schreiben, darin, daſs an dieselbe sich nun erst die grammatischen Modificationen anschlieſsen (die übrigen Verschiedenheiten abgerechnet), ebenso, als das Sanskritische युञ्, *yuñj.*

57. Die einzige grammatische Modification, die dennoch durch die Verbalform selbst angedeutet wird, ist die, welche man unter dem Namen des Genus zusammenfassen kann. Denn die Unterscheidung des Act. und Pass. findet sich allemal, die der transit. oder intransit. Natur in einigen Verbalformen.

58. Wie hier, wo vom Verbalausdruck activer Construction gehandelt wird, doch vom Passivum die Rede sein kann, ist schon oben (nr. 47.

50.) hinlänglich erklärt worden. Die Passivpartikeln müssen hier angegeben werden, um den systematischen Gegensatz zu zeigen, in dem sie mit den Activpartikeln stehen; die durch sie gebildete Form geht aber dann in die Gestaltung des Verbalausdrucks passiver Construction über. Sie bringen nur Passivbegriffe, nicht Passiv-Verba hervor. An die activen Formen kann unmittelbar Modus und Tempus angebracht werden; damit das bei ihnen möglich sei, müssen sie erst (s. ob. nr. 49.) die Verbindung mit *in*, *i* oder *an* eingehen.

59. Die oben (nr. 56.) beschriebene Verbalform enthält zwar nichts einen Modus oder ein Tempus Charakterisirendes; sie ist indeſs doch nicht ohne allen Gebrauch in der Rede, und unterscheidet sich auch dadurch von der mit ihr verglichenen Sanskritischen. Denn da der Imperativus keine Charakteristik verlangt, so sind alle activen Verbalformen an und für sich Imperative; ***mag-hánap***, act. Form der 2. Conjug., ***mag-hánap cayò***, suche du! Bei den pass. Formen gilt dasselbe erst nach ihrer Verbindung mit *in*, *i* oder *an*.

60. Totanes zählt, nach dem Beispiel seiner Vorgänger, siebzehn verschiedene Arten der Umwandlung des Grundworts in die Verbalform auf, und nennt dieselben *especies de verbos*. Dieser Ausdruck Verbalarten ist insofern nicht unrichtig, als zum Theil wirklich Arten des Verbums, Frequentativa, Reciproca, so gebildet werden. Da dies aber nicht immer der Fall ist, so ist es besser, die Benennung von dem Mittelzustand herzunehmen, in dem sich diese Verbalformen zwischen dem Grundwort und dem vollständig, dem Modus, Tempus u. s. f. nach, ausgebildeten Verbum befinden, und der ihren grammatischen Charakter ausmacht. Ich werde sei, analogisch mit den ähnlichen Bildungen der Sanskritsprache, Conjugationen nennen, da Classe, Form u. s. f. zu unbestimmte Ausdrücke sind.

Anm. Will man sich von den Tag. Conjugationen nach der Sanskrit-Grammatik einen Begriff machen, so muſs man die ersteren so ansehen, als begriffen sie die Sanskr. Conjugationen und die Sanskr. abgeleiteten Verba (beides natürlich nur nach dem allgemeinen grammatischen Standpunkt dieser Bildungen, nr. 60.), und hier und da noch die mit Präp. verbundenen Verba zugleich in sich. Die Analogie ist nur vollkommen, wenn man alle diese Gattungen der Verba des Sanskrits, besonders aber die beiden ersten, in Eine Classe zusammenfaſst. Wie nah aber auch im Sanskrit selbst einige dieser Gattungen zusammengehören, beweisen die 4. und 10. Sanskrit-Conjugation.

61. Jede dieser Conjugationen hat ihre eigne Lautbildung, und jede ihre bestimmte Bedeutung. Einige sind von der Art, daſs jedes Verbum der Sprache sie annehmen kann, die meisten aber haben jede einen besondren Kreis von Verben, der ihnen angehört. Auf alle diese drei Umstände muſs man achten, wenn man sich einen vollständigen Begriff des Tag. Verbums machen will.

62. Zu diesem Zweck würde es aber auf keine Weise führen, wenn man gleich hier die 17 Conjugationen der Reihe nach durchgehen wollte. Auch ist dies bereits bei Totanes geschehen. Eine klare und fruchtbare Übersicht der ganzen Verbalgestaltung kann nur erlangt werden, wenn man alle 17 Conjugationen zusammengenommen nach den obigen drei Gesichtspunkten (nr. 61.) zergliedert. Ist dies geschehen, so kann ein Rückblick auf die einzelnen Conjugationen, die allerdings in dieser Zergliederung theils zusammengeworfen, theils zerstückelt werden, von Nutzen sein.

Bildung der Conjugationen.

63. Obgleich, wie schon (nr. 56. 59.) bemerkt worden ist, Tempus und Modus erst an die Conjugationsform an- oder in sie hineingebildet werden, so ist doch die Conjug. Form selbst bisweilen vom Tempus abhängig, und nicht bei jedem dieselbe.

Anm. Es liegt hierin eine Analogie mit der, sich nur auf die ersten vier Tempora erstreckenden Conjug. Form des Sanskrits. Was aber dort Regel ist, bildet hier eine Ausnahme. Der Grund aber mag in beiden Fällen derselbe sein, daſs die von der Conjug. Form nicht betroffenen Tempora (welche in beiden Sprachen die Wurzel reiner enthalten) einer andren Zeit oder einem andren Dialekt angehören.

64. Die beiden hauptsächlichsten Arten der Conjugationsbildung sind die ohne Präfixa (1. Conjug.), und die vermittelst derselben (2-17. Conjug.). Die letztere scheint aber die der Sprache allein ursprünglich eigenthümliche zu sein. Denn im Gebirge wird (Tot. nr. 140.), statt der ersten, die Präfigirung von *na* und *ma* gebraucht, und im Bisayischen Dialekt ist es der Willkühr anheimgegeben, sich dieser Präfigirung, oder der präfixlosen Bildung zu bedienen (Ezg. nr. 130.). Vermuthlich haben beide Bildungen dialektweise

gleichzeitig geherrscht, die präfixlose aber den Vorzug erhalten, da *ma* und *nà*, als bestimmte Präfixa der intransitiven Conjugationen, Zweideutigkeit erregen konnten.

Anm. Indem ich, der Kürze wegen, die Bildung der 1. Conjug. die präfixlose nenne, mufs ich daran erinnern, dafs die hier vorkommende Infigirung im Tag. vor vocalischen Wörtern allemal Präfigirung ist.

65. Die präfixlose Bildung ist es auch vorzüglich, die in Einem Fall einen Unterschied nach den Zeiten erleidet. Sie läfst bis auf Einen auszunehmenden Fall dem Fut. der währenden Handlung den unveränderten Stamm des Verbums.

66. Die präfixlose Bildung geschieht durch Infigirung von *um*, also von einem vorn vocalisch erweiterten Nasenlaut, in den Stamm des Worts nach den allgemeinen Regeln der Infigirung; *súlat*, schreiben, *s-um-úlat*, *áral*, lehren, *um-áral*.

Anm. Im Sanskrit wird der zu infigirende Nasenlaut nach hinten vocalisch erweitert, und tritt daher hinter den Vocal des Stammes. Sonst ist eine auffallende Ähnlichkeit zwischen *s-um-úlat* und *yu-na-kti*.

67. Wenn der Vocal der Anfangssylbe *i* ist, so kann der Vocal von *um* sich demselben assimiliren; *línao*, heiter, klar, *l-um-ínao* oder *l-im-ínao*, *inùm*, trinken, *um-inùm* oder *im-inùm*.

68. Totanes führt noch eine andre Art präfixloser Conjug. Form an, welche blofs durch Verwandlung des Anfangsbuchstaben in *m* im Imperat. und *n* im Präsens und Präter. entsteht. Diese ist zwar eigentlich auf Wörter mit Anfangs-*b* oder *p*, und zwar mit dem Unterschiede beschränkt, dafs die zweisylbigen Verbalstämme beide Bildungen, durch Infigirung oder Verwandlung, die mehrsylbigen mit *pa* beginnenden nur die letztere annehmen können. Dann aber giebt es auch Verbalstämme mit ganz andren Anfangsconsonanten, z. B. *k*, *t*, welche die obige Verwandlung zulassen, ja vocalisch anlautende, die *m* oder *n* präfigiren. Beispiele: *bása*, lesen, *cóha*, nehmen, *alìs*, weggehen, *mása*, *móha*, *m-alìs* Conjug. Form und Imperat., *nása*, *nóha*, *nális* Präterit. Diese verwandelnde Bildungsart verhält sich in Absicht der Tempora wie die infigirende, nur dafs sie in den mit *pa* beginnenden sich auch auf das Fut. der währenden Handlung erstreckt.

69. Ich stehe aber an, diese Bildungsart für eine eigne und zweite anzuerkennen, und glaube, dafs sie auf die infigirende zurückgeführt werden

mufs. Es ist in hohem Grade auffallend, dafs aus *b*, *k*, *t* immer *m* und *n* werden sollen, da die sonst in der Sprache vorkommende Buchstabenveränderung diese Laute regelmäfsig in die Nasale ihrer Classen *m*, *ng*, *n* verwandelt, und auch vor Vocale in diesem Fall *ng* tritt. Es ist aber, da hier den Verbalstämmen gar nichts vorausgeht, auch gar kein phonetischer Grund zu einer Verwandlung vorhanden; und darauf, dafs dieselbe blofs zum Behuf grammatischer Andeutung geschähe, führt keine Analogie in der übrigen Sprache. Da es nun in dem Bis. Dialekt eine Form giebt, aus der sich diese Bildungsart durch Verwandlung als aus der durch Infigirung hervorgehend erklären läfst, so scheint es, als habe Totanes dies nur nicht erkannt. Im Bis. Dialekt wird nämlich, wenn die Bildung durch Infigirung geschehen ist, häufig bei consonantischen Wortstämmen die erste Sylbe, bei vocalischen der erste Vocal der so gebildeten Form abgeschnitten, und der Überrest, die eigentliche Conjugationsform, dient sodann als Imperat. und Fut.; *coha*, nehmen, *oli*, zurückkehren, *c-um-oha*, *om-oli* Bildungsart durch Infigirung, *m-oha*, *m-oli* Bildungsart durch Abschneidung. Ezguerra nennt die erstere dieser beiden Arten *conjugacion intercalar*, die andere *conjugacion concisa* (nr. 133.). Um daraus das Präs. und Prät. zu bilden, wird zwischen das *m* der Conjugationsform und den Vocal des Verbalstamms *in* (nach der unten zu erklärenden Analogie der Tempusbildung) eingeschoben; *m-in-oha*, *m-in-oli*, Präs. und Prät. Die Tag. Sprache bildet kürzer *n-oha*, und von *alìs*, gehen, *nalìs*, wie sie immer das zum Imperat. und Fut. dienende Conjugations-*m* im Präs. und Prät. in *n* verwandelt.

70. Es giebt also, aufser den präfigirenden Bildungsarten der Conjugationsformen, nur eine, nämlich die infigirende, und diese besteht wesentlich in der Einschiebung oder Vorsetzung eines bald vocalisch erweiterten, bald unerweitert bleibenden Nasenlauts.

71. In das Pass. geht die Infigirung von *um* nicht über, und die Passivform der 1. Conjug. ist daran kenntlich, dafs sie eine blofse Verbindung des Verbalstamms mit einer der drei Pass. Partikeln (s. ob. nr. 49.) ist. So ist *s-in-asálot*, ein Verpesteter, ein Pass. der 1. Conjug., und *maquitova*, sich mit freuen (s. unt. nr. 117.), eine Verbindung von *maqui* mit solchem Pass.

72. Die Conjugationsbildung durch Präfigirung erstreckt sich über alle Tempora. Sie veranlafst aber für das Plusquamperf. und Fut. perf. da,

wo (4. 8. Conjug.) die Ähnlichkeit der Präfixa der Conjugationsform mit denen dieser Tempora Zweideutigkeit hervorbringen könnte, eine andre Bezeichnung.

73. Die besondren Arten dieser Conjugationsbildung unterscheiden sich durch die Verschiedenheit der Präfixa, die aber, das einzige *pa* (7. Conjug.) ausgenommen, im Act. alle mit *m* anfangen. Mit diesen Präfixen ist aber immer Verschiedenheit in der Art der bei der Tempusbildung vorkommenden Reduplication, und bisweilen Umwandlung des Anfangsbuchstaben des Verbalstamms, auch wohl Veränderung des Accents verbunden.

74. Die Präfixa sind entweder einfach, und bestehen dann blofs aus den mit *m* beginnenden: *ma* (8. Conjug.), *mag* (2. Conjug.), *man* (3. Conjug.), oder aus *pa* (7. Conjug.); oder sie sind zusammengesetzt, indem die drei mit *m* beginnenden Präfixa andre Präfixe, von denen keines mit *m* beginnt, wie *hi*, *ca*, in der Zusammensetzung *manhi*, *magca* u. s. w., nach sich nehmen (4-6. 9-17. Conjug.).

75. Die mit *m* beginnenden Präfixa sind sichtbar immer die wirklich den Verbalbegriff enthaltenden, unter den anderen mufs man *pa* und *ca* von den übrigen unterscheiden. Die letzteren gehen nur die specielle Bedeutung an, oder modificiren den allgemeinen Verbalbegriff. *Pa* und *ca* theilen, nach Verschiedenheit des Gebrauchs, die Natur der einen oder der andren. Diese Eintheilung rechtfertigt sich dadurch, dafs *a*) die mit *m* beginnenden, und *pa* und *ca* (letzteres jedoch nur im Passivum) einfache Präfixe sein, d. h. den Verbalbegriff allein tragen können; und dafs *b*) die mit *m* beginnenden, allein ihr *m* regelmäfsig im Präs. und Prät. in *n*, im Pass., jedoch mit Ausnahmen, in *p* verwandelnd, zu *mag*, *man*, *nag*, *nan*, und *pag*, *pan* werden, mithin den wesentlich dem Verbum angehörenden Zuständen folgen, da alle übrigen Präfixe durch alle Tempora und Genera des Verbums unverändert bleiben.

Anm. Der eben angegebene Gang der Verwandlung von *m* in *n* ist Totanes Ansicht. Ezguerra (nr. 115. u. f.) legt die Formen mit *n* zum Grunde, und läfst sie sich im Fut. in *m* verwandeln. Allein das *n*, herstammend von dem Adv. *na*, jetzt, schon, ist offenbar Tempusbezeichnung, da *m*, Zustand, Sein andeutend, dem Verbalbegriff allgemein angehört. Selbst wenn Totanes (nr. 77-79.) angiebt, dafs *na* eine Art des Ausdrucks des Verbums **sein** im Sinne: sich aufhalten, befinden (*estar*), ist, so waltet darin immer der Zeitbegriff vor. Denn *na* wird auch so nur von augenblicklichem, oder gelegentlichem, nie von beständigem Aufenthalte gebraucht. Auch hat das Mal., ohne alle Veränderung, nur die Formen mit *m*, und das Mad. verändert sie nur im Prät., nicht im Präs., in *n*. Totanes Ansicht ist also die richtigere.

76. Wo nicht die Passiv-Präfixa mit *p* eintreten, da (4. 8. Conjug.) hat das Pass. zu Präfixen *ma* oder *ca*. *Ma* ist allgemein intransitiver Bedeutung, und *ca* bildet Nomina. Die 2. Conjug. hat die Eigenthümlichkeit, ihr Pass. nicht immer durch *pag*, sondern häufig auf dieselbe Weise, wie die 1., die infigirende (s. ob. nr. 71.), zu bilden. Soviel sich dies in Regeln fassen läfst, wird *pag* da gebraucht, wo die 2. Conjug. Mehrheit anzeigt (s. unt. nr. 120.), wo ein Verbum der infigirenden Conjug. in ihr eine andre Bedeutung annimmt, und wo bei Pass. in *an* in Fällen, in denen *an* den Ort bildlich oder körperlich andeuten kann, das Letztere bezweckt wird (s. ob. nr. 51.).

77. Kein mit *m* anfangendes und folglich actives Präfix nimmt in zusammengesetzten Präfixen je die zweite Stelle ein, sondern alle stehen, als erst den Verbalbegriff bestimmend, immer voran. Die mit *p* beginnenden Passiv-Präf. stehen aber auch in der zweiten Stelle, und verändern, ohne Einflufs auf die Bedeutung, sogar ihre Stelle, was, da diese Passivformen (s. oben nr. 58.) sich ganz dem Nomen nähern, begreiflich ist. Die Passivformen haben daher in zwei Conjug. mehrere Präfixe, da die Activform immer nur Eine kennt, die 5. Conjug. nämlich gegen das Activpräf. *mag-pa* im Pass. *pag-pa, papag* und *pa*, die 14. Conjug. gegen das Activpräf. *mag-pa-ca* im Pass. *pag-pa-ca, pa-ca-pag, pa-ca* und *pa*.

78. Das Präfix *pa* kommt auch im Act. als angeheftet an mit *m* beginnende Präfixe vor (5. 14-16. Conjug.), und nur in solcher Verbindung erscheinen im Act. *ca* (4. 9. 14. 16. Conjug.), *can* (17. Conjug.), *guin* (10. Conjug.), *hi* (13. Conjug.) (*maguin*. Tot. 10. Conjug.), *sa* (12. Conjug.), *si* (11. Conjug.), *ti* (15. Conjug.). Unter allen diesen Präfixen finden nur *ca* und *pa*, beide näher mit grammatischen Begriffen verwandt, allgemeinere, die übrigen nur beschränkte Anwendung. Sie und *ti* sind es auch nur, die sich unter einander verbinden, so dafs daraus die zweifach zusammengesetzten Präf. *ma-pa-ti* (15. Conjug.), *mag-ca-pa* (16. Conjug.), *mag-pa-ca* (14. Conjug.), *mag-pa-ti* (15. Conjug.) entstehen.

79. Von der Reduplication ist hier nur die Rede, insofern sie die Conjugationsform mit zu bestimmen beiträgt, nicht insofern sie sonst gelegentlich (meistentheils nach Maafsgabe der Bedeutung), regelmäfsig oder optionell, bei Verben vorkommt. Einige Tempora haben nämlich (s. unt. nr. 172.) unausgesetzt Sylbenverdopplung; und da kommt es auf die Conjugationsform an, ob die Anfangssylbe des Verbalstamms, oder die letzte des Präfixes verdoppelt wird. Die aus Totanes einzelnen Angaben hervorgehende allgemeine Regel ist folgende: in allen Conjugationen, deren Präfixa blofs den Verbalbegriff bezeichnen, wird die Anfangssylbe des Verbalstamms, in allen, zu denen ein die besondre Bedeutung des Worts angehendes Präfix hinzukommt, dieses reduplicirt. Die Verdopplung richtet sich also nach der oben (nr. 75.) gemachten Eintheilung der Präfixe, und ihr wahrer Sinn ist eigentlich der, dafs immer und ohne Ausnahme die Anfangssylbe des Wortstamms wiederholt wird, es aber in Absicht des Präfixes darauf ankommt, ob dasselbe zur Bezeichnung des Worts als Verbums, oder zum Wort selbst gehört.

80. Nach der obigen Regel und Eintheilung redupliciren nun die Conjugationen der mit *m* beginnenden Präfixe da, wo diese Präfixa allein stehen (2. 3. 8. Conjug.), allemal die Anfangssylbe des Wortstamms,

die, welche in ihren Präfixen *gui* (10. Conjug.), *hi* (13. Conjug.), *can* (17. Conjug.), *qui* (6. Conjug.), *sa* (12. Conjug.), *si* (11. Conjug.) enthalten, diese Präfixa,

die, in deren Präfixen *cà* (4. 9. Conjug.) oder *pa* (5. 7. 14-16. Conjug.) vorkommt, bald die Anfangssylbe des Wortstamms, bald diese Präfixa.

81. Die präfixlose Conjugation (1. Conjug.) folgt insofern derselben Regel, als sie, da sie kein Präfix hat, welches dem Wortstamm angehören könnte, die Anfangssylbe von diesem verdoppelt. Sie setzt aber die verdoppelte Sylbe der durch Infigirung veränderten nach, und macht auf diese Weise eine zweite Infigirung. Man vergleiche das reduplicirende Präs. *s-u-ng-m-u-sú-lat* mit dem nicht reduplicirenden Prät. *s-u-ng-m-úlat.*

82. *Pa* bewirkt da, wo die Verbalbezeichnung auf ihm beruht, wo es mithin als einfaches Präfix steht (7. Conjug. Pass. der 5. 14. Conjug.), oder in einem zusammengesetzten die erste, leitende Stelle einnimmt (Pass. *pa-pag* der 5., *pa-ca-pag* und *pa-ca* der 14. Conjug.), die Verdopplung der Anfangssylbe des Wortstamms; wo es dagegen nachfolgendes Element

Fff

eines zusammengesetzten Präfixes ist (Act. und Pass. *pag-pa* der 5., Act. und Pass. *pag-pa-ca* der 14. Conjug.), wird es selbst verdoppelt.

83. Die Verdopplung der Conjugation, deren Präfixe *ca* enthalten, richtet sich danach, ob das *ca* wesentlich zur Charakteristik des Verbalbegriffs gehören soll. In diesem Fall wird die Anfangssylbe des Wortstamms, sonst das Präfix wiederholt. Das Erste geschieht bei dem Präfix *maca* (4. Conjug.), und bei dem Präfix *magca* (9. Conjug.) in dem einzigen Fall, wo bei Verben, die ein Zusammentreffen von Handelnden bezeichnen, die Zufälligkeit desselben, gegen die durch das Präfix *mag* (2. Conjug.) angedeutete Absichtlichkeit, ausgedrückt werden soll. In diesen beiden Conjugationen folgt die Nichtverdopplung des *ca* aus dem Sprachgefühl, dafs das *ca* nicht zum Wortstamm, sondern eng und nothwendig zum Präfix (dem Verbalbegriff) gehört, da sonst die 4. Conjug. (*maca*) mit der 8. (*ma*), der angegebene Fall in der 9. (*magca*) mit der 2. (*mag*) zusammenfallen würde. In allen übrigen Fällen der 9. Conjug. wird *ca* verdoppelt.

Anm. Das Obige gilt, wo *ca* in einfach zusammengesetzten Präfixen vorkommt. In zweifach zusammengesetzten findet es sich nur mit *pa* zusammen, und da reifst *pa* die Reduplication an sich (14. Conjug.).

84. Auch bei *pa* und *ca* richtet sich daher die Verdopplung nach der obigen allgemeinen Regel, und die scheinbare Abweichung liegt blofs in dem verschiedenen Gebrauch dieser Partikeln.

85. Die bei der Conjugationsform vorkommende Buchstabenveränderung ist die im Vorigen allgemein auseinandergesetzte. Soviel man aus Totanes sehen kann, findet sie nur statt, wo *man* oder seine Lautverwandlungen *nan, pan* das Präfix allein oder zum Theil ausmachen (3. Conjug. *man*, 13. Conjug. *man-hi*). Wo *man* unmittelbar vor dem Verbalstamm steht, verliert es sein *n*. Da nun der an die Stelle des Anfangsbuchstaben des Stammes tretende Buchstabe allemal der Nasal seiner Classe ist, so besteht hiernach die phonetische Bildung blofs darin, dafs der Nasenlaut vom Ende des Präfixes zum Anfang des Verbalstammes, aber dergestalt übergeht, dafs, indem er den wahren Anfangsbuchstaben verdrängt, er doch die Natur und die Andeutung seiner Classe beibehält; *man-cóha* wird zu *ma-ñgoha*, *man-tubùs* zu *ma-nubùs*, loskaufen. Eine kleine Zahl von Verben der 3. Conjug. fügt sich dieser Lautveränderung nicht. Dann aber wirft das Präfix oft vor dem unverändert bleibenden Anfangsbuchstaben

des Stammworts sein End-*n* ab; ***man***- oder ***ma-bagyòbagyò***, zum Orkan werden (vom Winde). Doch verändert dies Wort auch bisweilen sein *b*, denn de los Santos hat im Prät. nach der 1. Conjug. (s. ob. nr. 68.) ***nagyò***, es gab einen Orkan (*p.* 877. *v. tempestad*). Unerklärbar scheint es nun, dafs im Präfix ***man-hi*** (13. Conjug.) das dazwischen tretende ***hi*** diese Lautumwandlung nicht verhindert, sondern darin nur die Veränderung hervorbringt, dafs auch ***man*** seinen Endnasenlaut behält; ***bacàs***, Fufsstapfe, ***man-hi-macàs***, dieselben verfolgen. Tieferes Nachsuchen hat mich aber überzeugt, dafs Totanes die Sache weder genau, noch vollständig darstellt. Das ***hi*** in ***man-hi*** gehört, nach der allgemeinen Natur dieser mit ***mag*** und ***man*** zusammengesetzten Präfixe, eigentlich zu dem die Verbalform annehmenden Wort, nicht aber zu den diese Verwandlung bewirkenden Mitteln, und kommt mit denselben nach der 13. Conjug. gehenden Wörtern auch da vor, wo diese nach andren Conjugationen gehen, oder für Subst. gelten. In diesen beiden Fällen nun, wo gar kein ***man*** hinzutritt, geht dennoch dieselbe Verwandlung des Anfangsbuchstaben des Worts in seinen Nasal vor; ***toma***, Leiblaus, ***h-i-ng-m-i-hi-noma***, Präs. der 1. Conjug. sich davon reinigen, ***coto***, Kopflaus, ***mag-hi-ñgoto***, Imperat. der 2. Conjug.; ***sáyang***, Schade durch Verlust oder sonst, ***na-hi-hi-náyang***, Präs. der 8. Conjug. sich über solchen Schaden beklagen; ***hi-ñgo-ñgó-to***, Krankheit an den Nägeln, von ***cocò***, Nagel, wo es merkwürdig ist, dafs die Lautveränderung beide Sylben afficirt. Es zeigt deutlich, dafs man das Wort ***cocò*** noch immer nur als ein zweimal ausgesprochenes ***co*** ansieht. Das Präfix ***man*** hat also an der ganzen Lautveränderung der 13. Conjug. gar keinen Antheil, und die oben erwähnte Sonderbarkeit hebt sich von selbst. Totanes hätte nur die lautverändernde Formation mit ***hi***, unabhängig von ***man***, anführen und erklären sollen, was er aber durchaus nicht thut. Dadurch, dafs er dieselbe gerade als der 13. Conjug. eigenthümlich angiebt, führt er den Leser offenbar irre. Dieselbe Bewandtnifs hat es vermuthlich auch, obgleich ich es nicht so nachzuweisen wüfste, mit den Fällen, wo einige Wörter nach dem Präfix ***maqui*** (6. Conjug.) dieselben Veränderungen erleiden; ***sóso***, saugen, ***maqui-noso***, fordern zu saugen. Die Grammatiker sind aber in der Annahme der Grundform bei diesen Verben mit wechselnden Anfangsbuchstaben nicht immer übereinstimmend. So heifst gebären bei de los Santos ***pañganàc*** (1. Conjug.), bei Totanes ***mañganàc*** (3. Conjug. Tot. nr. 184.),

Unterstützung fordern bei dem ersteren *madva*, bei dem letzteren (nr. 228.) *padva*. Das letztere scheint richtiger. Denn das Wort ist ursprünglich *áva*, Mitleid, in der 7. Conjug. (*pa*): Mitleid für sich verlangen. In dieser Form wird es dann, als ein eignes einfaches Wort, nach der 6. Conjug. behandelt (s. unt. nr. 137, 3.).

86. Die Accentveränderung läfst sich nicht eigentlich zu den Bezeichnungsmitteln der Conjugationen rechnen, indefs ist sie doch in Einer Conjug. (der 12.) allen Wörtern, in andren aber Hauptbedeutungen derselben eigen, so dafs sie hier dennoch in Betrachtung zu kommen verdient. Auch in dem angegebenen Gebrauch ist ihr Zweck aber immer Verstärkung des Nachdrucks, und mithin aus der Bedeutung entstehend. Es ist alsdann immer die letzte Sylbe des Wortstamms, welche ihren Ton verändert. Diese Veränderung besteht dann entweder blofs in der Verlegung des gewöhnlichen Accents des Worts, d. h. die Paroxytona werden oxytonirt. Dies geschieht z. B. in der 2. Conjug. (*mag*), um Vielheit der Handlungen da anzuzeigen, wo das Präfix allein dies nicht thut; *um-áral*, lehren (1. Conjug.), *mag-áral*, lernen (2. Conjug. mit gleichem Accent), *mag-aràl*, viel lehren (2. Conjug. mit verändertem Accent) ([1]); ferner in der 9. (*magca*) in ihrer Hauptbedeutung, wo sie anzeigt, dafs der Begriff des Verbums sich über Viele oder Alle erstreckt. Bei dem ersten dieser Fälle wird angemerkt, dafs, wo die Wortstämme schon von selbst Oxytona sind, die Verdopplung der Anfangssylbe derselben an die Stelle tritt, so dafs, da die 2. Conjug. auch bei der Tempusbezeichnung die gleiche Verdoppelung vornimmt, die verdoppelnden Tempora nun die Anfangssylbe des Worts dreimal enthalten; *nag-bi-bi-bilì aco*, ich verkaufe viel.

87. In anderen Fällen geht nicht blofs eine Oxytonirung vor, sondern der Endvocal wird mit solchem Aushalten der Stimme ausgesprochen, dafs er gleichsam doppelt lautet. Dies trifft aber nicht die Endsylbe des Worts, sondern die des Präfixes. Es geschieht bei *macà* (das schon für sich Oxytonon ist) und *ma* (4. Conjug.) da, wo diese beiden Präfixe den Sinn verbietender Imperative haben, so wie in den meisten ihrer übrigen Bedeutungen

---

([1]) Nach de los Santos bringt die Mehrheitsbedeutung der 2. Conjug. allemal die Oxytonirung der Paroxytona hervor; *c-um-acáin*, essen (1. Conjug.), *mag-cain*, viel essen (2. Conjug.). Vorr. S. 3. *in init.*

aufser denen der Causalität und der Möglichkeit. Ferner ist es der Fall mit *pa*, wenn dieses im Pass. der 14. Conjug. da, wo dieselbe Verstärkung anzeigt, für sich, nicht, wie gewöhnlich, verbunden mit *ca* steht. Dadurch unterscheidet sich dies Präfix *pa* von einem dem Worte nachgesetzten, Währung anzeigenden; *pā-hampas-in mo siyà*, stärker-gegeifselt-werde von-dir er, *hampas-in mo pa siyà*, gegeifselt-werde von-dir noch er.

88. Einen, jedoch nicht so, wie die gewöhnliche Oxytonirung, anhaltenden, sondern flüchtigeren Ton nehmen die Endsylben der Verbalformen der 12. Conjug. (*magsa*) an, welche anzeigt, dafs man sich in Tracht, oder Sprache, oder Sitten, oder in allem diesem, ganz nach einer Nation richtet (Tot. nr. 255. vgl. mit nr. 262.).

89. In einigen Conjugationsformen beruhen auch besondre Bedeutungen der Verba auf der Suffigirung von *an*. Beispiele sehe man unten nr. 128. 141, 3.

Bedeutung und Umfang der verschiedenen Conjugationsformen.

90. Im Allgemeinen ist zu bemerken, was auch schon aus der ganzen Natur des Tag. Verbums (s. ob. nr. 37. 38.) fliefst, dafs dasjenige, wodurch sich ein Wort in Vereinigung mit der Conjugationsform von seiner gewöhnlichen Bedeutung im isolirten Zustande unterscheidet, durchaus nicht in ihm, sondern immer einzig in der Conjugationsform liegt. In *d-in-agà* (von *dagà*, Maus), von Mäusen aufgezehrt, bedeutet *dagà* nichts, als das Thier; das Aufzehren liegt in dem *in*, dem Kennzeichen des Passivums der 1. Conjug., welche mit Thiernamen den Begriff des von ihnen gemachten Schadens verknüpft. Die Conjugationsform verwandelt nämlich das nicht schon für sich einen Verbalbegriff enthaltende Wort in ein Verbum, bisweilen allgemein, bisweilen auf eine bestimmte Art; und nun hängt es oft von der Bedeutung des Worts ab, welcher Begriff dazwischen geschoben werden mufs, um diese Verwandlung in der Idee zu bewirken. So heifst *mag-dáhon*: Wellen schlagen, *mag-báhai*: ein Haus bauen, *mag-bigàs*: reinen Reifs verkaufen. In allen diesen Wörtern drückt *mag* aus: eine Sache, oder etwas mit einer Sache machen. Die Specification des Machens wird durch die Bedeutung des Wortes gegeben, aber wo sie mehrfach sein könnte, durch den Sprachgebrauch fixirt, oder durch verdeutlichende Zusätze im Reden bestimmt. Man sieht also hieraus, dafs es unmöglich sein würde, alle

Bedeutungen der Conjugationsformen erschöpfend und classenweise aufzuzählen. Man kann sie nur im Allgemeinen anführen, und muſs die specificirte Anwendung auf einzelne Wörter oft der Beurtheilung oder Sprachkenntniſs überlassen.

91. Die Bestimmung, welcher Conjugation ein Verbum folgt, richtet sich in keinem Fall nach seinem Laute in Folge phonetischer Regeln, sondern immer nach seiner Bedeutung und der der Conjugationsform.

Anm. Die einzige mir bekannte Ausnahme hiervon ist, daſs die infigirende Conjugation (1. Conjug.) alle mit *m* anfangende Verba im Act. ausschlieſst, wovon der Grund nur in dem Zusammentreffen des *um* der Conjugationsform mit dem *m* der Wortstämme liegen kann. Indeſs giebt es, obgleich Totanes es nicht sagt, Ausnahmen von dieser Regel. Bei de los Santos kommt von *múlat*, die Augen aufsperren, das Präs. *nu-núlat*, bezeichnet mit 1. *act.*, vor. Allein um das eben berührte Zusammentreffen der beiden *m* zu vermeiden, ist die Bildung durch Verwandlung des Anfangsbuchstaben (s. ob. nr. 68.) gewählt, als gäbe es ein Wort *púlat* oder *búlat*, was wenigstens de los Santos nicht hat.

92. Wenn man das in den beiden vorigen Paragraphen Gesagte bedenkt, so begreift man, daſs es nicht thunlich ist, die Wörter nach allgemeinen und festen Regeln unter die Conjugationen zu vertheilen. Das hier Nachfolgende kann also nicht diesen Zweck haben, sondern nur den, die Natur der Conjugationsformen näher zu erläutern.

Anm. In de los Santos Wörterbuch wird gewöhnlich angegeben, in welchen Conjugationen ein Wort gebräuchlich ist; allein diese Anführungen sind bei weitem nicht ausreichend. Im Sanskrit führt gar keine, sei es aus dem Laut, oder aus der Bedeutung zu entnehmende Regel dahin, zu erkennen, zu welcher der 10 Conjugationen eine Wurzel gehört.

93. Die Conjugationsformen zeigen nicht Eine, sondern mehrere der Kategorieen an, unter die ein einzelnes Verbum gebracht werden kann, nämlich:

a. Modificationen des Verbalbegriffs selbst, transitive oder intransitive Natur;

b. allgemeine innere Beziehungen der Handlung an sich oder auf das Subject, die man zum Theil unter den Begriff der Modi bringen kann,

Möglichkeit, Willkührlichkeit oder Nothwendigkeit, Absichtlichkeit oder Zufälligkeit u. s. f.;

c. mehr äufserliche Beziehungen der Handlung, vorzüglich auf Raum und Zeit, welche andre Sprachen durch untrennbare Präpositionen ausdrücken, hin, her, in, mit u. s. f.

d. Neben diesen allgemeinen Bestimmungen, richtet sich aber die Conjugationsform auch nach der speciellen Bedeutung des Worts, so dafs man z. B. unser fischen, angeln (*isdà*, Fisch, *bivas*, Angel) nicht nach der 2. (*mag-isdà*), sondern nach der 3. Conjug. (*ma-ñgisdà*, *ma-mivas*) bildet.

Alle diese verschiedenen Bedeutungen können sich aber bei einer und ebenderselben Conjugationsform zugleich befinden.

94. Die Sache ist offenbar die: die Sprache verbindet jedes als Verbum gebrauchte Wort mit einem oder einer bestimmten Anzahl wechselnder Präfixe (die infigirende Conjug. hier mit eingerechnet), sie giebt vermittelst derselben dem Verbalbegriff gelegentlich alle im vorigen Paragraphen erwähnte Modificationen, und es liegt in ihr hierbei die doppelte Eigenthümlichkeit, dafs sie für sehr verschiedene Kategorieen (untrennbare Präpos., transitive und Causalverba) eine und die nämliche Bezeichnungsart durch die Conjugationsform hat, und dafs sie Dinge durch die Verbalform ausdrückt, die andre Sprachen besser besonderer Erläuterung durch adverbialische Zusätze überlassen, z. B. ob man absichtlich oder zufällig an etwas denkt, was die Tag. Sprache für den ersten Fall durch die 2. Conjug. (*mag-isip*), für den letzten durch die 4. (*maca-isip*) andeutet, so dafs nur die erste Form des Worts einen Imperativ haben kann.

Anm. Ich mufs hier vorläufig (da ich auf den Gegenstand zurückkommen werde) bemerken, dafs die Sanskr. Nominal-Verba, zu welcher Classe alle Tag. gehören, eine auffallende Ähnlichkeit mit den Tag. Conjugationsformen darin haben, dafs sie den Verben durch grammatische Bezeichnung ganz particuläre Bedeutungen, von verlangen, nachahmen, dann aber auch zugleich ganz allgemeine, eine Eigenschaft bekommen, hervorbringen, geben. Auf die Nominal-Verba in den abgeleiteten Sanskr. Sprachen ist noch nicht genug geachtet worden.

95. Die Grammatiker haben nun die mit gleichen Präfixen verbundenen Verba zusammengestellt, ihrer Bedeutung nachgeforscht, und danach

ihre Conjugationsformen, die man für nichts anderes ansehen darf, gebildet. Es ist nun sehr begreiflich, dafs sie dem, oft sehr feinen Ideengange, nach welchem der Sprachgebrauch Verba demselben Präfixe unterordnete, oder mit verschiedenen verband, nicht immer nachgehen, noch weniger die factischen Umstände errathen konnten, auf welchen dies in einzelnen Fällen beruht haben mochte. Der Natur des Unternehmens selbst nach, konnte dasselbe weder ganz erschöpfend, noch in der Angabe der Bedeutungen der Conjugationsformen überall durchaus richtig sein. Bisweilen scheint es ihnen auch begegnet zu sein, blofs dialektweise verschiedne Formen als wesentlich in der Bedeutung verschieden aufzustellen. Daher ist die Zahl und die Bestimmungsart der Conjugationsformen nicht von Willkührlichkeit frei.

Anm. Man sieht aus Totanes selbst, dafs er der Eintheilung des Tag. Verbums in 17 Conjugationen nur darum folgt, weil sie einmal die hergebrachte in der grammatischen Schule ist, die sich nach und nach unter den Spanischen Missionaren in den Philippinen gebildet hat, nicht aber weil diese Zahl gerade in der Natur der Sprache gegründet wäre. Ezguerra hat gar nicht die Eintheilung in eine bestimmte Anzahl von Conjugationen, und dies rührt durchaus nicht von dem Bau des Bisayischen Dialekts, den er behandelt, her, sondern einzig von der Verschiedenheit der von ihm gewählten Methode. Er handelt zuerst die infigirende Conjugation (*conjugacion intercalar*) ab, und geht dann die verschiednen Präfixa in einzelnen Capiteln durch. Man gewinnt bei dieser Behandlungsart nicht eben an Leichtigkeit und Klarheit der Übersicht; aber verbunden mit dem Umstande, dafs Ezguerra viele Varietäten untergeordneter Mundarten anführt, gewährt sie den Vortheil, dafs man bei der Vergleichung von Totanes und Ezguerra nunmehr deutlicher einsieht, was der Sprache, und was dem systematisirenden Sinn der Grammatiker angehört.

96. Auch diejenigen Conjugationsformen, welche Modificationen des Verbalbegriffs angeben, haben doch nebenher die Eigenthümlichkeit, mit Ablegung jener allgemeinen Bedeutung, Verben von specieller Bedeutung ausschliefslich anzugehören. So hat *macà* ganz gewöhnlich causale Bedeutung, *macáhapìs*, betrüben; dagegen heifst *macátalastàs*: zufällig hören.

Anm. Es erinnert dies daran, dafs auch im Sanskrit dieselbe Formation in den abgeleiteten Verben den causalen, in der 10. Conjug. einer bestimmten Anzahl von Verben angehört, und dafs es der gleiche Fall mit dem Pass. und der 4. Conjug. ist.

97. Da die Conjugationen allgemeine Modificationen des Verbalbegriffs angeben, so folgt hieraus von selbst, dafs dasselbe Wort nach mehr als Einer Conjugationsform gebildet werden kann. Doch gehört es, diesen wechselnden Ausdruck des Verbalbegriffs abgerechnet, immer Einer in seinem von diesen Nebenbegriffen freien Sinn an. In verschiedner Bedeutung aber gehn die Wörter oft nach mehr als Einer Conjugation; *um-áral*, lehren (1. Conjug.), *mag-áral*, lernen (2. Conjug.). Derselbe Fall ist im Sanskrit. Dafs Wörter, wie in diesem, in gleicher Verbalform und gleicher Bedeutung mehr als Einer Conjugation angehörten, sagen die Grammatiker nicht ausdrücklich, man findet aber bei ihnen solche Beispiele. So steht bei Totanes für das Anlegen des Weiberrocks, der Tag. *tápis* heifst, (nr. 175.) *mag-tápis* und (nr. 188.) *ma-nápis* (2. 3. Conjug.).

98. Der reine Verbalbegriff, die blofse Verwandlung des Worts in ein Verbum, liegt, soviel ich sehen kann, ausschliefslich in der einfachen Verbindung der mit *m* beginnenden Präfixa mit dem Worte, und in der infigirenden Conjugation, also in der 1., 2. (*mag*), 3. (*man*), 8. (*ma*). Umgekehrt läfst sich aber der Satz von der 2. und 3. nicht behaupten, da sie zugleich die Bestimmung haben, bei Wörtern, die in gleicher Bedeutung nach der 1. gehen, Vielheit der Personen oder der Handlungen anzuzeigen. Eher gilt es von der 1. und 8., allein auch nicht ganz. Denn da diese Conjugationsformen nur bei Wörtern bestimmter Bedeutungen gebraucht werden, so leidet die Allgemeinheit des Verbalbegriffs bisweilen sichtbar durch diese Einschränkungen.

99. Dafs eine unter den verschiednen Conjugationsformen könnte, bis auf die Ausnahmen, als die allgemeine angesehen werden, wird durchaus nicht gesagt; es scheint aber dennoch, dafs die 2. (*mag*) so betrachtet werden kann, da sie den Verbalbegriff am allgemeinsten enthält, und ihre Bildung in einfacher Präfigirung ihrer Partikel besteht. Die künstlichere durch Infigirung und Buchstabenverwandlung (1. 3.) dürfte der Sprachgebrauch wohl auf eine bestimmte Anzahl von Verben beschränkt haben. Dafs dies auch die Ansicht der Missionare ist, zeigt sich darin, dafs alle in die Tag.

Sprache eingeführte Lateinische und Spanische Wörter durch Vorsetzung von *mag* in Tag. Verba verwandelt werden. Mit den Sanskritischen und Arabischen ist dies nicht unbedingt der Fall; *sulat*, schreiben, das Arab. *sūrat*, bildet *sumulat*.

100. Das eben Gesagte kann aber nur von transitiven Verben gelten, und mufs für intransitive auf die 8. Conjug. (*ma*) bezogen werden. Denn der hauptsächlichste Unterschied zwischen den hier betrachteten einfachen Conjugationsformen ist der, dafs die infigirende, und die mit *mag* und *man* verbundenen (1-3.) transitiver sind, die mit *ma* (8.) aber intransitiver. Doch ist die Unterscheidung durchaus nicht scharf, und die ganze Abtheilung nur unter folgenden Modificationen richtig.

101. Das Präfix *ma* drückt allerdings die intransitive Beschaffenheit aus, wie wir es denn auch als allgemeines Präfix der Adject. gefunden haben. Es sagt das Sein in einem Zustande aus. Die Conjug. mit *ma* (8.) zeigt auch dadurch ihre intransitive Natur, dafs sie zu Passivpartikeln *ma* und *ca* hat. Das erste sagt nur, dafs hier an kein, dem Act. entgegenzusetzendes Pass. zu denken ist, und die Partikel *ca* enthält (s. ob. nr. 48.) allgemein den Begriff des Geschehenen, Gewirkten. Sie ist ganz der Natur des Nomens, und konnte daher nicht so wie *ma*, das, als Sein, Verbalnatur hat, zur Bezeichnung des intransitiven Verbums (in der Sprache der Tag. Grammatiker zum Act. der 8. Conjug.) gebraucht werden. *Ma* und *ca* unterscheiden sich ungefähr wie Sein und Sache, und *ca* dient daher vorzüglich da, wo der Ort eines Vorfalls, *ma* da, wo die betroffene Person oder die Ursach herauszuheben ist (s. ob. nr. 46. 47.). Auch ist das angebliche Passivum in *an* (nr. 48. 49. 50.) das einzige in der 8. Conjug. übliche, was sehr richtig ist, da es nur den Ort der intransitiven Handlung wirklich oder bildlich bezeichnet.

102. Die zur 8. Conjug. gerechneten Verba sind daher auch im eigentlichsten Verstande Neutra und Intransitiva, nicht solche, die nur durch reflexive Natur, sich waschen, oder, indem man, von der transitiven Natur absehend, sie zu immanenten macht, viel schreiben, dem Sinn nach zu solchen werden. Es gehören daher zur 8. Conjug. Wörter wie: trauern, fürchten, untergehen, sitzen, ähnlich sein, zu etwas werden. In mehreren Fällen werden die Wörtern der 8. Conjug. gegenüberstehenden transitiven Verba nach der 1. Conjug. gebildet: traurig machen, zerstören, sich hinsetzen. Eine scheinbare Ausnahme bestätigt diesen Begriff der 8. Conjug.

Sie drückt nämlich aus, dafs etwas, ohne Absicht, durch bloſsen Zufall geschieht; und wenn dies Geschehende eine transitive Handlung ist, so läſst sie auf ihr eignes Präfix die Präfixe des jedesmaligen transitiven Verbums folgen; so wird im Prät. *na-papaqui-pag-bilì* vom zufällig Verkauften gesagt. Die transitive Natur der Handlung wird dann durch die transitiven Präfixe bezeichnet; das *ma* der 8. Conjug. drückt, seiner Natur getreu, den intransitiv leidenden Zustand aus, in dem sich der Mensch wirklich befindet, wenn er etwas, ohne es zu wollen, oder indem er sich nur dem Zufall überläſst, thut. Wenn Absicht auszudrücken ist, stehen in mehreren dieser Fälle die transitiven Conjugationen allein. So wird das absichtliche und zufällige Kommen eines Menschen zu mir bloſs durch die Conjugationsform unterschieden.

Anm. In dem angeführten Tag. Wort ist das Präfix der 8. Conjug. *ma* (im Prät. *na*) verbunden mit dem Pass. Präf. der 6. *paqui*, sich in etwas hineinbegeben, und mit dem der 2. *pag*, weil *bilì* allein kaufen, nicht verkaufen heiſsen würde. Von diesem Verbinden mehrerer Conjugationsformen unter einander wird unten (nr. 110.) die Rede sein.

103. Nicht alle intransitive Verba aber gehen nach der 8. Conjug., und die Bezeichnung der transitiven Verbalnatur, zu der wir jetzt kommen, ist bei weitem weniger rein und erschöpfend, als die der intransitiven.

104. Das *g* fügt dem *ma* allerdings transitive Bedeutung hinzu. Wir werden weiter unten (5. Conjug. nr. 135, *s.*) den Unterschied zwischen *mag-pa* (5. Conjug.) und *ma-pa* (8. und 5. Conjug.) sehen; und ebenso deuten *mag-pati* und *ma-pati* das plötzliche Annehmen körperlicher Stellungen, aber das erstere mit Willen und Absicht, das letztere ohne es zu wollen und zufällig, an. Da aber das transitive Verbum sich auch im Medium reflexiv auf den Handelnden zurückbeziehen kann, so hat *mag* erstlich diese Bedeutung; *magáhit*, sich barbieren. Dann wird aber auch die 2. Conjug. auf wahre Intransitiva angewendet; so *mag-taquindì*, auf Einem Fuſse gehen. Merkwürdig ist es, daſs dies Verbum nach allen drei transitiven Conjugationen gebildet werden kann. Denn man sagt auch nach der 1. *t-um-aquindì*, und nach der 3. *ma-naquindì* (de los Santos. *p.* 99. *v. andar*).

105. Allein die Wörter körperlicher Bewegung gehören der 1. Conjug. eigenthümlich an, und gehen nur sehr ausnahmsweise (wie *limbàng*, von einem zum andren übergehen, das zugleich nach der 1. *l-im-imbàng*,

Ggg 2

nach der 2. *mag-limbàng*, und im Pass. der 8. *qu-in-a-li-limbáng-an* macht. De los Santos. *p.* 99. *v. andar*) zugleich nach der 8. Vermuthlich wurde es dem noch logisch ungeübten Volkssinn schwer, eine Handlung, welche den Körper zu rühren und anzustrengen zwingt, als ein Neutrum zu behandeln, indem man den Begriff des Intransitiven noch nicht grammatisch auffaſste. Man rechnete also zu demselben nur vorzugsweise innerliche, dem Willen nicht unterworfene, unmerklich von selbst vorgehende Veränderungen, oder wirkliche von aller Bewegung und Veränderung entfernte Zustände. Dies beweisen die oben angegebenen Bedeutungen von *ma*; und wenn man diesen Gesichtspunkt faſst, so ist gegen die Vertheilung der Tag. Verba unter die transitiven und intransitiven Präfixa wenig oder nichts zu erinnern.

106. Schwieriger ist es, den Unterschied zwischen der 1. und 2. Conjug. richtig und einigermaſsen erschöpfend aufzufassen. Beide sind transitiv in der oben angegebnen Bedeutung; wenn ich aber den Eintheilungsgrund der Sprache hier richtig verstehe, so gehört das, auch seiner grammatischen Construction nach transitive Verbum vorzugsweise dem Präf. *mag* an, und die 1. Conjug. steht der intransitiven theils an sich, theils dadurch um einen Schritt näher, daſs es ihr eigen ist, den direct activen Ausdruck, wo das Verbum einen von ihm regierten Accusativ hinter sich hat, gern zu umgehn. Sie ist und scheint daher immanenter; und es dürfte vielleicht nicht unrichtig sein, den infigirten Nasenlaut als Symbol davon anzusehen. Geht man ihre Bedeutungen durch, so finden sich darunter wirklich intransitive, wie die Verba der Bewegung: laufen, gehen u. s. f., reflexive, wie: sich weiſs, schwarz machen, solche, die zwar transitive Handlungen ausdrücken, aber als habituelle Verrichtung, wie: das Geschäft des Schreibens üben, ein Schreiber sein; ferner Verba innerlicher Verrichtungen oder Leiden: traurig, krank machen, Hunger leiden lassen, mit Absicht nachdenken; körperlicher Handlungen, wie: sich setzen, hinknieen, spucken; der Richtung nach sich, daher k a u f e n nach der 1., v e r k a u f e n nach der 2. Conjug. geht; Verba von dem, was aus dem Innern einer Sache hervorgeht, wie das Keimen, Sprieſsen von Pflanzen u. s. f. Wunderbar ist es dagegen, daſs, wie schon oben gesagt worden, einige Verba gerade in der 1. Conjug. Activa und in der 2. Media sind. Auch die Verba der Erregung von Empfindungen gehen nur nach der 1. Conjug., wenn diese in Andren erregt werden (s. unt. nr. 141.).

107. In einigen dieser Bedeutungen, namentlich bei den Verben von Erregung von Empfindungen, ist in der 1. Conjug. das Act. nur sehr selten, in andren, namentlich bei den Verben der Beschädigungen durch Thiere, gar nicht gebräuchlich. In allen diesen Fällen bedient man sich des Passivums.

108. Die Eigenthümlichkeit der 3. Conjug. (*man*) beruht gröfstentheils auf der mit ihr verbundenen Buchstabenveränderung, und ist insofern phonetisch. In Absicht der ihr ausschliefslich eignen Bedeutungen ist sie von sehr geringem Umfange, und auf Verba des Jagens, Fischens, des Tragens von Waffen und Kleidungsstücken (wo aber auch die 2. eintritt), des Lebens an einem Ort, und des sich zu einer Sache Machens, ihr ähnlich Seins beschränkt.

109. Der transitive Verbalbegriff in der bestimmten Bedeutung des Machens, Hervorbringens, Verursachens wird aufser den eben betrachteten drei ersten Conjugationen angedeutet durch das Präfix *macà* (4. Conjug.), und diese Andeutung ist durchaus allgemein, auch da, wo andre Conjugationsformen dasselbe, aber nur für bestimmte Fälle, ausdrücken. Beispiele: *macá-búhai*, Leben hervorbringen; *macá-hapis*, Traurigkeit verursachen (allgemein), *hapis-in*, Imperat. Pass. 1. Conjug. es in einem Andren thun.

110. Der reine Verbalbegriff, dessen Andeutung durch die Conjugationsformen wir bis hierher in Erwägung gezogen haben, erhält durch einige derselben ganz allgemeine Modificationen, die es jetzt durchzugehen gut sein wird. Diese (4-7. 11. Conjug.) finden dann in diesen ihren allgemeinen Bedeutungen (denn sie haben gröfstentheils nebenher auch specielle) Anwendung auf alle Verba ohne Unterschied; und da diese, entblöfst von ihren charakteristischen Conjugationsformen, ihre Bedeutung verlieren würden, so mufs hier eine Verbindung der Präfixa der allgemeinen Conjugationsformen mit den Präfixen der besondren Wörter vorgehen, auf welche sie angewendet werden. Auch in andren Fällen (s. ob. nr. 102.) kommt eine Verbindung der Präfixa verschiedner Conjugationen vor.

111. Die allgemeine Regel für diese Verbindungen (Tot. nr. 85.) ist die, dafs die Präfixa der allgemeinen Bedeutung vorangehen, und auf sie die des speciellen Worts, aber im Passivum, folgen. Dies ist logisch und grammatisch richtig. Denn da das Passivum offenbar eine Nominalform ist, so

sind diese verbundenen Formen nichts anderes, als dafs ein Verbum erst mit seinen Präfixen in ein Nomen, und dann wieder in ein Verbum verwandelt wird. Da nun die Passivform der 1. Conjug. gar kein Affixum hat, so kann bei Verben der 1. Conjug. die verbundene Form auch nur die Präfixa der Conjugationsformen allgemeiner Bedeutungen mit sich führen. Beispiele: *maca-gavà*, können machen (1. und 4. Conjug.), *maqui-pagpa-sùlat*, sich darein mischen zu befehlen zu schreiben (6. und 5. Conjug.). Eine Ausnahme von dieser Regel, wo das Präfixum der hinzutretenden Conjugation sich nicht mit dem Passivum, sondern mit dem Activum der andren verbindet, kommt weiter unten (nr. 127, 12.) bei der 1. und 2. mit der 9. Conjug. vor. Es ist in dieser Form vermöge der präfigirten und der infigirten Partikel ein doppelter Verbalausdruck, der durch die Umstellung des Präfixes in sein Passivum mit Beibehaltung des andren Activums in ein Nomen verwandelt wird. Beispiel: *ang i-p-in-agca-ca-d-um-ito co ai si covàn.* Die Construction ist hier folgende: *si*, der, *covàn*, NN., *ai*, ein Äquivalent von ist, *ipinagcaca*, das Passivum mit *i* des Präfixes *pagca* der 9. Conjug. mit der Reduplication des Präsens, *dumito*, die Activform der 1. Conjug. von *dito*, hier, die Verbalform zusammen mit *ang*, die Ursach des hier Seins, wörtlicher: das, wodurch das hier Sein gemacht wird, *co*, meiner; NN. ist die Ursach meines Hierseins (Tot. nr. 249.).

112. Die allgemeinen dem Verbalbegriff durch die auf alle Verba anwendbaren Conjugationsformen zugehenden Modificationen sind: die des Befehlens oder Veranlassens, dafs die Handlung durch einen Andren, oder vermittelst seiner Zulassung geschehe, die des Könnens, der Möglichkeit, die des Verbietens, die der Allgemeinheit der Handlung in Beziehung auf die Handelnden, und die der absichtlichen Theilnahme an gemeinschaftlichen Handlungen.

113. Die erste dieser Modificationen bildet Causalverba, insofern man unter diesen nicht solche versteht, welche allgemein ein Hervorbringen, Bewirken andeuten, als von denen oben (nr. 109.) gehandelt worden ist, sondern im wahren grammatischen Sinne des Worts, wo die Hervorbringung die einer Handlung ist, mithin bestimmt oder unbestimmt ein neues Subject, oder das nämliche zweimal auftritt. Für diese Verba hat die Tag. Sprache eine doppelte Form, eine allgemeine vermittelst des Präfixes *mag-pa* (5. Conjug.), und eine die Beschränkung in sich schliefsende, dafs die zu bewir-

kende Handlung für den sie Veranlassenden selbst geschehen, ihm zu etwas dienen solle, vermittelst des Präfixes *pa* (im Präs. und Prät. *na-pa*, 7. Conjug.). Beide Bildungen werden aber, wie es scheint, nur da gebraucht, wo von Bewirkung einer Handlung durch Befehl, Auftrag, Bitte, oder Erlaubniſs, nicht auf andre Art, die Rede ist. Die Andeutung des Befehles liegt in beiden Conjugationen sichtbar im *pa*; in der 7. scheint die reflexive Bedeutung, die hier gerade das Charakteristische ausmacht, und dadurch die Aufmerksamkeit mehr an sich zieht, als das transitive Bewirken, das *mag* auszuschlieſsen. Wenn der Befehl in einem zweiten zu gebenden Befehl besteht, so wird bloſs das *pa* verdoppelt.

114. Obgleich die Sprache zwei ausdrückliche Wörter für **können** besitzt, so drückt sie diesen Begriff doch viel gewöhnlicher durch das Präfix *macà* an den Verben, deren Möglichkeit angedeutet werden soll, aus; und der Unterschied, daſs das Präfix das körperliche, die Verba das moralische Können bedeuten, scheint mehr von den Grammatikern herzurühren, als vom Sprachgebrauche begünstigt zu werden (Tot. nr. 195.). Nur vor der 8. intransitiven Conjug. (*ma*, Pass. *ma, ca*), wo die verbundene Form *maca-ma* oder *maca-ca* lauten müſste, braucht man gewöhnlicher die ausdrücklichen Verba, so wie auch da, wo das causale (s. ob. nr. 109.) und potentiale *macà* zusammentreffen würden, ob man gleich auch beide unmittelbar auf einander folgen läſst; *maca-maca-guinhâva*, (einem Kranken) Erleichterung schaffen können.

115. Den verneinenden Imperativ, der aber durch eine hinzugesetzte Verneinungspartikel wieder zu einem verstärkt befehlenden werden kann, drückt die Sprache durch das Präfix *macā* mit dem (s. ob. nr. 87.) verlängerten Endvocal (Pass. *mā*) und dem Imperativ aus. Dieselben Wörter können aber auch als selbstständige Wörter vorausgehen, und dann das die zu verbietende oder abzuwehrende Sache anzeigende Verbum in jedem beliebigen Tempus des Indicativs stehen.

Anm. In diesem und dem ähnlichen Fall, wo im Sanskrit das verbietende *mā* mit dem sein Augment, also sein Vergangenheitszeichen, ablegenden Prät. verbunden wird, kann man es wohl nur als mit ausgelassenem Verbum **sein** einen eignen Satz bildend ansehen, dem ein andrer, von ihm vermittelst zu supplirender Conjunction regierter nachfolgt; Sanskr. *mâ bhawat*, es sei nicht, daſs es geschehe! Tag. *macā siya y* *napa-roon*, es-sei-nicht, (dafs) er war-dort-gewesen. Es ist merkwürdig, dafs dies verbietende *ma* sich, meiner blofs jetzigen zufälligen Kenntnifs nach, in drei offenbar zu verschiedenen Sprachstämmen gehörenden Sprachen findet, im Sanskrit, Tagalischen und Mexicanischen.

116. Den Umstand, dafs Alle ohne Ausnahme das vom Verbum Ausgesagte erfahren (thun oder leiden), deutet das Präfix *mag-si* an (11. Conjug.). Ganz ähnliche Bedeutung hat das Präfix *mag-ca* (9. Conjug.) in seiner Hauptbedeutung. Es drückt aber nicht so rein den Begriff der Allheit, sondern oft nur den einer Mehrheit aus, und bildet nur intransitive Verba. Es wird daher auch in dieser Bedeutung nicht mit andren Präfixen verbunden.

117. Die absichtliche Theilnahme an gemeinschaftlichen Handlungen liegt in dem Präfix *ma-qui* (6. Conjug.). Es ist damit gewöhnlich der Begriff unberufener, wenigstens unaufgeforderter Theilnahme verbunden. Totanes sagt nur, dafs sich dies Präfix mit den Präfixen der 1-7. (transitiven) Conjug. verbinde. Unter seinen Beispielen sind jedoch auch Verba intransitiver Bedeutung; *maqui-tova*, sich mit freuen. Allein der grammatischen Form nach ist dies keine Verbindung von *maqui* mit der 8. intransitiven Conjug., sondern eine mit dem Passivum der 1. transitiven. Das intransitive *matova*, freudig sein, ist nämlich durch Aufnahme in die 1. Conjug. transitiv (freudig machen) geworden, und durch Verwandlung in die Passivform wieder zur intransitiven Bedeutung (freudig gemacht) zurückgekehrt (s. ob. nr. 71.).

118. Aufser den hier angeführten hauptsächlichsten Fällen giebt es noch mehrere andre, wo sich Präfixa einer Conjugation, deren Bedeutung es zuläfst, mit Präfixen anderer verbinden, um ein Wort zum Verbum zu stempeln. Die Sprache besitzt aber auch andere Weisen, den Verben allgemeine Modificationen mitzutheilen, aus welchen neue Beziehungen der Conjugationsformen auf einander entspringen. Der wichtigste Fall hierunter ist der, wo in irgend einer Art eine Mehrheit am Verbalbegriff angedeutet werden soll.

119. Der Plural wird im Tag., wie in jeder andren Sprache, am Verbum durch Hinzufügung des Plural-Pronomens bezeichnet. Die Sprache verwebt ihn aber doch noch in vielen Fällen in den Begriff des Verbums, so dafs man gleich der grammatischen Form von diesem ansieht, ob von Einem

Subject, oder von mehreren die Rede ist. So haben wir oben (nr. 116.) gesehen, dafs *magca* (9. Conjug.) Mehrheit anzeigt. Ohne dafs also *sila*, sie, dabei zu stehen brauchte, verräth die blofse Form, dafs *nag-ca-ca-tóva* sie freuen sich, und nicht: er oder sie freut sich, sagen soll. Doch werden auch mit diesen Formen die Pluralpron. häufig aufserdem verbunden. Bisweilen aber folgt auf diese Formen ein Collectivum im Sing.; *mag-ca-ca-sálot ito-ng bayan*, wörtlich: sie-werden-Pest-leiden dieser (Verbindungslaut) Ort.

120. Nach Totanes wird der Begriff der Mehrheit auch so angedeutet, dafs eine Conjugation mit ihrem Präfix dieselbe an den Wörtern einer andren bezeichnet, mithin diese beiden Conjugationen sich zu einander wie Singular und Plural verhalten. Bei genauerer Untersuchung sieht man aber, dafs der Grund davon blofs darin liegt, dafs *mag* zwei Bedeutungen, nämlich aufser der des transitiven Verbalbegriffs auch eine sich auf Mehrheit beziehende hat. Statt nun zu sagen, dafs die präfixlose Conjugation am Verbum niemals Mehrheit ausdrückt, sondern, wenn dies geschehen soll, mit Abwerfung der Infigirung, *mag* vor sich nimmt, behandelt er die Mehrheitsbedeutung als eine der mit *mag* (2. Conjug.) verbundenen Conjugationen, und giebt nun da die zweite Regel, dafs diese 2. Conjug. nur da Mehrheitsbedeutung hat, wo das Verbum in derselben Bedeutung, die es in der zweiten hat, nach der ersten geht, sonst aber nicht. Beispiel: *súlat*, schreiben, nach der 1. Conjug. (Imper. *s-um-úlat*), ändert seine Bedeutung nicht in der 2., oder geht, wie natürlicher zu sagen wäre, gar nicht nach der 2.; daher deutet *mag-súlat* Mehrheit an und ist eigentlich gar keine Form der 2. Conjug., sondern eine in der ersten am Verbum selbst Mehrheit ausdrückende. Dagegen verändert *áral* (1. Conjug.) wirklich seine Bedeutung in der zweiten, und geht nach beiden zugleich, nach der 1. *um-áral*, in der Bedeutung von lehren, nach der 2. *mag-áral*, in der Bedeutung von lernen, und mithin kann *mag* hier nicht Mehrheit andeuten, sondern es mufs dies durch andere Mittel geschehen. Nach dem angenommenen System der Conjugationsformen ist Totanes Vorstellungsweise nicht zu tadeln, aber der Grund in der Sprache läfst sich nur in der Bedeutung von *mag* nachweisen, die hier ganz unabhängig von der Verbalnatur ist. Wir haben oben gesehen, wie *mag* als Präfix von Subst. denselben einen collectiven Sinn giebt. Dies ist auch hier der Fall. Wie man sich in *mag-ama* die ganze

Hhh

Vaterschaft (Vater und Kind) zusammendenkt, so liegt in *mag-súlat* das gesammte Schreiben, nicht als ein einzelnes, sondern als eine Masse genommen.

121. Aus dieser Bedeutung von *mag* rührt es auch her, daſs, was uns Anfangs so sehr auffällt, der Begriff der Mehrheit in diesen Fällen bald auf die der Handelnden, bald auf die der Handlungen, und von da noch weiter auf die gewöhnliche Beschäftigung mit solchen Handlungen bezogen wird. Denn *magsúlat* kann nach Umständen heiſsen, ähnlich einem gewöhnlichen Plural: Viele schreiben, oder als Frequentativum: er schreibt viel, oder gleichsam als habitueller Modus: es ist sein Geschäft, zu schreiben. *Mag* drückt nie den einfachen Plural aus, *mag-ama* heiſst nicht die Väter, sondern der Vater-Complexus, daher ist auch im Verbum seine wahre Bedeutung nur das viele Schreiben; weil aber dies ebensowohl ein vieles Schreiben eines Einzigen, als ein Schreiben Vieler sein kann, so kommt indirect auch der letztere dieser Begriffe in den Ausdruck. Alsdann kann der Begriff der Vielheit ganz bis auf den der Zweiheit zurückgehen; *um-asáva* (1. Conjug.), heirathen, vom Mann, der eine Frau nimmt, *mag-asáva* (2. Conjug.), sich heirathen, von beiden Theilen gebraucht.

122. Die Fälle dieser Mehrheitsandeutung kommen nun vor bei der 1. und 2., bei der 1., 2. und 3., und bei der 7. und 5. Conjug. Von der 1. und 2. ist so eben geredet worden. Die 3. Conjug. hat nun zwar nicht *mag* zum Präfix, sondern *man.* Aber dies *man* scheint eine bloſse Lautveränderung von *mag* zu sein. Doch hat die 3. Conjug. das Eigenthümliche, daſs sie nur Vielheit der Handlungen, nicht der Handelnden anzeigt, und sogar den Begriff der Vielheit zu dem des Grades hinüberzieht; *mutì* (1. Conjug. von *putì*, weiſs), sich weiſs machen, *ma-mutì* (3. Conjug.), sich sehr weiſs machen.

123. In der 7. und 5. Conjug. bezieht sich die Mehrheitsandeutung bloſs auf eine ihrer einzelnen Bedeutungen. *Pa* (7. Conjug.) drückt nämlich unter andren aus, daſs man dasjenige sagt, was der Wortstamm andeutet; *oo*, ja, in ein Verbum verwandelt *pa-oo*, bejahen; *acò i napa-diablo*, ich (Verbindungspart.) habe-Teufel-gesagt. Dieselben Wörter mit *mag* dazu (d. h. mit *magpa* nach der 5. Conjug.) deuten, und zwar, wie bei der 1. und 2., ohne genaue Unterscheidung der Handelnden und der Handlungen, Mehrheit an; *acò i nagpa-diablo*, ich habe oft Teufel gesagt.

124. Auch in Modificationen einzelner Bedeutungen beziehen sich häufig zwei oder mehr Conjugationen auf einander, so daſs dasselbe Verbum, nach Maaſsgabe seiner Bedeutung, zu allen gehört. So heiſst von *lohòr l-um-ohòr* (1. Conjug.): hinknieen, *ma-lohòr* (8. Conjug.): schon wirklich knieen, *mag-pa-ti-lohòr* (15. Conjug.): sich plötzlich auf die Kniee werfen, *ma-pa-ti-lohòr* (auch nach Totanes 15. Conjug.): zufällig plötzlich auf die Kniee fallen.

125. Ich habe mich im Vorigen (nr. 56-124.) bemüht, die Art, wie, und den Zweck, wozu die Sprache mannigfaltige Conjugationsformen bildet, so allgemein, als möglich, anzugeben, und die Methode der Sprache erläuternde Zusammenstellungen zu machen. Da aber auf diese Weise viel Specielles hat übergangen werden müssen, so lasse ich hier eine in tabellarischer Kürze abgefaſste Zusammenstellung der angeblichen 17 Conjugationen, durchaus nach Totanes, folgen.

1. Conjugation.

126. Bildung. Activum: Infigirung von *um* bei consonantisch, Präfigirung bei vocalisch anlautenden Wortstämmen. Bisweilen bloſse Verwandlung des Anfangsbuchstaben. Passivum: der bloſse Wortstamm mit einem der allgemeinen Passiv-Affixa (s. ob. nr. 64-71.).

127. Bedeutungen. 1. Verba des Werdens, von abstracten Subst. Von andren Wörtern, als abstracten Substantiven, und vermuthlich mehr im intransitiven Sinne, nach der 8. Conjug.

2. Transitive Verba des Zerstörens, wenn die zerstörende Ursach ein lebendes Wesen ist. Sonst 4. Conjug. Wenn die Zerstörung als in sich selbst vorgehend, intransitiv angesehen wird, nach der 8. Conjug.

3. Verba des Erregens von Empfindungen, Leidenschaften, Krankheiten u. s. w. in Andren. Meist im Passivum gebraucht (s. nr. 106.). Der Zustand, in dem man diese Empfindungen, Leidenschaften, Krankheiten an sich erfährt, wird durch die 8. Conjug. ausgedrückt.

4. Verba der Zerstörung durch Thiere. Nur im Passivum.

5. Verba der Verrichtung mit Werkzeugen; *gunting*, Scheere, *g-um-unting*, damit schneiden.

6. Verba körperlicher Stellungen, wie knieen, sitzen, mit dem Begriff des Annehmens derselben, hinknieen, sich setzen (vgl. 5. Conjug. nr. 135,

4.). Die Stellung selbst, oder vielmehr das Befinden in derselben wird durch die 8. Conjug. angedeutet, sitzen, knieen.

7. Verba des Auswerfens aus dem Körper, spucken, Wasser abschlagen. Einige solcher Verba, wie schwitzen, nach der 2. Mit dem Nebenbegriff der Unwillkührlichkeit, nach der 17. Conjug.

8. Verba des Hervorkommens, erzeugt Werdens einer Sache aus der andren, wie keimen, sprossen. Einige solche nach der 3.

9. Verba des an sich Ziehens, wie kaufen; des von sich Gebens, wie verkaufen, nach der 2.

10. Verba gegenseitiger Handlungen, wenn die beiden Subjecte nicht in demselben Casus stehen (s. ob. nr. 121.). Wenn sie im gleichen Casus stehen, nach der 2.

11. Verba von Bewegungen, die in dem Bewegten selbst vorgehen, wie rennen, hinausgehen. Wo die Bewegung den Gegenstand betrifft, wie in herausnehmen, nach der 2.

12. Mit Ortsadverbien und Verben der Bewegung bedeutet diese Conjugation, indem man sie ins Activum stellt, und dann das Präfixum der 9., oder in seltenen Fällen der 2. davor setzt: die durch das Adverbium oder Verbum ausgedrückte Bewegung machen, und zwar nach Totanes, obgleich es aus den Beispielen nicht immer hervorgeht, dies aus einer bestimmten Ursach thun; *ai aī nagca-ca-d-um-ito ca*, von *dito*, hier: warum stehst du hier? (9. und 1. Conjug.); *mag-d-um-alì ca*, von *dalì*: komm geschwind!

13. Verba von Handlungen, die man an Andren verrichtet, wie einen Kranken heilen. Die an sich selbst verrichteten, wie sich heilen, nach der 2.

14. Verba von Geistesverrichtungen und Empfindungen, wenn sie absichtlich sind. Wenn der Zufall sie herbeiführt, nach der 4.

Bei allen diesen Bedeutungen ist die gänzliche Abwesenheit des Mehrheitsbegriffs das charakteristische Kennzeichen dieser Conjugation.

Man sieht ans dieser Aufzählung die nahe gegenseitige Beziehung der beiden ersten Conjugationen auf einander. Totanes Abtheilungen sind aber oft einander sehr nahe berührend. So sagt er selbst, dafs die Unterscheidung von Bewegung und Handlung (nr. 11. 13.) sehr zweifelhaft sein kann. Die Wahrheit ist, dafs bei nr. 11. die 1. Conjug. Intransitiva enthält, welche das *mag* durch wahre Causalbedeutung in Transitiva verwandelt. Dagegen enthält nr. 13. immer wahre Transitiva, die ein Activum und Medium haben können.

2. Conjugation.

128. **Bildung.** Activum: *mag.* Passivum: *pag*, oder wie die 1. Conjug. (s. ob. nr. 76.).

129. **Bedeutungen.** 1. Bei Verben der 1. Conjug., die ihre Bedeutung in ihr nicht ändern, zeigt sie Mehrheit an (s. ob. nr. 120. 121.), wobei zum Theil der Accent des Wortes sich verändert (s. nr. 86.).

2. Die schon bei der 1. Conjug. angegebenen (nr. 127, 7. 9. 10. 11. 12. 13.).

3. Mit angehängtem *an*, Verba des gemeinschaftlichen, oder gegenseitigen Handelns, mit dem Begriff der Verstärkung verbunden. Auch nach der 13. Conjug. mit *manhi.* Die der gröfsten Verstärkung nach der 14. Conjug. Diese Verba der Gemeinschaftlichkeit oder Gegenseitigkeit, mit und ohne (s. nr. 127, 10.) *an*, schliefsen in der 2. Conjug., als einer transitiven, Absichtlichkeit ein. Ist die Handlung zufällig, so gehen sie nach der 9., als einer intransitiven, und nehmen auch da das Suffix *an* nach sich, jedoch nur mit vorangehender Negation, und dann in der Bedeutung des **nicht Könnens**; von *quita*, sehen, *di nagca-qui-quitá-an*, sie können sich nicht sehen.

4. Ebenso und mit Paroxytonirung, Verba von Handlungen, zu denen Mehrere nach einander concurriren, wie: von Hand in Hand geben; Verba, um das gebrauchte Verbum und dessen Gegentheil zugleich auszudrücken, *nag-la-labàs-an siyà* [1], er geht hinaus und hinein, von *labàs*, hinausgehen; Verba, um das feste Beharren in derselben Stellung anzudeuten.

5. Ebenso gebildet, aber mit Reduplication: sich anstellen, etwas heucheln, oder wenn Wahrheit dabei ist, sehr wenig davon thun.

6. Mit Namen von Nationen, Ständen, Geschlechtern: sich in irgend einer Sache wie sie benehmen oder verhalten. Wenn es ganz und in Allem ist, nach der 6., und (mit Namen von Nationen) nach der 12. Mit Wörtern von Ämtern: sie verwalten.

7. Hervorbringen, machen, brauchen, halten, achten, in verschiedenartigem Gebrauch: von Naturgegenständen, wie **Wellen schlagen**, von anzu-

---

[1] Totanes accentuirt, trotz seiner gegebenen Regel, wie ich hier gethan.

fertigenden Sachen, wie **ein Haus bauen**, von Waaren: sie verkaufen, von Kleidungsstücken: sie tragen, von Eſswaaren: sie verzehren, mit dem persönlichen Pron.: für dein, mein achten, sich zueignen, metaphorisch: als Vater, als Kind halten, auch Kinder zu halten (in Nahrung, Lehre) verstehen.

8. Mit Nominen, welche durch ihre grammatische Form anzeigen, daſs man eine Sache so oft thut, daſs sie Geschäft, oder Gewohnheit wird: sich dazu machen, dazu werden, es üben, z. B. ein Schreiber werden, den Sänger machen, vergeſslich werden.

9. Dient diese Conjug., die in die Sprache aufgenommenen Spanischen und Lateinischen Wörter zu Tag. Verben zu machen.

10. Mit abstracten, durch gleichzeitige Präfigirung von *ca* und Suffigirung von *an* gebildeten Substantiven: das thun, was das Abstractum ausdrückt.

11. Mit Adjectiven, denen aber immer *ma* vorgesetzt wird, wenn sie es nicht schon an sich haben, und mit Oxytonirung: sich für das durch das Adjectivum Bezeichnete halten.

3. Conjugation.

130. **Bildung.** Mit Buchstabenveränderung. Activum: *man.* Passivum: *pan* (s. ob. nr. 85.).

131. **Bedeutungen.** 1. Sie zeigt bei Verben der 1. und 2. Conjug., die in ihr nicht die Bedeutung ändern, und von denen es mit dem Präfix *pan* gebildete, Werkzeuge andeutende Substantiva giebt, Mehrheit der Handlungen, und noch bestimmter eine solche an, die aus der Verwaltung eines Amts, Übung eines Geschäfts herrührt.

2. Die bei der 1. Conjug. nr. 127, 8. angezeigte Bedeutung.

3. Mit Dingen, die sich, wie Thiere, Holz, Gras, im Lande, oder Wasser befinden, bedeutet diese Conjug.: sie fangen, holen, danach gehen. Ebenso mit Wörtern von Werkzeugen des Fangens, Fischens u. s. f.

4. Mit Wörtern von Waffen, Kleidungsstücken u. s. f.: sie brauchen, tragen.

5. Mit Wörtern und Namen von Ländern, Gegenden und Dingen, in denen sich wohnen läſst: in ihnen leben.

6. Mit Wiederholung des ganzen Stammworts und bei unverändert bleibendem Anfangsbuchstaben mit *ma*, statt *man*: einer Sache gleich, fast wie sie sein.

4. Conjugation.

132. Bildung. Activum: *macà.* Passivum: *ca,* oder *ma.*

133. Bedeutungen. 1. Mit dem Passivum *ca*: machen, hervorbringen im Allgemeinen (s. ob. nr. 109.). Vgl. 1. Conjug. nr. 127, 2. Wenn bestimmt ausgedrückt werden soll, daſs es ein freiwilliges Hervorbringen ist, nach der 5. Conjug.

2. Mit dem Passivum *ma*: können (s. ob. nr. 114.).

3. Mit dem Passivum *ma* und verlängertem End-*a*: verbieten (nr. 115.).

4. Ebenso, mit Wörtern, die ein Bemühen nach etwas anzeigen, drückt sie das gelungene Erreichen aus; *h-u-ng-m-ingì acò sa Pare,* ich habe vom Pater gefordert, *nacà-hingi acò sa Pare,* ich habe erlangt vom Pater; *nána* (1. Conjug. von *pána*) *acò sa osà,* ich habe einen Pfeil nach dem Hirsch geschossen, *nacà-pána cet.,* ich habe getroffen u. s. f.

5. Das, was das Verbum bedeutet, zufällig, ohne Absicht thun. Mit verlängertem End-*a.* Mit allen Conjugationen zu verbinden.

6. Ebenso: etwas auf's Gerathewohl hin thun, ob es gelinge oder nicht. Diese Redensarten sind im Grunde nur durch die Aussprache mit mehr Gewicht bezeichnete Futura perfecta mit vorgesetztem wenn.

7. Mit *ma* im Passivum und suffigirtem *na,* schon: im Begriff stehen, etwas zu beendigen.

8. Die Conjugation deutet an, daſs eine Epoche, oder ein Ereigniſs jemanden getroffen hat, überhaupt, oder an einem bestimmten Ort.

9. Einer Sache in einer bestimmt angegebenen Rücksicht gleich sein. *Macà* oder *ma* verbinden sich dann mit dem Wort der Sache, der man gleich ist. Mit verlängertem End-*a.*

10. Die bei der 1. Conjug. nr. 127, 14. angegebene Bedeutung.

5. Conjugation.

134. Bildung. Activum: *magpa.* Passivum: *pagpa, papag,* oder *pa* (s. ob. nr. 77. 82. 84.), das letzte nämlich da, wo sich diese Conjugation an Wörter der 1. anschlieſst.

135. Bedeutungen. 1. Befehlen, auftragen, fordern, bitten, erlauben, daſs jemand das durch das Verbum Ausgedrückte mache oder leide, im Allgemeinen. Mit der Beschränkung des Handelns für, oder in sich, nach der 7. Conjug. (s. ob. nr. 113.)

2. Etwas freiwillig (vgl. 4. Conjug. nr. 133, 1.) machen oder hervorbringen, nämlich ohne Dazwischentreten eines Andren, und in erweiterter Bedeutung: zulassen, erlauben, ja sogar erwarten. Dahin gehört (Tot. nr. 219.), wenn man sich selbst mit Absicht eine Eigenschaft beizulegen sucht; die Paroxytona werden dann oxytonirt und die Stimme eilt zum Endaccent; von *búti*, schön, *nag-papa-butì*, er macht sich schön, von *púri*, Lob, Ruhm, *nag-papa-purì*, er thut oder spricht, damit man ihn lobe, er verherrlicht sich. Ferner gehören die Fälle dahin, wo das Machen darin besteht, dafs man (Tot. nr. 220.) jemandem etwas gewährt, also: zu essen geben, nähren, Wohnort geben, beherbergen, *magpa-misa*, bei der Messe helfen u. s. f.

3. Etwas fordern, wie Tribut, Almosen, Gewinn, wo also das Präfix sich mit einem Nomen verbindet.

4. Etwas, durch sich selbst Unbewegliches in eine angegebene Stellung oder Lage bringen, z. B. von Bildsäulen, Gemälden u. s. f.

5. Mit Ortsadverbien, oder mit Substantiven, denen *sa* (s. ob. nr. 24.) vorausgeht: sich absichtlich wohin begeben, wie das Deutsche provinzielle: an einen Ort hinmachen. Mit Substantiven (Tot. nr. 219.) auch ohne *sa*, und sowohl intransitiv auf sich bezogen (dann mit Oxytonirung), als transitiv vom Legen und Bringen von Sachen. Wenn die Bewegung zufällig, oder von selbst durch die Natur der Sache, wie beim Aufsteigen des Rauches, geschieht, wird das transitive *magpa* (vgl. 8. Conjug. nr. 141, 2. 15. Conjug. nr. 155.) zum intransitiven *mapa* (s. ob. nr. 104.).

6. Durch diese Conjugation wird auch angedeutet, dafs das zum Verbum gemachte Wort von Vielen, oder oft gesagt wird (s. ob. nr. 123.). Wird es nur einmal gesagt, nach der 7. Conjug.

Man sieht, dafs alle Bedeutungen dieser Conjugation sich mehr oder minder leicht auf den Begriff der Causalität zurückbringen lassen.

6. Conjugation.

136. Bildung. Activum: *maqui*. Passivum: *paqui*.

137. Bedeutungen. 1. Sich zu etwas, das Andre thun, von selbst gesellen (s. ob. nr. 117.).

2. Auf Wörter, die Stand, Amt, Eigenthümlichkeit bezeichnen, wird diese Bedeutung so angewandt, dafs die Conjugation ausdrückt: sich so ver-

halten, betragen, sein, dem gleichen; von *làqui*, Mann; *maqui-làqui*, sich männlich betragen (sich gleichsam zu den Männern gesellen), von Weibern (vgl. nr. 129, 6. und nr. 149.). Mit dem Präfix der 8. (intransitiven) verbunden, bedeutet diese Conjugation: durch Zufall oder Schicksal zu dem Ausgedrückten kommen; *na-paqui-alipìn*, er ist zufällig zum Sclaven heruntergekommen.

3. Mit Wörtern von Dingen oder Handlungen, die der Gegenstand einer Forderung oder Bitte sein können: ein wenig davon fordern, gleichsam nur Theilnahme daran verlangen. In einigen dieser Fälle verwandelt sich (Tot. nr. 228.) der Anfangsbuchstabe des Worts (s. ob. nr. 85.).

4. Bei Wörtern von Dingen, welche den Begriff einer Theilung in sich tragen, wie Erbschaft, Stück, die Ordinalzahlen: sie oder den bestimmten Theil fordern.

7. Conjugation.

138. Bildung. Activum: *pa* (im Präs. und Prät. *napa*); Passivum: *pa*.

139. Bedeutungen. 1. Die in der 5. Conjug. angegebenen Bedeutungen (nr. 135, 1. 6.).

2. Sich wohin bewegen, auf dieselbe Weise, wie es *magpa* und *mapa* (5. Conjug. nr. 135, 5.) ausdrücken, nur, wie es scheint, allgemein und ohne Beachtung des Unterschiedes von Absicht oder Zufälligkeit.

Diese ersten sieben Conjugationen sind die transitiven (Tot. nr. 236.) des Tagalischen Verbums. Es folgen nun (8-10. Conjug.) die drei intransitiven (s. ob. nr. 100-109.).

8. Conjugation.

140. Bildung. Activum: *ma*. Passivum: *ma*, oder *ca*.

141. Bedeutungen. 1. Die bei der 1. Conjug. nr. 127, 1. 2. 3. 6. angegebenen Bedeutungen.

2. Etwas ohne Absicht, vom Zufall geleitet, gleichsam ohne es zu wollen, thun (s. ob. nr. 102.).

3. Mit Namen von Nationen und suffigirtem *an*: viel von dieser Nation an sich haben, ihr sehr gleichen, gleichsam sich in ihrem Lande befinden.

Man sieht, dafs diese Conjugation der allgemeine und hauptsächlichste Ausdruck für alle intransitiven Verba ist. Daher steht sie in ihren wesent-

Iii

lichsten Bedeutungen im Gegensatz mit der 1., als einer ebenso allgemeinen transitiven, und weil die 1. Conjug., wodurch sie sich von der 2. unterscheidet, großentheils wahrhaft intransitive Begriffe, trauern, sitzen, untergehen u. s. f., auf die einzige bei ihnen mögliche Weise transitiv behandelt (s. ob. nr. 106.).

9. Conjugation.

142. Bildung. Activum: *magca*. Passivum: *pagca*.

143. Bedeutungen. 1. Die Conjugation zeigt an, daſs Mehrere oder Alle sich in dem ausgedrückten Zustande befinden. Bestimmt Allheit, und auch an transitiven Handlungen, drückt die 11. Conjug. aus.

2. Eine Sache, die man vorher nicht hatte, oder von der man frei war, neu besitzen, oder neu damit behaftet sein. Von da geht aber auch dies Präfixum auf Fälle über, in welchen diese Nüance nicht vorhanden ist, und wo es sich in nichts vom bloſsen *mag* der 2. Conjugation unterscheidet. Nur der Sprachgebrauch bildet alsdann zwischen beiden ganz willkührlich scheinende Unterschiede. So bedeutet *loob*, Wille, nach dieser Conjugation zum Verbum gemacht: wohlthun, nach der 2.: erlauben. (de los Santos. *p.* 211. u. *bien hacer*, *p.* 833. *v. voluntad*).

3. Die bei der 1. Conjug. nr. 127, 12. und der 2. nr. 129, 3. angegebenen Bedeutungen.

4. Sich zufällig in dem, was man thut oder erfährt, irren.

10. Conjugation.

144. Bildung. Activum: *maguìn*. Passivum: *paguìn*.

145. Bedeutungen. 1. Die Conjugation deutet an, daſs irgend eine Sache sich in diejenige verwandelt hat, die durch Verbindung mit dem Präfix zum Verbum gestempelt wird, wie unsre Redensart: das Holz hat sich versteinert, verkohlt. Diesen wirklichen Erfolg zeigt nur das Präteritum an. Im Präsens liegt mehr die abgeleitete Bedeutung, daſs die eine Sache der andren gleicht, dieselbe zu sein scheint, im Futurum die, daſs die eine die andre werden könne.

2. Diese Bedeutung wird auf Ämter, Laster, Krankheiten, mit Einem Wort auf Alles angewendet, was jemanden, als eine Veränderung, betreffen kann; allein diese ganze Conjugation führt immer den Nebenbegriff mit sich,

dafs die Veränderung und Verwandlung durch die Natur der Sache, von selbst, nicht durch absichtliches Zuthun des Subjects vor sich gehe. In diesem Fall treten andre Conjugationen, die 1., 2., 9. u. a. ein. Diese 10. wird daher nie im befehlenden Imperativ gebraucht.

3. In Verbindung mit Zahlwörtern wird die Conjugation gebraucht, um anzudeuten, wie viele Menschen, Stücke u. s. f. vorhanden sind? gleichsam: sie haben sich zu so vielen gemacht; mit nachgesetztem Adverbium schon, *nà*, bedeutet sie, dafs die Zahl, z. B. von Tagen oder dergleichen, ganz vollendet ist.

Die hier durchgegangenen zehn Conjugationen nennt, ohne dafs man recht den Grund davon einsieht, Totanes die hauptsächlichen (*principales*) im Gegensatz gegen die folgenden sieben weniger wesentlichen (*menos principales*).

11. Conjugation.

146. Bildung. Activum: *magsi.* Passivum: *pagsi.*

147. Bedeutung. Die bei der 9. Conjug. nr. 143, 1. angegebene Bedeutung. Vgl. ob. nr. 116.

12. Conjugation.

148. Bildung. Activum: *magsa.* Passivum: *pagsa.* Mit dem oben nr. 86. geschilderten Accent.

149. Bedeutung. Die bei der 2. (nr. 129, 5.) und 6. (nr. 137, 2.) Conjug. angegebene, aber blofs auf Namen von Nationen angewendet. Das *sa* scheint anzuzeigen, dafs man sich gleichsam in das Land derselben versetzt.

13. Conjugation.

150. Bildung. Activum: *manhi.* Passivum: *panhi.* Mit Veränderung des Anfangsbuchstaben (s. ob. nr. 85.).

151. Bedeutungen. Sie sind so schwer zu fixiren, dafs Totanes, was er bei keiner andren Conjugation thut, dabei hauptsächlich auf das Wörterbuch verweist. Was er angiebt, ist, dafs das Präfix bei allen Wörtern gebraucht wird, die eine Reinigung des Körpers anzeigen; *totolì*, Ohrenschmalz, *manhi-nolì*, es ausräumen; bei denen, die Nachlese bedeuten, und auf mannigfaltige metaphorische Weise; *pàlar*, das Innere der Hand, *manhi-màlar*, (aus der Hand) wahrsagen.

Was das *hi* der Bedeutung hinzufügt, ist schwer zu sagen. Sonst scheint auch hier *man* dasselbe, als *mag*. Dies verräth die Mannigfaltigkeit des Gebrauchs. Auch kann man mit dem Präfix *hi* und Suffix *an* Verba des gegenseitigen Handelns (nr. 129, 3.) sowohl mit *mag*, als *man* bilden; *mag-hi-ngotó-han*, oder *man-hi-ngotó-han*, sich gegenseitig von Ungeziefer reinigen. Nach Ezguerra (nr. 93.) nehmen die mit *h* anfangenden Verba niemals *mag*, sondern immer *man* zum Präfix.

14. Conjugation.

152. **Bildung.** Activum: *magpaca*. Passivum: *pagpaca* oder *pacapag*, oder *paca*, oder *pa*.

153. **Bedeutungen.** 1. Mit seinem freien Willen etwas thun, oder leiden; *magpacamatai*, sich tödten, oder sich dem Tode hingeben.

2. Bei allen eines verschiedenen Grades fähigen Begriffen deutet diese Conjugation besondre Verstärkung an (nr. 129, 3.), und hierin hängt dieselbe so genau mit der 2. zusammen, dafs sie in ihren Passiven in denselben Fällen *pacapag*, statt *paca* oder *pa* mit lang gehaltenem End-*a* (s. ob. nr. 87.), brauchen mufs, wo die 2. Conjug. *pag* nicht entbehren kann (s. nr. 76.).

3. Mit Zeit andeutenden Wörtern: diese ganze Zeit bei etwas ausharren.

4. Durch Hinwegnahme des *g*, also mit *mapaca*, wird die Conjugation intransitiv, und heifst: an ein Ziel, ein Ende gelangen.

In allen diesen Bedeutungen läfst sich die Idee der Verstärkung des Grundbegriffs wiederfinden.

15. Conjugation.

154. **Bildung.** Activum: *magpati*. Passivum: *pagpati*.

155. **Bedeutung.** Mit Wörtern körperlicher Stellungen: sie schnell und plötzlich annehmen, aber mit Absicht. Geschieht es zufällig, so wird das Präfixum durch Auslassung von *g* intransitiv gemacht, und in *mapati* oder, ähnlich der 5., in *mapa* (nr. 135, 5.) verwandelt.

16. Conjugation.

156. **Bildung.** Activum: *magcapa*. Passivum: *pagcapa*.

157. **Bedeutung.** Wie im Vorigen *mapati*, nur noch schneller,

und mit der Nebenbestimmung, dafs man, wie vor Schrecken oder Staunen, in der genommenen Stellung verharrt.

17. Conjugation.

158. Bildung. Activum: *magcan.* Passivum: *pagcan.*

159. Bedeutung. Die bei der 1. Conjug. nr. 127, 7. angegebene Bedeutung.

160. Obgleich diese Abtheilung in Conjugationen nur das Werk der Spanischen Grammatiker ist, so läfst sich nicht läugnen, dafs die Sprache dazu nicht nur veranlafst, sondern wirklich nöthigt. Sehr oft fügen zwar die Conjugations-Präfixa der Materie des Worts Nebenbestimmungen, so wie in andren Sprachen die untrennbaren Präpositionen, bei; *bilì*, her handeln, kaufen, *magbilì*, hin handeln, verkaufen; *umáral*, hin unterrichten, lehren, *magáral*, her unterrichten, lernen; *maguinbatòn*, sich versteinern. Allein immer wird auch dabei zugleich der Verbalbegriff selbst auf irgend eine Weise, als transitiv, intransitiv, causal oder sonst, bestimmt; die Präfixe sind immer der auf specielle Weise modificirte Verbalbegriff. Daher greifen sie auch, wie man besonders aus der Reduplication im Präsens und Präteritum (s. ob. nr. 79-84.) sieht, tief in die ganze grammatische Behandlung des Worts, dem sie angefügt werden, ein, und unterscheiden sich dadurch gänzlich von den untrennbaren Präpositionen. Sie können daher nicht blofs lexicalisch, sondern müssen, als ganz eigentlich die Formung der Sprache im Reden angehend, grammatisch behandelt werden. Auch das Ineinandergreifen der verschiednen Conjugationsformen und ihr gegenseitiges Verhältnifs kann nur auf diese Weise klar werden.

161. In die Aufzählung der Conjugationen aber haben sich allerdings Willkührlichkeiten eingeschlichen. So ist schon oben (nr. 97. 108. 151.) darauf aufmerksam gemacht worden, dafs *mag* und *man* wohl nur phonetisch verschieden sind. Die 3. und 13. Conjug. würden daher vielleicht besser Nebenarten der 2., als eigene genannt. Dagegen liefsen sich aus den Präfixen, welche durch Verwandlung von *mag* in *ma* zu intransitiven werden (s. ob. nr. 135, 5. 153, 4. 155.), mit gleichem Rechte noch Conjugationen mit *mapa*, *mapaca* und *mapati* bilden.

162. Ein Fall, wo auch Totanes Conjugationseintheilung nicht ausreicht, ist (Tot. nr. 271.) *pacà.* Dies wird nämlich ganz als ein Passiv-Präfix

mit der Passivform von *in* behandelt: *p-in-acà.* Nun aber ist es, nach Totanes, bloſs Passiv-Präfix der 14. Conjug.; und wenn deren Bedeutungen (s. ob. nr. 153.) auch einigermaſsen hierher passen, so rechnet Totanes selbst *paca* doch nicht zu dieser Conjugation, da er derselben nur die Passiva in *i* und *an* zutheilt. Die Bedeutung dieses *pacà* (auch *pacàn*) ist aber: etwas in Gedanken oder wirklich an die Stelle dessen setzen (daher auch für das halten), was durch *pacà* in die Passivform gestellt ist (*tener, juzgar, reputar ò suplir una cosa por otra poniendo en nominativo la que suple y haciendo verbo à la suplida*; vgl. auch de los Santos. Lex. *v. en lugar*); *p-in-acà chocolate nang Tagalog ang linógao*, an-die-Stelle-der-Chocolate-gesetzt (wird) vom Tagalen das (Getränk) Atole, d. h. er bedient sich dessen, *p-in-acà-matai co si amà*, zu-dem-Sterben-gesetzt (wird) von-mir der Vater, d. h. für todt gehalten, *p-in-acà-pono namin si còvan*, an die Stelle des Hauptes oder Vorgesetzten gestellt (d. h. dafür gehalten) (näml. ist) von-uns-Andren (Plur. exclus.) der NN. Beide Begriffe lassen sich auf das Pass. von machen zurückbringen, also von *macà*, wo aber Totanes nur *ca* hat, und *pacà* auſser der Reihe der Conjugationen beibringt. Bei Ezguerra (*p.* 66. *b.*) ist *pacà* Imperat. act. von *macà*, wird aber auch als Passivform gebraucht, was jedoch, gegen alle Analogie, Ezguerra als eine Anwendung des Imperat. act. zur Passivform ansieht.

163. Diejenigen Conjugationen, welche den Verbalbegriff am freiesten von allen Nebenbegriffen und speciellen Modificationen darstellen, sind offenbar die 1., 2., 3., 13. und 8. Auch in den übrigen tritt bisweilen die specielle Bedeutung so in Schatten zurück, daſs, ebenso, als in jenen Conjugationen, bloſs der allgemeine Verbalbegriff (s. ob. nr. 143, 2.) übrig bleibt. Wenn vielleicht (denn mit Gewiſsheit möchte ich es nicht aussprechen) nicht alle Wörter unter Umständen nach einer der genannten Conjugationen geformt werden können, so liegt es sogar vermuthlich nur daran, daſs die nicht nach ihnen gehenden Wörter selten oder gar nicht in der Rede vorkommen, ohne daſs sich nicht die specielle Bedeutung ihrer Conjugation leicht an sie anschlösse, was natürlich von ihrer ursprünglichen Bedeutung abhängt.

Modi.

164. Der Begriff des Modus gehört sichtbar der Sprache selbst gar nicht an. Er wird am Verbum, worunter ich immer das Wort in der Con-

jugationsform verstehe, nie bezeichnet, sondern ist, wo er keine Tempusbezeichnung mit sich führt, daran, wo er sie hat, an begleitenden Conjunctionen kenntlich.

165. Der **Imperativus** ist die reine Conjugationsform, gewöhnlich mit nachfolgendem Pronomen (Tot. nr. 101.). In der Passivform mit *in* wird, wie auch im Futurum, das *in* nicht in- oder prä-, sondern suffigirt.

166. Der **Infinitiv** kann kein Pronomen bei sich haben, und unterscheidet sich schon dadurch. Im Präsens besteht er in der reinen Conjugationsform, im Präteritum und Futurum in dem Indicativus dieser Tempora, ohne das Pronomen.

167. Die **Gerundia** giebt Totanes folgendergestalt an. Das in *di* ist bloſs die Conjugationsform, mithin der Infinitiv selbst, das in *dum* das Futurum des Indicativs. Das in *do* wird durch den Wortstamm mit Präfigirung von *capag*, *capagca* gebildet. Ersteres deutet an, daſs man mit dem Anfang, das letztere, daſs man mit dem Ende der Handlung beschäftigt ist. Bei der Präfigirung wird das Tempus nicht an ihnen ausgedrückt. Aber man kann sie auch als abgesonderte Conjunctionen behandeln, und alsdann kann das Verbum in jedem Tempus stehen. Analysirt man sie selbst, so sind sie Verbindungen der einen Zeitpunkt (ein bestimmtes Sein) andeutenden Partikel *ca* mit den Präfixen, welche aus Verben die Handlung andeutende Verbalien bilden (Tot. nr. 133. *p.* 42. nr. 268-270.).

168. Der **Optativus** ist nichts, als der Indicativus mit der wünschenden Partikel *naud*. Sie folgt immer dem Verbum, allein bisweilen vor, bisweilen nach dem Pronomen. Im Präsens aber besteht er aus der Conjugationsform, und nimmt die Tempusformen des Indicativs nur in den übrigen Zeiten an.

169. Der **Subjunctivus**, im Präsens die bloſse Conjugationsform, sonst das entsprechende Tempus des Indicativus, hat vier, allein nicht gleichgültig zu brauchende Conjunctionen: *cun*, *nang*, *niòn* oder *noòn*, und *sa*. Ich muſs aber hier vorläufig bemerken, daſs hier unter Subjunctivus alle Fälle begriffen werden, wo das Verbum im Satze die Abhängigkeit eines nachfolgenden anzeigt. Dies bewirken aber auch andre Conjunctionen, als die hier genannten, z. B. (oben nr. 167.) *capag* oder *capagca*. Doch hat die Sprache darin wirklich einen Grund zur wahren Modusbezeichnung gelegt, daſs nach *cun* und *nang*, den wahren Modus-Partikeln, nicht das Prä-

sens des Indicativus, wie nach *capag* und *capagca*, sondern der bloſse Wortstamm folgt. In den übrigen Zeiten ist es allerdings anders, allein da war specielle Zeitandeutung unerläſslich.

170. *Cun* und *nang* sind der allgemeine Ausdruck, die Handlung einzuführen, welche mit der im Nachsatz angedeuteten in Zeit- oder Causalverhältniſs steht. *Cun* dient dem Präsens und Futurum, *nang* dem Präteritum, dem Imperfectum beide: *nang*, wenn im Nachsatz ein Perfectum folgt; im Fall aber auch der Nachsatz ein Imperfectum mit sich führt, *cun*, wenn der Nachsatz, der Idee nach, im Vordersatz gegründet ist; *nang*, wenn der Zusammenhang bloſs historisch ist. Es leidet wohl keinen Zweifel, daſs diese Nüancen vorzugsweise von den Spanischen Missionaren bestätigt und ausgebildet sind; allein ursprünglich liegen sie doch in der Sprache selbst, und ich erkläre sie gewissermaſsen aus der ursprünglichen Bedeutung der Conjunctionen selbst. In *nang*, der Begleiterin des wirklich Geschehenen, liegt mehr der Begriff entschiedener Gewiſsheit, *cun* führt eher Unbestimmtheit mit sich. Damit scheint nun nicht auſser Zusammenhang zu stehen, daſs *cun* auch die disjunctive Conjunction, oder, *nang* die verbindende, und, ist. Auch als Casuszeichen hat *nang* eine verknüpfende Bedeutung (s. oben nr. 25.).

171. *Niòn* oder *noòn* drücken den bereits vergangenen Zeitpunkt, in dem etwas geschehen ist, aber immer mit Beziehung auf einen nachfolgenden Satz aus: damals, als sich dies zutrug, geschah u. s. f. Sie sind der Genitiv des Pron. demonstr. *yarì*, und heiſsen wörtlich: von jenem, in jenem. *Sa* drückt das augenblickliche Zusammentreffen beider Handlungen aus, und entspricht auch darin seinem Ortsbegriff, als fielen die Handlungen gleichsam zusammen.

Tempora.

172. Die Sprache unterscheidet auf das bestimmteste und regelmäſsigste Präsens, Perfectum und Futurum. Sie bedient sich dazu der Reduplication (im Act. und Pass.) und der Verwandlung des *m* des Activ-Präfixes in *n*. Die einzigen Conjugationen, welche kein solches *m* haben, die 1. mit *um* und die 7. mit *pa*, setzen, jene *ng* zwischen das *um*, diese ihrem *pa* in den Fällen der Verwandlung *na* vor. Die Reduplication gehört dem Präsens und Futurum an, die Buchstabenveränderung dem Präsens und Perfectum.

In Rücksicht des unveränderten Anfangsbuchstaben kommt also das Futurum mit der Conjugationsform, und mithin mit dem Imperativus und Infinitivus überein. Beisp. *maglarò*, spielen, Conjugationsform, *naglalarò* Präs., *naglarò* Perf., *maglalarò* Fut.; *s-um-úlat*, schreiben, Conjugationsform (1. Conjug.), *s-u-ng-m-usúlat* Präs., *s-u-ng-m-úlat* Perf.; *napatotolong*, Hülfe fordern, Präs. (7. und 1. Conjug.); *napa-paglabas*, befehlen wegzunehmen, Perf. (7. und 2. Conjug.) In der 1. Conjug. weicht das Futurum darin ab, dafs es das charakteristische *um* der Conjugation nicht annimmt, sondern blofs im reduplicirten Wortstamm besteht: *susúlat*. Über die zu verdoppelnde Sylbe sehe man oben nr. 79-84., über die Bedeutung dieses *n* nr. 75.

173. Im Passivum bleibt die Anwendung der Reduplication wie im Activum. Die Verwandlung von *m* in *n* kann freilich nicht statt finden, da das Pass. in der Regel kein *m* in seinen Präfixen hat. Es kann aber im Pass. von *in* von selbst keine Verwechslung zwischen dem Präsens und dem Futurum, und zwischen dem Perfectum und dem Imperativus entstehen, da Futurum und Imperativ das *in* suffigiren, Präsens und Perfectum es in- oder präfigiren, wovon der Grund im gröfseren Nachdruck liegen kann, den Imperat. und Fut. fordern. Beisp. *hánap*, suchen, *p-in-ag-hahánap* Präs., *p-in-ag-hánap* Perf., *pag-hahanáp-in* Fut., *pag-hanáp-in* Imper.; *abùt*, erreichen, *in-aabùt* Präs., *aabút-in* Fut. u. s. f.

Das Passivum von *an* bezeichnet das Präs. und Prät. durch ein in- oder präfigirtes *in*; *p-in-ag-hahanáp-an* Präs., *p-in-ag-hanáp-an* Perf., *pag-hahanáp-an* Fut., *pag-hanáp-an* Imperat.; *in-aarál-an* Präs., *aarál-an* Fut. u. s. f.

Das Passivum von *i* infigirt bei allen mit andren Consonanten, als *h*, anfangenden Wörtern der Anfangssylbe *in* im Präs. und Perf.; von *bigaì*, geben, *i-b-in-ibigaì* Präs., *i-b-in-igaì* Perf., *i-bibigaì* Fut., *i-bigaì* Imperat.

Den vocalisch anlautenden Wortstämmen setzt diese Passivform, jedoch nach dem Präfix *i*, im Präs. und Perf. die Partikeln *na* oder *ni* vor; *i-ni-aábut* oder *i-na-aábut* Präs.; von *áral*: *i-áral* Imperat. u. s. f. Hieraus entsteht aber die Unbequemlichkeit, dafs sich das Präsens des Pass. von *in* im Lesen nicht vom Perfectum des Pass. von *i* unterscheiden läfst,

Kkk

da z. B. *inaábut*, je nachdem man abtheilt (*in-aábut* Präs., *i-na-ábut* Perf.), das eine und das andere sein kann.

Die mit *h* anfangenden Wörter können, nach Willkühr, wie die consonantischen, oder, was üblicher ist, wie die vocalischen behandelt werden; von *hólog*, hinwerfen, *i-h-in-ohólog*, oder *i-ni-hohólog*, oder *i-na-hohólog* Präs.

Auch bei Wörtern, die mit andren Consonanten, als *h*, anfangen, ist hier und da, vorzüglich im Gebirge, die Bildung mit *ni* oder *na* gebräuchlich; und es ist fast wahrscheinlich, dafs sie die ursprüngliche und eigentliche ist, die man erst später aus Verwechslung mit der Passiv-Charakteristik in *in* umgeändert hat. Denn die Bildung des Präs. und Perf. durch *na* ist der Formation dieser Tempora im Act., namentlich der der 7. Conjug., analog; dagegen hat *in* mit der Tempusbezeichnung nichts zu schaffen. Auf jeden Fall aber ist das *in* der Passivformen von *i* und *an* durchaus von dem *in* der dritten Passivform verschieden.

174. Der Bildung des Präteritums kann man die hier und da geschehende Suffigirung von *na* hinzufügen. Sie drückt die gänzliche Vollendung des Ereignisses aus, und wird (Tot. nr. 99.) mit dem gewöhnlich gebildeten Perfectum verbunden; *nag-larò-na acò*, ich habe aufgehört zu spielen. Bisweilen, um blofs die vorgegangene Thatsache anzuzeigen, wird das *na* nur an das präfixlose Grundwort, das aber dann seine Endsylbe betont, gehängt; *pa-taì-na*, er ist gestorben, *sirà-na* (von *sira*), es hat sich zerstört.

175. Die Natur der beiden Formen, welche Totanes Plusquamperfectum und Futurum perfectum nennt, hat er offenbar unrichtig aufgefafst. Er hat nämlich nicht bemerkt, dafs *macà* (Präfix des Fut. perf.) und *nacà* (Präfix des Plusquamperf.) nichts andres sind, als das Fut. und Perf. der 4. Conjug., die sich zu andren Conjugationen gesellen, und dann allerdings die Bedeutung jener Tempora hervorbringen. Dies geht deutlich daraus hervor, dafs beide Präfixa nicht, wie alle andren Tempora, an die active, sondern an die passive Conjugationsform geknüpft werden; *naca-paghánap* Plusquamperf., *cun maca-paghánap* Fut. perf. Subjunct. (Tot. p. 41.) (1)

(1) Sonderbarer Weise schreibt er auf derselben Seite ganz entgegengesetzt *maca-hánap* Fut. perf., und *maca-hánap navà* Fut. perf. Opt. Allein die constante Schreibung im Plusquamperf. beweist, dafs dies nur Versehen, oder Druckfehler sind.

Bei der 1. Conjug. erklärt sich hieraus die von Totanes gegebene Regel, daß diese beiden Tempora nicht das infigirte *um* enthalten. In *maca-súlat*, werden geschrieben haben, ist *súlat* nichts andres, als die passive Conjugationsform der 1. Conjug. (s. ob. nr. 71.) Auch die Wegwerfung des *ca* im Pass. dieser Tempora verräth ihren Ursprung, da das Präfix der 4. Conjug. in der hierher gehörenden Bedeutung *ma*, im Präs. *na* ist. Etwas von andren verbundenen Präfixen Abweichendes aber haben dies passive *ma* und *an* doch darin, dafs sie die Passiv-Partikel *in* nicht annehmen, man also im Plusquamperf. nicht *n-in-ahánap*, sondern *na-hánap* sagt, und dafs im Pass. von *i* das *na* und *ma* nicht, wie die übrigen Präfixe, dem *i* nach-, sondern vorstehen. Dies ist ihnen aber nicht vorzugsweise eigen, sondern allen Fällen, wo das Pass. *ma* lautet. Unter den Bedeutungen der 4. Conjug. gehört die der Vollendung der Handlung hierher, von der die der Erreichung des Erstrebten gleichsam ein höherer Grad ist (s. ob. nr. 133, 4. 7.).

176. Aufser den hier angeführten Zeiten spricht Totanes noch von einem Imperfectum, das aber blofs das Präsens mit bestimmten Zeitadverbien, gestern u. s. f., ist, und grammatisch keine Aufmerksamkeit verdient. Als specielle Zeitbestimmung geht es aber auch in den Optat. und Subjunct. über.

177. Totanes giebt eine Anzahl von Fällen an, wo ein Tempus die Stelle des andren vertritt. Aufser den fast in allen Sprachen vorkommenden, sind nur die merkwürdig, wo, nach Totanes, der Imperat. gewisse Tempora ersetzt. Es ist aber nicht der Imperativ, sondern der Infinitiv, oder vielmehr der reine Begriff des unflectirten Verbums, wie man auch im Deutschen: wie Gott nicht lieben! statt: wie würde man Gott nicht lieben! sagen kann.

Numerus.

178. Er wird im flectirten Verbum durch das Pronomen angedeutet. Bisweilen aber wird er auch durch die Conjugationsform angegeben. Die der 1. Conjug. zeigt allemal den Sing. an, in andren, oben (nr. 118-123.) betrachteten war der Plur. im allgemeinen Mehrheitsbegriff enthalten. Auf eine andre Weise wird er aber durch Einschiebung von *nga*, dem Hauptbestandtheil der Plural-Partikel des Nomens (s. ob. nr. 19.), zwischen das Präfix der Conjugationsform und den Wortstamm gebildet. Totanes erwähnt dieser Einschiebung nur bei der 8. (*ma*) und 15. Conjug. (*mápali*); *ma-nga-*

ligáya cayò, freuet euch, *ma-nga-pa-rapà* (15. Conjug. intransit. ohne *ti*, von *dapà*, das Gesicht nach unten), Viele fallen auf diese Weise. Ezguerra giebt dieser Pluralandeutung eine allgemeine Ausdehnung (nr. 155.), und führt aus einem andren Dialekt eine andre durch Infigirung von *na* oder *ma* in *mag*, *nag* und *pag* an; *na-na-g*, *ma-na-g*, *pa-ma-g* (nr. 154.).

179. Mit dem Tagalischen Verbum ist die vollständigste und am meisten ausgebildete Verbalform des Malayischen Sprachstamms aufgestellt worden. Es war nothwendig, um gleichsam das Höchste zu zeigen, was der grammatische Organismus in diesem Sprachstamm vermag, und es war möglich, da schon systematische Bearbeitungen des Tagalischen Sprachbaues vorliegen. Beim Polynesischen sind diese weit unvollkommener, beim Madecassischen fehlen sie so gut als ganz, und das meiste kann da nur mühsam aus den in den Wörterbüchern zerstreuten Formen und den Bibelübersetzungen zusammengesucht werden. Man hat noch außerdem mit verschiedenartiger, gewiſs oft ungenauer Schreibung, höchst wahrscheinlich auch mit Vermischung verschiedner Dialekte zu kämpfen, so daſs es unmöglich ist, die bei Bestimmung grammatischer Formen nothwendige Schärfe und Genauigkeit zu erreichen. Ich werde mich daher beim Madecassischen Verbum vorzüglich nur auf die Angabe dessen beschränken, was darin mit dem Tagalischen Bau übereinstimmt und davon abweicht.

§. 21.

Madecassisches Verbum.

180. Der Gebrauch des Verbums ohne alle Präfixa ist schon darum häufiger, weil der Imperat. immer, oder doch sehr oft diese ganz einfache Form hat; *teia ha ano*, liebe du (*Ann.* 95.), *amio coüa*, gieb noch (Chall. *v. donner*), *andea*, gehe (Chap.). Allein auch außer dem Imperat. findet sich dieser Zustand des Verbums; *acri toméra no?* wo wohnst du? (Chall. *v. demeurer*), *zao tsi vidi*, ich kaufe nicht (Chap. *v. zao*). Überall, wo die Verbalbedeutung im Worte selbst liegt, erscheint es natürlich, daſs man ihrer Hinzufügung durch ein Präfix entrathen zu können glaubte, zumal bei oft und im gewöhnlichen Leben vorkommenden Verben.

Anm. Es muſs aber mit diesem Gebrauch des Verbums noch eine eigne Bewandtniſs haben. Denn so oft in den Bibelübersetzungen der Englischen Missionare *tia*, lieben, vorkommt (bei Flac. *tëia*, bei Chall. *tiane, teha*), hat es auch im Act. niemals ein Präfix bei sich, dessen sich doch sonst die Übersetzung regelmäfsig bedient (Matth. 5, 46. Luc. 7, 5. 19, 14. u. a. m.). Challan kennt das Wort auch nur ohne Präfix. Chapelier giebt es im Wörterbuch, auch in Phrasen, nur ebenso, aber in der Grammatik (*Ann.* 95.) mit Präfixen, *mi-teia* Präs., *ni-teia* Perf., *ho teia* Fut. Flacourt hat ebenso *mi-teia, ni-teia* (*Cat. p.* 34.). Es ist sonderbar, dafs Chapelier im Wörterbuch ohne Präfix (und ebenso Challan und die Missionare) *tia*, in der Grammatik mit Präfixen (und ebenso Flacourt) *teia* hat.

181. Diese Fälle ausgenommen aber, erscheint kein Wort in der Sprache als unverändert, und zwar tragen die Verba immer Präfixa mit sich (s. ob. nr. 37.). Diese Präfixa verwandeln, wie im Tagalischen, Substantiva und Adjectiva in Verba; *vinta*, Angelhaken, *ma-minta*, angeln, *foutsi*, weifs, *ma-moutsi*, weifsen (Flac.). Wie weit sich die Freiheit erstreckt, aus jedem beliebigen Worte ein Verbum zu bilden, wird nirgends gesagt, und die Wörterbücher können darüber nicht vollständig Auskunft geben, so wie auch das Tagalische bei weitem nicht alle in der Sprache mögliche Verba enthält. Man sieht aber keinen Grund der Beschränkung, und einzelne Beispiele zeigen, dafs auch aus Partikeln Verba entstehen.

182. Das Madecassische Verbum gleicht darin dem Tagalischen, dafs die Personen blofs durch die Pronomina angedeutet werden, und dafs die Endungen der Grundwörter keine Änderung erfahren, sondern alles Charakteristische seiner jedesmaligen Beschaffenheit immer in den Präfixen liegt.

183. Die Madecassische Sprache hat, wie die Tagalische, die Gewohnheit, den activen Verbalausdruck, dessen sie sich, verhältnifsmäfsig gegen andre Sprachen, viel weniger häufig bedient, in Redensarten umzustellen, in welchen der Sinn passiv oder intransitiv wird. Es wird ihr daher, wie der Tagalischen, eine Vorliebe für den Gebrauch des Passivums zugeschrieben. Die Worte der Bibel, Luc. 5, 8., da dies Petrus sahe lauten *rehefa hita'ny ny Petera izany*, als sehen-sein von Petrus dies, d. h. als dies von Petrus gesehen wurde. Der grammatischen Bedeutung nach bestehen diese Redensarten darin, dafs der Ausdruck durch das flectirte Verbum in einen solchen verwandelt wird, wo der Begriff des Verbums als ein Verbal-Nomen ausdrücklich oder stillschweigend mit dem Verbum sein verbunden wird. Statt: Petrus sahe, sagt man: es war ein durch Petrus geschehendes

Sehen. Der Form nach ist das Wesentliche dieser Redensarten, dafs dem Verbalbegriff ein Pronomen in derjenigen abgekürzten Form angehängt wird, welche die Person in einem Casus obliquus anzeigt und beim Nomen die Stelle des Possessiv-Pronomens vertritt; *hita 'ny*, das Sehen durch ihn, oder sein Sehen. Das am meisten in die Augen fallende Beispiel hiervon ist die Übersetzung der Worte Matth. 5, 46: denn so ihr liebet, die euch lieben, *fa raha tia nareo izay tia anareo*, denn wenn lieben euer (durch euch), die lieben euch. Die Umstellung des ersten Theils des Satzes in ein Passivum (von euch geliebt werden) wird hier blofs durch den Gebrauch des abgekürzten Pronomens *nareo* angedeutet.

184. Ich habe mich im Vorigen an die einfachsten Fälle dieses umgestellten Verbalausdrucks gehalten. Geht man aber alle, in welchen er vorkommt, vollständig durch, so sieht man, dafs es dabei auf folgende drei Stücke ankommt: *a.* die ausdrückliche oder stillschweigende Hinzufügung des Verbums sein; *b.* die Behandlung der mit dem abgekürzten Pronomen verbundenen Verbalform; *c.* die Hinzufügung eines Substantivums oder Pronomens da, wo der Sinn derselben zur Vervollständigung des Satzes bedarf.

185. Das Verbum substantivum wird, wie die obigen Beispiele zeigen, oft ausgelassen; da es aber zur Bildung des Satzes in diesen Fällen unentbehrlich ist, und so sehr oft wirklich dasteht, so ist kein Zweifel, dafs es, auch fehlend, immer hinzuverstanden werden mufs. Wo es steht, ist es niemals das in andren Fällen gewöhnliche *misy* (Matth. 5, 40., bei Challan *missi, méche* und, ohne Präfix, *isi*), sondern für das Präs. und Prät. *no*, für das Fut. *ho*. Chapelier (*Ann.* 94.) giebt *ho* als Präfix des Fut. an; *no* hat er nicht, da das Zeichen des Prät. bei ihm *ni* ist. Auffallend ist es, dafs *no* auch als Präs. gebraucht wird, da sonst, auch in den Bibelübersetzungen, das Präsens immer das unverwandelt bleibende Präfix *m* hat, das im Prät. in *n*, im Fut. in *h* verändert wird; *mitady*, er sucht, *nitady*, hat gesucht, *hitady*, wird suchen, Luc. 11, 10. Matth. 2, 20. 13. Ich würde daher anstehen, *no* und *ho* geradezu als ein Verbum (sein) anzusehen. Allein der Englische Missionar Freeman übersetzt in einer handschriftlichen Zergliederung einiger biblischen Verse, die er mir zugesandt hat, *no* ausdrücklich einmal durch *is* und ein andresmal durch *was*. Die Bedeutung von *ho* folgt analogisch hieraus, und die beider Wörter wird auf allen Seiten der Evangelien-Übersetzung bestätigt. Das Beweisendste für die Andeutung des Präs.

ist Joh. 6, 48. *izaho no mofon' aina*, ich bin Brot-(des) Lebens. Chapelier's Behauptung steht dem hier Gesagten nicht im Wege, da ein Hülfsverbum sehr leicht mit einem Tempuszeichen verwechselt werden kann. In den hier betrachteten Passiv-Constructionen steht *no* als Präsens Luc. 6, 44. *fa ny hazo rehetra no fantari 'ny*, denn die Bäume alle ist erkennen-ihr, d. h. alle Bäume werden erkannt; *no* als Prät. Matth. 2, 10. *ary no ny efa hita 'ny ny kintana*, und war das gewesen Sehen-ihr des Sternes, d. h. und es war das Gesehen-worden-sein des Sternes, Luther: da sie den Stern sahen; *ho* als Fut. Luc. 24, 47. *ary 'mba ho tori 'ny ny fibebahana*, und wird-sein predigen-ihr der Bufse, d. h. dafs Bufse gepredigt werden soll. *No* und *ho* dienen übrigens auch bei Umschreibungen activen und intransitiven Ausdrucks, und dann kann das abgekürzte Pronomen beim Verbum fehlen; Matth. 2, 3. *ary i Herodra no ny nandre izany*, und der Herodes war das Hören dieses, d. h. war dies hörend; Matth. 3, 1. *no ny avy ny Iaony*, war das Kommen des Johannes, d. h. kam Johannes.

186. Das den Verbalbegriff enthaltende Wort ist entweder von einem vorangehenden *ny* begleitet oder nicht, und steht entweder in seiner absoluten Gestalt, oder mit dem eigentlichen Verbal-Präfix. Fehlt das vorangehende *ny*, wie Luc. 24, 47. (s. ob. nr. 185.), so ist die grammatische Form des Worts nicht genau zu bestimmen. Es enthält, zwischen Nomen und Verbum schwankend, den allgemeinen Verbalbegriff: sehen, predigen. Durch das Hinzukommen des *ny*, welches der eigentliche Artikel der Substantive ist, nimmt das Wort bestimmt den Charakter des Nomens an; so Matth. 2, 10. (s. ob. nr. 185.). Die Präfixe erhalten zwar dem Verbum die eigentlich ihm ausschliefslich zukommende Zeitbestimmung, verhindern aber das Wort nicht, in ein Verbal-Nomen überzugehen, wie es ja auch bei den Participien und Infinitiven des Prät. und Fut. unsrer Sprachen der Fall ist. Die Madecassische, wie die Tagalische Verbalform wird überdies unmittelbar zum Participium, so wie ihr ein Pronomen als Ausdruck des handelnden Subjects fehlt. Beisp. Matth. 4, 20. *ary nilaoza 'ny faingiana ny fanihifa 'ny*, und verlassen-worden-sein-ihr (oder durch sie) sogleich die Netze-ihre, d. h. ihre Netze wurden von ihnen verlassen; Matth. 2, 4. *aiza no hiteraha 'ny any Kraisty*, wo ist geboren-werden-werden-sein dort Christus, d. h. wo ist der Ort der künftigen Geburt Christi? Man sieht, dafs in diesen Fällen bei dem Hinzukommen des Verbums sein zwei Zeitbestim-

mungen zusammentreffen, nach dem Bedürfnifs des Sinnes entweder verschieden, wie hier, oder gleich, wie Matth. 2, 3. (s. ob. nr. 185.), wo die Verbalform auch durch den Artikel zum wahren Nomen wird.

187. Von dem abgekürzt suffigirten Pronomen läfst sich nichts andres sagen, als dafs dasselbe eine in indirecter Beziehung auf den Verbalbegriff stehende Person oder Sache anzeigt. Ob dies *ny* das Pron. possess. oder ein von einer ausgelassenen Präposition regierter obliquer Casus des persönlichen sei, was übrigens auf Eins hinausläuft, mufs man bei diesen Sprachen nicht fragen. Das Pronomen braucht aber nicht immer eine bestimmte Person anzuzeigen, es kann auch eine unbestimmte, überhaupt jemand andeuten; und hierin liegt es eigentlich, dafs diese Suffigirung den Übergang des Act. in das Pass. oder, besser, des Verbums in ein Nomen bewirkt. Denn sie hebt die directe Beziehung des Handelnden auf die Handlung auf, und setzt eine indirecte an die Stelle; und wo sie keine bestimmte Person andeutet, thut sie nichts, als dies. Schreiben von jemand ist jemandes Schrift oder durch jemand geschrieben, und, so wie mit dem jemand nichts Besondres gemeint ist, Schrift oder geschrieben überhaupt. Daher lauten die Worte unsrer Bibelübersetzung Luc. 24, 46. also ist's geschrieben Madecassisch: *izany no sorata-ny*, dies ist schreiben-(durch) jemand. *Ny* ist das abgekürzte Pron. 3. Pers. sowohl sing., als plur.; und wenn nichts in dem Satze vorhanden ist, worauf es sich beziehen könnte, wird es von selbst zur Andeutung einer unbestimmten Person. Ich mufs jedoch hier bemerken, dafs in mehreren Fällen das den Verbalbegriff enthaltende Wort schon eine gegen das Verbum abgeänderte Gestalt hat; so hier, da schreiben *soratra* ist. Es mag also wohl, obgleich ich dies noch nicht ganz habe ergründen können, hier schon eine Verwandlung des Verbums in ein wahres Subst. vorgegangen sein. Dies ändert aber in der Erklärung dieser Construction nichts ab, sondern bestätigt nur noch mehr, dafs die Sprache an die Stelle des activen Verbums eine Nominalform zu setzen liebt. In den meisten Fällen aber ist, wie in *hita 'ny*, das Wort das wirkliche Verbum.

188. Da gewöhnlich aufser dem Hauptbegriff andere Nebenbestimmungen in demselben Satze auszudrücken sind, so enthalten die hier zu erklärenden Constructionen da, wo der Verbalbegriff nicht selbst das Subject ausmacht (wie in Matth. 3, 1. s. ob. nr. 185.), noch einen Nominativus, der vorn oder hinten stehen kann, oder ein zur Andeutung der durch das suffi-

girte Pronomen gemeinten Person oder Sache dienendes, und unmittelbar darauf folgendes Substantivum, oder beides zugleich. In Luc. 24, 46. (s. ob. nr. 187.) steht der Nominativ voran. In Matth. 4, 11. steht er hinten, und das suffigirte Pron. wird zugleich durch ein Substantivum erklärt. *Ary no ny efa nilaoza 'ny ny Devoli izy*, und war das gewesen Verlassen-sein des Teufels er (näml. Christus), d. h. der Teufel verliefs ihn. In diesem und in allen Fällen, wo das mit dem suffigirten Pron. versehene Wort den Artikel vor sich und ein das Pron. erklärendes Subst. nach sich hat, ist diese angebliche Verbal-Construction vollkommen der gleich, wo die Genitiv-Beziehung zweier Subst. auf einander ausgedrückt wird. Man vergleiche die eben zergliederte Stelle mit Luc. 1, 6. *ny fitandrema 'ny ny Tompona*, den Gesetzen-seinen des Herrn. Wenn der vorausgehende Artikel fehlt, entspricht es unsren grammatischen Ansichten mehr, die Verbalform als ein Partic. pass. anzusehen. Luc. 5, 8. (s. ob. nr. 183.) gesehen durch ihn, den Petrus. Verschieden von den hier angeführten Constructionen, aber auf dieselbe Weise zu erklären ist die Luc. 23, 33. *any no namonoa 'ny azy*, dort war tödten-durch-sie ihn; Luther: kreuzigten sie ihn daselbst. Hier regiert das activ genommene Verbal-Nomen den Gegenstand der Handlung, führt den Urheber derselben als suffigirtes Pronomen bei sich, und bildet so, im Nominativ stehend, das Subject des Satzes: es war daselbst das ihn tödten durch sie.

189. Ich gehe nunmehr zu den oben (nr. 56.) genauer definirten Verbalformen über, auf welche sich der Unterschied der Tagalischen Conjugationen gründet. Von diesen fallen im Madecassischen die präfixlosen weg. Denn die durch blofse Verwandlung des Anfangsbuchstaben (s. nr. 68.) habe ich bis jetzt, aller angewandten Mühe ungeachtet, gar nicht auffinden können, und die durch Infigirung (s. nr. 66.) hat zwar deutliche und unverkennbare, obgleich seltene Spuren auch im Madecassischen zurückgelassen, ist aber sichtbar nicht mehr im lebendigen Gebrauch, und vom Volke nicht mehr erkannt.

190. Da dieser Punkt für den Übergang und das Veralten der Formen von grofser Wichtigkeit ist, so werde ich die sehr wenigen aufgefundenen Wörter, an denen die Infigirung noch kenntlich ist, hier einzeln durchgehen. Es kann darin immer nur das Infix *um* liegen, nicht auch das Tagalische *ng* (s. ob. nr. 172.), da dies nur Charakteristik des Tempus ist.

Lll

t-oum-angue (Chall.), *toumanghe* (Flac.), *tomany* (Luc. 7, 38.), weinen, ist offenbar das nach der 1. Conjug. gehende Tag. *tangis, t-um-angis* ([1]).

t-oum-ouhere, sich setzen. Von diesem Wort findet sich der Beweis, daſs das *oum* nicht dem Grundwort, sondern der Verbalform angehört, in der Sprache selbst. Denn die Substantiva *fi-touhere*, Sitz (Flac. *v. siege*), und *fi-touherane sambou* (Chap.), Sitz, Station der Schiffe, Hafen, Rhede, lassen die infigirte Sylbe weg, und das Grundwort ist *touhere, touhets* (*itoerana* Luc. 4, 17., *fitoerana* Luc. 9, 12., *hitoerana* Luc. 2, 7.), der Ort, der im Raume bestimmte Punkt, Wohnung. Bei den Englischen Missionaren fehlt auch dem Verbum, *mitoetra* (auch *mitoera* Luc. 10, 7. 9, 4.), das *um*. Matth. 4, 16. Luc. 5, 17. Das entsprechende Tagalische Wort ist *toho*, das Spanische *hincar*, feststecken, anheften, auf das Hinsetzen, sich an einen Ort Heften bildlich angewandt. Völlig sichtbar ist der Zusammenhang des Verbums mit dem Subst. Ort dadurch, daſs die Englischen Missionare *mitoetra* eigentlich für an einem Ort bleiben (Luc. 10, 7. 9, 4.), wohnen (Luc. 1, 56. 19, 5.), währen (Joh. 12, 34.), für sitzen aber nur da gebrauchen, wo dies Wort den gleichen Sinn hat (Matth. 4, 16.). Das eigentliche Sitzen ist bei ihnen *mipetraka* (Luc. 4, 20.), und Sitz *lapa* (Luc. 1, 32.). *Mitoera* ist nichts, als das durch das Präfixum zum Verbum gemachte *itoerana*, Ort. So richtig dieser Beweis zu sein scheint, so wird man doch wieder dadurch darin irre, daſs der Hacken *toumoutte* heiſst, und es um so natürlicher scheint, das Verbum davon abzuleiten, als das Sitzen der Malayischen Völker ganz gewöhnlich ein Niederhocken auf den Fersen ist. Die obige Ableitung ist aber zu sicher, um dadurch umgestoſsen werden zu können, und der Körpertheil scheint vielmehr, so wie unser Gesäſs, nach dem Verbum benannt. In diesem Fall sollte, nach richtiger Analogie, das infigirte *um* sich nicht darin befinden. Es gehört aber nicht, was mir auch für meine Behauptung zu

---

([1]) [Auffallend ist, daſs die Form auch Subst. sein kann: *toumange* Flac., *tomani* Jeffr., Thränen. Eine Form ohne das Infix findet sich nicht, ja dasselbe bleibt dem Worte auch bei vortretenden Präfixen, was in den anderen Sprachen, die sich des *um* bedienen, seiner Natur widerspricht: Flac. *fitoumanghe*, geweint, *ompitoumanghe*, *pleurant, pleureux*. B.]

sprechen scheint, dem Tagalischen, sondern nur dem Mad. und Mal. an, und mag ältere Ausdrücke zu einer Zeit verdrängt haben, wo man schon das *um* nicht mehr grammatisch erkannte (1).

h-oum-an, essen, halte ich für das Tag. *c-um-aín*, von *cáin*. Der Unterschied des Lautes hindert die Annahme wohl nicht; man sagt im Madecassischen selbst *heli* (Chall.) und *keli* (Chap.); und *hanina*, Speise (Luc. 9, 12. 13.), wird nach *manan*, haben, zu *kanina* (Luc. 3, 11. Joh. 4, 32.). Das Verbum ist bei den Englischen Missionaren *mi-hinana* (Luc. 5, 33. 17, 27. 22, 30.). Man könnte an eine Verwandtschaft mit dem Tah. *amu* denken, allein die ganz verschiedenartigen Endungen halten die beiden Wörter aus einander (2).

h-om-ehe, *h-oum-ehe* (Flac.), *h-om-ehy* (Luc. 6, 21.), lachen. Die Sprache besitzt auch das einfache *hehé*. In den verwandten Sprachen finde ich das Wort nicht, es ist aber dem Laut nachgebildet. Challan hat *oum-alé*, was, wenn man es ebenso erklärt, an das Mal. *galák*, sehr laut lachen, Tag. sich freuen, erinnert (3).

---

(1) [Die Formen des infigirten Verbums werden so verschiedenartig am Schlusse desselben angegeben, daſs ich sie hier alle zusammenstelle. Schon in dem schlieſsenden Consonanten ist eine starke Abweichung, er ist bald *r*, bald *t*, *ts*, ja *z*; der Vocal nach *m* ist bald *ou*, und zwar allein: *toumout* Chall., sich setzen, oder mit folgendem *a*, *e*, *i*: *toumouatra* und *toumouéra* Jeffr., wohnen, *toumouhere* Flac., sich setzen, 2) rühre dich nicht von der Stelle (*ne te bouge pas*), *toumouetse* Flac., sich von der Stelle bewegen (*bouger*, wo gewiſs durch ein Versehen die Negation ausgelassen ist), *toumouhets* Flac., sitzend, *toumouite*, *toumouitte* Chall., wohnen, *tounouitte* Chall. (worin wohl das *n* verdruckt ist), sich setzen; bald bloſses *e*: *toméra* Chall., wohnen (*tomérano* Chall., *asseyez-vous*), *toumez anquéo* Chall., *arrêtez-vous là*. Das Subst. Hacken, Ferse zeigt bloſs *ou* (*toumouth*, *toumoutte* Chall.) oder *i* (*tomits*, *tommits* Flac.); es lautet im Mal. *tŭmit*. Daran, daſs alle obigen Formen, trotz ihrer verschiedenen Schreibung und trotz dem, daſs ihnen bald die eine, bald die andere Bedeutung fragmentarisch beigegeben ist, ein einziges Verbum bilden, kann nach ihrer vollständigen Zusammenstellung kein Zweifel sein. B.]

(2) [Man sehe in der vergl. Worttafel nr. 22., daſs selbst *hani* für essen vorkommt. Betrachtet man aber hierzu Flac. *hane*, leben, Lebensmittel, *aina*, Chall. *viande*, Bibelübers. Athem, Leben, Flac. *ahinh*, Athem, Leben, so scheint das ganze Wort mit dem Mal. *angin*, Wind, zusammenzufallen (vgl. noch nr. 52. und 17. der Worttafel); wenigstens fühlt man sich in einen Kreis versetzt, aus welchem man nicht herauszukommen vermag. B.]

(3) [Ich finde das Wort (*homehe*, *oumehé*) bei Flac. nur als Subst., Lachen, Gelächter, ebenso *hehé*. Challan's *oumalé* ist Verbum, und ist wohl verschrieben, für *oumahé*

Lll 2

191. Wenn die hier aufgeführten Wörter wirklich als solche behandelt werden sollten, bei welchen der Verbalcharakter und seine besondre Modification im infigirten *om* oder *um* liegt, so könnte nicht wieder ein Präfixum mit ihnen verbunden werden, was auch in der Tagalischen Bildung niemals geschieht. In der That nun werden alle obigen Wörter in den Wörterbüchern, ohne Ausnahme, ohne Präfixe, so wie ich sie hingestellt habe, aufgeführt, allein in der verbundenen Rede werden sie, gleich allen andren Verben, mit Präfixen gebraucht. So steht Luc. 6, 21. *mitomany*, sie weinen, Luc. 13, 28. dieselbe Form als substantivartig gebrauchter Infinitiv, Luc. 6, 25. *mihomehy*, sie lachen, und in Flac. Katechismus *p.* 44. *mihouman*, sie essen. Der Grund hiervon scheint darin zu liegen, dafs das Volk die Erinnerung an die Bedeutsamkeit dieser Form verloren hat, und das *om*, *um* als integrirenden Theil des Grundworts ansieht. Zwar wird das in den obigen Fällen gebrauchte *mi* (*Ann. p.* 94. 95.) als Charakteristik des Präs. und Infin. angesehen; allein auch hierin scheint Mifsverständnifs zu sein ([1]).

---

oder *oumehé*. Denn *oumalé* bei Chall., *omale*, *omalle* bei Flac., *houmale*, *loumalé* und *noumale* bei Chap. bedeutet gestern, ist aber ein neues Beispiel für das infigirte *um*, da es deutlich von *hale*, Nacht (s. alle Formen dieses Wortes in der Worttaf. nr. 8.), abgeleitet ist.

Aufserdem habe ich noch folgende Beispiele aufgefunden:

lomalam, *lomalan*, Flac. gehn (*cheminer*, *marcher*), von *lalam*, *lalan*, Weg (Jav. *dhalan*, Weg, Mal. *jālan*, gehn).

Flac. *moumeinou*, klug, treu, *soeur fidèle*, *meinou*, *soeur fidèle*, 2) *cuider*. B.]

([1]) [Ich bin beim Durchlesen meines Madecass. Wörterbuches auch auf Fälle des infigirten *in* gestofsen:

Flac. *tsinambouts*, *tsinanbouts*, *sinamhouts* (das *h* ist offenbar falsch), gefangen, Gefangner, Sclav. Das Einfache ist: *sambouts*, *tsambouts* Flac., gefangen, Gefangner, Sclav, *prise*, *ma-nambouts*, *ma-nanbouts* Flac., *prendre*, *sambour* Chall., *sambouri* Flac., ergreifen, fassen, *prendre*, Mal. und Jav. *sambut*, ergreifen, fassen;

finoulac, Rifs, Bruch, hat der Verf. schon selbst oben S. 330. 331. angeführt;

Flac. *finitache*, verrathen (*trahi*), *finintac*, *ravi*, *fitacq*, Verrath, *fitache*, Meuchelmörder.

Die Bedeutung der infigirten Form ist bei dem ersten und letzten der drei angeführten Wörter, wie in der Jav. Sprache, die eines passiven Participiums, und dies liefse sich vielleicht auch auf die substantivische des zweiten (etwas Zerrissenes, Zerbrochenes) anwenden. Dafs das einfache Wort selbst (*sambouts* und *foulac*) diese Bedeutung (neben der des Verbums und eines Substantivum actionis) hat, raubt dem Infix nichts von seiner

192. Wir haben oben (nr. 64.) gesehen, dafs in der Gebirgsmundart der Tagalischen Sprache *na* (Präs. und Prät.) und *ma* (Fut.) als Präfixe statt der Infigirung gebraucht, und dafs in der Bisayischen beide Conjugationsbildungen willkührlich angewendet werden. Im Tagalischen aufser dem Gebirge kommt *ma* als Präfix transitiver Verba nie vor; die Madecassische Sprache aber hat es, als solches. Es ist also keine leere Vermuthung, wenn man annimmt, dafs in ihr, wie im Bisayischen, die infigirende und die *ma* präfigirende Bildung ohne Unterschied gebraucht werden konnten, dafs aber die letztere nach und nach die erstere verdrängte. Diese Gleichartigkeit des Zustandes gewinnt dadurch noch mehr Wahrscheinlichkeit, dafs auch das dem Tagalischen ganz fremde, aber sich in der Zebu-Mundart des Bisayischen (Ezg. nr. 130.) findende Präfix *mi* dem Madecassischen eigenthümlich ist.

193. Es gilt daher als eine allgemeine Regel, dafs, die oben (nr. 180.) erwähnten Fälle ausgenommen, kein Mad. Verbum anders, als von einem Präfixe begleitet, in der Rede erscheint; und an diese Regel lassen sich gleich die beiden nachfolgenden anschliefsen.

194. *a.* Jedes Verbal-Präfix fängt, ehe es durch die Tempusbildung Veränderungen erleidet, also namentlich im Präsens, mit *m* an; dies *m* aber weicht immer, oder doch bisweilen, andren Charakteristiken der Tempora. Beisp. *mi-tomany*, weinen (Luc. 6, 21.), *ma-tahotra*, fürchten (Matth. 1, 20.), *maha-sitrana*, heilen, *mampi-anatra*, lehren; Veränderungen durch Tempusbildung: Prät. *ni-tomany* (Luc. 6, 52.), *na-tahotra* (Matth. 2, 22.), *naha-sitrana* (Luc. 8, 47.), *nampi-anatra* (Matth. 4, 23.); Fut. *hi-tomany* (Luc. 6, 25.), *ha-tahotra* (Luc. 12, 5.), *haha-sitrana* (Luc. 5, 17.), *hampi-anatra* (Matth. 5, 19.).

195. *b.* Jedem mit *m* anfangenden Präfix entspricht ein mit *f* anfangendes, und das *f* verwandelt sich, wenn ihm ein andres, mit *n* endendes Präfix vorausgeht, in *p*. Die mit *m* anlautenden Präfixe bilden allemal Verbalformen, die mit *f* und *p* anlautenden allemal Nominalformen. So entsprechen einander *m-onengh*, wohnen, *f-onengh*, Bewohner; *ma-moucats*, rächen, *fa-moucats*, Rache; *man-dehan*, gehen, *fan-dehan*,

---

Bedeutsamkeit, sondern hat seinen Grund in der Ungeschiedenheit der Redetheile und ihrer Kategorien, wie sie schon bei mit Affixen versehenen Formen, und weit mehr bei den unentwickelten Stämmen, die Eigenthümlichkeit dieses Sprachgeschlechts ist. B.]

Gang; *mi-teia*, lieben, *fi-teia*, Liebe; *maha-resse*, siegen, *faha-resse*, Sieg; *mampi-vili*, loskaufen, *fampi-vili*, Loskauf. Die gleiche Nominalbildung, aber durch ein neues Präfix wieder zum Verbum gemacht, liegt in dem eben erwähnten *mampi-vili*, in *manpan-dehan*, befehlen zu gehen, *manpang-horan*, regnen machen. An die Stelle des *f* wird auch, wie wir unten sehen werden, *h* gesetzt.

196. Man sieht, dafs die Präfixa mit *m* und *f* vollkommen die sogenannten Activ- und Passiv-Präfixe der Tagalischen Conjugationen sind (s. ob. nr. 58.). Auch die Tag. Passiv-Präfixe sind noch nicht für sich Passiva, sondern nur Nominalformen, aber mit passiver Bedeutung. Die den Unterschied begründenden Laute sind, bis auf wenige Ausnahmen, auch *m* und *p* (s. ob. nr. 75.); und wenn in einem Mad. Verbum zwei Präfixa verbunden werden, wie in *mi-fan*, *mam-pan*, *mam-pi*, so mufs immer, wie im Tagalischen (s. nr. 111.), das eine, in der zweiten Stelle stehende das der Nominalform sein, die in diesen Fällen, selbst aus dem Verbum stammend, in das Verbum zurückkehrt. Der Hauptunterschied zwischen beiden Sprachen hierin ist der, dafs da, wo die Activform der Verba in eine Nominalform mit dem Verbum sein (s. nr. 183.) verwandelt wird, die Tagalische Sprache diese Bildungen immer, die Madecassische selten braucht.

197. Im Tagalischen dienen den Verbalbildungen aufser den Präfixen noch zu Unterscheidungszeichen die Buchstabenveränderung, die Vorrückung des Accents, und die Verdopplung. Im Madecassischen findet sich nur die erste; die letzte tritt bei der Conjugation nicht ein, da die Tempora auf andre Weise unterschieden sind; und über den Accent läfst sich nicht urtheilen, da die Hülfsmittel nicht zureichen, sich über solche Feinheiten der Sprache hinlänglich zu belehren.

198. Man könnte im Madecassischen, wie im Tagalischen, eine Reihe von Conjugationen aufstellen, und würde dann die 3. Tag. Conjug., *man* mit Veränderung des Anfangsbuchstaben des Grundworts, ohne allen Unterschied, die 4. Tag., *macà*, im Madecassischen *maha*, das auch zugleich das Machen und Können (s. ob. nr. 133.) ausdrückt, wiederfinden, und auf gemeinschaftliche Eigenthümlichkeiten zwischen der Tagalischen infigirenden Conjugation und dem Madecassischen Präfix *ma* stofsen. Es findet sich sogar, dafs, den Bedeutungen nach, dieselben Classen von Wörtern in beiden Sprachen gleiche Conjugationsbehandlung erfahren. So gehen (s. nr. 131.)

im Tagalischen die aus Werkzeugen des Jagens, Fischens gebildeten Verba nach der 3. Conjug.: *bívas*, Angelhaken, *ma-mívas*, angeln. Das Gleiche werden wir unten (nr. 215.) an mehreren Beispielen bemerken. Ich werde indefs bei Aufzählung der Madecassischen Präfixa, ohne ängstliche Eintheilung in Conjugationen, das Gleichartige zusammenstellend, vom Einfachen zum Zusammengesetzten übergehen.

199. Am einfachsten drücken den Verbalbegriff *mi* für intransitive, und *ma*, *man* mit seinen Lautveränderungen für transitive Verba aus. Ich beginne mit den transitiven.

Vor vocalisch anlautenden Grundwörtern wird *ma* oft zum blofsen *m*, und ist dann nicht vom intransitiven *mi* zu unterscheiden; *m-alac*, *m-illa*, *chercher*, wie man aus den Beispielen sieht, im Sinne von holen, *m-ontana*, fragen. Aufser diesem *m* und *ma* finden sich *man*, *mam*, *mand*, *mandr*, *mang*, und bei vocalischen Grundwörtern tritt hinter *ma*, *man* und *mang* oft noch *h*. *Man* zieht auch, wie im Tagalischen, die Veränderung gewisser Anfangsbuchstaben der Grundwörter nach sich. Alle diese, die transitiven Verba angehenden Fälle werde ich einzeln durchgehen. Im Allgemeinen mufs ich aber Folgendes über sie vorausschicken. Die Verschiedenheit der Präfixe beruht grofsentheils auf der des Anfangsbuchstaben des Grundworts; ein *p* oder *b* assimilirt sich, wenn es nicht selbst verändert wird, das End-*n* des Präfixes zu *m*, ein Vocal sucht ein dazwischen tretendes *d*, *g* u. s. f. Nur mit *mang* hat es doch noch nebenher eine andre Bewandtnifs, und das vocalisch auslautende *ma* möchte sich wohl von den durch Endconsonanten verstärkten Formen noch in Absicht der Bezeichnung der transitiven Verbalnatur unterscheiden. Alles das kann aber bei dem jetzigen Zustande der Hülfsmittel schwer zu völliger Gewifsheit gebracht werden, da diese unter einander abweichen. So finden sich vom oben angeführten fragen die Formen: bei Chapelier *m-ontana*, bei Challan *ma-ontane*, bei den Englischen Missionaren *man-ontany* (Luc. 2, 46.), bei Flacourt *man-hontane*, und als Nomen *fan-hontaneia* und *fang-hontaneia*. Die Sprache selbst aber scheint auch nicht immer die gleichen Bildungsarten zu wählen. Denn man findet die vocalischen Grundwörter mit verschiedenartigen Präfixen verbunden.

200. *Ma*. *Ma-évouc*, *m-évouc*, schwitzen, erhitzt sein, *ma-halenne*, regnen, *ma-hinoufisa*, träumen, *ma-houli*, langweilen, sich oder

Andre, *ma-imbou*, stinken, *ma-tahotra* (Matth. 1, 20.), fürchten, *ma-fante*, wissen, *ma-hitouitch*, rauchen, *ma-ontane*, fragen, *ma-hetsia*, gerad richten (das Krumme), *ma-hita*, sehen, *ma-manoua*, tadeln, *ma-ontrova* (*avertir*), benachrichtigen, warnen, *ma-raths*, zerreifsen, *ma-ratte*, kratzen, *ma-halleuen*, begraben. Ich habe hier nur Wörter aufgeführt, wo ich sicher bin, dafs das nach dem *m* stehende *a* dem Präfix, und nicht dem Grundwort angehört. Sehr oft lassen die Hülfsmittel darüber zweifelhaft, da *ma* vor Vocalen auch zu *m* wird. Weil in den sogenannten Passiv-Constructionen das dem Verbum entsprechende Wort oft ohne Präfix steht (s. ob. nr. 183.), so dienen solche Redensarten zur Auffindung der ursprünglichen Formen. So läfst es *mana* (oder eigentlicher *manan*), haben, bei Challan und Chapelier zweifelhaft, ob *m* oder *ma* das Präfix ist? Aber die Englischen Missionare, die im Präs. *manana* (Matth. 3, 9.), im Prät. *nanana* (Matth. 3, 4.), im Fut. *hanana* (Luc. 11, 5.), und ohne Präfix (Luc. 8, 18. 19, 26.) *anana* brauchen, geben hier den entscheidenden Aufschlufs.

201. Das dem *ma* entsprechende Präfix des Nomens ist *fa*; *fa-manoua* von *ma-manoua*. Vor Vocalen geht *fa* gleichfalls in *f* über; *f-onengh*, Bewohner, von *m-onengh*. Von *m-anana* kommt *f-anana*, Habe, und reduplicirt *f-ananana* (Luc. 12, 19. 18, 22.), grofse Habe. Das *f* geht auch in *h* über, so *ha-moucats*, wie *fa-moucats*, Rache, von *ma-moucats*, *h-onengh*, Wohnung, von *m-onengh*.

202. *Mam*, wo das *m* Endbuchstabe des Präfixes ist, und daher wohl zu unterscheiden von den Fällen, wo es, als Veränderung von *p*, *b*, *v*, Anfangsbuchstabe des Grundwortes wird, scheint nur im Laut gegründete Veränderung von *man* vor Vocalen (jedoch nicht immer) und Lippenconsonanten. Beisp. *mam-ompou*, verzeihen, *mam-boly* (Luc. 17, 28.), pflanzen; das Grundwort fängt mit *v* an (*tane vole*, Land bepflanztes, Flac. *v. plantage*; *volim-boaloboka*, Pflanzung von Trauben, Weinberg, Luc. 20, 15.), das nach *n*, indem es dies *n* in *m* verwandelt, zu *b* wird.

203. Das Präfix der Nomina davon ist *fam*; *fam-boule* (Flac.), gepflanzt.

204. *Man*, wie bei *mam*, wenn das *n* nicht für *s*, *t* eintretender Anfangsconsonant des Grundworts ist. Beisp. *man-ontany*, fragen (Luc. 2, 46.), *man-angona*, sammeln (Imperat., Matth. 6, 19. 20.), *man-rava*,

zerstören (Flac. *v. abattre*); es giebt aber auch *mand-rava* (Flac. *v. ruiner*, wo *manhrava* Druckfehler ist; Luc. 21, 20. *fand-rava* und Luc. 6, 49. *rava*, zerstört); *man-resse*, besiegen (Flac.) (auch mit *mand-*: Luc. 11, 22. Fut. *hand-resy*), *man-ouranne*, regnen (Regen Matth. 5, 45. *orana*), *man-zara*, Antheil haben, von *zara*, Theil; *man-jaka*, regieren (Matth. 2, 22.).

205. Zur Bildung der Nomina entspricht *fan*, das auch *pan* und *han* lautet; *fan-resse*, Sieg, *fan-jaka*, Reich, *fan-hontaneia*, auch *fangh-ontaneia*, beide bei Flacourt, Frage.

206. *Mand* entsteht aus phonetischer Einschiebung eines *d* (s. ob. nr. 204.); *mand-rava* und *mand-resy* (nr. 204.), *mand-re*, hören (Matth. 2, 3. 5, 27. vgl. mit Matth. 2, 22. 4, 12.), ferner *mand-ombe*, helfen, wo das Grundwort bei Chall. *ombaye* und im verwandten Sinne von anhänglich sein Matth. 6, 24. *homba* ist.

207. Diesem entspricht für Nomina *fand*. Beisp. *fand-rava*, Zerstörung, *fand-ombe*, Hülfe.

208. *Mandr*, eine noch gröfsere phonetische Erweiterung; *mandr-embou*, fliegen (Flac.). Dafs *dr* zum Präfix gehören, geht aus den Formen *mi-henba*, *magn-imba*, *mi-emban* bei Challan hervor. Das Grundwort ist ohne Zweifel *ambou*, *ambone*, hoch, in der Höhe.

209. Diesem Wort entspricht als Nomen *fandr-embou*, Flug.

210. *Mang*, auch geschrieben *mangu*, *mangh*, und *magn*, immer vor Vocalen, erfordert eigne Erläuterung. *Manghe* bei Flacourt, auch *mangue* bei Chapelier, *magne*, *mangano* bei Challan, selbst zusammengesetzt aus dem abgekürzten Präfix *m* und *anghe* (wie das Wort selbst und Challan's einfaches *angan* zeigt, und wie Chapelier in einem ungedruckten Blatt von Bemerkungen ausdrücklich sagt), heifst machen. Bei den Englischen Missionaren ist *m-anao* dasselbe Wort. Vgl. Matth. 5, 19. 6, 2. Luc. 1, 8. 49. 2, 48. 3, 11. 4, 36. 5, 29. 6, 2. 33. 48. Die Missionare, sei es Unterschied der Schreibung, oder des Dialekts, haben das Präfix *mang* gar nicht, und auch in andren Fällen ein blofses *n* für *ngh*; *trano* (Luc. 6, 48.), Haus, für Challan's *trango*, *tarangue*, Flacourt's *trangh*. Flacourt hat auch *manaho*, als gleichbedeutend mit *manghe*. Mit diesem, als eignes Verbum, abgesondert vorgesetzten Wort werden nun andre Verba, oder viel-

Mmm

mehr Redensarten im Sinne von Verben gebildet; *mangue hassa*, befehlen, bestellen, eig. arbeiten machen, *mangue hinoussi*, träumen, eig. Traum machen (Chap.), *manghe zahats*, Einen an etwas gewöhnen, eig. zum Gewöhnten machen (Flac.). Von diesem Verbum ist das Präfix eine bloſse Abkürzung. Dies geht daraus hervor, daſs dieselben Wörter mit dem ganzen Verbum und mit dem Präfixum vorkommen; *oran* und *haleine* sind Formen für Regen, und regnen heiſst bei Chap. *mangue haleine*, bei Flacourt *mangh-oran*. Auch *man* findet sich so: *mangue hanic* (Chap.), *man-hanic* (Flac. *v. grimper*), klettern. Inwiefern überhaupt *man*, und ob auch *ma* den gleichen Ursprung hat, wird weiter unten erörtert werden. Vgl. auch nr. 228. Im Tagalischen ist *ng* eine euphonische Veränderung von *n* auch vor Vocalen; hiermit hat aber das *ng* im Madecassischen Präfix nichts zu thun; auch ist es Endbuchstabe des Präfixes, nicht Anfangsbuchstabe des Grundworts, wie im Tagalischen; *áral, mangáral* (Tot. nr. 182.).

211. Beispiele: *mangh-otrac, mangh-aria*, verlassen (*abandonner*), *mangh-afac*, lossprechen (*absoudre*; eig. etwas zur geendeten Sache machen), *mangh-efa* (vielleicht besser *mang-hefa*), Einigkeit, Frieden stiften (*accorder*), *mang-atsara* (*raccommoder* Chall., bei Flac. *v. raccoutrer mangh-adzart*), flicken, *mangh-inouh*, träumen (Flac., bei Chall. *magn-inoffe* und *ma-hinoufisa*), *mang-hiache*, zählen, von *hiac*, Zahl, Anzahl (*nombre* Flac.), *mangh-oric* (*magu-arac, arahenne* Chall., *man-araka* Matth. 4, 20.), folgen, *mangh-atouli* (Flac.), *mang-atodi* (Chall.), Eier legen, von *atouli, atodi, atody* (Luc. 11, 12.), Ei, *mang-hourou*, verbrennen; *magn-ala*, auch *man-hala*, ausziehen, wo schon das einfache *alan* wegnehmen (aber auch wegnehmen, um zu bringen Luc. 15, 22.; bei Flacourt *mangh-alac*, niederlegen zum Verwahren, *harac*, das Niedergelegte, *v. déposer, dépôt*) heiſst (Chall.), *magnassaha* (Chall. *insulter*), beleidigen, *magn-ava*, schelten, *magn-imba*, s. oben nr. 208. In *magnifatte*, beiſsen, bei Challan scheint das *n* von *niffe* (*nify* Matth. 5, 38.), Zahn, zusammengeflossen mit dem Endnasale des Präfixes, wenn nicht das ganze *gn* dem Stammnomen angehört; Flacourt *manifats*, und für Biſs *nifare*, Zahn, *nif*.

212. Als Präfix für Nomina entspricht dem *mangh* das Präfix *fangh*. Beisp. *fangh-oric*, Gefolge, *fangh-iva*, Erniedrigung, von *iva*, niedrig.

Bei denselben Wörtersammlern haben dieselben Nomina *fangh*- und *fan*- (s. ob. nr. 205.).

213. Das Tagalische *mag* findet sich im einzigen *magu-arac* (s. ob. nr. 211.), dessen Richtigkeit noch dahinsteht. Sonst ist es überall in einen Nasal, *n*, *gn*, *gh*, *nd*, *ndr*, verändert.

214. Wenn *man* vor ein mit einem nicht nasalen Lippenbuchstaben, *p*, *f*, *v*, oder mit einem *t*, oder *s* anfangendes Wort gesetzt wird, so tritt sein End-*n* an die Stelle des Anfangsconsonanten des Grundworts, wird aber, wenn dieser ein Lippenbuchstabe ist, zu *m*, dem Nasalen dieser Classe. Dies ist also wie in der 3. Tag. Conjug. Nur habe ich keine Veränderung der gutturalen Anfangsbuchstaben, wie im Tagalischen, bemerkt. Dafs *k* wenigstens nicht immer einem vor ihm stehenden *n* weicht, sieht man aus *nankasitraha*, Luc. 3, 22. Auch giebt es, wie im Tagalischen, Wörter, die ihren Anfangsbuchstaben unverwandelt lassen, wie *ma-man-toc* (s. unt. nr. 230.), *mi-fan-toche*, *han-toche* (nr. 243.). Wie weit sich aber diese Ausnahmen erstrecken, kann ich nicht bestimmen, da ich diese ganze Eigenthümlichkeit der Sprache nur habe aus der Wortvergleichung entnehmen können, indem die Hülfsmittel gänzlich davon schwiegen. Chapelier erwähnt blofs des Wegfallens des Anfangs-*t* der Präposition *tabini* nach einem Consonanten. Das Hinüberziehen des Endnasalen zur folgenden Sylbe da, wo es möglich ist, scheint übrigens auch, wo keine Verwandlung eintritt, Sitte in der Sprache, wenn man annehmen darf, dafs die Englischen Missionare in ihrer Wortabtheilung richtig der Aussprache folgen. Denn sie nehmen das End-*n* des Präfixes *man* auch vor vocalisch anlautenden Wörtern zur Anfangssylbe des Worts hinüber; *na-naraka*, von *araka* (s. ob. nr. 211.), Luc. 23, 55. 24, 10. Vgl. auch Luc. 23, 36. 51.

215. Beispiele: *a.* der Verwandlung der Lippenbuchstaben in *m*. *Ma-more-porec*, verwickeln, in einander wirren (*tortiller* Flac.); das Wort ist zur Verstärkung reduplicirt, und sein Anfangsbuchstabe bleibt unverändert, wo er nicht das Präfix berührt. Dafs in *mi-fore-poreh* *p* mit *f* abwechselt, liegt darin, dafs *p* überhaupt selten Anfangsbuchstabe im Madecassischen ist, allein in der Mitte der Wörter aus *f* entsteht. Von gleicher Bildung ist *ma-moufoutse*, zur Strafe wegnehmen, das im passiven Sinn *mi-foufoutse* heifst, von *foufoutse*, solche Wegnahme. *Foutsi*, weifs, *ma-moutsi*, weifsen; dafs Flacourt für weifs machen können neben

Mmm 2

maha-foutsi auch (*v. blanchir*) *maha-moutsi* hat, ist gegen die Sprachanalogie und ein sichtbarer Fehler; die Missionare brauchen (Matth. 5, 36.) nur das erstere. *Ma-mane*, welches die doppelte Bedeutung brüten und uriniren hat, ist offenbar wärmen, die transitive Form von *ma-fane*, warm sein, vom einfachen *fane*, warm. Intransitiv genommen, heifst uriniren *mi-fane* (Chall.). *Ha-mili*, auch *a-mili*, gekauft, Kauf, aus *fan* und *vili* (Flac.); *ma-mincit* (Flac.), zur Ader lassen, *fa-mincit*, Aderlafs, von *vinsit* (Flac. *pet. rec. p.* 10. 11.), voll, angefüllt, *replet*. Bei den Wörtern mit Anfangs-*f* mufs man jedoch in der Annahme dieser Verwandlung vorsichtig sein. Es kommt nämlich darauf an, ob das *f* stammhaft ist, da es auch von *fi* abgekürztes Präfix sein kann. Beispiele solcher zweifelhaften Wörter sind *foule* (*filasse*), das Material des Spinnens, *mamoule*, spinnen, und *foulac*, zerbrechen, *mamoulac*, wo die Frage entsteht, ob die Grundwörter *foule, foulac* oder *oule, oulac* sind. Bei *mamoule* bleibt es unmöglich, zu entscheiden. Die verwandten Sprachen geben keine Analogie, und im Madecassischen selbst weifs man nicht, ob man das Wort lieber mit *mi-holac*, rund herumdrehen, *aolan*, zusammendrehen (*tordre*. Chall.), oder mit dem obigen *ma-moreporec* zusammenstellen soll. Doch scheint es für die Stammhaftigkeit des *f* zu sprechen, dafs *mamoulouts*, klebrig machen, von *foulouts*, Vogelleim, kommt. Das *f* mit dem dumpfen *u* scheint ein Aneinanderhängen durch Verwirrung, Kleben oder sonst anzuzeigen. Sehr sonderbar, und mir bis jetzt unerklärlich ist bei Flac. *afouli*, wegnehmen, und etwas zurücktragen (*reporter quelque chose*, *afoult*, wohl fehlerhaft statt *afoult*), *mamouli*. In *foulac* dagegen (vgl. Wortverz. *pu*) zeigt sich das *f* durch die stammverwandten Sprachen als primitiv. Vgl. unt. nr. 224. *Vinta*, Angelhaken, macht *ma-minta*, angeln (s. ob. nr. 181.), *vovo*, Fischernetz, *ompa-movo* (Matth. 4, 18.), die mit Netzen umgehen, Fischer, *fanrih*, Jagdnetz, *ma-manrih*, es aufstellen und brauchen, *voussits, vossiron*, ein Verschnittener, *ma-moussire*, verschneiden. In *vonoi*, tödten (Luc. 21, 16.), liegt das Grundwort von *ma-mono* (Matth. 5, 21., bei Chall. *vounoui, ma-mounou*), in *vaky* von *ma-maky*, brechen (Luc. 9, 16. 24, 30.), in *vory*, versammelt, von *ma-mory*, versammeln (Luc. 24, 33. 3, 17.). *Vahotse* (selbst zusammengesetzt, da *hots* Kette heifst), gebunden, ist das Grundwort von *ma-mahotse*, *voa*, Frucht, von *ma-moa*, Früchte tragen (von Bäumen, Matth. 3, 10.).

216. *b.* der Abwerfung des Anfangs-*s*. *Soratse*, Schrift, *ma-noratse* (*sorata 'ny* Joh. 15, 25., verglichen mit *nanorata 'ny* Luc. 24, 44.), schreiben; *sassah*, gewaschen, *ma-nasse*, waschen; *siui*, Bezahlung, *ma-niui*, bezahlen; *sira*, Salz, *ma-nira*, salzen; *sambouts* (Luc. 5, 10. *hi-sambotra*), das Nehmen, genommen, und daher Sclave, *ma-nanbouts*, nehmen.

217. *c.* der Abwerfung des Anfangs-*t*. *Tambe*, Bezahlung, *manambe*, bezahlen; *timbou*, *ma-nimbou*, gebären, in Wochen sein; *tapahenne* (Chall.), *ma-napache* (Flac.), schneiden; *tanguin* (bei Chapelier ohne Erklärung), *ampa-nanguin* (der den *tanguin* giebt); *tantely* (Matth. 3, 4.), Honig, *ompa-nantelle*, Honigsucher (Flac.); *tora*, Wurf (Luc. 22, 41., *mi-torah* Flac. *v. jetter*), *ma-noraka* (Luc. 13, 34. und Flac.), werfen; *tapere*, Ende, *ma-napere*, endigen; *tafic*, Feind (Chall.), *tafiche* Heer (Flac.), *ma-nafiche*, bewaffnen, Krieg führen; *mi-toulic*, sich drehen, *ma-noric*, drehen (Flac. s. unt. nr. 240.). Über *manompo*, dienen (bei Flacourt und häufig bei den Englischen Missionaren, Matth. 4, 11. 6, 24. Luc. 2, 37. u. s. w.), bin ich lange zweifelhaft geblieben, ob ich es von *tompo*, Herr, so dafs es hiefse: einen Herrn haben, um ihn beschäftigt sein, ableiten und also hierher ziehen sollte, oder ob das Grundwort *ompo*, verwandt mit dem Mal. *amba*, Diener, ist. Das Madecassische *ampouria*, Sclave (Chall.), entscheidet nicht ganz. Es kann leicht selbst eine Zusammensetzung des Präfixes *ampi*, *ompi* und eines vocalischen Grundworts (vielleicht *oric*, folgen) sein. Was aber allen Zweifel hebt, ist, dafs bei den Englischen Missionaren *tompoi* als präfixlose Form für dienen vorkommt. Matth. 4, 10. *ary izy hiany no ho tompoi' nao*, und er allein ist (welcher) sein-wird dienen-dir. Das Mal. *amba* kann mit mehreren Madecassischen Wörtern zusammenhangen. Im Sinne von Diener kommt von *manòmpo* blofs das abgeleitete *ompanompo* vor. Dies spricht aber gerade für die Ableitung von *tompo*, Herr.

218. *Saffe* und *taffe* heifsen beide decken, bedecken, und sind, obgleich das erstere (auch *safoutche, saffoutte*) von Bettdecken, das letztere (*tafon-trano* Luc. 5, 19.) vom Hausdach gebraucht wird, blofs verschiedene Form desselben Worts. In dem Verbum *ma-naffe*, decken, bedecken, zudecken, verschwindet ihr Unterschied.

219. Den hier angegebenen Buchstabenveränderungen folgt genau

auch das aus *man* entstehende Präfix der Nomina *fan*; *fa-minta*, das Angeln, und davon *om-pa-minta*, der Angelnde, von *vinta*; *om-pa-movo*, Fischer, von *vovo*; *mi-fa-mounou*, sich unter einander tödten, von *vounou*. Mehrere andre Wörter dieser Art sind schon oben bei dem Verbal-Präfix angeführt worden.

220. Das intransitive Präfixum ist *mi*, vor mit Vocalen anfangenden Wörtern auch bloſs *m*, dann aber schwer vom Präfix *ma* und vom primitiven *m* zu unterscheiden. S. das vergl. Wortverz. *v. matai* (¹). Ein sichres Beispiel ist *m-oran* (Flac.), regnen, von *oran* (Flac.), *orana* (Matth. 5, 45.), Regen. Von *monengh*, wohnen, als Subst. *fonengh* (Flac.), Bewohner, finde ich zwar nicht *onengh*, aber die Veränderungen des Anfangs-*m* durch die Tempuszeichen (Joh. 1, 38. Matth. 2, 23. 4, 13.). In *mousarre*, hungern und Hunger bei Flac., *mosarena*, Hunger (Luc. 4, 25.), *mosary*, hungrig (Luc. 15, 17.), ist das *m* offenbar primitiv.

221. Statt *mi* findet sich auch *me*. So bei Chapelier *me-* und *mi-ala*, weggehen, verlassen; *me-hadi*, abwehren, und daher: vertheidigen und verbieten (Chap.), wovon Flac. das primitive Nomen *adili*, Verbot, und das transitive Verbum *manghadili* hat; *me-tongon*, nennen (Flac., vgl. dessen *Cat. p.* 9.). Hierher gehört auch *me-ty*, wollen (Luc. 5, 12.), Prät. *ne-ty* (Matth. 2, 18.), in dem das Grundwort so zusammengeschmolzen ist, daſs ich erst spät auf die richtige Ansicht gekommen bin, und erst bloſs *m* für den Vorschlag gehalten habe. Das Grundwort ist aber *tia* (Luc. 4, 6.), bei Flac. *teïa*, lieben. Flac. hat *mi-teïa* und (*pet. rec. p.* 12.) *me-teïa*.

222. Beispiele des Präfixes *mi*. *Mi-saona*, trauern (Luc. 7, 32.), *mi-aina*, leben (Luc. 20, 38.), *mi-voury*, in Überfluſs vorhanden sein (Flac.), *mi-pouli*, zurückkehren (Flac.), *mi-lignits*, schwitzen (Flac.), *mi-resse*, im Kampf unterliegen, wogegen *man-resse*, siegen (Flac.); *mi-ahan*, still stehen, aufhören zu gehen (Chall.), *mi-ako* (Flac.), *m-isy*, sein (Luc. 5, 36.), *mi-alegnenne*, sich ausruhen (Chall.), *mi-hiua*, sich demüthigen, wogegen *mang-hiua* einen Andren demüthigen ist (Flac.); *mi-antsese*, sich einem Andren unterwerfen, wogegen *mang-hantsese* einen Andren sich unterwerfen ist (Flac.); *mi-cintou* (Chall.), *mi-*

(¹) [Der Verf. bezieht sich hier und auf S. 412. auf ein von ihm angefangenes vergleichendes Wortverzeichniſs der Mal. Sprachen, das ich der Kön. Bibliothek übergeben habe. B.]

hamou (Flac.), seufzen, *mi-haringh-harinh*, *mi-halou*, *mi-conga*, nackt gehen (Flac.), *mi-coudoudou*, donnern (Flac.), *mi-hohancoa*, bellen (Flac.), *mi-laza*, sprechen (Luc. 24, 43.), *mi-zara*, vertheilen (Luc. 12, 13.), *mi-hanats*, lernen, wogegen *mang-hanats*, lehren (Flac., *mi-anatra*, lernen Joh. 6, 45.; für lehren brauchen die Englischen Missionare die befehlende, vermögende Form *mampianatra*, jemanden zum Lernen bewegen, Matth. 2, 5.), *mi-tzera*, schlagen (Flac.), *mi-tsoka*, pfeifen (Luc. 7, 32.), *mi-jery*, den Accus. regierend, Einen ansehen (Luc. 20, 17.), *mi-hinana*, essen (Luc. 24, 43.), *mi-tory*, predigen (Luc. 4, 44.), *mi-vavaka*, beten (Matth. 6, 5., von *vava*, Mund, Matth. 4, 5., vermuthlich weil man oft leise betet, wie das Sanskr. *jap*; woher denn auch die intransitive Form: in sich sprechen), *mi-asa*, arbeiten (Matth. 6, 28.). Man sieht aus diesen, durchaus nicht absichtlich gewählten Beispielen, daſs die wahre und eigentliche Bedeutung von *mi* die intransitive ist. Das Grundverbum alles intransitiven Zustandes, **sein**, nimmt kein andres Präfix an, und bei vielen Verben bestimmen *mi* und *man* den Unterschied der intransitiven und transitiven Bedeutung. Sehr oft aber wird derselbe in der Sprache anders aufgefaſst, als wir ihn zu nehmen gewohnt sind; und wahre Verwechslung der Begriffe ist es, wenn Wörter mit *mi*, wie oben *mi-jery*, einen Accusativ regieren. Die intransitive Bedeutung geht dann bloſs in die einer wesentlich innerlichen Handlung, oder einer solchen über, die nicht nothwendig zum Verständniſs der ausdrücklichen Hinzufügung eines Objects bedarf.

In mehreren Fällen steht zwischen dem Präfix und dem Grundwort ein *h*, das nicht immer diesem angehört: *otrac*, die Verlassung, *mih-otrac*, *mangh-otrac*, verlassen (Flac.), *mih-oulouts*, begatten (*accoupler* Flac.). Allein in den meisten Fällen wird der Anfangsvocal durch kein *h* vom End-*i* getrennt, *mi-ala*. Challan hat *mihenba* und *miemban*, sich in die Luft erheben, fliegen.

223. Als Nominal-Präfix entspricht dem *mi* nach der allgemeinen Analogie *f* und *fi*. Ob in dem ersteren *fa* oder *fi* liegt, ist nicht immer zu erkennen; *fandre*, Abwesenheit, von *mandre*, abwesend sein (Flac.), *fery*, Wunde (Luc. 10, 34.).

Beispiele von *fi*. *Fi-voury*, Überfluſs (Flac.), *fi-hinana*, Speise (Matth. 6, 25.), *fi-anats*, Erlernung, Lehre (*apprentissage* Flac.), *fi-asa*, Geschäft, auch Übung, Handwerk, Werkzeug (Flac.), *fi-zara*, Vertheilung

(Flac.), *fi-teïa*, Liebe, Wunsch, Begierde (Flac.), *fi-tzera*, geschlagen (Flac.). Statt *fi* kommt auch *hi* vor; *mi-non*, trinken, *hi-non*, Getränk (Flac.), *mi-adi*, Krieg führen, *hi-adi*, Krieg (Chall., doch unrichtig verwechselt, bei Flac. *mi-ali*). Auch *hi-nouf*, Traumgesicht (Flac.), scheint hierher zu gehören, da die Englischen Missionare *nofy* (Matth. 2, 19.) haben.

In weiterer Anwendung ist *fi*, auch ohne Beziehung auf Verba mit dem Präfix *mi*, ein häufiges Substantiv-Präfix.

224. *Mi* nimmt auch euphonische Buchstaben an. Statt des obigen *mi-pouli*, zurückkehren, hat Chap. *mi-n-poudi*. Denn statt des *m*, welches eigentlich vor *p* stehen sollte, haben die Französischen Schriftsteller oft fälschlich *n*; Chap. *minboune*, Chall. richtiger *mimboun*. Ob aber in diesem Wort, und in *minpou*, schwimmen (*flotter* Chall.), das *m* und *n* auch euphonisch sind, möchte ich nicht entscheiden. In *mintaka*, Ehebruch begehen, scheint, da man auch *manintaka* (Matth. 5, 32.) hat, das Grundwort *intaka* zu sein. Eine gar eigne Form ist bei Flac. *finoulac*, Riſs, Bruch. Wir haben (s. ob. nr. 215.) gesehen, daſs *mamoulac* aus *foulac*, zerbrochen, entsteht. Offenbar gleichen Ursprungs ist *finoulac*, es möge nun das *f* in *foulac* stammhaft sein oder nicht. Ist das Erstere der Fall, so hätte *mi* ebenso wie *man* eine den Anfangsconsonanten verändernde Kraft. Oder sollte das Wort gar ein Überrest der durch ein infigirtes *in* im Tag. und Jav. entstehenden Passivformen sein, *f-in-oulac*?

225. Das Präfixum *maha* vereint die verwandten Bedeutungen von machen, bewirken, und von können, im Stande sein. Wir haben oben gesehen, daſs es eigentlich aus dem Präfix *ma* und dem Grundwort *hay* zusammengesetzt scheint.

Beispiele von der Bedeutung machen. *Maha-fotsy*, weiſs machen, *maha-mainty*, schwarz machen (Matth. 5, 36.), *maha-sitrana*, gesund machen, heilen (Matth. 4, 23.), *maha-faty*, todt machen (Luc. 23, 22.), *maha-mira*, gleich machen (Flac.), *maha-tsiaro*, wach machen, aufwecken (Matth. 1, 24.), *maha-foy*, verlassen (Luc. 5, 28.), *maha-kely*, klein machen, verzehren (Joh. 2, 17., bei Flac. *maha-chelle*), *maha-fehe*, blind machen (Flac.), *maha-fenou*, voll machen, *maha-mamou*, betrunken machen (Flac.), *maha-ratsi*, verschlechtern (Flac.). Sonderbar ist es, daſs für wissen, erkennen ebensowohl das einfache *fantatra* (Matth. 6, 8. Joh. 16, 18.), als *maha-fantatra* (Joh. 16, 19., bei Flac.

maha-fantats) gebraucht wird. Man mufs es in reflexiv-transitiver Bedeutung nehmen: sich erkennen machen. Ganz gleich ist *maha-lala*, wissen (Matth. 6, 32.), bei Flac. mit andrer Präfigirung *ma-hi-lala*. Die wahrhaft transitive Bedeutung fordert noch ein actives Präfix, *mam-paha-fantaria*, kund machen, eig. die Kenntnifs bewirken (Luc. 2, 15.). Wenn das Verbum mit einem *a* anfängt, wird nur Ein *a* gesetzt; *hahafaka*, wird befreien (Luc. 12, 58., wenn es nicht ein Druckfehler für *hanafaka*, Joh. 8, 32., ist), von *afaka*, frei (Joh. 8, 36.).

226. Beispiele von der Bedeutung können. *Maha-resse*, zu besiegen verstehen (Flac. *p.* 168.), *maha-teia*, zu lieben vermögen (Flac. *Cat. p.* 34.), *maha-foutsi*, weifs machen können (Flac.), *maha-tahotse*, der Furcht fähig sein, furchtsam (Flac. *v. peur*). Durch eben dies Präfix werden auch Adjectiva, den Lateinischen in *bilis* ähnlich, gebildet; *maha-ha-nompo*, dienstfertig, *maha-hassi*, ehrwürdig, *maha-teïa*, liebenswürdig (Flac.), gleichsam: dessen man sich bedienen, den man ehren, lieben kann. Eine eigne Bildung ist *mahandombe*, der gern hilft oder dem Hülfe geleistet werden kann (Flac. *secourable*, nur verdruckt *mahandomgh*). Das Wort müfste *maha-fand-ombe* (s. ob. nr. 206.) heifsen. Ist es richtig, so hat sich der Sprachgebrauch geirrt und *andombe* für das Grundwort genommen.

227. Zur Bildung des Nomens wird aus *maha*, der allgemeinen Analogie nach, *faha*. Es finden sich aber Substantiva mit diesem Präfix, von welchen die vorhandenen Hülfsmittel kein entsprechendes Verbum aufweisen. Auch ist *faha* das Ordinalzahlen bildende Präfix; *faha-fitouana*, der siebente (Exod. 20, 11.), gleichsam: der sieben hervorbringt. Beisp. *faha-resse*, Sieg (Flac.), *faha-fatesana*, Tod (Matth. 4, 16.), *faha-valo*, Feind (Luc. 10, 19.).

228. Bisweilen findet sich als Präfix *mana*; *mana-paky*, zerbrechen (Luc. 8, 29.), von *vaky* (Luc. 5, 6.), brechen, reifsen. Dies kommt vermuthlich, wie das einfachere *man*, von *manao*, machen (Freeman's *Analyse*. Marc. 11, 1.). Es giebt aber eine präfixartige Zusammensetzung mit *manan*, von *manana*, haben (Luc. 1, 33., wovon *fanana*, Habe, und mit Reduplication, *fananana*, Vorrath, Schatz, Luc. 18, 22.); *manan-damba*, Kleidung anhaben (Luc. 8, 27.), von *lamba*, Kleid (Luc. 15, 22.), *manam-bady*, ein Weib haben oder nehmen (Luc. 20, 28.), *manam-bara* (s. unt.

Nnn

nr. 238.). Vgl. ob. nr. 210. Der Übergang in *f-anana* zeigt, dafs das *m* Präfix ist. Das einfache *anana* habe ich oben nr. 200. nachgewiesen.

229. Die allgemeinen Verbal-Präfixe *man* und *mi* werden zu specielleren Bedeutungen mit anderen zusammengesetzt, und es giebt hierin einen doppelten Fall. Das hinzutretende Präfix ist entweder eines von denen, durch welche mit Präfixen versehene Verba in Nomina umgebildet werden, und die immer mit *f*, oder dessen Laut-Äquivalent *h* anfangen (wie die Verbal-Präfixa mit *m*, s. ob. nr. 195.), oder es ist ein andres. Ich beginne mit dem ersten, mehr durch die ganze Sprache durchgreifenden dieser Fälle.

230. Die in diese Classe gehörenden Wörter sind also durch Präfigirung in Verba verwandelte Nomina. Dies sind nun zwar alle Verba der Madecassischen Sprache und des ganzen Malayischen Sprachstamms überhaupt. Der Unterschied ist aber der, dafs bei den Verben mit einfacher Präfigirung das Nomen das unveränderte Grundwort, bei den Verben mit doppelter Präfigirung ein wirklich schon grammatisch geformtes Nomen ist. Sehr oft ist, und zum Theil in geringer oder gar keiner Verschiedenheit der Bedeutung, von demselben Nomen die doppelte Form vorhanden, und mag wohl in der lebendigen Sprache von jedem Wort beliebig gemacht werden können; *man-hefa* und *man-pi-efa*, Frieden stiften, welchen also das ursprüngliche und grammatisch abgeleitete Nomen *efa* und *fi-efa* (Flac.) zum Grunde liegt. Da diese abgeleiteten Nominalformen von den Tagalischen Grammatikern als passive angesehen werden, und sehr oft ganz richtig so angesehen werden können, so gilt die Tagalische Regel (s. ob. nr. 110. 111.), dafs sich ein actives Präfix nur mit einem passiven verbindet, und nie zwei active zusammentreten, auch im Madecassischen. Doch finden sich Ausnahmen, wo zwei Activ-Präfixa verbunden sind; *maha-m-anangh*, bereichern (Flac., vgl. ob. nr. 228.), *ma-man-toc*, warnen, *avertir* (Flac.). Vielleicht ist dies Irrthum der Hülfsmittel, vielleicht aber auch in der Sprache selbst verkannte Analogie.

231. Chapelier führt in seiner Grammatik *mampi* blofs als befehlendes Verbum auf, und giebt als Beispiel *mampi-poulo*, zurückschicken, an. *Mampi* hat aber nicht immer befehlende Bedeutung (*mampi-torou*, zeigen, Flac.). Chapelier scheint gar nicht darin die Verbindung von *man* und *fi* zu ahnden, und sein Herausreifsen dieser einzelnen doppelten Präfigirung zeigt, dafs er die Eigenthümlichkeit der Sprache in dieser ganzen Bildungs-

weise nicht einsah. Vergleicht man diese im Ganzen in Absicht auf die Bedeutung, so drückt die doppelte Präfigirung allemal ein Machen desjenigen aus, was das Grundwort mit dem Nominal-Präfix anzeigt; und daher giebt es viele Fälle, wo, wie oben, die einfache und doppelte Präfigirung gleichbedeutend sind, andre, wo es von demselben Nomen in derselben Bedeutung ein Verbum mit doppelter Präfigirung und eins mit der einfachen von *maha* giebt, so dafs diese, auch auf bestimmtere Weise causale, gleichbedeutend mit der doppelten Präfigirung wird; *maha-tahotse* (Flac.), *man-pa-tahotte* (Chall.), in Furcht setzen, erschrecken (s. unt. nr. 233.). In ihrer wahren Eigenthümlichkeit aber wird die doppelte Präfigirung gebraucht, um die Nüance auszudrücken, dafs das Machen ein anderes schon vorhandenes, oder noch zu bewirkendes Machen betrifft, als: ein Machen durch einen Andren vermöge eines Befehls, Rathes, Einflusses, *man-pandehan*, gehen machen, schicken (Flac.); oder Machen nach Art eines schon Gemachten, *ma-noratse*, schreiben, *mam-pa-norats*, abschreiben; oder Machen, um ein schon Gemachtes aufzulösen, *mi-vili*, kaufen, *mam-pi-vili*, loskaufen; oder ein Wiedermachen, Neumachen, *ma-harec*, sich erinnern, *man-pangh-arezou*, ins Andenken zurückführen, *ramentevoir* (Flac.), *mi-ha-zaza*, wieder jung werden (Flac. *rajeunir*); oder sonst ein Machen ähnlicher Art, wie die unten zu gebenden Beispiele zeigen werden. Wo eine solche eigenthümliche Bedeutung fehlt, da ist das derivirte Nomen vielleicht gebräuchlicher gewesen, als das primitive, oder die Sprache hat, wie es oft der Fall ist, an der Vervielfältigung dieser voller tönenden Formen Lust gefunden. Allein auch da, wo die doppelte und einfache transitive Präfigirung völlig gleichbedeutend scheinen, ist doch noch oft der Unterschied unter ihnen, dafs die doppelte eine Verstärkung anzeigt, wie (unten nr. 240.) *mam-pi-hetsikia* gegen *man-etsikia*. Die sehr feine Nüance ist da, dafs das letztere Wort blofs ein Machen von Bewegung, wo also der Gegenstand leidend gedacht wird, das erste das Machen einer zu machenden Bewegung, wo also der Gegenstand handelnd gedacht wird, anzeigt, so dafs doppelte Handlung der Phantasie vorschwebt; das Haus übt eine erschütternde Bewegung auf sich selbst aus, diese aber wird durch das Andringen einer Wasserflut hervorgebracht. Bei der doppelten Präfigirung können beide Präfixe transitiv oder intransitiv sein, oder das verbale kann die eine, das nominale die andre dieser Eigenschaften, oder umgekehrt, an sich tragen. In einer cultivirten Sprache liefsen sich nach diesen Verschiedenheiten Nüancen der Begriffe erwarten; in dem Zustande, welchen die Hülfsmittel zeigen, finde ich davon kein bemerkenswerthes Beispiel. Am häufigsten aber finde ich *mampi*, aus *man* und *fi*, also die Verbindung des allgemeinen transitiven verbalen mit dem allgemeinen intransitiven nominalen Präfix. In der That mufs sich auch diese Verbindung am häufigsten in der Sprache zeigen, da die Bedeutung dieser doppelten Präfigirung gewöhnlich die eines Bewirkens, und der allgemeinste Ausdruck des nominalen Zustandes der des Geschehenseins, also ein intransitiver ist. Ich werde jetzt die einzelnen Präfix-Verbindungen durchgehen.

232. Die Mad. Präfixe *mam-pa, mam-pan, mam-pi* könnten, da sie Causalverba bilden, dahin führen, sie und den *p*-Laut darin für identisch mit dem Tag. *mag-pa* (s. ob. nr. 113.) zu halten. Dies würde mir aber unrichtig scheinen. Das Tag. *pa* wird auch als actives, wahrhaft verbales Präfix gebraucht, und kann daher nicht, wie die Mad. *pa, pan, pi,* für blofs nominal und passiv angesehen werden. Es scheint vielmehr die eigne Grundbedeutung des Befehlens zu enthalten. Dagegen hangen das Tag. *maca* und Mad. *maha* gewifs zusammen, und man kann nicht *maha* als Verbindung von *ma* und *fa* ansehen. Wäre dies, so könnte *maha* nicht bei doppelter Präfigirung ein zweites nominales Präfix annehmen, wie doch geschieht; *maha-fi-conga*, nackt machen, enthüllen (Flac.).

233. Verbindung von *ma* und *hi*. *Ma-hi-noufi*, träumen, von *inouf* (Flac.), Traum; es sollte *hi-nouf* heifsen, das *i* ist nicht stammhaft, *nofy* (Matth. 2, 19.). *Ma-hi-lala*, wissen, von *hi-lala*, Wissenschaft, *man-hi-lala* (Flac. *v. savoir, entendre*). Die Missionare haben *mahalala* (Matth. 6, 32. Luc. 4, 34.).

234. Verbindung von *man* und *hi*. *Man-hi-lala* (s. ob. nr. 233.).

235. Verbindung von *man* und *pa*. *Mam-pa-tsiia*, ärgern, von *fa-tsiia*, Ärger (Flac.). *Manpandehan*, gehen machen, schicken, scheint auch hierher zu gehören, da gehen allein *andehan* heifst. Doch ist *an* wohl auch in dem Worte Präfix, denn als Gang hat Flac. *lehan*, offenbar nur regelmäfsige Lautveränderung für *dehan*, wie *lica* von *dica* aus *manpan-dica*.

236. Verbindung von *man* und *fan*. *Mam-pan-intaka*, zur Unzucht (Hurerei, Ehebruch) verführen; Flac. (*v. suborner*) hat dafür mit ein-

facher Präfigirung *man-intac*. In der Übersetzung von Matth. 5, 32. sieht man die durch die Präfixe gesteigerte Nüancirung des Begriffs; *m-intaka*, Ehebruch begehen, von dem Weibe, *man-intaka*, wo Luther: der bricht die Ehe, hat, *mam-pan-intaka*, der machet, dafs sie die Ehe bricht. *Mam-pan-hiraca*, schicken, von *fan-hiraca* (bei Flac. fehlerhaft *fan-chiraca*), Sendung; Matth. 2, 8. die einfache Präfigirung *man-iraka* in derselben Bedeutung; *lica* (Flac. *passage*), Durchgang (auch *liha*, Flac. *v. allure*), *mandica* (Flac. *passer outre*), durchgehen, weiter gehen, *man-pan-dica* (Flac. *passer, couler quelque chose*), durchgehen machen, durchseihen; *mam-pan-angona*, versammeln (Matth. 2, 4.), *man-pan-hefa*, Frieden stiften. S. *mam-pi-efa*, nr. 240.

Wo das einfache *fan* den Anfangsbuchstaben des Worts verdrängt, thut es *mampan* auch; *mam-pa-norats*, abschreiben, von *soratse*; *mam-pa-nompo*, dienen machen, herrschen (Luc. 22, 25.) (s. ob. nr. 217.). Hierher gehört auch *mam-pam-mori*, versammeln (*rassembler* Flac.), was aber, so wie das einfache *mam-mori* (*assembler* Flac.), falsch geschrieben ist, da es, aus *man*, dem lautverändernden *pan*, und *voury*, Versammlung, zusammengesetzt, *mam-pa-mori* heifsen müfste (s. ob. nr. 215.).

237. Wie *man* und *fan* bei der einfachen Präfigirung ihren Endlaut nach Maafsgabe des nachfolgenden Grundworts verändern (s. ob. nr. 199.):

Verbindung von *man* mit *fangh*. *Man-pangh-oran*, regnen machen (*faire pleuvoir* Flac.), *oran*, Regen, *m-oran* und *mangh-oran*, also intransitiv und transitiv gefafst, regnen, endlich causal mit doppelter Präfigirung. Challan hat auch für regnen *mahalenne*, von *oranne*, Regen; man bleibt aber ungewifs, ob man hier *ma* oder *maha* als Präfix ansehen soll; das Letztere ist wahrscheinlicher. *Man-pangh-arezou*, sich oder Andren in Erinnerung bringen (*ramentevoir* Flac.), *areca*, Erinnerung, *ma-harec*, sich erinnern. *Man-pangh-aterre*, bringen, herbeitragen lassen (*faire apporter* Flac.). Das Verbum im Imperativ ohne Präfix ist *atterre*, das blofse bringen, herbeitragen, führen *mangh-atete*, das von diesem abgeleitete Subst. *fangh-atets*, der Ort des Herbeibringens der Waaren, Markt (*apport* Flac.). *Man-pangh-ivou*, erleichtern, von *hivo*, Leichtigkeit; das abgeleitete Subst. ist *fangh-ivou*, Erleichterung (*allégeance* Flac.).

238. Bei Flacourt findet sich in zwei Wörtern eine Verbindung von

man und *fou*, die ich für irrige Schreibung halte, weil ich sonst gar kein Präfix *mou* oder *fou* antreffe. *Mam-pou-tahotse* (Flac. *Catéch. p.* 96.), *man-pou-tahotse* (Flac. *effrayer*), Furcht, Schrecken erregen, von *tahotse*, Furcht, *ma-tahotse*, Furcht haben. Als Causale führt Flacourt auch *man-pa-tahotse* (*v. faire peur*) und *maha-tahotse* (*v. effrayer*) auf. Challan hat *ma-taot*, *ma-tahotte*, *ma-taoch*, *man-pa-tahotte*, *man-pa-taoch*, die Missionare für fürchten *ma-tahotra* (Luc. 12, 4.). *Man-pou-vara*, *signifier* (Flac.), bedeuten. Als andeuten *manambara* Joh. 18, 32. S. ob. nr. 228.

239. Verbindung von *man* und *faha*. *Mam-paha-fantaria*, wissen machen, kund thun (Luc. 2, 15.), *mam-paha-talanjona*, Erstaunen erregen (Luc. 24, 22.), vom einfachen *talanjona*, sich wundern (Luc. 1, 21.).

240. Verbindung von *man* und *fi*. *Mam-pi-velome*, zeugen, Geburt, Leben hervorbringen (Flac. *Cat. p.* 92.), *velom*, geboren werden, aber auch: lebendig (*vellom* Flac.), Leben (*velon* Chall.), *fi-velome* bei Flac. nur als Lebhaftigkeit. *Mam-pi-tsoka* (Matth. 6, 2.), blasen, ertönen machen (ein Blaseinstrument); intrans. *mi-tsoka*, ohne nachfolgenden Acc. (Luc. 7, 32.) *Mam-pi-ala*, weggehen machen, vertreiben (Luc. 8, 35.), von *mi-ala* (Chall. *v. quitter*). *Mam-pi-taingenia* (Luc. 19, 35.), sitzen machen, setzen. *Mam-pi-posaka* (Matth. 5, 45.), aufgehen machen, von der Sonne. *Mam-pi-latsaka*, fallen machen, vom Regen (Matth. 5, 45.), von *latsaka* (Luc. 8, 6.), fallen. *Mam-pi-sambotra* (Luc. 6, 34.), Darlehn geben, *mi-sambotra*, Darlehn nehmen (Matth. 5, 42.). In *mam-p-indra*, *m-indra*, *h-indra* (Flac.) erscheinen die Präfixe in derselben Weise, das Grundwort aber in umgekehrter bedeutsam. Das zweite heifst verleihen, *prêter*, das dritte danach Darlehn, das erste aber entlehnen, *emprunter*, und Miethe, *louage*. Der Begriff ist also beim ersten so zu fassen, als bewirkte der Darleihende das Entnehmen, beim zweiten, als bewirkte der Entlehnende das Darleihen. *Mam-pi-hetsikia* (Matth. 6, 48.), als wahres Causale, bewegen machen, von der Flut, die ein Haus erschüttert, gebraucht; *man-etsikia* (Joh. 5, 4.), das einfache transitive Bewegen, vom Umrühren des Wassers gebraucht, *mi-hetsikia* (*ib.*) intransitiv, sich bewegen. *Mam-pi-valiche*, bekehren (Chap. *convertir*), *avalic* (Flac. *à l'envers*), etwas umkehren; *mam-pi-valic-aliche*, verführen, bestechen (Flac. *suborner, corrompre*), ist wohl nur eine Verstümmelung einer Form mit verdoppeltem *ava-*

lic. Mit eben diesem *avalic* zusammenhangend ist *mam-pi-varingh*, umwerfen, *renverser*, *mi-varing*, stolpern, straucheln, *trébucher* (Flac.). *Mam-pi-hafats*, zusammenberufen (Flac.); von *mi-hafatz*, schreien (Chall.), also: zusammenschreien lassen. *Mam-pi-nat*, läutern, fein machen, aber auch: betrügen (Flac. *affiner, tromper*), *fi-nai*, Betrügerei. Vom Läutern der Metalle insbesondre gilt *man-pi-soüa*, von *soua*, gut, schön. *Mami-pi-tondre*, von einem Ort zum andren bringen lassen, *transporter*; *mi-tondra*, bringen (Luc. 5, 18.). *Mam-pi-torou*, *man-pi-tourou*, zeigen, eig. machen, dafs man sich auf etwas (achtsam) hinwende; *mi-toulic* ist: sich wenden, drehen, daher vom Hindrehen das Participial-Nomen *mi-touli*, auch *toulic*, der Blick, *regard* (Flac. *Voc.* und *pet. rec. p.* 13.), *ma-noric*, transitiv: drehen, wenden. *Mam-pi-tsanghan*, etwas in die Höhe richten (Flac.), *mi-tsangana*, sich aufrichten, aufstehen (Matth. 2, 13.). *Mam-pi-tsara*, umgestalten, *transfigurer* (Flac.), von *tsara*, Gestalt, *figure* (bei Flac.; sonst und bei Chap. und den Missionaren gut), *mi-tsara*, Figur machen, *figurer*. *Mam-pi-tsereche*, Rath geben, eig. denken, überlegen machen, von *tsereche*, Gedanke, doch auch allein von Rath gebraucht, *mi-tsereche*, denken, überlegen (Flac.). *Mam-pi-vili*, loskaufen, von *vili*, Kauf, Ankauf (Flac. *v. emplette*), *mi-vili*, kaufen, *fi-vili*, das Gekaufte; vom Loskaufen von Menschen sagt man (Flac. *v. rançonner*) *man-pi-vili-tengh*, wörtlich: loskaufen-Leib; denn das *tengh* ist Körper, bei Challan *teigne*, bei den Missionaren *teny* (Joh. 2, 21.), vielleicht aber heifst es hier sich selbst, wie in *man-pi-tourou-teinghe*, sich zeigen (Flac.). Als Loskauf wird auch einfach *vili-tengh* (Flac.) gebraucht. *Mam-pi-zara*, theilen machen, von *zara*, Theil, *mi-dzara*, theilen, *fi-dzara*, Theilung (Flac.). *Man-pi-efa*, den Frieden herbeiführen (Flac. *v. procurer la paix*), von *fi-efah*, Friede, *man-hefa*, Frieden stiften, vereinigen. *Man-pi-trousse*, verpachten, pachten, eig. machen, dafs man schuldig wird (Flac. *v. affermer, tenir ferme*), von *trousse*, *fi-trousse*, Schuld, *mi-trousse*, schuldig sein. *Man-pi-herese*, befestigen, von *here*, Stärke (Flac.). *Man-pi-raits*, vergleichen (Flac. *v. accomparer*), von *traiche*, eins, Einheit, also eig. verbinden. *Man-pi-sahada*, beweisen, von *sahada*, Beweis (Flac.). *Man-pi-non*, tränken, von *mi-non*, trinken, *hi-non*, Getränk (Flac.). Hiermit ganz nahe verwandt ist *man-pi-nono*, säugen, *mi-nono*, saugen, von *nono*, weibliche Brust (Flac. *Voc. pet. rec. p.* 17.). *Man-pi-voulanh*, dollmetschen, auslegen, gleichsam sprechen machen, von *voulanh*, Wort, *mi-voulanh*, sprechen, *fi-voulanh*, sprechend (Flac. *v. parlant*). Dieselbe Bedeutung des Dollmetschens hat auch *man-pi-tochi*, eig. errathen machen, von *mi-tochi*, errathen (Flac.).

241. Verbindung von *maha* und *fan*. *Maha-ha-nompo*. S. nr. 226.

242. Verbindung von *maha* und *fi*. *Maha-fi-conga*, entkleiden, nackt gehen machen, von *conga*, Nacktheit, *mi-conga*, nackt gehen.

243. Verbindung von *mi* und *fan*. *Mi-fan-toche*, *mi-han-toche*, benachrichtigen, warnen, *avertir*, von *han-toche*, Anzeige, Warnung (Flac.). Die Hinzufügung des intransitiven *mi* ist sonderbar, da *man-toche*, das ich aber nur in *ma-man-toc* bei Flac. finde, dasselbe und natürlicher allein sagen würde.

244. Verbindung von *mi* und *fa*. *Mi-ha-zaza*, sich verjüngen, von *zaza*, Kind (Flac.). *Mi-ha-tsara*, in Frieden leben, von *tsara*, gut (Chall.).

245. Aus den hier aufgeführten Verben mit doppelter Präfigirung werden, durch Verwandlung des Anfangs-*m* in *f* (s. ob. nr. 195.), wieder Nomina, in welchen sich also zwei Nominal- oder passive Präfixe mit einander verbinden. Beisp. *fam-pi-non*, die Tränke, von *mam-pi-non*, dasjenige, was trinken macht; *fam-pi-vili*, Loskauf; *fang-hi-lala*, das Eingesehene, Gewufste, von *man-hi-lala* (Flac.).

Über den

Zusammenhang der Schrift mit der Sprache (*).

Einleitung.

Es giebt bei der Betrachtung des Menschengeschlechts zwei Gegenstände, auf welche alle einzelnen Forschungen, als auf den letzten und wichtigsten Punkt, hinausgehen, die Verbreitung und die Steigerung der geistigen Entwicklung. Beide stehen zwar in nothwendigem Zusammenhang, aber nehmen nicht durchaus denselben Weg, und halten nicht immer gleichen Schritt, da es Zeiten gegeben hat, wo die Erkenntniſs an Einem Punkte eine ungewöhnliche Höhe erreichte, andere, wo sie, wenig über das schon Errungene hinausgehend, sich allgemeiner vertheilte. Das Letztere begann erst mit Alexanders des Groſsen Eroberungen, gewann Bestand durch die Erweiterung des Römischen Reichs, gehört aber im vollsten Maaſse nur der neueren Zeit an. Das Erstere ist gewiſs dieser nicht fremd, setzt uns aber im Alterthum mehr in Erstaunen, da ein plötzliches Licht aus tiefem Dunkel hervorbricht. Beide erregen auch weder an sich, noch überall den gleichen Antheil. Die Höhe, zu welcher Nachdenken, Wissenschaft und Kunst emporsteigen, die Stufe der Vollkommenheit, welche die von ihnen abhängigen menschlichen Werke und Einrichtungen erreichen, sprechen die bloſs nachdenkende Forschung, die dadurch den Umfang des menschlichen Geistes auszumessen sucht, und nicht in dem Kreise örtlichen Strebens befangen bleibt, mehr an, als die, immer zufälligere Mittheilung.

Dagegen weckt diese, der Einfluſs klarer und bestimmter Ideenentwicklung, geläuterter Empfindung, mit Schönheitssinn verbundener Kunstfertigkeit auf das häusliche und öffentliche Leben, einzelne und Gesammteinrichtungen, Gewerbe und Beschäftigungen, stärker das Mitgefühl und die

(*) Gelesen am 20. Mai 1824 in der Königl. Akad. d. Wissenschaften zu Berlin.

1

im Leben wirksame Thätigkeit, als näher verbunden mit dem Wohlstand, der Sittlichkeit und dem Glücke des Menschengeschlechts. Diese Verschiedenheit der Ansicht kann aber nie zu wahrem Gegensatz ausarten, da es unmöglich ist, zu verkennen, wie auch die bloſse Verbreitung des schon in der Erkenntniſs Errungenen dazu beiträgt, von da aus höhere Punkte zu gewinnen.

Der Wachsthum in geistiger Bildung ist zwar dem Menschen natürlich, da gerade in der Fähigkeit zu dieser Vervollkommnung, und in der Erzeugung des Begriffs aus sinnlichem Stoff das Unterscheidende seiner Natur liegt. Aber er ist in sich schwierig, wird oft auch von auſsen gehemmt, und nimmt daher einen verwickelten, nur in wenigen Punkten leicht aufzuspürenden Weg.

Zuerst muſs das geistige Streben im Einzelnen erwachen, und zur Reife gedeihen; und die Gesetze, nach welchen dies geschieht, könnte man die Physiologie des Geistes nennen. Ähnliche Gesetze muſs es auch für eine ganze Nation geben. Denn der Erklärung gewisser Erscheinungen, zu denen ganz vorzugsweise die Sprache gehört, läſst sich auch nicht einmal nahe kommen, wenn man nicht, auſser der Natur und dem Zusammentreten Einzelner, auch noch das Nationelle in Anschlag bringt, dessen Einwirkung durch gemeinschaftliches Leben und gemeinschaftliche Abstammung zwar zum Theil bezeichnet, allein gewiſs weder erschöpft, noch in ihrer wahren Beschaffenheit dargestellt wird. Die Nation ist Ein Wesen sowohl, als der Einzelne. Die Verbindung beider durch gemeinsame Anlage wird in sich schwerlich je enträthselt werden können; allein ihre Einwirkung fällt da in die Augen, wo das Nationelle, wie bei der Erzeugung der Sprache, ohne Bewuſstsein der Einzelnen, thätig ist. Auf diesem Durchbruchspunkt der Geistigkeit in den Einzelnen und den Völkern tritt nun das Streben derselben in die Reihe der übrigen geschichtlichen Erscheinungen, wächst an Stärke, oder Ausdehnung, erfährt Hindernisse, besiegt dieselben, oder erliegt ihnen, gewinnt oder verliert an Kraft, bildet und empfängt ihr Schicksal durch sich selbst, und unter der Herrschaft der leitenden Ideen, welchen alle Weltbegebenheiten untergeordnet sind. Von da an ist daher die Aufspürung des Bildungsganges das Werk der Geschichte, da dieselbe bis zu jenem Punkt mehr dem philosophischen Nachdenken und der Naturkunde des Geistigen angehört.

Das Studium der verschiedenen Sprachen des Erdbodens verfehlt seine Bestimmung, wenn es nicht immer den Gang der geistigen Bildung im Auge behält, und darin seinen eigentlichen Zweck sucht. Die mühevolle Sichtung der kleinsten Elemente und ihrer Verschiedenheiten, welche unerlaſslich ist zu dem Erkennen der auf die Ideenentwicklung einwirkenden Eigenthümlichkeit der ganzen Sprache, wird, ohne jene Rücksicht, kleinlich, und sinkt zu einer Befriedigung der bloſsen Neugier herab. Auch kann das Studium der Sprachen nicht von dem ihrer Litteraturen getrennt werden, da in Grammatik und Wörterbuch nur ihr todtes Gerippe, ihr lebendiger Bau aber nur in ihren Werken sichtbar ist.

Das Sprachstudium verfolgt aber den Bildungsgang der Völker aus seinem besonderen Standpunkt; und in dieser Rücksicht bildet die Einführung der Schrift einen der wichtigsten Abschnitte in demselben. Sie wirkt nicht bloſs auf die Sicherung und Verbreitung der gemachten Fortschritte, sondern befördert sie selbst, und steigert den Grad der erreichbaren Vollkommenheit, weshalb es mir zweckmäſsig schien, gleich im Anfang dieser Untersuchung auf diese doppelte Richtung aufmerksam zu machen. Es kann zwar scheinen, als wirkte die Schrift mehr auf die Erkenntniſs selbst, als auf die Sprache; allein wir werden sehen, daſs sie auch mit der letzteren in unmittelbarem Zusammenhange steht. Erkenntniſs und Sprache wirken dergestalt wechselweise auf einander, daſs, wenn von einem Einfluſs auf die eine die Rede ist, die andere nie davon ausgeschlossen werden kann.

Bei dieser groſsen Bedeutsamkeit der Schrift für die Sprache, habe ich es für nicht unwichtig gehalten, dem Zusammenhange beider eine eigne Untersuchung zu widmen, die zwar vorzüglich durch Prüfung der verschiedenen Schriftarten und der sie begleitenden Sprachen, zugleich aber auch, da die Thatsachen allein hier nicht auszureichen vermögen, aus Ideen geführt werden muſs. Auf diesem Wege wird es auch unvermeidlich sein, einige geschichtliche Punkte gerade aus den dunkelsten Zeiträumen zu berühren. Denn es ist gewiſs eine merkwürdige, und hier die genaueste Beleuchtung verdienende Erscheinung, daſs wahre Bilderschrift allein in Ägypten einheimisch war, und die nächst vollkommne, nach ihr, unter den Aztekischen Völkern in Mexico, daſs die Figurenschrift sich auf den Osten Asiens beschränkt, und ein schwaches Analogon in den Peruanischen Knotenschnüren vorhanden war, daſs es in dem übrigen Asien seit den ältesten Zei-

1*

ten mehrere Buchstabenschriften gab, und dafs Europa ursprünglich gar keine Schrift besafs, aber sehr früh gerade diejenige empfing und bewundernswürdig benutzte, welche die Fortschritte der Sprache und die Ideenentwicklung am meisten befördert.

Unter Schrift im engsten Sinne kann man nur Zeichen verstehen, welche bestimmte Wörter in bestimmter Folge andeuten. Nur eine solche kann wirklich gelesen werden. Schrift im weitläuftigsten Verstande ist dagegen Mittheilung bloſser Gedanken, die durch Laute geschieht.

Zwischen diesen beiden Bedeutungen liegt eine unbestimmbare Menge von andren in der Mitte, je nachdem der Gebrauch die Beschaffenheit der einzelnen Zeichen mehr oder weniger an eine bestimmte Reihe bestimmter Wörter, oder auch nur Gedanken bindet, und mithin die Entzifferung sich mehr oder weniger dem wirklichen Ablesen nähert.

Gegen die obige Bestimmung des Begriffs der Schrift könnte man einwenden, dafs sie auch die Geberde in sich schliefst, und man doch immer Geberdensprache, nie Geberdenschrift sagt. Allein in der That ist die von Lauten entblöſste Geberde eine Gattung der Schrift. Nur gehen die Begriffe von Schrift und Sprache sehr natürlich in einander über. Jede Schrift, welche Begriffe bezeichnet, wird, wie schon öfter bemerkt worden ist, dadurch zu einer Art von Sprache. Sprache dagegen wird oft auch, obgleich immer uneigentlich, von einer Gedankenmittheilung, ohne Laute, gebraucht. Der Sprachgebrauch konnte überdies den in unmittelbarer Lebendigkeit vom Menschen zum Menschen übergehenden Geberdenausdruck unmöglich mit der todten Schrift zusammenstellen.

Wollte man jede Mittheilung von Gedanken Sprache, und nur die von Worten Schrift nennen, so hätte dies zwar auf den ersten Anblick etwas für sich, brächte aber in die gegenwärtige Materie groſse Verwirrung, und stieſse noch viel mehr gegen den Sprachgebrauch an. Denn man müſste dieselbe Schriftart, z. B. die Hieroglyphen, zugleich zur Sprache und zur Schrift rechnen, je nachdem sie in unvollkommenem Zustande Gedanken, oder im ausgebildetsten Worte anzeigte. Es ist daher richtiger und genauer, Sprache bloſs auf die Bezeichnung der Gedanken durch Laute zu beschränken, und unter Schrift jede andere Bezeichnungsart der Gedanken, so wie die der Laute selbst, zusammenzufassen. Es braucht übrigens kaum bemerkt zu werden, dafs auch da, wo die Schrift Gedanken bezeichnet, ihr in dem Sinne dessen, von dem sie ausgeht, doch immer einigermafsen bestimmte Worte in einigermafsen bestimmter Folge zum Grunde liegen. Denn die Schrift, auch da, wo sie sich noch am wenigsten vom Bilde unterscheidet, ist doch immer nur Bezeichnung des schon durch die Sprache geformten Gedanken. Die einzelne Geberde, die sich, als Schriftzeichen betrachtet, am meisten hiervon zu entfernen scheint, entspricht doch der Interjection. Der Unterschied zwischen verschiedenen Schriftarten liegt nur in der gröfseren oder geringeren Bestimmtheit der ihnen ursprünglich mitgetheilten Gedankenform, und in dem Grade der Treue, mit welcher sie dieselbe auf dem Wege der Mittheilung zu bewahren im Stande sind.

Daher ist Schrift ursprünglich immer Bezeichnung der Sprache, nur nicht immer für den Entziffernden, der ihr oft eine andere Sprache, oder andere Worte derselben unterlegen kann, und nicht immer in gleichem Grade der Bestimmtheit von Seiten des Schreibenden.

Die Wirkung der Schrift ist, dafs sie den, sonst nur durch Überlieferung zu erhaltenden Gedanken, ohne menschliche Dazwischenkunft, für entfernte oder künftige Entzifferung aufbewahrt, und die allgemeinste Folge hieraus für die Sprache, dafs durch die erleichterte Vergleichung des in verschiedenen Zeiten Gesagten, oder in Worten Gedachten nun erst Nachdenken über die Sprache und Bearbeitung derselben eigentlich möglich werden.

Wo die Schrift in häufigeren Gebrauch kommt, tritt sie auch im Reden und Denken nothwendig in Verbindung mit der Sprache, theils nach den Gesetzen der Verbindung verwandter Ideen, theils bei tausendfachen Veranlassungen, die eine auf die andere zu beziehen. Die Bedürfnisse, Schranken, Vorzüge, Eigenthümlichkeiten beider wirken daher auf einander ein. Veränderungen in der Schrift führen zu Veränderungen in der Sprache; und obgleich man eigentlich so schreibt, weil man so spricht, findet es sich doch auch, dafs man so spricht, weil man so schreibt.

Aus jener allgemeinen Wirkung der Schrift und dieser Ideenverknüpfung müssen sich alle einzelnen Einflüsse herleiten lassen, welche sie auf die Sprache ausübt, die aber erst bei der Betrachtung der einzelnen Schriftarten geprüft werden können. Die Macht dieser Einflüsse scheint, dem ersten Anblicke nach zu urtheilen, nur gering sein zu können. Denn da die meisten Nationen die Schrift erst spät zu empfangen pflegen, so hat ihre Sprache dann meistentheils schon eine Festigkeit des Baues angenommen, die keinen bedeutenden Änderungen mehr Raum giebt. Bei mehreren geht schon ein Theil ihrer Litteratur der Einführung der Schrift voraus; und man kann sogar annehmen, daſs dies bei allen der Fall ist, welche zu höherer geistiger Bildung Anlage haben. Es dauert lange, ehe die, auch schon bekannte Schrift in allgemeineren Gebrauch kommt; und ein groſser Theil jeder Nation bleibt der Schrift ganz, oder doch gröſstentheils fremd. Durch alle diese vereinten Umstände entzieht sich also die Sprache der Einwirkung, welche die Schrift auf sie ausüben könnte. Nun ist zwar keine Sprache von so festgegliedertem Bau, daſs nicht noch Veränderungen vieler Art in ihr vorgehen sollten; gerade der kleinere Theil der Nation, welcher sich vorzugsweise der Schrift bedient, ist auf den übrigen gröſseren, auch in Beziehung auf die Sprache, von unverkennbar bildendem Einfluſs. Allein dennoch mag es in jeder Sprache nur wenige, und gerade nicht die bedeutendsten Veränderungen geben, von denen sich mit Bestimmtheit nachweisen läſst, daſs sie durch bestimmte Eigenthümlichkeiten der Schrift entstanden sind.

Dagegen ist ein anderer Einfluſs der Schrift auf die Sprache unläugbar von der gröſsten Wirksamkeit, wenn er sich auch nur mehr im Ganzen erkennen läſst, nämlich der, welchen die Sprache dadurch erfährt, daſs überhaupt für sie eine Schrift, und eine die Ideenentwicklung wahrhaft fördernde vorhanden ist. Denn wenn die Nation nur irgend Sinn für die Form der Sprache besitzt, so weckt und nährt diesen die Schrift, und es entstehen nun nach ihrer Einführung, und durch sie diejenigen Umbildungen der Sprache, die, indem sie den mehr in die Augen fallenden grammatischen und lexicalischen Bau unverändert lassen, durch feinere Veränderungen die Sprache doch zu einer ganz verschiedenen machen.

Auf diesem Wege entsteht die höhere Prosa, wie schon sonst scharfsinnig bemerkt worden ist, daſs das Entstehen der Prosa den Zeitpunkt anzeigt, in welchem die Schrift in den Gebrauch des täglichen Lebens trat [1].

Man muſs aber auch die Einwirkung der Sprache auf die Schrift in Anschlag bringen; und dadurch wird man auf einen viel tieferen Zusam-

---

[1] Wolf. *Prolegomena ad Homerum.* LXX-LXXIII. *Scripturam tentare et communi usui aptare plane idem videtur fuisse, atque prosam tentare, et in ea excolenda se ponere.*

menhang beider, und in Zeiten zurückgeführt, in welchen von schon erfundener Schrift noch gar nicht die Rede ist.

Es kann nämlich schwerlich geläugnet werden, dafs die **Eigenthümlichkeit der Sprachen** in Vorzügen oder Mängeln gröfstentheils von dem Grade der **Sprachanlagen der Nationen**, und den fördernden, oder hindernden Umständen, die auf sie einwirken, abhängt. Ich habe zu einer andren Zeit in dieser Versammlung zu zeigen versucht, dafs man daraus den bestimmteren und klareren grammatischen Bau einiger Sprachen herzuleiten hat, und dafs es irrig sein würde, zu glauben, dafs alle einen gleichen Gang der Vervollkommnung, ohne jenen Einflufs der Nationaleigenthümlichkeit, genommen haben. Dies ist nun auch für die **Schrift** nicht gleichgültig. Denn da diese sich am meisten der Vollkommenheit nähert, wenn sie die Wörter und ihre Folge in eben der Ordnung und Bestimmtheit wiedergiebt, in welcher sie gesprochen werden, so mufs der Sinn einer Nation in dem Grade mehr auf sie gerichtet sein, in dem es ihr darauf ankommt, nicht blofs, wie es immer sei, den Gedanken auszudrücken, sondern dies auf eine Weise zu thun, in welcher die **Form** sich, neben dem **Inhalt**, Geltung verschafft. Mit diesem Sinne versehen, wird ein Volk, wenn man auch nicht von der in undurchdringliches Dunkel gehüllten Erfindung reden will, die ihm dargebotene eifriger ergreifen, zweckmäfsiger für die Sprache benutzen, auf den Gebrauch solcher Schriftarten, die der Ideenentwicklung wenig förderlich sind, nicht gerathen, ihre Spur nicht verfolgen, oder sie zu einer vollkommneren umformen. Die **Wirkung des Geistes** wird also **gleichartig sein auf Sprache und Schrift**, sie wird auf die Erlangung und Wahl der letzteren Einflufs haben, und **vollkommnere Sprachen** werden von **vollkommnerer Schrift**, und umgekehrt, begleitet sein.

Zwar ist es hier, wie überall in der Weltgeschichte: die reine und natürliche Wirksamkeit der schaffenden Kräfte nach ihrer innren Natur wird durch äufsere, zufällig scheinende Begebenheiten unterbrochen und verändert. Die Einführung einer unvollkommenen Schriftart kann eine vollkommnere Sprache, die einer vollkommneren eine unvollkommnere treffen; obgleich ich am Ersteren beinahe zweifeln möchte, da der richtige und kräftige Sprachsinn einer Nation eine mangelhafte Schrift vermuthlich zurückstofsen würde. Indefs darf, dieser Unterbrechungen ungeachtet, die Betrachtung des reinen Wirkens der Dinge nicht aus den Augen gelassen werden; jede geschichtliche Untersuchung kann vielmehr nur dann gelingen, wenn sie von dieser Grundlage ausgeht. Auch wird niemand den Einfluſs abzuläugnen vermögen, den eine Schrift in dem Gebrauche mehrerer Jahrhunderte insofern auf den Geist, und dadurch mittelbar auf die Sprache ausübt, als sie mehr, oder weniger Gleichartigkeit mit dieser besitzt; und zwar kommt es dabei auf eine doppelte Gleichartigkeit an, auf die mit der Sprache in ihrem vollkommensten Begriff, und auf die mit der besonderen Sprache, mit welcher die Schrift in Verbindung tritt. Nach Maaſsgabe dieser verschiedenen Fälle müssen auch verschiedene Bildungsverhältnisse entstehen.

Ohne nun die zuerst erwähnte Einwirkung auszuschlieſsen, welche die erfundene, oder eingeführte Schrift auf eine vorher mit keiner versehene Sprache ausübt, ist es doch vorzugsweise meine Absicht, in der gegenwärtigen Abhandlung von dem zuletzt geschilderten innern, in der Anlage des spracherfindenden Geistes gegründeten Zusammenhange der Sprache und Schrift zu reden. Ich habe mich im Vorigen begnügt, diesen nur im Ganzen anzugeben, und mich sowohl der Ausführung des Einzelnen, als der Belegung mit Beispielen, enthalten, weil beides nur bei der Betrachtung der einzelnen Schriftarten genügend geschehen kann. Ich wünsche überhaupt nicht, daſs man das Obige für entschiedene Behauptungen halten möge, da solche fester begründet sein müſsten. Es ist nichts anderes, als, was sich aus der bloſsen Vergleichung der reinen Begriffe der Sprache, der Schrift und des menschlichen Geistes ergiebt. Es kommt nun erst darauf an, es mit der geschichtlichen Prüfung der Thatsachen zusammenzuhalten, und, wenn diese verschiedenartig ausfallen sollte, zu sehen, worin der Grund dieser Verschiedenheit liegen kann.

Wohin aber auch die Untersuchung führen möge, so kann es nie unwichtig sein, von den merkwürdigsten Völkern, die sich der verschiedenen Schriftarten seit den frühesten Jahrhunderten bedient haben, Sprache, Schrift und Bildungszustand mit einander zu vergleichen, und auch die Betrachtung der Sprachen, und des geistigen Zustandes derer daran zu knüpfen, bei welchen man keine Spur irgend wahrer Schrift angetroffen hat. Sollte es auch miſslingen, dadurch über die Erfindung und Wanderung der Schriftarten helleres Licht zu verbreiten, so muſs doch die Natur der Sprache und der Schrift klarer werden, wenn man gezwungen ist, nach einem gemeinschaftlichen Maaſsstabe ihrer Vorzüge und Mängel, und deren

Einfluſs auf die Entwicklung und den Ausdruck der Gedanken zu forschen.

Diesen Weg werde ich nun in diesen Blättern verfolgen, nach einander von der Bilder-, Figuren-, und Buchstabenschrift, und der Entbehrung aller Schrift handeln. Vorher aber wird es nothwendig sein, einige Worte über diese verschiedenen Schriftarten im Allgemeinen zu sagen.

Alle Schrift beruht entweder auf der wirklichen Darstellung des bezeichneten Gegenstandes, oder darauf, daſs die Erinnerung an denselben durch ein mehr, oder weniger künstliches System an den Schriftzug geknüpft wird. Sie ist Bilder-, oder Zeichenschrift. Ihre Grundlagen sind also entweder die, allen Nationen beiwohnende, Neigung zur bildlichen Darstellung, welche nach und nach zur Kunst aufsteigt, oder das Bemühen, dem Gedächtniſs eine Hülfe, und dem Entziffern eine Anleitung zu geben, womit die bei den Alten vielfach, bei uns neuerlich sehr kleinlich und spielend bearbeitete Mnemonik, und die Zifferkunst zusammenhängt. Die Anfänge der Bilder- und Zeichensprache fallen daher mit Gemälden und rohen Gedächtniſshülfen, wie z. B. die Kerbstöcke sind, zusammen, und sind oft schwer davon zu unterscheiden. Die Bilder- und Zeichenschrift können Gegenstände, Begriffe und Laute angeben. Wo aber die erstere zur Tonbezeichnung dient, wird sie zur Zeichenschrift. Sie nähert sich dieser auch dann, und kann ganz in dieselbe übergehen, wenn die bildliche Gestalt so verzerrt, oder den Bildern eine so entfernte und gesuchte Bedeutung untergelegt wird, daſs nicht mehr das Auge den bezeichneten Gegenstand dargestellt erkennt, sondern Gedächtniſs und Verstand ihn aufzusuchen genöthigt sind.

Die Schrift stellt hiernach entweder Begriffe, oder Töne dar, ist Ideen-, oder Lautschrift.

Zu jener gehört in der Regel Bilder-, und ein Theil der Zeichenschrift. Alle Ideenschrift ist natürlich eine wahre Pasigraphie, und kann in allen Sprachen gelesen werden. Für die Nation aber, die sich ihrer täglich bedient, kommt sie zum Theil einer Lautschrift gleich, da diese jeden gehörig bestimmten Begriff doch auch mit einem bestimmten Worte bezeichnet. Hierin liegt nun ein merkwürdiger Unterschied der Bilder-, und der Chinesischen Figurenschrift. Die Bilderschrift kann den Eindruck einer Lautschrift niemals rein und ganz hervorbringen, da auch der Roheste

2

durch das Bild auf eine von dem Ton durchaus verschiedene Weise an einen bezeichneten Gegenstand selbst erinnert wird. Bei der Chinesischen Figurenschrift aber wäre dies insofern möglich, als jemand, wenig oder gar nicht mit dem Systeme bekannt, nur mechanisch gelernt hätte, dafs gewisse Figuren gewisse Wörter bezeichnen.

Die Lautschrift kann Buchstabenschrift, oder Sylbenschrift sein, obgleich dieser Unterschied sehr wenig wichtig ist. Fruchtbarer für die gegenwärtige Untersuchung ist es, daran zu erinnern, dafs es auch eine Wortschrift geben könnte, und dafs eigentlich jede vollkommene Ideenschrift eine Wortschrift sein mufs, da sie den Begriff in seiner genauesten Individualisirung, die er nur im Worte findet, auffassen mufs.

Ich habe bei dieser Eintheilung der Schriftarten vorzüglich dahin gesehen, die Punkte bemerklich zu machen, in welchen die Art der Verbindung vorleuchtet, in der sie mit den verschiedenen Geistesanlagen stehen. Auch würde die gewöhnliche Eintheilung in Hieroglyphen-, Figuren-, und Buchstabenschrift nicht alles, z. B. nicht die Knotenschnüre umfassen, die aber, zugleich als Zeichen- und Ideenschrift, unmittelbar ihre richtige Stellung erhalten. Der Ausdruck Figurenschrift ist bisher, soviel ich weifs, nicht gebraucht worden; er scheint mir aber passend, da die Chinesischen Schriftzeichen wirklich mathematischen Figuren gleichen, und alle Züge, die nicht Bilder sind, kaum einen andren Namen führen können. Bezeichnet man die Chinesische Schrift mit dem Ausdruck einer Begriffs- oder Ideenschrift, so ist dies zwar richtig, insofern man darunter versteht, dafs dem Zeichen nichts, als der Begriff, folglich nicht das Bild, zum Grunde liegt. Gewöhnlich aber nimmt man dieses Wort so, dafs die Zeichen nicht Laute, sondern Begriffe bezeichnen; und dann unterscheidet der Name nicht mehr diese Schrift von den Hieroglyphen, die sich, wenigstens zum Theil, in dem gleichen Falle befinden.

Von der Bilderschrift.

Die einfachste und natürlichste Mittheilung der Gedanken vor Entstehung der Schrift ist die durch Gemälde, wirkliche Darstellung des Vergangenen. Nennt man diese Hieroglyphenschrift, so wird es kaum eine so rohe Nation geben, bei der man sie nicht angetroffen hätte. Sie fehlt alsdann wohl nur denen, von deren rohestem Zustand man keine geschichtliche Kunde besitzt.

Der zweite, sich der Sprache mehr nähernde Grad ist das symbolische Gemälde, welches die Gestalten durch einzelne ihrer Theile, und unkörperliche Begriffe durch Bilder bezeichnet.

Zur Schrift werden diese Darstellungen eigentlich erst, wenn sie, wie oben bemerkt, eine Rede in ihrer Folge bestimmt darzustellen im Stande sind; allein auch ehe sie dahin gelangen, verdienen sie diesen Namen schon durch die mit ihnen verbundene Absicht der Gedankenmittheilung. Diese sondert sie gleich von der Kunst ab; und der Grad, in dem sie erreicht wird, bestimmt den Grad der Vollkommenheit der Schrift.

Das geschichtliche und symbolische Gemälde unterliegt sehr häufig einer gewissen Zweideutigkeit. Schon im Alterthum, wie Diodor (1) von einem Basrelief erzählt, von dem noch heute ein ähnlicher vorhanden ist, war man zweifelhaft, ob ein Löwe, der dem Osymandyas zur Seite stritt, einen wirklichen abgerichteten Löwen, oder figürlich den Muth des Königs bezeichnen sollte, so wie dies Thier sonst wohl den Abbildungen der Könige, mit andren Symbolen, zur Seite steht (2). In der Nähe dieser Vorstellung war, nach Diodor (3), eine andre, von Gefangenen, denen, um ihre Feigheit und Unmännlichkeit anzudeuten, die Hände und Zeugungstheile fehlten. Auf dem merkwürdigen grofsen geschichtlichen Basrelief am Peristyl des Pallastes in Medinet-Abou legen Krieger, die Gefangene führen, vor einen Sieger Hände und Zeugungsglieder nieder, und sie werden gezählt und aufgeschrieben (4). Die Herren Jollois und Devilliers erklären

---

(1) I. 48.

(2) *Descript. de l'Égypte. Ant. Planches. T.* 2. *pl.* 11.* Text. *Descriptions. T.* 1. *Chap.* 9. *p.* 47. Ich bemerke hier ein für allemal, dafs ich die Kupfertafeln im gröfsten Format, zur Bequemlichkeit des Aufsuchens, da sie nicht mit den andren zusammengebunden werden können, mit einem Sternchen bezeichne.

(3) I. 48.

(4) *Descript. de l'Égypte. Ant. Planches. T.* 2. *pl.* 12. Text. *Descriptions. T.* 1. *Chap.* 9. *p.* 41. 42. 148. Bei Hamilton, *remarks on several parts of Turkey. pl.* 8. sind, aufser den Händen, auch Köpfe und Füfse gezeichnet, und im Text (*l. c. p.* 145.) heifst es *heaps of hands, and other limbs.* Die blofse Ansicht der beiden Kupfertafeln entscheidet für die Genauigkeit der Französischen. Sollte aber die Originalvorstellung durch die Zeit undeutlich genug geworden

2*

dies (¹) von den Gliedmafsen, die man den in der Schlacht Gebliebenen abgehauen hätte, und deren Zahl nun bestimmt und aufgeschrieben würde; und diese Erklärung gewinnt dadurch sehr an Wahrscheinlichkeit, dafs ganz ähnliche Verstümmlungen von Gefangenen sowohl, als Gebliebenen, noch jetzt in einigen Theilen Afrika's im Gebrauch (²) sind. Wenn aber an der angeführten Stelle Diodor und seine Gewährsmänner beschuldigt werden, die von ihnen auf die Gefangenen gedeuteten Vorstellungen flüchtig angesehen zu haben, da so verstümmelte Gefangene sich nicht hätten dem Könige vorführen lassen können, und wenn dem Diodor die Behauptung aufgebürdet wird (³), dafs die Ägyptier ihre Gefangnen so grausam behandelt hätten, so ist das Letztere unrichtig und das Erstere zu weit gegangen. Diodor spricht offenbar von einer symbolischen Darstellung und Bedeutung der Verstümmelung. Er hatte gewifs kein Bild, wie das in Medinet-Abou, konnte aber doch eines vor Augen haben, wo den vorgestellten Gefangenen diese Theile fehlten, wenn auch jetzt kein solches mehr sollte gefunden werden (⁴).

---

sein, um nur einen solchen Irrthum möglich zu machen? Hamilton bezieht die Verstümmlungen auf die Gefangenen. Vergl. hierüber Champollion. *Système hiéroglyphique. p.* 274. 275.

(¹) *Descript. de l'Égypte.* Text. *Ant. Descriptions. T.* 1. *Chap.* 9. *p.* 130. und 148.

(²) Salt. *Voyage to Abyssinia.* London. 1814. *p.* 292. 293. Burckhardt. *Travels in Nubia. p.* 331. *nt.**

(³) *l. c. p.* 42. *nt.* 2.

(⁴) Es scheint mir durchaus kein Grund vorhanden zu sein, Diodor's Glaubwürdigkeit in diesem Stück zu bezweifeln. Er beschreibt an derselben Stelle zwei Bildwerke. Von dem einen, wo der Löwe den König begleitet, findet sich noch heute ein ähnliches. *Descript. de l'Égypte. Ant.* Text. *Descriptions. T.* 1. *p.* 148. Hamilton. *Remarks on several parts of Turkey. P.* 1. *p.* 116. In der letzteren Stelle ist von einem Basrelief am Pallast von Louqsor, in der ersten von einem am sogenannten Memnonium (Grab des Osymandyas nach dem Französischen Werk) die Rede. Vorstellungen dieser Art wiederholen sich aber öfter. Immer zeigt der Umstand mit dem Löwen, dafs Diodor das eine Bildwerk richtig beschrieb. Warum soll nun die Schilderung des andren, an derselben Stelle gesehenen, falsch sein? Es ist richtig, dafs in der Nähe des von Hamilton beschriebenen Basreliefs eine Vorstellung von Gefangenen ist, denen keinesweges die Hände zu fehlen scheinen. Allein wenn auch nicht andre Umstände so für die Meinung der Französischen Erklärer sprächen, das Grab des Osymandyas nach dem sogenannten Memnonium zu versetzen, so würde dieser hinreichen. An der letzteren Stelle sind die Bildwerke der Wände, welche Diodor die zweite und dritte nennt, zerstört. Hamilton's Meinung, dafs Diodor von allen Nachrichten über jene Gebäude ein phantastisches Grabmal des Osymandyas (*l. c. p.* 113.) zusammengesetzt habe, scheint doch

Die Vergleichung der Stelle Diodor's mit dem angeführten Basrelief am Pallaste von Medinet-Abou (der Diodorische war am Grabmal des Osymandyas) und jener grausamen Afrikanischen Sitte beweist aber immer, wie zweifelhaft oft bei diesen Bildwerken die Wahl zwischen der eigentlichen und symbolischen Vorstellung bleiben mochte.

Diese Unvollkommenheit der symbolischen Vorstellungen müssen die Ägyptier früh gefühlt haben, da sie in Denkmälern, die bereits zu Herodot's [1] Zeiten zu den uralten gehörten, schon Bild, Symbol und Bilderschrift mit einander verbanden, den Eroberer, in seiner ganzen Gestalt und Bewaffnung gebildet, ein Zeugungsglied, die Gemüthsart des besiegten Volkes andeutend, und die heiligen Schriftzeichen [2]. Gerade ebenso finden wir es noch auf den bis auf unsre Zeit erhaltenen Denkmälern. Fast überall sind die wirklichen Bilder von Bilderschrift begleitet, die sich durch Kleinheit, Anordnung und Stellung als von ihnen ganz verschieden auszeichnet. Viel seltner ist die, unstreitig auch rohere Manier, wo die Hieroglyphe dem Bilde selbst beigesellt ist. So hält auf einem, schon im Vorigen erwähnten Denkmal der über dem Hauptbelden schwebende Falke Hie-

---

noch strengere Beweise zu verdienen. Doch giebt auch Hamilton Diodor's Genauigkeit in den einzelnen Schilderungen das günstigste Zeugniſs. *Yet there is scarcely*, sagt er, *any one circumstance, that he mentions, that may not be referred to one or other of the temples of Luxor, Carnack, Gournou, Medinet Abou, or the Tombs of the Kings among the mountains.* Damit stimmt eine so wesentlich falsche Schilderung eines Basreliefs nicht überein. Schlieſslich muſs ich darauf aufmerksam machen, daſs einige Theile der Gebäude in Medinet-Abou nach Hrn. Gau (Letronne. *Recherches pour servir etc. p.* XXIX. *nt.*) zur spätesten Periode gehören. Sollten dies aber auch die hier in Rede stehenden sein, so konnte man alte Bildwerke an neueren wiederholen. Nur fordert dieser Umstand immer die Vorsicht, Bildwerke, welche auch ganz solchen, die Diodor beschreibt, gleich scheinen, nicht darum gleich für dieselben jener Zeit zu halten.

(1) II. 102. 106. Diodorus Sic. I. 55.

(2) Daſs man unter diesen wirklich Hieroglyphen, und nicht die sogenannte enchorische Schrift zu verstehen habe, geht aus dem Anblick der noch heute vorhandenen Denkmäler, welche ganz dieselbe Einrichtung haben, hervor. Auch Zoëga, *de origine et usu obeliscorum.* 428-432., ist dieser Meinung, nur daſs sein Beweisgrund, daſs die enchorische Schrift nie auf Steinen eingegraben vorkomme, durch die Inschrift von Rosetta widerlegt ist. Warum er aber die von Herodot aufbewahrte Inschrift in Ionien nicht für hieroglyphisch hält? ist nicht abzusehen.

roglyphen in seinen Klauen, und in einem nicht abgebildeten Basrelief gehen Hieroglyphen aus dem Munde eines Belagerers (1).

Die meisten auf uns gekommenen Bilder enthalten symbolische Figuren, und grofsentheils eben solche Handlungen. Oft aber, wie bei den Festzügen, lagen die Symbole, z. B. die Thiermasken (2), schon in dem abgebildeten Gegenstand, so dafs das Symbolische in diesem und nicht in der Abbildung zu suchen ist. Es finden sich aber auch von allem symbolischen Zusatz freie Vorstellungen, theils geschichtlicher Handlungen (3), theils blofser Beschäftigungen (4), so wie eben solche, aber mit wenigen und einzelnen Symbolen, wie der schwebende Falke, oder einzelne Göttergestalten sind, verbundene (5).

Diese so entschiedene Absonderung der Bilderschrift von den Bildern scheint mir überaus merkwürdig. Es liegt in dem gewöhnlichen Entwicklungsgange des menschlichen Geistes, dafs ein Volk, auf demselben, einmal betretenen Wege fortschreitend, stufenweis Verbesserungen erreicht; und so konnte die symbolisirende, der Sprache nacheifernde Kunst immer klarer und bestimmter werden. Bei den Ägyptiern aber, sieht man, ist ein Zeitpunkt eingetreten, wo man einsah, dafs dieser fortschreitende Gang, da der Weg einmal nicht der rechte war, nie zur Schrift führen konnte, und hat einen neuen eingeschlagen. Die Hieroglyphenschrift wurde nun nicht eine verbesserte Bildnerei, sondern eine ganz neue Gattung, ein Übergang in ein ganz neues System. Es scheint mir dies ein Beweis mehr, dafs man den Ursprung grofser Erfindungen nicht blofs in stufenweisen Fortschritten suchen, und die plötzliche Entstehung ganz neuer und mächtig einwirkender

---

(1) *Descript. de l'Égypte. Ant. Planches. T.* 2. *pl.* 11.* Text. *Descriptions. T.* 1. *Chap.* 9. *p.* 48. 130.

(2) Dafs die thierköpfigen Figuren oft nur Masken sind, geht aus einigen Vorstellungen in der *Descript. de l'Égypte* deutlich hervor. Bei den Mexicanern findet sich dieselbe Sitte, nur dort zu kriegerischem Gebrauch, um sich dem Feinde furchtbarer zu machen. Diesem ganz ähnlich ist Diodor's (I. 18.) Erzählung von Anubis und Macedo, Osiris Begleitern, und von dem Kopfschmuck der Könige. *l. c. c.* 62. Vgl. Champollion. *Système hiéroglyphique. p.* 293.

(3) *Descript. de l'Égypte. Ant. Planches. T.* 3. *pl.* 38. nr. 32. *pl.* 40.

(4) *l. c. T.* 4. *pl.* 45. 65. 66.

(5) *l. c. T.* 2. *pl.* 10.* *T.* 3. *pl.* 32. nr. 4.

Gedanken ausschliefsen darf. Die Ägyptische Verwandlung der Bilder in Schrift konnte nicht vor sich gehen, ohne wirkliche Reflexion über die Natur der Sprache, oder ohne plötzlich erwachendes richtiges Gefühl derselben; sie war aber um so schwieriger, als man im Gebiete der Bilder blieb, und sich daher schwerer von den Fesseln losmachen konnte, womit jede Vorstellung durch Bilder, als der Sprache in vielfacher Beziehung gänzlich entgegengesetzt, den Geist befangen hält. Dennoch geschah die Trennung bei den Ägyptiern so fest und entschieden, dafs auch die bildliche Vorstellung fortfahren konnte zu symbolisiren, und nach ihrer Art zu erzählen, wie dies in den Ägyptischen Basreliefen wirklich der Fall ist, da sie in einem ganz andren Sinne zusammengesetzt sind, als die aus dem Griechischen Alterthum. Das Symbolische in ihnen liegt nicht immer in wirklichen symbolischen Gestalten, sondern oft nur in der Art der Stellungen und Handlungen gewöhnlicher. So sind die Menschengruppen, die ein Priester an den Haaren, wie im Begriff sie zu opfern, hält, bei denen das Symbolische schon zum Theil in der sich immer gleichen Menschenzahl von 30 gesucht wird (1). In einem ähnlichen, aber doch etwas verschiedenen Basrelief scheint die drohende Figur kein Priester, sondern ein Fürst zu sein. Es sind zwei Gruppen, eine von bärtigen Fremden, eine andre von Einheimischen, und der allegorische Sinn soll sein, dafs der Herrscher ebensowohl die äufseren, als die inneren Feinde zu züchtigen weifs (2). Auf einem andren Bildwerk verfolgt ein Held auf seinem Wagen zwei Löwen, deren einen er getödtet, den andren verwundet hat. Indem die Rosse immer den Löwen nacheilen, schiefst er, rückwärts gewendet, Pfeile auf einen mit Ägyptiern kämpfenden Feindeshaufen ab (3). Die Französischen Erklärer deuten diese Vorstellung mit vielem Scharfsinn, nach Diodor's (4) Erzählung, auf Sesostris Jugendaufenthalt in Arabien, wo er die Jagd übte, und die damals noch unbezähm-

---

(1) *Descript. de l'Égypte. Ant. Planches. T.* 1. *pl.* 15. Text. *Descriptions. T.* 1. *Chap.* 1. *p.* 25.

(2) *l. c. Chap.* 9. *p.* 30.

(3) So nach der Beschreibung; auf der Kupferplatte ficht er mit der Lanze. *Descript. de l'Égypte. Ant. Planches. T.* 2. *pl.* 9. Text. *Descriptions. T.* 1. *Chap.* 9. *p.* 53. 54. 60. Hamilton (*l. c. pl.* 8. *p.* 147.) giebt auch nur die Jagdscene, und erwähnt in seiner sehr flüchtigen Beschreibung nicht einmal der zurückgewandten Stellung des Helden.

(4) I. 55.

ten Bewohner bezwang. Sollte man aber nicht hinzusetzen können, dafs durch das Umwenden des Helden, und die sonderbare Verbindung von zwei, nach entgegengesetzten Seiten hin vorgehenden Handlungen symbolisch bezeichnet werden sollte, dafs Sesostris sich zu gleicher Zeit mit der Jagd und dem Kriege beschäftigte?

Indem auf diese Weise bei den Ägyptiern zwei Hieroglyphensysteme neben einander hinlaufen, von denen das eine, wie mein Bruder, bei Gelegenheit des Mexicanischen, treffend gezeigt hat ([1]), den Hieroglyphen viel roherer Völker ähnlich ist, wurde dieses in den Gränzen edlerer Kunst nicht blofs durch wirklich höheren Kunstsinn, sondern auch dadurch gehalten, dafs man nicht in der Nothwendigkeit war, die Schönheit der Deutlichkeit aufzuopfern, weil immer noch die Hieroglyphenschrift da war, die etwa gebliebenen Dunkelheiten aufzuklären. Es fielen daher in dem Bilder-Hieroglyphensystem alle Vorstellungen des Ganzen durch einen einzelnen Theil, die in dem Schrift-Hieroglyphensystem so häufig sind, hinweg; und ebenso die roheren Bezeichnungen, wie z. B. auf den Mexicanischen Bildern die Richtung der Bewegung der Personen durch Fufsstapfen angedeutet ist ([2]). Der Rang der Könige, Helden, Priester wurde bei den Mexicanern durch ihre Tracht angezeigt, was die Figuren mit Kleidung und Farben überlud ([3]). Der feinere Geschmack der Ägyptier liefs diese Personen vor den übrigen hervorragen ([4]), wodurch nicht blofs der Gestalt ihre Reinheit erhalten, sondern der Künstler in den Stand gesetzt wurde, sie noch vollkommner auszuführen. Diese Manier ging für die Götter-

([1]) A. v. Humboldt. *Vues des Cordillères et Monumens des peuples de l'Amérique. p.* 63-65. Ich werde dies für die erste Völkergeschichte, und die Verbindung der Asiatischen mit der Amerikanischen so ungemein wichtige Werk künftig, der Kürze wegen, blofs unter dem Titel: *Monumens* citiren.

([2]) Humboldt. *Monumens. p.* 55. *pl.* 59. nr. 6.

([3]) In Purchas *pilgrimes. p.* 1111. A-F. ist eine ganze Reihe von Abbildungen zu sehen, wo ein Priester, je nachdem er mehr Gefangene im Kriege machte, mit andrem Waffen- und Kleiderschmuck geziert ward. An diesen Auszeichnungen sind sie dann auf allen Vorstellungen zu erkennen. S. ferner Humboldt. *Monumens. pl.* 11.

([4]) *Descript. de l'Égypte. Ant.* Text. *Descriptions. T.* 1. *Chap.* 9. *p.* 55. *Planches. T.* 1. *pl.* 51.* *T.* 2. *pl.* 10.* 11.* und auf vielen andren. Vulcan's Zwerggestalt (Hirt, über die Gegenstände der Kunst bei den Ägyptiern. Abhandl. der Akad. d. Wissensch. in Berlin. Hist. philol. Classe. *p.* 115.) hat eine besondre Beziehung.

gestalten auf das Griechische Alterthum über; und Visconti bemerkt, ob er gleich der Ägyptischen Sitte dabei keine Erwähnung thut, sehr scharfsinnig, bei Gelegenheit eines der Basreliefs am Fries des Parthenons, dafs Phidias das Abstechende übermenschlicher Gestalten dadurch künstlerisch milderte, dafs er sie sitzend neben den vor ihnen stehenden Sterblichen darstellte (1). Dies geschah aber bei weitem nicht immer auf Griechischen Bildwerken dieser Art (2). Wenn auf einigen Mexicanischen Gemälden die Besiegten auch kleiner, als die Sieger, erscheinen, so kann dies leicht nur Folge fehlerhafter Zeichnung sein. Dagegen zeichnen sich vornehmere Personen neben dem Schmuck ihrer Kleidung häufig durch die Gröfse der Nasen aus (3).

Da die Ägyptische Kunst in den geschichtlichen und symbolischen Bildwerken immer ein eignes, vom Einflusse des Zwanges und der Flüchtigkeit der Schrift freies Feld behielt, so trifft die Ägyptier nicht die, sonst sehr wahre Bemerkung (4), dafs der Gebrauch der Hieroglyphen dem Fortschreiten der Kunst nachtheilig ist. Vielmehr ging der höhere Schönheitssinn von den Bildern auf die Bilderschrift über, die wir, wenige Fälle ausgenommen, mit einer Reinheit und Bestimmtheit der Züge ausgeführt finden, welche eine bewundernswürdige Richtigkeit des Auges und Sicherheit der Hand voraussetzt. Dies gilt nicht blofs von den in Stein gehauenen Hieroglyphen, sondern auch grofsentheils von den Papyrusrollen, auf denen es schon merkwürdig ist, dafs, ungeachtet der Kleinheit, jede Thiergattung deutlich zu erkennen ist (5). Unstreitig hatte aber die Gewohnheit, so viele Hieroglyphen in harten Stein zu graben, hierauf einen günstigen Einflufs, da es die Festigkeit der Umrisse beförderte, und immer sichtbare Muster jedes Zeichens unbeweglich dastanden (6), obgleich dieselbe Härte der Masse wohl

---

(1) *Lettre du Chev.* A. Canova *et deux mémoires sur les ouvrages de sculpture dans la collection de* Myl. Cte d'Elgin *par* Visconti. *p.* 61. 62.

(2) *Museum Pio-Clementinum. T.* 5. *p.* 52. 53. Pl. 27.

(3) Humboldt. *Monumens. p.* 49.

(4) *l. c. p.* 69.

(5) Jomard in der *Descript. de l'Égypte. Ant.* Text. *T.* 1. *Chap.* 9. *p.* 366.

(6) Indefs giebt es auch in Granit, namentlich auf der Insel Philae, sehr ungenau gezeichnete Hieroglyphen, die Jomard cursive nennt, die aber auch nur von Privatpersonen herzurühren scheinen.

die nöthigende Ursach war, daſs alle Ägyptische Basreliefs fast nur den Schattenrissen gleichen.

So wurden daher die Ägyptier von zwei Seiten zu der, soviel wir wissen, allein von ihnen vorgenommenen Absonderung der Bilderzeichnung und der Bilderschrift getrieben, einmal von der der Sprache, welcher jene unmöglich lange zu genügen im Stande war, dann von der Kunst, die sich ein eignes Gebiet zu schaffen strebte. Wenn man, wie ich glaube und weiterhin zu beweisen suchen werde, annehmen darf, daſs diese merkwürdige Nation weit mehr Anlage und Talent zur bildenden Kunst, als zur Behandlung der Sprache, besaſs, so konnte wohl der zuletzt erwähnte Antheil an jenem Erfolge der mächtigere gewesen sein. Immer aber muſsten beide zusammenwirken; denn, wie der Gedanke einer Schrift durch Sprache einmal gefaſst war, bedurfte es des Nachdenkens über diese, um ihn gelingend auszuführen. Die Sprache, und mehr oder weniger auch die, noch mit dem eigentlichen Bildwerk zusammenlaufende Bilderschrift gehören der ganzen Nation an; dagegen war die Absonderung der Schrift von dem Bilde vermuthlich das Werk einzelner Erfinder und Verbesserer, und muſste, wenn es vorher keine besonders auf Wissenschaft und Erkenntniſs gerichtete Classe gegeben hätte, unfehlbar eine solche hervorbringen. Dies aber bildet in der Geschichte aller Sprache und Schrift immer einen höchst merkwürdigen Abschnitt.

Gewisse Eigenschaften sind der malenden und schreibenden Bilderschrift, wenn mir diese Ausdrücke, die, nach dem Vorigen, nicht mehr dunkel sein können, erlaubt sind, gemeinschaftlich. Von dieser Art ist, wenigstens groſsentheils, die Bezeichnung der Gegenstände, sowohl die eigentliche (kyriologische), als die symbolische. In diesen kann also die erstere sich der letzteren nähern. Dagegen giebt es zwischen beiden einen wesentlichen und hauptsächlichen Unterschied, der Ursache wird, daſs, welche Fortschritte man ihr beilegen möge, die erstere niemals in die letztere übergehen kann, so lange sie nämlich ihrer Gattung getreu bleibt. Dieser Unterschied liegt darin, daſs bei der malenden Schrift der Gegenstand, wie er ist, die Sache, wie sie erscheint, die Handlung, wie sie vorgeht, das Unkörperliche, wie man es auf Körpergestalt zurückgeführt hat, bei der mit Bildern schreibenden der Gegenstand, wie man ihn denkt, bezeichnet wird. Das Eigenthümliche beider Methoden liegt also in der Objectivität und Subjectivität; die Sache muſs, auf welchem Wege es geschehen möge, zum Worte herabsteigen. Dies erfordert eine Zerlegung des Bildes, damit nicht ein Vorgang oder ein Gedanke überhaupt, sondern jedes Wort, durch welches ihn die Rede ausdrückt, bezeichnet werde. Die malende Bilderschrift steht in ähnlichem Verhältniſs zur Ideenschrift (sie sei Bilder- oder Figurenschrift), wie diese zur Buchstabenschrift. Die letztere kann man nur mit den gleichen Wörtern, die Ideenschrift auch mit andren Worten in andrer Folge, ja zum Theil mit anders modificirten Begriffen lesen. Zu dieser Stufe waren die Ägyptier unläugbar gelangt; die Hieroglyphenschrift besteht aus wahren Elementen der Rede; dies beweist schon ihr Anblick. Daſs der Schritt, welcher von dem Malen zu dem Schreiben mit Bildern führte, wahrhaft ein Übergang in eine neue Gattung war, läſst sich leicht an einem Beispiel versinnlichen. Wenn man malend einen Jäger, der einen Löwen erlegt, vorstellte, so konnte man durch mannigfaltige Abstufungen das Bild in allen seinen Theilen sowohl bestimmen, als vereinfachen, und dadurch dem Begriff Genauigkeit und Klarheit geben; aber man blieb dabei immer in dem Gebiet des Malens. Auf den Einfall, die Vorstellung zu zerlegen, das Abschieſsen des Pfeiles von dem Schieſsenden zu trennen, konnte man nicht auf jenem Wege gerathen; er konnte nur durch ein sich vordrängendes Gefühl der von der bildlichen Darstellung ganz abweichenden Natur der Sprache entstehen, die eine solche Trennung verlangt. Die Ägyptier waren aber in ihrer Hieroglyphenschrift durchaus dahin gekommen; ihre Hieroglyphen gehen nicht wieder in das Malen über, sondern folgen, wie wiederum der Anblick beweist, darin einem consequenten System. Dies ist ein zweiter wichtiger Punkt. Einzeln findet sich ein solches Übergehen in wahre Bilderschrift wohl auch bei roheren Völkern, namentlich bei den Mexicanern. Gewöhnlich wird in ihren Handschriften die Handlung der Eroberung, ganz malend, durch die Gefangennehmung eines Menschen vorgestellt. Man sieht daher zwei handgemein, von welchen der Eine sichtbar unterliegt (1). Es kommen aber auch in demselben Sinn ein sitzender König, ein auf Pfeilen ruhender Schild, seine Waffen, und die Namens-Hieroglyphen der von ihm eroberten Stadt vor (2). Dies

(1) Humboldt. *Monumens. p.* 109. *pl.* 21. Purchas. *Pilgrimes. p.* 1110. 1111.

(2) Purchas. *l. c. p.* 1071.

3*

ist nicht mehr Gemälde, läfst sich nicht, als vorgestellte Handlung, von selbst erkennen, kann aber, als wirkliche Schrift, gelesen werden: der König erobert die Stadt. Das Verbum ist durch eine Sache (wie es auch Sprachen giebt, die zwischen Verbum und Substantivum nicht überall unterscheiden) angedeutet, und die Vorstellung ist ganz und gar der bekannten Ägyptischen gleich: die Gottheit hafst die Schaamlosigkeit, wo das Verbum hassen auch, nur viel dunkler, durch einen Fisch angedeutet ist (¹). Allein in demselben, äufserst merkwürdigen Mexicanischen Gemälde wird das Verbrennen, oder Zerstören einiger Schiffe wieder ganz durch die Handlung selbst vorgestellt. Vermuthlich wurde für den Begriff der Eroberung hier nur die Darstellung der Handlung selbst darum nicht gewählt, weil auch die eroberten Städte hier nicht personificirt sind. Da die Ägyptische Bilderschrift nun die Bilder nach dem Bedürfnifs der Rede zerlegt, und dies ohne Ausnahme, und ohne Rückfall in das entgegengesetzte System, that, so entfernte sie auch von den in Schriftzeichen umgeformten Bildern alles Überflüssige, und behielt nur das Unterscheidende des Begriffs bei. Das Wort thut dasselbe, und insofern vollendete dieser dritte Punkt die Übereinstimmung der Schrift mit der Sprache.

Sollte nun auch diese Schrift niemals wahre Vollkommenheit erreicht haben, so mufste doch schon ihr System selbst den Geist auf eine ganz andere Linie setzen, als die Beschauung und Entzifferung blofser Gemälde; und ein Volk, welches ein solches System besafs, mufste, von dieser Seite wenigstens, sich zu einer höheren Bestimmtheit und Genauigkeit der Gedanken und der Rede erheben können, als das, welches noch ganz in malend bildlicher Vorstellungsart befangen lag. Es gehörte aber auch eine glücklichere Anstrengung höherer Geisteskraft dazu, um nur überhaupt den Gedanken eines solchen Systems festzuhalten.

Immer aber blieb man innerhalb des Kreises der Bilder, und entfernte dadurch die Schrift noch um einen Schritt mehr, als es jede Ideenschrift thut, von der Sprache. Denn immer auf die Subjectivität dieser zurückkommend, sieht man leicht, dafs, wenn die, als wirkliche Schrift behandelte Hieroglyphe sich zwar derselben unterwarf, doch die Vorstellung

(¹) Plutarchus. *De Iside et Osiride. c.* 32. Clemens Alexandrinus. *Strom. l.* 5. *c.* 7. Zoëga. (wenn ich ihn auf diese Weise anführe, meine ich immer das Werk über die Obelisken) *p.* 439.

eines Bildes immer ein Natur-Individuum giebt, und kein Gedanken-Individuum, die Sprache aber sich höchstens mit diesem begnügen kann, da sie eigentlich ein Laut-Individuum fordert. Denn bei der Betrachtung aller Wirkungen der Sprache und aller Einflüsse auf dieselbe darf man nie vergessen, daſs die Wörter zwar ihrer ursprünglichen Bestimmung nach Zeichen sind, allein im Gebrauch, als wahre Individuen, ganz an die Stelle der Gegenstände selbst treten, die im Denken nicht so, wie die Natur es thut, noch so, wie ihre Definition sie als Begriffe bestimmt, sondern so, wie es dem Sprachgebrauche der Wörter gemäſs ist, begränzt werden. Da mithin alle Sprachthätigkeit im eigentlichsten Verstande eine innerliche ist, so entspricht ihr eine Bilderschrift weniger, als eine, wo, nach bestimmten Gesetzen, willkührlich geformte Figuren nicht sowohl den Gegenstand selbst, als den abgezogenen Begriff desselben, anzeigen. Es ist unmöglich, Schriftzeichen, die Bilder sind, einen der Verwandtschaft der Begriffe entsprechenden Zusammenhang zu geben; und die Nothwendigkeit, sie in ideale Classen zu theilen, findet in den wirklichen, zu welchen ihre Vorbilder in der Natur gehören, beständige Hindernisse. Schon daſs diese beiden Arten von Classification, so wie der eigentliche und symbolische Sinn, immer neben einander hinlaufen, belästigt den Geist, und stört das reine und freie Denken.

Es ist daher eine der wichtigsten Fragen, ob, und in welcher Art, die Ägyptier nicht nachahmende Zeichen, bloſse Figuren, den Hieroglyphen beigemischt haben? Hr. Jomard, dessen beabsichtigtes Werk über die Hieroglyphen, wenn er es nach dem neuerlich dargelegten Plane (1) ausführt, unstreitig das vollständigste über diesen Gegenstand sein wird, und der wenigstens einen ungemein gründlichen und vorsichtigen Weg einschlägt, räumt den nicht nachahmenden Figuren ausdrücklich zwei Classen in seiner Eintheilung aller Hieroglyphen ein (2). Zoëga läugnet dagegen alle Ähnlichkeit der Hieroglyphen mit den Chinesischen Charakteren, deren Natur er sehr richtig bestimmt (3). Sein Zeugniſs aber ist, ungeachtet seiner Gelehrsamkeit, und des geistvollen Gebrauchs, den er von derselben macht,

(1) *Descript. de l'Égypte.* Text. *Mémoires. T.* 2. *p.* 57 - 60.

(2) *l. c. p.* 60.

(3) *p.* 456.

hier weniger gültig, da er zu wenig Hieroglyphen gesehen hatte, und die grofse, zuerst von Cadet, nachher in dem Französischen Ägyptischen Werk herausgegebene hieroglyphische Papyrusrolle zur Zeit der Herausgabe seines Werks noch in den Gräbern von Theben verborgen lag [1]. Indefs mufs man gestehen, dafs Zeichen von so vielfachen Linien, als die Chinesischen, nicht vorkommen, so dafs die Mexicanischen Handschriften sich auch darin von den Hieroglyphen unterscheiden, dafs sie den Chinesischen Coua's sehr ähnliche Zeichen enthalten [2]. Auch ist es, bei der Kleinheit der Abbildungen, und bei unsrer, doch immer noch mangelhaften Kenntnifs der Einrichtungen der alten Ägyptier, schwer, mit Gewifsheit zu behaupten, dafs ein Zeichen gewifs kein nachahmendes ist. Als ganz entschieden darf man die Sache also wohl noch nicht annehmen. Auch würde wohl immer ein wesentlicher Unterschied zwischen diesen, und den Chinesischen Zeichen sein, da Hr. Jomard ausdrücklich bemerkt, dafs die meisten von der Geometrie entlehnt waren [3], so dafs sie, ihren geometrischen Eigenschaften nach, wie andre Bilder, symbolisch auf Gegenstände bezogen werden konnten. Figuren dieser Art waren vermuthlich vorzugsweise für gewisse Classen von Gegenständen bestimmt. Zu diesen sollte man wohl zuerst die Zahlen rechnen. Auch scheinen unter den von Hrn. Jomard scharfsinnig entdeckten Zahlzeichen [4] die für 1 und 10, ohne alle Naturnachahmung, blofs linienartig; das für 5 ist eine geometrische Figur [5], aber das für 100 ver-

---

(1) *Copie figurée d'un rouleau de Papyrus trouvé à Thèbes, publiée par* M. Cadet. Paris. 1805. *Descript. de l'Égypte. Ant. Planches. T.* 2. 1812. *pl.* 72 - 75. Text. *Descriptions. T.* 1. 1809. *Chap.* 9. *p.* 357 - 367. In der kurzen Erläuterung der Kupferplatten ist gesagt, dafs Hr. Simmonel sie aus Theben gebracht hat. Es ist wunderbar, dafs Hr. Jomard, in seiner Beschreibung, der Herausgabe des Hrn. Cadet mit keinem Worte gedenkt. Dafs beide Abbildungen dasselbe Original darstellen, zeigt die Vergleichung beider. Dafs die letzte Seite der Cadetschen Beschreibung mehr Columnen angiebt, als das grofse Französische Werk, beruht auf Druckfehlern, oder irriger Zählung. Es sind in der Cadetschen Abbildung, wie in der andren, 515.

(2) Humboldt. *Monumens. p.* 267. *pl.* 45.

(3) Dafs von diesen viele vorkommen, giebt auch Zoëga *p.* 440. zu. Jedoch läugnet er gleich *p.* 441. ausdrücklich alle Zeichen ab, welche nicht wirkliche Gegenstände ganz, oder durch Abkürzung (*per compendium*, die sogenannten *kyriologumena*) ausdrücken.

(4) *Descript. de l'Égypte. Ant.* Text. *Mémoires. T.* 2. *p.* 61 - 67.

(5) *l. c. T.* 1. *p.* 714 - 716.

gleicht Hr. Jomard selbst mit einem Stück aus dem Hauptschmuck der Götter und Priester, und das für 1000 erklärt er geradehin für ein auf dem Wasser schwimmendes Lotusblatt, weil die Frucht dieser Pflanze beim Aufschneiden Tausende von Körnern zeigt. Dem Wesentlichen nach, beruhte daher die Ägyptische Hieroglyphenschrift doch immer nur auf einer Beziehung der eigenthümlichen Gestalt des Zeichens auf die Eigenschaften des Gegenstandes, und malte daher den Gegenstand selbst, wirklich, oder vermittelst irgend einer Anspielung. Insofern ist Zoëga's Ausspruch vollkommen wahr. Einzelne Ausnahmen willkührlicher Zeichen mag es gegeben haben. Allein von einem System, daſs man durch absichtlich in die Zeichen gelegte Verschiedenheiten, wie im Chinesischen durch die Zahl der Striche, Gegenstände wirklich bezeichnet habe, finde ich weder in den Hieroglyphen, noch in dem bis jetzt über sie Gesagten die mindeste Spur.

Sehr wunderbare und bloſs linienartige Zeichen auf einem Fragment einer in Theben gefundenen Jupiterstatue aus Basalt sind in dem neuesten Theile des groſsen Ägyptischen Werks abgebildet (1). Nichts aber würde die Voraussetzung rechtfertigen, daſs dieselben zu den Hieroglyphen gehören.

Fand nun die Ägyptische Hieroglyphenschrift in der Welt, aus der sie ihre Zeichen entlehnte, feste und unveränderliche Bedingungen, und einen auf ganz andren Gesetzen, als welche das System der Sprache im Denken befolgt, beruhenden Zusammenhang, so ist die wichtigste Frage die, welches System sie in der Bezeichnung der Begriffe befolgte, um diese Verschiedenartigkeit zu verbinden, und zu dem letzten Ziel aller Schrift zu gelangen, Zeichen, Laut und Begriff schnell, sicher und rein zu verknüpfen? Denn darauf, ob diese Verknüpfung so gemacht werden kann, daſs über keines der drei zu verknüpfenden Dinge Zweifel zurückbleiben kann, und ob dies ohne zu groſse Schwierigkeit, ohne Gefahr des Miſsverständnisses, und ohne zu groſse Störung durch Nebenbegriffe möglich ist? beruht der Einfluſs jeder Schrift auf den Geist der Nation, wenn ihre Wirkung Jahrhunderte lang fortgesetzt wird.

Die groſse Menge der möglichen Zeichen, und ihrer Beziehungen scheint es nothwendig zu machen, sie einem einfacheren System unterzuordnen; in-

(1) *Antiquités. Planches. T. 5. pl.* 60. nr. 5.

defs war ein solches, das gewisse allgemeine Zeichen, unter welche sich die übrigen, wie unter die Chinesischen Schlüssel, bringen liefsen, zu Grunde legte, der Natur der Sache nach, nicht leicht möglich. Wenn daher bei den Alten von ersten Elementen (πρῶτα στοιχεῖα) der Hieroglyphenschrift die Rede ist ([1]), so können darunter nur die unveränderten Abbildungen der Gegenstände (die sogenannten kyriologischen Zeichen) verstanden werden ([2]). Rechnet man mit Zoëga zu diesen diejenigen, wo der Gegenstand theilweis, oder abgekürzt (ein Kreis statt der Sonne u. s. w.) vorgestellt wird, die bei Clemens von Alexandrien *kyriologumena* heifsen, so umfafst diese Classe eigentlich alle Zeichen der ganzen Schrift, die willkührlichen Figuren abgerechnet, und bildet keine Abtheilung der Hieroglyphen, sondern ihrer Bedeutung, da den kyriologischen Zeichen die symbolischen gegenüberstehen. Wichtig ist Zoëga's Bemerkung ([3]), dafs ein einmal in vollständiger Abbildung (kyriologisch) vorkommender Gegenstand nie in nur angedeuteter (als *kyriologumenon*), oder umgekehrt, dargestellt wird. Es hob dies wenigstens Eine grofse Quelle von Verwirrungen auf, und zeigt auch die Befolgung fester Bezeichnungsregeln. Dagegen blieb in der Schrift, wie in den Gemälden, die Zweideutigkeit zwischen figürlicher und eigentlicher Bedeutung. Von dem Zeichen eines Weibes, welches die Isis und das Jahr anzeigte, bemerkt Horapollo ([4]) dies ausdrücklich. Dafs man auf andre Weise gewisse Classen von Gegenständen gewissen Classen von Begriffen gewidmet hätte, ist kaum wahrscheinlich, da z. B. Gemüthsbeschaffenheiten unter dem Zeichen von Thieren aller Art, und auch von leblosen Gegenständen gefunden werden, Muth als Löwe, Hafs als Fisch, Gerechtigkeit als Straufsfeder, Unterthanengehorsam als Biene, Schwachsinn, der sich bevormunden läfst, als Muschel, in welcher ein Krebs sitzt, in die göttlichen Geheimnisse eingeweihte Frömmigkeit als Heuschrecke, vereinigende und herzengewinnende Gesinnung als Leier u. s. f. ([5])

([1]) Clemens Alex. *Strom. l.* 5. *c.* 4. *p.* 657. *ed.* Potteri.

([2]) Zoëga. *p.* 441.

([3]) *p.* 440.

([4]) *l.* 1. *c.* 3.

([5]) Horapollo. *l.* 1. *c.* 17. Plut. *de Iside et Osiride. c.* 32. Horapollo. *l.* 2. *c.* 118. *l.* 1. *c.* 62. *l.* 2. *c.* 108. 55. 116.

Es scheint daher nicht, dafs sich die Hieroglyphenschrift, als ein Schriftsystem, unter allgemeine Gesetze fassen, und auf diese Weise erlernen liefs. Man mufste, wie in der Sprache selbst, die Bedeutung jedes Zeichens einzeln dem Gedächtnifs einprägen; und es ist sehr zu bezweifeln, dafs dasselbe bei dieser Arbeit in den Beziehungen der Zeichen auf ihre Bedeutung und auf sich unter einander dieselbe Hülfe fand, welche die, in der Sprache herrschende Analogie gewährt. Vermuthlich gab es daher ehemals hieroglyphische Wörterbücher, obgleich eine bestimmte Erwähnung derselben nicht vorkommt. Die von Zoëga darauf gedeutete Stelle bei Clemens von Alexandrien sagt eigentlich nur allgemein, dafs der Hierogrammateus die hieroglyphischen Bücher des Hermes kennen mufste (1). Da von diesen Büchern nichts auf uns gelangt ist, so bleibt uns nur die Vergleichung der von den Alten erwähnten Hieroglyphen mit ihren Bedeutungen übrig. Dieser giebt es aber verhältnifsmäfsig nur eine kleine Anzahl. Die meisten finden sich in der unter dem Namen des Horapollo auf uns gekommenen Schrift. Diese hat aber, aufser den wichtigen Einwürfen (2), welche man gegen ihre Glaubwürdigkeit erheben kann, für den gegenwärtigen Zweck noch die Unbequemlichkeit, dafs der Verfasser vorzüglich darauf ausgegangen zu sein scheint, solche Zeichen zu erklären, deren Bedeutung gesucht, weit hergeholt war, oder auf sonderbare, wahre oder angebliche, Erschei-

---

(1) Clemens Alex. *Strom. l.* 6. *c.* 4. *p.* 757. Zoëga scheint mir vollkommen Recht zu haben, wenn er, gegen Fabricius, die Verbindungspartikel vor ἱερογλυφικὰ beibehält, und die Stelle so nimmt, dafs einige der Bücher, welche der Hierogrammateus wissen mufste, nicht aber alle, die hieroglyphischen genannt werden; und alsdann ist es allerdings wahrscheinlich, dafs diese von den Hieroglyphen und ihrer Bedeutung handelten. Die ganze Stelle von dem Hierogrammateus scheint aber noch einiger Verbesserung zu bedürfen. Denn nachdem offenbar immer von Büchern die Rede ist, und also die Bezeichnung ihres Inhalts entweder durch ein Adjectivum (τὰ ἱερογλυφικὰ) oder mit περὶ geschieht, tritt plötzlich ein Substantivum im Accusativ und ohne Präposition (χωρογραφίαν) dazwischen, auf das wieder ein Genitiv (τῆς τοῦ Νείλου u. s. w.) bezogen wird. Auch hatte Clemens schwerlich χωρογραφίαν τῆς διαγραφῆς geschrieben. Um diese Schwierigkeit zu heben, braucht man nur τῆς χωρογραφίας zu lesen, das dann von dem vorhergehenden περὶ regiert wird. Dafs die Eintheilung der Bücher des Hierogrammateus in zehn sowohl bei Zoëga, als bei Fabricius (*T.* 1. *p.* 84. §. 5. n. A.), sehr viel Willkührliches hat, fällt in die Augen.

(2) Fabricii *bibliotheca. T.* 1. *p.* 98. *nt.* 1. Zoëga (*p.* 459. *nt.* 102.) urtheilt über die Glaubwürdigkeit dieses Schriftstellers mit der, ihm so vorzüglich eignen Billigkeit und Mäfsigung.

nungen in der Thierwelt hinwies. Statt also das Leichte und Gewöhnliche anzutreffen, findet man meistentheils nur das Schwere und vermuthlich Seltnere, und hat, indem man ein brauchbares Lexicon sucht, gleichsam eine Erklärung von Glossen. Hierzu kommt noch, daſs, wie man aus mehreren Stellen sieht, das Wort Hieroglyphe im weiteren Sinn genommen ist, so daſs vieles darin bloſs symbolisches Bild gewesen sein kann, ohne gerade in die eigentliche Schrift überzugehen. Der Begriff einer zu bezeichnenden Sprache hat dem Verfasser nirgends vorgeschwebt, und man sucht daher vergebens bei ihm Spuren ihres lexicalischen oder grammatischen Systems.

Fruchtbarer für diesen Zweck müſste die Entzifferung der Hieroglyphen selbst sein, und ich habe daher die hierin gemachten Versuche vor allen Dingen zu Rathe gezogen. Man kann freilich, was darin bis jetzt geleistet worden ist, nicht durchaus für schon entschieden wahr und gewiſs ansehen; aber der Weg, auf dem Hr. Jomard, Young und Champollion der jüngere vorgehen, ist ein so gründlicher und vorsichtig gewählter, daſs man sich der Hoffnung nicht erwehren kann, daſs er nach und nach zum Ziel führen werde; sie versäumen auch nicht, selbst die verschiedenen Grade der Wahrscheinlichkeit ihrer Behauptungen zu bestimmen. Wenn auch daher Einzelnes ungewiſs bleibt, läſst sich im Ganzen schon sehr viel aus ihren Arbeiten über die Einrichtung der Hieroglyphenschrift entnehmen. Diese neuen Entzifferungen bestätigen nun in einigen Fällen den Horapollo. Wenn Hrn. Champollion's Entdeckungen über die nicht phonetischen Hieroglyphen werden bekannt gemacht sein, dürften sich hiervon mehr Beispiele finden. In dem bis jetzt Bekannten finde ich nur die Zeichen: Sohn, Schrift, und die der Zahlen 1, 5 und 10 übereinstimmend. Das Zeichen des Sohnes (1), eine Fuchsente mit einem daneben stehenden Kreise (dessen jedoch Horapollo nicht neben dem Thiere erwähnt), erscheint so häufig zwischen Namen tragenden Schilden, daſs man schon daraus seine Bedeutung schlieſsen konnte, ehe noch die Entzifferung einiger dieser Namen die Vermuthung bestätigte. Für Schrift giebt zwar Horapollo an einer Stelle einen Cynocephalus, nach Erzählungen von einigen zum Lesen abgerichteten Thieren die-

(1) Horapollo. *l.* 1. *c.* 53. Young. *Hieroglyphical Vocabulary.* (dies sind die Platten 74-77. zu den Supplementen der *Encyclopaedia Brit. Vol.* 4. *Part* 1.) nr. 129. *Egypt.* (dies ist ein Artikel in den eben erwähnten Supplementen) *p.* 31.

ser Art (1), an, allein an einer andren die Werkzeuge des Schreibens, welche Hr. Young ebenso auf der Rosettischen Steinschrift erklärt (2). Die Zahlzeichen hat Hr. Jomard nach ihren Bedeutungen überzeugend festgestellt, und scharfsinnig in Horapollo nachgewiesen (3). Die übrigen der, überhaupt nur sehr wenigen Fälle, wo Horapollo und die neuesten Entzifferer derselben Begriffe erwähnen, geben durchaus verschiedene Zeichen, was nicht auffallen darf, da man auch sonst Vielfachheit der Zeichen für denselben Begriff antrifft (4). Wenn Hrn. Young's Bezeichnung des Begriffs der Festigkeit durch einen Altar, als einen sicher gegründeten Stein (5), richtig ist, so beweist die bei Horapollo durch einen Wachtelknochen, weil dieser nicht leicht Schaden leide, das oben von diesem Erklärer Gesagte. Jahr und Monat unterscheidet Horapollo durch einen ganzen Palmbaum, und einen einzelnen Zweig, weil die Palme in jedem Monat einen Zweig verliere (6); Hr. Young (7) sieht in dem Zweige, den er aber nicht gerade als Palmzweig bestimmt, das Zeichen des Jahres. Der Weg der Entzifferung, auf dem die Schrift nothwendig wie eine Sprache behandelt werden muſs, konnte nicht anders, als auch auf lexicalische Zeichenbildung und grammatische Verbindung führen. Auch theilt Hr. Young mehrere solcher Zei-

---

(1) Horapollo. *l.* 1. *c.* 14. Aelianus. *De nat. anim.* *l.* 6. *c.* 10.

(2) Horapollo. *l.* 1. *c.* 38. Young. *Hierogl. Vocab.* nr. 103. *Egypt. p.* 29.

(3) *Descript. de l'Égypte. Ant. Mém. T.* 2. *p.* 61. 62. Horapollo. *l.* 1. *c.* 11. 13. *l.* 2. *c.* 30.

(4) Man vergleiche die Zeichen für Gott bei Horapollo. *l.* 1. *c.* 6. 13. und Young. *Egypt.* nr. 1. 2. 4.; für Isis bei Horapollo. *l.* 1. *c.* 3. und Young. nr. 14. Champollion. *Lettre à Mr. Dacier. p.* 18. *pl.* 2. nr. 52 - 55.; für Liebe bei Horapollo. *l.* 2. *c.* 26. und Young. nr. 162. Champollion. *l. c.*; für Monat bei Horapollo. *l.* 1. *c.* 4. und Young. nr. 179.; für Priester bei Horapollo. *l.* 1. *c.* 14. und Young. nr. 142. 144.; für Sieg bei Horapollo. *l.* 1. *c.* 6. und Young. nr. 117.; für Stärke bei Horapollo. *l.* 1. *c.* 18. und Young. nr. 115.; für Stern bei Clemens Alex. *Strom. l.* 5. *c.* 4. *p.* 657. und Young. nr. 86.; für Vater bei Horapollo. *l.* 1. *c.* 10. und Young. nr. 127.

(5) Horapollo. *l.* 2. *c.* 10. und Young. nr. 113. Es ist sehr zu bedauern, daſs Hr. Young, dessen Erklärungen sehr sinnreich, und oft wahrhaft überzeugend sind, nicht gesucht hat, sie durch genauere Angaben der Monumente und mehr ausgeführte Beweise noch besser zu sichern. Hr. Jomard ist hierin musterhaft.

(6) *l.* 1. *c.* 3. 4.

(7) *l. c.* nr. 180.

chen mit, und Hr. Champollion ([1]) glaubt bald im Besitz einer wahren Hieroglyphen-Grammatik zu sein.

Betrachtet man nun die Bezeichnung der Begriffe, soviel sich davon aus den eben beschriebenen Quellen entnehmen läfst, so lassen sich folgende allgemeine Bemerkungen machen.

1. Die Zeichen sind, fast ohne alle Ausnahme, nur bestimmte Arten, nicht allgemeine Gattungen von Dingen. In keiner Stelle des Horapollo, und, soviel ich bemerkt habe, eines andren alten Schriftstellers finden sich Thier, Vogel, Baum u. s. f. als Hieroglyphen angegeben, sondern immer Löwe, Habicht, Palmbaum u. s. f. Nur der Fisch kommt allgemein vor in der schon oben berührten Stelle bei Plutarch, und bei Horapollo ([2]). Auch wäre es kaum möglich gewesen, die einzelnen Arten in den kleinen Abbildungen kenntlich zu machen. Doch geschieht des wiederkäuenden Scarus, als Bezeichnung eines Gefräfsigen, und des Krampfrochen, für einen Menschen, der viele aus dem Meere errettet, besondre Erwähnung ([3]). Aus dieser Sitte erklärt sich auch die von Hrn. Jomard in den kleinsten Hieroglyphen bemerkte Sorgfalt, jede Figur erkenntlich zu charakterisiren. Die allgemeinen Begriffe mufsten allerdings auch ihre Zeichen haben; allein bei der Unmöglichkeit allgemeiner Bilder, und der Schwierigkeit, den Leser zu unterrichten, wo von der bestimmten Art abgesehen werden mufste, sollte man glauben, dafs dies nur figürlich geschehen sei.

Es ist daher eine auffallende Erscheinung, dafs, nach Hrn. Champollion, fünf, und nach der von ihm gegebenen Kupfertafel sogar sieben Vogelarten den Vocal *a* bedeuten. Wenn dem wirklich so ist, so darf man es wohl nicht von dem Wort Geflügel, ϩⲁⲗⲏⲧ, ableiten, wie er es versucht ([4]), sondern man mufs annehmen, dafs alle, durch diese Vogelgattungen angedeuteten, eigentlich oder figürlich gebrauchten Wörter mit einem *a*, oder dem Hauchbuchstaben anfingen.

([1]) *Lettre à Mr. Dacier. p.* 1. 2.

([2]) *l.* 1. *c.* 44.

([3]) *l.* 2. *c.* 109. 104.

([4]) *Lettre à Mr. Dacier. p.* 11. 38. *pl.* 4. Der Hauchbuchstabe im Anfange würde sonst dieser Ableitung nicht im Wege stehen, da er bisweilen ausgelassen wird.

2. Die wirklichen Gegenstände scheinen nicht häufig durch sich selbst, kyriologisch, sondern mehr durch andre, figürlich, angedeutet worden zu sein.

In Horapollo sind die Beispiele wahrhaft kyriologischer Bezeichnung sehr selten: ein Tuchwalker, angedeutet durch zwei in Wasser stehende Füſse, die Nacht durch einen Stern, der Geschmack durch Mund und Zunge, das Gehör durch ein Ohr, jedoch eines Stiers ([1]). Nach der Analogie der beiden letzten Bezeichnungen, sollte man nun für das Gesicht ein Auge erwarten. Er giebt aber, statt dessen, einen Geier an. Das Auge ist, mit der Zunge, bei ihm Zeichen der Sprache ([2]). Clemens von Alexandrien aber redet von Augen und Ohren aus edlen Metallen, die als Symbole des göttlichen Allsehens und Hörens den Tempeln geweiht wurden ([3]).

Es lag indeſs in der Natur der Sache, daſs selbst ein wahres Hieroglyphen-Wörterbuch kyriologischer Zeichen, da sie von selbst verständlich waren, kaum zu erwähnen brauchte. Mehr beweist es dagegen, wenn man körperliche Gegenstände durch ganz andre, kaum entfernt an sie erinnernde, den Mund durch eine Schlange, den Schlund durch einen Finger, die Milz durch einen Hund, einen essenden Menschen durch ein Krokodil mit geöffnetem Mund, einen Stundenbeobachter durch Einen, der die Stunden iſst, Wespen und Mücken durch Dinge, denen man ihre Entstehung zuschrieb, das Herz durch einen Ibis bezeichnet findet ([4]). Dagegen wurde das Bild des Herzens gebraucht, um, verbunden mit einem Rauchfaſs, Eifersucht, und, wegen des heiſsen, fruchtbaren Bodens des Landes Ägypten, an die Kehle eines Menschen gefügt, den Mund eines guten, wahrheitsliebenden Mannes anzuzeigen ([5]). Bei Hrn. Young kommen zwar mehrere Thierbilder als Zeichen derselben Gattungen vor; er gesteht aber die Ungewiſsheit ihrer kyriologischen Deutung zu ([6]), und bestätigt auch, wie schon früher Zoëga, die Seltenheit dieser Gattung der Zei-

---

([1]) *l.* 1. *c.* 65. *l.* 2. *c.* 1. *l.* 1. *c.* 31.

([2]) *l.* 1. *c.* 11. 27.

([3]) *Strom. l.* 5. *c.* 7. *p.* 671.

([4]) Horapollo. *l.* 1. *c.* 45. *l.* 2. *c.* 6. *l.* 1. *c.* 39. *l.* 2. *c.* 80. *l.* 1. *c.* 42. *l.* 2. *c.* 44. 47. *l.* 1. *c.* 36.

([5]) *l. c. l.* 1. *c.* 22. *l.* 2. *c.* 4.

([6]) *Egypt.* nr. 72–79.

chen (1). Es versteht sich aber von selbst, daſs hierdurch nicht das Dasein kyriologischer Hieroglyphen auf den noch vorhandenen Monumenten geläugnet werden soll. Ein Beispiel einer solchen ist die steinerne Tafel auf dem Rosettastein (2). Zum Theil konnte diese Erscheinung zwar von der Neigung der Sprache zu Bildern, oder einem im Gebrauch der Hieroglyphen zur Sitte gewordenen bilderreichen Styl herkommen; sie ist aber noch aus zwei andren Gründen von der gröſsten Wichtigkeit. Denn einmal zeigt sie, worauf schon im Vorigen hingedeutet ist, daſs das Ägyptische Hieroglyphensystem sich durchaus von der Malerei unterschied, die man bei beginnenden Nationen antrifft, und die dem Auge unmittelbar erkennbare Gegenstände darlegt. Dies geht, wie Zoëga in einer sehr merkwürdigen Stelle richtig bemerkt, aus den Zeugnissen des ganzen Alterthums über dasselbe hervor (3), und beruht nicht etwa bloſs auf einzelnen Beispielen von Zeichen, wie die oben berührten. Zugleich aber führt die Seltenheit der einfachen Bilder auf eine noch ganz andre Ansicht der Hieroglyphenschrift, auf welche ich erst in der Folge, nach dem über die Schrift selbst zu Sagenden, ausführlicher kommen werde. Sie beweist nämlich, daſs diese Schrift nicht bloſs durch ihre Bedeutung, den in der Rede in sie gelegten Sinn, sondern auch das einzelne Zeichen für sich, als Hieroglyphe, belehren sollte, theils wie es auch die Sprache hier und da durch sinnvolle Wortbildung

(1) *l. c.* nr. 161. Zoëga. *p.* 441. Auch in der *Descript. de l'Égypte. Ant.* Text. *T.* 1. *Chap.* 9. *p.* 163. wird die Anzahl der Zeichen, *„dont la configuration représente bien les objets"*, klein genannt.

(2) Zeile 14. Hr. Champollion (*Rev. encyclop. T.* 13. 1822. *p.* 517.) erklärt dies für die einzige Form dessen, was man, wenn von Ägyptischen Denkmälern die Rede ist, στήλη nennt. Den Obelisken spricht er diese Benennung gänzlich ab. Zoëga (*p.* 33. 129. 151. 571.) nimmt den Begriff weiter, und dehnt ihn auch auf Obelisken, jedoch nur auf kleinere, aus. Hr. Letronne stimmt hiermit (*Recherches. p.* 333.) so sehr überein, daſs er, gegen Hrn. Champollion's Meinung, glaubt, daſs der, nicht groſse Obelisk von Philae wohl die in der Sockel-Inschrift erwähnte στήλη sein könne. Es fehlt aber doch wohl bis jetzt eine Stelle eines alten Schriftstellers, in welcher στήλη von einem Obelisken gebraucht wäre, und in der man das Wort nicht bloſs von einer Denktafel, oder Säule verstehen könnte. Vergleicht man viele Stellen mit einander, so scheint sich mir wenigstens ein viel bestimmterer Unterschied zwischen ὀβελὸς, ὀβελίσκος und στήλη zu finden, als Zoëga zugeben will.

(3) *Quis enim veterum unquam dixit hieroglyphicam scripturam notis tantum constare, quae res, quales sunt, imitarentur omnibusque essent noscibiles? Quis veterum qui hanc rem attigere, non ea dixit quae illi sententiae e regione sunt opposita?* p. 428.

thut, theils auf eine noch andre, tiefere und mystische Weise. Von diesen beiden Seiten her zeigt sich ihre wahrhaft ideale Richtung, der man genau folgen mufs, wenn man die Eigenthümlichkeit des Ägyptischen Geistes, und den Zustand seiner Bildung erkennen, und diesem wunderbaren Volke nicht sichtbar Unrecht zufügen will. Für jetzt wünsche ich nur so viel festzuhalten, dafs man irren würde, wenn man die Hieroglyphenschrift blofs und ausschliefslich wie eine Schrift, wie eine Bezeichnung der Rede ansehen wollte.

3. Es kommen bei Horapollo Zeichen vor, von denen man nicht begreift, auf welche Weise sie sich überhaupt, oder wenigstens erkennbar für das Auge, darstellen liefsen.

Ein Stier- und ein Kuhhorn, für Werk und Strafe, mochten sich noch allenfalls unterscheiden lassen; wie aber stellt man einen blinden Käfer, für einen am Sonnenstich Gestorbenen, dar? wie eine wachende Schlange, für einen schützenden König? einen gesunden Stier, für die Verbindung von Enthaltsamkeit mit Stärke? wie die Stunden, die in der oben angeführten Hieroglyphe der Stundenbeobachter afs? das Ende, für Ägyptische Schrift, Reden, für das am längsten Vergangene (¹)? Es läfst sich allerdings denken, dafs man in den ersten Fällen den Zustand des Thiers durch Stellung, oder Zeichen nach einmal hergebrachter Sitte, bestimmte, in den andren das nicht an sich Darzustellende wieder durch Hieroglyphe andeutete, so dafs z.B. eine Zunge (²) über einer Hand, das Zeichen der Rede, nun auch, als Bild zweiter Stufe, das Vergangene bezeichnete; und wenn Horapollo's Angaben richtig sind, und er sich nicht vielleicht in diesen Stellen verleiten liefs, abgehend von den Schriftzeichen, mehr Symbole für den Geist, als das Auge, zu beschreiben, so mufste es sich wohl auf diese oder ähnliche Art damit verhalten.

Wirklich führt Horapollo ein Beispiel einer solchen zwiefachen Figürlichkeit an. Denn ein Palmbaum ist, nach ihm, Symbol der Sonne, und deutet dann Wasserfluth an, weil das Sonnenlicht alles durchdringt und überfluthet (³).

(¹) Horapollo. *l.* 2. *c.* 17. 18. 41. *l.* 1. *c.* 60. 46. 42. 38. *l.* 2. *c.* 27.

(²) *l. c. l.* 1. *c.* 27.

(³) *l. c. l.* 1. *c.* 34.

Welche Methode man aber auch gewählt haben mag, so beweist diese Gattung der Zeichen immer, wie weit die Hieroglyphen sich von Abbildungen der Dinge entfernten, und wie künstlich ihre Entzifferung durch die Unterscheidung solcher nicht eigentlich darzustellender Zustände, und eine solche Steigerung der Figürlichkeit werden mufste.

4. Ein Zeichen hatte mehrere Bedeutungen, und Ein Begriff mehrere Zeichen.

In dem ersteren Fall waren vorzüglich gewisse sehr heilig gehaltene Zeichen, wie der Käfer, der Falk, der Geier, das Krokodil, in dem letzteren gewisse allgemeine Begriffe, die man von sehr verschiedenen Seiten ansehen konnte, wie Gott, Welt, Sonne, Zeit. Eine Eigenschaft eines Thiers, wie die Schnelligkeit des Falken (1), wurde auf mehrere Gegenstände, auf welche dieser Begriff pafst, den Wind, die Gottheit, Höhe und Tiefe, welche dieser Vogel, gerade auf- und abwärts schiefsend, auf dem kürzesten Wege erreicht, Hervorragung, Sieg angewandt. Ebenso war es mit dem Käfer, dem Symbol der männlichen Kraft, und dem Geier, dem der weiblichen Empfänglichkeit (2). In anderen Fällen wurden aber auch verschiedene Eigenschaften desselben Thiers auf verschiedene Begriffe übergetragen, wie die Raubsucht, die Wuth und die Fruchtbarkeit des Krokodils auf die gleichen menschlichen Eigenschaften (3). Das Verständnifs mufste dadurch allerdings erschwert werden, indefs kaum mehr, als es auch in der Sprache durch vieldeutige Wörter geschieht; und zur Vergleichung der Schrift mit der Sprache, kann hier daran erinnert werden, dafs diese Vieldeutigkeit sich vorzüglich in sehr alten Sprachen findet (4).

Die Verschiedenheit der Zeichen für denselben Begriff war vermuthlich, wie die der Wörter in den Sprachen, mit kleinen Veränderungen des Begriffs nach der Natur des Zeichens, und der Art seines Gebrauchs verknüpft. Die Zeit unter dem Bilde der Sonne und des Mondes, eines Ster-

(1) Diodorus Sic. *l.* 3. *c.* 4. Horapollo. *l.* 1. *c.* 6. *l.* 2. *c.* 15.

(2) Horapollo. *l.* 1. *c.* 10-12. Zoëga. *p.* 446-453. vorzüglich *nt.* 43. 47.

(3) Horapollo. *l.* 1. *c.* 67. Man vergl. auch *l.* 1. *c.* 35. 68-70. *l.* 2. *c.* 80. 81.

(4) Auch der Koptischen ist diese Vieldeutigkeit nicht fremd. Vgl. Lacroze. Lex. v. ογω. In welchem Grade sie aber dieselbe ehemals besessen habe, liefse sich nur dann beurtheilen, wenn sich mehr und ältere Schriften in ihr erhalten hätten.

nes, oder einer ihren Schwanz unter ihrem Leibe verbergenden Schlange, oder, in Bezug auf eine heilige Erzählung, unter dem eines Krokodils (1) erregte nothwendig andre Nebenbegriffe, wenn diese auch für den Sinn der jedesmaligen Rede vielleicht gleichgültig sein mochten. Die Welt wurde bald in dem Bilde einer in ihren Schwanz beifsenden Schlange gleichsam hingemalt, in den Schuppen der gestirnte Himmel, in der Schwere des Thieres die Erde, in der Glätte das Wasser, in dem jährlichen Abwerfen der Haut die, auch jährliche, Verjüngung in Keimen und Blüthen, in der in sich zurückgewundenen Gestalt die Idee, dafs, wie auch Alles in ewigem Wechsel wachse und abnehme, die Welt doch diesen ganzen, ewig in sich zurückkehrenden Kreislauf umschliefst; bald aber erinnert das Bild des Käfers an die zeugenden, bald, mit dem Bilde des Geiers vereint, an die zeugenden und empfangenden Kräfte der Welt (2). Die Sonne theilt, aus leicht begreiflichen Gründen, das Zeichen des Käfers und Falken (3), sie erscheint aber auch als ein Mann in einem, auf einem Krokodil ruhenden Boot, um ihren Lauf durch die leicht trennbare, wasserähnliche, und, gleich dem durch das Krokodil vorgestellten Nilwasser, heilsame Luft anzudeuten (4); ferner als Dattelpalme (5), wegen des verwandten Begriffs des Jahres, dem dieses Zeichen angehört (6), endlich, ohne alle figürliche Deutung, blofs als angedeutetes Bild (*kyriologumenon*), in einem einfachen Kreise (7). Für die Gottheit geben die neueren Entzifferer andre Zeichen, als die alten Schrift-

---

(1) Horapollo. *l.* 1. *c.* 1. *l.* 2. *c.* 1. Clemens Alex. *l.* 5. *c.* 7. *p.* 670.

(2) Horapollo. *l.* 1. *c.* 2. 10. 12.

(3) *l. c. l.* 1. *c.* 6. 10.

(4) Eusebius bei Zoëga. *p.* 442. *nt.* 17. — Clemens von Alexandrien (*l.* 5. *c.* 4. *p.* 657.) erwähnt auch dieser Hieroglyphe, giebt aber für die Verflechtung des Krokodils in dieselbe den weniger wahrscheinlichen Grund, dafs die Sonne die Zeit, deren Sinnbild das Thier ist, erzeuge. Auch in der *Descript. de l'Égypte* wird die Bemerkung gemacht, dafs die, einem Zickzack ähnliche Hieroglyphe nur für das heilsame Nilwasser, nicht für das, den Ägyptiern verhafste Meerwasser, gebraucht wurde. *Descript. de l'Égypte. Ant. Planches. T.* 2. *pl.* 10.* 90. Text. *Descriptions. T.* 1. *Chap.* 9. *p.* 57. Bei Aelian (*l.* 10. *c.* 24.) ist das Krokodil das Zeichen des Wassers. Doch scheint auch da nur das heilsame des Flusses gemeint.

(5) Horapollo. *l.* 1. *c.* 34.

(6) *l. c. l.* 1. *c.* 3.

(7) Clemens Alex. *l. c.*

steller, nämlich eine Art Streitaxt, und menschliche stehende und sitzende Figuren ([1]). Bei den Alten kommen der Falk, ein Stern und ein Auge auf einem Stab vor ([2]). Die Zeichen sollen aber verschiedene Eigenschaften darstellen, der Stern die Lenkung der Weltkörper bei Horapollo ([3]), die stehende Gestalt, ohne Hände, das Richteramt bei Hrn. Young ([4]).

Wie aber war es in diesen Fällen mit dem Laut? Dafs Ein Wort mehrere Zeichen hatte, konnte das Lesen und Verstehen nicht zweifelhaft machen. Gab es aber für dieselbe vieldeutige Hieroglyphe auch nur Ein oder mehrere Wörter?

Es scheint mir unläugbar, dafs man nur das Letztere annehmen kann, wenn man nicht die Sprache als nach den Hieroglyphen geformt ansehen, und den ganzen natürlichen Lauf der Sprach- und Schrifterfindung umkehren will. Die Hieroglyphenschrift mufste zwar, da sie wirklich eine eigene gedachte und geschriebene Sprache war, auf die geredete einen mächtigen Einflufs ausüben, und sehr leicht konnten Wörter, indem sie, dem Schall nach, dieselben blieben, nach Maafsgabe des Zeichens, anders bestimmte Bedeutungen empfangen. Dies konnte aber nur feinere Nüancen der Begriffe treffen. Im Ganzen mufste die vor den Hieroglyphen dagewesene Sprache, welche auch nachher noch das Band zwischen den gebildeten Ständen und dem Volk war, dieselbe bleiben. Noch abentheuerlicher wäre es wohl, anzunehmen, dafs die eigentliche Bedeutung der Hieroglyphen wäre in Worten abgelesen, und das Zeichen, nicht sein Begriff, wäre in Laut übergetragen worden. Solche tönenden Hieroglyphen hätte wenigstens nur der Eingeweihte verstanden; und doch las man bei öffentlichen Versammlungen auch dem Volke vor. Aber auch für den Eingeweihten wäre daraus Verwirrung entstanden; und da man einmal nur vermittelst der Sprache denken kann, so hätten doch diese in Laute umgelesenen Zeichen wieder in wahre Sprache verwandelt werden müssen. Nach eignen

---

([1]) Young. nr. 1–4. Champollion im *Panthéon Égyptien. Livr.* 1. Erkl. der 4. Kupfert.

([2]) Horapollo. *l.* 1. *c.* 6. 13. Cyrillus bei Zoëga. *p.* 453. *nt.* 48.

([3]) Horapollo. *l.* 1. *c.* 13. Es ist schwer zu glauben, dafs *τὴν νίκην* in dieser Stelle die richtige Lesart sei.

([4]) Wenn der Mangel der Hände das Richteramt beweist, wie kommt es dann, dafs das Zeichen der Göttin bei ihm auch ohne Hände erscheint, als wäre mit deren Begriff der des Richtens, ohne Ausnahme, verbunden?

und ganz verschiednen Gesetzen geformt, können sie sich nicht unmittelbar, sondern nur durch die, unabhängig von ihnen vorhandene Sprache auf den Begriff beziehen. Der bloſse ihnen gegebene Laut verändert darum nicht ihre Natur. Im Chinesischen giebt es allerdings auch mehrdeutige Charaktere, aber sie erlauben keine Anwendung auf die Hieroglyphen. Denn bei ihnen entsteht die Verschiedenheit der Bedeutungen aus dem Wort, und geht mit ihm auf die Figur über, welche an sich, die lose Verbindung mit dem Schlüssel ausgenommen, leer an Bedeutung und Inhalt ist. Hier aber wird die Hieroglyphe, nach ihr beiwohnenden Eigenschaften, auf mehrere Begriffe, und mithin auch auf mehrere Wörter übergetragen. Hatte Ein Wort mehrere Bedeutungen, so konnte, und muſste es wohl auch mehrere Zeichen haben. Die mehrdeutigen Hieroglyphen beweisen daher unläugbar, daſs nicht jedem Zeichen bloſs Ein Wort entsprach, sondern daſs der Leser bisweilen zwischen mehreren, dem Sinn nach, zu wählen hatte.

5. Der in Einer einfachen oder zusammengesetzten Hieroglyphe ausgedrückte Begriff ist häufig durch Nebenbegriffe so ins Einzelne hinein bestimmt, daſs nothwendig die Frage entsteht, ob dem Zeichen in der Sprache gleichfalls Ein Wort entsprochen habe?

Schon bei den Alten ist angemerkt, daſs die Hieroglyphen nicht bloſs Wörter, sondern auch ganze Redensarten andeuteten. Bei Horapollo kommen viele solcher, mit Bestimmungen des Begriffs überladener Zeichen vor; die meisten seines zweiten Buches gehören zu dieser Classe. Man kann sich nicht der Bemerkung erwehren, daſs man bei dem Lesen des Horapollo hierin eine ähnliche Empfindung, als bei den Wörterbüchern der Sprachen noch sehr ungebildeter Nationen, hat. Auch in diesen findet man die Begriffe so durch Besonderheiten bestimmt, daſs man oft groſse Mühe hat, zu dem reinen und einfachen zu gelangen. Horapollo hat über zwanzig Artikel von Menschen in allerlei Zuständen, Zeichen für eine Wittwe, ein schwangeres, ein säugendes, ein einmal Mutter gewesenes Weib u. s. f.; allein ein einfaches Zeichen für Mensch und Weib überhaupt sucht man vergebens bei ihm. Wie die Alt-Ägyptische Sprache hierin beschaffen gewesen sein mag, läſst sich in der Koptischen nicht erkennen, da wir in derselben bloſs nicht mehr in ihrem ursprünglichen Geist verfaſste Schriften haben, und dadurch, und durch die Vermischung mit Griechischen Wörtern alles verdunkelt wird, was den Charakter der Sprache im Ganzen sehen lieſse.

5*

Einige der oben erwähnten Zeichen lassen sich nun zwar sehr gut in Einem, danach modificirten Worte ausgedrückt denken, und können in einer reichgebildeten Sprache gelegen haben. So die Verbindung der Stärke mit der Enthaltsamkeit durch einen Stier mit gefesseltem rechten Knie, eines schwachen und doch muthwillig unternehmenden Menschen durch eine Fledermaus, eines schnell, aber unbedachtsam Handelnden durch einen Hirsch und eine Viper u. s. f. (1)

Wenn man sich aber Vorstellungen, wie die Eines, der sich selbst nach einem Orakelspruch heilt (in der Hieroglyphe eine wilde Taube, die einen Lorbeerzweig im Schnabel hält), oder eines Menschen, der, von Natur ohne gallichte Gemüthsart, durch einen andren dazu gebracht wird (in der Hieroglyphe eine zahme Taube, welche das Hintertheil in die Höhe hält), eines Clienten, der bei seinem Patron Schutz sucht, und nicht erhält (in der Hieroglyphe ein Sperling und eine Eule), Eines, der sein Vermögen einem verhafsten Sohne hinterläfst (in der Hieroglyphe ein Affe mit dessen hinter ihm hergehenden Jungen), Eines, der aus Armuth seine Kinder aussetzt (in der Hieroglyphe ein Falke, der eben legen will), oder Eines, der viele aus dem Meere errettet (in der Hieroglyphe ein Krampfroche (2)), denen man noch viele andre hinzufügen könnte, in Rede ausgedrückt denkt, so erscheint es nicht natürlich, jede derselben in Ein Wort zusammenzufassen. Sie gleichen vielmehr Bildern, welche nur den Gedanken gaben, den jeder im Entziffern frei in Worten umschrieb.

Dennoch möchte ich hierauf kein entscheidendes Gewicht für die Beantwortung der wichtigen Frage legen, ob jeder Hieroglyphe ein bestimmtes Wort entsprach, und diese Schrift mithin gelesen, oder nur entziffernd erklärt werden konnte? Denn es läfst sich nicht allgemein beurtheilen, wie weit die Zusammensetzungsfähigkeit der Sprachen reicht; und manche im Alt-Indischen ganz übliche Zusammensetzungen dürften dem dieser Sprache Unkundigen leicht unmöglich erscheinen. Es konnten auch ganze Phrasen ein für allemal für solche Bilder gestempelt sein. Endlich aber ist, bei dem unverkennbaren Jagen des unter dem Namen Horapollo's gehenden Schriftstellers nach sinnreichen Einfällen und wunderbaren Thiergeschichten, schwer

(1) Horapollo. *l.* 1. *c.* 46. *l.* 2. *c.* 78. 52. 87.

(2) *l. c. l.* 2. *c.* 46. 48. 51. 66. 99. 104.

zu unterscheiden, ob er nicht Hieroglyphe und Schriftzeichen (zwei wesentlich verschiedne Begriffe) in diesen Artikeln mit einander verwechselte, oder auch die Begriffe nach dem Bilde mehr, als der gewöhnliche Schriftgebrauch es that, individualisirte.

Was aber diese Vorstellungen mit Gewifsheit beweisen, und was auch auf die andren, einfacheren Schriftzeichen, wenn es auch bei ihnen nicht immer gleich in die Augen fallend ist, trifft, ist der Gang, welchen der Geist bei der Bezeichnung durch Bilder nahm. Jedem, der irgend mit Sprachen vertraut ist, und auf die Art Acht gegeben hat, wie dieselben den Theil der Begriffe bestimmen, welchen Ein Wort umfassen soll, oder wie sie den, gleichsam in unendlicher Ausdehnung hinlaufenden Gedanken durch die Wortbildung in einzelne Stücke prägen, mufs es auffallend sein, dafs viele Hieroglyphenzeichen hierin eine ganz andre Eintheilung machen, als die Sprachen in den Wörtern. Am meisten leuchtet dies freilich bei denjenigen Zeichen ein, von denen wir hier reden, allein diese Verschiedenheit der Gedankeneinschnitte ist doch auch bei andren, einfacheren sichtbar. Dies bestätigt nun, was, wie ich in der Folge zeigen werde, auch das ganze Wesen der Hieroglyphen andeutet, dafs man nicht Zeichen für Wörter, nicht einmal für Begriffe, noch weniger malerische Darstellung für etwas Vergangenes suchte, mithin nicht von dem zu Bezeichnenden, sondern vielmehr in der, nach Symbolen suchenden Geistesstimmung von dem Bilde aus zu dem Gedanken, und endlich dem Worte überging. Mochte dies auch nicht immer geschehen, so machte es offenbar einen wesentlichen, und den charakteristischen Theil des Hieroglyphensystems aus, womit auch die oben berührte Seltenheit kyriologischer Zeichen zusammentrifft. Dem symbolisirenden Geiste war die ganze Natur Eine grofse Hieroglyphe, jeder Gegenstand forderte ihn auf, einem in demselben angedeuteten Begriff nachzuforschen. Das Erste in seiner Vorstellung war daher das Bild; und wenn er, was er in ihm zu entdecken glaubte, in Einem Begriff zusammenfafste, so mufste dieser sehr natürlich anders ausfallen, als, wenn er in nicht symbolisirendem Denken an der Hand der Sprache zu ihm gelangt wäre. Bei einigen Zeichen springt diese Erscheinung ordentlich unwillkührlich ins Auge. Der Elephant soll einen Menschen andeuten, der, zugleich stark, überall das ihm Zuträgliche wittert. Die Verbindung der Klugheit mit der Stärke war schon an sich durch die Natur des Elephanten gerechtfertigt; allein auf die besondre Bestimmung der Art der Klugheit, als einer ausspürenden, von fern ahndenden, und auf die Metapher des Riechens, auch im Begriff, konnte man, wie auch Horapollo thut, nur von dem Anblick des Rüssels aus gerathen, der zugleich Waffe und Geruchswerkzeug ist. Gegen diese Hieroglyphe läfst sich einwenden, dafs sie, da das Ägyptische Alterthum sonst von Elephanten schweigt, zu den Einschiebseln des ausländischen Schriftstellers gehören könnte (¹). Allein der Ibis bietet ein andres, und zu sinnreiches Beispiel dar, als dafs man es nicht sogar in das hohe Alterthum hinaufsetzen sollte.

Die weifsen und schwarzen Federn dieses Vogels wurden zugleich auf den Mond, wegen seiner Licht- und Schattenseite, und auf den Hermes, und die Sprache bezogen, welche, erst im Gedanken verborgen, durch die Zunge hervortritt (²). So bildete man also durch dies Zeichen den Begriff des halb Offenbaren und halb Ungesehenen, worauf man, ohne das Symbol, wohl schwerlich gekommen wäre. Auf diesem Wege begreift man auch noch mehr, wie dasselbe Zeichen mehreren Begriffen diente. Die Hieroglyphen waren nicht blofs Zeichen, sondern wirkliche Wörter für

---

(¹) *l.* 2. *c.* 84. Andre Beispiele, wo der Elephant bei Horapollo, als Hieroglyphe, erwähnt wird, sind *l.* 2. *c.* 85. 86. 88. Man darf hier nicht vergessen, dafs seit den Zeiten der Ptolemaeer die Elephanten den Ägyptiern nicht mehr fremd waren, wobei man nur an den zu erinnern braucht, welcher nach Plinius (VIII. 5.) und Aelian (I. 38.) Nebenbuhler des Aristophanes von Byzanz bei der Kränzeflechterin in Alexandria war. Die Hieroglyphen erfuhren aber auch in späteren Zeiten Vermehrungen und Veränderungen, so dafs Zoëga (*p.* 455. 474. 475.) auf dem Pamphilischen Obelisk 194, auf dem Barberinischen 241 Zeichen fand, die auf den für älter erkannten nicht vorkommen. Ammianus Marcellinus (*l.* 17. *c.* 4.) bezeugt ausdrücklich, und der Anblick lehrt, dafs auch Thiere anderer Weltgegenden hieroglyphisch gebraucht wurden. Bisher kannte man zwar keinen Elephanten auf Ägyptischen Bildwerken. Allein ganz neuerlich lernen wir aus der Reise des Hrn. Grafen Minutoli, dafs in dem Isistempel auf der Insel Philae wirklich einer angetroffen wird. Auch ein Kamel findet sich dort zum erstenmal. Horapollo erwähnt eines Kamels als Hieroglyphe. *l.* 2. *c.* 100. Die Bildwerke im Isistempel auf Philae scheinen aber aus der Zeit der Ptolemaeer herzurühren. Letronne. *Recherches pour servir à l'hist. de l'Égypte. p.* XXXIV. 439. 440. Man vergleiche über die Elephanten in Ägypten A. W. v. Schlegel's Abhandlung über den Elephanten (Indische Bibl. B. 1. S. 130. 186.), die unter einem sehr anspruchslosen Titel, und in dem Gewande einer blofs unterhaltenden Erzählung höchst wichtige Untersuchungen und Aufschlüsse enthält.

(²) Clemens Alex. *l.* 5. *c.* 7. *p.* 671. Aelianus. *De nat. anim. l.* 10. *c.* 29. Der Ibis hatte aber auch andre Beziehungen zum Monde. Aelianus. *l. c. l.* 2. *c.* 35. 38.

das Auge. Wie nun die Sprache ein Wort auf einen verwandten Begriff hinüberzieht, so wurde die Hieroglyphe, wegen einer neu beobachteten Eigenschaft, einem andren Begriffe gewidmet. Dies traf selbst die berühmtesten und am allgemeinsten aufgefafsten Hieroglyphen, welche dadurch Bedeutungen erhielten, die ihrem Grundbegriff durchaus fremd waren. So bezeichnete der Geier, das Grundsymbol der empfangenden und mütterlichen Kräfte der Natur, zugleich wegen seines scharfen Gesichts das Sehen, wegen der ihm beigemessenen Vorhersehungskraft, mit der er bei zwei schlagfertig stehenden Heeren sich das Feld seines Raubes unter den zu Besiegenden ausersah, die Begränzung (1). Immer stand also in erster Linie das Bild, der Begriff nur in zweiter. Dieser, nach dem Zeichen gebildet, erhielt dann freilich auch eine Bezeichnung in Wörtern, vielleicht auch in Einem, indem man entweder das Wort der Sprache wählte, das ihm am nächsten kam, oder ein zusammengesetztes bildete. Es ist daher sehr zu vermuthen, dafs die Zeichen oft prägnanter, als die Wörter, waren; und ihre Änderung und Vervielfachung mochte auch die Sprache mit neuen Zusammensetzungen bereichern. Denn in diesem Theile erfahren die Sprachen am leichtesten Umänderungen auch noch in späterer Zeit; und wenn auch richtiger, oder zu ekler Geschmack, wie wir es an der Lateinischen und Französischen Sprache sehen, die Zahl der Composita vermindert, so lehrt das Beispiel der Deutschen, dafs die Nachbildung fremder Sprachen, die, bei der Verschiedenheit des Gedankeneinschneidens in jeder, mit dem Fall der Ägyptier Ähnlichkeit hat, dieselben vermehrt.

6. Die Gesetze aufsuchen zu wollen, nach welchen die Begriffe hieroglyphisch bezeichnet werden, würde ein vergebliches Bemühen sein. Es kann nicht einmal weiter führen, so, wie Zoëga gethan hat, die verschiedenen figürlichen Ausdrücke unter Classen zu bringen, und mit Beispielen zu belegen (2). Bemerkenswerth ist es nur im Ganzen, dafs, wo wir den Zusammenhang des Begriffs mit dem Zeichen bei den Alten angegeben finden, derselbe in den meisten Fällen, mit Übergehung des sich leicht darbietenden, ein unerwarteter und gesuchter ist. Gewifs mufs man zwar hierbei sehr viel auf die Berichtsteller schieben, deren Zeugnifs wohl gerade

(1) Horapollo. *l.* 1 *c.* 11.

(2) *p.* 441 - 445.

in diesem Stück, und weit mehr, als in den Angaben der Zeichen selbst, gerechten Verdacht erregt. Namentlich sind in Horapollo ein grofser Theil der angegebenen Bezeichnungsgründe so kindisch, spielend, und selbst lächerlich, dafs man sich des Argwohns nicht erwehren kann, dafs entweder die wahren nicht mehr bekannt waren, oder dafs spätere Deutelei ihnen absichtlich falsche unterschob. Nicht unmöglich wäre es auch, dafs die Priestercaste selbst exoterische und esoterische gehabt hätte. Zum Theil aber mag uns auch manches hierin mehr auffallen, als es sollte. So gehen die häufigsten Fälle sonderbarer Zeichenerklärungen auf Eigenschaften der Thiere hinaus, die wir an ihnen nicht zu bemerken gewohnt, oder die auch augenscheinlich fabelhaft sind.

Die Alten stellten aber, wie ihre Schriften beweisen, über die kleinsten Eigenthümlichkeiten des thierischen Lebens viel mehr ins Einzelne gehende Beobachtungen an, und legten einen viel gröfseren Werth darauf, als wir zu thun pflegen. Die Ägyptier mochten aus Gründen, die in ihrem Gottesdienst lagen, noch mehr in diesem Fall sein. Dafs alsdann auch eine Menge falscher Beobachtungen, und wirklicher Erdichtungen mit unterlief, war natürlich; und so mögen wir oft die Berichtsteller beschuldigen, wo sie getreulich das selbst Gehörte niederschrieben. Wie viel man aber auch auf ihre Rechnung, oder die ihrer, vielleicht schon nicht mehr hinlänglich unterrichteten Gewährsmänner setzen mag, so brachte es die Natur der Hieroglyphen, welche doch wesentlich auf dem Forschen nach Ähnlichkeiten zwischen Körperlichem und Unkörperlichem beruhn mufste, mit sich, dafs die subjective Nationalansicht einen sehr grofsen Einflufs darauf ausübte. In der Nation selbst mufste dies ihr Verständnifs erleichtern; allein unmöglich hätte die Hieroglyphenschrift so leicht auf eine fremde Nation übergehen können, als dies bei der Chinesischen Figurenschrift möglich ist; und da das Symbolisiren der Hieroglyphensprache nothwendig den ganzen Geist der Nation befangen hielt, so mufste dies vorzüglich zu ihrer Absonderung von andren Nationen beitragen.

Verwandte, oder zu einander in gewisser Beziehung stehende Begriffe sollten, wie es scheint, durch gleiche, nur auch verschieden dargestellte Hieroglyphen bezeichnet sein, wie es im Chinesischen, dort aber, weil die Chinesische Schrift hierzu andre, besser zum Zweck führende Mittel besitzt, mit Recht nur selten, doch z. B. bei den Begriffen von rechts und links, geschieht ([1]). Ich finde indeſs bei Horapollo nur sehr wenige Zeichen dieser Art. Das **Jahr** wurde durch einen Palmbaum, der **Monat** durch einen einzelnen Zweig desselben, eine **Mutter**, je nachdem sie zuerst Töchter oder Söhne geboren hatte, durch einen Stier, der sich links oder rechts umwandte, auf ganz ähnliche Weise durch eine sich rechts oder links umdrehende Hyäne ein seinen Feind besiegender, oder von ihm besiegter Mensch, ein als Beherrscher der ganzen Welt betrachteter König durch eine ganze, ein König, der nur einen Theil beherrschte, durch eine halbe Schlange bezeichnet ([2]).

Bei weitem das merkwürdigste Beispiel bietet aber die Bezeichnung derjenigen Gottheiten bei den Ägyptiern dar, welche die weibliche und männliche Natur zugleich in sich vereinten. Denn indem sie dieselbe durch einen Käfer und Geier darstellten, setzten sie bei Hephaestos, dem Mannweibe, jenen, bei Athene, dem Weibmanne, diesen voran ([3]).

Nach der Bezeichnung der **Grundbegriffe**, wäre das Wichtigste, zu erforschen, inwiefern die Hieroglyphen die Anwendung eines lexicalischen Systems erlaubten, wie es in den Sprachen durch **Ableitung** und **Zusammensetzung** angetroffen wird.

Unmöglich wäre dies nicht gewesen; es käme nur darauf an, Beispiele dafür aufzufinden. Bei den Alten giebt es kaum einige, die sich dahin rechnen lassen. So kommen bei Horapollo natürlich oft verneinende Begriffe, bisweilen auch zugleich ihr Gegensatz vor. Nie aber ist alsdann dasselbe Bild, nur mit einem verneinenden Zusatz, gebraucht, sondern das Zeichen des verneinenden Begriffs ist ein verschiedenes, und in sich positives ([4]). Es scheint nicht einmal, daſs die neueren Entzifferer auf den reinen und allgemeinen Begriff der Verneinung in den Hieroglyphen gestoſsen sind. Hr. Young erwähnt einer Hieroglyphe, die im Bilde,

---

([1]) Rémusat's Grammatik. *p.* 2. §. 5.

([2]) Horapollo. *l.* 1. *c.* 3. 4. *l.* 2. *c.* 43. 71. *l.* 1. *c.* 64. 63.

([3]) Horapollo. *l.* 1. *c.* 12. Die Griechischen Namen können Verdacht gegen diese Stelle erregen, allein die Vorstellung war darum nicht weniger Ägyptisch. Vergl. Creuzer's Symbolik. B. 1. S. 672. 673. und besonders *nt.* 383.

([4]) Man vergleiche bei Horapollo *l.* 2. *c.* 55. und 56. — *l.* 2. *c.* 118. und *l.* 1. *c.* 44. — *l.* 1. *c.* 43. und 49.; ferner *l.* 1. *c.* 58. und andre Stellen mehr.

und auch dem Begriff nach, einem mit einer Präposition verbundenen Verbum entspricht: aufstellen, auf die Beine bringen, einrichten, errichten (*set up, prepare*); einer auf einem Stiel ruhenden Leiter ([1]) (was auch als Kopfputz vorkommen soll) folgt ein ausgestreckter Arm über zwei Beinen. Diese Gruppe kommt in der Rosetta-Inschrift vor; aber die von Hrn. Young befolgte Methode, meistentheils nur die in der Griechischen Inschrift stehenden Worte, nachdem man sie in der enchorischen aufgefunden zu haben glaubt, auf die hieroglyphischen Zeichen anzuwenden, mag allerdings bis jetzt die einzige brauchbare sein, sie bleibt aber zu ungewiſs, um für so bestimmte Fälle, als der gegenwärtige ist, mit Sicherheit darauf zu fuſsen. Es darf auch nicht unbemerkt bleiben, daſs die Zeichen in dem Wörterbuch (Nr. 164. 165.) nicht vollständig so, wie sie in der Rosetta-Inschrift vorkommen, eingetragen sind. Nr. 164. findet sich allerdings ganz so in der 13ten Zeile, allein in der 14ten ist, statt der Leiter auf einem Stiel, eine bloſse Gabel, ohne daſs Hr. Young etwas andres über diese Verschiedenheit bemerkt, als daſs er *a fork or ladder* sagt, da das Zeichen doch schlechterdings keine Leiter sein kann ([2]). Nr. 165. hat die Rosetta-Inschrift nirgends so, wie es in dem Wortverzeichniſs mit einer Leiter gezeichnet ist.

Daſs die Hieroglyphen einfacher Begriffe zusammengestellt wurden, um den aus jenen zusammengesetzten zu bilden, davon haben wir oben an Hephaestos und Athene ein Beispiel gesehen, allein es ist mir auch kein andres, wenigstens nicht bei den Alten, bekannt. In mehreren zusammengesetzten Zeichen bei Horapollo entsprechen zwar die beiden Zeichen zwei in dem Begriff vorkommenden Gegenständen, wie in der Bezeichnung eines von einem Stärkeren Verfolgten durch eine Trappe (ὠτὶς) und ein Pferd, aber ohne daſs diese einzelnen Zeichen nun auch, auſser der Zusammensetzung, Hieroglyphen der einfachen Begriffe wären ([3]). Sehr oft aber führt er zusammengesetzte Zeichen für einfache

([1]) Young. *Egypt.* nr. 164. 165. und *p.* 35.

([2]) Ein ganz ähnliches Zeichen, nämlich die Gabel, und der Arm über zwei Beinen, nur mit noch zwei gegen einander gerichteten Stäben über dem Arm, steht Zeile 6., ohne daſs Hr. Young dessen erwähnt.

([3]) Horapollo. *l.* 2. *c.* 50. Von ganz gleicher Art sind die Hieroglyphen *c.* 51. 75. 86. 91. 106. 108.

Begriffe, und umgekehrt, an. So Himmel und die Wasser ausströmende Erde für das Anschwellen des Nils, ein Herz über einem Rauchfafs für Ägypten, eine Zunge über einem blutigen Auge für die Sprache ([1]), dagegen eine Viper für Kinder, die ihrer Mutter nachstellen ([2]).

Zeichen grammatischer Verbindung, oder grammatische Wörter, Präpositionen, Conjunctionen u.s.f., liefern Horapollo und die alten Schriftsteller überhaupt gar nicht; und sollte man nach der im Alterthum hochberühmten, schon im Vorigen erwähnten Saitischen Inschrift schliefsen, so standen die Hauptbegriffe zwar in der Ordnung, in der sie gedacht werden mufsten, aber ganz abgesondert, ohne alle grammatische Kennzeichen und Verbindungen, da. Es fragt sich aber, ob die in dieser Inschrift zusammengestellten Zeichen wirklich einen Spruch, eine bestimmte Wortreihe vorstellen sollten. Die Inschrift gehört vielleicht zu derjenigen Gattung von Hieroglyphen, die nur bestimmt waren, eine Wahrheit, oder Lehre symbolisch dem Geiste vorzuführen, wie die sogenannten *τέσσαρα γράμματα* bei Clemens von Alexandrien. Ich werde von diesen weiter unten sprechen, man mufs sie aber sorgfältig von der eigentlichen Schrift unterscheiden. Sehr leicht konnte sich aber auch in verschiedenen Zeiten, oder für verschiedene Gegenstände in dem sparsameren und häufigeren Gebrauch grammatischer Zeichen eine Verschiedenheit in dem Hieroglyphenstyle finden. In den Chinesischen Schriften ist dies bekanntermafsen der Fall, und es zeigt sich in denselben, dafs es wohl möglich ist, wenn Schriftsteller und Leser sich einmal in diese Art, unverknüpfte Begriffe hinzustellen, hineingedacht haben, der Grammatik bis auf einen gewissen Grad zu entbehren.

Hr. Champollion und Hr. Young glauben mehrere blofs grammatische Zeichen in den Hieroglyphen gefunden zu haben. In dem jetzigen Zustande der Hieroglyphenentzifferung wäre es voreilig, auf die gemachten Entdeckungen schon andre Folgerungen gründen zu wollen, allein gewifs noch mehr unrecht, sie, wenn sie auch nur glückliche Vermuthungen sein sollten, zurückzuweisen, und dadurch der weiteren Untersuchung vorzugreifen. Was mir in der That die Behauptung grammatischer Zeichen sehr

([1]) *l. c. l.* 1. *c.* 21. 22. 27.

([2]) *l. c. l.* 2. *c.* 60.

6*

zu unterstützen scheint, ist die Häufigkeit, in der gewisse Hieroglyphen in wenigen Zeilen erscheinen. Unter diesen fällt, auch dem Ungeübten, am leichtesten die wagerechte in lauter spitzen Winkeln auf- und abwärtsgehende Linie ins Auge. Hr. Young und Hr. Champollion erklären sie für die den Genitiv bildende Präposition, ohne jedoch andre bestimmte Beweise davon zu geben, als dafs sie dem Koptischen gleichbedeutenden ⲛⲧⲉ oder ⲛ̀ entsprechen soll, weshalb sie, nach Hrn. Champollion, auch den Buchstaben *n* bedeutet ([1]). Dafs in der Hieroglyphenschrift ursprünglich das Wasser dadurch angedeutet werde, wie man nach der Ähnlichkeit mit den Vorstellungen dieses Elements in den Bildern ([2]) schliefsen sollte, läugnet der Letztere gänzlich. Dieses Zeichen nun findet sich in den 14 Zeilen Hieroglyphenschrift des Rosettasteins über sechzig Mal, in Verbindung mit verschiedenen andren Zeichen, wo es denn auch andre Bedeutungen haben mag ([3]), und bestätigt daher allerdings dadurch die Vermuthung, dafs es keinen Hauptbegriff, der nicht so oft wiederholt sein könnte, sondern blofs eine grammatische Bestimmung anzeigt. Auch in andren Hieroglyphen-Inschriften ist es häufig; dagegen kommt dies Zeichen in den 515 Columnen der oben erwähnten hieroglyphischen Papyrusrolle auch nicht ein einziges Mal vor, wie ich mich durch sehr genaue Durchsicht derselben überzeugt habe. Über diese auffallende Erscheinung, die vielleicht dadurch zu erklären ist, dafs in dieser Rolle an der Stelle dieses Zeichens ein andres, gleichbedeutendes gebraucht ist ([4]), darf man wohl erst von den ferneren Arbeiten der oft genannten Französischen und Englischen Gelehrten Aufschlüsse erwarten, vorzüglich von Hrn. Jomard's angekündigtem Verzeichnifs aller bekannten Hieroglyphen, aus dem sich auch

---

([1]) Young. *Egypt.* nr. 177. Champollion. *Lettre à Mr. Dacier. p.* 36.

([2]) *Descript. de l'Égypte. Ant. Planches. T.* 2. *pl.* 90. Über die Hieroglyphe des Wassers s. oben S. 33. Anm. 4.

([3]) z. B. einer Substantivendung nach Young. *Egypt.* nr. 93.

([4]) Eine einfache wagerechte Linie kommt in dieser Rolle ungemein oft vor, und ich habe einen Augenblick geglaubt, dafs der eckige Strich auf diese Weise vereinfacht sei, da diese Rolle die Zeichen überall nur in den äufsersten Umrissen giebt. Dieselbe gerade Linie findet sich aber auch, neben der im Winkel gebrochenen, auf dem Rosettastein, und beide konnten daher wohl nicht, ohne Zweideutigkeit, zusammengeworfen werden.

unstreitig ergeben wird, welche dieser oder jener Art der Denkmäler eigenthümlich sind.

Die Bezeichnung des weiblichen Geschlechts scheint durch vielfache Analogie begründet, und dürfte wohl als gewifs angenommen werden können ([1]). In der Regel steht sie den Zeichen des Subjects nach; doch will Hr. Young sie auch, nach Analogie des Koptischen Artikels, an dem allein das Geschlecht in der Sprache kenntlich ist, vor demselben gefunden haben. Das männliche Geschlecht wird nicht angedeutet. Im Koptischen sind Sonne und Mond (letzterer ⲡⲓⲟϩ) männlichen Geschlechts, und auch die Hieroglyphe des Ioh, des Mondgottes, trägt kein weibliches Zeichen. Dafs auch der mythologische Begriff der Mondgöttin in das männliche Geschlecht hinüberschweifte, ist schon durch andre Untersuchungen bekannt ([2]).

Den Dualis und Pluralis findet Hr. Young durch zwei- oder dreifache Wiederholung des Gegenstandes, oder durch zwei und drei Strichelchen bezeichnet ([3]). Nach Hrn. Champollion wird, statt der Hinzufügung der Zahl, der Gegenstand auch so oft, als sie erfordert, wiederholt ([4]). Dies erklärte den Dual, der dem Koptischen fremd ist. Die Bezeichnung unbestimmter Mehrzahl durch drei wäre merkwürdig, selbst wenn die Zweideutigkeit, wie Hr. Young behauptet, durch die Stellung vermieden war; und es ist mir in keiner Sprache aufgestofsen, dafs die Charakteristik des Plurals mit drei etymologisch zusammenhinge. Dagegen gilt fast in allen Sprachen diese Zahl, als eine Art Superlativus, für viel. Hrn. Young's Behauptung hat unläugbar das für sich, dafs auf dem Rosettastein keine einzige Hieroglyphenzeile ist, in welcher diese zwei- und dreifachen Strichelchen, oder Zeichen sich nicht wiederholten, und auch auf dem grofsen Hieroglyphen-Papyrus selten einer Columne ein Beispiel dieser Art fehlt. Fast unmöglich kann die Zahl drei dort so oft nöthig gewesen sein. Bei der grofsen Leichtigkeit, die Zweiheit dergestalt auszudrücken, läfst sich

---

([1]) Champollion. *Lettre à Mr. Dacier. p.* 9. 12. 46. *pl.* 1. nr. 21. Young. *Egypt.* nr. 3. 38.

([2]) Hirt in den Abhandl. der Berl. Akad. d. Wissensch. Hist. philol. Classe. Jahrg. 1820. 1821. S. 133. Creuzer. Symbolik. B. 2. S. 8 - 10.

([3]) *Egypt.* nr. 4. 11. 57. 187 - 196.

([4]) *Panthéon Égyptien.* Heft 1. *p.* 2. *pl.* 1.

das Entstehen eines Dualis in der Schrift denken, wenn auch die Sprache keinen kannte; und kann er nicht im Koptischen mit der Zeit ebenso, als dies fast ganz in der Griechischen Prosa der Fall ist, verloren gegangen sein?

Sehr viel hat auch die Bemerkung für sich, daſs die Ordinalzahlen durch ein über die Cardinalzahlen gesetztes Zeichen unterschieden werden. Denn in der letzten Hieroglyphen-Zeile des Rosettasteins folgen diese Zeichen mit den Zahlen 1, 2, 3 in dieser Ordnung auf einander, und in der Griechischen entsprechenden Stelle sind die letzten Worte vor dem Bruch: *τῶν τε πρώτων καὶ δευτέρ..* (1). Es wäre nur zu untersuchen, ob es nie allein vorkommt, wie auf dem Rosettastein wirklich nicht der Fall ist. Indeſs würde dies Hrn. Young's Behauptung nicht zerstören. Denn das Koptische ⲙⲁϩ, mit welchem Hr. Young es vergleicht, ist nichts andres, als ein, sich auf das mit der Ordinalzahl verbundene Substantivum beziehendes Adjectivum, da es mit ihm in gleichem Geschlecht stehen muſs, und wohl eins mit ⲙⲉϩ, der volle, von ⲙⲁϩ, anfüllen. Im Saitischen Dialekt lautet auch das Zahlaffixum ⲙⲉϩ.

Andre grammatische Bemerkungen bei Hrn. Young, die Bezeichnung einer Substantivendung (2), des Koptischen Präfixums ⲙⲉⲧ (3), des Superlativs (4), des Verbums durch Verdoppelung (5), scheinen mir ungewisser.

Substantiv, Adjectiv und Verbum bedurften wohl keiner besondren Bezeichnung. Sinn und Stellung machen sie kenntlich, und in mehreren Sprachen flieſsen sie grammatisch in einander, noch weniger haben alle Sprachen wirkliche Bildungsgesetze für die Steigerung der Begriffe.

---

(1) Schon Åkerblad (*lettre sur l'inscript. de Rosette. p.* 62.) ergänzt, und zwar nach der enchorischen Inschrift, *..ων καὶ τρίτων*, und bemerkt die Übereinstimmung des Hieroglyphentextes.

(2) *Egypt.* nr. 93.

(3) *l. c.* nr. 143.

(4) *l. c.* nr. 120. 121.

(5) *l. c.* nr. 113. 114. Ich bin durch Hrn. Prof. Tölken darauf aufmerksam gemacht worden, daſs, was hier Hr. Young einen Altar nennt, die den Leichnam des Osiris einschlieſsende Säule vorstellt. Creuzer. Symb. B. 1. S. 261. Daher erklärt es sich, daſs diese Säule heiliger Bedeutung auch als einzelne Hieroglyphe von glasirter Erde vorkommt, wie Hr. Young sagt.

Sehr viele behelfen sich mit Hinzufügung von Adverbien. Der Natur der Hieroglyphe nach, mufste auch der Grad höherer, oder geringerer Vollkommenheit, selbst oft das Adjectivum, ohne eines besondren Ausdrucks zu bedürfen, in dem danach gewählten Zeichen des Hauptbegriffs liegen. Horapollo hat viele solche Fälle ([1]), dagegen allgemeine Eigenschaftsbegriffe, wie bei Hrn. Young gut ([2]) ist, beinahe gar nicht. Auf gleiche Weise in das Zeichen des Hauptbegriffs gelegt, erscheinen bei Horapollo Activum, Passivum ([3]) und Medium ([4]). Ob die Hieroglyphenschrift aber auch abgesonderte Zeichen für diese Arten des Verbums, ob für die Tempora hatte? wäre eine sehr wichtige, aber nach dem jetzigen Zustande der Entzifferungskunde wohl unbeantwortbare Frage. Wenn es sich zu befriedigender Wahrscheinlichkeit bringen liefse, dafs, wie Hr. Young vermuthet, die gehörnte liegende Schlange das Pronomen bedeutete ([5]), so wäre man dem Aufschlufs über das Verbum viel näher getreten. Häufig ist dieses Zeichen allerdings auch auf der Papyrusrolle.

Bei Gelegenheit der von Hrn. Young angegebenen Hieroglyphen für Präpositionen und Conjunctionen ([6]), ist es zwar ein glücklicher Einfall, den Kopf auf die Koptische Präposition ϩⲓϫⲉⲛ, über, zu beziehen, die wörtlich zum, beim Kopf heifst ([7]). Allein die Hieroglyphe erscheint mit andren Zeichen zusammen, welche diese einfache und klare Beziehung wieder ins Dunkel stellen.

Aus allen diesen Angaben und Zusammenstellungen, bei denen ich absichtlich länger verweilt bin, geht für mich die Überzeugung hervor, dafs, wie ungewifs auch noch die Bestimmung der einzelnen Zeichen sein mag, es doch in der Hieroglyphenschrift wirklich grammatische gab.

Dafs aber der Gebrauch derselben nicht so häufig und regelmäfsig ge-

---

([1]) Grade der Vollkommenheit *l.* 1. *c.* 31. *l.* 2. *c.* 27. 68. Eigenschaften, in den Begriff verflochten, *l.* 2. *c.* 4. 52. 78. 100. 101.

([2]) *Egypt.* nr. 152.

([3]) *l.* 2. *c.* 71.

([4]) *l.* 2. *c.* 46. 65. 76. 88. 93.

([5]) *Egypt.* nr. 74.

([6]) *l. c.* nr. 166 - 177.

([7]) *l. c.* nr. 174.

wesen sein mag, als in unserer Buchstabenschrift, läſst sich nicht nur schon an sich erwarten, sondern zeigt sich auch an Beispielen. So stehen da, wo ein König den Beinamen des Geliebten einer Gottheit erhält, die Zeichen für geliebt und für die Gottheit (deren Entzifferung ich für eine der sichersten unter den bisher entdeckten halten möchte) immer ohne ein verbindendes Präpositions- oder Casuszeichen (¹).

Ich bin bis hierher die Bildungsart der Hieroglyphen auf ähnliche Weise durchgegangen, wie man es mit der einer Sprache thun muſs, habe zuerst die ursprüngliche Bezeichnung der Begriffe, dann die lexicalische Analogie, endlich die grammatische Verbindung betrachtet. Ich habe dabei immer die Frage vor Augen gehabt, inwiefern sich die Hieroglyphen als wirkliche Schrift, d. h. als durch jedes Zeichen an einen bestimmten Laut erinnernd, lesen lieſsen?

Wir sind nun wesentlich nur auf zwei Dinge gestoſsen, welche dies zweifelhaft machen, nämlich die doppelte, eigentliche und figürliche, und die auch sonst mehrfache Bedeutung einiger Hieroglyphen, so wie die Häufung von Bestimmungen in dem Begriffe des Zeichens, die ein Wort nicht leicht in sich vereinigt.

Der aus dem letzteren Umstand herzunehmende Einwurf ist schon oben entkräftet worden, der in dem ersteren liegende hebt sich groſsentheils durch die Seltenheit des Gebrauchs kyriologischer Hieroglyphen, die gerade diesen Grund haben mochte, und durch die geringe Schwierigkeit, wenn eine Hieroglyphe mehreren Wörtern entsprechen konnte, das in jeder Stelle gemeinte ebenso zu errathen, als man in Sprachen den eigentlichen und figürlichen Sinn eines Wortes erkennt.

Daſs aber eine Hieroglyphe mehr als Ein Wort in der Sprache haben konnte, und einige in diesem Fall sein muſsten, fanden wir auf nicht abzuläugnende Weise.

(¹) Champollion. *Lettre à Mr. Dacier. p.* 46. *pl.* 22. 23. *bis.* Das Zeichen für geliebt oder vielmehr für den Begriff der Liebe überhaupt ist eine Kette, also eine natürliche Metapher, bei Horapollo (*l.* 2. *c.* 26.) eine Schlinge (παγὶς), also auch ähnlich. Hr. Young (*Egypt.* nr. 162.) rechnet zu dem Zeichen noch ein Viereck, und einen Zirkelabschnitt, die sich auch bei Champollion (*l. c. pl.* 1. nr. 23. *bis.*) finden. In nr. 22. bei ihm fehlen sie, aber nur durch einen Fehler des Kupferstechers. Denn die Cartouche nr. 22. ist aus der Rosetta-Inschrift genommen, und diese hat das Zeichen in diesem Ausdruck (der dreimal darin vorkommt) immer.

Hiermit scheinen aber die neuerlich aufgefundenen phonetischen Hieroglyphen, die nämlich keinen Begriff, sondern einen blofsen Laut andeuten sollen, in Streit zu sein. Denn wenn man an einer, aus dem Zusammenhang herausgerissenen Hieroglyphe den Anfangsbuchstaben erkennen soll, so mufs es nur Ein mit derselben immer untrennbar verbundenes Wort geben. Es ist also hier der Ort, in diese Gattung der Hieroglyphen genauer einzugehen.

Über die phonetischen Hieroglyphen des Herrn Champollion des jüngern (*).

Hr. Young sprach, seit der Auffindung des Rosettasteins, zuerst von dem Hervorgehen alphabetischer Schrift aus hieroglyphischer, erinnerte dabei an die bekannte Methode der Chinesen, und zergliederte die Namen Ptolemaeus und Berenice. Er erklärte auch sehr glücklich die meisten Buchstaben des ersteren, und einige des letzteren, ging aber von einer Voraussetzung aus, die er nothwendig, auf dem Wege fernerer Entzifferungen, wieder hätte aufgeben müssen, dafs nämlich ein Zeichen eine Sylbe mit zwei Consonanten, oder eine mit einem anfangenden Vocal bedeuten köme. Er wurde schon in jenen beiden Namen dadurch gezwungen, überflüssige und nichtssagende Zeichen anzunehmen, da doch die Erfahrung lehrt, dafs wohl bisweilen Buchstaben fehlen, nie aber einer zu viel ist (1). Er scheiterte daher gleich bei dem Namen Arsinoe, gab in seinem hieroglyphischen Wörterbuch einen unrichtigen dafür, und deutete seine Ungewifsheit selbst, seiner Wahrheitsliebe gemäfs, durch ein Fragezeichen an (2).

Hr. Champollion der jüngere setzte sein System phonetischer Hieroglyphen in einer kleinen, an Hrn. Dacier gerichteten Schrift aus

(*) Gelesen im März 1824 in der Königl. Akad. d. Wissenschaften zu Berlin.

(1) Young. *Egypt.* nr. 56. 58. Champollion. *Lettre à Mr. Dacier. p.* 15. *nt.* 2.

(2) Wenn Hr. Young die Inschrift nr. 58. genau nach einem Urbilde gegeben hat, so hätte ihn schon der Mangel des Zeichens des weiblichen Geschlechts erinnern sollen, dafs der Name nicht Arsinoe sein kann. Nach Hrn. Champollion's Alphabet heifst das Wort Autocrator, aber die Zeichen sind nicht regelmäfsig gestellt.

7

einander, nahm in jedem Zeichen nur Einen Consonanten an, es sei nun, dafs der nicht besonders geschriebene Vocal blofs in der Aussprache hinzugesetzt, oder als mit dem vorhergehenden Consonanten von selbst zusammenhangend gedacht wurde, und entzifferte auf diese Weise eine sehr bedeutende Anzahl in Hieroglyphen geschriebener Namen. Der Erfolg war, dafs man jetzt auf einer Menge Ägyptischer Denkmäler Griechische und Römische Namen von den Zeiten der Ptolemaeer an bis auf die Antonine herunter findet [1].

Bei einer Thatsache von dieser Wichtigkeit kommt alles darauf an, ob sie auf einer sicheren Grundlage beruht; und deshalb, und weil der Gebrauch der Hieroglyphen, als Laute, zur Bezeichnung fremder Namen, die für den Ägyptier keine Sachbedeutung haben konnten, sehr innig mit den Fragen über das Alphabet der Ägyptier überhaupt zusammenhängt, schien mir zuerst eine strenge Prüfung der Behauptung Hrn. Champollion's nothwendig. Ich habe diese nicht nur durch eine genaue Untersuchung der von ihm angeführten Beispiele vorgenommen, sondern bin auch nachher viele andre Namen-Hieroglyphen in dem grofsen Französischen Werke, und den früheren Abbildungen der Obelisken durchgegangen, um das neue System auch an den nicht von ihm angeführten zu versuchen. Ich glaube mich auf diesem Wege überzeugt zu haben, dafs man, mit Hrn. Champollion, phonetische Hieroglyphen annehmen mufs, und dafs bisher für sehr alt gehaltene Denkmäler spätere Namen an sich tragen. Aber die Gründe, auf welche er sein System stützt, erfordern, meines Erachtens, eine noch sorgfältigere Sichtung, als er mit denselben vorgenommen hat, und bei einigen seiner Behauptungen sind mir Bedenken aufgestofsen. Ich glaube daher in eine genaue und ausführliche Erörterung eingehen zu müssen, um sowohl vor den Zweiflern an Hrn. Champollion's Alphabet, als vor den Vertheidigern desselben unpartheiisch zu erscheinen.

Hr. Champollion nimmt an, dafs die Ägyptier, um fremde Namen (da es am einfachsten ist, erst hierbei stehen zu bleiben) in Hieroglyphen zu

---

[1] Die wichtigen Schlüsse, die sich hieraus, verbunden mit den Griechischen Inschriften und der Beurtheilung des Styls der Gebäude und Bildwerke, auf das verschiedene Alter der Ägyptischen Denkmäler machen lassen, hat Hr. Letronne in seinen *recherches sur l'histoire de l'Égypte* mit scharfsinniger Kritik zusammengestellt. Man sehe besonders *Introduction. p.* 12-40. *p.* 459. und andre Stellen dieses gehaltvollen Werks.

schreiben, sich für jeden einzelnen Buchstaben der Hieroglyphe derjenigen Sache bedienten, welche mit diesem Laute anfing, oder aus demselben bestand ([1]). Dies läſst sich allerdings nicht durch ein historisches Zeugniſs beweisen, da die Alten dieser Art phonetischer Hieroglyphen gar nicht, sondern nur einer ganz verschiedenen, von welcher in der Folge die Rede sein wird, erwähnen ([2]).

Es liegt nicht allein in der Natur der Sache, wenn Ideenzeichen als Lautzeichen gebraucht werden sollen, sondern Hr. Champollion weist auch an mehreren Beispielen nach, daſs das Koptische Wort der als phonetische Hieroglyphe gebrauchten Sache mit dem Buchstaben anfängt, für welchen die Hieroglyphe gilt ([3]). Indeſs hätte er hier die Schwierigkeit zeigen sollen, welche diese Bezeichnungsart durch Hieroglyphen darin fand, daſs es nothwendig viele derselben gab, für die, nach Verschiedenheit des Gebrauchs, mehrere Wörter galten. Denn bei dem hieroglyphischen Zeichen kamen sehr häufig figürliche und eigentliche Bedeutung zusammen; Einem Zeichen entsprachen auch mehrere Begriffe, die nicht immer unter einander, sondern jeder mit dem Zeichen in Verbindung standen. Diese verschiedenen Bedeutungen derselben Zeichen konnten nun in der Sprache, die natürlich der Schrift voranging, nicht dieselben Laute mit sich führen. Dies ist im Vorigen an dem ganzen Ideengange der Bezeichnung durch Hieroglyphen gezeigt, und mit Beispielen belegt worden. Einer Hieroglyphe konnten daher mehrere Wörter entsprechen; und aus dem Zusammen-

([1]) *Lettre. p.* 11. 12.

([2]) In einer Stelle des Horapollo (*l.* 1. *c.* 59.) sollte man auf den ersten Anblick wirklich glauben, daſs von einem geschriebenen Namen, und sogar in einem Ringe, wie wir die Namen auf den Denkmälern finden, die Rede sei. Nachdem gesagt ist, daſs ein sehr schlechter König durch eine, ihren Schwanz in dem Mund haltende Schlange angedeutet wird, heiſst es: *τὸ δὲ ὄνομα τοῦ βασιλέως ἐν μέσῳ τῷ εἰλήγματι γράφουσιν.* Man sieht aber aus dem Gegensatz im folgenden Capitel, wo die Ägyptier *ἀντὶ δὲ τοῦ ὀνόματος τοῦ βασιλέως φύλακα ζωγραφοῦσιν*, daſs nicht der Name, sondern das Wort König, entgegengesetzt dem Wort Wächter, gemeint ist. Auf den Unterschied der Wörter *γράφουσι* und *ζωγραφοῦσι* darf man hier kein Gewicht legen. Der Verfasser dieser Schrift braucht sehr häufig *γράφειν* für das Zeichnen der Hieroglyphe, so *l.* 1. *c.* 27. 29. 54. 56. *l.* 2. *c.* 1. u. s. f., obgleich, diese Ausnahmen abgerechnet, er gewöhnlich *γράφειν* mit dem auszudrückenden Begriff, *ζωγραφεῖν* mit der Hieroglyphe verbindet, wie *l.* 1. *c.* 52. *γνῶσιν δὲ γράφοντες, μύρμηκα ζωγραφοῦσιν.*

([3]) *Lettre. p.* 12. 35-37.

hange herausgerissen, blieb das wirklich damit gemeinte ungewiſs. Wäre man aber auch hiermit nicht einverstanden, so ist wenigstens das Gegentheil eine bisher unerwiesene Voraussetzung. Es kommt nun daher, daſs Hr. Champollion bald, wie bei der Hand (*t*, ⲧⲟⲧ), die eigentliche, bald, wie bei dem Sperber (*a*, ⲁϩⲓ, das Leben), die figürliche, bald eine generische, wie Vogel (*a*, ϩⲁⲗⲏⲧ), auswählte (¹). Daſs das Letzte durchaus unstatthaft ist, habe ich schon weiter oben bemerkt, und den Beweis davon aus der Analogie der Hieroglyphenbezeichnung geführt. Beruhte das System wirklich auf dieser Grundlage, so wäre ein solches Schwanken höchst verdächtig. Glücklicherweise aber steht das System, daſs die angegebenen Zeichen die angegebenen Buchstaben bedeuten, für sich selbst, und stützt sich auf ganz andre Beweise; und nur indem man sich die Gründe der Wahl dieser Zeichen deutlich machen will, kommt man auf die eben erwähnte Annahme. Diese scheint auch im Ganzen richtig zu sein. Bei der Vieldeutigkeit der Hieroglyphen folgt aber nothwendig daraus, daſs entweder die Ägyptier, nach uns unbekannten Regeln, von mehreren Bedeutungen einer Hieroglyphe, zum phonetischen Gebrauche, eine bestimmte auswählten, so wie die Chinesen (²) auch eigne Methoden für den ähnlichen Zweck haben, oder daſs diese ganze Art, Namen zu schreiben, doch unvollkommen war, und den, noch über den Inhalt ganz ununterrichteten Leser bisweilen über die wahre Geltung eines Zeichens in Ungewiſsheit lassen konnte. Daſs die letztere Folgerung von beiden die wahrscheinlichere ist, zeigen auch andre vielfache Mängel dieser Bezeichnungsart. Zugleich aber ergiebt sich hieraus, und hierauf ist es wichtig aufmerksam zu machen, daſs die etwanige Übereinstimmung der phonetischen Geltung eines Zeichens mit einem Koptischen Worte nicht für einen Beweis der Richtigkeit der aufgefundenen Be-

---

(¹) *Lettre. p.* 12.

(²) Hr. Young und Hr. Champollion berufen sich auf das Beispiel der Chinesen, aber ohne tief genug in die Methode, welche das Chinesische hierbei beobachtet, einzugehen. In der Anzeige der Champollionschen Schrift im *Quarterly review. Vol.* 28. 1823. *p.* 191. 195. wird zwar auf mehrere Unterschiede zwischen der Chinesischen und Ägyptischen Lautbezeichnung durch Ideenzeichen aufmerksam gemacht, und auch bemerkt, daſs im Chinesischen, was jedoch nicht unbedingt richtig ist, jedem Zeichen nur Ein Laut, dagegen Ein Laut einer Menge von Zeichen entspricht. Daſs aber, und inwiefern es in den Hieroglyphen anders war, wird nicht angeführt.

deutung dieses Zeichens dienen kann, und daſs in der Champollionschen Schrift auf diese Beweisart noch immer zu viel Gewicht gelegt worden ist. Wenn auch die Koptische Sprache im Ganzen die Alt-Ägyptische war, so ist dies bei weitem nicht von jedem ihrer einzelnen Wörter (auch wenn es kein uns sonsther bekanntes ist) ausgemacht.

Die Andeutung der Vocale wird bei dieser Entzifferungsart sehr mangelhaft angenommen. Es finden sich wenige Zeichen dafür, und diese auch dienen mehreren Lauten zugleich. Oft sind sie ganz ausgelassen, so daſs man sich alsdann die Geltung der Consonanten als syllabisch denken kann (1).

Jeder Buchstabe hat, oder kann wenigstens mehr als Ein Zeichen haben. In Hrn. Champollion's Alphabet giebt es bis auf funfzehn und mehr für einen. Doch hat er auch sein Alphabet, ohne Noth, mit Zeichen überladen, indem er die Verschiedenheit der Richtung, die kleinste Veränderung der Form als eigene Zeichen giebt, unter *r* einige für *l*, unter *l* einige für *r* wiederholt, so wie unter γ und δ einige für *k* und *t*. Rechnet man dies ab, so bleiben zwischen 40 und 50. Indeſs hat seine Arbeit gewiſs nicht alle erschöpft, und es kann sogar hierin gar keine Gränze gezogen werden. Denn, und dies ist ausnehmend wichtig für andre, später zu berührende Untersuchungen, diese Bezeichnungsart ging gar nicht von der Idee eines Alphabets, d. h. der Andeutung aller nothwendigen Laute durch die möglichst kleinste Zahl von Zeichen, aus, sondern nur von der Nothwendigkeit, bedeutungslose Laute durch Hieroglyphen auszudrücken. Dieser Zweck nun wurde durch jedes Zeichen, dessen Wort nur an den beabsichtigten Laut mit hinreichender Bestimmtheit erinnerte, erreicht, und man sieht daher auch durchaus dieselbe Erscheinung bei den Chinesen (2). Indeſs finden sich doch bei denselben Namen meistentheils dieselben Zeichen, da sich natürlich hierin eine gewisse Gewohnheit bildete. Man braucht nur die 3 Kupfertafeln Hrn. Champollion's anzusehen, um sich zu überzeugen, daſs die erste, welche bloſs Griechische Namen enthält, meistentheils dieselben Zeichen giebt, und die auffallend neuen erst bei den Kaisernamen auf der zweiten und vorzüglich der dritten auftreten. Bisweilen hatte wohl auch auf die Wahl des Zeichens, so wie auf ihre Stellung, wovon gleich mehr, der Raum

(1) Champollion. *Lettre. p.* 51.

(2) *l. c. p.* 33. *Quarterly review. Vol.* 28. *p.* 191.

und die Symmetrie Einfluſs, eine Rücksicht, die bei den Hieroglyphen auf Denkmälern nie aus den Augen gelassen werden muſs. Obgleich die Ovale, welche die Namen zu umschlieſsen pflegen, von verschiedener Gröſse sind, so richtete sich dieselbe doch zum Theil nach der Einrichtung der ganzen Hieroglyphenschrift; und meistentheils sind zwei gleich groſse gepaart, oft kehren mehrere in gleicher Gröſse zurück. Ein längerer Name erhält daher oft nur denselben Raum, als ein kürzerer. Es scheint gewiſs, daſs die Ovale bisweilen früher gemacht wurden, als man den Namen einschrieb, obgleich sich damit sehr gut Hrn. Letronne's Behauptung (1), daſs es leere Ovale (*cartouches*) nur an nicht fertigen Denkmälern giebt, vereinigen läſst. Denn auf dem Barberinischen Obelisk (2) finden sich zwei, auf dem Alexandrinischen (*Aiguille de Cléopatre*) ein leeres (3), wo man doch demungeachtet die übrige Hieroglyphenschrift fortgesetzt hat, und daher die Namen nachtragen wollte. In diesen Fällen nun muſste der Name, wie er auch war, in den Raum gebracht werden.

Bei der Lesung der Namen nach dem Champollionschen Alphabet findet man bisweilen, jedoch selten, die Stellung der Zeichen sehr stark versetzt (4). Um *aoto* zu schreiben, steht fast regelmäſsig das *a*, der Sperber, zwischen dem *o* und *to*, so daſs man eigentlich *oato* lesen müſste (5). Die beiden zusammen *η* bedeutenden Federn sind bisweilen, vermuthlich der Symmetrie wegen, durch einen andren Buchstaben getrennt. Im Folgenden werde ich einiger Fälle erwähnen, wo man erst in einer, dann einige Zeichen in der entgegengesetzten Richtung lesen muſs. Allein in der Regel liest man, wie bei den Hieroglyphen überhaupt, von oben herab, und von der Seite in der den Köpfen entgegengehenden Richtung. In jenen Fällen kann daher schon darum die Lesung verdächtig scheinen.

Ich muſs bei dieser Gelegenheit bemerken, daſs Hr. Champollion

---

(1) *Recherches. p.* xxxv.

(2) An der dritten Seite. Zoëga. Pl. 8.

(3) *Descript. de l'Égypte. Ant. Planches. T.* 5. *pl.* 33.*

(4) Champollion. *Lettre. pl.* 3. nr. 72. c. *Descript. de l'Égypte. Ant. Planches. T.* 1. *pl.* 60. nr. 9. *pl.* 80. nr. 7. *T.* 4. *pl.* 33. nr. 5.

(5) Mehrere Beispiele bei Champollion. *Lettre. pl.* 2. Ferner *Descript. de l'Égypte. Ant. Planches. T.* 4. *pl.* 28. nr. 29. 31. 35.

meistentheils nur die regelmäfsigen Inschriften für seine Kupferplatten gewählt, und einige angeblich fehlerhafte stillschweigend ergänzt hat, und überhaupt der von der gewöhnlichen Schreibart abweichenden nur selten erwähnt ([1]). Er hat dabei offenbar die Absicht gehabt, den Leser nicht

---

([1]) Es ist zu bedauern, dafs Hr. Champollion in seinen Abbildungen die Originale bei weitem nicht mit diplomatischer Treue wiedergiebt. Es mag dies zum Theil an der Nachlässigkeit des Kupferstiches liegen. Allein zum Theil kommt es aus einer andren Ursach. Hr. Champollion hat mehrere Inschriften, die ihm vermuthlich fehlerhaft schienen, ergänzt. Bisweilen sind diese Ergänzungen bei ihm punktirt, so *pl.* 2. nr. 63. a. *pl.* 3. nr. 68.; bisweilen aber ist nicht die mindeste Andeutung der Ergänzung oder Veränderung weder auf den Platten, noch im Text, noch in der Erklärung der Kupfer gemacht. Dafs die Inschriften manchmal fehlerhaft *sind*, scheint wirklich die 52ste Kupfertafel des 3ten Bandes des grofsen Französischen Werks zu beweisen. Der Name Ptolemaeus kommt auf derselben achtmal mit denselben Buchstaben, wie auf dem Rosettastein, ohne alle Veränderung vor. Ein neuntesmal aber steht statt des *m* ein *t*, was nur durch Unachtsamkeit des Ägyptischen Bildhauers, oder des neueren Zeichners entstanden sein kann. So mögen auch Auslassungen geschehen sein, wie Hr. Champollion *p.* 46. nr. 26., aber zu beiläufig, und nur bei wenigen Fällen, erwähnt. Es mag daher nicht unrichtig sein, solche offenbaren Auslassungen zu ergänzen. Allein bei dem Vortrage eines Systems, das schon vielen Zweifeln ausgesetzt sein mufs, und wo man nicht genug thun kann, jeden Schein der Willkührlichkeit zu vermeiden, sollte man jede Ergänzung dieser Art anzeigen und mit Gründen belegen. Zu Beispielen des eben Gesagten mögen folgende Fälle dienen, bei denen Hr. Champollion die Originale selbst citirt.

1) *Pl.* 1. nr. 22. vom Rosettastein. Z. 14. nach *Lettre. p.* 6. 46. Es fehlen die beiden ideographischen Zeichen vor der Kette.

2) *Pl.* 1. nr. 41. aus der *Descript. de l'Égypte. Ant. T.* 1. *pl.* 43. nr. 8. nach *Lettre. p.* 20. Hier sind *t* und *m*, die im Original fehlen, eingeschaltet, das deutliche *s* des Originals vor dem *r* ist in eine Feder, *a* oder *e*, und das sehr dünne Mondsegment, das im Original zwischen *n* und *r* steht, in ein, *t* bedeutendes Zirkelsegment verwandelt worden. Diese Änderungen sind nach einer Inschrift *Descript. de l'Égypte. T.* 1. *pl.* 60. nr. 9. (Champollion. *pl.* 1. nr. 40.) gemacht, die aber gar nicht in den Zeichen, sondern nur in Hrn. Champollion's Lesung derselben mit jener übereinkommt.

3) *Pl.* 1. nr. 42. aus *Descript. de l'Égypte. T.* 4. *pl.* 28. nr. 15. nach *Lettre. p.* 21. steht zwischen den beiden *s* ein Mund, der *r* anzeigen soll. Im Original aber ist ein deutliches Auge (nach Hrn. Champollion's Alphabet ein *a*). Von dieser Inschrift werde ich unten weitläuftiger handeln. Hier bemerke ich nur Folgendes. Im Original steht κησας, und Hr. Champollion will hierin Caesar erkennen. Es tritt aber hier gerade ein Fall ein, wo dies Wort sich nicht, aus andren sichren Gründen, erwarten läfst. Denn stände sonst fest, dafs der Name das Wort Caesar enthalten müfste, so könnte, wenn man einmal Auslassungen annimmt, κησας für κησρας, *i. e.* καισαρος, stehen. Denn Hr. Champollion hat *pl.* 2. nr. 52. aus *Descript. de l'Égypte. T.* 4. *pl.* 28. nr. 9. κησρατ (nach ihm

durch Unregelmäſsigkeiten irre zu machen, welche, seiner Meinung nach, doch dem System keinen Eintrag thun. Ich stimme ihm hierin in mehreren Fällen bei. Da man aber nicht bei jedem Leser eigne Prüfung vorauszusetzen berechtigt ist, so werde ich, nicht um Hrn. Champollion zu berichtigen, sondern um unpartheiisch die Gründe für und wider seine Behauptungen zusammenzustellen, diese Auslassungen möglichst nachholen. Um jedoch gerecht zu sein, darf man nicht vergessen, daſs Hrn. Champollion's Brief an

---

Caesar Autocrator), und *T.* 4. *pl.* 28. nr. 12. steht in einem eignen Schilde κησστ, was man ebenso., mit ausgelaſsnem ϱ, erklären könnte. Die Lesung verliert aber, wo solche Voraussetzungen nothwendig sind, immer an Gewiſsheit.

4) *Pl.* 2. nr. 61. aus *Descript. de l'Égypte. T.* 1. *pl.* 20. nr. 8. nach der Beschreibung des Basreliefs *Lettre. p.* 26. Hier ist in dem Schilde, welches Caesar gelesen werden soll, das erste σ (Hr. Champollion hat κησρς, das Original κηρς) und eines der beiden Zeichen des weiblichen Geschlechts unter dem Thron, der ideographisch die Isis anzeigt, hinzugesetzt. Man sieht aber, daſs hier der Kupferstecher gefehlt hat. Denn da die letzte Ergänzung punktirt ist, war es gewiſs die Absicht des Verfassers, auch die erste punktiren zu lassen. Nur sollte der Text diese Verbesserungen angeben.

5) *Pl.* 3. nr. 72. aus *Descript. de l'Égypte. T.* 1. *pl.* 27. nr. 12. nach *Lettre. p.* 30. Hier hat das sechste Zeichen einen deutlichen Henkel, als *k*, von dem im Original jede Andeutung fehlt. Ich habe gefunden, daſs diese henkellosen Gefäſse (◡) sehr häufig auf den Inschriften sind, indem andre, sonst ganz gleiche Gefäſse einen deutlichen Henkel haben. Hr. Champollion sagt nichts hierüber, und nimmt die Abweichung nicht in sein Alphabet auf, scheint aber beide Zeichen für gleich zu halten.

Hr. Champollion citirt selten seine Originale anders, als bloſs nach dem Gebäude, wo sie waren; und man kann daher nicht behaupten, wenn man auch an denselben Gebäuden ganz gleiche Inschriften findet, ob sie die Urbilder der seinigen sind. Dies vorausgeschickt, bemerke ich noch folgende Abweichungen.

1) *Pl.* 3. nr. 72. c. gleich mit *Descript. de l'Égypte. T.* 1. *pl.* 80. nr. 9. hat das zwölfte Zeichen eine ganz andre Gestalt bei Hrn. Champollion, wo es ein *r* ist, als im Original, wo es deutlich einen Bogen vorstellt. Für seine Verbesserung aber spricht auf derselben Tafel nr. 7., welche, die wagerechte Stellung des Schildes und den einen Buchstaben ausgenommen, gänzlich mit nr. 9. übereinkommt.

2) *Pl.* 3. nr. 78. vom Typhonium zu Denderah. Das Schild mit dem Namen Antoninus kommt mit *Descript. de l'Égypte. T.* 4. *pl.* 33. nr. 6. überein; aber das damit verbundene weicht von nr. 5. derselben Platte in der Stellung der ersten drei und im letzten Zeichen so ab, daſs ich glauben möchte, beide Schilde (obgleich die Bilder von jener Platte auch von dem Typhonium sind) wären wo anders hergenommen. Ich bemerke schlieſslich, daſs ich einen Theil der Champollionschen Abbildungen nicht mit den Originalen verglichen habe, weil mehrere nicht aus dem Französischen Werke genommen sind, und andre mir haben beim Durchblättern dieses entgehen können.

Hrn. Dacier nur eine vorläufige Entwicklung eines Theils seines Systems ist, dafs die Form einer Flugschrift ihn nöthigte, sich in der Zahl der, als Beweise, angeführten Inschriften zu beschränken, und dafs er an einem Orte lebt, wo ihn eine Menge hieroglyphischer Denkmäler aller Art umgiebt. Er konnte daher seiner Behauptungen in mehreren Punkten durch einen Totaleindruck sicher sein, den es ihm unmöglich war dem Leser in einer kurzen, nur einem Theil seines Systems bestimmten Schrift wiederzugeben. Es konnten ihm auf diese Weise Abweichungen als unbedeutend erscheinen, auf welche der, blofs diese Schrift, und eine beschränkte Anzahl von Denkmälern vor Augen habende Leser, aus seinem Standpunkt nicht mit Unrecht, Gewicht legt.

Hr. Letronne bemerkt sehr richtig ([1]), dafs man nur durch Hülfe der Griechen das alte Ägypten kennen zu lernen hoffen darf; und hierauf, auf eine Vergleichung der Hieroglyphen mit entsprechenden Griechischen Inschriften, gründet sich ursprünglich auch das System der phonetischen Hieroglyphen. Auf dem Rosettastein ergab die Vergleichung mit dem Griechischen Text viermal (zweimal ohne Anhängung ideographischer Zeichen) den Namen Ptolemaeus, auf dem Obelisk von Philae, dessen Griechische Sockel-Inschrift auch einen Ptolemaeus, und zwei Cleopatren nennt, fand sich in der Hieroglyphenschrift derselbe Name Ptolemaeus mit denselben Zeichen, und ein zweiter, dessen Zeichen zum Theil mit jenem übereinkamen, und an dessen Ende sich die Hieroglyphen des weiblichen Geschlechts fanden ([2]). Durch die Griechischen Inschriften stand also fest, dafs der erstere Name gewifs Ptolemaeus, der zweite wahrscheinlich Cleopatra war, allein allerdings auch nicht mehr. Ob die Zeichen nur zusammen eine untrennbare Gruppe ausmachten, oder ob die einzelnen, und welche Geltung sie hatten? blieb ungewifs. Wenn man aber hypothetisch annahm, dafs die Zeichen alphabetisch waren, worauf in beiden Namen die Vielheit, in dem ungewisseren die genaue Übereinstimmung ihrer Zahl mit der Zahl der Buchstaben in Cleopatra führte, so fand sich nun, dafs von den, beiden Namen gemeinschaftlichen Buchstaben *p*, *o*, *l* in ihnen in regel-

([1]) *Recherches. p.* 9.

([2]) Diese Inschriften des Obelisks in Philae habe ich nicht Gelegenheit gehabt selbst zu sehen. Ich kenne sie nur aus Hrn. Champollion's Nachbildungen. *pl.* 1. nr. 23. 24.

8

mäſsiger Ordnung (wie es die Lesung der Buchstaben und der Hieroglyphen forderte) mit denselben Zeichen vorkamen, *e* in Cleopatra auf analoge Weise mit *η* oder *αι* in Ptolemaeus, *t* aber mit einem verschiedenen Zeichen; daſs ferner von den Buchstaben, welche nur einer der beiden Namen hat, keiner in dem anderen war, und endlich daſs genau an der Stelle, wo in Cleopatra derselbe Buchstabe (*a*) wiederkehren muſste, auch pünktlich dasselbe Zeichen wirklich wiederkehrte. Dies, gestehe ich, kann ich nicht für das Spiel eines Zufalls halten, sondern die alphabetische Geltung der Zeichen in diesen beiden Namen, so wie die richtige Deutung des weiblichen, scheinen mir so sicher und vollständig erwiesen, als Beweise bei Dingen möglich sind, die einmal, ihrer Natur nach, nichts andres, als mit allen Umständen zutreffende Hypothesen, zulassen.

Gegen die Wirklichkeit bloſs als Laute geltender Hieroglyphen, und einer Bezeichnung von Namen durch sie läſst sich, meines Erachtens, schon hiernach kein andrer, als der allgemeine Zweifel erheben, daſs, trotz aller dieser Wahrscheinlichkeiten, die Andeutung der Namen doch habe anders gemeint sein können.

Tritt man der Hypothese bei, so sind durch sie elf Buchstaben gefunden.

Ehe ich aber diesen Punkt verlasse, muſs ich, der Genauigkeit wegen, noch einen andren berühren. Ob die hieroglyphische Inschrift auf dem Obelisk von Philae mit der Griechischen auf dem Sockel (1) in Zusammenhange steht, so daſs jene aus dieser erklärt werden kann, wie wir oben voraussetzten? ist nicht als ganz ausgemacht anzusehen, jedoch höchst wahrscheinlich (2). Daſs die beiden Inschriften nicht Übersetzungen, eine der andren, sind, darüber ist man einverstanden (3). Die Griechische Inschrift enthält eine Bitte der Priester an den König Ptolemaeus Euergetes 2., gewis-

---

(1) Hr. Champollion (*Lettre. p.* 6.) sagt: *l'obélisque était lié, dit-on, à un socle etc.* Hiernach wäre selbst ungewiſs, ob der Sockel mit der Griechischen Inschrift wirklich der des Obelisks war? Hr. Letronne (*Recherches. p.* 297.) sagt bestimmt: *il fit déblayer l'obélisque ainsi que le socle, qui le supportait.* Auf alle Fälle fand man also den Obelisk nicht mehr auf dem Sockel stehend.

(2) Hr. Letronne nennt es sogar gewiſs. *l. c. p.* 333.

(3) Letronne. *Recherches. p.* 338-340. Champollion in der *Revue encyclopédique. T.* 13. *p.* 517.

sen, sie drückenden Mifsbräuchen abzuhelfen, und ihnen zu erlauben, zum Gedächtnifs hiervon eine Stele zu errichten ([1]). Es fragt sich nun, ob der Obelisk selbst diese Stele ist? Hrn. Letronne scheint dies nicht unmöglich. Hr. Champollion ist aber aus den beiden, mir überwiegend scheinenden Gründen dagegen, dafs ein Obelisk nie eine Stele genannt werde ([2]), und dafs dieser Obelisk noch einen zu ihm gehörenden, der noch unter Trümmern daliege, neben sich gehabt habe. Er geht sogar so weit, allen Zusammenhang zwischen dem Obelisken und der Sockel-Inschrift abzuläugnen, doch nennt er den Obelisken einen von einem Ptolemaeus errichteten ([3]). Von dieser, in einer eignen Abhandlung in der *Revue encyclopédique* geäufserten Meinung scheint er in seinem Brief an Hrn. Dacier ([4]) zurückgetreten zu sein. Denn ob er sich gleich zweifelhaft ausdrückt, so zieht er doch den möglichen Zusammenhang beider Inschriften mit in seine Beweisgründe für die Entzifferung des Namens Cleopatra. Indefs geschieht dies nur beiläufig. Denn seine Hauptbeweise nimmt er immer von der Übereinstimmung her, die, unter Voraussetzung seines Alphabets, zwischen allen von ihm angeführten, vermöge desselben lesbar gewordnen Inschriften herrscht. Wenn man bedenkt, dafs in der Hieroglyphenschrift deutlich und mit den ganz gleichen Buchstaben der Rosetta-Inschrift Ptolemaeus vorkommt, und dafs die Griechische Inschrift von einem Ptolemaeus redet, so wird der Zusammenhang beider Inschriften wahrscheinlich. Der Obelisk braucht darum nicht die auf dem Sockel verheifsne Stele zu sein. Oft waren Obelisken ursprünglich (wie noch mehrere in Rom) von Hieroglyphen leer, und konnten nachher Inschriften erhalten. Des Namens Cleopatra habe ich hier nicht erwähnt, obgleich die Sockel-Inschrift zwei Cleopatren, Mutter und Tochter, und beide Gemalinnen Euergetes 2., nennt, weil die Deutung der hieroglyphischen Zeichen desselben mit auf dem Zusammengehören des Obelisks und des Sockels beruht.

Die Beweise aus Inschriften in bekannten Sprachen gehen nun

([1]) Letronne. *l. c. p.* 300.

([2]) Über den Begriff von στήλη habe ich mich schon oben S. 30. Anm. 2. ausführlich erklärt, und verweise daher auf das dort Gesagte zurück.

([3]) *Revue encyclop. T.* 13. *p.* 512. 517. 518.

([4]) *p.* 6. 7.

8*

über das bis jetzt Gesagte nicht hinaus. Die Sicherheit der übrigen Zeichen des Champollionschen Alphabets gründet sich darauf, dafs unter mehreren jener zuerst gefundenen neue vorkommen, und durch jene erkennbar werden, oder, um mich bestimmter auszudrücken, in die gemachte Hypothese einer Namensdeutung mit jenen passen, dafs dadurch die Zahl der gedeuteten Zeichen wächst, und dieselbe Operation nun mit neuen, und der, sich immer vermehrenden Zahl der alten vorgenommen, und darin so weit gegangen wird, als die Zahl und Art der Inschriften es erlaubt.

Gegen diese Methode kann eine strenge Kritik nun freilich erhebliche Einwendungen machen. Denn erstlich kann die hypothetisch gemachte Deutung vielleicht unrichtig sein. So giebt die Inschrift, auf der Alexander gelesen wird, von den ersten elf Zeichen *αλ.σε.τρ.*, und drei neue an den mit Punkten bezeichneten Stellen. Diese ergänzt Hr. Champollion durch ..*κ*..*ν*..*ς*. Man kann allerdings nun nicht mit Gewifsheit behaupten, dafs nicht vielleicht andre Laute einen ganz andren Namen bezeichneten [1].

Zweitens, und das ist das Wichtigste, wird man auf diese Weise von einem Zeichen zum andren fortgezogen, die Grade der Gewifsheit der einzelnen sind nicht dieselben, ohne dafs doch Hr. Champollion sie unterscheidet, oder nur eines solchen Unterschiedes erwähnt. Es kann, und mufs daher der Verdacht entstehn, dafs man vielleicht, auch von einer wahren und richtigen Grundlage ausgehend, zu ganz falschen, oder wenigstens ganz unsichren Behauptungen gelangt, indem die Ungewifsheiten allmälig zunehmen.

Drittens kann die häufigere Wiederkehr derselben Inschriften, insofern man sich darauf berufen sollte, nichts für die Richtigkeit der Lesung beweisen. Nur wo, bei der Wiederkehr, die Zeichen verschieden sind,

---

(1) Champollion. *Lettre. p.* 10. *pl.* 1. nr. 25. Er sagt, nachdem er den Namen *αλκσεντρς*, mit *ε* zum fünften Zeichen, geschrieben hat: *qui est écrit ainsi, lettre pour lettre en écriture démotique dans l'inscription de Rosette et dans le papyrus du cabinet du roi.* Diese Papyrusrolle kann ich nicht beurtheilen; aber auf der Rosetta-Inschrift (Zeile 2.) steht deutlich und nach Hrn. Champollion's eigner Lesung (*p.* 45. *pl.* 1. nr. 1.) *αλκσαντρς*, mit *α* zum fünften Zeichen, und so schreibt er auch *p.* 14. und 15. Es fällt also entweder der Beweis der Übereinstimmung mit der demotischen Schrift hinweg, oder der Name hat nicht drei, sondern vier neue Zeichen. Denn die einzelne Feder, die hier das fünfte Zeichen ist, bedeutete im Namen Cleopatra *ε*, und mufs hier *α* sein.

und, nach der früher angenommenen Geltung, doch denselben Namen geben, sind sie wirklich beweisend.

Dieser Einwendungen ungeachtet, halte ich die beobachtete Methode im Ganzen, wenn sie nur mit Behutsamkeit, und mit Beachtung der verschiedenen Wahrscheinlichkeitsgrade der Geltung der einzelnen Zeichen angewendet wird, durchaus nicht für verwerflich; man darf vielmehr den Scharfsinn bei ihrer Auffindung nicht verkennen. Sie ist künstlich, auch wohl gefährlich; allein ich möchte fragen, ob man durch andre, als sehr künstliche Methoden, stumme Hieroglyphen zum Reden bringen kann?

Die neuen Zeichen, wo sie jenen ersten beigemischt sind, für Buchstaben anzusehen, kann ich nicht mehr eine bloſse Vermuthung nennen, da jene als Buchstaben erkannt sind, und die übrigen Namenschilde durchaus Gleichheit der Anordnung mit denen auf dem Rosettastein und dem Obelisken zu Philae zeigen, und jene ersten Zeichen bald vor, bald hinter, bald zwischen den neuen erscheinen, mithin die Idee einer Geltung, als zusammenhängender Gruppen, ganz wegfällt. Hiermit aber ist sehr viel gewonnen; denn es fragt sich nun bloſs, welche Buchstaben man darunter zu verstehen hat?

Die Grade der Wahrscheinlichkeit der Deutung sind bei den verschiedenen Zeichen allerdings verschieden, und ich möchte nicht alle von Hrn. Champollion aufgestellten Buchstaben für gewiſs halten.

Den ersten Grad der Sicherheit haben immer jene oben erwähnten elf.

An diese schlieſsen sich diejenigen neuen Zeichen an, die man in denselben Namen Ptolemaeus und Cleopatra an der Stelle einiger von jenen findet. Doch ist ihre Gewiſsheit nicht dieselbe mit jenen, da sie bloſse Fehler, oder die Namen andre, nur wenig von jenen abweichende, sein könnten. Es sind, soviel ich habe finden können, vier [1]. So hangen also mit

---

[1] Champollion's *m*, nr. 3. Champ. *pl.* 1. nr. 40. *Descript. de l'Égypte. Ant. T.* 1. *pl.* 43. nr. 1. Champollion's *m*, nr. 5. Champ. *pl.* 1. nr. 31. Champollion's *o*, nr. 5. und 6. Champ. *pl.* 1. nr. 30. Champollion's *p*, nr. 2. 3. Champ. *pl.* 1. nr. 31. 34. 36. *Descr. de l'Eg. Ant. T.* 1. *pl.* 43. nr. 11. Dies Zeichen gilt auch ideographisch für dasselbe mit Champollion's *p*, nr. 1., wie *Descr. de l'Eg. Ant. T.* 4. *pl.* 28. nr. 9. zeigt, wo es vor dem Zeichen geliebt ebenso steht, als sonst jenes. Nachgesehen zu werden verdient *T.* 3. *pl.* 69. nr. 17., wo statt des *t* das Zeichen um-

der Vergleichung mit den Griechischen Inschriften funfzehn Zeichen zusammen, ein Drittel des Champollionschen Alphabets. Der Grad der Gewissheit der übrigen kann nur auf der Häufigkeit der Fälle, und der Verschiedenartigkeit ihrer Mischung, in welcher sie, unter der einmal angenommenen Geltung immer lesbar, vorkommen, beruhen. Ich möchte indess, ungeachtet dieser Unterscheidung der Wahrscheinlichkeitsgrade, bei weitem die meisten dieser Zeichen nicht für weniger gewiss ansehen, als jene funfzehn.

Denn erstlich findet man die hier in Classen gesonderten Zeichen so mit einander untermischt, dass man weit mehr sie wie sich gegenseitig haltend, als wie die einen, weniger gewissen, sich auf die andren, sichreren, stützend ansieht.

Zweitens wird (die Verwechslung des *l* und *r*, und die Nichtbeachtung des Unterschiedes einiger harten und weichen Laute abgerechnet) jedes Consonantenzeichen nur in Einer Geltung angenommen, und giebt in dieser die behauptete Lesung.

Drittens kehren die Namen gar nicht immer in denselben Zeichen wieder, sondern sehr häufig mit einigen verschiedenen, und die Geltung der einzelnen ist doch immer dieselbe. Dies zeigen besonders die Reihen der Wörter: Autocrator, Caesar, Tiberius, Domitianus bei Hrn. Champollion.

Viertens finden sich eins, oder das andre der elf ersten Zeichen auf allen von Hrn. Champollion angeführten Inschriften, und einige, auch der auf weit spätere Römische Kaiser gedeuteten, bestehen ganz, oder so weit aus denselben, als sie gleiche Buchstaben enthalten, so Autocrator (1) hier und da, Tiberius (2), Domitianus (3); dagegen ist mir Caesar nie so vorgekommen, sondern immer mit einem oder dem andren der später aufgefundenen Zeichen.

---

gekehrt (also *k* ohne den Henkel) und ein neues Zeichen statt des *m* steht. Bedeutet dies auch Ptolemaeus? Ein Ptolemaeus ähnlich kommender Name ist *T.* 5. *pl.* 30. nr. 3.

(1) Champollion. *pl.* 2. nr. 45. aus *Descript. de l'Égypte. T.* 1. *pl.* 23. nr. 18.

(2) Von dem West-Tempel auf Philae. Champollion. *p.* 28. *pl.* 2. nr. 64. Ich habe im grossen Französischen Werk diese Inschrift vergebens gesucht.

(3) Auch von Philae. Champollion. *p.* 28. *pl.* 2. nr. 65. Auch diese Inschrift habe ich nicht gefunden.

Hiernach glaube ich, dafs Hrn. Champollion's oben beschriebene Methode wirklich haltbar ist, nur allerdings in der Anwendung Vorsicht erfordert, dafs man bei weitem nicht alle Zeichen für unsicher ansehen kann, welche sich nicht mehr auf die Inschriften des Rosettasteins und des Obelisken von Philae stützen, und dafs sogar die in diesen enthaltenen durch die später entdeckten neue Bestätigung erlangen. Indem nämlich, unter der vorausgesetzten Bedeutung, alle diese Zeichen zusammen Reihen articulirter Laute geben, welche bekannte Namen dadurch zu lesen erlauben, stützen sich die Theile des Gebäudes gegenseitig, ohne dafs darum doch das Ganze in der Luft schwebt. Dies Urtheil kann indefs nur von dem System überhaupt gelten; die einzelnen Zeichen müssen einzeln geprüft werden (1).

---

(1) Da ich alle Buchstaben Hrn. Champollion's genau durchgegangen bin, so bemerke ich hier die seltneren, und füge die mir vorgekommenen Beispiele hinzu, die Hr. Champollion nicht angeführt hat, indem ich jedoch blofs vollständig lesbare Inschriften auswähle:

1) *a*, vorletzte Nummer. Champ. *pl.* 3. nr. 79. *Descr. de l'Égypte. Ant. T.* 4. *pl.* 28. nr. 15.
2) *b*, nr. 1. Champ. *pl.* 1. nr. 32. *pl.* 2. nr. 64. *pl.* 3. nr. 73. *Descr. de l'Eg. Ant. T.* 5. *pl.* 49. nr. 10. 19. 20.
3) *b*, nr. 2. Champ. *pl.* 2. nr. 62. 63. *bis. pl.* 3. nr. 77. 77. b. *Descr. de l'Eg. Ant. T.* 1. *pl.* 22. nr. 1. *pl.* 23. nr. 19.
4) *b*, nr. 3. Champ. *pl.* 3. nr. 70. 72. c.
5) *η* oder *αι*, nr. 8. 9. Champ. *pl.* 3. nr. 69. 70. 76. 77.
6) *k*, nr. 5. Champ. *pl.* 2. nr. 45. 46. 49.
7) *k*, nr. 6. Champ. *pl.* 3. nr. 72. c. *Descr. de l'Eg. Ant. T.* 5. *pl.* 49. nr. 8. 9.
8) *k*, nr. 7. 8. Champ. *pl.* 3. nr. 72. c., wo die Form noch dazu in etwas verschieden ist.
9) *k*, nr. 11. Champ. *pl.* 1. nr. 32.
10) *k*, nr. 14. Champ. *pl.* 3. nr. 60. 67.
11) *l*, nr. 3. 4. scheint blofs der Verwechslung des *l* und *r* wegen gesetzt. Ich kenne wenigstens kein Beispiel, wo diese Zeichen nicht *r*, sondern *l* bedeuteten.
12) *m*, nr. 4. Champ. *pl.* 3. nr. 67. 68. b. *Descr. de l'Eg. Ant. T.* 4. *pl.* 28. nr. 30. 32.
13) *s*, nr. 6. Champ. *pl.* 1. nr. 32. 77. b.
14) *s*, nr. 9. 10. Champ. *pl.* 3. nr. 71. 72.
15) *s*, nr. 11. aufser den Beispielen bei Champ. *Descr. de l'Eg. Ant. T.* 4. *pl.* 28. nr. 30. 32.
16) *s*, nr. 12. Champ. *pl.* 3. nr. 70. *bis.* 71. 72.
17) *s*, nr. 13. Champ. *pl.* 2. nr. 57. *pl.* 3. nr. 66. 76.
18) *s*, nr. 14. läfst mich sehr zweifelhaft. In zwei Beispielen, *Descr. de l'Eg. Ant. T.* 1. *pl.* 43. nr. 3. 4., beidemale im Namen Ptolemaeus, vertritt dies Zeichen die Stelle des *m*. Bei Hrn. Champollion findet es sich zweimal, *pl.* 3. nr. 75. a. aus *Descr. de l'Eg. Ant. T.* 1. *pl.* 27. nr. 16. (σβσ(?)τ), und *pl.* 3. nr. 76. von dem Barberinischen Obelisk

Hrn. Champollion's System der phonetischen Hieroglyphen hängt mit einem weitläuftigeren auch über die ideographischen, und die hieratische und demotische Schrift zusammen; und da er diese verschiedenen Schriften nur als Abkürzungen, eine von der andren, betrachtet, so stützt er sich auch bisweilen darauf, dafs zwei verschiedene hieroglyphische Zeichen, die jedoch denselben Buchstaben bedeuten, nur Einen und ebendenselben entsprechenden in der hieratischen Schrift haben (1). In diesen Beweisen habe ich ihm jedoch nicht folgen können, da man hierzu das Ganze seines Systems mehr kennen müfste, seine Citate zu unbestimmt sind, und gewifs nur ein an dies System schon gewöhntes Auge in der Abkürzung leicht die Hieroglyphe entdeckt.

Wenn aber auch in einer Inschrift die Buchstaben feststehen, so kommt es darauf an, ob diese die von Hrn. Champollion angegebenen Namen bedeuten, oder überhaupt, bei dem Mangel vieler Vocallaute, und der Vieldeutigkeit der Vocalzeichen, eine sichre Lesung, oder blofs ein schwankendes Rathen erlauben. Die wenigen Griechischen Namen lassen, wenn man die Buchstaben für sicher hält, nicht gerade Zweifel übrig; Cleopatra findet sich mit allen Consonanten und Vocalen; bei den Römischen aber ist der Fall anders. Doch spricht diese Verschiedenheit für Hrn. Champollion, da den Ägyptiern die Griechischen Namen natürlich geläufiger waren.

(Zoëga. Pl. 8.), eine Inschrift, über die ich weiter unten sprechen werde. Soll man nun in den beiden ersteren, in allen andren Buchstaben deutlichen Fällen *Ptolsäs* lesen, oder hier, in den weniger deutlichen, das Zeichen nicht für ein *s* halten? Es wäre zu wünschen gewesen, Hr. Champollion hätte sich hierüber erklärt, und jener beiden Inschriften wenigstens erwähnt. Sonderbar genug ist es, dafs dies Zeichen sehr leicht sowohl aus dem gewöhnlichen *m* (nr. 1. 2. bei Hrn. Champollion), als aus dem *s* (nr. 13.), welches er (*p.* 48.) für eine Panflöte erklärt, entstehen konnte. War dies der Fall, und vertrat es hiernach zugleich die Stelle von *m* und *s*?

19) *s*, nr. 15. Champ. *pl.* 3. nr. 70.

20) *t*, nr. 4. Champ. *pl.* 3. nr. 66. 68. b. *Descr. de l'Eg. Ant. T.* 4. *pl.* 28. nr. 30. 32.

21) *to*, aufser Hrn. Champollion's zahlreichen Beispielen, *Descr. de l'Eg. Ant. T.* 4. *pl.* 28. nr. 30. 32. *pl.* 33. nr. 4.

Nicht in das Alphabet aufgenommen, aber in der Schrift gedeutet sind zwei andre Zeichen, noch eins für *a* oder *ha* (*pl.* 3. nr. 76.) und eins für *n* (*pl.* 3. nr. 77. a.).

(1) *Lettre. p.* 13.

Der Name **Ptolemaeus** kommt, da es so viele Könige dieses Namens gab, sehr häufig vor, und, die wenigen oben angeführten Beispiele ausgenommen ([1]), immer mit denselben Zeichen, als auf dem Rosettastein ([2]), bisweilen auch abgekürzt, oder fehlerhaft: *Ptole*, *Ptoleäs*, *Ptoles*, *Poläs* ([3]).

Cleopatra habe ich nur ein einzigesmal mehr gefunden, als es Hr. Champollion hat, und zwar als Claoptra ([4]) (einmal ([5]), wo Hr. Champollion Cleopatra liest ([6]), steht, wenn man nicht in entgegengesetzter Richtung der Zeichen lesen soll, *κλεοαπτρα*), Berenice, außer den beiden Beispielen dieses Namens bei Hrn. Champollion, welche beide dieselbe Inschrift, nur in umgekehrter Ordnung, sind, und Alexander gar nicht. Arsinoe ([7]) ist hieroglyphisch bis jetzt nicht vorgekommen.

Die Römischen, von Hrn. Champollion entzifferten Namen und Benennungen sind Autocrator (*αοτοκρτρ, αοτκρτρ, αοτακρτρ, αοτοκλτλ, αοτοκρτλ, αοτοκρτορ, αοτκρτλ, αοτκροτορ, ατ*), Caesar (*κησρς, κησλς, κησρ, κεσρς, κσρς, κης, κσρ*), Tiberius (*τβρς, τβλς, τβρες*), Domitianus (*τομτηνς, τομητνς, τμητινς, τμητενς*), Vespasianus (*οσπσηνς*), Trajanus (*τρηνς*), Nerva (*νροα, νλοα, νρο*), Claudius (*κλοτης, κροτης, κρτης*), Hadrianus (*ατρηνς*), Sabina (*σαβηνα*), Antoninus (*αντονηνς, ατονηνς*), Germanicus (*κρμνηκς, κρμηνκς, κλμνηκς*), Dacicus (*τηκκς*), Sebastos (*σβστς*), Sebaste (*σβστη*) ([8]).

([1]) Siehe S. 61. Anm. 1.

([2]) Neunmal wiederholt (einmal darunter mit einem neuen, oder fehlerhaften Zeichen) *Descript. de l'Égypte. Ant. T.* 3. *pl.* 52., zweimal *pl.* 61., ferner *pl.* 69. nr. 11., auch *T.* 1. *pl.* 16. nr. 1. *pl.* 59. nr. 4. 5. *pl.* 60. nr. 7. 8. *pl.* 63. nr. 5., endlich die Abbildungen bei Hrn. Champollion.

([3]) *Descript. de l'Égypte. Ant. T.* 3. *pl.* 69. nr. 70. *T.* 1. *pl.* 12. nr. 10. 11. *pl.* 23. nr. 8. (mit einem neuen Zeichen, das hier, nicht aber an andren Stellen, ein *m* zu sein scheint). Ich brauche hier wohl kaum daran zu erinnern, daß die Namen auf den Münzen auch bei weitem nicht immer vollständig sind.

([4]) *l. c. pl.* 43. nr. 11.

([5]) Champ. *pl.* 1. nr. 36. aus *Descript. de l'Égypte. Ant. T.* 4. *pl.* 28. nr. 16.

([6]) *Lettre. p.* 47. *pl.* 1. nr. 36.

([7]) Siehe oben S. 49.

([8]) Ich habe in den Parenthesen bei diesen Namen immer Hrn. Champollion's Art, sie zu lesen, gegeben.

Von allen diesen Namen darf man, wie man aus dem eben Gesagten sieht, regelmäſsig und richtig geschrieben, nur die Consonanten erwarten; die Vocale fehlen theils, theils steht einer für einen andren. Hierdurch werden einige Namen allerdings sehr entstellt. Da man aber mit diesen Namen die Benennungen Caesar, Autocrator, und Beinamen, wie Germanicus, Dacicus, und zwar auf denselben Cartouchen, verbunden findet, nicht bloſs auf neben einander stehenden, so unterstützt dies die Richtigkeit der Lesung. Was auſserdem für dieselbe spricht, ist, daſs bisweilen die Schreibung der Vocale verschieden ist, und eine den wahren Lauten näher kommt, als die andre; so τμητηνς mehr (1), als τομτηνς, für Domitianus. Man darf dabei nicht vergessen, daſs den hieroglyphischen Inschriften immer die Griechische Aussprache zum Grunde liegt, und die Römischen Namen mithin einer doppelten Verdrehung unterworfen waren, was bei Lauten, wie *j* in Trajanus, sehr bemerkbar werden muſste. Sehr beweisend für Hrn. Champollion's Lesung ist, daſs *ianus* in Domitianus, Vespasianus und Trajanus ganz gleich geschrieben ist. Alle diese Namen endigen sich regelmäſsig in ηνς (2).

In einigen Namen, Caesar, Autocrator, Tiberius, Germanicus, steht nicht selten *l* für *r*, eine Verwechslung, die allerdings, wie in mehreren Sprachen, so in demjenigen Dialekt der Koptischen gefunden wird, welchen man wohl den Baschmurischen zu nennen pflegt, und den Hr. Champollion für die alte Landessprache von Mittel-Ägypten hält (3).

Wenn aber in demselben Namen von zwei *r* eins richtig, und eins in *l* verwandelt steht (4), so fällt dies immer sehr auf.

Daſs γ und κ, δ und τ für dieselben Laute gelten, ist schon bemerkt worden. Dagegen finde ich β und π nicht verwechselt.

Bei den Kaisernamen stützt sich Hr. Champollion mit Recht auch auf

---

(1) Champ. *Lettre. pl.* 3. nr. 69. aus Kircher's Obel. Pamphilius. 72. 434.

(2) Von Domitianus und Trajanus sind die Beispiele häufig, von Vespasianus auf dem Pamphilischen Obelisk. Champ. *pl.* 3. nr. 70. *bis.*

(3) *Lettre. p.* 21. Es heiſst: *je persiste à considérer etc.* Hr. Champollion hat also vermuthlich diese Meinung schon öffentlich irgendwo ausführlicher geäuſsert.

(4) Wie Champ. *pl.* 2. nr. 56. aus *Descript. de l'Égypte. Ant. T.* 4. *pl.* 28. nr. 35.

die Übereinstimmung der hieroglyphischen Inschriften mit denen der Münzen (¹).

Ich habe jedoch schon oben bemerkt, dafs, wenn man auch alle Voraussetzungen Hrn. Champollion's zugiebt, die Entzifferung aller Namen bei weitem nicht gleich deutlich und gewifs ist. Ich werde hier die Schwierigkeiten, die sich bei einigen finden, um so mehr zusammenstellen, als einige dieser Fälle nicht unwichtige Thatsachen betreffen.

Unter den vier Beispielen für den Namen Alexander ist nur eins, wo die Consonanten vollständig und zweifellos sind (²): *αλκσεντρς*; das fünfte Zeichen hier schwankt zwischen *α* und *ε*. Im zweiten, *αλκσνρες* (hier ist das vorletzte Zeichen der schwankende Vocallaut), fehlt das *τ* (³). Hr. Champollion giebt diese Inschriften entschieden als aus Karnak (Theben) stammend, und Alexander dem Grofsen zugehörend an (⁴). Allein die Erklärer des Französischen Werks sagen nur: *Légendes que l'on croit avoir été recueillies à Karnak;* und dafs gerade Alexander der Grofse gemeint sei, ist wenigstens nicht gewifs, obgleich es wahrscheinlich sein mag. Die beiden Inschriften des Ptolemaeus Alexander (⁵) haben *αρκσντρς*. Hier kommt mehreres zusammen, was Bedenken erregen kann. Der Anfangsvocal ist nicht der Falke, der immer bestimmt *a* anzuzeigen scheint, sondern das zwischen *a* und *e* schwankende Zeichen; für *l* ist *r* gesetzt, was auch sonst nicht vorkommt; und eine dieser beiden Inschriften ist die oben (⁶) erwähnte, stillschweigend stark von Hrn. Champollion ergänzte (⁷), wofür sich jedoch sagen läfst, dafs die andre Inschrift die veränderten Buchstaben deutlich hat.

(¹) *Lettre. p.* 27. 28.

(²) Champollion. *pl.* 1. nr. 25. aus *Descript. de l'Égypte. Ant. T.* 3. *pl.* 38. nr. 15.

(³) Champollion. *p.* 46. *pl.* 1. nr. 26. aus *Descript. de l'Égypte. l. c.*

(⁴) *Lettre. p.* 10. 21. *le nom d'Alexandre le Grand que nous avons lu sur les édifices de Karnak. p.* 46.

(⁵) *Lettre. p.* 20. *pl.* 1. nr. 40. 41. In nr. 40. bleibt ein von Hrn. Champollion nicht erklärtes Zeichen übrig, das aber schwerlich die Namen angeht. Es steht unmittelbar vor der ideographischen Gruppe für: zubenannt.

(⁶) Siehe oben S. 55. Anm. 1. nr. 2.

(⁷) Bei Hrn. Champollion steht nämlich *αρκσντρς*, im Original *σρκσν* (ein Viertel-Mondsegment) *ρς*.

9*

Der Name Caesarion's, des Sohnes der Cleopatra, soll sich, als Ptolemaeus Neo-Caesar, auf einer Inschrift in Denderah befinden (¹). Allein um den Ägyptischen Hieroglyphenschriften diesen Königsnamen einzuverleiben, würde ich doch ein anderes Beispiel abwarten. Denn einmal bemerkt Hr. Champollion nicht, daſs, wo auf seiner Platte ein *r* ist, das Original ein *a* hat, folglich nicht, wie er sagt, *νηο κησρς*, sondern *νηο κησας* steht (²); dann muſs das *η*, welches nur einmal steht, zweimal, zu *ν* und zu *κ*, gelesen werden. Dies nun wäre nicht so wichtig, da, nach Hrn. Champollion, dies auch sonst vorkommt (³), und Caesar auch in andren Beispielen ohne allen Vocal geschrieben steht (⁴). Wichtiger ist, daſs, um deutlich *νηο* lesen zu können, das *η* doch zu dem *ν* gehören müſste. Nun aber giebt die Lesung der Inschrift, wenn man das *η* schlechterdings zu dem *ν* ziehen will, eigentlich *νοη*, und nur wenn man der übrigen Hieroglyphen-Richtung auf dem Stein entgegen liest, *νηο*. Mit ungezwungener Anwendung der gewöhnlichen Regeln, lautet die Inschrift *νοκησας*, und die Frage ist nun, ob man dies für *νέου Καίσαρος* nehmen soll? Hr. Champollion führt von derselben Kupfertafel des groſsen Französischen Werks den Namen Cleopatra, als des der Mutter Caesarion's, an, und stützt sich auch auf zwei Inschriften Ptolemaeus und Caesar (⁵), die er *deux cartouches accolés* nennt. Aber gerade dieser Hauptumstand ist sehr zweifelhaft. Die angeführte Kupfertafel des Französischen Werks giebt kein Gebäude, an dem man die Stellung der Inschriften sehen könnte, sondern jede einzeln in vermuthlich willkührlicher Ordnung. Es ist nicht einmal gewiſs, ob jene beiden sich in demselben Tempel befinden. Die Erklärung sagt bloſs, von allen diesen Inschriften: *dessinées dans les temples de Denderah.* Gründet sich Hrn. Champollion's Behauptung auf andre Thatsachen, so wäre es gut gewesen, sie anzu-

(¹) *Lettre. p.* 21. *pl.* 1. nr. 42. aus *Descript. de l'Égypte. Ant. T.* 4. *pl.* 28. nr. 15.

(²) Siehe oben S. 55. Anm. 1. nr. 3.

(³) Er citirt seine *pl.* 3. nr. 71. aus *Descript. de l'Égypte. Ant. T.* 1. *pl.* 27. nr. 2., wo dies aber nur dann statt findet, wenn Sebastos einen Vocal haben soll, was, streng genommen, nicht nöthig ist. In dieser sowohl, als der daneben stehenden Cartouche hat Hr. Champollion in seiner Zeichnung richtig scheinende Ergänzungen gemacht.

(⁴) Champ. *pl.* 2. nr. 59. und *pl.* 3. nr. 72. c. aus *Descript. de l'Égypte. Ant. T.* 1. *pl.* 80. nr. 9.

(⁵) *Descript. de l'Égypte. Ant. T.* 4. *pl.* 28. nr. 25. 26. Champ. *pl.* 1. nr. 43.

führen ([1]). Hat aber Caesarion wohl jemals den Namen *νέος Καῖσαρ*, oder Ptolemaeus Caesar getragen? Mir ist keine Stelle eines alten Schriftstellers bekannt, aus der sich der eine, oder andere Name rechtfertigen liefse. Bei Dio Cassius ([2]) heifst er deutlich Ptolemaeus, mit dem Beinamen Caesarion, nicht Caesar. Man mufs daher annehmen, dafs er sich den Namen seines angeblichen Vaters so zugeeignet habe, als ihn August durch Caesar's Testament empfing. Für den ersteren Namen würde Hr. Champollion vielleicht anführen, dafs Cleopatra sich *νέα Ἶσις* ([3]), Ptolemaeus Auletes *νέος Διόνυσος* ([4]) nannten, und dafs Nero auf einer Ägyptischen Münze *νέος Ἀγαθοδαίμων* (ΝΕΟ. ΑΓΑΘ. ΔΑΙΜ.) ([5]) heifst. Allein diese Fälle erlauben hier nur insofern Anwendung, als man annimmt, dafs Caesar, nach seinem Tode, göttliche Ehre in Ägypten genofs. Die Sache in sich ist aber nicht unwichtig, da es einen Beweis gegen Hrn. Champollion's System abgeben würde, wenn die von ihm Caesar gedeuteten Zeichen in einer Verbindung vorkämen, wo sich dies Wort, mit Berücksichtigung der Geschichte, gar nicht, oder nicht leicht erwarten liefse.

Die einzige auf Augustus zu deutende Inschrift wird dadurch unsicher, dafs Hr. Champollion auf ihr hat ein Zeichen ergänzen müssen, und ohne dasselbe Caesar, in einer sonst ungewöhnlichen Abkürzung, *κηρς*, vorkommt ([6]).

Die Inschrift auf dem Zodiacus von Denderah ([7]) lautet, wenn man der bei den Hieroglyphen sonst gewöhnlichen Richtung folgt, da der Kopf des Falken (*a*) nach der Linken hinsieht, und man daher nach der

---

([1]) Hr. Young ist mit diesem Sohn der Cleopatra noch viel weniger glücklich gewesen. Für seinen Cleopatriden (*Egypt.* nr. 65.) läfst sich kaum ein irgend scheinbarer Grund anführen.

([2]) *l.* 47. *c.* 31. *l.* 49. *c.* 41. Die andren Hauptstellen über ihn sind *l.* 50. *c.* 1. 3. *l.* 51. *c.* 6. 15. Plutarchus *in Caesare. c.* 49., *in Antonio. c.* 55. 71. 81. 82. Suetonius *in Caesare. c.* 52., *in Augusto. c.* 17.

([3]) Plutarchus *in Antonio. c.* 55.

([4]) Diodorus Siculus. *l.* 1. *c.* 44.

([5]) Zoëga. *Nummi Aegyptii Imperatorii. p.* 23.

([6]) Champollion. *Lettre. p.* 27. aus *Descript. de l'Égypte. Ant. T.* 1. *pl.* 20. nr. 8. Siehe oben S. 63. Anm. nr. 4.

([7]) Champollion. *Lettre. p.* 25. *pl.* 2. nr. 50. *Descript. de l'Égypte. Ant. T.* 4. *pl.* 21.*

Rechten lesen mufs, je nachdem man die beiden ersten Zeilen senkrecht, oder wagerecht liest, *οκατϱτϱ*, oder *οακτϱτϱ*. Um, wie Hr. Champollion thut, *αοτκϱτϱ*, oder, wie es senkrecht möglich wäre, *ατοκϱτϱ* zu lesen, mufs man die Buchstaben entgegengesetzt, mithin der Richtung des Kopfs folgend, ordnen (1).

Diese Bemerkungen mögen kleinlich scheinen, und die eben angeführte Inschrift mag dennoch **Autocrator** heifsen. Indefs vermifst man immer mit Bedauern, dafs diese Inschrift gerade nicht eine so klare und deutliche Lesung, als andre, erlaubt, da es hier auf die Zeitbestimmung eines wichtigen Denkmals ankommt. Ich läugne dabei aber keinesweges die Wichtigkeit der von Hrn. Champollion versuchten Erklärung. Sie erschüttert vollständig den Glauben an das hohe Alterthum dieses Thierkreises.

Auf dem Barberinischen Obelisk hat Hr. Champollion die Namen **Hadrianus Caesar** und **Sabina Sebaste** (2) entdeckt; und hiermit stimmt sehr wohl überein, dafs Zoëga auch den Barberinischen Obelisk für neuer hielt, obgleich er ihn, nach den damals herrschenden Ideen, immer in die Zeiten des Psammetichus versetzt (3). Vergleicht man aber, was er von dem Styl der Bildwerke desselben sagt, mit seiner Beschreibung einer Marmortafel, die er bestimmt den Zeiten Hadrian's zuschreibt (4), so wundert man sich, dafs ihm nicht selbst die Übereinstimmung aufgefallen ist. Für Hrn. Champollion's Entzifferung spricht ferner, dafs das Wort *σεβαστη* auch in den Hieroglyphen deutlich weibliche Endung in *η* hat. Übrigens aber ist die Lesung der beiden Namen gar nicht ohne Schwierigkeit, da in jedem ein durchaus neuer Buchstabe vorkommt, den auch Hr. Champollion sehr rich-

---

(1) Mit denselben Zeichen, aber in streng richtiger Folge, steht das Wort Champ. *pl.* 2. nr. 45. aus *Descript. de l'Égypte. Ant. T.* 1. *pl.* 23. nr. 18. — nr. 61. aus *Descr. de l'Eg. Ant. T.* 1. *pl.* 20. nr. 8. — nr. 62. aus *Descr. de l'Eg. Ant. T.* 1. *pl.* 23. Auch in den übrigen Inschriften kann man beim Lesen des Worts die Ordnung richtig beobachten. Wie schon oben bemerkt ist, steht wohl *οατο* für *αοτο*, dies hat aber auf die Consonanten keinen Einflufs. Dafs Hr. Champollion sonst streng der Ordnung der Zeichen folgt, beweist *pl.* 2. nr. 46. aus *Descr. de l'Eg. Ant. T.* 4. *pl.* 28. nr. 17. Hier sind zwei *α*, von denen man das eine gern zwischen *κϱ* und *τ* setzen möchte. Er liest aber, streng nach der Zeichenrichtung, *αοτακϱτϱ*.

(2) *Lettre. p.* 31. 50. 51. *pl.* 3. nr. 76. 77: a. b. Zoëga. Pl. 8.

(3) *p.* 598. §. 2.

(4) *p.* 618.

tig, weil die Geltung nur auf diesem Einen Beispiel beruhen würde, nicht in sein Alphabet mit aufnimmt. Hadrian ist nämlich gerade so, wie sonst Trajan, aber mit einem neuen Zeichen davor, geschrieben [1]. Auf den Namen folgen die drei Buchstaben *κσρ*, von denen aber der zweite das oben erwähnte mir zweifelhafte *s* ist [2]. Erwarten sollte man eher, daſs Hadrian, wie auf den Griechischen Münzen, mit Vernachlässigung der Aspiration, mit einem deutlichen *a* geschrieben wäre. In Sabina, *σαβηνα*, ist das *ν* ein neues Zeichen, oder dieser Buchstabe fehlt ganz. Über der Hieroglyphe, welche ideographisch Göttin bedeutet, steht nämlich das Bild eines Kopfschmuckes, welcher dem sogenannten Pschent [3] ähnlich sieht, und nur einfacher, als dieser, ist. Wenn hier ein *ν* sein soll, muſs dies Zeichen diesen Buchstaben vorstellen. Hr. Champollion sagt: *ce cartouche contient en toutes lettres le nom de l'Impératrice Σαβηνα*, ohne des mangelnden, oder neuen *ν* zu gedenken. In *σεβαστη* ist das erste Zeichen ein Vogel, das, als *s*, auch, soviel ich habe finden können, keine andre Autorität für sich hat, als die beiden Inschriften der Berenice, *βρνης* [4]. In diesen aber kann es ebenso gut einen Vocal bedeuten, wie sonst in Hrn. Champollion's Alphabet mehrere Vogelgattungen einen solchen anzeigen.

---

(1) Hr. Champollion sagt *p.* 50., ein neues Beispiel müsse erst entscheiden, ob dieser Buchstabe *ha*, oder *a* sei. Auf eine artige Weise hat Hr. Champollion diesen Buchstaben mit *k* verbunden, um unter die Kupferplatten seiner Schrift seinen eignen Namen hieroglyphisch zu setzen.

(2) Siehe oben S. 63. Anm. 1. nr. 18.

(3) Über diese Kopfbedeckung vergleiche man Champollion. *Lettre. p.* 26. Als ideographisches Zeichen kommt sie sehr häufig in der Rosetta-Inschrift vor, so daſs dadurch Young's Meinung, der sie für eine Partikel hält (*Egypt.* nr. 177.), Wahrscheinlichkeit gewinnt. Sehr merkwürdig ist gleichfalls das häufige Erscheinen der gebrochenen Linie (in den Namenschilden das *n* Hrn. Champollion's) auch in den fortlaufenden, nicht phonetischen Hieroglyphen. Auf der Rosetta-Inschrift findet es sich über sechzigmal. Dagegen steht es auch nicht einmal weder in der langen hieroglyphischen Papyrusrolle in der *Descript. de l'Égypte. Ant. T.* 2. *pl.* 72-75.*, noch in den beiden ähnlichen, jetzt hier aufgerollten Papyrusschriften aus der Sammlung des Grafen Minutoli. Ich habe mich hierüber schon oben (S. 44. und daselbst Anm. 4.) ausführlich geäuſsert, und auch der in jener Papyrusrolle so häufig wiederkehrenden, aber sich auch auf dem Rosettastein, neben der gebrochenen, findenden, einfachen wagerechten Linie erwähnt.

(4) Champollion. *Lettre. pl.* 1. nr. 32. 33.

In den beiden Inschriften (1), welche Hr. Champollion Autocrator (αοτοκρτρ) Caesar (κης) Nerva (νλοα) Trajanus (τρηνς) Germanicus (κρμνηκς) Dacicus (τηκκς) liest, bleiben hinter Nerva zwei Zeichen unerklärt übrig, die nicht ideographisch scheinen, und nach dem Alphabet *oi* heifsen; ebenso zwischen Germanicus und Dacicus ein unerklärtes *n*.

Hr. Champollion hat natürlich nur eine Auswahl von Inschriften seinen Lesern mitgetheilt. Ich habe, soviel ich konnte, auch andre, von ihm übergangene, nachgesehen, nicht um eine Nachlese zu halten, was ich billig schärfer blickenden und geübteren Entzifferern überlasse, sondern um mich zu überzeugen, von welcher Art diejenigen Inschriften wären, die Hr. Champollion entweder nicht errathen konnte, oder die er aus andren Gründen unerwähnt liefs. Ein vollständiges Urtheil über die phonetischen Hieroglyphen schien mir nur insofern möglich, als man das Ganze derselben zu umfassen suchte. Die Auffindung hieroglyphisch geschriebener Namen wird dadurch erleichtert, dafs dieselben, wenn auch vielleicht nicht ganz ohne Ausnahme, doch so gut, als immer, in ovale Schilde eingeschlossen sind. In diesen vermuthete schon Zoëga (2) Namen, und neuerlich hat wohl Hr. Young zuerst auf sie aufmerksam gemacht. Bemerkenswerth scheint es mir, dafs auf der grofsen, oft erwähnten hieroglyphischen Papyrusrolle im Französischen Werk kein einziges dieser Ovale zu finden ist (3). Sollte darum in derselben gar kein Name vorkommen?

Diese Namenschilde enthalten aber auch Beinamen, und nicht blofs phonetische, sondern oft auch ideographische Zeichen, dergleichen, wie man nicht vergessen mufs, die phonetischen ursprünglich auch sind. Wenn man, wie ich glaube, annehmen darf, dafs Hrn. Champollion's Alphabet, wenn es auch bei weitem nicht vollständig sein mag (4), doch einen grofsen

---

(1) *pl.* 3. nr. 74. aus *Descript. de l'Égypte. Ant. T.* 1. *pl.* 41. nr. 56.

(2) *p.* 465. Er nennt sie *schemata ovata sive elliptica planae basi insidentia.*

(3) *T.* 2. *pl.* 75.* *col.* 129. ist zwar ein Viereck mit einem kleineren in einer seiner Ecken, das Hieroglyphen einschliefst. Allein diese Vierecke dürfen wohl nicht mit jenen Ovalen verwechselt werden. Sie finden sich auch mit Ovalen zugleich; so *T.* 5. *pl.* 74. nr. 1., und etwas verschieden *T.* 1. *pl.* 59. nr. 5. Bei Hrn. Young (*Egypt.* nr. 16.) bedeutet ein Habicht in solchem Viereck die Horus-Amme Bato, doch nach blofser Vermuthung.

(4) Hr. Champollion glaubt, dafs seinem Alphabet nur wenige Buchstaben fehlen. Wenn man die von ihm nicht erklärten Namen durchgeht, findet man Zeichen mit so vielen der

Theil der phonetischen Zeichen enthält, so kann man, immer im Sinn seines Systems gesprochen, hierauf die Vermuthung gründen, dafs die Schilde, in welchen nur wenige, oder keine dieser Zeichen vorkommen, blofs ideographische, und andre die wenigen, bisweilen phonetisch gebrauchten, nur in ideographischer Geltung enthalten.

Diese Schilde mögen nur die einheimischen Namen umfassen. Denn wie würden die Ägyptier, deren ganze Schrift ideographisch war, darauf gekommen sein, Namen alphabetisch, blofs nach den Lauten, zu schreiben, die in ihrer Sprache eine leicht erkennbare Bedeutung hatten? Wir lernen aus Horapollo ([1]), dafs ein Falke, weil er Baiäth hiefs, die Seele in ihrem Sitze, dem Herzen (ψυχὴν ἐγκαρδίαν), anzeigte, und haben daher hieran ein Beispiel, dafs der Name einer Hieroglyphe, ohne Rücksicht auf den Gegenstand, einen andren bezeichnete. Hatte aber ein Name, und dies konnte auch bei einem einheimischen der Fall sein, keine Bedeutsamkeit, oder war seine Bedeutung nicht leicht erkennbar, so mufste man zur Bezeichnung des Lautes theilweise, nach Sylben oder Buchstaben, vorschreiten; und hierin scheint mir der Übergang von den ideographischen Bezeichnungen der einheimischen Namen zu den phonetischen der fremden zu liegen.

Hr. Champollion behauptet ([2]), dafs die phonetische Hieroglyphenschrift als Hülfsschrift (*écriture auxiliaire*) bei der rein ideographischen

---

seinigen verbunden, dafs man sich nicht erwehren kann, sie auch für phonetische zu halten; so auf dem Pamphilischen Obelisk (Kircher. 434.) eine Schlange, vielleicht als *t*, so ferner anderswo einen kleinen Kreis (○), und den Strich, der den obern Theil der Sylbe *to* bei Hrn. Champollion ausmacht. Doch ist es mir nicht gelungen, die beiden letzteren in den verschiedenen Stellen, wo ich sie gefunden, gleichmäfsig zu erklären. Der Kreis scheint *Descript. de l'Égypte. Ant.* *T.* 1. *pl.* 23. nr. 8. ein *m*, *T.* 4. *pl.* 28. nr. 30. ein *n*, *T.* 5. *pl.* 49. nr. 19. ein *o*, und *T.* 1. *pl.* 36. nr. 8. ist mir die Bedeutung zweifelhaft geblieben. Der Strich ist, wie es auch die Zusammensetzung *to* angiebt, ein deutliches *t* *T.* 1. *pl.* 22. nr. 6. *pl.* 23. nr. 19. *pl.* 27. nr. 17., scheint aber ein *k* *pl.* 80. nr. 8. *T.* 5. *pl.* 49. n. 19. ist ein Zeichen, das nichts andres, als *k*, sein zu können scheint, und vielleicht dasselbe, als Champollion's *k* nr. 14., nur anders gewandt, ist. Ein neues Zeichen für *r* geht aus der Vergleichung von *T.* 5. *pl.* 49. nr. 10. und 20. hervor.

([1]) *l.* 1. *c.* 7. Über die Alt-Ägyptischen hierbei zur Sprache kommenden Wörter s. Zoëga. *p.* 454. *nt.* 53.

([2]) *p.* 40.

lange vor der Griechischen und Römischen Herrschaft bestanden, einen nothwendigen Theil derselben ausgemacht, und aufserdem, vor und nach Cambyses Zeit, zum Schreiben fremder Namen gedient habe. Sein aus der Unvollkommenheit des hieroglyphischen Alphabets hergenommener Grund hierfür scheint mir zwar auf keine Weise entscheidend. Allein da er im Besitz der Entzifferung auch der ideographischen Hieroglyphen zu sein behauptet, so würde es voreilig sein, zu bestreiten, worüber man Belehrung erwarten mufs.

Ich erlaube mir daher blofs die Bemerkung, dafs Hr. Champollion keine entzifferte Inschrift gegeben hat, welche über die Zeiten der Griechen, und da es unsicher ist, ob die mit dem Namen Alexander dem grofsen Welteroberer angehören, über die der Ptolemaeer hinausginge; so wie, dafs mir die Prüfung vieler andren Namenschilde die Ansicht gegeben hat, dafs frühere Namen wenigstens nicht mit den Champollionschen Buchstaben zu lesen sind. Ist dies richtig, so mufs doch ein andres System in ihrer Schreibung vorherrschend sein. Soll man die von Hrn. Champollion nicht angeführten Namen-Inschriften blofs nach dem Eindrucke schildern, den ihre ungefähre Vergleichung mit seinem Alphabete macht, so enthält ein Theil wenig, oder gar keine Buchstaben aus demselben, ein zweiter mehr, aber mit fremden Zeichen vermischt, ein dritter so wenige von diesen, dafs jemand, mit Talent zum Entziffern begabt, sie wohl sollte lesen können (1). Die ersten will ich, ohne jedoch darum das Mindeste über sie

(1) Zu diesen rechne ich eine an der mittäglichen Seite des Pamphilischen Obelisks (Kircher. 434.), in der τμητιηνς (Domitianus) deutlich zu erkennen, das Übrige aber mir dunkel ist. Am Ende stehen die Zeichen des weiblichen Geschlechts, die sich, nach der Analogie von der Inschrift der Sabina (Champ. *pl.* 3. nr. 77. a.), nicht auf das ideographische Zeichen der Göttin am Ende zu beziehen scheinen. Hr. Champollion erwähnt *p.* 29. der Inschriften auf der östlichen und mittäglichen Seite, allein so, als wären sie gleich. Seine Abbildung *pl.* 3. nr. 69. stimmt nur mit der ersteren, bis auf eine kleine, wohl richtige, Abänderung im vierten Zeichen, überein. Ferner *Descript. de l'Égypte. Ant. T.* 1. *pl.* 22. nr. 6.; es steht vor einem deutlichen Caesar ein andrer Name. *pl.* 27. nr. 8. 19 - 22. *pl.* 36. nr 8. *pl.* 80. nr. 10. *T.* 3. *pl.* 69. nr. 14. 37. 54.; auf allen diesen kommt ein fremdes Zeichen zwischen *e* und *n* als Anfangssylbe vor, und diese Gruppe kehrt auch sonst oft wieder. *pl.* 69. nr. 38.; das vorletzte Zeichen findet sich auch auf dem Obeliscus Campensis mit einem *p*, einem *s*, und einem *m* vor, und einem *k* hinter sich. *T.* 5. *pl.* 26. nr. 3. vom Obelisken zu Heliopolis, wo die lesbaren Buchstaben auf der Kircherschen Abbildung (Oedipus. *T.* 3. *p.* 332.) gar nicht würden zu erkennen gewesen sein. *pl.* 49. nr. 8. mit einem deutlichen Autocrator. nr. 11.,

behaupten zu wollen, ideographisch nennen. Als Beispiele führe ich die des Lateranensischen und Flaminischen Obelisks an ([1]). Finden sich unter lauter solchen ideographischen Inschriften einige phonetisch lesbare, wie *T.* 3. *pl.* 38. des grofsen Französischen Werks, so ist dem Auge der Unterschied beim ersten Anblick so auffallend, als wenn man wirkliche Schrift mitten unter Bildern anträfe.

Vorzüglich aufmerksam bin ich auf solche Inschriften gewesen, die, blofs aus Zeichen des Champollionschen Alphabets bestehend, dennoch im Lesen keinen zu deutenden Namen geben. Ich habe ihrer nur wenige gefunden ([2]), so dafs jeder Verdacht, Hr. Champollion habe nur die lesbaren ausgewählt, wegfallen mufs. Daraus aber, dafs ich diese nicht habe entziffern können, folgt noch nicht, dafs man überhaupt nicht Namen auffinden könnte, welchen sich ihre Laute anpassen lassen. Denn da oft Vocale zu ergänzen, die vorhandenen Vocalzeichen mehrdeutig sind, die harten und weichen Buchstaben, *r* und *l* verwechselt sein können, bisweilen (vorzüglich, wo in der Inschrift keine Thiergestalten vorkommen) auch die Richtung unsicher ist, so ist dies Entziffern, kein blofses und einfaches Lesen; und die Furcht, blofsen Einfällen Raum zu geben, schreckt sogar vom Rathen ab.

Der fünfte Theil des grofsen Französischen Werks liefert die Inschriften mit dem Namen des Kaisers Claudius, deren Hr. Champollion, ohne sich aber weiter, als über die drei nicht in seinem Alphabet befindlichen Buchstaben, darauf einzulassen, erwähnt ([3]).

---

wo die Ordnung der Buchstaben schwer herauszufinden, sonst nur Ein Zeichen (eine Schlange. siehe S. 73. Anm.) neu ist.

([1]) Kircher. Oedipus. *T.* 3. *p.* 161. 213. Zu diesen möchte ich die meisten von Hrn. Young als Namen aufgeführten Inschriften (*Egypt.* nr. 36-54.) rechnen, deren Erklärung aber, wie man sich durch das über sie Gesagte überzeugen kann, auf sehr schwachen Gründen beruht.

([2]) *Descript. de l'Égypte. Ant. T.* 1. *pl.* 36. nr. 3.; den gehenkelten Schlüssel halte ich nämlich für ein ideographisches Zeichen. *T.* 4. *pl.* 33. nr. 4.; der Anfang ist deutlich Autocrator. Am Ende ist das senkrechte *s* durch das wagerechte *n* gezogen. Was ich hier nicht lesen kann, kehrt, aber ohne *n*, *T.* 4. *pl.* 34. nr. 1. zurück. Beide Inschriften sind aus Denderah, die erste aus dem Typhonium, die andre aus dem Süd-Tempel. *T.* 5. *pl.* 30. nr. 4., womit, wegen der gleichen zwei Anfangs- und vier Endbuchstaben, *T.* 3. *pl.* 52. zu vergleichen ist. *T.* 4. *pl.* 34. nr. 1. steht Hrn. Champollion's *k* nr. 11. aufrecht, und die Thierfigur scheint kein Löwe, sondern eine Sphinx, übrigens lauter bekannte Zeichen.

([3]) *p.* 50. *Descript. de l'Égypte. Ant. T.* 5. *pl.* 49. nr. 10. 19. 20. Siehe S. 72. Anm. 4.

Für das Ganze des Systems des Hrn. Champollion, wie ich es hier zu prüfen versucht habe, mufs ich noch an einen sehr für dasselbe sprechenden Beweis erinnern, den nämlich, dafs gerade Denkmäler, auf welchen er spätere Namen zu finden glaubte, auch durch ihren Styl, oder andere Kennzeichen einen späteren Ursprung verrathen. Zu den in dieser Beziehung schon von Hrn. Letronne [1] angeführten kann man noch den Pamphilischen und Barberinischen Obelisken [2] rechnen. Dafs der Sallustische Obelisk, den Zoëga in die Zeiten nach den Antoninen setzt, und dessen Bildwerke er in Rom gemacht glaubt, keine Namen Römischer Kaiser zu enthalten scheint, mag wohl daher kommen, dafs seine Hieroglyphen, absichtlich, aber schlecht, älteren Werken, namentlich dem Flaminischen Obelisken, nachgeahmt sind [3]. Dieser und der Lateranensische, und vermuthlich ebenso viele andre unter den Obelisken, sind, soviel ich urtheilen kann, von späteren Inschriften frei, und ebenso finden sich ihrer wenige, wie es scheint, in den Gebäuden des alten Thebens, ob es gleich sehr vom Zufall abhängt, wie viel und welche gerade von Reisenden abgeschrieben, und uns auf diese Weise bekannt wurden.

Es ist bei weitem leichter, gegen ein aufgestelltes System Zweifel zu erheben, und zwischen den Gründen dafür und dagegen herumzuschwanken, als ein bestimmtes Urtheil darüber auszusprechen. Indefs ist ein solches Ende einer im Einzelnen sehr ermüdenden Arbeit wenig erfreulich. Ich stehe daher nicht an, meine Meinung hier zusammenzufassen.

Ich glaube, Hrn. Champollion's Behauptung über die beiden Namen auf dem Rosettastein und dem Obelisken von Philae von den ferneren trennen zu müssen. In den ersteren finde ich überzeugende Beweise für den Gebrauch phonetischer Hieroglyphen bei den Ägyptiern in der Art, wie Hr. Champollion ihn angiebt. Sie würden auch stehen bleiben, wenn man das ferner auf sie Gegründete, als blofse Hypothese, bei Seite setzte.

Dieses, und besonders die Erklärung der Römischen Namen und Benennungen, ist nun zwar scharfsinnig und kunstreich mit jenen Behaup-

(1) *Recherches. p.* XXXVII.

(2) Siehe oben S. 70.

(3) Zoëga. *p.* 591. 616. 617.

tungen in Verbindung gebracht, und stützt sich zum Theil auf sie. Strenger beurtheilt aber, bilden doch nur diese Behauptungen mit jenen ein Gebäude, das sich selbst gegenseitig tragen mufs, und, um nicht in der leeren Luft zu schweben, darauf beruht, dafs die Befolgung der aufgestellten Regeln eine Reihe von Inschriften hervorbringt, welche mit sich, und äufseren in Betrachtung kommenden Umständen übereinstimmt. Auf diese Weise betrachtet, finde ich in Hrn. Champollion's Erklärungen einen hohen Grad der Wahrscheinlichkeit, und gewifs einen hinreichenden, um ihm den Dank und die Theilnahme aller Sprach- und Geschichtsforscher zu gewinnen, und das Bemühen zu rechtfertigen, auf dem eröffneten Wege weiter zu gehen. Immer aber wird, meines Erachtens, die gröfste Aufmerksamkeit darauf zu wenden sein, ob, bei fortgesetztem Forschen, vermittelst des schon vorhandenen, oder neuen Stoffes, auch noch, so wie es jetzt scheint, alle erforderlichen Bedingungen zusammentreffen? Um diese Art der Prüfung möglich zu machen, müfste man suchen, häufig alle Namenschilde Eines Gebäudes, oder wenigstens Eines abgesonderten Theiles desselben, vollständig mit einander zu vergleichen. Jetzt, wo man gröfstentheils nur einzelne Schilde vor sich hat, ohne ihre Stellung gegen einander zu kennen, läfst sich zu wenig entscheiden, ob nicht vielleicht Inschriften neben einander stehen, die, nach Champollionscher Weise gelesen, zu einander nicht gehörende Namen und Benennungen geben. Vorzüglich wünschenswerth aber bleibt es, dafs das System, aufser der auf dem eben beschriebenen Wege zu erreichenden Bestätigung, auch noch eine neue in entsprechenden Griechischen Inschriften finden möge.

Ich mufs es andren überlassen, ob sie diesem Urtheil, zu welchem meine Prüfung mich führt, beitreten werden, oder nicht? Immer aber hoffe ich dazu beigetragen zu haben, diese Untersuchung dem nachtheiligsten Standpunkt zu entreifsen, auf dem sich wissenschaftliche Forschungen befinden können, dem nämlich, wo die, auch gegründete Behauptung nicht vollkommen gesichert ist, und der auch ungegründete Zweifel immer noch Anhaltspunkte findet.

Lettre à Mr. Jacquet sur les alphabets de la Polynésie Asiatique (*).

Je commence, Monsieur, par vous envoyer une copie exacte des paragraphes où les PP. Gaspar de S. Augustin et Domingo Ezguerra, dans leurs grammaires *tagala* et *bisaya*, parlent des alphabets de ces langues. Vous verrez par-là que vous avez eu parfaitement raison de supposer que ces deux dialectes et l'*ylog* se servent du même alphabet ([1]); car quoique l'alphabet *bisay* offre quelques variétés plus considérables que les deux autres, l'identité n'en est pas moins évidente. Vous trouverez aussi, Monsieur, dans les deux alphabets que j'ai l'honneur de vous transmettre, le *v de corazon* de Totanes et toutes les dix-sept lettres dont se compose l'alphabet des Philippines.

Vous attribuez l'expression de *baybayin* aux grammairiens espagnols ([2]), et cela m'a paru très-probable. Je vois cependant par le diction-

---

(*) *Hr. Jacquet hat die Güte gehabt, diesen Brief im neunten Bande des* Nouveau Journal Asiatique *abdrucken zu lassen. Er erscheint hier durch einige spätere Zusätze vermehrt, und durch Stellen des Aufsatzes des Hrn. Jacquet erläutert, welcher die Veranlassung zu demselben gab.*

([1]) *Jacquet.* Notice sur l'alphabet Yloc ou Ylog *im* Nouv. Journ. Asiat. T. 8. p. 3-19.

([2]) La réunion de ces dix-sept lettres est nommée dans les dictionnaires Tagala, *baybayin* (*el A. B. C. Tagalo*). Il est facile de s'apercevoir que ce mot est de nouvelle formation et qu'il a été imaginé par les Espagnols, quand ils se sont occupés de donner des formes régulières à la grammaire et à la lexicographie de cette langue. Le mot *baybayin* est composé d'une formative finale et de *baybay* qui me parait être le vocable de la lettre *B* (ainsi que les langues de l'Inde, le *Tagala* possède une formule pour citer chaque lettre grammaticalement; cette formule est le redoublement de la lettre même: *caca*, *haha*, *nana*, C, H, N). La consonne *B*, les voyelles mises en dehors comme dans l'ordre alphabétique des langues indiennes, se trouve être la première de l'ordre alphabétique européen introduit par les Espagnols et combiné avec les restes du अ-बाह् sanskrit: c'est du nom de cette première lettre qu'on a nommé l'ensemble de toutes les autres: *baybayin* signifie donc proprement alphabet. (Jacquet. *l. c.* p. 7. 8.)

naire du P. Domingo de los Santos, que ces grammairiens ne reconnaissent pas ce mot pour le leur; il paraît appartenir aux indigènes, et l'étymologie qu'on en donne est assez curieuse. *Baybayin* est un substantif formé du verbe *baybay* (épeler, nommer une lettre après l'autre). Le même verbe signifie aussi, marcher sur la côte de la mer et naviguer près de la côte sans vouloir s'exposer aux dangers de la haute mer; c'est de cette métaphore que de los Santos dérive le mot, dans le sens d'épeler. J'ose aussi croire que la lettre *b* serait plutôt nommée *ba* que *bay*. De los Santos dit expressément que les indigènes nomment les consonnes ainsi: *baba, caca, dara, gaga, etc.*

Je suis entièrement d'accord avec vous, Monsieur, sur l'alphabet des Bugis (¹). Les consonnes sont à peu près les mêmes que dans l'alphabet tagala; mais la manière d'écrire les voyelles en diffère beaucoup, non pas pour la forme seulement, mais pour le principe même de la méthode. C'est précisément ce point principal dont il est impossible de se former une idée juste d'après Raffles. L'alphabet bugis manque de signes pour les voyelles initiales, à l'exception de l'*a*: mais le fait est que cet *a*, outre sa fonction de voyelle, est en même temps un *fulcrum* pour toutes les autres voyelles, un signe qui, de même que toute autre consonne, leur sert pour ainsi dire de corps. Vous aurez peut-être déjà observé, Monsieur, en consultant la grammaire de Low, que la même chose a lieu dans le *thaï*. Dans la dernière série des consonnes thaï, se trouve un *ā* dont Low donne l'explication suivante: *ā, which is rather a vowel than a consonant, and is placed frequently in a word, as a sort of pivot, on which the vowel points are arranged. It forms, as it were, the body of each of the simple vowels.* C'est ainsi qu'on place en javanais un *h* devant chaque voyelle initiale, mais sans le prononcer; et c'est encore ainsi que les mots malais commençant par *ī* et *ū* sont précédés tantôt d'un ǀ, tantôt d'un *.

M. Thomsen, missionnaire danois, a commencé à imprimer à Sincapore, en types fort élégans, un vocabulaire anglais-bugis, où l'écriture indigène est placée à côté de la transcription anglaise. Le manque de fonds nécessaires a fait abandonner l'entreprise; mais je tiens de l'obligeance de M. Neumann la première feuille de ce vocabulaire, qu'il a rapportée de

(¹) Jacquet. *l. c. p.* 10-12.

son intéressant voyage à Canton ([1]): l'analyse de deux cents mots, qu'elle renferme, m'a fourni ce que je viens de dire sur l'emploi de l'*a* bugis: *noouvae* (*low water*) y est écrit *na-o* pur-*a* avec le point de l'*ou-va-e-a; makounraï* (femme), *ma-ka* avec *ou-ra-a* avec le point de l'*i*. Vous voyez par ces exemples, Monsieur, que la difficulté que ces alphabets (qui considèrent les voyelles médiales comme de simples appendices de consonnes) éprouvent d'écrire deux voyelles de suite, est levée par le moyen de cet *a*. Le dévanagari, qui, parce que la langue sanscrite ne permet jamais à deux voyelles de se suivre immédiatement dans le même mot, a destiné les voyelles indépendantes à être exclusivement employées au commencement des mots, s'est mis par-là dans l'impossibilité d'écrire le mot bugis *ouvae* (eau). Je trouve dans un seul mot le redoublement d'une voyelle médiale, *lelena,* écrit *e-e-la-na*: ce n'est là qu'une abréviation; on répète la voyelle, on néglige d'en faire autant pour la consonne, et le lecteur ne peut pas être induit en erreur; comme une consonne ne peut être accompagnée que d'une seule voyelle, il reconnaît de suite qu'il faut en reproduire le son.

Ce qui m'a frappé dans ce vocabulaire, c'est de trouver transcrit en anglais par *o,* le signe que Raffles rend par *eng* ([2]). Cet *o,* que je nommerai nasal, diffère à la vérité, dans l'impression anglaise, de l'autre qui répond à l'*o* bugis placé à la droite de la consonne, en ce que ce dernier est plus grêle et que l'autre est plus arrondi; mais cette différence typographique, très-peu sensible en elle-même, ne nous apprend rien sur la différence du son ou de l'emploi des deux signes bugis. Je crois m'être assuré que l'*o* noté au-dessus de la consonne a en effet un son nasal, tandis que le signe placé à la droite de la consonne ne s'emploie que là

([1]) *Ich habe später dieses Wörterbuch vollständig erhalten; es führt den Titel:* A vocabulary of the English, Bugis, and Malay languages, containing about 2000 words. *Singapore.* 1833. 8°. *Es sind ihm ein Alphabet und einige Bemerkungen über die Aussprache vorausgeschickt, und der erste Bogen erscheint verändert.*

([2]) *Marsden giebt in seinen* miscellaneous works (*Platte* 2. *nach Seite* 16.) *auch eine Abbildung des Bugis-Alphabets; er nennt das Zeichen* n͠g *und spricht es in der Verbindung mit einem Consonanten* an͠g *aus. Das vollständige Bugis-Wörterbuch giebt ihm die Aussprache des* ŏ *in Königsberg, und setzt hinzu:* it is *ŏ, ŏn* and *ŏn͠g*, according to its place in the word, or the letter which follows it. *Es wird darin auch immer* ŏ *bezeichnet.*

où le son de l'*o* est pur et clair. C'est le mot *sopoulo*, dix, qui m'a mis sur la voie de cette distinction: il s'écrit *sa* avec l'*o* nasal-*pa* avec *ou-la-o* pur; il renferme donc les deux *o*. Or, *sopoulo* est le *sanpóvo* tagala (Totanes, n°. 359), et l'*o* nasal bugis répond ainsi exactement au son nasal du mot tagala. L'*o* nasal est souvent suivi, dans la prononciation, du son nasal *ñg*; mais ce son n'en forme pas une partie nécessaire. Il se détache dans la prononciation, et l'*o* reste nasal dans l'écriture: *oulong*, lune, *a* avec *ou-la* avec l'*o* nasal; *oulo tepou*, pleine lune, *a* avec *ou-la* avec l'*o* nasal-*e-ta-pa* avec *ou*. L'*o* nasal se trouve aussi dans des mots qui ne se terminent pas par le son *ñg*; *oloe*, air, *a* avec l'*o* nasal-*la* avec l'*o* nasal-*e-a*: il est même suivi de consonnes autres que *ñg*; *alok*, bois, *a-la* avec l'*o* nasal; tandis que cette consonne nasale peut être précédée par un *o* pur, *tandjoñg*, *ta-dja-o* pur. Il résulte de tout cela que l'*o* nasal est un *anousvara*, qui peut encore être renforcé par la consonne nasale.

L'uniformité avec laquelle les différens alphabets dont j'ai parlé placent l'*e* et l'*i* à la gauche de sa consonne et en sens contraire de la direction de l'écriture, est très-singulière: l'alphabet javanais assigne la même place à l'*e*.

Les quatre lettres composées *ñgka*, *mpa*, *nra*, *ntcha*, manquent dans mon vocabulaire ([1]); et ce qui est plus singulier encore, c'est qu'au cas échéant, la première des deux consonnes réunies n'est pas exprimée dans l'écriture bugis: elle n'est donc point regardée, ainsi qu'on devait le croire d'après Raffles, comme initiale, mais comme terminant la syllabe précédente; exemple: *lempok* (inondation), *e-la-pa* avec l'*o* nasal; *onroma-*

([1]) *Hr. Jacquet hat schon* (Nouv. Journ. Asiat. T. 8. p. 11. *Anm.* 1.) *bemerkt, daſs diese zusammengesetzten Buchstaben auch in einer andren von Raffles gegebenen Abbildung eines Bugis-Alphabets fehlen, welches, nach Raffles, sich in einer alten Handschrift findet. Auffallend bleibt es, daſs, obgleich das Bugis-Wörterbuch nie sich eines dieser zusammengesetzten Buchstaben bedient, sie dennoch in dem vor demselben gegebenen Alphabete aufgeführt sind, merkwürdigerweise aber in der Aussprache der Nasal fehlt; denn für* ñgkak *(das Wörterbuch fügt allen diesen zusammengesetzten Buchstaben in der Benennung* ak, *den einfachen aber nur* a *bei) wird die Aussprache* k, *für* mpak *nur* p, *für* nrak *nur* r, *für* nchak *nur* ch *angegeben. Marsden's oben erwähntes Alphabet enthält ebenfalls die vier zusammengesetzten Buchstaben.*

lino (endroit retiré), *a-o* pur *-ra-o* pur *-ma-la* avec *l-na-o* pur. Je ne trouve pas d'exemple des syllabes *n̄gka* et *ntcha* (¹).

Vous supposez, Monsieur, que le *r* initial est remplacé dans la langue tagala par l'*y* (²); vous m'excuserez si je ne puis partager cette opinion.

(¹) *In den ferneren Bogen des Bugis-Wörterbuches finde ich nun allerdings dafür Beispiele:* garan̄gkan̄g, *Spinne, geschrieben* ga-ra-ka, gonchin̄g, *Scheere, geschrieben* ga-*reines* o-cha *mit* i *(ich schreibe hier* ch, *was ich im Französischen Texte* tch *bezeichne).* — *Ja ich finde auch noch andre zusammengesetzte Consonantenlaute, als die vier oben erwähnten:* n̄gga, *z. B. in* gen̄ggo tedon̄g, *Käfer, geschrieben* e-ga-ga-*reines* o-e-ta-da-*reines* o; mba, *in* gumban̄g, *Wasserkrug, geschrieben* ga *mit* u-ba, sumbu, *Docht, geschrieben* sa *mit* u-ba *mit* u; nta, *in* lantera, *Laterne, geschrieben* la-e-ta-ra; nda, *in* landak, *Igel, geschrieben* la-da, tandak, *Sieb,* ta-da; nja *(ich verstehe unter* j *den Englischen Laut dieses Buchstaben), in* injili, *Evangelium, geschrieben* a *mit* i-ja *mit* i-la *mit* i, junjun̄gi, *auf dem Kopfe tragen,* ja *mit* u-ja *mit* u-n̄ga *mit* i. *Hierdurch erweitert sich auf einmal der Gesichtskreis, und wird man in den Stand gesetzt, diese Eigenthümlichkeit des Bugis-Alphabets klar zu übersehen. Es wird nämlich deutlich, daſs die Bugis-Sprache, wie die ihr verwandten Malayischen Sprachen, die eigentlich Malayische, die Javanische u. a., alle Zusammensetzungen des Nasallauts mit dem dumpfen und tönenden Consonanten der vier ersten Classen (von einer Zusammensetzung des Nasals mit* s *finde ich kein Beispiel, und scheint das Bugis diese Verbindung mit den verwandten Sprachen nicht zu theilen), wozu noch die Verknüpfung desselben mit dem Halbvocal* ra *kommt (eine Verbindung mit* la *finde ich nicht, und die mit dem* ya *wird durch einen eignen, einfachen Consonanten, wie in den verwandten Sprachen, ausgedrückt), in ihrem Lautsysteme besitzt, daſs sie aber den Nasal nicht schreibt, sondern es dem Leser überläſst, ihn, wo er in der Aussprache vorkommt, vor dem geschriebenen zweiten Consonanten, nach Maaſsgabe seines Organs* (n, n̄g *oder* m), *zu ergänzen. Dennoch hat die Schrift, und, wie ich glaube, in späterer Zeit, für die Verbindung des Nasals mit den* dumpfen *Consonanten, merkwürdigerweise aber nicht mit dem* dentalen, *und mit dem Halbvocal* ra *eigene Zeichen gebildet, welche aber nicht viel im Gebrauche zu sein scheinen. Für die spätere Einführung dieser vier Consonantenzeichen spricht auch in der That ihre complicirtere Gestalt; und man kann wohl sicher behaupten, daſs das Zeichen für* n̄gka *(durch bloſse Umkehrung) von dem für* n̄ga, *und durch bloſsen Zusatz einer Linie das für* mpa *von* pa, *das für* nra *von* ra *abgeleitet sind, wogegen nur das Zeichen für* ncha *keine Analogie darbietet. Daraus, daſs man für die Verbindung des Nasenlauts mit dem dumpfen dentalen und mit allen vier tönenden Consonanten kein Zeichen besaſs, geht deutlich genug hervor, wie man sich nun auch der wirklich vorhandenen vier Zeichen beim Schreiben entschlagen konnte.*

(²) Le tagala est comme plusieurs dialectes de la Tartarie septentrionale, privé de l'*r* initial: mais il parait le remplacer par le *y*, que ne possède pas l'*Ugi*, ces deux lettres se permutent souvent dans les langues de l'Inde ultérieure. (Jacquet. Notice sur l'alphabet Yloc. Nouv. Journ. Asiat. T. 8. p. 11. *Anm.* 2.) — *Es sei mir erlaubt, hier noch zu bemerken, daſs dem Bugis-Alphabet das* y *nicht fehlt; es findet sich in dem zweiten von Raffles gegebenen*

Les deux lettres *y* et *r*, il est vrai, se permutent souvent dans ces dialectes; le pronom tagala *siya*, il, est indubitablement le *sira* javanais ou plutôt kawi: mais le *r* initial est remplacé par le *d*; on dit *ratou* et *datou*, roi, *kadatoan* et *karaton*, palais. Les indigènes des Philippines confondent sans cesse le *d* et le *r*; mais de los Santos donne pour règle que le *d* doit être placé au commencement et le *r* dans le milieu des mots. Cette règle paraît constante pour le tagala; mais elle est aussi observée dans d'autres dialectes: le *danau* (lac) malais est le *ranou* (eau) de Madagascar et le *dano* ou *lano* de l'île de Magindanaõ. L'*y* entre aussi dans ces permutations, mais moins régulièrement, et dans la langue tagala, autant que je sache, jamais comme initiale. Un des exemples les plus frappans est le suivant. Ouir: *dingig* en tagala, *ringue* Madagascar, *rongo* Nouvelle-Zélande, *roo* Tahiti, *ongo* tonga; oreille: *tayinga* tagala, *telinga* malais, *talinhe, tadigny,* Madagascar, *taringa* Nouvelle-Zélande, *taria* Tahiti.

Vous avez expliqué d'une manière fort ingénieuse, Monsieur, comment on a pu se méprendre sur la direction des signes de l'écriture tagala, et vous avez réfuté en même temps l'opinion de quelques missionnaires espagnols sur l'origine de cet alphabet. Cette opinion est certainement erronée: je ne voudrais cependant pas nier toute influence de l'écriture arabe sur les alphabets de l'archipel indien. Vous observerez, Monsieur, que, dans le § 11, page 152, le P. Gaspar de S. Augustin écrit les mots *gaby* et *gabe* en caractères tagalas, de droite à gauche. Ce n'est là peut-être qu'une méprise du P. Gaspar. Mais ne pourrait-on pas supposer aussi que les indigènes, ou pour flatter leurs nouveaux maîtres, ou pour leur faciliter la lecture de leur écriture, l'ont en certaines occasions assimilée en ce point à l'arabe? Je soumettrai même à votre décision, Monsieur,

---

Alphabete, in dem in Marsden's miscellaneous works *und dem des Bugis-Wörterbuches, und kommt auch in dem letzten öfter vor, z. B.* apeyañgi, *werfen, geschrieben* a-e-pa-ya-ñga *mit* i. ekayak, *Geschichte (das Arabische* حكاية*),* e-a-ka-ya, yatu, *er, sie, es,* ya-ta *mit* u. *Im Anfange des Wortes spricht es das Wörterbuch auch* ĭya *aus, z. B. in dem letztgenannten Pronomen mit* puna, ĭyatu puna, *sein, ihr, und bezeichnet diese Aussprache manchmal durch den Vocal* i *über dem* ya, *z. B. in* ĭyak, *ich, welches einfach durch diese Verbindung dargestellt wird,* ĭyapega, *welcher, geschrieben* ya *mit* i-e-pa-ga.

11*

une autre conjecture plus hasardée, mais plus importante. Vous témoignez avec raison votre étonnement de ce que l'alphabet bugis n'ait adopté que la première des voyelles initiales de l'alphabet tagala, et de ce que ces deux alphabets, d'ailleurs si conformes, diffèrent l'un de l'autre dans un point aussi essentiel. J'avoue ingénuement que cette différence ne me paraît pas avoir dû toujours exister. Il est très-naturel de supposer que les Bugis ont eu, de même que les Tagalas, les trois voyelles initiales, mais que, voyant l'écriture malaie faire souvent servir l'*a* de signe introductif de voyelle initiale (Gramm. mal. de Marsden, page 19), ils ont inventé une méthode analogue et ont laissé tomber en désuétude leurs deux autres voyelles initiales. Je conviens que le cas n'est pas tout-à-fait le même, puisque le و et le ى arabes font en même temps les fonctions de voyelles et de consonnes, et que leur qualité de voyelles longues entre aussi en considération; mais ces nuances ont pu être négligées. Il est très-remarquable encore que des trois alphabets sumatrans, le *batta* ait les trois voyelles initiales, tandis que le *redjang* et le *lampoung* ont l'*a* seulement. Cette diversité est explicable dans mon hypothèse, puisque le hasard a pu faire que l'écriture arabe ait exercé une plus grande influence sur différens points de l'archipel. Mais hors de cette hypothèse, elle reste inconcevable dans les alphabets dont le principe est évidemment le même. Marsden ne dit pas, au reste, de quelle manière les Redjangs et les Lampoungs écrivent l'*i* et l'o initiaux; mais j'aime à croire qu'ils usent de la même méthode que les Bugis.

J'ai cru ne devoir pas m'éloigner de la supposition que le signe en question est vraiment un *a*, un signe de voyelle. S'il était permis de révoquer ce fait en doute, contre le témoignage des auteurs, toute difficulté serait levée par-là: le prétendu *a* n'aurait rien de commun avec les voyelles sanscrites et tagalas; il serait le signe d'une aspiration infiniment faible, un *h*, un *v* ou un *y*, et pourrait, comme une consonne, s'unir à toutes les voyelles.

L'erreur dans laquelle seraient tombés les auteurs à qui nous devons ces alphabets, serait facile à expliquer. Comme, dans ces langues, toute consonne, lorsqu'elle est indépendante, se prononce liée à un *a*, ceux qui entendaient proférer un *à* avec une aspiration très-faible, pouvaient regarder ce son comme celui d'une voyelle. Ce qui me confirme dans cette opinion, c'est que mon vocabulaire bugis ne fournit aucun signe pour le *h* [1], et que l'*a* thaï est rangé parmi les consonnes. Le prétendu *a* bugis ressemble moins à l'*a* qu'au *h* tagala, et l'*a* redjang n'a aucune ressemblance avec le véritable *a* batta, tandis qu'à la position près, il a la même forme que le pseudo-*a* lampoung. Mais ce qui me paraît presque décider la question, c'est que les signes de l'*a* et du *v* bugis sont absolument les mêmes, à l'exception d'un point ajouté au premier: les lettres *h, v, y* de ces alphabets peuvent être des consonnes plus prononcées [2]. Si donc, Monsieur, vous ne trouvez pas trop hardi de nommer *h* le signe que Low, Marsden et Raffles, d'après le témoignage des indigènes, nomment *a*, j'abandonne l'hypothèse de l'influence arabe sur ce point, en m'en tenant simplement à la supposition que ces peuplades, d'après leur prononciation, ont admis dans leurs alphabets les signes des voyelles initiales, ou adopté à leur place un signe d'aspiration infiniment faible, qui, sans presque rien ajouter au son des voyelles dans la prononciation, peut néanmoins leur servir de consonne dans l'écriture. La consonne *h* qui précède toute voyelle initiale des mots javanais, est entièrement dans ce cas, et ressemble en cela au *spiritus lenis* que nous ne faisons pas entendre non plus en prononçant les mots grecs.

Je ne puis cependant pas quitter cette question sans faire encore mention de l'alphabet *barman*. Il possède dix voyelles initiales et autant de médiales; et cependant il use de cette même méthode de lier à la première les signes médiaux de tous les autres, en écrivant *aou* pour *ou*. Carey (Gramm. barm. page 17, n°. 72) prescrit cette manière d'exprimer les voyelles initiales en les liant à un *a* muet, comme règle générale pour la formation des monosyllabes. Judson, dans la préface de son dictionnaire barman (page 12), s'exprime plus généralement. *The symbol* (la forme

---

(1) *Auch in den späteren Bogen kommt es nicht vor, und dennoch erscheint ein besonderer Buchstabe* ha *in dem Alphabete, welches dem Wörterbuche beigegeben ist, so wie in Raffles erstem und in Marsden's Alphabete; in einem Falle, wo man am ersten ein wirkliches* ha *zu finden vermuthen sollte, dem oben angeführten Arabischen Worte* حكاية, *fehlt es.*

(2) *Auch das Zeichen für* y *ist von dem für* w *abgeleitet, indem zwei Punkte, wie bei* a *einer, darunter gesetzt sind.*

médiale) *of any vowel,* dit-il, *may be combined with* a (initial) *in which case the compound has the power of the vowel which the symbol represents, thus* ai *is equivalent to* i. Aucun de ces grammairiens ne dit à quel usage sont réservés les signes des autres voyelles initiales. Il faut cependant que l'usage en ait réglé l'emploi. Mais le nombre de mots où on les conserve est si peu considérable, que l'article de l'*a* occupe 42 pages dans le dictionnaire, tandis que ceux des autres neuf voyelles en remplissent huit; encore y a-t-il beaucoup de mots palis dans ces derniers. Lorsqu'on réfléchit sur cette circonstance et qu'on y ajoute cette autre, que la méthode de se servir de l'*a* comme d'une consonne est consacrée particulièrement aux monosyllabes, on est tenté de croire que l'alphabet barman se servait anciennement de la même méthode que l'alphabet des Bugis, celle de combiner les voyelles médiales avec l'*a* initial, et que l'usage des autres voyelles initiales n'a été introduit que postérieurement.

Je ne me souviens pas d'avoir rencontré la particularité dont nous parlons ici, dans aucun des alphabets dérivés du dévanagari et usités dans l'Inde même, à l'exception naturellement des cas où, comme dans la langue hindoustanie, on emploie l'alphabet arabe.

Il y a cependant, dans la langue telinga, un cas où l'*a* lié à une voyelle reste muet et conserve à la voyelle sa prononciation ordinaire; mais c'est pour la convertir de voyelle brève en voyelle longue. Campbell dit, en parlant de ces cas dans sa *Teloogoo Grammar* (page 10, n°. 23): *In such cases, the symbol of the long vowel* a *is to be considered as lengthening the short vowel* i, *rather than as representing the long vowel* a.

Au reste, je ne cite ces cas que parce qu'ils sont autant d'exemples, que l'*a* est chargé d'une fonction étrangère à son emploi primitif. La solution la plus simple du problème qui nous occupe ici, est sans doute de supposer que les peuples de ces îles, ayant à leur disposition des voyelles médiales et initiales, ont trouvé plus simple de se passer de ces dernières, et d'accoler les premières (lorsqu'elles n'étaient point précédées de consonnes) à l'*a*, qui, inhérent de sa nature aux consonnes, était la seule parmi les voyelles dont il n'existât pas de forme médiale. Le procédé n'en est pas moins étrange, et c'est pour cela que j'ai essayé de trouver une circonstance qui ait pu le faire adopter.

Les Tagalas trouvaient d'ailleurs, dans leur langue même, une raison particulière pour marquer bien fortement leurs trois voyelles, comme initiales de syllabes dans l'intérieur des mots. La langue tagala a deux accens, dont l'un prescrit de détacher entièrement la voyelle de la dernière syllabe d'un mot, de la consonne qui la précède immédiatement (*haciendo que la sylaba postrera no sea herida de la consonante que la prefiere, sino que suene independente de ella* (Gramm. du P. Gaspar de S. Augustin, page 154, n°. 3). Il faut donc lire *pat-ir, big-at, dag-y, tab-a,* et non pas *pa-tir,* etc. Comme, dans ce cas, la voix glisse légèrement sur la première syllabe, on a coutume de noter cet accent par les lettres *p. c.* (*penultimâ correptâ*); l'accent opposé, noté *p. p.* (*penultimâ productâ*), appuie sur la pénultième et laisse tomber la finale. Il est de la plus grande importance de ne pas confondre ces deux accens; car un grand nombre de mots changent entièrement de signification, selon l'accent qu'on leur donne. C'est donc à cet usage que les Tagalas réservaient spécialement leurs voyelles initiales. Ils les employaient aussi au milieu des mots, là où il importait de renvoyer une consonne à une syllabe précédente et de commencer la suivante par une voyelle. C'est ce qui résulte clairement de l'extrait de grammaire que je joins à cette lettre, et le P. Gaspar observe très-judicieusement que c'était là un grand avantage de l'écriture indigène sur la nôtre.

Soulat et *sourat* sont sans aucun doute des mots arabes; Marsden l'observe expressément de *sourat*: on peut y ajouter le *serrat* des Javanais et le *soratse* de Madagascar. Veuillez encore remarquer la conformité grammaticale de ces quatre langues, qui forment de ces mots *manounoulat, menyourat, nyerrat, manorats,* en changeant toutes le *s* en un son nasal. Il m'a été fort agréable d'apprendre qu'il existe dans la langue tagala une expression indigène pour l'idée d'écrire. Je ne connaissais pas le mot *titic,* qui ne se trouve pas dans le dictionnaire de de los Santos. Mais y aurait-il assez d'analogie entre *toulis* et *titic* pour dériver l'un de l'autre? Ce dernier ne serait-il pas plutôt le *titik* malais, qui veut dire goutte, mais aussi tache (idée qui n'est pas sans rapport à l'écriture)? Quant à *toulis,* qui est le *tohi* de la langue tonga, j'ai toujours cru le retrouver dans le *toulis* tagala, pointe, aiguiser: on trace ordinairement les lettres avec un instrument pointu.

Nous venons de voir que les langues malaies font subir aux mots arabes les changemens de lettres de leurs grammaires; la même chose a lieu pour les mots sanscrits qui passent dans le kawi: *boukti* devient *mamoukti*; *sabda*, parole, devient *masabda*, dire, et *sinabda*, ce qui a été dit.

On est naturellement porté à regarder l'alphabet indien comme le prototype de tous les alphabets des îles du Grand Océan. Ces pleuplades pouvaient, comme vous le dites, Monsieur, l'adapter chacune à la nature de sa langue et à son orthophonie. Cette opinion a été néanmoins contestée: quelques auteurs regardent comme très-probable que les différens alphabets ont été inventés indépendamment l'un de l'autre chez les différentes nations. Je ne puis partager cette opinion. Je ne nie point la possibilité de l'invention simultanée de plusieurs alphabets; mais ceux dont nous parlons ici sont trop évidemment formés, sans parler même de la ressemblance matérielle des caractères, d'après le même système, pour ne pas être rapportés à une source commune. Il n'existe pas de données historiques qui puissent nous guider dans ces recherches; mais il me semble que nous devons les diriger dans une voie différente, mettre un moment de côté tout ce qui est tradition ou conjecture historique, et examiner les rapports intérieurs qui existent entre ces alphabets, voir si nous pouvons trouver les chaînons qui conduisent de l'un à l'autre: car il semble naturel de supposer aussi, dans le perfectionnement des alphabets, des progrès successifs.

Les alphabets dont nous parlons ici ont cela de commun, qu'ils tracent les syllabes par des groupes de signes, dans lesquels la seule lettre initiale à laquelle on ajoute les autres comme accessoires est regardée comme constitutive. Ces alphabets, lorsqu'ils sont complets, se composent ainsi: 1°. de la série des consonnes et des voyelles initiales; 2°. de la série des voyelles proférées par les consonnes initiales; 3°. des consonnes qui se lient à d'autres consonnes sans voyelles intermédiaires; 4°. de quelques signes de consonnes, qui, en terminant la syllabe, se lient étroitement à sa voyelle, tels que le *repha*, l'*anousvara*, le *visarga*. Si les consonnes finales des mots ne passaient pas ordinairement, dans l'écriture de ces langues, aux lettres initiales des mots suivans, il faudrait encore ajouter à cette dernière classe toutes les consonnes pourvues d'un *virama*. Ces alphabets se distinguent entièrement des syllabaires japonais: les syllabes n'y sont pas considérées comme indivisibles; on en reconnaît les divers élémens; mais cette écriture est pourtant syllabique, parce qu'elle ne détache pas toujours ces élémens l'un de l'autre, et parce qu'elle règle sa méthode de tracer les sons, d'après la valeur qu'ils ont dans la formation des syllabes, tandis qu'une écriture vraiment alphabétique isole tous les sons et les traite d'une manière égale.

Dans ce système commun, nous apercevons deux classes d'alphabets très-différens: les uns, tels que le dévanagari et le javanais, possèdent toute l'étendue des signes que je viens d'exposer; les autres, tels que le tagala, le bugis, et à ce qu'il paraît les sumatrans, se bornent aux deux premières classes de ces signes. Si l'on examine de plus près cette différence, on trouve qu'elle consiste en ce que les derniers de ces alphabets ne peuvent point détacher la consonne de sa voyelle, et que les premiers sont en possession de moyens pour réussir dans cette opération. Les alphabets tagala et bugis n'expriment en effet aucune consonne finale d'une syllabe; ils laissent au lecteur le soin de les deviner. La seule adoption du *virama* aurait levé cette difficulté, et l'on est étonné de voir que ces peuples l'aient exclu de leurs alphabets. Mais je crois que nous nous représentons mal la question, en transportant nos idées d'aujourd'hui et de notre prononciation à des époques où les langues étaient encore à se former, et à des idiomes tout-à-fait différens. Si l'invention et le perfectionnement d'un alphabet exercent une influence quelconque sur la langue dont il rend les sons, c'est certainement celle de contribuer au perfectionnement de l'articulation, c'est-à-dire, de l'habitude des organes de la voix de séparer bien distinctement tous les élémens de la prononciation. Si les nations, pour être capables de faire usage d'un alphabet, doivent déjà posséder cette disposition à un certain degré, elle augmente par cette invention, et l'écriture et la prononciation se perfectionnent mutuellement.

Le premier pas était fait par l'invention des lettres initiales de syllabes, des voyelles qui en forment une à elles seules et des consonnes accompagnées de leurs voyelles. Les langues dont nous parlons ici forment presque tous leurs mots de syllabes simples se terminant en voyelles; on pouvait donc, jusqu'à un certain degré, se passer des moyens de marquer aussi les consonnes finales: dans les 200 mots que renferme la première feuille du vocabulaire bugis, je ne trouve de consonnes finales que *m*, *n*, *k*, *h*, *ñg*, les deux premières dans l'intérieur des mots seulement, *m* devant *p*, *n* devant *r*; *h* et *k* ne paraissent qu'à la fin des mots, mais *ñg* occupe les deux places et est employé plus souvent que les autres ([1]).

Il n'était cependant pas si aisé d'aller plus loin. On ne pouvait écrire la terminaison des syllabes composées qu'en faisant une double opération. Après avoir privé la consonne finale de sa voyelle inhérente, par laquelle elle aurait formé une nouvelle syllabe, il fallait encore, pour en isoler entièrement le son, la détacher de la voyelle qui la précédait immédiatement; car le son de la consonne et celui de la voyelle se confondaient. Il faut observer en effet que les peuples qui se servaient d'alphabets semblables à ceux des Bugis et des Tagalas, ne croyaient pas représenter leurs syllabes d'une manière incomplète: ils ne voyaient pas, comme nous, dans les signes de leurs voyelles finales, un *i* ou un *ou* seu-

---

([1]) *Die mir später zugekommenen übrigen Bogen der Bugis-Wörterbuchs liefern noch als am Ende der Wörter vorkommend die Consonanten* m, n, t, s, *aber nur in einigen als ausländisch zu betrachtenden Wörtern, und zwar nur in folgenden:* batu pulam, *Marmor* (*das Malayische* bātu pūālam), apinn, *Opium* (*Malayisch* apyūn *oder* afyūn, *vom Arabischen* اَفْيُون, *das Griechische* ὄπιον), intan, *Diamant* (*ebenso im Malayischen*), sapu chat, *malen* (*das Malayische Verbum* sāpū, *fegen, übertünchen, und das Substantivum* chap, *Siegel, welches, wie Marsden in seiner Grammatik S.* 113. *der dialektischen Verwandlung eines Anfangs-*p *in* t, *z. B.* tūkul *statt* pūkul, *schlagen, und umgekehrt eines End-*t *in* p, kīlap *für* kīlat, *Blitz, erwähnt, wahrscheinlich in einigen Gegenden* chat *lautet; denn die beigesetzte Malayische Paraphrase giebt* sapu chat *ebenso für den Malayischen, wie für den Bugis-Ausdruck*), añgaris, *Englisch* (pawale angaris, *Kreide*), *im Malayischen* iñggris. *Man kann daher von diesen Consonanten ganz absehen, und behält allein die drei oben genannten,* h, k *und* ñg, *als beständig am Ende der Wörter wiederkehrende. Merkwürdig ist noch eine Einzelheit; ich finde nämlich* paak, *Meissel, nur durch den einzigen Buchstaben* pa *ausgedrückt; man hat es also nicht für nöthig erachtet, für den Endlaut* ak *den Buchstaben* a *zu gebrauchen, welches ein neuer Beweis ist, wie sorglos man mit dem Wortschlusse umging; denn eigentlich würde man diese Schreibung* pak *zu lesen haben.*

lement, mais, selon les circonstances, aussi un *ik*, un *ing*, etc.; ils ne concevaient pas même la possibilité de décomposer encore des sons déjà si simples. Le *virama* privait bien la consonne de sa voyelle inhérente; mais l'opération de détacher la consonne de la voyelle qui la précédait, était plus difficile: car la voyelle qui s'exhale, pour ainsi dire, en consonne, rend naturellement un son plus obscur et moins distinct que la consonne qui commence la syllabe; de même la voyelle qui est coupée par une consonne finale, se trouve arrêtée dans sa formation. Il résulte des deux cas que la voyelle et la consonne des terminaisons de mots se modifient mutuellement.

L'écriture barmane offre un exemple très-curieux de ces modifications; j'observe que cette particularité se trouve dans les monosyllabes, qui constituent le fond primitif de cette langue. Les consonnes, lorsqu'elles viennent à terminer un mot, reçoivent dans presque tous les cas une autre valeur, et altèrent même celle de la voyelle qui les précède. Le monosyllabe écrit *kak*, est prononcé *ket*, un *p* final devient *t*, un *m* final *n*, etc. (Carey, page 19; Judson, p. 13). On se demande naturellement d'où il vient que l'écriture ne suive pas ici la prononciation: si l'on prononce constamment *t*, d'où sait-on que ce *t* est proprement un *k* ou un *p*? L'étymologie du monosyllabe renferme, très-probablement, la réponse à ces questions. Les racines se terminant en une consonne bien prononcée, peuvent être et sont vraisemblablement, pour la plupart, des mots composés; la combinaison des syllabes japonaises, par exemple, offre des cas où de deux syllabes ainsi réunies, la dernière perd sa voyelle. De *fa-tsou* vient *fat* (Gramm. japonaise de Rodriguez, publiée par M. Landresse, p. 27). Or il ne serait pas étonnant qu'une consonne qui, comme initiale, se prononçait *k*, changeât de valeur en devenant finale. Quoi qu'il en soit, cette divergence de l'écriture et de la prononciation des monosyllabes barmans ne permet pas de méconnaître qu'il existe encore dans la langue une lutte qu'il serait important de faire cesser, entre les deux grands moyens de représenter la pensée.

Les voyelles se terminent souvent aussi, et surtout dans les langues dont nous parlons ici, en des sons qui ne s'annoncent pas comme des consonnes très-prononcées, mais seulement comme des aspirations ou des sons nasaux qu'il serait difficile ou même impossible de réduire en articulations. Le sanscrit même a dû encore accorder une place dans son alphabet à deux caractères, le *visarga* et l'*anousvara*, qu'on ne peut considérer comme de véritables lettres, sous le rapport de la clarté et de la précision de leur son. M. Bopp a en effet prouvé, dans son excellente grammaire sanscrite, que l'*anousvara*, bien qu'il ne fasse souvent que remplacer les autres lettres nasales, possède aussi un son à lui, qui n'est représenté par aucune autre lettre.

Il restait donc, sous tous les rapports, beaucoup de chemin à faire pour arriver de l'alphabet tagala au dévanagari.

D'après ce que je viens d'exposer, il me semble évident qu'il existe, dans les deux classes d'alphabets désignées ici, une tendance progressive au perfectionnement de l'écriture. Je ne prétends cependant pas soutenir, sur ces données seules, que telle ait été réellement la marche historique de ce perfectionnement, et bien moins encore que l'alphabet tagala ait nécessairement dû servir d'échelon pour s'élever au dévanagari: je me borne, pour le moment, simplement à prouver, par la nature même de ces alphabets, qu'ils sont réellement du même genre, mais que le dévanagari complète le travail que le tagala et ceux qui lui ressemblent laissent imparfait.

Comme le système de ces alphabets moins parfaits est renfermé, pour ainsi dire, dans le système plus étendu du dévanagari, on peut supposer que les Tagalas n'ont pris de cet alphabet venu à leur connaissance que ce qu'il fallait à leur langue, beaucoup plus simple et moins riche dans son système phonétique. L'alphabet tagala serait, d'après cela, le dévanagari en raccourci. Mais c'est cette supposition surtout que je voudrais combattre; elle me semble être dénuée de toute probabilité. Quelque simple que soit l'alphabet tagala, il est complet dans son système; et dès qu'on lui accorde le principe sur lequel il est calqué, de ne noter les syllabes composées que par leurs voyelles seulement, il ne s'y trouve rien de superflu ni de défectueux. Il aurait été vraiment difficile d'abstraire aussi méthodiquement du dévanagari un système qu'il renferme en effet, mais qui ne forme que la moitié de sa tendance vers l'écriture alphabétique. Les syllabes des mots tagalas sont pourtant assez souvent terminées par des consonnes suffisamment prononcées; l'inconvénient de ne pas les noter se fait considérablement sentir, comme nous le voyons par le témoignage des missionnaires espagnols: pourquoi donc aurait-on repoussé l'adoption du *virama*, moyen si simple et si facile à adapter à toute écriture? La langue barmane est, sous le rapport de la formation des mots, pour le moins tout aussi simple que la langue *tagala*; elle a cependant adopté, même dans la partie qui lui est entièrement propre, tous les moyens de marquer les sons que le dévanagari lui offrait. Le même cas existe chez les Javanais et les Telougous: l'alphabet tamoul est moins nombreux en signes, mais fait également usage du *virama* et de la réunion des consonnes par ce moyen. Pourquoi, si le dévanagari, dans l'état où nous le connaissons à présent, avait donné origine à leurs alphabets, les Tagalas, les Bugis et les Sumatrans n'auraient-ils pas fait de même? On peut dire que les Hindous avaient des établissemens moins fixes dans ces pays; mais cette circonstance, qui n'est même pas exacte pour Sumatra, change peu à l'état de la question: car il est beaucoup moins croyable qu'on ait pu à la hâte adapter l'alphabet hindou aux langues indigènes, d'une manière à la fois aussi méthodique et aussi incomplète.

Mais ce qui tranche la question, c'est qu'un examen plus réfléchi du dévanagari lui-même prouve qu'il a existé avant lui peut-être plus d'un alphabet dressé sur le même système, mais moins parfait que lui. Le dévanagari est visiblement sorti d'un système syllabique d'alphabets; il n'est pas une invention, mais seulement un perfectionnement du système. Le dévanagari ne se distingue d'une écriture vraiment alphabétique que par des choses qu'avec raison l'on peut nommer accessoires. Traiter l'*a* bref de voyelle inhérente aux consonnes, se servir par cette raison du *virama*, placer l'*i* bref avant sa consonne, combiner les signes des consonnes au lieu de les écrire l'une après l'autre, voilà les seules différences entre lui et l'alphabet grec ou toute autre écriture alphabétique. L'isolement des syllabes dans les manuscrits est plutôt une habitude purement calligraphique. Les inventeurs du dévanagari avaient certainement, aussi bien que nous, le principe de l'écriture alphabétique; ils avaient franchi la grande difficulté qui arrête le progrès de la prononciation à l'écriture;

ils savaient détacher en tout sens les voyelles des consonnes, ils leur assignaient leurs limites et les marquaient avec précision. S'ils n'avaient eu aucun alphabet déjà existant sous les yeux, s'ils avaient dû travailler tout à neuf, ils auraient très-probablement formé une écriture alphabétique; car pourquoi, sachant parfaitement bien détacher les voyelles des consonnes et leur assigner leurs valeurs d'après leurs différentes positions, auraient-ils, par exemple, renfermé une voyelle dans une consonne, pour l'en détacher un moment après par un signe inventé pour cet usage? Mais ils ont visiblement pris à tâche de perfectionner une écriture syllabique au point qu'elle rendît tous les services d'une écriture alphabétique; car voilà ce qu'on peut dire de l'admirable arrangement du dévanagari.

Je ne crois pas que l'écriture alphabétique ait dû être nécessairement précédée de l'écriture syllabique; une telle supposition me paraît trop systématique: mais toute la structure du dévanagari me semble prouver qu'il n'a pas été fait d'un jet. Tout y est explicable, dès qu'on suppose qu'on a voulu rendre plus parfait un système déjà existant, remplir ses lacunes, corriger ses défauts; sans cette supposition, il est inconcevable comment, connaissant si bien la nature des sons, étant habitué à les faire passer par toute la série de leurs modifications, sachant parfaitement balancer et contre-balancer leurs valeurs dans la formation des mots, on ait voulu se traîner encore dans la route des écritures syllabiques, tandis que l'écriture alphabétique est évidemment la seule véritable solution du grand problème de peindre la parole aux yeux. Je crois donc que l'alphabet tagala, avec tous ceux qui sont basés sur le même système, appartient à une classe d'alphabets antérieurs au dévanagari, ou du moins qu'il n'en est pas tiré. On pourrait plutôt croire ces alphabets des îles entièrement étrangers à l'alphabet du continent de l'Inde (et, dans ce cas, ils pourraient même lui être postérieurs), si la ressemblance des caractères ne s'opposait pas à une pareille supposition.

Je trouve avec vous, Monsieur, l'alphabet tagala très-remarquable, puisqu'il offre précisément la moitié du travail qu'il fallait faire pour se former une écriture capable de représenter la prononciation toute entière. Il appartient à la même classe que le dévanagari; je n'oserais décider si, pour cela, cet alphabet est d'origine indienne. De plus profondes recherches prouveront peut-être que la partie fondamentale du sanscrit a de fréquentes affinités avec les langues à l'est de l'Inde et avec celles des îles; les Hindous auraient donc bien pu avoir des alphabets d'une nation de ces contrées devant les yeux. Ce qui me paraît certain, c'est que les alphabets syllabiques, ceux surtout du genre de l'alphabet tagala, ont des rapports fort intimes avec la structure des langues monosyllabiques de ces contrées, et avec le passage de cet état des langues à un autre plus compliqué. Autant que chaque syllabe forme un mot à elle seule, les syllabes sont simples, mais variées dans les modifications et les accens des voyelles; on note alors facilement l'articulation principale, et l'on néglige impunément le reste: mais si des nations viennent à réunir plusieurs syllabes dans le même mot, et qu'elles visent à donner à chaque mot l'unité d'un ensemble, en quoi repose principalement l'artifice grammatical des langues dans le sens le plus étendu, il arrive des compositions, des contractions, des intercalations. Alors naît la tendance vers l'écriture alphabétique: car on sent, en voulant tracer les mots, la nécessité d'aller aux premiers élémens, pour avoir la liberté de les réunir entièrement à volonté. Le dévanagari et le système grammatical que nous admirons dans le sanscrit datent probablement à-peu-près de la même époque; une langue tellement organisée supposait une nation à laquelle le dernier perfectionnement et même l'invention de l'alphabet ne pouvaient pas rester long-temps étrangers. Le tagala était évidemment resté en arrière, avec son alphabet beaucoup trop borné pour la structure grammaticale de la langue.

Rien, au reste, n'empêcherait aussi que les habitans des Philippines fussent redevables de leurs alphabets aux Hindous. L'influence de l'Inde sur l'archipel qui l'avoisine a été exercée de manières et à des époques fort différentes; et l'on reconnaît ces époques, en quelque façon, au genre et à la coupe des mots que les langues de ces contrées ont adoptés du sanscrit. Les communications avec les Philippines m'ont paru, d'après ces considérations, être très-anciennes: le difficile est seulement de trouver une époque où l'on pourrait attribuer à l'Inde un alphabet aussi incomplet. Le sanscrit n'a certainement jamais pu être écrit par son moyen. Il est donc peut-être plus juste de dire que ces alphabets sont d'origine inconnue, que leur prototype doit être d'une haute antiquité, qu'il a servi de base au dévanagari lui-même; mais que c'est toujours de l'Inde que l'alphabet indien a obtenu tous les perfectionnemens de son système. Le dévanagari lui-même a éprouvé des changemens; mais si je nomme cet alphabet, je parle seulement de sa constitution, et plus particulièrement du principe qui tend en lui à réunir, dans l'écriture syllabique, tous les avantages de l'écriture alphabétique.

Votre interprétation du passage de Diodore me semble très-juste, Monsieur, et elle a le mérite de prouver combien ce passage est remarquable. Je n'hésite pas à avancer que c'est le seul, dans tous les auteurs grecs et romains, où une propriété très-particulière d'une langue étrangère ait été saisie avec autant de justesse. Le principe fondamental des alphabets syllabiques de l'Asie orientale y est exposé clairement; mais personne ne l'y avait découvert avant vous ([1]). Je prends avec vous, Monsieur, les *γράμματα* pour les groupes syllabiques, et les *χαρακτῆρας*

([1]) Diodore de Sicile a donné dans le IIe livre de son histoire universelle un extrait des voyages d'Iamboule dans les îles de l'Océan: *περὶ δὲ τῆς κατὰ τὸν Ὠκεανὸν εὑρεθείσης νήσου κατὰ τὴν μεσημβρίαν* etc. Ce Grec, qui traversait l'Arabie pour se rendre aux **Pays des Aromates**, *ἐπὶ τὴν ἀρωματοφόρον*, fut enlevé par des brigands, traîné en Éthiopie, et de là déporté, comme l'exigeait une superstition nationale, dans une île australe située au milieu de l'Océan: ce ne fut qu'après une longue traversée qu'Iamboule aborda à cette île mystérieuse; *τούτους δὲ πλεύσαντας πέλαγος μέγα καὶ χειμασθέντας ἐν μησὶ τέτταρσι προσενεχθῆναι τῇ προσημανθείσῃ νήσῳ, στρογγύλῃ μὲν ὑπαρχούσῃ τῷ σχήματι, τὴν δὲ περίμετρον ἐχούσῃ σταδίων ὡς πεντακισχιλίων. Ἑπτὰ δ' ἦσαν αὗται νῆσοι παραπλήσιαι μὲν τοῖς μεγέθεσι, σύμμετρον δ' ἀλλήλων διεστηκυῖαι, πᾶσαι δὲ τοῖς αὐτοῖς ἔθεσι καὶ νόμοις χρώμεναι.* Contraint de sortir de l'île, Iamboule atteignit les côtes de l'Inde après quatre mois de navigation: *πλεῦσαι πλεῖον ἢ τέτταρας (πέντε) μῆνας· ἐκπεσεῖν δὲ κατὰ τὴν Ἰνδικὴν εἰς ἄμμους καὶ τεναγώδεις τόπους* etc. Iamboule, rendu à sa patrie par le roi de *Polibothra* (Palibothra), écrivit une relation de ses voyages: *Ὁ δὲ Ἰαμβοῦλος οὗτος ταῦτά τε ἀναγραφῆς ἠξίωσε, καὶ περὶ τῶν κατὰ τὴν Ἰνδικὴν οὐκ ὀλίγα συνετάξατο τῶν ἀγνοουμένων παρὰ τοῖς ἄλλοις.* (Jacquet. De la relation et de l'alphabet indien d'Iamboule. Nouv. Journ. Asiat. T. 8. p. 20.) — *Die Stelle Diodor's über das Alphabet dieser Insel lautet so:* Γράμμασί τε αὐτοὺς χρῆσθαι, *κατὰ μὲν τὴν δύναμιν τῶν σημαινόντων, εἴκοσι καὶ ὀκτὼ τὸν ἀριθμόν· κατὰ δὲ τοὺς χαρακτῆρας, ἑπτά· ὧν ἕκαστον τετραχῶς μετασχηματίζεσθαι.* Γράφουσι *δὲ τοὺς στίχους οὐκ εἰς τὸ πλάγιον ἐκτείνοντες, ὥσπερ ἡμεῖς, ἀλλ' ἄνωθεν κάτω καταγράφοντες εἰς ὀρθόν.* (l. c. p. 23. 24.) *Man lese die geistreiche Kritik selbst nach, welcher Hr. Jacquet diese letzte Stelle Diodor's, so wie seine ganze Erzählung von der Reise des Iambulos, unterwirft.* (l. c. p. 20-30.)

pour les consonnes; non pas que Diodore les ait reconnues comme telles, mais parce que, dans ces alphabets, les consonnes seules s'annoncent par leurs formes comme de véritables lettres. Je crois donc que Diodore parle d'abord du nombre des signes de tout le syllabaire, et qu'il passe de là à celui des consonnes et des voyelles. Ce sont ces nombres seuls que je crois erronés dans le texte de Diodore, et encore ne le sont-ils que pour leur valeur: les rapports dans lesquels ils se trouvent sont parfaitement justes; car le nombre des signes du syllabaire est le plus considérable, et égal au produit de celui des consonnes multipliées par les voyelles. Il ne me paraît pas nécessaire de faire entrer les *vargas* dans le passage; c'est en quoi seulement je voudrais, Monsieur, différer de votre opinion.

Tegel, ce 10 décembre 1831.

G. de Humboldt.

Taf. I.

Javanisches Alphabet.

I. Einfache obere Consonanten [haksara].

	Bat.	Scr.	C.j.	C.j.j.1.	C.j.j.2.	B.Y.	C.c.1.	C.c.2.
h	ꦲ	ꦲ	ꦲ	ꦲ	ꦲ	ꦲ	ꦲ	ꦲ
n	ꦤ	ꦤ	ꦤ	ꦤ		ꦤ	ꦤ	ꦤ
ch	ꦕ	ꦕ	ꦕ	ꦕ	ꦕ	ꦕ	ꦕ	ꦕ
r	ꦫ	ꦫ	ꦫ	ꦫ	ꦫ	ꦫ	ꦫ	ꦫ
k	ꦏ	ꦏ	ꦏ	ꦏ	ꦏ	ꦏ	ꦏ	ꦏ
dh	ꦢ	ꦢ	ꦢ	ꦢ	ꦢ	ꦢ	ꦢ	
t	ꦠ	ꦠ	ꦠ	ꦠ	ꦠ	ꦠ	ꦠ	ꦠ

Taf. II.

Javanisches Alphabet.

II. Verbundene Consonanten [pasangngan] in der Reihe.

	Bat.	Ser.	C.j.	C.j.j.1.	C.j.j.2.	B.Y.	C.e.1.	C.e.2.
h								
s								
p								

III.a. Verbundene Consonanten [pasangngan] unter der Reihe.

	Bat.	Ser.	C.j.	C.j.j.1.	C.j.j.2.	B.Y.	C.e.1.	C.e.2.
n								
ch								
r								

Jav

III. b. U

	Bal.	*Ser.*	*C. j.*
nu			*ng*

584

Javanisches Alphabet.

V. patèn, re, le.

	Bat.	Sor.	C.j.	C.jj.1.	C.jj.2.	B.Y.	C.e.1.	C.e.2.
patèn	[illegible]	[illegible]				[illegible]	[illegible] [illegible]	
pa cherrĕ (re)	[illegible]	[illegible]			[illegible]		[illegible]	
ṅga lelet (le)	[illegible]	[illegible]				[illegible] [illegible]	[illegible]	[illegible]

VI. Grosse Consonanten (haksara gedĕ).

	Bat.	Sor.	C.j.	C.jj.1.	C.jj.2.	B.Y.	C.e.1.	C.e.2.
n	[illegible]	[illegible]				[illegible]		[illegible]
r		[illegible]						

Javanisches Alphabet.

IX. Vocalzeichen (zu den sandangngan gehörig).

	Bat.	Ser.	C.j.	C.j.j.1	C.j.j.2	B.Y.	C.e.1	C.e.2
pepet (ĕ), über den Consonanten.								
taling (ê), vor dem Consonanten.								
tarung (mit taling zu nehmen: o), nach d. Cons.								
wulu (i), über dem Consonanten.								
suku (u), unten rechts am Consonanten.								

X. Zahlzeichen.

	Bat.	Ser.
1		
2		
3		
4		
5		
6		
7		
8		
9		
0	0	

Javanische Unterscheidungszeichen.

Taf. VI.

Zeichen in der Druckschrift.

Zeichen in Crawfurd's Handschrift des Brata Yuddha.

1. Zwischen dem Text, der Erklärung und der Übersetzung.

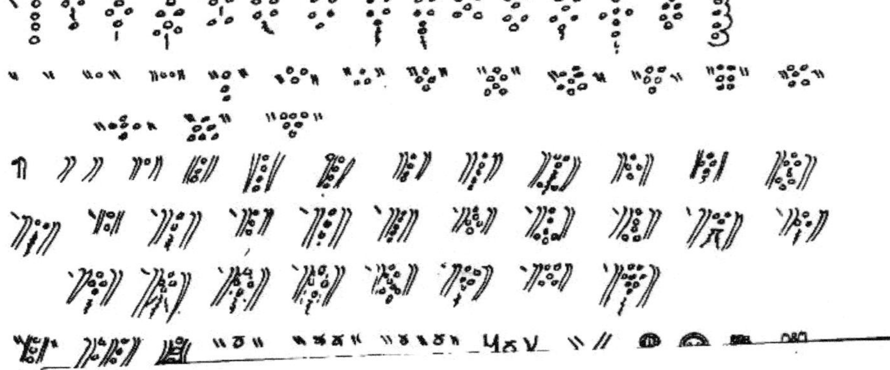

II. Druck von Serampore.

(Kap. 4, v. 1 – 11, aus Brückner's Jav. Uebers. des Neuen Testaments)

I.

(Brief des Statthalters Padhana

Jav. Lesebuch, S. 11.)

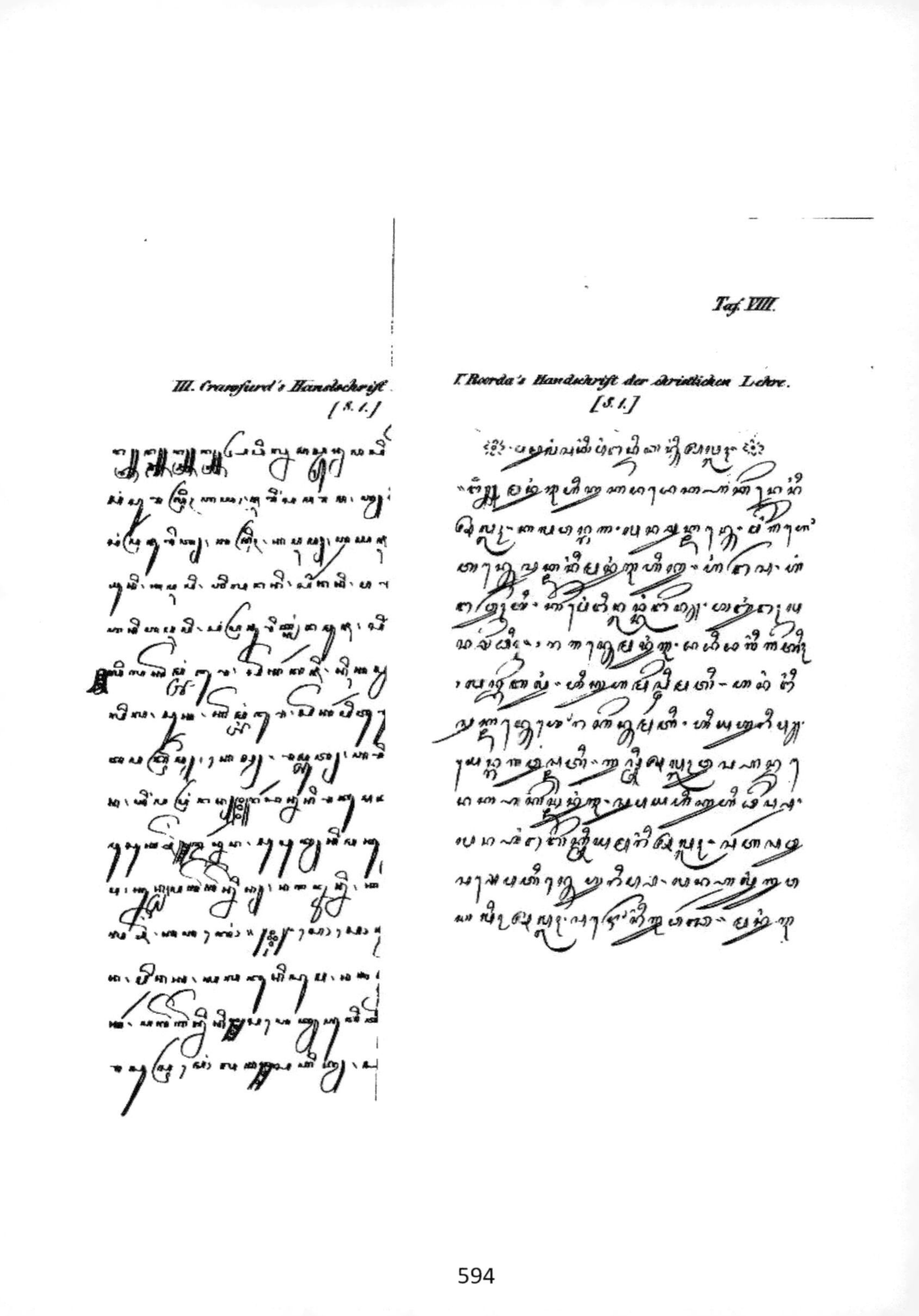

III. Crawfurd's Handschrift.
[S. 1.]

I. Roorda's Handschrift der christlichen Lehre.
[S. 1.]

VI. Crawford's

Taf. X.

tisch -Javanischer Wörterbuch, zweite Hand.

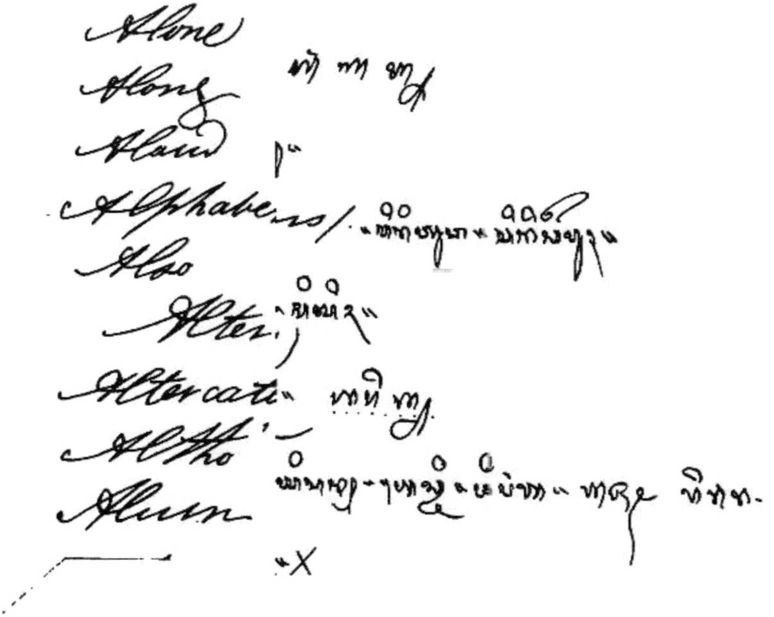

Alone

Along

Aloud

Alphabet

Also

Alter

Altercation

Altho'

Alum

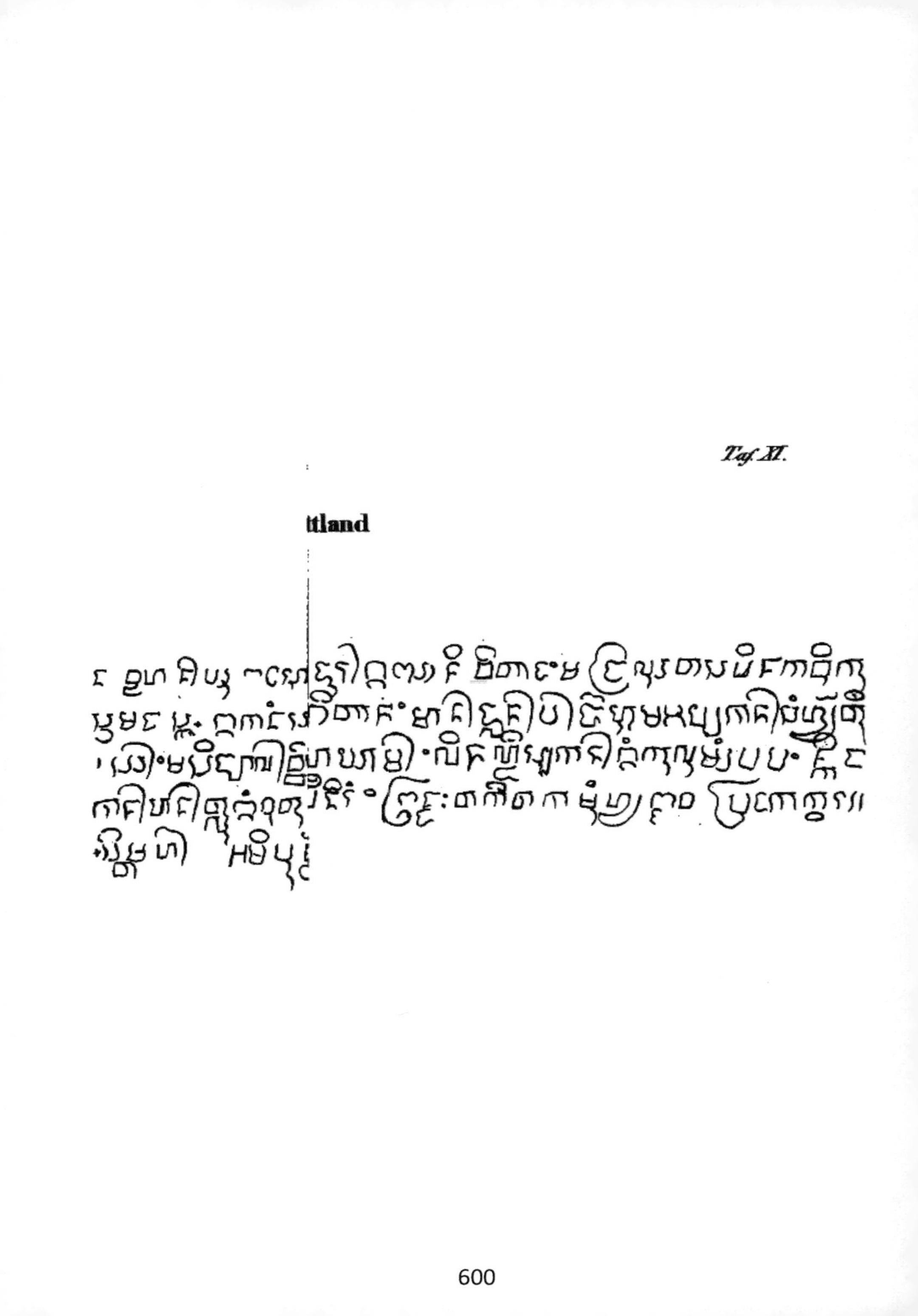

Taf. XI.

ttland

Druck:
Customized Business Services GmbH
im Auftrag der KNV-Gruppe
Ferdinand-Jühlke-Str. 7
99095 Erfurt